国家出版基金项目
NATIONAL PUBLICATION FOUNDATION
陝西出版資金資助項目
「十二五」國家重點圖書出版規劃項目

關學文庫・關學文獻整理系列

總主編 劉學智 方光華

王徵集

[明]王徵 著 林樂昌 編校

西北大學出版社

王徵像

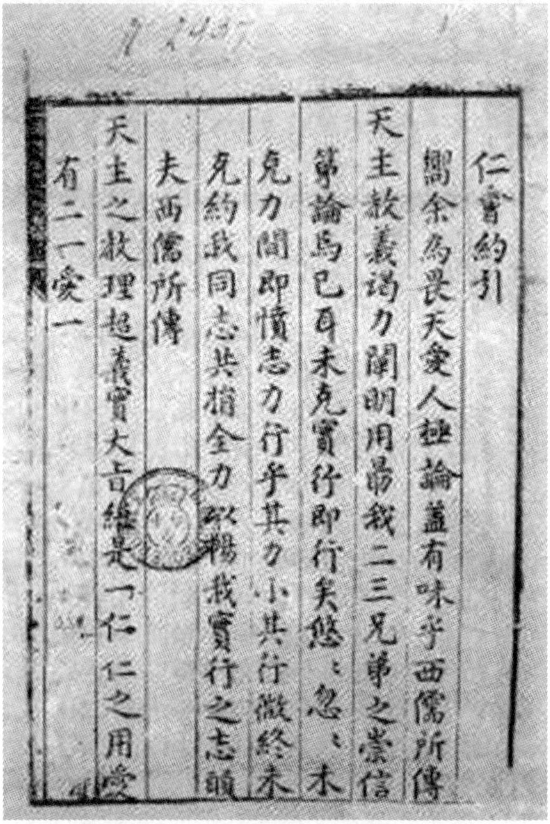
仁會約引

竊余爲畏天愛人極論蓋有味乎西儒所傳

天主教義竭力闡明用爲我二三兄弟之崇信

第論焉已而未克實行即行矣悠々忽々未

克力闡即憤志力行乎其力小其行微終未

克約我同志共指全力敷揚我實行之志願

夫西儒所傳

天主之教理超義實大旨總是一仁仁之用愛

有二一愛一

明刻本《仁會約》(複制本)書影

原本藏於法國巴黎國家圖書館

總序

張載（一〇二〇—一〇七七），字子厚，宋鳳翔府郿縣（今陝西眉縣）人，祖籍大梁，宋仁宗嘉祐二年（一〇五七）進士。張載出身於官宦之家。祖父張復在宋真宗時官至給事中、集賢院學士，死後贈司空。父親張迪在宋仁宗時官至殿中丞、知涪州事，贈尚書都官郎中。張迪死後，張載與全家遂僑居於鳳翔府郿縣橫渠鎮之南。因他曾在此聚徒講學，世稱「橫渠先生」。他的學術思想在學術史上被稱爲「横渠之學」，他所代表的學派被後人稱爲「關學」。張載與程顥、程頤同爲北宋理學的創始人。可以說，關學是由張載創立并於宋元明清以至民國初年，一直在關中地區傳衍的地域性理學學派，亦稱「關中理學」。

關學基本文獻整理與相關研究不僅是中國思想學術史的重要課題，也是體現中國思想文化傳承與創新的重要舉措。關學文庫關學文獻整理系列以繼承、弘揚和創新中華文化爲宗旨，以文獻整理的系統性、全面性爲特點，是我國第一部對上起於北宋、下迄於清末民初，綿延八百餘年的關中理學的基本文獻資料進行整理的大型叢書。這項重點文化工程的完成，對於完整呈現關學的歷史面貌、發展脈絡和鮮明特色，彰顯關學精神，推動傳統文化創造性轉化、創新性發展無疑具有重要意義。因爲文庫關學文獻整理系列的各部分均有整理者具體的前言介紹和點校説明，我這裏僅就關學、關學與程朱理學的關係、關學的思想特質、關學文庫關學文獻整理系列的整體構成與學術價值等談幾點意見，以供讀者參考。

一、作爲理學重要構成部分的關學

衆所周知，宋明理學是中國儒學發展的新形態與新階段，一般被稱爲新儒學。但在新儒學中，構成較爲複雜。比較典型的則是程朱理學與陸王心學。南宋學者呂本中較早提到「關學」這一概念。南宋朱熹、呂祖謙編選的近思録較早地梳理了北宋理學發展的統緒，關學是作爲理學的重要一支來作介紹的。朱熹在伊洛淵源録中，將張載的「關學」與周敦頤的「濂學」、二程（程顥、程頤）的「洛學」并列加以考察。明初宋濂、王禕等人纂修元史，將宋代理學概括爲「濂洛關閩」四大派别，其中雖有地域文化的特色，但它們的思想内涵及其影響并不限於某個地域，而成爲中國思想文化史上重要的一頁，即宋代理學。

根據洛學代表人物程顥、程頤以及閩學代表人物朱熹對張載關學思想的理解、評價和吸收，張載創始的關學本質上當是理學，而且是影響全國的思想文化學派。過去，我們在編寫中國思想通史第四卷、宋明理學史上册的時候，在關學學術旨歸和歷史作用上曾作過探討，但是也不能不顧及古代學術史考鏡源流的基本看法。

需要注意的是，張載後學，如藍田吕氏等，在張載去世後多歸二程門下，如果拘泥門戶之見，似乎張載關學發展有所中斷，但學術思想的傳承往往較學者的理解和判斷複雜得多。關學，如同其他學術形態一樣，也是一個源遠流長、不斷推陳出新的形態。關學没有中斷過，它不斷與程朱理學、陸王心學融合。明清時期以至民初，關學的學術基本是朱子學、陽明學的傳入及與張載關學的融會過程。因此，由宋至清末民初的關學，實際是中國理學的重要組成部分，它是一個動態的且具有包容性和創新性的概念，它開啓了清初王船山學術的先河。

關學文庫關學文獻整理系列所遴選的作品，結合學術史已有研究成果，如宋元學案、明儒學案、關學編及關學續編、關學宗傳等，均是關中理學的典型代表，上起北宋張載，下至晚清的劉光蕡、民國初期的牛兆濂，能够反映關中理學的發展源流及其學術内容的豐富性、深刻性。與歷史上的關中叢書相比，這套文庫文獻整理更加豐富醇純，是對前賢整理文獻思想與實踐的進一步繼承與發展，其學術意義不言而喻。

二、張載關學與程朱理學的關係

佛教傳入中土後，有所謂「三教合一」説，主張儒、道、釋融合滲透，或稱三教「會通」。唐朝初期可以看到三教并舉的文化現象。當歷史演進到北宋時期，由於書院建立，學術思想有了更多自由交流的場所，從而促進了學人的獨立思考，使他們對儒家經學箋注主義提出了懷疑，呼喚新思想的出現，於是理學應時而生。理學主體是儒學，兼采佛、道思想，研究如何將它們融合爲一個整體，這是一個重要的課題。從理學產生時起，不同時代有不同的理學學派。譬如，在「三教融合」過程中，如何理解「氣」與「理」（「理」的問題是迴避不開的，華嚴宗的「理事說」早在唐代就有很大影響）的關係？理學如何捍衛儒學早期關於人性善惡的基本觀點，又不致只在「善」與「惡」的對立中打圈子？如何理解宇宙？宇宙與社會及個人有何關係？君子、士大夫怎麼做才能維護自身的價值和尊嚴，又能堅持修齊治平的準則？這些都是中國思想史中宇宙觀與人生觀的大問題。對這些問題的研究和認識，不可能一開始就有一個統一的看法，需要在思想文化演進的歷史進程中逐步加以解決。宋代理學的產生及不同學派的存在，就是上述思想文化發展歷史的寫照，因而理學在實質上是中國思想文化的傳承創新，具有重要的歷史意義。

張載關學、二程洛學、南宋時朱熹閩學各有自己的特色。作爲理學的創建者之一，張載胸懷「爲天地立心，爲生民立命，爲往聖繼絕學，爲萬世開太平」的學術抱負，在對儒學學說進行傳承發展中做出了重要的理論貢獻。北宋時期，學者們重視對易的研究。易富於哲理性，張載通過對易的解說，闡述對宇宙和人生的見解，積極發揮禮記、論語、孟子等書中的義理，并融合佛、道，將儒家的思想提升到一個新的高度。

張載與洛學的代表人物程顥、程頤等人曾有過密切的學術交往，彼此或多或少在學術思想上相互產生過一定的影響。宋仁宗嘉祐元年（一〇五六），張載來到京師汴京，講授易學，曾與程顥一起終日切磋學術，探討學問（參見二程集河南程氏遺書卷二上）。張載是二程之父程珦的表弟，爲二程表叔，二程對張載的人品和學術非常敬重。通過與二程的切磋與交流，張載對自成一家之言的學術思想充滿自信：「吾道自足，何事旁求！」（呂大臨橫渠先生行狀）

因爲張載與程顥、程頤之間爲親屬關係，在學術上有密切的交往，關學後傳不拘門戶，如呂氏三兄弟呂大忠、呂大鈞、呂大臨，蘇昞、范育、薛昌朝以及种師道、游師雄、潘拯、李復、田腴、邵彥明、張舜民等，在張載去世後一些人投到二程門下，繼續研究學術，也因此關學的學術地位在學術史上常常有意無意地受到貶低甚至質疑（包括程門弟子的貶低和質疑）。事實上，在理學發展史上，張載以其關學卓然成家，具有鮮明的特點和理論建樹，這是不能否定的。反過來，張載的一些觀點和思想也影響了二程的思想體系，對後來的程朱學說及閩學的形成也有重要的啓迪意義，這也是客觀的事實。

張載依據易建立自己的思想體系，但是，在基本點上和易的原有内容并不完全相同。他提出「太虚即氣」的觀點，認爲沒有超越「氣」之上的「太極」或「理」世界，換言之，「氣」不是被人創造出的產物。又由此推論出天下萬物由「氣」聚而成，物毁氣散，復歸於虛空（或「太虚」）。在氣聚、氣散即物成物毁的運行過程中，纔顯示出事物的條理性。張載說：「太虚不能無氣，氣不能不聚而爲萬物，萬物不能不散而爲太虚，循是出入，是皆不得已而然也。」（正蒙卷一）他用這個觀點去看萬物的成毁。這些觀點極大地影響了清初大思想家王船山。

張載在西銘中說：「乾稱父，坤稱母。予兹藐焉，乃混然中處。故天地之塞，吾其體；天地之帥，吾其性。民，吾同胞；物，吾與也。」天地是萬物和人的父母，人是天地間藐小的一物。天、地、人三者共處於宇宙之中。由於三者都是氣聚之物，天地之性就是人之性，所以人類是我的同胞，萬物是我的朋友，歸根到底，萬物與人類的本性是一致的。進而認爲，人們「尊高年，所以長其長；慈孤弱，所以幼其幼。聖，其合德；賢，其秀也。凡天下疲癃殘疾、惸獨鰥寡，皆吾兄弟之顛連而無告者也」。這裏所表述的是一種高尚的人道主義精神境界。

二程思想與張載有别，他們通過對張載氣本論的取捨和改造，又吸收佛教的有關思想，建構了「萬理歸於一理」的理論體系。在人性論方面，二程在張載人性論的基礎上進一步深化了孟子的性善論。二程贊同張載將人性分爲「天地之性」和「氣質之性」。但二程認爲「天地之性」是天理在人性中的體現，未受任何損害和扭曲，因而是至善無瑕的；「氣質之性」是氣化而生的，也叫「才」，它由氣禀決定，禀清氣則爲善，禀濁氣則爲惡，正因爲氣質之性不可避免地受到了「氣」的侵蝕而出現「氣之偏」，因而具有惡的因素。在二程看來，善與惡的對立，實際上是「天理」與「人欲」的對立。

朱熹將張載氣本論進行改造，把有關「氣」的學說納入他的天理論體系中。朱熹接受「氣」生萬物的思想，但與張載的陝西自昔爲國都，西域人至者，多取道敦煌以至於陝，其爲中西文明之樞紐宜也。明季西域梗塞，西士至者多由海道至東南，與陝宜風馬牛不相及。然以景教碑新出土（一六二三）之故，西士至陝訪碑者踵相接，秦晉教務，遂與東南俱。若王君者，亦徐、李之流也，然王君奮興，尚在景教碑未出土之前，則所謂豪傑之士已。〔一〕

自三十年代陳垣先生因纂中國基督教史爲王徵補傳以來，對王徵其人其學的研究漸漸爲學術界所關注。但與徐光啓、李之藻和楊廷筠研究相比，王徵研究則要薄弱得多。除了其他因素之外，這裏的一個重要原因是，今人欲研究王徵其人其學往往會碰到文獻不足或使用不便等困難。爲了改變這種狀況，在王重民、向達、宋伯胤、李之勤等前輩著名學者長達半個多世紀廣泛搜求和整理的基礎上，在海内外各界諸多師友同仁的幫助下，由我編校完成的王徵集現在終於要由西北大學出版社出版了。該文集十六卷，附録四種，字數約五十萬，是第一部搜羅完備、編排合理、校勘精審的王徵著述和研究資料匯集。相信這部王徵集的問世，對於王徵生平和學術思想研究，以及近代中西思想文化交流史、中國科技史、基督教在華傳播史的研究，將提供完備、可靠的第一手資料。

借王徵集出版之機，以下對王徵其人、其書、其學及其歷史地位和影響，做一些必要的介紹。

一

王徵，字良甫，號葵心，中年皈依天主教後取聖名斐理伯（Philippe），晚年自號支離叟、了一子，卒後學者稱端節先生。陝西西安府涇陽縣人。明隆慶五年辛未（一五七一）四月十九日，出生於涇陽縣魯橋鎮盈村里尖擔堡（現名王家堡）。王徵家族系出太原，先世相傳爲山西洪洞人，自北宋末遠祖王春始遷涇陽。至明中葉，屢遭兵火，族譜失傳，故王徵以上，僅詳四系。王徵出身農家。其父應選（一五五〇—一六二八），號滸北，雖承事南畝，然則喜讀、抄古人書，常取往哲格言以

〔一〕陳垣撰：涇陽王徵傳，收入陳垣學術論文集，北京：中華書局一九八〇年版，第二三〇頁。

前言

晚明社會陷入重重危機。從政治方面看，由於吏治腐敗，及連年災荒，引發了李自成、張獻忠等人揭竿造反，而建州女真族部落的崛起並頻頻侵邊，則對東北邊防越來越構成致命的威脅。從文化方面看，傳統的精神信仰和道德價值系統已經失去了往昔的權威性，陷入了嚴重的困境。此時，中、西文化的不期而遇，使晚明成爲中國思想文化發展史上奇特而又引人矚目的時代。

當時，湧現了一批心態開放、富於批判精神、勇於思想更新的儒家士大夫，他們積極吸收由利瑪竇等傳教士帶入中國的包括宗教、倫理和科學技術等在内的西學，對中國傳統文化加以改造，形成了一股強勁的融會中西思想文化的思潮。這一批人士成爲迫切要求改革社會積弊以挽救時局的政治力量，同時也是最早參與中國近代化運動的知識分子集團。他們的基本文化立場，是以包括天學在内的西學「補儒易佛」，試圖以此改變晚明社會情欲張揚和士大夫逃禪佞佛之風氣，爲社會重建精神信仰和道德價值系統。這批人在中國江南一帶的著名代表是徐光啓、李之藻和楊廷筠等人，而在西北關中地區也有一位值得研究的人物，他就是西安府涇陽縣人士王徵。王徵是一位著名的儒家學者、西學學者、科學家和語言學家。王徵與當時的「天主教三柱石」徐光啓、李之藻、楊廷筠同屬中國第一代儒士基督徒，與徐、李、楊三人一起合稱明末「四賢」，[一]並有「南徐北王」之稱。[二]前輩著名歷史學家陳垣先生説：

[一] 張鎧著：龐迪我與中國，北京：國家圖書館出版社一九九七年版，第一四七頁。

[二] 邵力子：真理不滅，學術無國界——紀念王徵逝世三百周年，真理雜誌第一卷第二期（一九四四年三—四月）；收入宋伯胤編著：明涇陽王徵先生年譜（增訂本），西安：陝西師範大學出版社二〇〇四年版，第三一四頁。

作在編輯出版委員會領導下進行，日常工作由陝西省人民政府參事室（陝西省文史研究館）和西北大學出版社負責。本文庫歷時五年編纂完成，凝結着全體參與者的智慧和心血。總主編劉學智、方光華教授，項目總負責徐曄、馬來同志統籌全書，精心組織，陝西師範大學、西北大學、西北政法大學、中國人民大學、華東師範大學、鄭州大學等十餘所院校的數十位專家學者協力攻關，精益求精，體現出深沉厚重的歷史使命感和復興民族文化的責任感；他們孜孜矻矻，持之以恒，任勞任怨，樂於奉獻，以古人爲己之學相互勉勵，在整理研究古代文獻的同時，不斷錘煉學識，砥礪德行，努力追求樸實的學風和嚴謹的學術品格。出版社組織專業編輯、外審專家通力合作，希望盡最大可能提高本文庫的學術品質。作爲文庫編輯出版委員會主任，我謹向大家卓有成效的工作表示衷心的感謝。由於時間緊迫、經驗不足等原因，文獻整理中存在的疏漏差錯難以完全避免。希望讀者朋友們在閱讀使用時加以批評指正，以便日後進一步修訂，努力使文庫文獻整理更加完善。

張豈之

二〇一五年一月八日

于西北大學中國思想文化研究所

藍田呂氏集、李復集、元代關學三家集、王恕集、薛敬之張舜典集、馬理集、呂柟集涇野經學文集、呂柟集涇野子內篇、呂柟集涇野先生文集、韓邦奇集、南大吉集、楊爵集、馮從吾集、王徵集、王建常集、王弘撰集、李顒集、李柏集、李因篤集、王心敬集、李元春集、賀瑞麟集、劉光蕡集、牛兆濂集以及關學史文獻輯校等。其中的韓邦奇集、南大吉集、李柏集、李因篤集、牛兆濂集屬于搶救性整理；李復、王恕、薛敬之、呂柟、馬理、楊爵、王建常、王弘撰、王心敬、李元春、賀瑞麟等學人文獻屬于首次系統整理出版；張子全書、藍田呂氏集、李顒集、劉光蕡集、關學史文獻輯校是在進一步輯佚完善的基礎上整理出版的。總之，關學文獻整理的系統性和全面性得到了體現。

關學文庫文獻整理力圖突出全面性、系統性和深度整理的特點。就全面性和系統性而言，就是保證關學史上重要學人的文獻資料不被遺漏，這裏所選的二十九位學人，都是關學史上較爲重要的和代表了關學發展某一環節的學人。其中如張載、藍田「三呂」、馬理、呂柟、楊爵、馮從吾、王弘撰、李顒、李柏等人的著作集，是迄今文獻收集最爲齊全的。同時對於有關關學史的文獻也進行了全面系統的搜集和整理，如關學史文獻輯校，不僅重新點校整理了馮從吾的關學編，收録和點校整理了王心敬、李元春、賀瑞麟以及由劉光蕡、柏景偉重加整理校勘的關學續編，還首次點校整理了清末民初張驥的關學宗傳，并從諸多史書中輯録了一些零散的關學史資料，使之成爲目前能全面反映關學史面貌的文獻輯校本。關學文庫關學文獻整理系列，以豐富的關學史文獻，證明了「關學之源流初終，條貫秩然」，關學有其自身發展演變的歷史。就深度整理來說，關學文獻整理系列遵循古籍整理的傳統做法，采用繁體字、豎排版，標點、校勘，并對專用名詞做下劃綫處理。其目的不僅在於使整理與編纂者在文獻整理中提高自身的學術素養，同時也爲以後文獻研究者提供方便，推動關學研究深入開展，這也是關學文庫關學文獻整理系列圖書出版的重要目的。

關學文庫係「十二五」國家重點圖書出版規劃項目，國家出版基金項目、陝西出版資金資助項目，得到了中共陝西省委、陝西省人民政府、國家新聞出版廣電總局以及陝西省新聞出版廣電局的大力支持。文庫的組織、編輯、審定和出版工最後，求真求實，開放會通。關學學者大多不主一家，具有比較寬廣的學術胸懷。張載善於吸收新的自然科學成果，不斷充實豐富自己的儒學理論。他注意對物理、氣象、生物等自然現象做客觀的觀察和合理的解釋，具有科學精神。後世關學學者韓邦奇、王徵等都重視自然科學。三原學派的代表人物王恕以治易入仕，晚年精研儒家經典，強調用心求學，用心考證，求疏通之解，形成了有獨立主見的治國理政觀念。關學學者堅持傳統，但并不拘泥於傳統，能够因時而化，不斷地融合會通學術思想，具有鮮明的開放性和包容性特徵。由張載到「三吕」、吕柟、馮從吾、李顒等，這種融會貫通的學術精神得到不斷承傳和弘揚。

四、關學文庫關學文獻整理系列的整體構成與學術價值

關學文獻遺存豐厚，但是長期以來沒有得到應有的保護和整理，除少量著作如正蒙、涇野先生五經説、少墟集、元儒考略等在清代收入四庫全書之外，大量的著作仍以綫裝書或手抄本的形式散存於陝西、北京、上海等地的圖書館或民間，其中有的已成孤本（如韓邦奇的禹貢詳略、李因篤的受祺堂文集家藏抄本），有的已殘缺不全（如南大吉集收入的瑞泉集殘本，現重慶圖書館存有原書，國家圖書館僅存膠片；收入的南大吉詩文，搜自西北大學圖書館藏周雅續）。即使晚近的劉光蕡、牛兆濂等人的著述，其流傳亦稀世罕見。二十世紀七十年代以來，中華書局出版了張載集，并將藍田吕氏遺著輯校、關學編、正蒙合校集釋、涇野子内篇、二曲集等收入理學叢書陸續出版，這些僅是關學文獻的很少一部分。全方位系統梳理關學學術文獻仍係空白。

關學典籍的收集與整理，是關學學術研究的重要基礎。這次關學文庫文獻的整理與編纂者在全國范圍的圖書館和民間廣泛搜集資料，一是搶救性發掘整理了一批關學文獻，二是對一些文獻以新發現的版本進行比對校勘、輯佚補充，從而使關學文庫關學文獻整理系列成爲目前最能反映關學學術史面貌，對關學研究具有基礎性作用的文獻集成。關學文獻整理系列圖書共涉及關學重要學人二十九人，編訂文獻二十六部，計一千八百六十餘萬字。這些文獻分別是：張子全書、

氣本論不同，朱熹不再將「理」看成是「氣」的屬性，而是「氣」的本原。天理與萬事萬物是一種怎樣的關係？朱熹關於「理一分殊」的理論回答了這一問題。他認爲：「太極只是個極好至善的道理。人人有一太極，物物有一太極。」又說：「太極非是別爲一物，即陰陽而在陰陽，即五行而在五行，即萬物而在萬物，只是一個理而已。」（朱子語類卷九四）「理一分殊」理論包括一理攝萬理與萬理歸一理兩個方面，這與張載思想有別。

總之，宋明理學反映出儒、道、釋三者融合所達到的理論高度。這一思想的融合完成於兩宋時期。張載開創的關學爲此做出了重要的學術貢獻。正如清初思想家王船山所說：「張子之學，上承孔孟之志，下救來茲之失，如皎日麗天，無幽不燭，聖人復起，未有能易焉者也。」（張子正蒙注序論）船山之學繼承發揚了張載學說，又有新的創造。

三、關學的特色

關學既有深邃的理論，又重視經世致用。這可以概括爲以下幾個方面：

首先，學風篤實，注重踐履。黄宗羲指出：「關學世有淵源，皆以躬行禮教爲本。」（明儒學案師說）躬行禮教、學風樸質是關學的顯著特徵。受張載的影響，其弟子藍田「三呂」也「務爲實踐之學，取古禮，繹其義，陳其數，而力行之」（宋元學案呂范諸儒學案），特別是呂大臨。明代呂柟其行亦「一準之以禮」（關學編）。清代的關學學者王心敬、李元春、賀瑞麟等人，依然守禮不輟。

其次，崇尚氣節，敦善厚行。關學學者大都注意砥礪操行，敦厚士風，具有不阿權貴、不苟於世的特點。張載曾兩次被薦入京，但當發現自己的政治理想難以實現時，毅然辭官，回歸鄉里，教授弟子。明代楊爵、呂柟、馮從吾等均敢於仗義執言，即使觸犯龍顔，被判入獄，依舊不改初衷，體現了大義凜然的獨立人格和卓異的精神風貌。清代關學大儒李顒，在皇權面前錚錚鐵骨，操志高潔。這些關學學者「窮則獨善其身，達則兼善天下」，體現出「富貴不能淫，貧賤不能移，威武不能屈」的「大丈夫」氣節。

淑其身，並自編滸北山翁訓子歌一卷，以教誨子弟。應選還頗精算術，編有算術歌款一卷，以之教人，人無不立解。乃父的言傳身教，對王徵日後的爲人和事業均產生了一定的影響。爲了便於了解王徵一生之行實，下面擬將其生平經歷分作四個階段逐一紹述。而製器趣味、宗教生活和從政經歷，則是貫穿於王徵一生各主要階段的三條基本綫索。

第一階段：少年時期，從出生到二十四歲中舉人

據史料記載，王徵「生而穎異」。他七歲時，從舅父張鑑學。是時，少年王徵性喜靜，言動不苟，能日誦百千言。「初不曉文章爲何物，祇聽人説有破題、起首，乃自謅一破，約有半篇文字之多。比承舅師訓誨，稍稍知文，輒又妄自出題作論表，一時師友咸睨視爲笑譚」。（王徵集卷一治狀一兩理略自序）因張鑑是王徵的舅父，又是發蒙老師，故尊稱之爲「舅師」。張鑑（一五四五—一六〇五），字孔昭，别號湛川，陝西涇陽人。湛川先生好學深思，爲關中理學名儒，關學續編卷一有傳。湛川以所編讀史歌（即歷代事略發蒙歌），令學童熟讀而强記之，後成爲王徵一生之「讀史良法」。（王徵集卷十五序跋歷代事略發蒙歌跋）湛川之學得力處在「慎獨主靜」，教人每以「毋自欺」三字爲宗。他還善製各色戰車，及易弩、火弩等兵器，皆巧思獨運，此對王徵成年後喜製器之學影響甚鉅。湛川曾在山西、河北等地爲官，有時將王徵帶到任所，這使他自少年時起就有機會遊歷四方，眼界漸漸開闊。王徵十七歲時，入庠（鄉學）讀書，知「范文正公做秀才便以天下爲己任，輒慨然有意其爲人」。（王徵集卷一治狀一兩理略自序）萬曆二十二年甲午（一五九四），二十四歲的王徵參加鄉試，考中舉人。

第二階段：青壯時期，從中舉人到五十二歲成進士

王徵二十四歲鄉試中舉，若與徐光啓三十六歲纔得中相比，應當説是比較早的。但王徵進京參加會試卻很不順利，「困躓公車」近三十年。就是説，他九次會試都落第而歸，直至第十次會試纔終成進士，但此時的王徵已經五十二歲了。王徵「十上公車，始博一第」的主要原因之一，是他内心對舉業並不感興趣。從做秀才時和中舉人後，真正能使王徵入迷的祇有製器之學。他這樣回憶自己的青年時代：當時「顧頗好奇，因書傳所載化人奇肱，璇璣、指南，及諸葛氏木牛流馬、更枕石陣、連弩諸奇製，每欲臆仿而成之。累歲彌月，眠思坐想，一似癡人。雖諸製亦皆稍稍有成，而几案塵積，正經學業荒廢盡矣。又性寬緩耽延，不即就銓，致弟友親愛輩咸嗟怨刺譏不已。直至十上公車，始克博一第焉。半生潦倒癡懶，可笑已若此」（同上）。從中可以看到，王徵迷戀製器已經到了何等地步！王徵中進士雖晚，但下面將讓我們看到，每隔三年進京一次，而且每次進京都有數月的逗留時間，給王徵提供了難得的開闊視野和廣交天下豪傑的機會。也正是在此過程中，王徵的思想和信仰發生了重要的轉變。

宋明以來的中國思想文化領域，一直處於儒、釋、道三教既互相摩盪又互相融合的狀態。在此文化背景下，再加上王徵個人經歷等因素，故他與許多儒家士人一樣有多年出入佛、老的經驗。儘管如此，若就王徵思想的主導層面和一貫立場來看，可以説他一直都是一位儒家士人。王徵作爲一位很有社會責任感的儒士，他對作爲當時文化主流的儒學因受腐敗的政治和社會風氣的侵蝕而産生的危機，深感憂慮，同時也有很清醒的認識。王徵曾經深刻地揭示了儒家經典大學主旨的蜕變，他説：

> 大學之道，原是『在明明德，在親民，在止於至善』；今卻認做在明明得，在侵民，在止於至贍。原是『自天子以至於庶人，壹是皆以修身爲本』；今卻認做自天卿以至於庶人，壹是皆以榮身爲本。此於大學之道，有何干涉？（王徵集卷一治狀一兩理略之一解經除戎）

王徵還尖鋭地批判當時學風和士風的没落，指出：

> 而今把一部經史，當作聖賢遺留下富貴的本子；把一段學校，當作朝廷修蓋下利達的教場。矻矻終日，誦讀惓惓，祇爲身家，譬如僧、道替人唸誦消災免禍的經懺一般，唸的絶不與我相干，祇是賺的些經錢、食米、衣鞋來養活此身，把聖賢垂世立教之意辜負盡了。（王徵集卷七儒學士约）

在批判學術風氣敗壞的同時，王徵本人並没有放棄精神探求的努力和文化重建的信心，其思考問題的基點，是欲探明儒家思想文化的根源問題，亦即儒家經典中庸所涉及的「天之所以命我者」，同時思考怎樣纔能達致孟子所謂「仰不愧天，俯不怍人」這一道德修養境界。前者關涉儒家形上學的深層根基，而後者則涉及儒家倫理學的心理原則。在王徵看來，中

國當時固有的文化資源，包括理學家之末流，以及佛、道之學說，對於他自己所關注的上述問題都無法提供滿意的解決方案。〔一〕

大約是在明萬曆四十三年乙卯（一六一五），正當四十五歲的王徵處於探求無着、思想彷徨之際，偶然得到了友人惠贈的七克一書。七克是一部針對七罪宗，論述天主教的七種「克慾修德」工夫的書。此書的撰者，是西班牙籍的耶穌會士龐迪我（Didace de Pantoja，一五七一——一六一八）。王徵在撰成於崇禎元年戊辰（一六二八）的畏天愛人極論一書中，回憶自己接受天主教影響之機緣時說：「適友人惠我七克一部。讀之見其種種會心，且語語刺骨。私喜躍曰：『是所由不愧不怍之準繩乎哉？』」（王徵集卷八天學一畏天愛人極論）這裏言及的「不愧不怍」，是指王徵在獲得七克之前，有一次讀孟子一書時突然有所領悟：「偶讀孟子三樂書，〔二〕而忽有省於『仰不愧天，俯不怍人』之旨。作而歎曰：微矣哉，此吾聖賢千古壯神法也！夫不愧於天，不怍於人，此其心神何如暢滿；孔顏樂處，寧詎外是？顧安所得不愧不怍，而坦然於俯仰天人之際，令此心毫不走放也耶？」（王徵集卷八天學一畏天愛人極論）按說，克己修德本是儒士修身的日常功課，然而爲什麼王徵讀了同樣是講克己修德的七克之後內心卻會感到特別的契合（「見其種種會心」），並產生那樣強烈的震動和刺激（「語語刺骨」）？面對倫理規範失效的現實，問題的關鍵可能在於：祇有制定一套更加具體、系統的倫理規範作爲修身的準繩，纔能夠使人真正做到「不愧不怍」？這正如王徵自己所說：「顧安所得不愧不怍，而坦然於俯仰天人之際，令此心毫不走放也耶？」（同上）在王徵看來，正是由於七克有可能提供一套比較具體的、能夠落實「不愧不怍」原則的倫理規範及「準繩」，纔使他那樣歡欣鼓舞；而缺少這樣具體的倫理規範體系，也正是當時儒家倫理日漸失效的主要原因

〔一〕參閱林樂昌：明末儒家基督徒的天觀重構及其意義，人文雜誌二〇一〇年第二期。

〔二〕孟子盡心上：「孟子曰：『君子有三樂，而王天下不與存焉。父母俱存，兄弟無故，一樂也；仰不愧於天，俯不怍於人，二樂也；得天下英才而教育之，三樂也。』」

之一。七克一書中所謂「七」，是指天主教所禁之罪宗凡七種，即：一謂驕傲，二謂嫉妒，三謂慳吝，四謂忿怒，五謂迷飲食，六謂迷色，七謂懈惰於善；所謂「克」，是指克制此七罪。七克在揭示各項罪宗及其表現的同時，也指出了如何克制七罪宗的方法，即：一曰伏傲，二曰平妬，三曰解貪，四曰熄忿，五曰塞饕，六曰防淫，七曰策怠。由於七克主要講如何「克己去私」的問題，故在當時的中國儒家士人中能夠引起相當的共鳴，以爲與孔子所講「克己復禮」之旨相近。

七罪宗，是七克一書對人類罪愆所作的最基本的分類。在此基礎上，七克還從其每一罪宗當中引申出許多更加具體的罪過。譬如，龐迪我在分析「驕傲」這一罪宗時，就列舉了許多由它引發而出的派生之罪過：「自滿、自用、自騁、自誇、好勝人、好異、好名、戲侮人、爭鬬、不恭敬、不孝順、飾罪、詐善，皆傲之屬也。」〔一〕顯然，這樣細致入微的具體分析，給當時急於解決倫理學之有效性問題的王徵留下了十分深刻的印象。雖然七克一書的主題是倫理學，但顯而易見的是其基礎和中心卻是關於天主的觀念。龐迪我在七克自序中説：

克欲修德，終日論之，畢世務之，而傲妬忿淫諸慾卒不見消，謙仁貞忍諸德卒不見積，其故云何？有三蔽焉：一曰不念本原，二曰不清志嚮，三曰不循節次。〔二〕

這裏所謂「本原」，是指作爲天主教形上的超越本體即天主。龐迪我又説：「夫世之傲然自是者，咸謂修德克慾之力量，我自能之；不知自有生來，但有一念提醒，莫非天主。」〔三〕雖然王徵作爲儒家學者對形上本體的問題也非常重視，並有其獨到的見解，然而對於天主教之形上的超越本體觀念及其與倫理道德之間的關係問題，依王徵當時對天主教教義的有

〔一〕〔西班牙〕龐迪我著：七克卷一，收入吳相湘主編中國史學叢書之第二十三古種天學初函（金陵大學寄存羅馬藏本，全六册）第二册，臺北：學生書局一九六五年初版（影印），第七一七頁。

〔二〕同前頁注，第七一〇頁。

〔三〕同上。

限理解程度，還很難有實質性的把握，故在他獲得七克一書時，雖「日取七克置床頭展翫，然恨未遽鏡其原也」（王徵集卷八天學一畏天愛人極論）。「恨未遽鏡其原」，正是王徵當時對天主教教理所謂「本原」尚難以鞭辟入裏的真實表白。

如果說王徵讀龐迪我之七克後大受啓發，從而成爲他認信天主教的起點的話，那麼，王徵於次年會晤龐迪我，面聆其講授天學教理，則是王徵領洗奉教的契機。

王徵後來回憶他在京師面晤龐迪我的經過說：

> 亡何，復詣都門。及晤七克作者之龐子，因細扣之。龐子笑曰：「此吾輩下學，於畏天愛人中，各審擇其病痛而自施針砭克治之小策耳。子奚所見而愛之？」因徧示邸寓所攜來諸書，簡帙重大，盈几滿架，令人應接不暇，恍如入百寶園，身遊萬花谷矣。初若另開眼界，心目頓豁；已復目絢心疑，駭河漢之無極也。龐子爰爲予陳其梗概，曰：「吾西學從古以來，所闡發天命人心，凡切身心性命與天載聲臭至理者，不下七千餘部。而其最切大者，則人人能誦讀焉，部蓋二十有四。撮其大旨，要亦不過令舉世之人，認得起初生天、生地、生人、生物之一大主，尊其命而無踰越，無干犯，無棄逆；於以盡昭事之誠，於以體其愛人之心以相愛，於以共遊於天鄉云耳。」（同上）

這裏，首先需要確定王徵面晤龐迪我的時間。所謂「復詣都門」，當指萬曆四十四年丙辰（一六一六）二月，亦即四十六歲的王徵第八次進京會試之時。所謂「亡何」，是相應於王徵獲讀七克一事而言的，是指在王徵得讀七克與進京面晤龐迪我這兩件事之間相隔並不很久，故可向後倒溯證明，王徵獲讀七克一書的時間，可能就在他抵京的前一年（萬曆四十三年乙卯，一六一五）。

那麼，王徵領洗奉教的時間又在何時呢？依據現在已知的資料推斷，王徵領洗的時間大體應當在他與龐迪我會晤的同一年，即萬曆四十四年丙辰（一六一六），授洗人很可能就是龐迪我，並爲王徵取聖名斐理伯（Philippe）。作此推斷的依據主要有四：

其一，王徵在聆聽了龐迪我向他講授的包括天主觀念在内的天學「大旨」之後，似乎終於找到了自己所嚮往的精神歸宿，欣喜異常地表示：「余於是洗然若有以自新也，灑然若有以自適也，而又愀然若無以自容也，曰：『嗟乎！今而後余始知天命之有在矣，余始知天命之果不爽矣，余始知天命之真可畏矣。』」（同上）顯然，此時王徵的思想立場已經發生了某些實質性的改變，已經在很大程度上接受了天主教的世界觀。

其二，龐迪我在向王徵講授天主教教理的同時，還向王徵出示了天主教「十誡」，並「肅然」帶王徵去教堂「瞻禮天主聖像」。

其三，在此之前，有徐光啓、李之藻、楊廷筠等人先行奉教的影響；其後，有南京教案的發生，龐迪我等傳教士被逐出北京和南京，待萬曆四十七年己未（一六一九）王徵再次進京時北京已無傳教士。故從時間上看，王徵似已無其他的受洗時機。

其四，至天啓元年辛酉（一六二一），即王徵與龐迪我相會的第五年，在王徵爲楊廷筠之代疑編一書撰序時，無疑已是教中人的口氣了。

綜合以上幾種因素，可以初步斷言：王徵奉教的時間，以與龐迪我晤面的萬曆四十四年丙辰（一六一六）的可能性最大。

王徵領洗奉教之後，其信仰發生了某些根本性的改變。畏天愛人極論中借與王徵對話的「客」之口，這樣描述了王徵信仰的新變化：

盡置嚮之所崇信者，而獨欽崇一天主在萬物之上，朝夕起居，若時時臨汝而虔事之不少怠。每每俞揚其説，無問人之喜與不喜而強聒之。甚且一家非之弗顧，一國非之弗顧，天下非之弗顧。人咸惜子之狂惑不解，而子乃執拗自是，反若見之獨定，知之獨真，信之獨堅，而好之更愈甚。（同上）

與此同時，王徵的思想也發生了相當大的改變。他在接受了天主教的形上本體觀念之後，意識到局限於倫理層面還很不夠。因爲按龐迪我對王徵的指點，倫理學在天主教那裏僅僅是「吾輩下學」和修身克己之「小策」而已。這一新的認識，促使王徵比較儒、耶在形上本體層面的得失，從而進一步意識到儒家之外在超越性實在觀念的薄弱，需要以天學教理來改善儒學之缺失。因此，王徵在接受了天主教信仰之後，對於如何落實「不愧不怍」這一倫理學原則便有了新的體會：「竊謂果得一主以周旋，自可束我心神，不致走放，可訓至不愧不怍無難也。」（同上）

自此，王徵便開始明確地賦予儒學之「天」以「主」（人格化主宰）這一新的内涵，同時對自己一直苦苦思索的「天命」之所在的根源性和基礎性終於獲得了令自己滿意的解答。由於這一新的「天命」觀更加突出了作爲終極實在的天主的至高無上地位，從而爲落實使人「不愧不怍」的倫理規範體系提供了更具權威性的依據和基礎。

天啓二年壬戌（一六二二），王徵十上公車，終成進士。這時，他已經五十二歲了。

第三階段：從政時期，從成進士到六十二歲去官歸里

王徵進士及第時已經五十二歲，罷官歸里時則爲六十二歲，前後整十年。他先後任北直隸廣平府、南直隸揚州府司理，後官至山東按察司僉事兼遼海監軍。但王徵「歷官三任，不及四載」。[一] 其政治生涯很短，一是因爲中進士甚晚；二是因爲在廣平和揚州兩府任内，先後遇繼母、父親辭世，兩次回籍服喪守制共五年；三是因爲他崇禎四年辛未（一六三一）出任山東按察司僉事兼遼海監軍僅半年，就遇部將孔有德等叛亂，遂去官歸里。

然王徵在任期間，多方造福百姓，政績相當卓著。他先後出任廣平府和揚州府司理期間，重視社會教化，整頓地方治安；斷案公平，平反冤獄；治理水患，開河築堤；爲民請命，敢於直言犯上。他還提出「恤商裕國」的主張，認爲商人是「財用發生」的根本。王徵身爲理官，但由於他練達兵事，故到廣平任所不久，即奉保定巡撫張鳳翔檄召赴恒陽協助練兵。他設立「兵約」，嚴明軍紀，整備軍械，「設三韜六略之謀，演八卦五花之陣」，一時士氣大振，被張巡撫贊爲「諸葛再

[一] 王承烈撰：魯也府君行述，收入柏堃輯編：涇獻文存（民國十四年綫裝鉛印本）卷十二。

生」。（王徵集卷一治狀一兩理略之一恒陽簡兵；王徵集附録二孫承宗：祝涇陽王葵心先生六旬壽序）時隔七年，王徵的軍事才能又遇到在實戰中加以發揮的機會。崇禎二年己巳（一六二九），王徵因父喪回鄉守制，正遇高迎祥等率兵至涇陽、三原一帶。爲抵禦其襲擾地方，以王徵等爲首，建立了地方武裝「忠統營」。高迎祥等率兵「往來飆忽數千里，秦無完城，獨涇陽、三原安堵，大抵多出徵與焦源溥方略云」（王徵集附録二屈大均：涇陽死節王徵傳）。

王徵不僅爲官廉勤公正，而且明大義，講氣節。他在揚州府任司理時，太監魏忠賢把持朝政，淮揚巡鹽御史許其孝爲魏忠賢建生祠於揚州，各級官員紛紛前往拜謁，以表效忠。此時，唯王徵與同爲關中人士的兵備副使來復毅然不往拜，一時人稱「關西二勁」。（同上附録二張炳璿：明進士奉政大夫山東按察司僉事奉敕監遼海軍務端節先生葵心王公傳）

如前所述，王徵素諳製器之學。他於廣平府任職期間，或在此前不久，偶然讀到意大利傳教士艾儒略撰寫的職方外記一書，「所載奇人、奇事，未易更僕數。其中一二奇器，絶非此中見聞所及」。見此奇器，王徵喜出望外，心中思忖：「嗟乎！此等奇器，何緣得當吾世而一覩之哉？」（王徵集卷十五序跋遠西奇器圖説録最自序）

天啓六年丙寅（一六二六）冬，王徵爲繼母服喪期滿，入京待補新職，恰巧傳教士龍華民、鄧玉函和湯若望在京師，使王徵終於有機會就職方外記中所記諸奇器向他們當面請教。傳教士們將自歐洲帶來的圖書拿出給王徵看，這些書籍，「專屬奇器之圖、之説者不下千百餘種。其器多用小力轉大重，或使升高，或令行遠，或資修築，或運芻餉，或便泄注，或上下舫舶，或預防災祲，或潛禦物害，或自舂自解，或生響生風。諸奇妙器，無不備具。有用人力、物力者，有用風力、水力者，有用輪盤，有用關捩，有用空虛，有即用重爲力者。種種妙用，令人心花開爽。間有數製，頗與愚見相合。閲其圖繪，精工無比。然有物，有像，猶可覽而想像之」。（同上）

不久，在鄧玉函（Jean Terrenz（Terentio），一五七六—一六三〇）的指導下，王徵有選擇地編譯了其中的部分内容，並摹繪了書中的配圖，整理成一部書稿。王徵在編譯過程中對西洋奇器的選録非常嚴格，明確提出了「三最」原則，即：一選録其對民生日用和國家所需之「最切要者」；二選録工匠便於製作和不費工值之「最簡便者」；三選録衆多器械中之「最精妙者」。由於此書稿是依據「三最」原則選譯的，故取書名爲遠西奇器圖説録最。書稿完成後，王徵便赴揚州府擔任司理。

崇禎元年戊辰（一六二八），王徵將遠西奇器圖説録最三卷與自著的新製諸器圖説一卷合爲一帙，刊刻行世。新製諸器圖説一書共收入了九種器械：虹吸、鶴飲、輪激、風磑、自行磨、自行車、輪壺、代耕，及兵器一種，即連弩。這些器械，可以運用於農耕、灌溉、運輸、戰守，其中有些是對前人發明的總結，有些則是他自己的創製。

除爲官從政之外，王徵的宗教活動並未中斷；而且，其會通儒、耶的「畏天愛人」之學，就形成於這一時期。

天啓五年乙丑（一六二五）春，王徵因繼母之喪正在籍里守制。王徵聽説比利時耶穌會士金尼閣（Nicolas Trigault，一五七七—一六二八）在山西傳教，便邀金尼閣來陝，居其家，爲其家人授洗，並協助金氏在陝開教。金尼閣來陝時，隨身攜帶了一部他在山西撰寫的書稿，這就是著名的西儒耳目資。這部書具有雙重功能，一是可以幫助西洋傳教士學習漢語，二是可以幫助中國人學習拉丁文。王徵對金氏的書稿很感興趣，二人時時商榷，「互相質證，細加評核」；此外，王徵還爲該書撰寫了序言以及釋疑等文章。王徵在協助金尼閣定稿和促成此書的刊刻印行方面，也做了許多工作。可以説，王徵是中國最早學習拉丁文的學者之一，也是嘗試漢語拼音的先驅。

崇禎元年戊辰（一六二八），王徵在揚州撰寫了畏天愛人極論一卷。這是王徵最重要的一部天學著作，標誌著王徵會通儒、耶的「畏天愛人」學説的正式形成。

崇禎二年己巳（一六二九）初，王徵因父喪里居。料理完喪事之後，王徵常自家鄉涇陽魯橋鎮往西安崇一堂，與此時正在西安主持教務的湯若望神父（Jean Adam Schall Von Beli，一五九一—一六六六）會面請益。王徵在崇一堂日記隨筆小引中説：

> 崇一堂者，嚮余理維揚時，因遠西諸儒，振鐸中土，寓我省會，爰置此堂，以爲朝夕欽崇天主上帝之所。蓋天主十誡首云：「一欽崇一天主在萬物之上。」故嘗謬擬一聯：「自生天生地生人生物以來，兩間無兩主宰；從有帝有王有聖有賢而後，一總是一欽崇。」遂取此義名堂，聊旌一念欽崇之意云。（王徵集卷十一天學四崇一堂

日記隨筆小引）

王徵回憶其在崇一堂會晤湯若望，並撰崇一堂日记随筆的情形：

余閒一躬詣，每留連十數日，多聞所未聞。此則坐間筆記之話言也。先生每夕坐間，爲余譯述西賢苦修會中奇蹟一二段，以爲日課。余覩其所述奇蹟小冊，蠅頭西字，横行密排，又是單紙，兩面細印，計紙百數十葉。事少者，每葉或一段，或兩三段；多則每段或滿一葉，或多至兩三葉而止。此日記隨筆，不過千百中之一二焉耳。

（同上）

王徵覩湯若望所述「奇蹟小冊」，當爲古聖軼事一書；而王徵所記，即爲崇一堂日記隨筆。

這一時期，東北邊境局勢嚴峻，徐光啓幾次上疏，提出「急用人」之策，其中就有速召孫元化、王徵於登州的建議。〔二〕崇禎四年辛未（一六三一）夏，王徵赴登州出任山東按察司僉事兼遼海監軍，協助徐光啓的學生、時任右僉都御史登萊巡撫的孫元化把守滿洲軍渡海進攻的防綫。王徵一直留意東事，在客問等文中提出過有獨到見解的戰守之策。這次頗令他感到「超格特命」的提陞，爲他施展抱負提供了機遇。加之，王徵與孫元化是志同道合的好友，兩人攜手合作，本來是可以有所作爲的。但不幸的是，王徵上任纔半年，就發生了「吳橋之變」。是年末，孫元化的部下耿仲明、孔有德二軍於奉命援遼途次，因朝廷贓官蓄意刁難、拖欠糧餉而嘩變於吳橋。崇禎五年壬申（一六三二）正月初三夜，登州城爲孔有德等所陷。是年春，孫元化與王徵等因屬下兵變之責被押解至京師，後孫元化竟被誅，王徵則被判謫戍近衛。稍後，王徵遇赦歸里，未再出仕。

縱觀王徵短暫的政治生涯，雖然他才品過人，但可惜時運不濟，仕途坎坷，致使其才幹和抱負未能充分施展。故就他作爲積極的入世者來説，不能算是很成功的。個人經世抱負的實現，會涉及很複雜的社會背景和相關條件、機運，並非個

〔二〕徐光啓：欽奉明旨敷陳愚見疏，王重民輯校：徐光啓集卷六，上海：上海古籍出版社一九八四年版，第三一三頁。

人所能左右。

第四階段： 晚年隱居時期，從去官歸里到七十四歲盡節而卒

王徵歸里後的第三年（崇禎八年乙亥，一六三五）夏，於南山下買地建别墅「簡而文」，作爲隱居之所。中庸第三十三章云：「君子之道，淡而不厭，簡而文，温而理，知遠之近，知風之自，知微之顯，可與入德矣。」王徵將自己的隱居處稱爲「簡而文」，從中亦可見出他當時關懷自己精神生命的心境。王徵晚年的諸多著作，其中有不少就是在這一幽静的居處裏寫成的。在王徵致表弟張炳璿（儀昭）的書劄中，道出了他當時爲「撇脱塵土俗緣，料理雲霄清事」而專注於著述的心緒：「見之者每笑白髮衰弱，復作青春學子，豈其老苦未盡，抑亦書債難還？然而我顧樂此不爲疲也。」（王徵集卷十三書牘與張儀昭書）

可以看出，此時的王徵再無政務纏身之累，其宗教信仰比以前更加真切了。王徵在其政治生涯中，曾遇到不少危機，特别是遭逢「吳橋兵變」而竟能大難不死，於「百危百險中，賴主祐而生還」（王徵集卷十一天學四崇一堂日記隨筆附録祈請解罪啓稿）的親身經歷，使他對「百樣顛危賴主扶」這一信仰源頭更加確信不移。王徵晚年撰寫的額辣濟亞牖造諸器圖説，一方面可以視爲新製諸器圖説的續編，其中有不少新的創製；另一方面，此著與王徵的其他製器著作相比，當中有一個非常明顯的特點，就是格外强調造物主的「特恩啓牖」之功。王徵説：

> 余不敏，正世所稱至愚極拙人也。一切世事不甚通曉，即家人生計，與夫時尚世局，總安愚拙，都不料理。顧獨景慕古人奇異諸製，如璇璣、風鳶、指南、奇肱，及武侯木牛流馬之類，恨不當吾世而悉得目覩之焉。若不獲覩，結想成癡。因讀西儒力藝之學，而有感於用穴用氣、用水用風諸説，恍如開悟，頓克成造種種機器，業有四伏、四活、五飛、五助及新器諸刻傳之矣。茲再續成諸器，既繪爲圖，又各以説詳之，而冠之以「額辣濟亞」之名者，蓋自知愚拙無能，匪徼造物主特恩啓牖之萬一，萬萬弗克成也。故欲傳以救世，先自感頌主恩若此。（王徵集卷十五序跋額辣濟亞牖造諸器圖説自記）

額辣濟亞，乃拉丁文Gratia之譯音，今譯「聖寵」。顯然，王徵已經將作爲自己一生興趣所在的製器事業及其成就，完全歸結於全能造物主開發學人心靈的無限力量。

晚年的王徵，在日常生活中嚴格按照天主教十誡悔過、反省自己的言行。此中很突出的一件事，是他任職廣平府時以無嗣之故而娶妾，違反了十誡。王徵娶妾事，應在天啓三至四年之間。其妾申氏，時年十五，道光元年魯橋鎮志有傳。爲此，王徵內心的矛盾衝突十分激烈，「極知罪犯深重」，數次請解罪於諸鐸德，均未獲許。至崇禎九年丙子（一六三六）末，王徵因「偶讀彌格爾張子靈應奇蹟，及口鐸日抄，內刊有罪某嚮日移書不娶妾一款，不覺慚愧之極，悔恨之極！終夜思維，年將七十，反不如十七少年功行，且虛傳不娶，而實冒邪淫之罪於莫可解。夫既不能絶人，抑豈不能自絶！況年已垂白，猶然不自決絶，甘犯上主不赦之條，空繫進教之名，奚益耶？又況百危百險中，賴主祐而生還。縱及時苦修，斷絶一切世緣，能有幾許功行，報答從前公恩私恩？柰何不自割捨，日墮慾海中，以速重罰！今立誓天主臺前：從今以後，視彼妾婦，一如賓友，自矢斷色以斷此邪淫之罪，倘有再犯，天神諳若，立賜誅殛！伏望鐸德垂憐，解我從前積罪，代求天主之洪赦」。（王徵集卷十一天學四崇一堂日記隨筆附録祈請解罪啓稿）〔二〕關於王徵晚年之信仰體驗和依誡反省的種種細節，在其曲作山居自詠和山居再詠中有許多描寫，此處不贅。

在注重個人修行的同時，王徵還熱心參與社會性的宗教活動。其一，是在家鄉建立天主教堂，以擴大天主教的傳播。崇禎十一年戊寅（一六三八），王徵於家鄉建成崇一堂一座。（王徵集卷十一天學四崇一堂日記隨筆）另據王徵撰於次年的析箸文簿自敍瑣言稱，他曾「新建家神堂」，以作爲自己「焚修昭事」及「大家公共祈福之所」。（王徵集卷十六）其二，是建立社會慈善團體「仁會」。崇禎七年甲戌（一六三四）春，山西、陝西等地旱災嚴重，以致出現「人相食」的「大饑」局面。

〔二〕此事其詳，請參閱臺灣清華大學歷史研究所黄一農教授的專論明末中西文化衝突之析探：以天主教徒王徵娶妾和殉國爲例，收入「世變、羣體與個人」：第一屆全國歷史學術討論會論文集，一九九六年六月，臺北。

這時，王徵及時於里中創建仁會，乃依天主教慈善團體之制而設。仁會以食飢、飲渴、衣裸、顧病、舍旅、贖虜、葬死等七事爲急務。王徵所設仁會，在此次大旱中「全活千百人」。（王徵集附録二張縉彦：僉憲王端節公墓誌銘）王徵在仁會約引中闡明了建立此會的宗旨，他説：「嚮余爲畏天愛人極論，蓋有味乎西儒所傳天主教義，竭力闡明，用勖我二三兄弟之崇信。第論焉已耳，未克實行。即行矣，悠悠忽忽，未克力行。間即憤志力行乎，其力小，其行微，終未克約我同志，共捐全力，以暢我實行之志願。」（王徵集卷九天學二仁會約）在此文中，王徵還「勸我會中人，緣此愛人功行，默啓愛天主之正念，庶人人可望天上之真福云」。（同上）王徵所創辦之仁會，可能是中國北方最早的天主教慈善團體。

崇禎十七年甲申（一六四四）正月，李自成於西安稱王，遂派人四處羅致地方名士，幾次遣使至王徵家強行徵聘。王徵決心以死抗命，於是手題墓門之石曰：「有明進士奉政大夫山東按察司僉事奉敕監遼海軍務了一道人良甫王徵之墓」。旁又署一聯曰：「自成童時，總括孝弟忠恕於一仁，敢謂單傳聖賢之一貫；迄垂老日，不分畏天愛人之兩念，總期自盡心性於兩間。」又曰：「老天生我意何如？天道明明忍自迷！精白一心事上帝，全忠全孝更無疑。」自此，王徵便絶粒不復食。屬纊之際，猶握表弟炳璿手，誦所爲「憂國每含雙眼淚，思君獨抱滿腔愁」之句，絶無一語及他。三月初四日，王徵七日不食而卒，享年七十四。卒後，鄉人私謚曰端節先生，葬於三原楊杜鎮東北原上馬家坡北嶺上。（王徵集附録一年譜）方豪説，王徵「墓在魯橋鎮正北轆轆耙原」，（方豪著：中國天主教史人物傳上册，北京：中華書局一九八八年版，第二二六—二三三頁）此説不確。

二

前面已經述及，王徵的思想在發生重要轉變之前，他一直關注和思考的問題焦點在於：一是欲探明儒家經典中庸所涉及的終極實在觀念亦即「天之所以命我者」，一是欲釐清怎樣纔能達致孟子所謂「仰不愧天，俯不怍人」這一道德修養境界。在畏天愛人極論中，前者共五見，後者共七見。王徵自中年奉教之後，「始知天命之有在矣」，「始知天命之果不爽矣」，「始知天命之真可畏矣」（王徵集卷八天學一畏天愛人極論），並逐漸形成了其獨特的「畏天愛人」之學。

王徵「畏天愛人」之學所蘊涵的主要問題有三個。下面，擬概述我對這三個問題的初步理解，其中尤以第二個問題爲紹述的重心。

第一個問題，關於王徵的著作及其「畏天愛人」主題

王徵的諸多著作，頗能完整地體現其一生的學行特色。反映王徵行實（經世實踐）的著作主要有：作爲從政記録的兩理略、兵書、奏疏等（王徵集卷一至卷六）。這些著作，體現了王徵在其從政活動中「獨時時將畏天愛人念頭提醒」（王徵集卷一治狀一兩理略序）的情懷。反映其學術的著作，可分爲三類：第一類是由儒學與天學組成的「資心」之學（王徵集卷七儒學、卷八至十一天學），第二類是將自己長期鑽研製器學所得與西方機械工程學結合在一起而形成的「資手足」之學，第三類是爲西洋人學習漢語及中國人學習拉丁文提供方便的「資耳目」之學（王徵集卷十二音學）。

王徵重視拉丁文的學習和介紹，尤其重視機械工程學的推廣和實踐，從而形成了自己不同於傳統、頗具近代色彩的實學觀念和實踐。然而，王徵更加重視的是有關人的精神生命的「資心」之學，並以「畏天愛人」四字加以總括。在王徵看來，「資心」之學並不是完全脱離人間生活的玄思冥想，它必須在承擔經世使命亦即對現實世界的關愛中纔能夠得以落實。「畏天愛人」或「敬天愛人」，是明末中西文化交滙過程中利瑪竇、龐迪我及徐光啓、李之藻、楊廷筠等中外人士所經常言及的基本觀念。但是，明確聲言以「畏天愛人」四字總括自己的學説，並撰寫專著畏天愛人極論以「竭力闡明」而「極論」「畏天愛人」思想的，則唯有王徵一人而已。正如清代關中學者王心敬（號豐川）在爲王徵撰寫的傳記中評價其「生平之大志弘學」所説：「先生三十年勤事天之學，刻刻念念以畏天愛人爲心。」（王徵集附録二王心敬：端節王先生）

總之，在披閲王徵的全部著作之後可以看出，「畏天愛人」既是王徵宗教信仰的根基和道德規範的準則，也是王徵經世實踐的尺度，又是貫穿其學術思想的主綫。因而，完全有理由認爲，作爲王徵「資心」之學精髓的「畏天愛人」思想，正是他全部著作及學説的主題。可以説，王徵獨特的「畏天愛人」之學，是晚明思想發展史上頗具研究價值的精彩篇章。

第二個問題，關於王徵「畏天愛人」之學的基本架構和主要特質

王徵最重要的一部天學著作畏天愛人極論一卷，撰成並刊刻於崇禎元年戊辰（一六二八）夏。此時，王徵正在揚州府推官任內。這部著作，是王徵會通儒、耶的「畏天愛人」之學正式形成的主要標誌。王徵的「畏天愛人」之學，主要就是在這一著作中得到集中、系統闡發的。崇禎七年甲戌（一六三四），王徵所撰仁會約一卷刊刻行世，對其「畏天愛人」之學作了重要的補充。

「畏天愛人」之學，既承接了儒家傳統「究天人之際」的「天—人」架構形式，又吸取了天主教對天主和人的雙重之愛的根本精神。[二]因此，王徵以「天—人」這一基本框架來總括自己的「畏天愛人」之學，同時調和儒、耶，會通中西，應該說這是相當適切的。

王徵「畏天愛人」之學的內容，可分爲「畏天」與「愛人」兩大部分，同時還涉及「畏天」與「愛人」二者之間的相互關係。首先，關於「畏天愛人」之學的第一部分「畏天」說。

值得注意的是，王徵的「畏天」說是一個在天—人架構之下，把他對天主存在的論證，對天主的獨特信仰體驗，以及天主教理中的天堂論、地獄論與靈魂論都包括在內的、內容相當豐富的學說。對天主存在的論證，是王徵「畏天」說首先需要面對的一個重要問題。儒學之「天」或「上帝」是否人格神？能否與天主教的「天主」同一？對此，學術界一直有不同的理解。如前所述，探尋「天之所以命我者」、「天命所在」之類終極性的問題，以及如何落實「不愧不怍」這一道德實踐的根本原則，一直是王徵思考的中心，然而卻一直不得其解。當王徵聆聽龐迪我講授天主教義之後，情況纔有了根本性的改變。龐迪我講述內容之「大旨」，「要亦不過令舉世之人，認得起初生天、生地、生人、生物之一大主，尊其命而無踰越，無干

[二] 羅光在其孔子之仁和基督之仁愛的比較研究一文中說：「基督的教義爲一種包含天人關係的宗教信仰。」收入羅光全書（全四二冊）第卅三冊，臺北：學生書局一九九六年版，第三七九頁。

犯，無棄逆；於以盡昭事之誠，於以體其愛人之心以相愛，於以共遊於天鄉云耳」（王徵集卷八天學一畏天愛人極論）。王徵聽龐迪我講授後的反應很值得注意：

> 予於是日，似喜得一巴鼻焉者。隨與龐子時時過從，相與極究天人之旨。竊謂果得一主以周旋，自可束我心神，不致走放，可訓至不愧不怍無難也。（同上）

在王徵與龐迪我之間反復就「天主」的名稱問難答疑之後，王徵更表示：

> 余於是洗然若有以自新也，灑然若有以自適也，而又愀然若無以自容也，曰：「嗟乎！今而後余始知天命之有在矣，余始知天命之果不爽矣，余始知天命之真可畏矣。」（同上）

對於儒學之「天」觀念，王徵應該是了然於心的，然而當他聽了龐迪我有關「天主」觀念的講述之後，卻產生了一種聞所未聞的新鮮感，而且認爲自己一直不得其解的問題終於得到了解決。這就非常有力地説明，王徵此時理解的作爲「天命」之根源的「天」，不完全是儒學傳統意義上的「天」，而是天主教意義上的「天主」，即王徵所謂「天命之出於天主」。（同上）由此，所謂「天之所以命我者」或「天命所在」，亦即「天命」之終極性根源，便非常明確，即都指嚮「天主」。這可以視作王徵在根本觀念上對異質文化的接納。爲了表示天主教與儒學並不抵牾，王徵有時也承認天主教的「天主」與儒家經典中所講的「天」、「帝」具有同一性。〔一〕

王徵在其畏天愛人極論中論證天主存在時，雖然在一定程度上吸取了利瑪竇所著天主實義及徐光啓、楊廷筠等人著作中的某些方法或觀點，但綜合觀之，王徵的論證可以説是當時中國奉教儒者中比較詳盡的，而且其方法獨特，思路嚴謹，有如下特點。

〔一〕例如，王徵於天啓六年丙寅（一六二六）言及金尼閣神父時説：「先生學本事天，與吾儒知天、畏天、在帝左右之旨無二。」（王徵集卷十二音學西儒耳目資敘）

（一）强調了「知天命」和「畏天命」的必要性。王徵善用儒家傳統固有的精神資源，他從孔子「君子畏天命」的命題出發，又結合儒家早期經典中「天」或「上帝」能夠「降祥降殃」的觀念，進而提出：「知天命」是「畏天命」的前提。他認爲，君子與小人之別，就在於「小人不知天命而不畏也」。即使「天縱之聖」的孔子也是「五十而知天命也」，可見「天命不易知矣」。因此，王徵主張對於「知天命」一事，必須予以「留心究徹」，他説：「夫天下事，苟欲知之，未有不留心究徹而遽能曉然也者。況天命何事，有未曾一留心焉，而能即知者乎？」（王徵集卷八天學一畏天愛人極論）而「知天命」的焦點在於，必須知道具有「降祥降殃」之功能的「命者」就正是「天主」。在此基礎上，王徵提出：「知命君子，懷刑與懷德之念並急。懷刑者不但畏世主之賞罰，實以畏天主之賞罰。而懷天刑之念，正其畏天命之實功耳。」（同上）

祇有在知天命之後説「畏天命」，纔是真實不妄的。「夫不知，而胡以曰畏也？不畏，而胡以自免於小人？君子、小人，祇在一念畏不畏分途，此其際不甚嚴哉！」（同上）而「賞罰即於此畏不畏時定之」。也正因爲如此，「天」與「命」就不宜分言，「祇以天言，説理得，説道得，説蒼蒼亦得。天而繫之以命，則律令靈威，有以所命之者，則必有所以出，是命者所謂主也，有不敢不畏者在矣」（同上）。王徵通過這樣一番論證，旨在肯定作爲「天」之「命者」、「有不敢不畏者」的「天主」的存在。王徵的此一論證方式，將儒、耶之相關觀念整合在一起，理路清晰，頗具新義。

（二）批駁了「不知天上有主」的「積氣」説。王徵認爲，由於世人「止知地上有主，不知天上有主」，故一直誤以爲天爲「積氣」，「一似蒼蒼之表，冥然空虛，全無一主宰之者」；天地萬物的生成和運行乃「氣機之自動，自然而然者」。又由於世人「止知地上主賞罰可畏，而不知天上主更有真正大賞罰之更可畏」，故把一切福禍祥災全部歸結爲「莫測其所以然」的宿命及運數，從而否認了宇宙的主宰者。此説的最大危害在於，使人不知畏天命，故使道德律令的威嚴大爲削弱，並助長「天下後世無忌憚之習」，使人爲所欲爲。王徵這裏所批評的「積氣」説，是指在中國歷史上由來已久的一種以「氣」解釋世界生成及萬物運行動源的理論。王徵對「積氣」説是這樣批駁的：

使天果積氣乎？氣即積久，亦未有不散者。胡爲乎萬古恒如斯？且日月星辰之昭垂者，胡其布置位列，毫髮不爽，從無一日一時之散亂錯動也邪？就使爲氣機所動，自然而然，借問起初使之自然而動者爲誰？今人見風鳶淩空而起，乘風而動，以爲是氣機所使，自然而然乎，然誰製風鳶？誰提綫索？誰促之乘風而動也耶？則必有所以使之者矣，不可謂無主人翁也。（同上）

利瑪竇在論證天主的創造和主宰功能時，主要批判了宋儒的「太極」説。楊廷筠在論述其宇宙起源説時，雖然分别批判了氣論、理氣論、自然論等，但都比較簡要。[二]而王徵則集中批評了「積氣」説以及相關的「自然」説，着重揭示了此説之危害（「長天下後世無忌憚之習」），進而與以上第一種論證相銜接。雖然王徵並不否認「積氣」的存在以及「氣機」的推動作用，但他指出，「積氣」並非天之主宰，作爲天之主宰的衹能是天主，知此，纔能知天主之賞罰，畏天主之賞罰。

（三）以中國早期史實説明世上主不可篡，而天上主更不可篡，從而批判佛氏欲淩駕天主之上的狂傲，強調天主存在的至高無上和不可僭越。王徵指出：「主而冠之以天，則一尊而更無兩大。」（王徵集卷八天學一畏天愛人極論）因「天」字諸多涵義中有「一大」之義，故王徵以此作爲天主「一尊而更無兩大」之存在狀態的依據之一。他強調：

詎但一人一家一國之主，莫之敢并，即一世之共主，千萬世之共主，莫不在其統領綱維中，同受其賞罰也者。縱生知安行之聖，出有入無之神，亦不過全能中所造萬類之一類。（同上）

如果「不知有真主，而漫焉不畏者，其罪猶小；乃明背真主而反媚篡弑之強臣以爲主，此其罪可禱邪？不可禱邪？」（同上）接着，王徵以春秋戰國時期「篡逆者踵相接，謬認篡逆爲主，甘心事賊者亦踵相接也」的史實，進一步提出質問：「夫世上主不可篡，天上之主可篡乎？篡世主者罪不容，篡天上主者可容乎？」最後，王徵筆鋒一轉，針對佛氏自稱「天上地下，惟我獨尊」的傲態展開了激烈的批評：

[二]［比利時］鍾鳴旦（N. Standaert）著：楊廷筠：明末天主教儒者，香港聖神研究中心譯，魯汶大學中國歐洲研究中心與香港聖神研究中心出版一九八七年版，第一三二頁。

姑無論傲爲兄德，一傲而諸德盡喪。佛氏之傲然自尊，正與聖不自聖者相反。試觀從古帝王賢聖，有一不尊天者乎？佛不但敢於不尊天，而且自尊於諸天之上。若視天甚卑甚小，不敢仰望焉者，世有此等聖人乎？（同上）

取諸春秋戰國時代的史實，以論證天主的存在及其至高無上的合法性和不可僭越性，可以説這種對天主存在的論證方式發前人所未發，是相當獨特的。

（四）以超驗之「信心」論證天主的存在。世人對於天主的存在，很容易産生這樣的疑問：「誰其見之？誰則信之？吾儕擡頭見天，衹知拜天而已。今又於天之上，猥云有主。不但此中從所未見，亦從所未聞也。而一旦欲其信從而無疑，不亦難乎？」（同上）針對世人對天主存在的懷疑，王徵揭示了其中的主要原因在於：世人往往信耳目之見聞，而不信心（精神）之信念，他説：

世之人信耳目而不信心也久矣，輒以耳所習聞者爲常，以所不習聞者爲怪；以目所習見者爲有，以所不見者謂爲必無。故謂天爲漠漠然，無與世人之殃祥善惡也者，褻天、棄天而甚且逆天，無足論矣。（同上）

王徵又説：

雖則不見，豈可不信其有乎？不信其有，必至犯法干令，直待斷罪於闕下，然後信其有，悔其罪乎？晚矣！晚矣！惟智者不信耳目而信心，乃能推見至隱。視此天地高廣之形，而遂知有天主主宰其間。故肅心持志，而獨欽崇一天主萬物之上。（同上）

「不信耳目而信心」，就能「推見」至隱無形的天主。所謂「推見」，是指超越感官經驗之上的精神能力，有了這種能力，纔能夠「肅心持志」地執守天主信仰。

王徵對天主存在的論證，没有照搬當時影響甚大的利瑪竇之論證模式，而是善用儒家的精神資源，融會儒、耶之觀念，而且在相當大程度上突破了中國傳統的直觀比附的思維方式，其論證思路邏輯謹嚴，知信並用，多有新義。

由上述可知，王徵所謂「畏天」，是指畏天主。歷來的儒家學者在解釋其「畏天」觀念時，往往以「敬」釋「畏」。與此不同，王徵的畏天主之畏，可以説是包括了愛、信、畏、敬在内的比較複雜的宗教和道德情感。例如，王徵這樣描述自己對於天主之敬畏和崇拜：「朝夕起居，若時時臨汝而虔事之不少怠。」（同上）他説過：「認得起初生天、生地、生人、生物之一大主，尊其命而無踰越，無干犯，無棄逆；於以盡昭事之誠，於以體其愛人之心以相愛，於以共遊於天鄉云耳。」（同上）他還説：「真知畏天命者，自然愛天主。」（同上）這都可以説是畏天主的不同表現形式。通過種種「畏」的獨特體驗，以使外在超越的天主在心中當下呈現。聖經舊約説：「敬畏上主是智慧的開端。」〔二〕通過敬畏天主，能夠對天主所具的德能有更加深入的理解，從而開啓自己的智慧。

王徵非常強調天主所具有的賞罰之大能，其操控賞罰的形式是通過天堂和地獄來實現的。王徵指出：

夫此蒙鐸世界，不能有善而無惡也，則自不得不有賞而有罰也。勢也，理也，詎謂非至當不易之法則哉？顧現前之賞罰，小則官長操之，大則國君操之，然而非其至也。真正大賞罰，則惟天上主得而操之。即世所稱操賞罰之人，皆其所並受賞罰之人也。（王徵集卷八天學一畏天愛人極論）

王徵之所以接受天主教有關「天堂」「地獄」之教理，是認爲此教理有助於人們爲善去惡，可以增加倫理規範的強制性。他説：

夫吾輩不知天命，不知真正大主之可畏，即妄自謂我爲善而不爲惡也，我不敢信。乃既知有天命之可畏矣，而悠悠忽忽，日復一日，爲善不誠且不堅，去惡不猛且不力者，正不知此身後天堂地獄，上無所望，下無所畏焉耳。倘誠真知其必有，即不望天堂乎，寧能不畏地獄也耶？（同上）

相信天堂、地獄論，必然會涉及現世與來世的關係。對此，王徵也有詳細的論述，他説：「來世之利害甚真大，非今世所可比也。吾今所見者，利害之影耳。今世之事或吉或兇，俱不足言也。」（同上）又説：「重來世之利者，必輕現世之利。

〔二〕聖經舊約之箴言，第九章第一節。

輕現世之利，而好犯上爭奪，未之聞也。」（同上）

與現世與來世之關係問題相關聯，王徵進一步論述了靈魂論。他這樣説明靈魂不滅觀念與善惡報應之間的關係：

> 人有魂魄，兩者全而生焉；死則其魄化散歸土，而魂則常在不滅。必如是，然後善惡之報無盡，然後可以勸善而懲惡。顧猶有不覺不力者焉，藉其盡歸散滅，豈不令小人倖免而君子枉受爲善之苦勞乎哉？（同上）

其次，關於「畏天愛人」之學的第二部分「愛人」説。

王徵認爲，天主教教理的大旨就是仁愛。他説：「夫西儒所傳天主之教，理超義實，大旨總是一仁。仁之用愛有二：一愛一天主萬物之上，一愛人如己。」（王徵集卷九天學二仁會約引）天主教所強調的仁愛，首先是愛天主。因爲，「爲天主者，愛人如己也」（王徵集卷八天學一畏天愛人極論）。故天主是「第一仁者」：「第一仁者爲誰？惟天主。」（王徵集卷九天學二仁會約）所謂「第一」，有首要之根源義，這就突顯了天主作爲仁愛之表徵的終極根源性。愛天主，就是要體會天主的愛人之心，以此作爲愛他人的最終依據和倫理原則。王徵在談到崇敬天主時，特別強調要「於以體其愛人之心以相愛」。（王徵集卷八天學一畏天愛人極論）依天主教教理，愛人正是天主的全部形象，故聖經新約説「神就是愛」。[二]因此，王徵説，祇有「仰副天主愛人之至仁」，纔能「行其愛人之實功」（王徵集卷九天學二仁會約引）。

能愛天主，則必能愛人，「吾真愛天主者，有不愛人者乎」（王徵集卷八天學一畏天愛人極論）。王徵説：「天主至善，無德不備，吾儕所當效法。」（王徵集卷九天學二仁會約）所謂愛人，是説人們一定要效法天主對世人的愛，這樣，你的生命纔能得到提升。[三]這種觀念，可能與路德所論「神性之愛」與「常人之愛」的區分有關，因爲常人之愛本身是佔有慾的愛，而

[二] 聖經新約之約翰一書，第四章第八節。

[三] 參閱何光滬、許志偉主編對話：儒釋道與基督教第五部分人生觀（人性論），其中羅秉祥撰基督教觀點一文，北京：社會科學文獻出版社一九九八年版，第四八五頁。

天主的愛則是創造性的、無目的的、無私的、真正的愛。真正的愛，是施與的，甚至是可以作出自我犧牲的。天主的愛發源於自身，而人祇有依據於天主的愛，纔能實踐真正的愛，並實現與神的交往。〔一〕

王徵還論述了「愛人非虛愛」的道理，就是說：

必將渠飢則食之，渴則飲之，無衣則衣之，無屋則舍之，憂患則恤之慰之，愚蒙則誨之，罪過則諫之，侮我則恕之，故經有形神哀矜之十四端，以養其愛人之實。（王徵集卷八天學一畏天愛人極論）

由上述可知，王徵所說的愛，已經不同於儒家的血緣之愛，而是超血緣的普世之愛。然而，在王徵看來，這種超血緣的普遍之愛，與血緣親情之愛並不根本衝突。一方面，王徵認爲：「主初不論人認主與否，感恩與否，而惟以愛心普給之。人盍是則是效，以廣其惠愛，柰何強生分別乎？」（王徵集卷九天學二仁會約）另一方面，在實施仁愛的具體實踐中，王徵又主張「有倫有義」，並不排斥「孝親」與「敬長」。他說：「何時可行？何人宜先？何物爲當？神行在前，身行在後。先者當先，次者當次。由親及友，由友及衆，各依本願遂之。」（同上）就是說，普遍的仁愛是人際關係的終極理想，它不但不排斥「由親及友，由友及衆」的實施順序，而且還對仁愛的實施發揮積極的範導作用。

再次，關於「畏天」說與「愛人」說二者之間的關係。

愛天主與愛人決不可分，二者是一種雙嚮的積極互釋、互動的關係。王徵說：「然真愛人主者，必由畏起敬，由敬起愛。」（王徵集卷八天學一畏天愛人極論「其愛天主之效，又莫誠乎愛人也。」「不愛人何以驗其誠敬上帝歟？」）（同上）王徵還說：

真知畏天命者，自然愛天主；真能愛天主者，自然能愛人。然必真真實實能盡愛人之心之功，方是真能愛天主。蓋天主原吾人大父母，愛人之仁，乃其喫緊第一義也。余故深信天主之教，最真切，最正大，最公溥，且最

〔一〕 同上，第四四八—四四九、四五二頁。

明白而易簡，乃人人所能行，人人日用所當行，人人時時處處所不可不急行者。（王徵集卷九天學二仁會約引）

王徵在其「畏天愛人」之義理框架之下，深入、系統地論述了一種比較完整的調和儒、耶的新學説，此學説幾乎討論了明末耶穌會士在中國傳教的所有主要教理。王徵説：「果能畏天愛人，而實盡其道乎，無論異日者必升天堂，必不墮地獄；即今在生一日，將天之所以與我者庶幾不失，而於『仰不愧天，俯不怍人』之樂，不亦快然有契乎哉？」（王徵集卷八天學一畏天愛人極論）

綜上所論，王徵「畏天愛人」之學的特質，一是體現了王徵對「西儒所傳天主之教」大膽真誠地「深信」之，不顧他人「誚其狂、誚其迂腐」的心態；二是體現了王徵以儒入耶，綜合二教，爲社會建立新的更加切實可行的倫理價值體系所作的努力；三是王徵以「畏天愛人」總括「天主教義」，實現了從内在超越之本體論嚮外在超越之本體論的跨越，並將社會倫理價值系統立基於新的外在超越的本體論之上，以增大其道德功能的權威性和强制性，體現了他對天主教教理的獨特理解。

第三個問題，王徵的「畏天愛人」之學與近代經世致用觀念

王徵作爲「經濟大手」（王徵集卷八天學一郑鄤：畏天愛人極論序），不但有經世致用的實際才能，而且對儒家傳統的經世致用觀念做了許多改造更新，使之具有了近代化色彩。簡而言之，這主要有以下幾個方面的特點。

其一，王徵的經世致用觀念及其多方面的實踐，必以「畏天愛人」之理念作爲其基礎和準繩。他重視推廣器械製造之學的原因之一，是「每嘆人若畜」（新製諸器圖説），對勞動者工作時要付出太多的體力深表同情，故主張對於各種實用器械，「有志於仁民者，其尚廣爲傳造焉」（遠西奇器圖説録最卷三）。

其二，王徵將自己長期鑽研所得與西方機械工程學結合在一起，撰寫和譯繪了許多「製器」著作，並非常重視製器之學在農田、治水、運輸、練兵及實戰中的運用。他認識到，「爲人世急需之物，無一不爲諸器所致」，「有志於經事務者，不宜輕視之耳」。（遠西奇器圖説録最卷三）

其三，與傳統的「重農輕商」觀念不同，王徵在重農的同時卻並不輕商，他認爲：「商人者，財用發生之根本也」，提出

並論述了「恤商裕國」的主張。（王徵集卷二治狀二兩理略之二）

三

縱觀王徵的一生，他廣交「奇人」，喜讀「奇書」，善製「奇器」，被當時的兵部尚書兼東閣大學士孫承宗讚爲「關西傑士，天下英奇」。（王徵集附録二孫承宗：祝涇陽王葵心先生六旬壽序）法國著名漢學家費賴之（Pfister，一八三三—一八九一）稱王徵「肯定是中國第一位『現代的』工程師，雖然他遠離文藝復興的發源地，卻實在是一位文藝復興人士」。〔二〕以今人的眼光評價之，則可以説王徵是明末重要的儒學思想家、西學思想家、科技發明家、語言學家和翻譯家，是中國歷史上第一批認信天主教的儒家士大夫之一，同時還是中國人學習拉丁文和嘗試漢語拼音的先行者。總之，可以説王徵是最早懂得並參與中國近代化運動的有識之士。

王徵作爲儒士與基督徒的雙重文化角色或身份，又必然關聯這樣一個問題，即：應當怎樣看待王徵思想中的本土文化（儒家文化）與他後來有所承納的異質文化（天主教文化）之間的關係？此問題可從兩方面進行分析。一方面，並非像有些學者所説的那樣，當王徵等儒士與天主教思想相接觸時，似乎僅僅處於被動「反應」的位置，〔三〕而是以自己既有的問題爲中心，在此基礎上展開與異質思想文化之間的對話，並進行有選擇的吸納，以改造中國的本土文化。這裏既有「擬同」，即在儒、耶兩種文化之間尋求相通點，調和會通；又有「納異」，即大膽接納異質文化，甚至是在涉及基本文化立場

〔二〕［英］李約瑟著：中國科學技術史第四卷物理學及相關技術第二分冊機械工程，鮑國寶譯，北京：科學出版社，上海：上海古籍出版社一九九九年版，第一八三頁。

〔三〕［法］謝和耐（Jacques Gernet）著：中國和基督教：中國和歐洲文化之比較，耿昇譯，上海：上海古籍出版社一九九一年版，第一、五頁等。

和根本思想觀念上的接納。實際上，如果没有對自身問題的主動思考，要對異質文化作出任何具有實質性的「反應」是不可能的。另一方面，原本以儒家思想作爲自己基本立場的王徵，當他認信天主教之後，便獲得了信仰及文化上的雙重身份（既是儒士又是基督徒），使得體現在王徵身上的信仰與義理之間、本土文化與外來文化之間，乃至在立身處事等行爲方式上，都會形成既相互矛盾、相互挑戰乃至激烈衝突，又相互調和、相互改造乃至相互整合的關係。

耶穌會士通過來華傳播天主教將西方文化引入中國，這就爲中國文化與西方文化的相遇、碰撞和會通提供了一次重要的機會。值得注意的是，在此過程中，包括王徵在内的一批儒家士大夫，他們不囿於本土文化的成熟形態而自我封閉，能夠突破自身的排外心理障礙，以完全開放的心態，願意真誠地去理解和接納不同於本土文化的異質文化，並企望從西方文化中吸取積極有益的成分和因子，以改造中國本土文化，激活其内在的生命力，進而提升整個社會的精神氣質和道德水準。也正是通過他們對西方宗教、科技著作的翻譯，以及他們自己撰寫的介紹和研究西方文化的著作，使更爲廣泛的讀者有可能接觸和了解西方的思想文化。這批儒家士大夫在中國近代史上所做的會通中西的努力和嘗試，爲後人留下了許多寶貴的精神和文化成果，值得我們珍視。可以説，具有悠久歷史的中國文化，正是在與包括西方在内的外來文化的不斷相遇、交流、碰撞和會通的過程中一步步走嚮世界的。雖然包括王徵在内的儒家基督徒在晚明僅是少數，但是他們的嘗試畢竟發揮了重要的影響，爲中國文化後來的發展提供了值得研究的經驗。

林樂昌

二〇一二年六月十六日於西安

編校說明

王徵（一五七一—一六四四），字良甫，號葵心，皈依天主教後取聖名斐理伯（Philippe），晚年自號支離叟、了一子，卒後學者稱端節先生。陝西西安府涇陽縣人。明天啓壬戌（一六二二）進士，歷任廣平、揚州司理，山東按察司僉事兼遼海監軍。王徵一生廣交「奇人」，喜讀「奇書」，善製「奇器」，是儒學和西學思想家、科技發明家、語言學家和翻譯家，與著名的「天主教三柱石」徐光啓、李之藻、楊廷筠一起被合稱爲晚明「四賢」，在中西文化交流史上佔有突出的地位。

據史志著録或史料記載，王徵一生所撰著譯詩文甚多。其七世孫王介說，其先祖王徵「生平著述累百萬言，如奇器圖、兩理略、士約、兵約、學庸解、山居詠等書，不下數十種」（王介：明關學名儒先端節公全集序，參見本文集附録三）。然流傳中多有散佚。王徵生前，並無文集行世。清嘉慶中期（十九世紀初），王介著録、匯輯先祖王徵遺作，並整理刊刻，用力最勤。其詳情，可以參見王介爲其先祖王徵全集、文集撰寫的五篇序言，以及一篇關於王徵及其他先祖的文集目録寶田堂歷世諸集目録（皆已收入本文集附録三）。該目録著録有王端節公文集二卷，並自注「王端節公著，王介匯輯」、「王介匯刻」。據此可知，嘉慶中期曾有王徵文集行世，但可惜早已失傳，故其內容已不得而知了。

民國十四年（一九二五），柏堃編輯鄉邦文獻涇陽文獻叢書，其第一種爲王端節公遺集四卷。據柏堃撰王端節公遺集序可知，這部遺集當由他所匯輯。王端節公遺集四卷：卷一奏疏三篇，卷二書牘十五通，卷三序、跋、引八篇，卷四雜著七篇，合計三十三篇。顯而易見，這部由柏堃匯輯的王端節公遺集仍然是很不完備的。自二十世紀三十年代陳垣先生因纂中國基督教史爲王徵立傳以來，對王徵其人其學的研究漸爲學界所關注。北京大學王重民教授對搜集王徵遺著非常重視，他在撰寫於一九四七年的跋王徵的王端節公遺集中說：「十餘年來，我也很注意王徵的遺文和遺事，曾想爲他編年譜，重編文集。」（參見本文集附録三）然而可惜的是，王重民爲王徵「編成一部比較完備的集子」（同上）的願望，一直未能實現。

二十世紀八十年代末，西北大學歷史系教授李之勤先生匯輯整理的王徵遺著由陝西人民出版社出版。由於考慮到現存的王徵遺著中，奇器圖説、諸器圖説、西儒耳目資等三種專著近代以來多次刻印或影印，傳本較多；聽説畏天愛人極論、仁會約、崇一堂日記隨筆、杜奧定先生東來渡海苦蹟等四種天主教著作，南京的宋伯胤先生正在匯輯整理，準備作爲專集出版。因此，李之勤先生輯校的這部近二十五萬字的王徵遺著，收入了除王徵的天主教類著作和製器類著作之外的幾乎所有著述，對於保存王徵著作貢獻甚巨，也爲王徵其人其學的研究提供了極大的便利。

一九九〇年，南京博物院副院長宋伯胤研究員編著的明涇陽王徵先生年譜由陝西師範大學出版社出版。該年譜的特色是，在附録中爲「王徵著譯選輯」立目，共收入二十七種，其中包括王徵的四篇天主教著作。另外，在附録二中還收入了王徵研究資料十七種。這部年譜，也爲學術界的王徵研究提供了很大方便。該年譜近二十六萬字，其中附録一王徵著譯選輯約十萬字。二〇〇四年，該年譜又出版了增訂本，增選了四篇研究資料。應當指出，宋伯胤先生編著的明涇陽王徵先生年譜，其體例畢竟不屬於文集，而且限於主、客觀條件，在版本和文字上都存在一些不足之處，如所收入的王徵的四篇天主教著作，依據的是向達抄本，未能看到原本；在「增訂本題記」中，編著者坦率承認年譜初版因「粗心草率，造成不少疏漏」。實際上增訂本的文字訛誤仍然不少，僅畏天愛人極論的文字錯訛就達八十多處。

總之，雖然前輩學者在王徵著述整理方面已然取得了可觀的成果，但在搜求、體例、版本和校勘等方面仍然存在着一些有待改進之處。有鑒於此，本編校者不揣淺陋，決意在前輩學者所獲成果的基礎上，尋訪匯輯，發凡起例，悉心編校，爲學術界提供一部使用方便可靠的王徵集。這部王徵集共十六卷，另有附録四種，全書約五十萬字。這次編校王徵集，上距王徵七世孫王介匯輯、刊刻的王端節公文集二卷，已大約二百年；上距柏堃先生編輯的王端節公遺集四卷，已八十多年；上距李之勤先生編校的王徵遺著，也已二十多年。這部新編王徵集理應後出轉精，也理應對編校整理工作提出更高的要求。

以下，對這部新編王徵集的编校設想和原則略作説明。

一、關於本書的王徵畫像

本書卷首的王徵畫像，選自盧前編輯的飲虹簃所刻曲民國二十五年（一九三六）金陵刻本。

二、關於本書的收録概況

爲了實現近二百年來幾代學人編輯一部完備的王徵集這一願望，本文集充分吸收前輩學者的相關成果，盡量收入目前所知見的王徵著述。這部王徵集所收王徵天主教著作四種，雖然此前曾被宋伯胤先生編著的明涇陽王徵先生年譜收入，但與年譜使用的抄本不同，本文集使用的則是法國巴黎國家圖書館和梵蒂岡圖書館藏書的原本（複製本）。將二者對校則不難看出，抄本的文字訛誤甚多。對於王徵的其他著作，在散佚嚴重、搜求困難的情況下，編校者也力求其全。令人遺憾的是，現代以來，一些本不該散佚的王徵重要著作仍在陸續遺失：民國年間，于右任先生將自己在三原購得的明天啓壬戌科涇陽王端節公會試朱卷，通過張鵬一先生捐給了陝西省圖書館，不知何時已遺失了；民國年間，時任甘肅省政府主席的邵力子先生將藏書一萬餘冊贈送給天水圖書館，其中包括非常珍貴的王徵手稿額辣濟亞牖造諸器圖說，卻於一九五六—一九八〇年期間遺失了；二十世紀六十年代，陝西省博物館曾經搜集到王徵遺著抄本耆鏡一冊，不久之後也遺失了。

三、關於本書的分類和分卷

本書所收王徵著述及研究資料的分類、分卷，是在參考古代文集、文集編輯體例和分卷名稱舊例的同時，注重扣緊王徵一生行實和學術的多方面特點，作爲劃分、編排和命名的主要根據。

（一）關於本書的分類

依據以上體例原則，本文集首先將王徵著述分爲三大類：

第一大類： 政事類，從卷一至卷六，共六卷，包括治狀、兵事、奏議、揭帖等內容。

第二大類： 學術類，從卷七至卷十二，共六卷。在學術類中，又可以分爲兩小類：

①「儒學」、「天學」，屬於王徵所謂「資心之學」，從卷七至卷十一，共五卷。「儒學」二種，包括學庸書解、士約，合爲一卷；「天學」四種，包括畏天愛人極論、仁會約、杜奧定先生東來渡海苦蹟、崇一堂日記隨筆，各爲一卷，共四卷。

②「音學」一卷，屬於王徵所謂「資耳目之學」，列在卷十二，包括西儒耳目資敍、西儒耳目資釋疑、三韻兑考問答、元母生生總圖等。

第三大類： 詩文雜著類，從卷十三至卷十六，共四卷，包括書牘、詩、曲、序、跋、議、記、讚、銘、雜文等內容。其中卷十五序、跋，收入十八篇。需要説明的是，本文集對該卷的處理方式比較特殊。依舊例，王徵的大部分序、跋文字分别置於各相关著譯之前後，如兩理略自序等。如此，剩餘的少數幾篇序、跋文字則不足以獨立成卷。爲方便讀者知王徵序、跋之全貌，本文集在該卷中仍爲王徵所有序、跋立目；同時，凡已置於各著譯前後之序、跋文字，在該卷中則不再重出，僅列其題目，並注其所在卷、頁。

本文集除以王徵著述作爲正文之外，還精心選録了王徵研究的相關資料，作爲附録。繫於本文集卷末的附録，共有四種：

附録一，是本編校者編撰的王徵年譜。

附録二，是有關王徵的傳記資料，以及讚賀、祭文，共精選十四篇。其中，有的是王徵親友所撰，有的則是後世學者所撰。

附録三，是有關王徵著譯的序、跋、提要，共精選三十一篇。其中，有的是王徵親友、門人所撰，有的則是後世學者所撰。凡是與王徵著譯之序、跋文體接近但並不屬於序、跋類的文字，例如惠澤霖（H．Verhaeren）撰、景明譯：王徵與所譯奇器圖説（刊於上智編譯館館刊第二卷第二期），李宣義撰：王徵所製奇器輯佚（刊於上智編譯館館刊第三卷第三、四期合刊），概不選入。

附録四，是有關王徵著譯的考辨，僅選入李之勤教授撰寫的長文明末陝西涇陽王徵著譯考。二十世紀五十年代末，西北大學歷史系教授李之勤先生曾經親赴王徵故里涇陽及三原一帶實地尋訪鄉賢文獻，從此開始王徵文獻的搜輯、編校和研究，前後長達數十年。一九八五年，李之勤先生撰寫長文明末陝西涇陽王徵著譯考，正是他長期搜輯、考辨和研究的總結。在該文中，李之勤先生對王徵一生著譯和詩文的流傳、存佚做了迄今最爲詳盡的調研，並逐一進行了精細的考辨。該文除個别結論如王徵著作存世數字等需要重加核定外，其他結論都是令人信服的。目前，尚未見有任何同類研究成果能夠超越李之勤先生這一長文所做的研究。正是出於這一考慮，本文集在附録中特設「著譯考」一目，將李之勤先生的這篇長文收入其中，作爲附録四。

（二）關於本書的分卷

第一，分卷原則。

①本文集的分卷，以上述王徵著述的多層次分類原則爲基礎。

②凡王徵著述原爲多卷本的，仍保持原卷數不變。在本文集中，屬於這種情形的王徵著述有兩理略四卷。在進行分卷處理時，本文集將其納入十六卷的分卷系統中，按照分類原則予以定位，並給原著書名之後加「之一」、「之二」等字樣，以對應於原著卷數之順序。另外，還在各卷書名之前加符號「◎」，以示區别。

③凡王徵著述原爲一卷，且該著作篇幅較大者，則作爲單獨一卷納入十六卷的分卷系統中，按照分類原則予以定位。

例如，將畏天愛人極論一卷置於本文集卷八「天學」一，將仁會約一卷置於本文集卷九「天學」二，等等。

④凡王徵著述雖原爲一卷，但該著作篇幅較小者，則與其他篇幅較小的著作一起合成一卷，納入十六卷的分卷系統中，按照分類原則予以定位。例如，將客問、兵約與鄉兵約合爲一卷置於本文集卷五「兵事」，將學庸書解與士約合爲一卷置於本文集卷七「儒學」。

⑤對於王徵的散篇詩文、雜著等文獻，主要依據其内容類别分卷，依據其撰寫年月順序編排先後。

⑥附録二傳記資料及附録三序、跋、提要各篇，主要依據其撰寫年月順序，或依據作者生卒年，以編排先後。

第二，各卷命名。

古書之命名自有其義例（參見余嘉錫撰古書通例卷一）。同理，古書各卷之命名也當有其義例。故編輯古人文集不僅分卷宜合理，而且對各卷的命名亦宜準確允當，合乎義例。一般而言，應當盡量采用符合舊例的命名，而避免以現代術語命名，也避免命名時古、今術語混用。爲此，本文集爲各卷命名，大體遵循以下義例。

①凡原有確切舊稱可用，則仍采其舊稱。例如，本文集將卷十三命名爲「書牘」，即采自柏堃輯編的王端節公遺集卷二之舊稱。

②凡原無舊稱可用，則采時人稱名之確切者。例如，兩理略四卷收入本文集卷一至卷四時，采用「治狀」作爲其卷名，分别稱作「治狀一」至「治狀四」。「治狀」之名，采自張縉彦兩理略序（參見本文集附録三）。今人王重民將兩理略内容視作「公牘、判詞」，不足以涵蓋兩理略一書中的大量記事内容，故不如張縉彦稱「治狀」來得準確。編輯王徵集初稿時，編校者曾將兩理略所在各卷命名爲「政事」。今天看來，以「政事」作爲類名（詳前「關於本文集的分類」）可能更確切，因其可將卷五「兵事」、卷六「奏議」、「揭帖」一併涵蓋在内；若以「政事」作爲卷名，則顯得過於籠統，不如「治狀」更加具體準確。

③凡原無舊稱可用而且亦無時人稱名之確切者，則采當時流行之確切用語。例如，本文集卷八至卷十一，收録的是王徵天主教著作四種，所在各卷被命名爲「天學」，而不取「宗教學」這一現代泛稱。「天學」亦即天主教之學，是晚明西學思潮的重要內容之一，是當時被廣泛使用的術語，如李之藻所編的一部著名叢書即被命名爲天學初函。後來，清儒王心敬爲王徵寫傳，稱其「三十年勤事天之學，刻刻念念，以畏天愛人爲心」（參見本文集附録二）。此外，卷八至卷十一「天學」還能夠與卷七「儒學」相對照，使人更易見出王徵的原初學術立場與他後來的儒者基督徒身份特徵。

四、關於本書的版本

①本文集的編校，由於没有可以參考的現成文集版本或全集版本，只能搜羅各種單獨刊行的王徵著述和散見於各處的王徵詩文雜著，以統一的體例匯集成書，故其版本情况分散而又複雜，不便在卷首集中加以説明。有鑒於此，無論對於王徵的專著，還是對於王徵的詩文、散篇，本文集皆采用爲每一種王徵著述加題注的方式，説明其底本和參校本。題注皆采用當頁脚注形式。　對於附録所收各類資料亦如此處理。

②在王徵的各種著述中，原未注明撰寫時間者，根據考訂結果盡量在題注中標明。

五、關於本書的校勘

①對收入本文集各卷的王徵著述，皆根據文字內容適當分段，並按照現代標點符號使用方法加以標點。

②本文集的主要任務是對所收王徵著述進行校點，一般不加注釋。偶有注釋，則屬確有必要者。注釋與上述題注一樣，亦采用當頁脚注形式。

③校勘記簡稱校記。校記內容包括：　首先辨别不同版本異文之是非，其次説明本編校者對異文的處置意見，最後盡量説明之所以如此處置之理由。對於一時難以説明處置理由者，則僅記録異文。校記文字皆置於當頁脚注中。

④對於異體字和俗字，盡量改爲標準繁體字，一般不出校記；　若出校記則作某字「當作」某字等。所用標準繁體字，

以漢語大字典(全八册,四川人民出版社、湖北人民出版社一九九三年版)爲依據。若有該字典未收之漢字,則斟酌其他字詞工具書而確定之。

⑤對於通假字,主要依據王輝編著古文字通假字典(中華書局二〇〇八年版)加以處理,校記作某字「通」某字。

⑥對於漢字的舊字形,也做了一定的規範處理,將其規範爲新字形。例如,「為」作「爲」,「絕」作「絶」,「説」作「説」,「錄」作「録」,「群」作「羣」,「敘」、「叙」作「敍」,等等。

⑦凡無法辨識的脱字,一律用符號「□」標示。

目録

卷三　治狀三……五八

卷四　治狀四……七四

卷十四　詩　曲

卷十五　序　跋

附録三 序 跋 提要 …… 四〇九

附录四　著譯考

卷一　治狀一

兩理略自序〔一〕

余童時疏拙癡懶，不甚通曉〔二〕世事，讀書多未〔三〕之講解，徒自會粗通大意而已。初不曉文章爲何物，只聽人説有破題、起首，乃自謅一破，約有半篇文字之多。比承舅師訓誨，稍稍知文，輒又妄自出題作論表，一時師友咸睨視爲笑譚。十七入庠讀史，見范文正公做秀才便以天下爲己任，輒慨然有意其爲人。廿四歲叨領鄉書，甫數月，先慈即見背。哀毁痛楚，輒忽忽無意人間世。偶見道書内有「一子成僊，九祖升天」語，思欲以此報親恩，輒懶誦詩、書，專〔四〕一參閲養生家言，妄求必得，於一切聲色世味淡如也。顧頗好奇，因書〔五〕傳所載化人奇肱，璇璣指南，及諸葛氏木牛流馬、更枕石陣、連弩諸奇製，每欲臆仿而成之。累歲彌月，眠思坐想，一似癡人。雖諸製亦皆稍稍有成，而几案塵積，正經學業荒廢盡矣。又性寬緩耽延，不即就銓，致弟友親愛輩咸嗟怨刺譏不已。直至十上公車，始克博一第焉。半生潦倒癡懶，可笑已若此。

比入官，以老書生兩作司理。初任平干，再則廣陵。到手事皆生平夢寐所弗及，終日懵然，攢眉作苦，只得抖擻精神，

〔一〕兩理略四卷，據明刻清印本迻録。王徵自序，以柏堃辑编涇獻文存民国十四年（一九二五）鉛印綫装本卷七校。
〔二〕涇獻文存無「曉」字。
〔三〕「未」，涇獻文存作「未得」。
〔四〕「專」，涇獻文存作「偶」。
〔五〕「書」，涇獻文存作「思」。

只憑自家意思做去。獨時時將畏天愛人念頭提醒，總求無愧寸心。曾書一聯自警曰：「頭上青天，在在明威真可畏；眼前赤子，人人痛癢總相關。」此外一切世法、宦套、時尚弗顧也。於是人見騶從裁減，廚傳弗飭，則有笑其仍是秀才氣者；見不甚作威，不多打人，則有笑其大非理刑體者；見一布一蔬現價平買，一金一帛不輕餽遺，則有笑其無揮霍手段、遠大作用者。或且笑其質樸，無甚風裁；或且笑其古板，不善圓活；或且笑其一味實做，不圖赫赫聲譽，如何能作臺省路上人？余聞之不覺自笑。室人輩亦皆私相傳笑，謂人言何其一一相肖若此已〔一〕！又私相嗟怨曰：「居家時不務正經學業，專做人所不必做之事。忝居官〔二〕矣，又不自理本等職業，專做人所不肯做之事。無怪作官後依然還像未作官也。柰之何！柰之何！」余聞之，益不覺自笑。詩不云乎：「政事一埤益我」，「室人交徧讁我」，〔三〕其殆爲我而作歟！感於人言，深切内訟。因追憶往昔事實數款，信筆直述於冊；又取公移之僅存者，手録以附，名之曰兩理略，用以自解。第直述不文，詞或涉於誇詡，恐又留爲後來之笑柄云爾。

時崇禎丙子秋月〔四〕，支離叟王徵漫記。

〔一〕「若此已」，涇獻文存作「若此也」。

〔二〕「官」，涇獻文存作「宦」。

〔三〕詩經邶風北門：「王事適我，政事一埤益我。我入自外，室人交徧讁我。」

〔四〕涇獻文存無「秋月」二字。

◎兩理略之一

事款前　廣平府

恒陽簡兵

余以書生謬膺刑役，於兵事邈無涉也。到任後初謁撫院蓬玄張師臺於恒陽，輒命點閱三大營兵，細註老、弱、壯、勇，俟後拔且汰焉，毋少混。又命巡視車營新造各戰車，或大，或小，或堅確堪用，或脆薄不堪遠馳，悉登之冊。如有餘暇，仍赴演武場校射，密疏將領材官中之精勇超衆者，以候簡庸。三營兵近萬，諸將領材官且數十百人，而車營所造戰車亦無慮數百輛，散寄寺觀、營房者匪一區也。限五日内報命。

時余歷任方新，諸事未諳，且只爲晉謁，書識未及多帶。又時迫冬寒，恐迎養益遲，歸廳之念殊甚亟也。顧再三辭之不得，不得已借恒陽書識數名，爲攢造繕寫計。私念草草報完，有負任使至意，如必一一細閱，計非寬以時日，胡能於萬人中壯、勇、老、弱悉精核之莫淆也？於是立一便法，傳令各營軍丁，各照軍冊名次魚貫序進。每十名排立一班，一一唱名應點。蓋十人并立，則老、壯、勇、弱相形，開目盡見，即以上、中、下三號點註本名之傍，點畢即出。班班如是，東進西出，不半日三營悉報完矣。書識照依點之上、中、下三號，匯分老、弱、壯、勇，攢寫真冊。

次日，馳詣貯車區所，查驗戰車。最大者凡八輛，製頗宏麗，然不堪遠馳。次大者凡六百輛，製亦堅固，然止可坐守營陣，亦非行遠攻戰利器也。小者另有三等，各六十輛：一爲火車，殊便利；一爲戰車，類古偏廂式，分合作營陣甚妥。余甚喜之。盡日之力，各所驗查始竣。爰照名目、大小、等次，與夫堪用、不堪用字樣，一一親筆之冊，令書識繕寫焉。

又次日，躬詣演武場，號召諸將領、諸偏裨、諸材官、猛士及有奇技異能思獻者，悉集於場，次第校射。射畢，有舞雙劍者若而人，有舞大刀者若而人，有合鎗施棒者若而人。當其時，將領數人，願射者射，不射者不之強也，或治酒與余高會。而諸偏裨、材官、猛士，則無不人人歡欣踴躍，爭攄其奇矣。維時則有善演八陣者若趙逢春，善排鴛鴦陣者若張士養，善施放火器者若徐來朝，其他驍勇敢戰之士如張安國等尚多，不克悉數。夕陽西下，余始回城，乃於燈下手疏諸將士奇異超衆姓名爲差等，另作薦揭。

至第四日侵辰〔二〕，諸冊俱備，親詣轅門投繳。撫臺笑謂余曰：「想已點完一營乎？」余對曰：「三營俱完矣。」撫臺色不懌，似嗔余之草草。比覽冊後，見其中不但老者、弱者，壯且勇者犂然具在，且分上、中、下三等，殊又輾然色喜。因復笑謂余曰：「戰車想猶未驗？」余又對曰：「業皆細驗，登之冊矣。」比寛冊，又見評註如前，遂大喜，與之款語者移時，且細詢諸車大者、次者、及不中用若此，柰之何虛費若干金錢爲？余對之曰：「非盡不中用也，顧在用之何如耳。倘用八大車作四門，每門兩輛，各竪門旗；次者作四垣，垣各百五十輛，各竪本方色旗；而以三等小車列營布陣於內，變化更番往來。昨見演武場中，最空曠又無垣牆，倘設立車城一座，豈不壯觀？一時喧傳百里，則遠而近用之，於以整軍容，揚武威，振士氣，誰謂於實用果無裨耶！但大者用以馳遠，恐易僨轅，故較而言之，謂不如小者之便利焉耳。」撫臺不覺撫掌稱快，因復笑曰：「信如所言，想昨已到演武場，親校諸將士射矣？」余對曰：「然。」因細覽薦揭，輒皆首肯，輒皆津津有味乎其爲人。已乃移座促膝，指心而言曰：「朝廷多事，不佞謬肩軍務，思欲得一高賢匡我不逮久矣。顧往往見有心人未必其才，見有才人又未必其心。今幸得之，不第爲本院幸，實爲朝廷幸也。從今以往，其益懋厥猷，以無負朝廷，無負本院，並無負此才此心可也。」余逡巡謝不敏。

〔二〕「辰」，通「晨」。兩理略卷二三迎王舟末段作「侵晨」。

無何，撫臺乃馳書祝太守二華先生，謂：「新司理大是一人，不佞得之，喜而不寐。」居有幾，又輒移檄取之軍前，俾之練兵。檄中且有「神傳圯上，策裕隆中」之褒，過爲推轂無已云。

平干息亂

東省蓮妖徐洪儒作亂，畿南黨與，實繁有徒。有杜光輝者，永年縣北鄉縫衣人也。居恒聚徒衆，收香錢，號爲白蓮教首，然實鄉愚村夫耳。張撫臺廉得其主名，密疏以聞。光輝覺之懼，潛棄其少婦、家業而逃焉。疏既上，撫臺亟欲撲滅之以靖地方，嚴檄下縣急捕，不知光輝已遠遁久矣。縣令遵憲多方差役緝拿，務期必獲。凡光輝少婦、家屬與其族黨并縫衣徒衆少有罣礙者，株連蔓引，咸捕繫之，囚禁倉監，纍纍數十人。暑劇乏食，多致斃命。捕役勒限責比且再三，卒毫無蹤影，而纍繫者莫之釋也。余甚憐之。

會署府篆因行縣，將纍繫無辜多人暫令召保在外，因往真定謁謝。撫臺首以光輝獲未爲問。余對曰：「未也。縣令多方追捕，勒限比役，囚繫者滿監倉，柰絶無影響何。」撫臺悵惋曰：「此有名欽犯也，萬一明旨下問，且柰何？」余曰：「此等奸徒，自知罪在不赦，不南走越北走胡，即東竄洪儒部内未可知。倘少寬釋其纍繫，且明出一示曰：『爾等既知悔改解散，便是無罪良民。』普告以休養生全德意，則光輝或尚有可獲之日。不然，如彼囚繫纍纍，如彼差捕紛紛，是諺所云『拿棍叫狗』，彼且驚竄千里外矣，其奚獲日之與有？」撫臺擊節余言，輒命釋其繫纍，緩其追比，且出解散休息之明示。從此數月，地方寂然寧貼。

第撫臺終以未獲光輝爲歉也，復微露緝拿風旨。忽於正月十五夜，突有奸民張月手執鐵鞭大呼鄉村曰：「都老爺爲杜光輝未獲，發兵三千，目下洗蕩我一十三村百姓，只〔二〕尺將到。有身家、婦女的還不急急逃命？恐大兵一到，玉石不分！」於是鄉人驚惶終夜，相率逃竄者男婦不下數千人。次早，報余知。闔城人人震駭，惶惑特甚。時正按臺閱操日也。余即默嚴城守，面與永年縣令蘇君約：速拿訛言惑衆張月一名，便可根究主使倡亂之人；再拿一二沿路搶物人，便可立定此番攘亂，但勿先自張皇可也。縣令密密奉行而去。余乃手書「再有訛言惑衆者立時斬首」數十紙，張貼四門衢道。仍出門徐徐拜客，徐徐點兵，徐徐候按臺閱操如平時。頃之，張月拿到，又拿獲搶一婦人搭連、衣物及驢子者二人。余當嚮鼓樓前，將張月責八十板，搶物者各責六十板，仍枷示通衢。隨刊大字俚語告示數百張，發各鄉村張掛，有讀之淚涇涇下者。逃竄人聞知，旋歸鄉井，安堵如故，其亂始定。比細拷張月，乃知主使倡亂之人爲曲周武舉賈振武也。尋密語曲周令以他盜事捕得之，其事另詳別款。

踰月後，余謁見，撫臺意殊自悔，顧猶以欽犯未獲爲歉。余再三寬解之曰：「此特疏中有名人犯耳，非奉旨追捕之人，何云欽犯？脫光輝猶然伏奸於此，恐復聚徒生事，是乃可爲地方憂。今彼既畏罪脫逃已久，自身且不保矣，徒衆無首自散，又烏能生事乎哉？如仍以大索光輝爲事，竊恐爲弭亂而捕奸，反令奸人借隙而生亂，則光輝姑置之不問，似亦無不可者。」撫臺首肯，果不再捕，亂遂殄息。

借盜擒魁

賈振武係武舉，曲周縣西北鄉人。素豪有力，家甚富，自恃武勇，雄據一方。獨村居住，磚砌高垣，居常窩藏羣盜及四方無籍少年爲羽翼。曾假神會爲名，宰牲歃血，羣諸惡少黨與置酒高會，觀者如堵。醉後狂題廟壁，有云「夙嘗慨慕黃巢之

〔二〕「只」，同「咫」。

爲人」。其詩末聯，且有「人言死後還三跳，我願生前做一場」之句。人咸疑之而莫敢問。又嘗乍呼：「白蓮兵至！」致一鄉驚竄，至踏死士紳家一幼女，亦竟莫敢誰何。故於正月元宵假撫臺緝拿杜光輝風旨，輒主使張月小豎子執鞭狂叫，致衆驚逃，彼將乘隙舉異謀焉。旋聞張月即日就擒，鄉村人次日還歸，安堵如故，遂弗敢動。比余拷訊張月，得其情，故意置之不問。會曲周令趙君來見，密囑設法捕治。趙君初殊難之，意謂黨與甚繁，匪假兵威，遽難成擒，少漏風訊，恐反激之生變云耳。余曰：「姑藏之心，徐徐借他事乘便圖之可也。」

無何，果有羣盜事犯在官，招係窩藏振武家中者。振武聞之，私向捕快賄買關節。趙君因密囑捕快偕同事者跟去伊家講話。振武爲具酒食，備銀物，代諸盜求寬，殊忘自身爲罪魁也。諸捕役繼至，逮繫振武於縣。趙君下之獄，馳文報余，上報撫臺。

余時適以查盤在恒陽，見撫臺，歷陳其夙昔作惡、窩盜及會盟、歃血，素蓄異謀，並主使張月訛言搖惑，欲乘機倡亂之狀。且密稟曰：「此正一方之大盜也，過杜光輝數倍。況羽翼甚多，不亟斃之，恐生變。只就窩盜一節，立斃杖下，厥黨將自散，便可結此一局。」撫臺深以爲然，即命余檄取窮治。杖斃之以報，撫臺殊快甚。因紀録其事，謂「不動聲色，不假兵戈，一旦殲此盜魁」，備列趙君與余名疏中，以旌其勞云。

懸賞鼓勇

每一謁見，張撫臺即諄諄以兵事下詢。余感其心之虛，意之真，爲國之念篤且急也，不忍負。故不自揣，知罔不言，言則罔不見聽。間嘗詢及草澤奇傑士，余以郃陽布衣馬了貪及三原勇士孫孝祖兩人對。蓋了貪智巧絶倫，創製兵輪、戰車數種，悉出人意表。及活動輥木、簡易陷馬筒諸器具，想頭多有古人所未到者，深裨行陣城守，與余交最厚。孝祖則勇力超衆，且義氣勃發。家頗殷，羣盜垂涎久。數十賊行刼兩次，孝祖獨力禦之，賊不獲逞。比賊退去，仍持弓矢、鐵鞭往追一二里始還，人咸稱其膽勇。後入蜀行賈，又曾獨身奪救納溪縣令李公景融於水西羣賊之手。且又讓騎李公，徒步護歸成都府。比李公以千金泣謝，卻不受。此其義氣，亦可爲一時難兩者矣。撫臺聽余言，輒自備聘禮安家，給兩郵符，托余移書迎取之。了貪具稟，卒辭謝不赴。孝祖來應聘，一見輒器重，優禮厚用之。

居無何，余再謁見，笑謂余曰：「孝祖果是義勇過人，即令教演標下有膂力可習諸藝材官猛士矣。惜智巧高人如了貪者，不肯至耳。然不佞嘗聞貴廳曾作自行車、自轉磨，又增損諸葛氏連弩，不知可作小樣一覽乎否？」余遜謝不敏，然不敢不一應命也。爰令巧匠製成自行車一具，車内附自轉磨一小式；又製增損諸葛氏弩一連，凡三張。賫致院署臺堦上，面試之。車果不須人而自行，磨亦隨之自轉；車上弩則張滿，矢列弦上，機一動，輒相連自發，直射至二門外。時觀者如堵，靡不嘖嘖私相歎詫。撫臺亦視余而笑，再三稱賞曰：「誰謂今不如古！誰謂今不如古！」於是留坐移時，傳杯酒，極盡繾綣之愛，且再三以練兵事相委。余因諸親愛危言苦勸，力辭之，不可。後又以署府篆懼事廢辭，撫臺乃太息而言曰：「府事總廢閣乎！纔一府事耳。聞前初署時，府事已積三月未理矣，貴廳三日内悉理之，則府事又奚難焉？不佞代天子督兵畿南，爲神京犄角。今東事倥偬，所關匪細。嚮曾每每以無負此心，無負本院，更無負朝廷相期許，獨柰何堅執不如約耶！」余唯唯而退。無何以憲牌直取，且手札篤促赴道。余不得已，自備資斧，帶府篆赴轅門趨受約束。

比至恒陽公寓，微聞軍丁有怨言。蓋撫臺憂時心切，較閱頗太嚴。諸將領仰遵功令，靡不日日赴演武場操演。時又有方士劉振華者，專教軍士習疾走法，團練亦無虛日。而井陘熊道臺素以知兵名，又較鎗砲，較射打，日無寧晷焉。軍丁從朝至於日終仄，人人伺教場内。蓋靡日不金鼓振振，旗幟翩翩也。無論一月中日日在公所，食餉日纔數分，不能餬父母妻子口。即終日奔疲、飢渴、勞瘁，身匪金石，其胡能堪也哉？猝聞余至，恐益頻煩難堪，故遂怨言嘖嘖。又微聞諸將領咸謂撫臺素輕己，恐余至奪兵柄，亦多懷疑，慮不自安。

余翌辰〔二〕謁見。撫臺知余來赴約束也，相得甚歡，如獲左右手。乃問「若何厝置分布，若何教練訓習？」余不敢不以實對，曰：「職刑官也，原無兵柄。古語云：『師克在和。』今微聞諸將慮有所侵，咸不懌，奚和之克望？莫若明諭諸將，一一照舊各將厥兵，一毫不分爾權。第向某前稟約束，聽號令，遵訓教焉已耳，庶幾妥。」曰：「可哉。」又問教練。曰：「馭軍全在得軍心。今軍士日日奔疲勞頓無寧息，聞已有怨言矣。即耳提面命，心不屬也，庸何益？」曰：「將若之何而可？」曰：「職所習知而師其意者，獨在諸葛氏八陣。從來更番教練，更番休息，更番接戰，乃是決勝良策。依職愚見，莫若分布各營軍兵爲八部，即命八將領之。分則爲八小陣：曰天覆，曰地載，曰風揚，曰雲垂，曰龍飛，曰虎翼，曰鳥翔，曰蛇蟠，合則爲一總陣。其更換迭出，變化往來，另有專書備覽。日操一部，訓練教習，是名某陣。一部操畢，次日再操一部。八日方完，周而復始。待三次訓練教習已畢，方合八部同較，統候主將闔操三日，以課生熟，分殿最。是每部軍士休息七日，而後一日應閱，并三日闔操，總算每月不過六日在教場耳。不但空閑者二十餘日，軍士得以休息治生，可自餬口，即一將所統無多，亦可盡日精閱，不復有攢擠影射之弊，想亦軍心所樂從也。不知以爲何如？」曰：「可哉！可哉！明日即出諭，如是行之。」

次日，余即以更番教練、休息、接戰諸議，編作通俗俚語，爲兵約兩款張掛，一諭偏裨材官，一諭三營軍士。軍士見之，遂皆加額稱慶，轉相告曰：「是來救我，真父母也。」於是各隊軍士相率執幡詣余寓，歡呼叩頭者滿街衢。又次日，撫臺特檄以副將張某爲主將，以余作軍師，較練陣法、車營等務，「本院不日將親閱焉」。檄既下，諸將領始知余初不侵兵柄也，咸敬服，羣來拜謁。筮日敦請赴演武場，分布行事，稟明撫臺，屆期放砲開演。

其日，諸將各各爭先致敬。一時金鼓、旌幢、劍戟、羽旄前列將十數里。軍容之盛，人咸詫爲從來所未有。比至演武場，余傳令，令將戰車大者立爲四門，次者布列城垣，而以余所自製八陣總旗及三軍司命、太極等大旗樹立城中。旌旗飄

〔二〕「辰」，通「晨」。

揚，鎗刀森發。觀者無不色飛神懍，即營伍軍丁亦咸詫爲從來所未見。其火車、小戰車分爲三營，排陣城東、西、南三面，變幻疊出，頗覺如意。時八部營丁中有猛力驍騎，環甲跨馬，活挾夷丁於馬上獻功者數人。雖亦衝殺搶打故套乎，而奮勇情狀，只尺目擊，有足嘉者。因唱名給賞，且再三面獎之，更榜録其名示勸。次日，活挾者遂至十數騎，獎賞榜録如昨例。再次日，遂至七十騎之多，大加奬賞榜録例如前。諸將領亦皆喜慰欣躍，因歎軍原自勇，非賞莫克鼓耳。

頃之，撫臺果爾親閱，亦復厚加賞勞。居有幾，按臺且大閱，親覩車城、車營之壯麗變幻，又親覩環甲鐵騎馬上挾虜獻功者紛紛百餘不止。又親自騎馬，各官後隨，巡視各部營陣，親詣營門，命開壁。守把軍士，鎗刀劍戟，森立密排，不得將領〔二〕，壁不開也。臺使者通營將，營將傳令，始得入。因笑顧各官曰：「細柳英風，於今再見矣。」於是，賞賚倍常額，稱獎不已。比面晤撫臺，輒復稱贊詫異曰：「此番閱兵恒陽，聲容美盛，不獨畿南之冠，實爲本院從來所未覩」云。

汰兵足餉

壬戌，東事告急，山東蓮妖又熾。張撫臺初鎮恒陽，見營兵弗多，且無甲無馬，無精利器械，鰓鰓然慮之，謂：「甲馬器械，督兵者可自製備整飭，若增兵增餉，非請明旨莫敢也。」於是疏奏增募精勇三千名，請發内帑三十萬。蓋謂重鎮不得重兵，無以備緩急。且只尺神京，猝有徵調，應援計日可到，故精勇不可不增也。兵既當增，餉從何給？勢又不得不請之内帑。既而奉俞旨：「兵則許增，内帑不允發。」撫臺不得已，檄各郡邑搜括，僅僅湊足一年兵餉，次年則無可給者。既屬奉旨新增之兵，又不便遽行報罷，欲再搜括不可，欲再行加派又不可，懊悔甚。於是牌行各郡，各照發來應補新增兵餉詳行議處。時有議裁郡若邑守城民壯工食之半以給者；又有議及郡若邑衙門原設吏書、皂快、門役額數中各裁三分之一，扣其

〔二〕「領」，據後「營將傳令」，似當作「令」。

工食，並留用應役人數仍各減工食之半以給者；又有再議搜括，一概均攤者，紛紛不一。

會余署府篆，再四躊躕。議搜括乎？自知庫藏若掃。議裁減諸衙役乎？先已因弊自行裁革者甚多，無可再裁。且工食原來不厚，再裁減之，胡以責其守法？至守城民壯，是必不可少者，既日日役其身，乃又減其食，令其安所餬口？非人情也，不便。查得本府所屬邑凡九，新增兵凡若干名，及本府新增兵若干名，合之共得若干名，其餉皆先經題請，奉旨加派，已有定額者，餉多而兵實不足。蓋因初設不願應募，及應募而或逃，又或弱或病不堪爲兵者，當汰去，故於數不足。余因與諸邑令議：「將此項新增之兵，本府裁若干名，大邑裁若干名，次邑裁若干名，共裁若干名。第裁其兵，不裁其餉。所裁之兵，所空之餉，便可補撫院派發本府應給餉數。無論一年二年，即經久可行也。不知可如是通融行之乎否？」僉曰：「是議也，舊役蒙不汰之恩，新兵得精鋭之實，不事搜括而新餉可足，計無便於此者。」合詞稱善。

余遂如議，請之撫臺。撫臺詳其議，亦殊稱便，快然若有以自釋也。輒檄各郡邑，悉如廣平議行。

解經除戎

余每奉兩臺檄委，盤查諸郡邑倉庫及諸衛所兵仗。既至郡邑，則先謁文廟，考驗祭器、書籍，蓋尊聖崇道右文，朝廷之第一義也。

元城明倫堂屏門上楷書大學聖經首篇全章，余蓋甚嘉歎焉，曰：「但是明倫堂，悉宜書此。」因謂諸生：「此書正是吾夫子一生學問底本，内聖外王，總不出此，有體有用，頭顱只在修身。而今只是將三『在』字與『爲本』字間有錯認之者，遂令世道人心不能如古。奈何！奈何！」或問：「如何錯認？」曰：「大學之道，原是『在明明德，在親民，在止於至善』；今卻認做在明明得，在侵民，在止於至瞻。原是『自天子以至於庶人，壹是皆以修身爲本』；今卻認做自天卿以至於庶人，壹是皆以榮身爲本。此於大學之道，有何干涉？寧非錯認！」諸生咸微笑唯唯，轉相嘆曰：「誰能不錯！誰能不錯！」

羣詣余前，請問：「『一貫』之旨，孔門傳授心法，從來謂爲秘密藏，至今攧撲不破，敢問『一』果何指？」余告之曰：「仁也，聖門止是一個仁字。此猶是總括話。孔子不自言乎？曰：道二，仁與不仁而已矣。不仁，不可以爲道，則道之『一』不昭然在乎？孟子曰：『一者何也，曰仁也』，則又明明和盤托出矣。試將『君子終食不違仁』，顔子『三月不違仁』，及曾子『仁以爲己任，死而後已』諸書，相互參看，『一貫』之旨，本自了然，誰云攧撲不破哉？第讀者書自書，我自我，未曾實實體認焉耳。就是書旨體認明白，恰似只與聖賢寫照，反之自身，一似了無關切。易文言曰：『元者，善之長也。』又曰：『君子體仁，足以長人。』夫善之長，非至善而何？體仁始足長人，非明德既明而後可以親民之左券哉！仁者，心之德，愛之理，德充而愛自流。故既而又言古之人明明德於天下，此正仁覆天下之微旨也。以不忍人之心，行不忍人之政，治天下可運之掌上。豈非有體有用，内聖外王，孔門『一貫』之心法哉！此余素所體認，第愧未克實踐，不知諸士以爲何如？」

諸生於是翕然歎服，咸謂直捷痛快，發千古所未發，不但諸生從來未之聞，恐從來諸道學先生亦或未之講也。非身親體驗，胡能了了若是？於是執經問難，願爲及門弟子者十數人。余謝不敏，第出所著學庸解、辨道篇及士約等書商之，轉相抄傳而去。此大名府中事也。

比北至定州，乃當年韓魏公坐鎮地也，衆春園遺址尚在。蓋巍然重鎮，爲畿南第一門户云。中有一守備，衛所兵馬咸隸焉。顧兵皆脆弱不堪用，且無盔無甲，即所執弓刀諸器，亦無精利堪觀者。問其故，則對曰：「錢糧缺乏，兵日餬口且不足，烏能自製盔甲弓刀？」余嘆惜者久之。州守田君，慷慨有爲人也。見余嘆惜不已，謂：「此間藏有國初所製兵杖頗多，第年久沉鏽浥爛者太半。前此查驗估計，謂需數千金修治一番，始成精良器具。撫臺殊難之，事遂已。今請一再驗看何如？」

余遂親詣藏所，一一細驗。見所貯鐵盔數百頂，悉堅完渾全無少壞，但鏽澀不堪觀，少加磨洗便可用。即不然，用火漆漆之，猶足蔽風雨。其製造精美，今時萬不及也。甲數百副，甲葉悉皆精美無損，獨甲面布浥爛太不堪耳，但用新布重換甲面，即成完甲。刀數百把，製造亦殊精利，第鋒刃鏽澀，與木柄、木鞘多浥爛，換厥柄與鞘，礪厥刃，稱鋭器矣。弓數百張，悉大壞矣。乃其弦是梳麻所作，反至今存焉，殊莫解。其箭且數萬根，悉鋼鏃，攢竹作幹，惟羽鎩焉，别飾以羽，穿札無難也。因念國初製造，美好堅固，不惜費若此。倘於今時創造，計此種種，非萬金不克。就以余愚見，盍即付各軍磨洗，一軍與一，數日可明亮。即或用火漆，不甚費也。刀及箭特柄、鞘、羽可換，價亦無幾。惟甲面布費頗多，然總之不過費二三百金，便可悉成精良器具，何至用數千金之多？田君亦以余言爲當。

余因勖之曰：「此君治地，除戎器以戒不虞，無事尚然，矧今多事？君所當自爲計者也。倘從此兵精而器良，不但緩急可恃，即於地方增壯多多矣。況費纔二三百金，可得萬金難得之物，抑何憚而不爲？君第以此議具文，願自備數百金以了此局，撫臺諒不如前有難色也。余且爲君贊成之矣。」田君慨然應諾。

余謁見撫臺，道其詳，深用嘉納，且曰：「如此留心做事，查盤庶爲不虛。」頃之，田君果如議申白。撫臺稱奬不已，俾力行之。數月後，悉報完。人咸歎其有用資之無用，無備倏爲有備云。

肥城治水

余初授廣平司理，未抵任，即聞漳河涌漲，肥鄉堤決，闔城被渰〔一〕報，深用駭嘆。比到任，詢之果然。數日後，因謁潘按臺於大名，遂迂道先過肥城看驗。

時居民悉環栖城外堤上，號泣求救之聲不絶。俯視城闉以内，猶然沮濡之場，纍纍荒墳何處是，空餘露頂松楸； 汎汎

〔一〕「渰」，通「淹」。下同。

破屋不堪觀，止見抹額榱桷。饑烏啼樹，野水連天。余低徊垂淚，長太息者久之。因覓小舟，帶一二從人，同一衙官浮游水上入城，徧閱災傷情狀。則見磚砌牆垣，或是大人家宅舍，或是察院官衙，或是廟宇寺觀，間存房屋，猶有巋然立水中者。其餘但是土基築砌，如倉厫及民間窮難人住居，盡行飄淬無存。爾時城中之水，深者尚有二丈有餘，淺者亦八九尺。縣門磚洞，止留少半如偃月。舟過牌坊下，手扶其梁，必鞠躬而過焉。乃堤口決處，猶然強半入城流灌，不之塞也。

余乃痛斥衙官曰：「前日漲猛堤決，猶可猥云天災。乃今將及半月，水已平，堤可立矣，如何猶洩洩然，不急爲之堵塞？嗟嗟！以數百年久建之城垣，一旦蕩爲湖海；以數百年長養之蒼赤，一旦胥及淪漂。闔闠倏被鯨吞，寧減兵戈之慘；囊槖偶成席捲，何殊擄掠之殘？百姓如彼痛哭長號，各官能不鼻酸心慟！民溺己溺，其謂之何！」於是勒限二日即完，不則重論。

比余從大名回，堤果塞完，水不再入。然城中水猶然成泓、成塘、成湖，遽難洩且乾也。會署縣篆貳守范君知余過，遂亦抱病來治水。乃其取水器具皆不大便利，且用力多而成功少，夫役稱苦。余甚憐之，爰以素所製成鶴飲、龍尾、恒升、活杓諸器，咸挹水如流，又不大費人力者，細傳范君，令工匠依式製造，後果人人稱其便利。未幾水盡洩去，城內漸就乾涸，居民漸次還居，城内漸漸復厥舊云。

當余環堤細驗時，見西堤距城里餘，堤之西百十丈外有最低下處，咸有淺水細流，迤邐北去。約三五里，徐徐匯於城決所衝之河身，同入原行故道。余私意倘從決口以西，就因低下淺水細流處稍稍開通，河可從此而北，而東，直投原行河中故道，則肥城永免沖決之害矣。第不知河伯有靈，肯如余意否也？余將相度開通間，旋聞人言：「未知能行與否，先壞民間許多田地，將柰何？」余遂中止。次年河復大漲，乃不俟開通，輒自向余所指低下處潰決成河，折轉而北、而東，直抵原行故道而北焉。全河胥注此中，繞城之西北去。嚮來原從城南迂迂曲曲，過城東數里，復折而北之河身，一望俱成寬平善地矣。肥城從此真可永免沖決之害。果真河伯有靈，一一鑒余衷乎？想其中應有大福德人爲上天所篤祐者在也。其修堤、防河、徙木、戢盜諸款，載在治水議中，茲不再贅。

清邑開河

清河縣東北三里許，有古黃河一道，即九河中之馬頰河也。河身闊二三里，一望飛沙，曾無寸草。上自瓠子，下達天津，上下不知幾千百村。每遇雨漲河決，無水不倒波於此，滔滔東注，蓋瞬息千里，不入海不止也。南宮縣治在河之北，相距八十里餘。河北岸高阜如陵，濱河處所見開溝一十三道，盡洩北岸之水於此河而東注焉。清河地甚窪下，南臨衛河，東臨運糧河。一遇秋水泛漲，河口沖決，洶湧而下，直抵清河城外。所淹没者，洪河、蓮花、新集等，不下百數十村，南北三十餘里，東西五十餘里，輿差田地將近三千餘頃。平原處所水與樹平，濱漕處所水與岸平，千頃茫茫，一望無際。人多巢居，哭聲震天，令人不忍見聞。

先是，弘治四年曾被大水，縣民宗安上疏歷訴渰没漂溺之害。遂奉諭旨開疏水渠一道，上自洪河口，下至青龍口，南北長四十里，深廣各二丈，離城東纔半里，過大堤，即北入古黃河故道以洩其水。水洩而害遂息。萬曆六年間，渠稍淤塞，清河向令申文再加疏通，清土賴以平成，清民始有衽席之安。至二十一年，南宮況令臨行取時，爲奸民王士奇所惑，謂古黃河行水地，乃南宮承糧地也。輒申文撫臺，禁止清河，不許開渠洩水，且立碑清河界上。於是十年中水害不止，清民復被渰没無寧歲。

萬曆三十六年六月間，衛河堤岸沖決一十四處。一時清民三面受溺，廬舍崩塌，鄉村處處魂消魄散；士女覆壓，閭里在在鬼哭神嚎。數萬畝良田，盡作魚鱉之府；百千家土著，渾成水晶之宮。萬姓急若倒懸，闔邑痛切徹骨。於是災民姬功賞等與通學生員尹希孟、韓孟旂、田守高等合詞呈告，泣懇急濬奉旨疏水之渠，以洩洪水衝渰之害。爾時張撫臺正司理廣平，奉文會勘。勘文灑灑數千言，詳明剴切，讀之可爲流涕。顧南宮爲真定所屬地方，清河爲廣平所屬地方，無柰議事者凡遇被〔三〕疆我理之隔，即不必其事之可否，先爲盛氣相加，以顯各爲其民之念。即會勘者，我之所便，即期其議之必成；我之所不便，即幸其議之必敗。以爲各各平心，而實未必其心之平也。不然，事涉兩難，率多歸之調停，不必其事之濟不濟。再不然，率多付之寢閣，亦不問其民之苦不苦也。民溺已溺，總托空言。以故勘議雖歷歷有據，鑿鑿可行，只緣南宮形跡引嫌，情面難破，遂至奉旨疏通之渠，竟狃於撫院石碑之禁，終格而不行也，亦大可怪已。彼時張師臺亦徒付之浩嘆，且曰：「脫使本廳異日得撫此一方，當不難爲清民開此，終不忍以清爲壑，使萬姓胥沉淪而莫救也。」比果爲撫臺矣，初來時清邑士民無不歡呼稱慶，具告具呈者無慮數百千人，謂旦夕且開，可拯十數年洊没胥溺之苦矣。乃撫臺復循例批行到道，道亦循例批行到府，府仍移文令真定刑廳與廣平刑廳會議。

余私謂議之爲言，一可一否，未定之辭；會之爲言，一彼一此，相持之謂。乃此清河疏水渠之開，原奉孝廟之旨而開，開時不啻會議再三，且嘗有司空之官臨視之矣。比其塞也，只因南宮況令之議而塞，塞時原憑單詞，固未嘗關會兩府而公議也。前院因縣令行取，故允文許禁。縣令一得撫院明示，輒自立碑禁之，意蓋不過爲南宮一二奸民留恩澤耳，而抑知其貽害於清民百千萬家，甚毒且烈之若是也哉？今試平心而論，清源不戒，清必及溺。無論蓮花池迤北一百三十餘村盡爲魚府，即城池倉庫勢必至於陸沉。縱未有奉旨疏水之故渠，仁人君子亦必惻然動念，思所以洩之，拯民於洪濤巨浸之中。矧已經奉旨原開之渠，忍令閉塞之而不開？又況南宮一十三溝之水盡洩於此河，獨不容清人奉旨開疏之一渠？弁髦明旨，徒以供秦越之爭，毋乃非臣子之所能安？假令河身行水之地，果是南宮承糧田地，即令清人代爲承糧而行水焉，以洩此大害，亦所情願。況細查其地，又皆國初除糧之地，屬清河者且十之七，屬南宮者纔十之三耳。自奉有明旨之後，已永爲洩水故道。厥後水不決時，民多任意占種。蓋皆奉旨之渠之地，非渠占民間興差之地也。即占種者間或承糧，又皆以十二畝折算一畝，而認些須鹽課子粒者也。庸可久假不歸，反以私情格明旨乎？況撫臺嚮爲理時，一切勘議公移，一一現在，

〔三〕「被」，通「彼」。

其應開理勢，分晰不啻列眉，又何待於再會、再議？

時真定馮太守景魯先生與余最厚善，而許司理佩宛又余同年月骨弟兄也。清河于令君時且汲汲爲民請命，每見輒垂涕相懇。南宮黄令君亦余同年兄弟，且素稱仁人君子，俱可以情理相商確[一]者。余於是細録撫臺爲理時勘文一通爲手摺，置之袖，因謁見撫臺，謂此清河開渠一節，原無俟再勘。即勘，疇能如本院爲理時所勘之詳明剴切也者？且原是奉旨疏通之渠，又何以會勘爲？夫民也，日在沉溺苦海中，望救不啻飢渴，特在本院一字之允焉耳。柰何憚一字之允，不急救此百千萬家性命？本院嚮者明見清民萬苦千災，特因不克自主，弗能救。今自主矣，可立救矣。倘不斬斷葛藤及一切文法格套，徒令會勘耽延，公移往返，少焉本院入相，又徒付之寢閣已耳，可柰何？況前院敢將奉旨之渠，因一令之私請而輒閉？今公勘不啻再四，千口如同一心，即本院明明知其當開無疑。第求一字之允，仆卻無謂違旨之碑，渠便可通，害便可息。又況所立之碑，特前令奉行之過，亦非前院本意，抑何所顧忌而不決去之耶？撫臺於是撫膺太息者久之，乃曰：「此固本院意中事也。微貴廳言，余亦急急欲了此一念。適聽貴廳言，言言痛快，言言直捷，令人不覺心惻。今亦不必再會再議，第出而與馮太守、許司理一一明言之，謂不佞意本如是。貴廳即可單騎馳清河，令士民仆碑，便爲開渠洩水可也。過南宮時，亦明諭黄令知不佞意，俾南宮奸民無得再興訟焉。」

余奉命而出，先與馮、許兩公詳道仆碑開渠，撫臺意甚急切。兩公唯唯，咸曰：「此仁人君子之公念也。」其意無少芥芥。道南宮，與黄令歷述撫臺意旨，且私囑之曰：「斷不可令奸民假公陳告，以逢其怒。」黄亦開心語余曰：「嚮來相訟，原是奸民搆鬭之常。不謂前令忒以盛氣相加，且必以己見爲是，以致清民受此十數年無窮災害。今遵旨開渠，仆碑去禁，於南宮無害，而於清河則大有造也。撫臺德澤，行當與清河并流無涯矣。其又奚訟之有？」

比余至清河，清河士民迎至古黄河界上者可千計。維時于令偕諸生相繼詣余馬首前，疑謂此爲會議來也，柰何獨車馳

[一]「確」，通「権」。

至？余問之曰：「議欲如何第議焉，如其議行焉足矣，不會固無傷。」士民有哭而前者曰：「渠即不敢望遽開，但望仆其碑。」余即命之曰：「仆之且亟碎之！」士民相顧錯愕不敢動。余始高聲曉之曰：「此奉撫院明文，命余仆碑！特爲爾輩開渠而來，非但爲會議來也。」士民一聞已允仆碑開渠之言，歡呼真如雷動，聲滿河堧，若崩厥角不能已。俄頃，碑仆已成齏粉碎矣。于令欣躍致謝，余曰：「此撫臺垂愛清民德意也。余何敢當？」輒如議開渠如前旨。不三日，四十里之長，二丈之廣深，開濬悉如舊。蓋士民子來趨事，而于令拯民心切，督促有條，捐貲竭力不卹也。渠成害息，清民因名之曰「張公渠」。其詳載在清河三請開渠書中，且另勒碑記其事，茲不再贅。

力白令誣

廣平縣令馬君係明經，余同鄉人，素以孝友稱。其父歿，能事仲父如其父，則其孝友可知。其繼母爲八十老人，迎養在任，事之惟謹。人咸歎其忠誠厚德，爲時所難。第其人素誠實，無揮霍才，而本縣行户王建國等告衙役單孚敬等，微有以尅減價值波及之者。時撫臺軫卹行户苦累，其意甚殷切也。行户見其意旨，故借此以聳動之，欲批允立碑爲後來張本。不意撫臺深信以爲然，遂不喜此令。會有倉書王維翰等作弊，盜賣倉糧，馬令嚴治之不少貸，羣小輒騰播蜚語。又典史南中人，爲按君鄉親，馬令夙嘗馭之不得縱，亦頗有怨言。

無何，馬令且丁繼母喪歸里，撫臺乃手劄以本官匿喪尅價事密詢之余，蓋將與按臺會參也。余明知其冤誣之甚，於是具稟直陳。蓋謂尅價之事，曩曾被行户告及衙役，容或有些須風影。至匿喪一節，則人人極口稱冤。僉云匿喪者必喪在家鄉，而家之人或匿不報聞；即聞之而偶有他喜事可旦夕望者，或匿不以發，乃可云匿喪耳。今其繼母高年人，在任久，其病久，其延醫調治又久。聞其垂危之日，闔衙之人及典史婦子悉來探視，尚見其呻吟床褥，奄奄食息狀，未幾而報殞矣。念五日殞，念六日本縣即具文申報，念八日本府已具文申請署印人矣。公移俱在，何可匿，且亦何得匿也？無論其人素誠實無他，居鄉且以孝聞。即至不肖者，能掩一人之耳目，能盡掩闔衙之耳目乎！况匿之將欲何爲？官見任也，尚有告衙役尅價以蠛其官者，匿喪而法令能行乎？匿之欲何爲也？此一誣枉，關係匪細。即此一誣，其他可推，然不敢概爲辨白。惟是天日在上，不敢自昧昧人，以輕污他人一生之大節。故直據人言，冒率上陳若此。至云彼中百姓告訶狼藉，此則何敢爲之曲諱？然百姓告官，其風或未可令漸長。今賢者已有受波及之辱者矣，恐將來地方反不爲美，而長此土者且將人人自危。倘必欲以資格論人，以去後論人，不能忘情於斯人乎，止乞滅去匿喪一節，以少雪斯人終身不白之冤，餘則惟據百姓之所告者，謂何則謂何云耳。職實不能違心妄有所開報也。

頃之，按臺亦以此事下詢，余即以稟撫臺者稟之。乃真定許司理年兄移書於余，謂兩臺似以曲護馬令爲疑，見其不肯開報，意欲徑索之道臺，惟年兄酌之。余復之曰：「所諭馬令事，弟蓋逆知其必不免也。然弟一段苦衷，力爲斯人辨白者，無他，止謂匿喪一節，污人太甚。誣人太甚，不得不爲之開解云耳。且或貪、或酷、或卒令人莫可對狀，此其不匿，則萬耳萬目所共見聞，又是何等罪名，令人甘心蒙不白乎？即兩臺風聞言事，似亦不宜以無影事告君父也。如兩臺意定，弟安能曲護，且亦安敢曲護？惟是明知其誣而違心開報，弟則安忍？矧又爲弟同鄉人乎！正望兩臺徑索之道臺，道臺徑報之兩臺，與弟夙昔畏天愛人念頭可無慚負，乃弟之所深願也。」

後兩臺雖亦以馬令入彈章矣，乃匿喪一節竟從裁去，即其他事款亦皆稍從末減。按臺報代至廣平縣，臨別時，反以馬令之事數數稱余心事爲不可及云。

抗議邊籌

余賦性質直，不善逢迎，生平見望人色笑唯諾從事者，輒心羞之。不自意一入仕途，即欲不望人色笑不可得。顧質直之性，有觸猶然畢露，不自知也。猶憶廣平到任後，往謁按君於大名。時東事告急，相臣行邊，有如許可商大事，私念按君會談言及，可敷陳也。乃按君尊嚴之甚，參謁畢，一拱揖而別，始終不交一言。余退而自羞者累日，因嘆曰：「做官若是難哉！反不若老書生千自由百自在矣。」

居有幾，按臺駐節曲陽，將北閱三關兵將，檄余隨巡。余星夜馳至，比再謁見，則色甚和，視初見大名時迥不同，蓋因撫臺每每爲余推轂故然。然體尊嚴如故，猶不甚相愛也。比至倒馬關閱操畢，各官詣院稱謝時，文則府佐、州守、縣令，武則副、參、遊、守、偏、裨，不下二十餘員，拱立兩傍。按臺徐徐出立堂前，謂衆官曰：「近覩朝報，見相臣行邊，條上一切修築障塞及請增兵、增餉諸款，甚詳備也。長城有人，從此東事可無憂矣。」

衆皆相顧，唯唯無以應。余質直之態，不覺復露。私念嚮者曾不獲交一言，每用疚心。今且言及之矣，獨柰何復默默爲？於是高聲仰對曰：「昨亦曾見朝報，果是詳切明備。第細閱諸款，乃皆邊臣事耳，非相臣事，且非相臣特承九重之專任，而仗劍行邊事也。蓋醫人治病，必先審受病何在，相其緩急而施劑焉。遼陽、廣寧之敗，其受病不在障塞之不固，亦不在兵餉之足不足也。」曰：「何以見之？」對曰：「據當日失地光景，聞其開門而迎賊矣，即阨塞堅固奚益！聞其未戰而先逃矣，即兵馬極多奚益！比賊既入城後，軍餉之爲敵人資者，聞且用數年而有餘，則積餉極多又奚益！固知病根不在此也。」曰：「病根果何在？」對曰：「在軍威之不振。」曰：「軍威何爲其不振也？」對曰：「咎在賞罰之不明耳。曾聞遼陽用兵之初，勇往直前，渡河而戰，戰且一日夜而死者。當時惜其徒勇，且或議其輕率而寡謀，卒不反究其擁兵不渡、聞急不救之人。及詰問不渡不救之故，則又詭應之曰：『河原不可徑渡。』不知先渡之兵、之將，皆飛過耶？何前者可渡，而後者遂不可渡也？戰死者幾以浮議不蒙卹，而全軀以退者翻得藉口而安享其祿位，則賞罰可知矣。坐是數年以來，軍威迄不克振，而喪敗者往往接踵。」曰：「爲今之計將柰何？」對曰：「急莫先於振軍威。」曰：「軍威如何便可振得？」對曰：「急莫先於明賞罰。」按臺微笑而言曰：「賞罰當明，誰不知之？誰不能言之？此亦老生之常談耳，何以獨責之相臣，且謂修築諸款皆邊臣事也？」余於是益覺慷慨激烈，侃侃然對曰：「政謂一切邊臣原都在賞罰之中，非得專行賞罰之人。專行賞罰之人，政謂非此相臣不可。夫相臣代天子行邊，獨操閫外之柄，此而猶不能亟拔賢豪，立誅首罪，以張九重之威靈，而破奴酋之膽，則豈其權猶不尊且重耶！ 然曰賞曰罰，亦非泛泛然行之。賞必先自下始。真知其賢，無論草澤，無論行伍，無論材官、偏裨，不妨以虛銜拔之上位，俟其果應而賞授焉。罰則先自上始。果真知其不肖，亦無問其三窟、百足而曲狥其情面，不妨與衆共聲其罪，即以尚方從事焉。在昔种世衡於市井稠衆中拔一王嵩，卒平元昊；高仁厚座間斬一副行，而東川節度使遂降。今賞罰果能如是明信，將見軍威自振，從前衰弱之氣頓起〔一〕。即奴酋聞之，亦膽寒矣。不此之務，而僅僅議餉、議兵、議修築，不知於病之緩急果有當乎否也？」

於是諸文若武皆相顧嘖嘖嘉歎，按臺則殊再三擊節，若深有味乎余言。是後每一謁見，凡事商榷，立談多至移時不倦，特相親愛，有加無已云。

活閘救秧

歲癸亥夏四月，府屬殊旱甚。滏陽河水從邯鄲地方經過，有設死閘者截之，滴水不得下。稻秧已成，正值栽時，弗能栽也。百姓嗷嗷泣告余，謂上流勢要家人，橫砌石堰，安死閘河上，閘水自灌花園，灌閑田。且壅水使高，以灌東岸高阜旱田，從來水所不到之地。反令我輩從來受水、納水糧田地，一滴不得沾。秧若再過三五日，弗可栽矣。乞一牌諭令管水人開閘一二日，便可救此一方百姓。余即時出牌馳諭去。私意勢力最大，且必假公言妄相阻撓，旦夕未必遽能開也，小民終歲之計將奈何？ 於是單騎馳五十里，親至閘上。時見無數小舟，或載糧米，或載貨物，因閘閉，泊河傍岸者已月餘矣，苦不得過閘一步，亦咸來泣訴厥苦。

余乃召邯鄲管水衙官及諸管水人役至，諭之曰：「此河從滏陽來，下流直通天津，非獨邯鄲河也。即是邯鄲之河，我

〔一〕 此「起」字，治愈義。呂氏春秋察賢：「今有良醫於此，治十人而起九人，所以求之萬也。」

聞當時此中有大老弘軒先生，仁人君子也，且罄竭己囊濟人急，救人命矣。後之人即不肯捐己利衆，亦安肯將大家公共之河閉塞勿通，徒以灌園圃，灌閑田，且灌所必不能灌之田？我知此事必不出紳先生意。況紳先生，當代偉人，素以仁人君子存心，倘聞此等情景，必不自安。此必是家僕輩營私射利徒，假主人翁聲勢以恐猲小民，故不管小民死活直至此。今本廳親來開閘放水，暫救小民一時之急，但有阻撓者，定行重責枷示。」時衙官及衆管水人役悉唯唯聽命，亦無一人敢從旁阻撓。於是詣其閘，趨開之。乃其閘之兩岸，雖石砌堅固，其作閘之木甚長大平正，然甚重難起。且兩頭入石槽處又甚死澀不活便也，兩傍各須十數人用繩力扯始得上。上而木大難挽，輒又落水底去矣。再落兩木，水已足栽秧之用。然近下數層不盡去，舟不能過，舟子咸又泣稟。余命暫通去之，俟所泊之船過盡，即復閘之可也。船遂順流而下，不數刻輒已過盡，歡頌之聲盈耳。

會邯鄲靖令君，余同年也。聞余至，來會，因私語余曰：「一時閘開，固無敢阻。但此間水田亦甚多，且亦多屬民間秧地。此閘木急切難遽上，倘此間用水將柰何？」余初見閘木起甚難，且易落，水勢又險甚，業已默思一活機作閘，一人可啓，一人可閉，用之甚便捷，且可兩利，而永無害也。因靖君問及，輒繪圖口授，令匠人依法製之。後果啓閉便利之甚，上下俱稱快云。其式另具匯集各圖說中，茲不贅。

比余回府，栽秧者滿田疇矣。顧旱甚，水烏能徧及？會上臺有祈雨之文。余隨齋素步禱於南壇。南壇者，風雲雷雨之壇也，距城且數里。余思焦旱之甚，窮民望救情切，深可惻憫。途次步行，不覺流涕。兩傍觀者亦皆下淚，互相感嘆。比次日再禱，闔城紳即年高者靡不徒步相隨。余謝：「何敢勞？」咸曰：「老公祖爲敝地荒旱，且流涕而行祈，治輩奚忍安坐家中？」余甚感之、重之。時諸父老頒白者無慮數十百人，亦皆徒步相隨從。余爲一歌，教十數童子歌於前，聞之亦足令人墮淚。比至壇，跽祀昊天上帝神位前。余淚淫淫不能止，幾至失聲。隨而禱者莫不哀痛，乃讀祝者聲哀哀讀不能成句，亦足見人心之良，大衆之誠切矣。時先君在宅內齋素長跽而祈之者亦累日夜，外人莫之知也。第三日雨一日，大澍霑足。是歲稻成，秋禾甚茂盛，人咸稱爲大有年。

移木完廩

祝太守二華先生念郡城重地，儲糧不多。即欲多儲，倉廒多損壞不堪。現儲之糧，上爲風雨雀鳥所耗，下且因地濕浥爛者，莫可數計。因請之上臺，增修倉廩十五間。又將諸倉廩損壞太不堪者，咸欲補修而新之。條議價值、工作，歷歷有數，以請上臺。咸許可。先生已發價置諸梁棟、柱廩等大木料，及磚石等應用物於諸屬邑，運送抵倉院者已強半矣。惜以太翁尊人之變歸里，遂不及作此。臨別猶囑余終其事，蓋垂愛地方無已之盛心也。余於是力任之。

獨計已有之木植磚石等料，僅可作十間之用，再買再運，諸邑咸稱苦難不便也。必欲作十五間，恐又再需歲月，反令現運到者空置無用。余乃權宜酌處，以三間作一廒，共九間，通立聯作，隔三區，分爲三廒。其周垣前後右左，俱用磚石甃砌，務期堅固，不惜費，不吝工作。又先築地基務高堅，視本地高二尺餘，然後立屋其上。屋内地胥用磚墁之。余猶恐地氣易上，濕熱薰蒸，糧易壞也，於是欲盡鋪其底，苦無木料。

偶因巡視城池，周迴城上。見每垛口傍各立木三根，大者圍三尺，小者亦不下二尺，咸長丈餘。問：「此何爲者？」曰：「輥木也，有事則輥下以擊賊。」曰：「復能輥而上乎？」曰：「不能」。曰：「既下而不能復上，所擊能幾何哉？況賊人得此木，反可湊作攀緣之具，似不如多積石子飛擊之爲便耳！即欲作輥，有活輥式在。」因將余友馬了貪所製活輥成式，即以其木作四具於四門。其輥安鎗刀，鋒鋭尖，極其猛利。兩頭有兩小輪，從城牆上下無礙。既可上而可下，且可行而可止。往來城頭，相緩急而下擊，一可當百。見者咸稱爲神妙。

余謂：「此城上木約數千根，皆百姓已捨之木也。與其空置風雨中不中用，莫若公用之可用之處爲得。」或曰：「將焉用之？」余曰：「移之以鋪倉廒之底，則無用成有用，似爲得其當耳。」咸曰：「善。」時有照磨姜邦寵者，割股孝子也，素忠勤有巧思，且每事幹理不苟，遂委之董其事。於是擇取城頭大木之堅實者二千餘根，令匠如棚樓法，就廒底地平高一尺餘棚作樓，合縫處鴛鴦合之，俾無纖漏。其下仍留透氣孔穴，便風入以散薰蒸之氣，且令捕鼠之物得往來也。其所取木，不但棚新增九間之底，後並補修舊厫一一若新，其底亦盡鋪之，仍有餘木。

厫既成，新太守唐穀如先生爲余落成，飲酒其中。見其新增三厫，高爽敞朗，門臺寬大，可列坐會飲，及磚砌周垣，與磚底仍加木樓等製，數加歎賞。謂：「即人家自作廩庾，計未必能及此也。」祝二華先生聞其成，且聞其成之堅完美好若此，移書稱謝。紳李公爲文刻石以紀其盛，事悉載碑文中，不細贅。

洩漲引溉

漳水漲決肥鄉城矣，至曲周，則又決堤東岸三五處。其水橫溢，禾盡渰，間且渰沒鄉村室廬無數。余聞之，惋惜甚。因有事廣平縣，迂道過曲周驗視。至岸決處，一望浩渺無垠。其官路成河，非乘舟莫能行也。於是登舟，直至廣平縣北三里許，方可陸。當舟行時，田畝胥沉水中，不辨疆域界限。時遇村落，牆垣頹壞，半在水鄉。其道傍樹，無大小咸不露根株。舟底戛戛有聲，枝稍常拂眉睫間。余蓋長太息者累日。間或詢及土人，固亦稱苦，然不甚驚，若以爲常然無足怪者。

比余歸，再見曲周趙令君，細述所過漂溺災傷狀，亟嘆河伯何爲苦我百姓若是！趙君唯唯，已而曰：「百姓殊不甚以爲苦。蓋謂數年遇此一番，屋舍雖或傾頹，田苗雖甚壓溺，而淤過田地，次年反極收成，連三二年皆得厚利，故百姓不甚驚且苦也。」余曰：「固然。然使有一法於此，可免渰溺傾頹之害，一般可獲沃田厚利，百姓亦願之乎？」趙君曰：「果有此法，是有利而無害也，豈有不願！願聞其法。」余曰：「此無他奇，惟相堤岸常被沖決之處，用磚石堅砌閘口。閘口之外，兩傍築高堅厚岸爲渠。處處如斯，即時常天旱欲用水時，亦可開閘從渠灌田。不用，則將閘板層層築塞，使水不漏爲則。若遇水果猛漲時，漸漸去閘板數層，不但可以殺水之勢，洩水之怒，堤不再決，而從閘、從渠順流而下，以之灌田殊便也。君其以爲何如？」

趙君殊擊節稱善，即欲如法築砌。間會趙君以欽取行，未果。

開淤成塘

廣平府城外四周皆池，池皆深數尺，寬皆二十丈有奇。惟四城門外各砌石橋，以通往來。蓋環城皆池，盈池皆蓮，每夏月紅綠相映，望之有若仙境。故「南廬北廣」，當時咸目爲僊府云。東北池外有賞蓮亭一座，亦有樓臺可觀，然不甚寬敞，特作往來賓館用耳。兩臺有時駐節城中，苦無可會飲處，常遮閉大寺佛殿，於其前作大棚檻，始堪鋪設酒筵，所費行户多不貲。余每笑如此僊府，無一樂地爲遊賞奇觀，殊爲缺事。

一日因迎春東郊，見道南傍池而東，寬平空闊，一望莽蕩，悉屬荒淤閑田。問之，則曰：「官田也，可七百畝，因淤久荒廢，無人承種，故若此。」余旋命姜照磨荒度之，果七百有餘畝也。又詢其致淤之故，曰：「灌池之水從東堤來，堤甚高，此處地少窪下，周城池中滿，溢水悉注此，遂經年成淤耳。」余心識之。後因暇日環視其地，細爲料理，不但可作腴田，更可做一方勝地，尤可作此郡千百年利藪，柰之何其輕棄之也？於是手繪一圖，又爲説以詳作法。

其説曰：「既云池水滿溢始注此地，胡不於未溢之先增堤岸使高，水自不能入乎？倘於此地周遭作堤，止於可引水處作一磚砌閘口，時常以閘閉塞之，水可盡涸，成善地矣。如欲引水灌此田乎，另開一渠，引水至磚砌閘口，開其閘則可灌矣。地總七百畝，於其北留五百畝作稻田，令民間承種，少少出租以爲公用，民爭趨之矣。尚餘二百畝，將百畝作東西兩大池塘，用以畜魚，中留甬道。又百畝中相而作臺，作堂，作庭，作樓，作亭榭，作廚館，無不可者。最後以土堆積作假山，高高下下，或樹松柏，或樹榆柳，或多栽花竹，或栽梅李桃杏諸果樹，相間成文可也。其築臺堆山之土，即取之兩池塘中。濬深爲高，不患無土。至大堂一座，凡六楹，甚巍峨，甚成熟也。第用多人一移之耳。」或問：「在何所？」曰：「此南一里許，不有舊察院乎？野外荒廢已久，諸皆毀壞無存，獨彼大堂及二門樓尚巋然風雨中。移而用之，豈非成熟也者！若夫工作食用諸費，余已計算，積之庫中久矣。」或曰：「何項可以動支？」曰：「無礙官錢。」又問：「何項官錢？可是無礙？」余笑而應之曰：「往常所云無礙，皆明知以有礙當無礙；所云官錢，皆以官銀當官錢。今所云云，纔是真正無礙，真正官錢耳！」或問：「何以見之？」余曰：「嚮余閱府庫時，見屋隅堆積萬曆新錢可二三車。」問：「此何用？」曰：「無用。」曰：「既是錢，云何無用？」曰：「此蓋當時初造錢時，各縣呈驗樣錢也。後錢法滯不通，且此間行使全不用此錢，故堆積於此，亦未登查盤之冊。所以虛積此處，直作廢銅看耳。余故目之爲無礙官錢。」或曰：「是果真正無礙官錢也。今欲以無用當有用，將柰何？」余曰：「某處某處不行使此萬曆錢乎？六文作銀一分，其錢尚不如此錢輪郭美好。倘委一廉勤首領官載此錢往彼易換，計可易千金。不然，七八百金必可得也。以此金充作諸費，豈不綽綽有餘？塘果成，差的當人持數十金覓夫挑取湖廣各色魚秧數十擔，養之兩塘，不數年，魚將不可勝用。有池有塘，有山有水，有堂臺亭館，有花竹果木，視寺中結棚治酒不大勝乎！且不費民間絲粟，而反有無窮利益，柰何輕棄而不爲也？」

維時太守唐穀如先生深有味乎余言，約期築堤開塘，將一一如余說作之。俄而，余以繼慈憂歸里矣，唐公亦偶以他事不如意，力告去，其事遂不果行。

以上引溉、開淤二事，雖皆未之能行，然皆有成畫成說在，不可不記也。且以俟後之留心地方者採焉。

卷二　治狀二

◎兩理略之二

事款後　揚州府

三迎王舟

天啓七年，瑞王、桂王、惠王以次之國，皆由水路，皆取道於揚州。其王舟及妃嬪、世子、眷屬舟，及護送内臣、隨從内臣、長史等官舟，以及護駕衛兵舟，皆預取之諸郡縣，而揚州爲獨多。三月間，舟子裹糧鱗次趨赴通州張家灣以候。五月，瑞王舟始至揚。時余履司理任纔三日耳，即同道、府、廳、縣迎於淮安界上。比王舟暫泊揚之東門，衆官謁見畢，王隨傳命着作速換王舟與諸舟之將敝者，又索蓬〔一〕帆、鐵猫〔二〕等物，蓋謂將過大江，恐前舟往返已數千里，不堪渡江故也。其實王舟堅完美好特甚，且亦安得再有堅完美好如王舟者而易之？不過隨從各官藉此以爲需索地。至各舟原無敝壞，其云少帆、猫等物，亦皆舟人中之猾無賴者故相恐猲焉耳。

〔一〕「蓬」，當作「篷」。下同。

〔二〕「鐵猫」，明方以智通雅諺原：「船上鐵猫曰錨。」按：「錨」，同「錨」。下同。

余會此意，笑語於舟傍，舟中司禮官頗聞之。比一舟人稟索鐵猫、蓬帆，一少年司禮輒以需索狀詰責之，已果得其猫、帆等物固無恙也。遂痛笞舟人三十板，後之索者少止。顧急易王舟之命，莫之敢違。且促之云：「不速换王舟，可將各官姓名開來。」道、府、廳、縣咸相顧，錯愕莫能對。余謂：「此亦未可倉卒對也，須向兵部趙公處辨止之可。」於是相率詣趙舟。趙蓋少司馬敕護王舟者，山西人，名紱，素平易忠誠長者也。見衆官至，亦以王命易舟爲言。

余乃昌言之曰：「王獨揚州之王也歟哉？揚州府出辦王舟及諸從王之舟不下數百艘，今往返以數千餘里，正宜檄取江南大舟來换，以節其勞可也。柰何又令更换？彼江之南，獨非王土王臣耶？况王舟原自堅完美好，既能經數千里風浪，豈不能渡一葦之江？即必欲更换，王舟豈易易造者？計須得數月。無論後王繼至，即王駕果能久泊此河幹乎？且當時本部逆知王舟勢必過江以南，胡爲不先傳檄，令江以南艤舟北岸以待？豈揚州之舟可馳候二千里外，直至通灣，而江南之舟獨不可移寸地以嚮儀真北岸乎？衆官詎敢不遵王命？第勢難猝辦，且亦必不能辦。各官姓名備載宦林冊内，夫亦胡用再行開報者？惟望轉祈於王，俯賜裁度矜寬云耳。」趙公聞余言，數數以爲曲當，且亦自咎當日胡不預檄江南？蓋亦微聞從王内外司官有索求意，乃明示其意曰：「本部自當力懇於王，但地方官亦須於内外司官處先以情理委曲講明方妥。」於是地方官會其意，私爲委曲講明。翌日，王舟遂移泊儀真，蓋趙公委曲言之王，内外司不再苛求故耳。

至儀真風逆，王舟不敢出江口。又泊三日，風始順，已傳令旨，次日定過江矣。先是各官每晨赴王舟傍起居，是日仍悉鵠候間，長史朱某立舟前大聲語衆官曰：「王舟當换，及諸敝舟當换，業已傳令數日，各官如何通不料理？王駕關係至重，數百人性命豈是小可？各官固敢不敬王命若是乎！」時道、府、各廳暨縣令等官將十數多人，咸唯唯，無一人應者。余不得已，拱手應曰：「王舟堅完美好，其不當换與一時不能猝换，業已轉懇代言於王甚悉。今必欲再换，無論物力已竭，民力已竭，即各官之心力亦已竭，其如倉卒不能應命。何况王駕泊此，已經數日，百姓奔疲逃竄，縣令幾至赴水。聞後王且不日至，如欲换舟，勢必需之數月，恐大家彼此不便，不獨地方官受累已也。」余蓋微聞魏璫密差隨行監訪，故危言以悚惕之。長史傲然厲聲向余曰：「爾是何官，敢此抗阻？即應記名參處矣！」余不覺慷慨悲烈，厲聲應曰：「揚州府新任推官，到任纔三日耳，非地方官也。然爲地方而請命，即獲罪被參，庸何傷！」傍聽者咸爲余危。幸王特聰睿，只尺聞余言，即命一承奉出諭曰：「王舟已約定明日行矣，再未嘗傳命換舟，内司亦再無言，爾外司何爲者？豈其於各官有所索耶！」長史殊大失色，咋舌而退。頃之，又致王命曰：「諸先生屢勞，請回，明日決定渡江。」

次日侵晨，舟果發，風極順利，頃刻十數里。各官急舟相送約二十里餘。王甚喜，差官慰勞致謝而去。無何，兩王相繼過，一一如故事，不復再言换舟矣。且皆優禮相待，有賜各官酒饌者，有賜各官折饌禮銀者。他郡聞之，悉詫爲異數云。

四結欽案

天啓初年，三殿大工肇興，魏璫奉旨搜括。操江都院某奉意旨搜括江以南殆盡，乃又搜及江北揚州府庫及鹽運司將及二百萬金，悉屬冊上相沿虚數。及在前因公湊急那〔二〕借銀兩，誣作各官侵没，奉旨差胡、劉兩内監催督起解。一時株連蔓引追比者，無慮數百千家，江以北幾至鼎沸，而波及官長者且數案也。其一房、樊兩鹽院，其一楊、顔兩郡守，其一鹽運司汪運使、譚運同。後又因逆奴吴榮暗報家主吴養春黄山漏税在魏璫處，隨奉旨差大理寺評事許志吉來揚，搜商完補。揚州鹽商幾至閉門罷市。

余涖任之初，撫、按於此四案，咸檄行揚州府并淮安府、鳳陽府刑廳會勘追比。余謁見郭撫臺，面禀曰：「奉旨勘問事件，誰敢推諉？但朝廷之命令，固不敢不遵，而朝廷所立之體統，似亦不可不少爲存惜。夫兩鹽臺皆揚州駐扎，親臨之上司；而兩郡守又皆本府堂上官也。一旦使之囚首聽勘於所屬之刑廳，俾一切服事衙役、臨馭、商民得以揶揄官長，此亦何可令衆庶見也？惟祈移檄淮安或鳳陽刑廳，調在彼處會勘，而卑職與名其中，則欽件不誤，而體統少存，特在憲慈一念之

〔二〕「那」，後作「挪」。下同。

轉移焉耳。至吳養春父子三命，業皆斃於廠獄。今六十萬之贓，一時株連追比，恐又爲地方無窮之害。祈少寬之何如？」撫臺笑曰：「該廳爲國爲民，言固有理。第事係欽件，且皆屬揚州府事，誰肯代而肩之？吳養春夥商多在揚州，非揚州府刑廳追比而誰追耶？其急勘之、急追之毋諉。」余再三辭之不得，不得已，誓心天地，固不敢少爲暱比，以負當日之綜核；亦不敢輕自懸添，以點〔二〕各官之名節。

於是細勘房、樊兩官任内事款，或緣卹商而冒市虎之譏，或緣助募而來竊鐵之誚。再三翻閲前後卷案，則無不與徹底清查之奏疏一一相同。夫錢糧收支，兩官雖有批發之責，而案冊犂然，兩官總無染指之處。況按之原參，第曰「有無染指」，蓋恐其或染指也，而非謂其真染指也，故未曾明指數目款項。今細查實無的據可憑，委不能妄摭一端，以爲兩官罪也。又況兩官矢公矢慎，爲國爲商，往因額外解助，曾蒙優敘，何反坐之以罪乎？倘肯憐念摧折之久，請復原官，固爲望外之特恩。即不然而垂察掛誤之繇，曲賜開豁，亦了不結之難局。

其楊、顔兩官一案，蓋操院因操餉那借之多而議之者。細查揚州府庫藏，原無徵收之責，不過合屬州縣起解京邊錢糧，并外府州縣協濟銀兩，解到之日，暫行收貯而已。然即以每歲之所入者，供每歲之所出。偶入之者不繼，而出之者所需甚迫、甚急，勢不得不通融湊給，以救目前，是從前那借所繇來也。借而補，補而復借，久之，借而不能補，而又不能不借以應也。則頭緒既多，日復一日，年復一年，莫可究詰矣。故操餉那借之遠，非自一歲。陸續那借之官，非但一人。悉因隔江之拖欠難完，以致本府之那借積多。總之，公家之急，那此應彼，非云經手之人借公而營私也，乃獨歸咎於楊守者謂何？從前之那借猶可陸續抵補，而楊守到任之日，適值操院助工急需，索及操餉八萬之多，一時庫貯無銀，束手莫應，不得不將從前那借銀兩，盡行開報，若自楊守而那借轉多也者。今查本官到任之始，與胡推官交代時止有雜項銀三萬餘兩貯庫，而操餉銀兩在庫已無分毫，則本官即欲那借操餉，其如操餉之無銀何？是那借操餉，本官不但不多，而且獨無。夫那借既無，

〔二〕「點」，與「玷」爲同源字。下同。

則乾没之情益屬烏有。想操院急公念切，又因二璫索銀甚迫，不得不議及楊守耳。再查顔守接管方新，委以府庫無銀，不能仰副急公之念，跡似於抗，情實可原。乃兩官皆因無端之累，倏蒙削奪矣。茲值聖明當陽，諸累盡釋，且詔旨明開應釋者即釋，應復者即復。今兩官被累已久，不但與開釋之例相合，實且與復官之例相同也。

至於運同譚天相與運使汪承爵一案，其冤誣更甚。天下事固有勘之而後明，亦有不必勘而其情已昭然者。夫前此操院開報搜括庫貯之銀兩，徒據冊上流來之空名，扭爲庫中見在之實數。繼而搜括不敷，權璫必欲取盈，浸假而議及蠹吏之乾没，浸假而議及參官之贓罪，浸假而議及增添坐派之深文，皆起於利臣作俑，逆璫勒脅。不但被追者憯心莫愬，即追之者亦多掩面興嗟，其柰嚴旨之不敢違何？東南半壁天下，幾爲言利之臣所破壞，寧獨汪運使、譚運同之冤誣已哉？必欲直窮到底，似不在區區奉行之小吏也者，是在兩臺加意垂察，曲賜回奏，以昭九重之德意，以卹萬里之窮愁，非職等所敢擅便也。

三案勘詳既上，撫、按兩臺遂悉如其文，一一登奏疏請。無何，俱奉明旨，兩鹽院并兩郡守悉復其官，汪運使之官亦復，獨譚運同未幾報死耳。

三案既結，因將吳養春一案細爲推勘，進諸人證於庭，面爲查問。維時紛紛哀陳不一：有云叛奴吳榮投身逆璫，殺伊家主吳養春父子三命，搆許大理查贓羅害無辜者；有云飛贓虐民，吳養春叛奴吳榮姦烝主妾，因告懼罪逃京，投入魏璫，首告黃山漏稅，紐解養春父子三人至京，立斃杖下，家貲盡没入官者；有云吳榮獻鏹媚廠，弑主吳養春，活殺全家，荼毒闔郡，許大理助暴阿權，橫不容喙，無辜茹屈，四命慘亡者；有云許志吉爲養春侄婿，僞造黃殼印簿，指璫飛贓，違旨肆虐者；有云吳養春犯贓，屢奉明旨止追没養春一家，無得波及無辜，蹇遭奸寺許志吉搆通魏璫，奏請查贓，倚虎負嵎，僞造黃簿，攀捏附本，負欠名色，徧行嚇詐，以受賄多寡爲派贓重輕者；有云養春所犯之贓，不過叛僕吳榮之首告，出於魏璫刑迫之強招。養春父子三人同死於獄，養春之妻且節縊於家，在徽、在揚之貲產盡入於官，似亦足以完其局矣。今查吳榮原供之案，魏璫羅織之疏，初無各商姓名，乃被許大理狐假虎威，嚇詐妄派，追比不已者。總之，言人人殊也，而其哀懇之情則一。一時滿堂號泣之聲，悲切之狀，真令人慘不忍見忍聞。

比職再查吳榮在揚犯罪招卷，及東廠首告緣繇，與許大理誣報冊籍、各商歷歷寃狀，不覺爲之髮指，不覺爲之泣下曰：嗟乎！養春因富殺身，固多藏厚亡之炯戒也；獨悲夫父子三命俱喪一僕之手，立斃杖下，而其妻且效節烈以雉經，則其情亦大可傷矣。柰之何四命慘亡不已也，復慘斃乎多命？全家覆滅不已也，更覆没乎多家？初猶止於同族耳，旋且株連同鄉。初猶止於江南耳，旋且波及江北。故吕部即催之太激，徽郡業告揭竿；而許大理比之彌嚴，揚城幾致罷市。每根連以蔓引，慨虎噬而鯨吞。千家剜肉醫瘡，悉桁楊而待命；羣小磨牙吮血，尚推敲而食人。今茲嗷嗷乞哀之衆，疇非奄奄待盡之氓！夫就罪論，殺人者抵。假令養春果殺吳榮一人，抵之足矣；即不然而一家盡抵焉亦可已矣，胡爲又斃及無辜之多命？而況吳榮固猶然在耶！就贓論，漏報稅者半入官。假令養春果漏報黃山，半没之足矣；即不然全没黃山，更全没其家貲焉亦可已矣，胡爲又没及無干之他衆？而況黃山亦猶然在耶！夫人情一語之寃，無甚榮辱，不關死生，猶且喉急眥裂，反復辨白，指天晝日，而莫肯下。茲何事也，皮肉已致淋漓，忍令敲骨擊髓；房產已報罄絶，忍令賣婦貼兒。

嗟哉！無辜之人，其何堪此！矧報張報李，曾非原疏的名；坐萬坐千，總屬後來添入。夢中尋夢，枝外生枝。甚且肆報復之兇，甚且滋漁獵之策，甚且假指黃封，竟同白占。依納賄之重輕，爲派贓之盈縮。

嗟哉！無辜之人，其又何以堪此？嗚呼！四命偕亡，徑遭屠門之慘；千林欲盡，能堪破柱之愁？作俑者一叛奴吳榮耳，而主之者逆璫，奉之者鱷婿，遂至虐燄熏天，毒風撲地，而養春一門無噍類矣。寧獨吳氏一門之不幸，實江南北千萬人之不幸也。

今者逆璫伏誅，鱷婿就勘，差足洩柔良者之怨恨。然非磔此叛奴，碎屍萬段，猶不足以雪一家數命之寃，洩千萬人株比之苦，而昭千萬世國法之大。常想人人同此公憤，或必有起而言之者，職固無庸贅也。惟是目前牽連無辜之赤子，盆寃未揭，株比無休，職數欲請命而無繇。今幸聖主軫念如傷，已開三面之網，先免五萬之贓，其餘仍令查明請豁，則小民更生之辰，而有司入告之日也。況奉有上臺檄查，速爲代題之德意，敢不細核真的，妄圖解免？第詳稽此案，即養春一家處分之嚴，已無剩法剩贓。此外假立附本負欠名目，都是莫須有之強派，正屢旨之所深禁。其已經完解者莫可問矣，而今之未行完納者，皆其所必不能完納者也。夫民也，當困窮流離之際，即惟正之供，尚可徼蠲免之恩，而況屬莫須有之強派乎？又況此項蠲免，非求蠲朝廷之所應有，特免百姓之所原無？不過一念欽卹，即可解萬姓倒懸。計聖天子如天好生之仁，諒不難朝奏上而夕報可也。惟祈上臺力請全豁，以救此一方民耳。

此案勘文，撫、按兩臺亦復一一如詳入疏中，輒奉聖旨：「黃山贓銀盡數蠲免，仍着彼處撫、按緝拿吳榮，正法於都哉。」渙汗一頒，葛藤立斷。嚮非聖天子如天之仁，明見萬里之外，烏能頓豁六十萬之贓，湔雪千百家之恨，轉圜若是之神也哉！江南北千官萬姓，不知如何歡呼稱慶。余竊稽首感頌皇恩不已云。

潛消商禍

大理寺許志吉者，徽商吳養春家侄壻也。養春因逆奴吳榮媢幼子、奸少妾之故，告官究治。吳榮潛逃至京，夤緣通內，投在魏璫處，因而揭誣養春漏報黃山稅銀，歷年積贓六十萬兩。密旨將養春父子械繫於京，遂皆杖斃東廠獄中。時又有密旨令拘養春夥計，補還贓銀。而志吉以爲奇貨可居也，輒迎合權璫風旨，請旨自行查催，於是都中無賴子跟隨作爪牙者甚多。初駐天津，次駐淮安，再次則欲久駐揚州。比到揚州，卻泊舟鈔關岸側，不入公署，任跟隨爪牙下船嚇索各商，而本官傲睨舟中不之禁也。諸商人人驚惶，不能自保。蓋謂養春夥計乃屬私家，非屬官家者也，本無印信可憑。況養春父子已死，指爲夥計則夥計矣，將誰辨？時呂部即在徽州，業已逼扳無辜，受害甚衆。百姓恨極，圍其署而欲殺之。呂匆遽中踰垣而逃，僅以身免。故在揚諸商聞之，脊脊〔一〕思動，已有閉門罷市意矣。

〔一〕「脊」，通「踖」。

先是，余未出都，見許請旨自查，願隨者衆，業已慮及於此。適聞諸商果將有閉門之舉，恐爲地方□〔二〕甚大且急。況關係國計，尤非小小。因以賓客禮□拜舟次，許乃恣睢收刺，謝不見。適大雨，余暫避鈔關稅使者公署中。使君張公有譽，見余雨中至，問何往？余夙知張、許交頗厚善，因應之曰：「頃往拜許公，欲默息其切身之害。乃收刺而謝不見也，故怏怏避雨至此。」張駭問：「彼奉命而來纔數日，有何害切身？請明言之。」余曰：「正謂奉命而來，恐切身之害只在旦夕間。彼既不見，夫復何言！」張屏人懇言數四，余始密告以諸商閉門之舉，且謂：「諸商被兩鹽搜括之害已久，方欲閉門罷市，而許又以此速之，則徽郡覆轍，應自不遠。聞諸跟隨人狼貪無厭，所得果盡獻之許乎？脫不然，真諺所云『得錢大家用，惡孽一身當』也。余知許爲相國裔，故欲以忠告盡友誼，俾無犯衆怒，膺首禍，以墜厥家聲。其柰謝客而不納何？如此踞傲之人，即聞忠言不信也。吾輩第拭目俟之耳！」張訝曰：「許特未之知耳。聽此忠言，真所謂道義而肉骨也，敢不信？第信矣，事既至此，將柰何？」余笑而應曰：「息此禍反掌之易，但恐不信，不急依余言行耳。果依余言，不但無禍，直令諸商人人感服，歡頌盛德不能已。」張又數四懇，余曰：「第令許公急急移入公署，收從役一一扃署中，無令一人私出。且大書明白告示，示諭諸商：『本寺奉命而來，止爲清查當日廠中冊報商人姓名，原屬養春真正夥計之家，此外絶不一毫波及。敢有假稱跟隨人役，妄行騙詐者，許被害人扭稟重究。』又明示一段愷切意思，謂：『本寺此來不避親戚嫌忌，正恐扳害無辜。』一則公法，一則私情，則不但不被牽累者感激，即應受追比者抑且感恩而無怨矣。」張喜曰：「善」。

次日，許果移入公署，果嚴扃諸役，果出大字示如余意。比見諸商，果又以親情諄諄相告。諸商果皆歡頌，安堵如故。後許見余，始謝不容口。駐揚月餘，絶無所扳害而去。無何，詣徽郡，傲性復作，尋被勘。

〔二〕此處原刻本缺一字，似應作「害」。

顯豁盜扳

謝太守五雲先生以入覲行，余代攝府事。刑吏僉押中有一牌，列十八人姓名，明開住址村落，皆屬江都附近居民。初以爲所準詞狀，拘攝原被證佐耳。細閲之，則係前招案中强盜續扳之歇案名也。招中諸盜，已皆詳允監候處決，甚且斃於獄者數人。蓋已結案之前件，非新行緝捕之前件。而刑吏狃於未完之前件，故爾出牌欲余差役照名緝捕。

余心殊甚疑之，謂果當日緊關正犯乎？住址村落既明，姓名歷歷可指，何久存案中不之捕？既出盜口，後來續扳，安知非懷讐，又安知非差役唆使？真盜漏網固不可，如非盜也，將無多此一番驚擾？顧事屬未完，不一面審，真僞局終難以結也。但以緝捕盜賊爲名而差人，則賊未必果獲，地方必致騷亂，無辜受累者，當不止此十八人。而此十八人之家，父母妻子驚散，家業立破，不待言矣。爲之躊躕再四，於是手録十八人姓名、住址，出示一牌，掛府前照壁上，限五日内投見，謂爲他告枉狀者相牽，一投見辨明，即時釋放無驚也。

後五日，果悉至，一一報姓名、居址不爽。余見其狀貌、衣衫、動作，皆柔良人，絶不與盜埒。又皆似有身家，有體面人。令之暫候門外，遂提監中兩盜令之識認。兩盜相對，各各茫然，皆不識也。又命試呼其名，名雖間亦有合，而人則絶不相蒙。問「當日何故招扳許多名字？」兩盜對曰：「當日原是差捕人教我扳扯他們，好去需索其家也。有曾過其村，曾知其名，曾被叱辱者也。有止聞姓名，説是個過得的主子，大家相約扳他在内，着他送飯養活我們。此是真情，委實原非同盜人也。我們真正同上盜的，如今已死了幾個。我們原是該死的人，今又扳扯他們這些好人做甚？」余遂親筆一一登此口詞於案，皆爲開銷其名。痛決兩盜各數十板，仍收監候以結此局。

十八人者始知爲盜扳，皆叩頭堦下，驚懼殊甚。余諭之曰：「我固疑其非盜也，今果然。然亦不俟盜之不認而後知其非盜，即爾輩一一偕來，業已知其爲我良民無疑。夫世豈有作盜之人，一一安然家居？豈有蹤跡久，能一一不露？豈有聞人告理，能一一不疑事發被執，肯齊來投見？我初不肯標牌差人之意，正恐驚擾我良善百姓耳。今事既明矣，前件完銷，後來再無疑慮。爾等各即回家，各安生理，各益勉力爲善可也。」於是十八人者叩頭流涕，不覺羣呼歡頌，聲滿闔堂，更徹於余宅内。宅内人咸驚，問其爲何事云。

其他疑獄，辯明開釋者甚多，然皆刑官本分事也，故不贅。

擒兇千里

吳榮者，吳養春家奴也。因奸烝主妾，鴆殺幼子，告之官。究理間，榮懼罪逃之京，投入魏璫，首告黄山漏稅，紐解養春父子三人至東廠，立斃杖下，家貲盡没入官。余前查黟歙贓時，諸在揚州被誣被害之人，無不人人切齒，恨不得生食吳榮之肉。其所供吐占主財，烝主妾，鴆主幼男，曩日在籍種種不法狀，業已罪不勝誅。比因懼罪逃京，而其狡計愈狠，逆謀愈深，神通毒燄，愈益不可測度。而嚮邇隨乃賄結要津，夤通權璫，致故主吳養春父子三命悉斃厰獄，而養春之妻與其弟婦兩汪氏且皆雉經於其家矣。子姓盡幽囹圄，貲産盡行籍没，此猶一家一門之慘冤耳。乃又誣報黄山漏稅，波及其族黨，波及其親友，甚且波及其無干之郡縣。一時魚驚鳥散，兔罹雉羅，桁楊接踵，死亡纍纍，東南一帶幾成揭竿。此雖奉行權璫承望風旨，許志吉之威刼爲然，然何莫非吳榮表裏爲奸，首禍之所致耶？比奉聖旨，黄山贓銀盡數豁免，仍着彼處撫、按緝拿吳榮正法。時吳榮潛藏京城，撫、按雖亦行文緝拿，特應故事已耳，其實莫可拿也。

尋訪知吳榮從京逃至北直順德府邢臺縣一紳家，攜家貲美妾寄住一花園内。余遂差二役，給一奉旨緝拿欽犯牌票，同吳繼胤家僕前去密擒。嚴諭二役，務在必獲，賣放者死。差役至廣平，廣平人見余不遠數千里差人來，知其意在必獲也。遂潛引至其處，繼胤家僕伺認吳榮是的，輒一舉而擒之。紳家知余奉旨遠拿，亦不敢匿藏留奪。比將至揚，吳榮尚欲以千金賄二役求脫。二役各各畏法不敢也，於是鎖拿見余。余面審之，一一親口招認：「當日夤緣入内，先在工所。一時獻媚，投悦魏忠賢。原借黄山一案，迎合助工之意。不意輒獲親信，遂爾言聽計從。」津津口角，若猶然自述其得意光景，無少隱諱。則其謀殺家主一段公案，奚待吳繼胤、吳道光等之面質，而本犯已款款供吐甚悉矣。

狠哉逆奴！只便一己之私圖，不顧主家之多命。既盜其貲，既烝其妾，既鴆其幼男，而又弄此毒手，謀殺其父兄子弟，直欲主家一無噍類而後快於心乎！想其在廠指授搒掠，羅織鍛煉之際，頓令養春父子三人，以富室豢養之美軀，一旦化爲血肉淋漓之怨鬼。只此一節，慘動天地，罪真不容於死矣。而況逆謀一成，虐燄更張，荼毒兩郡生靈，戕殺多少無辜。東南半壁之天下，幾爲此奴破壞。幸賴皇威遠播，畢竟天網難逃。今吳榮已就擒至揚，凡在揚被誣被害之人，聞且見者更無不人人切齒，恨不速食其肉，而寢處其皮，不但養春遺孤吳繼胤與吳道光等在官諸人，哭泣痛恨而已也。

但此奴之羽黨聞仍在京，昨已謀欲解部再圖展轉。竊意徽人之在揚者甚夥，矧被誣害之家見今羣聚揚土。倘上臺題請明旨，即於揚州寸斬此奴，令兩郡含冤之氓，咸舉手加額，共睹國法之大明，於以洩人神公憤，而遄紓東南數載之積恫，豈非人心一大快事哉！不獨免途次押解之煩，實可消奸黨伏莽之虞。至於本犯正法之後，其贓私穢褻，置之不問，固益仰覘聖政寬大之仁。即不然而必欲追之，以窮治小人之罪乎，亦宜移文北直刑臺，於其寄囤之家追搜可也。蓋本犯美妾家貲，咸在刑臺。今在揚州者，止其故妻之父洪魁一人，久爲本犯所厭棄。本犯赤身就擒來揚，此中固已無餘物矣，莫可追也。

爾時吳繼胤呱呱感痛，吳道光忿忿稱冤。余痛責吳榮四十板，暫收監候。正擬具文申請問，忽蒙憲檄部劄，催解於京甚亟也。徒私爲之嘆恨而已。

噫！一叛奴耳，藉主人之餘貲，殺主人之三命，且害及主人之族黨親戚，罪惡滔天，不知如何偏能結權璫之歡心，又偏能借紳爲之庇護？夫余擒本犯至揚纔數日耳，撫、按尚未報聞，又未明奉聖旨，不知部劄胡爲乎來哉？若吳榮者，神通亦可爲廣大矣。

通利八場〔一〕

……之以閘，以時啓閉，以相旱潦，以調蓄洩。固不使淮、泗上闌，稿〔二〕涸西澤；亦不使淮、泗下洩，罄竭東膏。總期兩利而無害，法甚善矣。且皆奉旨久行，興化太史李公勒諸貞珉，歌頌兩鹽臺之美，見有記文可據，以爲可永行而無阻也者。又誰意崔院按臨、鄉紳從臾、縣令承望風旨，遂又塡平閘口，即於其上起蓋崔祠。而奉旨疏通之河，竟以一人之私意塞之矣。迄今八場窮匱，萬竈逃亡，不但諸商轉運之艱難也已。每遇天雨愆期，河涸生塵，皇皇士庶，苦海滋鹹味，思一飲甘美之河水而不可得。嗟嗟！一縣之利，較八場之利孰多？一家之利，較萬家之利孰多？一人之私意，較千萬人之公論又孰多？况開之者奉楓陛之明綸，而塞之者只翕柏臺之意旨；開之者普萬姓之樂利，而塞之者只便一己之身圖；開之者流百世之芳名，而塞之者只叢千年之咀詈。不知何所見而爲此？况如皋欲專一己之利，而可截堵八場之水，則泰州當先截之矣，何由得至如皋？又何由得至通州？泰州不截，胡如皋獨欲截之！通州可通，胡八場獨不可通乎？今以朝廷六千金所開之河口，關係八場萬千之性命者，而以奸黨一祠據其上而斷塞之，果功耶德耶？抑八場墮淚之碑耶？令人不得不致怨於始作俑之人。此皆諸青衿及諸窮竈歷歷泣訴之言也。

比問鄉紳爲誰？舊令爲誰？又皆囁嚅弗肯指姓氏，但緩其詞以對曰：「當日縣令、鄉紳爲一縣之利而言，亦公心也。第大小不同，公私稍異。比當事者立意以徼不朽之祠，而斷然必行，即鄉紳、縣令亦末如之何也已。邇因衆怨攸歸，聞皆悔恨，想此時仍復開閘，或亦鄉紳所樂從也。惟是崔祠在上，弗徼上臺之憲命未敢動。幸今本院巡歷茲土，念念楷模聖賢，千載難逢其會；事事軫卹商竈，八場普望其仁。倘一旦檄委廉官速行勘議，先毁奸黨之祠，亟開違旨之壩。俾汪洋解

〔一〕原刻本開篇處有缺文。所缺部分，請參閲兩理略卷四開壩議之前兩頁。

〔二〕「稿」，亦作「槁」。

澤，同禹績以長流；浩蕩恩波，并范堤而不朽。毋論疏竈通商，其於裕邊充國，功且萬萬矣。」據此衆意僉同，其情似必欲開閘而後可。

乃職再三商度，平心而議，亦謂此閘應開而無疑也。何者？大人視四海如一家，仁者期萬物之各得。而爲民興利之君子，斷不肯徇私而廢公，又安肯以小而妨大？如皋固赤子也，自本院臨馭視之，通泰八場，誰者不是赤子？原不忍奪諸彼以與此，抑何忍彼獨肥而此偏瘠？夫此河當刱開之初，固已灼見其無害而有利也。比後撤壩而易之以閘，既云以時啓閉，其間旱澇蓄洩之微機，又不知經幾許籌畫而後定，其必爲兩利而無害也又明甚。矧今欲改怨爲德，易壩爲閘，而重開之，尤必熟思審處，務期有利於八場，亦必無害於如皋焉斯可耳，詎敢冒昧從事矣乎！再查此閘所引之水，原非如皋發源之水；開閘之地，亦非經由如皋之地。其水總借淮、泗巨流，從揚北灣頭通芒稻河閘口而東，而後迤邐入於泰州者也。由泰而東，而後迤邐至海安，海安而東五十里乃至如皋，再東乃至通州。海安而北，僅一閘即可遞至八場。是八場、如皋、通州，固統借流於淮、泗者也。海安銜橋開閘之地，又係泰州所屬之地也。夫以泰州所屬之地，開一閘焉以通流於泰州所分之八場，曾何害於如皋？即使水與地皆屬如皋，仁人君子亦不忍獨屯其膏以自私，而一膜之外，輒秦、越視也。矧今皆不其然。即謂洩己上流不便乎，然業有閘以時啓閉矣。夫固太旱則閉，而有餘乃洩，非無限制者也。夫何患乎竭流？況昨歲湖笑河溢，只因此閘堵塞不通，漲無所洩，遂爾漂溺民居不知凡幾。彼時且岌岌乎有議亟毁芒稻河之閘以洩水者矣。

噫！與其毁數千金最當築之閘以洩無用之水於江湖，何如復開數千金原奉旨之閘，以洩有餘之澤於八場？是此閘之開，不但無害於如皋，而且有救於如皋之泛溢也。縱云此壩一開，未免分洩如皋之上流，而東流必致微細乎。夫果水流微細，又何不增芒稻河之閘，使高以壯水勢於來源，而反徒塞銜橋之閘，以阻餘波於末路乎？倘諺所謂「不塞甕口塞缸口，鍋裏不爭碗裏爭」者非耶？

説者謂：「崔祠在上，柰何輕言毁壩？」不知苟有利於民生，古聖王且不難卑宮室而盡力乎溝洫矣，何況區區一祠！又何況爲崔院之祠！吾姑無論崔院之功德何如，就使其功德在如皋也，祠之如皋焉足矣，胡爲乎壩上！夫祠也，而故立壩上，正豪有力者之巧計耳，豈可永墮其術中哉！故本職竊謂：「壩上之祠，斷不可不毀；而祠下之壩，斷不可不開也。第開閘之後，宜令相其水勢，定作閘板層數。閘共若干板，每板高厚若干尺。遇天旱則下層宜存板若干葉，要使無過洩上流爲則，若滂則任其宣洩已耳。其下層應存閘板，須令派夫看守。每遇船行，暫撤其板，船過則即閘之。著爲令，永遵守焉。如此而開，似亦兩利無害之善法也，或可永永無阻撓矣。緣係委查事理，不敢不詳述顛末，並一切調停委曲竅會，瑣屑上陳。若夫張主機宜，斷自上裁，非本職所敢擅便也。」

余以此議詳報，鹽臺甚以爲然，業已批允去壩開河，擇日舉行。間微聞士紳復有以私鹽之行，及風氣之説阻撓者。余又爲一説，以辨白之。其説曰：「文已申，或有咎余者曰：『是閘之易而壩也，其轉折甚多，條議甚悉。皋邑已刊有成書，吾子未之見耶？而顧有此紛更爲！』余曰：『見之矣。大端厥旨云何？』或曰：『大旨洩東皋之上流，固其首義，而此閘一開，則私鹽從此盛行，謂此閘正嚮者張士誠興販之故道耳。且閘閉後，皋邑科第疊興，其所關於地方之風氣者尤最大也。故皋邑鄉紳，咸謂弗開便。』余曰：『洩上流之説，余文中已詳之矣。至於私鹽之説，余實弗敢以爲然。何者？茲閘之易爲壩也，數年久矣，宜乎私鹽絶無可也。乃今興販者愈衆，則私鹽不盡在此閘之開也明甚。倘謂其爲士誠興販故道，遂禁築不通，將姑蘇爲士誠竊據之所也，亦遂禁閉不容民居耶！六合總此區宇，從古正統偏安，與夫篡竊夷虜，總此立腳。詎得以篡竊夷虜，總此立腳，遂皆棄而不立也哉！況私鹽之行，自有所以行之者。不於其根源處禁戢，而藉口於此閘之開，毋乃因噎而廢食之故智歟！況此閘原有巡檢司巡緝乎，倘恐私鹽船從此閘行也，何如改閘爲石橋？橋下用石柱作欞齒，相隔一二尺許，俾船不行而水行，何如？總之，余意毫無偏私，止因八場不得一飲甘美之水，故謂原通之河可通耳。如謂關係風氣，則余亦何敢重違鄉紳之意，而妄行紛更？第風氣之説，或不盡屬實據。若果風氣使然，則宜人人掇美科矣。況相距五六十里，而風氣胡爲偏種於一二家耶？即謂地理信乎有之，余恐天理視地理之效更驗也。書此以俟高明。』」

無何，余以憂歸里，張鹽臺遂不果行。然此河不開，關係八場性命甚大，後必有毅然行之者。存此以爲公案。

力杜兵端

從來兵端皆起於微，從其微而力杜之，則兵端可以不起。無柰挑激者生釁，而輕聽者急圖撲滅，爰致兵戈一動，每致潰敗決裂，不可收拾。如奴酋初起，釁生於關門之爭貨；蓮妖首倡，釁激於捕役之嚇索；以及流賊竊發，釁挑於署官之横拿。往往以微事而馴成不可撲滅之事則甚哉，始事不可不慎也。

揚州府泰州所屬梁垛、安豐兩場，僻處海陬。有巨盜王虎子自號南梁王，徐虎子自號平海王，哨集亡命數百。兩人騎馬當先，揮衆持刃，白晝刼財，殺死陳長子百十餘命，以致兩場民竈懸命於兩盜掌握。時余社友星海來先生秉憲泰州，日夜焦思，欲發官兵擒勦，蓋亦急急撲滅之至計也。余慮地方驚擾，又恐兵動則玉石不分，無辜被傷者衆也。再三委曲陳説，於是按兵不動，止默授方略於捕盜。衙官遂先擒王虎子於泰興，並獲徐虎子母、妻、兄弟。顧徐虎子猶然肆虐，狂逞無虚日。兩場告急者紛紛，復請發兵不已。來道臺亦復有發兵意。余又陳説再三，謂官兵纔動，賊徒必然散亡潛逃，何故空費錢糧，空勞兵力？況勦捕太急，反被賊徒煽惑哄誘，貧者遂多附賊，富者愈不安生，而賊黨愈横，則兵何可輕易言動？只在推誠曉諭，散厥黨與。賊黨一散，賊勢自孤，一二人縛之無難也。余遂以俚言曉諭該場，安戢民竈，止求真盜，毫不波累無辜。賊黨果漸漸解散。於是，差廳吏顧天佑并甲首朱昇，密伺擒拿，而徐虎子遂就縛矣。未發一卒，大盜成擒，來道臺殊喜余有先見之明焉。

未幾，興化縣民束應鰲與鹽城縣民朱萬春彼此以送訪相猜，相搆興訟，輒各糾族黨親友，呼類引朋，務求必勝。因而有毆死人命，及燒毀房屋之舉。總之，以詰告而羣然格鬬，彼此張皇，若爲大盜猖獗，不可嚮邇之狀。兩家助力餘黨，故意連名聳首，動稱數百人，殺人放火，似皆一一指名可據。兩縣差役又復張大兩家之惡，若必不可緝捕也者。然燒毀者朱萬春家之房屋也，人命屍棺，亦是萬春族黨，俱在劉莊場内。而束應鰲反又妄揑單詞具稟，謂萬春騎馬持刀，率領五百餘人，打家劫舍，殺人放火，燒毁房屋，勢同反叛，急宜發兵勦滅。興化縣令信之，輒據稟具文，申報本府，及撫、按、鹽臺。興化鄉紳爲應鼇求勝者，又左袒助之。鹽臺經過劉莊場，親見屍棺與燒毁房屋情狀，以爲應鼇所稟是實，輒欲與撫、按會題請旨，將發兵勦滅焉。

時余隨巡，次日亦過劉莊，見遠遠有數十人道傍跪迎執狀。余傳命宜在公署伺候。比至公署，執狀者跪門求見。余命之進，未接狀詞，先諭之曰：「爾輩非朱萬春牽連之證佐乎？萬春與應鰲兩相詰訟，一出對理，曲直自然分明，事即可完。胡爲躲藏不出，翻借應鰲口實？且爾輩皆無干牽連人也，胡爲僕僕道路若是？」衆皆叩首稱神，且曰：「果不株連我輩小民，我輩小民奚肯自投法網？但束應鰲前率黨與在此，與朱萬春相爭，打傷人命，燒毁房屋，明明在此場内。今反單詞具稟，誣揑朱萬春率領我輩兇横搶劫，此冤何以自明？」余曉之曰：「彼此詰告，千百粧點，動稱殺人放火，都是分外占口話頭。官府問斷，原只就事論事便了，那管許多閑話！爾輩只着萬春出來對理一番，其事自明，斷不令爾輩株連，蒙誣含冤也。」各各歡欣叩頭而去。

頃之，縣令申文報余，且具稟白，其狀詞甚急切，若發兵勦捕不可少緩。余以手書復之曰：「途次接公移，未拆而已逆知其爲朱萬春事，開緘果然。承札示原委甚悉。第此等事，初不過一詰訟之常事耳。海陬愚頑，輒以兩不相下之勝心，遂至羣聚而格鬬也。在兩家止因借事生事，無端以小事翻成大事。在我輩只宜就事論事，自可以有事化作無事。況天下本自無事，平心推情，因時相勢，而以安閑鎮定之意，隨俗而觀變焉，或亦無難了之事。今兩家過信挑激之言，彼此攻詰以求勝，若已成海邊一段稀有之事。兩縣又復過聽張皇之語，亦彼此申呈以請兵，若又作地方一番創見之事，從此將無寧日，毋乃反爲多事！況昨不佞親歷其地，親見其狀，聽彼鄉民泣訴之言，似亦無甚難平之情，謂可旦暮就理也者，奚至以興兵爲事！」

比余至鹽城見鹽臺，輒以會題之意下詢，若謂少緩則萬春蠢動，恐至莫可收拾。余曰：「奚至若此之急？」曰：「昨過劉莊，該廳豈未見萬春所毆屍棺及燒毁應鰲房屋也耶？」曰：「見則見矣，但屍棺、房屋，俱是萬春家，非應鰲家也。」

曰：「縣文如何反説是東應鼇家？」曰：「縣文但據應鼇之稟詞云耳。單面稟詞，不過希圖激怒官府，以重敵家之罪，所謂無情之詞正是。此寧足盡信乎哉？」曰：「若然，則會稿已去，將柰何？」曰：「可急止也。不然，疏一上，不但地方無故動一番兵戈，且將如何以結局？」鹽臺頷然之。

比見撫臺，亦下問其事。余細細分剖之，其意亦欲留疏不上。惟按臺則猶以縣文爲據，上疏之意甚力，蓋惑於興化鄉紳面囑之言耳。時鄉紳入都，又在要路故也。余謂：「天下事須酌其大小緩急，且須看末後結局如何，方可入告。彼鄉紳不過一時左袒應鼇之偏詞云耳。彼事外人也，那管後來？昨本職過劉莊場時，萬春猶自畏勢躲藏不敢出，其族黨親友數十人羣跽泣訴，惟恐株連不已。應鼇毆死屍棺，燒毁萬春家房屋，且悉置之不敢問。則應鼇單面稟詞，乃絕無影響事也。倘誤信縣令申文，鄉紳偏詞，一旦疏請動兵，後來作何結局？且興師動衆，所關於地方生靈似不小。願再一訪，酌之何如？」

頃之，按臺果廉得其實。比晤撫臺、鹽臺，頗稱余有定見、定力。疏竟不之上，地方始免一番兵戈云。

徐翦叛首

急急勦捕，原是靖盜之法。乃有時徐徐圖之，反爲得力，則緩着亦屬勝着，似未可執一論也。書云：「殲厥渠魁，脅從罔治。」又云：「擒賊先擒王。」然未有脅從不散，而渠魁得殲；亦未有亟治脅從，而脅從肯散也者。此即擒賊不能，而況擒王？

徐虎子固自稱平海王者，當時雄據安豐，與南梁王王虎子結黨稱強，倡首作亂，哨聚亡命數百人，寧往常強盜所可比擬哉！蓋往常強盜，聚衆不過數十人；今則號召百衆矣。往常宵夜塗面，猶畏人知；今則白晝大逞，公然道其姓名矣。往常不過刼人之財；今則擄其婦女，燒其房屋矣。往常刼殺一二人或一兩家，已爲猖獗之甚；今則動輒殺三四人、五六人、不下百十人，動輒刼一莊、兩莊，不下數百家矣。所最可痛恨者，殺人而仍倒豎坑中，甚且支解人爲十數段以爲號令。則明爲叛首，罪大惡極，豈可一日容於清平之世乎哉！致兩場萬命，陷溺湯火。日廑上臺之憂，思欲剪此兩虎久矣。第多方緝捕，既以萑葦難清；調兵勦殺，又恐玉石同患。幸來道臺……[一]

……定就擒一般要死，你何不自己出來投見，便可釋放你的母、妻、兄弟，卻不成就你個好漢名色。總之，推誠曉諭，止求真盜十數人，絶不波及無辜。於是脅從愚民夥黨，始皆悔心而離散焉。

黨羽既散，徐虎子自知勢孤，決然受擒，乃亦漸漸來場探聽。余偵知之。本廳吏顧天佑，徐虎子同場人也，先是亦曾與之往來交好。余故準假放回，密令招誘徐虎子投見，許釋放其母、妻、兄弟，止令款曲勸諭，毋致驚疑躲逃。次差甲首朱昇伺而執之。

本犯聞顧天佑回場，果來探問。天佑爲之治酒相款。其同場頭領人素與天佑厚善者十數人，亦皆攜酒食相慰勞，羣聚飲啖。時天氣暄熱，大家解衣裸袒，虎子亦解衣就坐，然猶佩刀在身。大家笑謂：「自家兄弟同飲，何故如此？」遂亦笑而解之。衆相歡暢，互爲勸酬。虎子問天佑云：「假如果然投見，不知果肯釋放母、妻、兄弟乎否？」天佑答曰：「本廳老爺從來真實不欺，一言不肯爽信。前日上司老爺每每要發兵，本廳老爺再三力止，無非一片愛人心腸。若肯投見，決然釋放無疑也。」本犯已欣然有投見意，因歡呼痛飲，似自忘其爲盜也者。忽甲首朱昇突至，執牌縛之。本犯知其無能脱也，遂亦甘心就縛，願投見焉。本場頭領十數人同解送來揚見余。

余見其狀頗亦雄偉自矜，叩頭請死，但口口乞哀，願釋放其母、妻、兄弟。余恨其夙昔兇惡特甚，痛責四十板。責已，明諭之曰：「論爾作惡毒狠，原該族誅纔是。但念爾之母、妻、兄弟，原皆無故受累，憐爾猶有一點孝念，我當力請將爾母、妻、兄弟釋放。」本犯歡呼，叩頭不自已。道臺喜巨盜之成擒也，輒依余言釋放之以示信。無何，大盜吕四漢亦同伊族人商

[一] 此處原刻本缺兩葉。

議，自來投見。於是羣盜絶跡，兩場自此安堵。

余具文申報按臺，蒙批牘，尾云：「巨盜徐虎子横行海上，目中久無三尺。非該廳威信素孚，何以有此？仰速招解本道轉詳。」比余面審，各盜徐虎子等自知罪惡深重，業已俯首無辭，相應依律正法，懸首高竿，庶可以快人心而彰國法。

然大盜法固當嚴，而無辜亦不可枉。蓋賊口一時混供，諸人生死攸關，尤當細加詳察者也。就中葉成貴各盜招與同夥，屢屢有名，且稱擺陣作先鋒者，法難輕縱。若夫朱見亭爲王虎子子挾親未允，讐扳在案。顔童保雖係虎子之舅，夙昔惡其爲盜，不相往來者多年。至徐星之寄贓，王鑽之稱窩，似屬有因。然此盜與常盜不同，常盜畏人知覺，必須隱跡投窩。今此盜公行刧掠，明明殺人，誰不知之，誰不畏之？又何所顧忌，更藉窩主以庇之乎？即稱窩者，亦不過畏威而受寄焉耳。又如周和稱係盜族，以不舉擬徒。然何盜無族？以此求之，不勝其誅矣。於是皆原其情而釋之，以信余前日斷不波及無辜之明示云。

備樂尊聖

孔子廟春秋釋奠用樂，禮也。每春仲上丁，按令甲舉祀典。余署府篆，行禮奏樂，固其職焉。先期蒞學省視，考問琴、瑟、篪、壎，僅聞其名；籥、翟、麾、翿，不覩其狀。綴兆閴矣無人，簨簴〔二〕臥焉不立，於焉慨嘆者久之。

已於事而竣，進諸生曰：「禮樂明備，祀典斯成。惡有無其器，而八音克諧者哉！惡有音不諧，而樂得爲樂者哉！惡有樂已忘，而禮得爲禮者哉！禮樂廢壞，將奚所憑而昭格聞。我太祖高皇帝洪武二十六年，頒大成樂器於天下府學，令

〔二〕按，簨簴是古代懸掛鐘、鼓、磬的柱架。論衡雷虛：「鐘鼓而不空懸，須有簨簴，然後能安，然後能鳴。」下文中「一簨簴」，係指以十六口編鐘和十六片編磬各爲一組。

州縣悉如府式，則揚州府寧有不頒者哉！　顧天下有不朽之禮樂，無不敝之器用。繇洪武癸酉以迄於兹，更十三朝，垂三百禩，而樂器一切猶用初頒。何怪乎元音返之空虛，而法物變爲塵土也。余不敏，幸讀孔聖之遺書，雖未能步趨一二，而尊崇一念，則先百務而獨殷。乃今廟貌輝煌，無庸增飾別議。獨是宫牆之内，登奏之間，威儀不足以充目，音聲不足以動耳，歌詠不足以感心。無論難以合生氣之和，導五常之行，格天地，通神明。將先聖在天之靈，且嗔其屑越翫忽之甚，而吐之矣。又況樂舞充數，止是敝衣羽流，律吕全淆，手足莫措，徒冥心而就位，悉緘口而備員，尤大爲可笑者哉！　嚮曾於南河我存李先生處，見其新製諸樂，種種全備，又刻有泮宫禮樂全書。[一]思欲捐俸依式備製諸樂於此中，以盡夙昔尊聖一念，不知諸生中有博雅克通禮樂情文者乎？　大家商確而成之何如？」諸生曰：「嗟，異哉！　事有適相值者，禮樂其興矣乎！　記有之：『知禮樂之情者能作，識禮樂之文者能述。』[二]作者之謂聖，述者之謂明。以冉求之賢也，猶俟君子，寧無待人後行哉。今司訓武君，博雅淵通，素以禮樂自任。見其生平所著文廟樂書一册，無器不遡其始，無音不按其物，無物不詳其製，無製不核其精。述者之明，其在兹乎！」

余喜甚，爰出俸金百金，敦命武君修舉之。武君鳩工庀材，總百物而爲之所。範金琢石，程竹衡絲。匏土以和，革木互應。崇牙樹羽，足復三代之舊；用八用六，實酌累朝之宜。五色成文而不亂，八風從律而不姦。樂既大成，舞文丕焕。余社友星海來道臺素精音律之學者也，聞而來觀。於時賁以鼓鐘，文以琴瑟，從以簫管，飾以羽旄，一一搏拊試之。見其聲容美善，殊切歎賞不自已。爰命勒石學宫，以記其盛。且命余再置一藏樂大室，無事時，令司樂者將新製諸器及諸衣物悉收貯於内，刻記其名數於石，附之壁以垂久遠，甚盛心也。

於是刻記名數，蓋其新製諸器有：編鐘十六口一簨簴，編磬十六片一簨簴，大鼓一面，琴六張，瑟四張，笙六攢，簫六

[一] 泮宫禮樂全書，即泮宫禮樂疏，十卷，李之藻（字我存）撰，萬曆四十六年刊刻。
[二] 引语出自禮記樂記。

枝，笛六枝，鳳簫二面，篪二管，塤二個，柷一座，敔一座，搏拊二架，麾一座，翿二執，籥三十六枝，翟三十六執。其所定樂舞人數，廟中原額設者舉麾一人，司柷、司敔各一人，歌工十人，搏拊二人，琴六人，瑟四人，笙、簫、笛各六人，篪塤四人，鳳簫二人，鐘、磬、鼓各一人，引舞二人，共五十八人。合以舞佾四十八人，通共該樂舞生一百六人。其所新製衣飾、曲腳、幞頭一百六頂，紅羅生色畫花大袖衫一百六件，塗金革帶一百六條，紅絹、擁項、紅結子、皂皮靴俱全。

其樂舞生則遵照祖制，仍用童生諳習經書、略曉音律者，考取以充之，復其本身差徭。凡遇科歲考試，準免縣考，竟赴府試，以示優異。趨事者將爭先而樂赴，知音者且緣文以識情。手擊之而得於心，口歌之而出於志。以新成之器，資韶秀之童，不但綴兆可觀，抑且宮商合奏。庶幾哉，遵聖之念少紓，而吾夫子在天之靈，其或歆嘗於茲矣乎！

適玉繩周相國過揚，爲武君里姻也。武君遂請其文，以勒之石云。

建閣崇賢

廣陵西北，距城不數里而近爲蜀崗。崇嶺蜿蜒，獨據其勝者，則歐陽文忠先生之「平山堂」也。堂名空存，堂實無有，旁有先賢祠數楹，亦狹小不堪。余送先君歸里日偶過其地，慨慕文忠先生之爲人。謁先賢祠，謂必先生祠也。乃止安定胡先生之位存焉，嘆惋久之。蓋謂廣陵勝地，名賢接踵，何千秋香火寥寥若是？徘徊登眺間，見其後廢地一區甚廣濶，中有兩樹，高可五六丈餘，東西并列，蔚然可觀，非數百年不至此。乃銀杏樹也，大且數十圍，私心異之。再北數武，又見大石礎，行行羅列，如位置然。怪而詢之，則曰：「殆古平山堂之遺址歟？」余於是頓起崇賢一念，思欲建一巍閣，上安昊天上帝神位，於其下搜擇歷來廣陵名賢，位置其中，香火之，以見景行之意。顧用物最弘，工力最繁，莫克猝舉。

先是，魏璫之祠，幾滿畿甸。鹺商苦搜括，畏迫索，不得已醵金建祠，所費不貲。當建祠時，璫威正赫，璫燄正熾。建之者惟恐少不盛，無以得其歡心。不但各商竭力逢迎，即在揚在位各官，亦咸惴惴臾成之惟謹。足跡不一躡其地者，余與社友來道臺耳。及魏璫伏誅，凡已建之祠，悉奉旨變價以聞。揚之祠價蓋不勝變也，又恐變價太多，益以觸聖主之怒。董其事者某君，殊難之，商之於余。余曰：「變價太多，觀聽不雅，委屬不便。第不變價而存之，必不可。變價果多，而不以實報聞，尤不可。與君細商，莫若少變其價而報之，餘者不必顯，其價直亦不必變，第請移之以建此中歷來名賢之祠。蓋逆而順用之，私而公用之，即以聞之君父，諒無傷。又其他磚石、木植拆毀者，移之以修砌四門橋樑，或亦私中之公也，行人應世世知感。其祠地聞七十畝有奇，原屬民地者，仍還之民，不價固宜。或有原屬官買，當變價者，亦不必變。可留十畝作義塚，以葬旅死窮人。再留數十畝作義田，令民租種，歲取其租，以置棺木爲葬具。則商人已捨之財，又總爲商家施德之資，諒諸商亦所情願。且不費之惠，存歿當俱沾君恩於無既也。君其以爲何如？」某君深感余言，果一一如余意報聞，輒得諭旨。某君甚喜、甚感也。

於是，余乃移其磚石木植之少壞者，作四門橋樑。橋成，仍各蓋屋其上。不但護橋，且便小民貿易，揚民稱便。又移其大樓五間，遂作「景天閣」於平山堂舊址上。於其前仍創造大樓十一間，隔作三區，中五，左右各三。少前創造大堂，亦十有一間，間分隔如樓制。各作堂階，各作甬道、廂廊。各有二門，凡三所，中皆五，左右皆三。獨大門三座，中則作樓五間，左右各止門房三間耳。除有此現成木料，余仍捐貲約四百餘金，余友來道臺約二百金，府寮及州縣義助者約四百金。此外毫不費民財，亦毫不勞民力。所用工匠夫役，俱計日現給餼廩。其中工匠造作如法，夫役勤苦邁衆者，間加賞賜、犒勞有差。董其工者經歷魯夢斗，而書記督催，則本廳書役張偉、李先春也。四月興工，九月報竣。不但成以不日，抑且巍然一巨觀矣。

閣之制，高可五丈，東西九丈有奇。通作五間，前後俱有廊，入深可五丈。北、東、西三面牆壁俱用磚石甃砌，厚可四尺餘。上層北、東、西開六窗，前面俱欞齒細門。中作一閣，用安昊天上帝神位。下層中間乃作祠堂，爰取歷來名宦、鄉賢最著名者，如江都相董公、文正范公、忠獻韓公、文忠歐陽公、清獻趙公、孝肅包公，以及國朝端毅王公，皆名宦。又襄愍曾公及安定胡先生、心齋王先生，皆鄉賢。而信國公丞相文先生，則以曾駐其地而入之者。敬爲木主十一位，奉之祠中，以愜余景行夙念。大門外立十一賢祠坊牌一座，令觀者咸知敬焉。閣名「景天」，蓋取士希賢、賢希聖、聖希天之意。且因崇賢之舉，而旌余夙昔畏天之一念云。

爾當四月肇造之初，堂前地有桃杏諸花樹相礙者，余令移之兩旁空處。至九月落成，咸復開花如春時，遊賞者甚衆。來社友與余同年鄭峚陽〔二〕賞而異之，咸有詩以記其盛云。

卹商裕國

國家歲賦所入四百餘萬，而兩淮鹽課將及四分之一，謂鹽商不關國計可乎？然此百萬之解部者，特正鹽外餘鹽之銀耳！其正鹽，繇來所輸芻、粟、米、豆以助邊儲者，莫可數計也。蓋我太祖高皇帝洪武末年，酌取天聖中西事告急，募商輸粟塞下，入中者優其直予券，以所在鹽給償故事，定此邊中海支之法。其爲裕國足邊，訏謨至深遠矣。當其時，商人輸納甚微，而獲利甚厚。是以鹽引一開，趨者如市。守邊之吏，至設法以遏其奔競不得，故邊地充而戎虜戢。是鹽法之善，專爲邊儲而設也。不費轉運而邊倉充實，故有識者名之飛輓。永樂中，令商於各邊納米二斗五升，或粟四斗，準鹽一引。於是富商大賈，自出財力，招遊民墾田。田日就熟，而年穀屢豐。甘肅、寧夏石直銀二錢，而邊以大裕，則屯田與鹽法又相爲表裏矣。無何，言利之臣每每謂鹽商利獲十倍，而國不及一。又謂海水所出無窮，鹽課之利亦無窮，即量加非過。於是每正鹽一引，帶餘鹽一引。正引於各邊仍納糧草，餘引則納銀運司解部。其夾帶多餘者，割沒入官。歲增餘鹽銀六十萬。又以割沒銀給竈户，人二錢，取鹽一引，開邊報中，名工本鹽。歲復增課銀三十萬。引價甚且增至八錢，視初制不啻倍蓰。而各邊穀湧貴，不易糴，勢要或占中賣窩，至斗頭、加耗、官吏科罰浸漁之弊，又種種也。及給引下場，或官吏留難，或竈丁額課不

〔二〕鄭峚陽，名鄤，江蘇武進人，與王徵同爲壬戌年進士。著有峚陽草堂文集、天山自述年譜等。

克辦，動經年餘不得掣。夫商業輸餉於邊矣，安所得羡贏，攜重貲往返數千里外，復輸納於運司。況有司奉命申嚴，非徵完餘鹽，即正引不得下場。即已支鹽上堆矣，而挨單守候，非五六年不得行。諸行鹽地又遼遠，涉長江，排風浪，一或漂損，數十萬貲本當即擲之烏有，又不能盡防攬載户之無盜賣耗竊也。又況私鹽盛行，民皆買賤，官鹽又復壅滯，而發賣甚難乎！蓋商困至是而極，於是商乃分爲三：曰邊商，曰内商，曰水商。邊商多沿邊土著者，專輸納米豆草束中鹽。中已，所在出給倉鈔勘合，齎投運司給鹽引。官爲平引價，聽受直於内商而賣之。内商多徽歙及山陝之寓籍淮陽者，專買邊引下場支鹽，過橋壩上堆候掣。官爲定鹽價，以轉賣於水商。係内商自解網者十之一，餘皆江湖行商，以内商不能自致，爲買引鹽代行。官爲總其鹽數、船數，給水程於行鹽之地，而販鬻焉。水商獲利，則内商之鹽售；内商獲利，則邊商之引售。今也楚鹽壅滯虧本，而水商不來交易。淮鹽遲誤隔歲，而内商轉運無貲。浮課盛行，正鹽大阻。追呼之票，接踵填門。放債之家，杜門絶影。以致公私交困，鹽引空積。應納於官者如竹節之加增，應入於商者苦冰消而欲盡。夫内商病，則邊商之引不疏；邊引不疏，則飛輓之儲安繼？余殆居恒每切杞人之憂焉。

偶閲邸報，見科臣黄公承昊「錢糧耗蠹已極，廟堂綜核宜嚴」一疏，已奉俞旨，准與鹽臣商榷利病奏聞。疏中無非爲兵興煩費，度支匱乏，欲於鹽課增加，務求裕國之策。曾不知裕國爲利，裕民尤爲大利。專於取利，可以得利；薄於取利，反可大得利也。譬之主人翁有美田園一區，良農租佃，歲歲裨益家計者甚殷也。興利之僕日嗾主人而厚索之，窮搜所入，都歸己有，一時豈不見利！寧知農家所獲有限，那堪日朘月削？一旦棄田園而逃之遠方，聞風者畏不敢佃，卒成蕪穢，將柰何？夫天下歲入纔四百餘萬，而兩淮鹽課可當四分之一，此亦國家第一美田園也。天下之財，有根本而後有發生。商人者，財用發生之根本也。故欲求裕國，必先卹商。商有餘財則樂輸，國無乏用則事成。倘焚林而狩，竭澤而漁，雖收目前涓一滴之水，實塞異日生生不絶之源。即至愚者，抑且知其不可！況兩淮自劉文耀搜括以來，諛臣希寵而獻媚，兇人望影而風生，憑權怙勢，辱官窘商。即鹽院之賢如樊、如房，郡守之賢如顔、如楊，皆不免於毒手。至汪運使、譚運同且鞫贓至四十萬之多，吏役張奇志、淮商吴道光等株連且數百家。富者傾貲而估産，貧者賣子而鬻妻。雞犬不寧，庫藏若掃。兼之淮鹽額課之外，屢有增加。如袍價，如黔鹽，如遼餉，如助工，又不下二十餘萬，皆添設於逆璫用事之日者。三四年間，賦外之賦，綦繁且密，此亦焚林竭澤之光景也。休養生聚之不暇，忍又蘊利而生釁？杞人之憂，余蓋見此疏而益甚。

居有幾，黄公果至揚。閲二日，不知何故，必欲求見余。比余謁見，則拜請甚懇曰：「不佞書生，不知鹽法屯政之利病，於陛辭疏中妄引數言以塞責。不謂聖主輒加採納，俾與鹽臣商榷利病奏聞。昨與鹽臺張君商榷終日，似猶未得肯綮。敝同年周長科謂非商之門下弗得也，故不佞敬請之。倘肯詳示肯綮，不佞且藉手入奏焉。惟門下委曲教我。」余逡巡辭謝不敢當，然又私念黄公虚懷謙衷爲不可及，且全不以前疏成念是拘，遂即余所素見且聞者，一一詳述之如前。總以卹商一念爲裕國張本，極言引積不行而復爲增引，正課缺額而仍欲增課，何異捨附郭之膏腴，而希圖廣地，任倉庾之耗蠹，而妄意逢年也耶！詞雖懇至，然絶不少忌諱。乃黄公毫無齟齬，殊深契乎余言。於是不但不於諸商苛求，而且極言商困，先求卹商以爲裕國之計。乃奏請裁減助工銀八萬兩以示卹商德意，尋且亦得俞旨。

噫！如黄公者，真可謂仁人君子之存心矣。至余掣鹽時，焚香告天，矢以「卹商裕國」四字盟心。雖亦極蒙鹽臺之嘉與，諸商之感頌，然所卹者小，所裕者不多，烏敢望黄公之萬一云。

信詔休民

慨自奴酋發難以來，紛紛徵調召募，以一隅而動天下兵。十年臥甲，萬姓浚膏。中外苦於握算，官民疲於抽絲。輸餉者難，措餉者更居其難；索餉者急，措餉者不得不急。噫！因辦賊而徵兵，因徵兵而加賦。乃幾番接刃，輒聞鉦鼓而曳兵。至於今，白骨山高，青燐夜起。師中有衣錦呼盧之健兒，縣寓有鬻妻剜肉之窶子。加賦者已窮，搜括者已盡，漏卮者仍無底也。徒令人對封疆而無色，念蔀屋而愴懷。夫新聚之貔貅，壁壘空望，獨無應散歸農者乎？借職之材官，横金徧地，獨無應從簡汰者乎？軍前之需用，滿載而輸，獨無應事節嗇者乎？止沸當先撤火，問流莫如遡源。皮盡堪悲，獸窮則噬。

天下事究竟若何？胡不長慮而深思之也。況兵不核而餉日詘，餉詘而民日困，民困而民即是盜，兵事愈煩。賊之辦也，何日之與有！蓋余署篆廣陵，而深切民窮財盡之感焉。幸逢聖主當陽，不但一切搜括弊竇，一時盡塞。且明懸蠲免之詔，舉崇禎元年以前數年中拖欠錢糧，咸赦免之不問。浩蕩恩波，歡騰中外。余且爲窮民加額者累數日，亟移檄所屬州邑，悉遵詔條停徵，喜與元元更始。蓋一則遵信明旨，一則休養民生，一則適愜余之畏天愛人夙念，有餘快而不自覺也。

居有幾，部劄復行催促帶徵銀兩。余謂煌煌天語，赦免方新，誰敢弁髦聖旨？竟寢閣其劄，不之理。

客有過而問余者，曰：「子於尊旨則得矣，其如司計者之仰屋何？且拖欠者果即停徵，不問奸頑益復效尤，恐愈中奸頑者之計矣。後將拖欠愈多也。」

曰：「數年來，正賦之外，增加無已。初猶畝加三釐，未幾加六釐，又未幾加至九釐矣。除雲貴未加，兩直十一省額外加增五百餘萬兩。增之即增，小民誰敢少抗，而謂奸頑！今值民窮財盡之日，正可普此浩蕩天恩，以少甦窮民之愁苦。乃復欲以部劄格明旨乎！夫臣子敢於抗明旨而不尊，將與奸頑之民何異！況錢糧拖欠，出於窮民之必不能完納者居多，豈盡奸頑不肯上納！若夫奸頑不肯上納者，多屬豪有力人，鑽投勢要門下，假藉勢力，官府莫之敢問。今欲帶徵，果可追及此等奸頑之人乎？恐前官莫之敢問者，後官也復莫之敢問也。奸頑照舊奸頑，徒令窮民代賠不已耳。又況明旨頒布，遠邇知聞，今仍欲帶徵如故，先自示民以不信矣。將來再有詔命，民將故紙視之。此其關係，寧止區區在徵比科條上論哉！況帶徵有三病，不帶徵反有三益，胡不一提衡而權之也？何爲三病？在小民，不惟不感皇上之恩，而且益怨官府之不我愛。必且曰現年尚不能完，乃又追及於數年赦免之錢糧，即敲朴至死，心不甘也。徵比之急，將有掉臂而去之者矣。病一。在猾吏奸書，正好藉此帶徵，以肆乾沒。蓋雖取現完者私潤囊橐，而影射於未完項下，莫可稽也。病二。在官府，牧民之心念難施，催科之計日拙，將怨讟者誰寔綰是，而反令我無辜受此參罰。病三。倘遵信詔旨，一概停免，只於現年之應出者徵之乎，小民既荷浩蕩之皇恩，將感恩圖報，竭力供應惟恐後，又何敢推諉而不上納也哉！吏書即欲乾沒，乃無別項可影射矣，弊從何生？官府正其見任職掌，又將誰諉而不汲汲皇皇以應考成之功令！夫是之謂三益。噫！假令帶徵而果於國計有裨，猶可言也。乃余細詢歲入四百萬之額，帶徵以來，視前不帶時反少四分之一。則何爲朘窮民之脂膏，徒以充猾吏奸書之囊橐爲？故余恪遵詔旨，以休養吾民，寧令司計者嗔怪弗顧也。」

客乃翻然歎曰：「有是哉！子之執也。然而足以有執也。上以尊主，下以卹民，吾且深服吾子之能執。」

閉隄滋深

凡天下事，原有最省便、最直捷，一得其竅，便可完局，世反狃爲尋常而忽之。至所費煩多，畢力難成，究竟莫克底績焉者，遵爲定式。後先相沿，牢不可破，以爲國家功令當如是。就中見解未到，利病未及了了，不能破其拘攣，猶可言也。乃有明明知之，而復明明蹈之，甚或假之以爲潤橐之資。噫嘻！難言之矣。

慨自東事初壞，紛紛徵調召募，既以一隅動天下之兵，因以一隅耗天下之財。計畝加賦，增至五百餘萬，視正賦歲入四百萬金額反溢。十數年來，内帑且發四千萬之多。既費國家如許金錢，仍損民間如許生命，總起於遼人一塊土耳。故議者僉曰：「遼事平，天下寧。」又曰：「遼餉不增，遼須罷兵。」夫兵何可易言罷也？第從來用兵，貴精不貴多，貴土著不貴客兵。管子云：「有節制之兵三萬，足以横行中原。」何況一隅？倘當時肯止收集見在遼人，令善將兵者激發其忠義，提醒其怒讐，精擇其勇壯者而訓練之，因而賞罰明信，恩威兼施。即以遼人補遼兵，便可省徵調招募之費。因而扼要設奇，乘險樹壘，即以遼兵守遼地，尤可堅故鄉故土之思。因而山寨住牧，膏腴耕屯，即以遼地儲遼糧，且可減遼餉新增之半。何等省便？何等直捷？何至紛紛調天下之兵，而且致天下處處起兵端也！余蓋緣余閉隄一事，以小況大，因嘆天下凡事多類此。

何爲閉隄？蓋漕河自高郵、寶應一帶，地勢西高東低，東西隄岸多有閘口。西岸閘口，所以入邵伯諸湖之水，滋漕河之深，以利舟楫者也，永開不閉。東岸閘口，則防湖水横溢，漕河或不能容，反致隄岸沖決，故間留閘口，以洩河水之猛漲焉耳。夫固漲止則閉，不令常開也者。東閘閉而河水仍淺，或不足以運舟楫，則派設淺夫，以淘濬之。淺夫者，因水淺而用夫濬之以滋深者也。其工食銀兩，派之鹽商。濬之則給，不濬則不給也。其中管攝淺夫之委官，與派撥之吏書，及管夫之頭領，皆以此項工食爲奇貨，而居之久矣。

余偶如淮安，過高郵、寶應，則見或數十、或數百、無慮數千人，羣聚河干，持鍬、钁、鉤、鈀等物，在水中來往，耶許之聲不絶。問之，則對曰：「各州邑淺夫濬河耳。」比視東岸閘口，咸開而不閉，其水滔滔東注不止也。余遂呼管工官及夫頭責數之曰：「東閘不閉，水胡得深？就使濬之能深，能堪諸閘之旁漏乎？涓涓不塞，將成江河，況閘口已如江河之東注乎？若輩豈盲而不見乎？抑愚而不之知乎？蓋皆黠而猾貪，立意虚應故事，分費此等無可稽覈之工食耳！不然，胡明明任此閘口之旁洩，而故置力於難用之處？一日不深，虚費一日工食，究意淘濬將何時已！」於是命之立塞東岸各閘口，咸使無少漏。蓋不半日而工畢，水不濬而自深者數倍，糧船相繼而過，如魚之啣尾而北也。歡頌呼籲盈兩岸。

此事本無足録，第余因此而感於凡事之虚勞工力，虚費財用，與夫漏巵之莫塞也。私竊爲之三嘆，故不嫌砭時，而附録之若此。

易閘利運

憶余少時，妄意武侯木牛流馬，必欲仿而行之。輒準杜氏通典尺寸作法，再四爲之摩擬，迄無能成，然弗肯中止。往往考古證今，旁咨遠訪，窮索苦思，忘食寢，廢酬應，一似癡人。乃癡想之極，會得西儒自鳴鐘法，遂頓生一機巧，私儀必可成也。如法作之，果遂成。不敢妄擬木牛流馬，爰名之爲「自行車」焉。從是以後，問學工夫，頗覺實落；思致想頭，頗覺圓活；而心靈躍躍，又若時時有所開動。因嘆糟粕煨燼，罔非至教；山川草木，都是文章。古人云：「道通天地有形外，思入風雲變態中。」「心之官在思。」[一]古人不我欺也。於是或偶覩大興作，或偶遇大扼要，或偶觸大繁難，不易行事，輒動一番思索，輒加一番料理，輒增一番見解作用。

曾記計偕入都，從代州而東，見一路有磚堡十二座，每相距十數里。堡皆磚砌，止兩門，內設營房百間。城外周皆深壕，城上卻不設垛城。四隅相連出外，作大圓角形，各爲空心敵臺一座，即從城內平地直入臺下。臺外下面三面皆留砲眼，守者從內發砲，傍地衝胸而發，足驚敵人之膽。一臺足禦三面，以牆代甲，人心安定，真城守第一之善法也。余喜甚，一一圖說記之。比入都，值東事告急，謬擬「簡便緊要三事」[二]欲上陳：一挽回天意，一固繫人心，一添設城守。其城守款中，即引用此空心敵臺之法。時諸當路有見之者，多喜而採之以入疏。

余又環視都城，私謂御河[三]長流之水，從大通橋入河，直接通州爲運道。倘從大通橋少西，用大石砌作堅厚長堤一道，長不過五六十丈，高則止可丈餘。壅水使高，俾周城之壕悉滿注而後溢，則高城深池，守御最爲得力。且池深處用蓄鵝鴨之類，池淺處用植菱荷等物，以利民用，無不可者。至年年濬壕工力，永永可省，不待言已。倘將城內水溝各加淘濬，城下水門以時啓閉封鎖，即小舟可以往來載運，一如南都之制。不但便民，即城內堆積穢惡之物，載移於外，令都城清淑靈秀之氣，不致覆壓，且於帝鄉深有裨也。曾以此議與當路言之，率皆稱善，第未有毅然舉行之者。

後聞大工興，有階石三大塊，在房山石科內。每石厚五尺，寬丈二，長則四丈有奇。時內外庭管工各官議估商人腳價，自十萬增至二十三萬金，商人猶且難之，弗肯承運，還議加增。夫石原最重且大，顧二十三萬腳價，亦不爲不多多矣。胡又求增？余殊怪之。因偶思一法，止多造運重機器數十具，皆精鐵爲之；與活動地平凡百具，皆堅木爲之。不用牛馬，亦

[一] 引语出孟子告子上，原文爲：「心之官則思」。

[二] 此指王徵天啓二年壬戌所擬奏疏爲奴氛日熾人心動搖敬陳祈天固本簡要三事以佐末議揭帖，收入本文集卷六。

[三] 原刻本作「玉河」，當作「御河」。玉河在今新疆。古稱皇室御用河道为御河。今據改。

不多占途路，且不必拆礙路房屋。只用三二百夫役運鋪地平，轉動機器。載石之車，俱從地平上輪轉。機器動轉，人不行而車行，石可隨之自前也。計石之斤重不及百萬，而余所製機器，一人可起七千斤之多。蓋依遠西奇器圖説中諸製，增減載酌而爲之。曾先製一小機人，用一指輕輕轉動，便起百斤之石易易者。時冢宰誠宇張老師偶以此事言之大司空黄公某，黄公喜之極，亟欲請余任其事，業有成議。而余以入場在邇，婉辭之。蓋余所欲製造諸器與活地平等，費可五萬金。然不但爲此石用，且可留爲後來凡致遠重者之用。并諸搬運轉動一切夫役工食，大約不過費十萬耳，便可平平穩穩，運至用處。固可節省公家金錢十數萬。第私念諸商家與外庭諸管工官、及内庭諸監督官，勢必不能不嫉忌也。或阻其成，或撓其成，或毁其成，余一書生將柰何？以是諸器諸式，悉有成畫成説，且種種業有成議，而余竟以婉辭謝也。張老師以余見爲是而復之，黄公遂不之強。然事雖未果，不可不留此一段話柄，以見張老師與黄大司空爲國之隱念。故余因述易閘利運一事，而先歷歷敍述從前所作諸不經事多如此。

易閘爲何？因閘不利於運而易之也。蓋余舟過河干，每見岸旁設立閘口。其閘口用石堆砌，是矣。閘則用長大方木，從石砌兩槽而下，用以閘水。方木或五六、或七八，亦甚堅固可觀。第起木時用力甚艱，且起上岸口，揭向一旁，其勢又甚危且險也。況啓閉亦無關防，能保無私啓閉也者？因就其體制，稍稍增築安置之。其法於兩旁下閘之槽，每旁作兩立柱入至水底，其露出岸上者，約如方木所占尺寸而過之。假如多層方木，水中占七尺，則立柱上下約長一丈六尺。於兩立柱之上將盡處，安一小轆轤。轆轤少下兩立柱外，各安敍撑一根拄之。其方木兩端，各勒卯入各立柱中間，可上可下，而不可左右焉。又於兩柱上照下各方木厚薄尺寸，兩邊各鑿圓孔，方木下閘自易，不必言矣。於方木下完之時，從孔眼中以木塞之，而官鎖官封施其上，則私啓之弊或可杜也。至於欲啓之時，止用兩人從兩邊立柱上攪轉轆轤，轆轤之索各繫方木一端，木自起而上矣。木已到上，則從圓孔以木塞之，又啓其次。以次啓完，從下孔眼以木塞之，而官鎖官封施其上，雖欲有私閉者，或亦不敢矣。可上可下，而又易上易下，毫無險危，且可杜防私弊。此余泰州驗水時，同謝五雲先生放閘救秧，因而指授作之，一時咸稱便利。然特就其原製少增之耳。

嚮余在邯鄲河閘口，曾製有活閘一式。因施其製於漕河之閘，其於運務甚便甚利也。其説與法詳著於後。説曰：閘胡爲而設？所以閘上流之水，不使易下焉耳。河流甚濶，遇閘口則必隘甚，此閘水之勢也，亦理也。於此溢處作閘，法亦無難。而每見已成之閘，往往閘之難，啓之更難，毋乃尚未得其機勢也乎。兹因上流之勢，酌其衝突之理，而得一機焉。似有「掃地因風便，澆花趁日陰」之意。其法蓋於石砌閘口上流一面，不拘左右，入閘口岸裏少許，定栽一長立柱。務要堅固端正之木，削而圓之，徑可六七寸。將應用閘木一端鑿圓孔，或用鐵作圓孔亦可，孔徑亦六七寸，貫於立柱而下，直至柱底，切河底爲則。層層依次貫上，直至柱上端。柱下端要入河底數尺。柱上端於石砌岸上以大木牽而定之，總要立柱分毫不動爲則。立柱離岸僅數寸許，以閘木鑿孔圓頭旋轉無礙爲則。閘木兩端視閘口各長二尺許，其無孔一端各以一索牽之，或止釘一鐵環，別以索鉤牽亦可。欲閉則牽之橫攔閘口，水自以力壓之，可無動也。次第攔畢，仍於其外以一木總關之。其總關之木下有轉軸，不用時扯向一旁，用則扯向閘木之外，用一索從頂牽於立樁上繫緊，則一切閘木俱不動矣。倘欲開時，去其關木，各從閘木之索牽而曳之，斜立閘口外一旁，即時舟行無妨矣。其斜立處相其勢，亦立栽一樁，便繫各木，不致游移不定。或於立樁上各照閘木到處，釘鐵屈戌，以鉤其閘木鐵環更妙。兩閘圖式匯集四伏、四活、五飛、五助，及新製起重船機諸器式中，兹不重繪。

其他改修天長石樑橋，及先作架橋，以補壞孔，速通往來，與夫高郵湖笑沖堤，堤石墮落水中，創製機器不用人，水底撈取，其器自能擒拘巨石出水之類，業已匯録諸小説内，故亦不再録也。

卷三　治狀三

◎兩理略之三

公移前　廣平府

修署議

爲均修公署，以免偏累事。奉撫院張批查，查得修理公署，舊例派之各縣，各有專屬。自曲周告稱偏累以來，已蒙按院詳允八縣公攤修理貲料，照數關送永年，永年就近修理，曾行一次矣。今永年縣魏萬化、趙自立等復以偏累陳告本院，蒙批：「附郭百責攸萃，兼之九縣之事，萃於一邑，工匠豈不偏累？又一切物料取諸民間，算完分派，關取耽延，資斧誰措？真是勘透民情，推見至隱矣。本職復何所議？惟是奉文之後，面與各縣相商，類多以按院新行爲辭，紛紛執爭未一。維時新守到任之信甚迫，永年蘇知縣恐其推諉誤事，毅然以其事肩之。第曰：「各縣肯如攤派貲料數目，一一關送，則永年獨任其勞，夫亦何辭？至一切物料，即先借支本庫銀兩，平價置買，并不擾之民間。俟後各縣關送至日補庫，似亦無甚難者。獨茲工匠累年累月在工，委屬偏苦。若各縣各以匠役分班佐工，或以工貲多給永年工匠，工匠以有事爲生活，有工有值，自當相安於無言也。議既定，遂行各縣關取匠役，委官督修。今本府正堂公署工將告竣，其用過物料等項，候工程完日，量其縣之大小攤派關取。惟祈憲諭嚴令各縣應首事者，毋得推諉；應關送者，毋故耽延。則從此以往，遵爲定規，可永免煩言矣。」

酌餉議

爲神京防衛宜周等事。蒙本道署道事大名府知府唐憲牌，蒙撫院張批。據大名府申：前事蒙批，本地方不扣，則户部必扣之，而扣之又復不情。但照分數減其人，勿減其食，役不苦而餉亦足，或一道也。仰大名道通議報批行到道，轉行到府。蒙此，隨關會順、大二府及轉行各縣查議去後，及查本府合屬九縣，自有東事以來，各役十扣其五，三次解過餉遼近一萬兩，俱有批迴在卷。始之抽扣，猶望一年停止。至於再扣，已覺難堪。今又十扣其三，解真定餉新兵矣。計本府各廳九縣，共該扣銀四千二十八兩四錢七分九釐五毫用餉新兵。年年如是，寧復有已時乎？前奉本院憲牌，内有云：一役歲不過七兩二錢，而追呼過之，此亦不情。方今地方多事，快壯皆用操練防守，豈忍減其内顧之資？即衙門各役，既責之守法，又短其餬口，各有父母，各有妻子，經年在官，何從取辦？行查無礙錢糧，只宜奉行恐後。柰何庫藏如洗，而大名府仍請扣矣。竊思法貴經久可行，議必情理兩便。憲牌所云，但照分數減其人，勿減其食。役不苦而餉亦足，不特濟時之權宜，實爲經久之便計。但減其人者，減已定之舊額，似不如減未定之新增爲更便也。

今查新增民壯，除肥鄉縣未募外，本府募過五百名，永、邯、成、曲每縣四百名，廣、雞、威、清每縣三百名，共計三千三百。每名工食銀七兩二錢，銀兩業已派有定額。此三千三百之中，數雖取盈，多有離城寫遠，且農事方興，不願應役者。又有時疾難痊，無人頂替，不堪應役者。當此之時，可令若輩虚糜工食？合無於本府量減一百名，永、邯、成、曲各量減六十五名，廣、雞、威、清各量減五十名，共減去五百六十名，即可得工食四千三十二兩。除抵前應扣四千二十八兩四錢七分九釐五毫外，餘銀貯庫，作正支銷。夫減此虚糜工食之人，用足新兵待哺之餉，庶於抽扣之名不背，而於新舊之情咸得。是在酌量通融，便可奉行經久。況舊役蒙不扣之恩，不督而自加努力；新役汰離心之衆，所留將精勇爭先。抽扣與防衛，或兩得其宜矣。

勘災議

爲畿南異常水患，民生重困等事。蒙本道詹案驗，蒙按院潘案驗，奉都察院巡按直隸順字一千五百十五號勘劄，準户部咨。前事蒙此，隨委曲周縣知縣趙胤昌踏勘查議去後，續據本官將勘完水災緣繇，造冊申報到府。據此，看得成、肥、曲三縣災傷，以總地計之，俱止三分。議蠲部需或難，慨允議賑，倉庾又無多粟。不蠲而遂不賑，恐將涣之人心，更滋瓦解。議賑而無錢穀，值難湊之時日，徒切仰屋。及查，各縣俱未報有渰死頭畜、并漂流房屋、輕重貧丁數目。覆行覈查，據成安縣申稱，本縣渰死男、婦三名口，頭畜九匹頭，漂流房屋七千二十九間，重災民二千五百一丁，輕災民一千一百一十五丁。肥鄉縣申稱，渰死男、婦三十名口，頭畜二十三匹頭，漂流房屋二萬八百三十七間，重災民一萬七百二十七丁，輕災民無。曲周縣申稱，本縣並無渰死人口、頭畜，惟有漂流房屋一千五百六十四間半，重災民一千四十四丁，輕災民一千五十九丁。以上三縣，渰死人口，漂流房屋，重輕災民俱當賑濟。若成、曲報政銀穀，則盃水救車薪之火，尚恐不足給兩縣之用。至於肥鄉之災，既爲異常之災，則其賑亦宜爲異常之賑，蠲亦宜爲異常之蠲也。當本職蒞任之初，乘船親勘之際，城之被溺已月餘矣。堤内之水猶然成河，而城内之水用篙探之，深者尚二丈有奇。當其時，頹城殘堞之間，官司衙舍，悉遭傾塌。至民間室廬，盡行渰没。一望汪洋，滿眼悽慘，惟有野水連天，哀烏啼樹而已。壘壘幽墳何處是？空餘露頂松楸；汎汎破屋不堪觀，僅存抹額榱桷。富者挾貲暫投棲於鄰壤，貧者結茆僉僦居於堤岸。望洋痛哭，環津長號。哀哉！沮洳之場，詎是安樂之國？嗟嗟！以數百年久建之城郭，一旦蕩爲湖海；以數百年長養之蒼赤，一旦胥及淪漂。閭閻倏被鯨吞，寧減兵戈之慘；囊橐偶成席捲，何殊擄掠之殘。

本職傷心酸鼻，欲一拯濟而不能也。蓋該縣之倉儲，漂流已無剩粒；而本府之庫貯，搜括了無餘緡。空揮賈生之淚，難描鄭氏之圖。只有仰懇上臺，亟行奏請，大沛皇仁之浩蕩，救此一方之孑遺云耳。然值兵興多費之秋，請蠲賑於上方，或至終成畫餅。倘即就該縣之所應出應賦者，寬以年歲，一休息而將養之。所謂即以其人之道，還治其人之身。蓋不待別事籌策，而以蠲以賑，近可救一時之急；且議修議築，遠可濟經久之規。誠無如祝知府之所前陳者矣。

築堤議

爲嚴查水患以警疏虞事。奉撫院張批查，據成安縣申。據此，看得設堤以障狂瀾，從來衣袽之戒，當謹且貴豫也。竊照漳流一旦陡加，固屬倉卒難遏之勢。然而河患累年溯至，寧無桑土預防之思？今歲天雨連綿，河皆漲溢。本府護城舊堤，本職曾單騎週迴細視，原自高堅寬厚。更喜居民環住堤上者甚多，自爾防範親切。只有蓮花口、鐵鍋口、韓家屯口、賈葛口，昔年水漲，因其低凹，曾有沖潰之害，近皆築修完固。本職仍出示諄諭百姓，毋憚一手一足之力，一鍤一鍬之勞，平日少少留心，免致一時叵測，壞損身家性命。百姓頗皆輸心修築。又行令永年蔣典史不時巡視，頗覺勤慎。雖不敢謂有備無患，庶幾可保其無虞耳。突聞成安、肥鄉、曲周，復有異常水患。在曲周堤決二處，只是滲没低田，道路行舟，然居民不以爲災。蓋年年如是，災亦視爲常耳。

本職泛舟親經其地，詢之鄉民之口爲詳。然將來不可不慮，且亦有因勢利導之機，不第水不爲災，而實可爲利者。曾與該縣面悉之，該縣想自能議行也。至肥鄉環堤皆水，今年幸未至復入城耳。乃四望平疇，悉成水鄉，沈溺將甦之衆，忽復罹此重災，不知何以堪之？除行令該縣徑自申請，不敢重贅外，惟是成安之所開報水患，委屬異常。脫非陞任馬知縣尚未離任，一時殫力堵塞，幾爲肥鄉之續。既而寇通判接管一二日，益加綢繆之謀。目今水患暫息，城郭無恙，室廬不無小傷，居民幸復安堵，然而未可遽狃爲安寧之時也。所賴後人之籌畫者正殷，茲幸該縣印官新蒞，諸事遵依憲諭，悉心料理，且欲次第舉行善後之圖，將及時預防，從此可免河伯之狂逞矣。

治水議

爲申報修築事宜以周防禦事。廣平府署印條議肥鄉被漳水沖壞修築事宜，凡六款：

一治水器具。本府昨詣肥城親驗，決口已塞，堤内之水疏濬外流，漸近平涸。然城中四隅大阬及街道窪下與堤内注水深處，外高内低，勢難自乾。水如不乾，實難修理。爲照本府前已製有龍尾、鶴飲、虹吸、恒升諸水車器具，用力少而水可盡洩，似易取效。宜亟令本縣多製，以洩其瀦可也。

一杜塞支流。疏濬洩乾之後，水患可盡消矣。然河濶九里，況在堤外附近之地乎？目今城南堡見有支流二處，北來合爲一派。緊傍東堤，直沖南堤，日肆浸漬不已。倘不亟從河口築塞，恐後來沖決，難保其不爲李家堡口之續也。宜令本縣亟行杜塞，以防不虞。

一補築大堤。既塞李家堡河口，又塞東南支流，水歸大河故道。縱復漲溢，不過平地漫水，深不踰尺，淺僅數寸，一似可保無虞矣。然大堤自沖決以來，久不增修。且災民沿堤僦住，或爲營窟，或寄殯葬，或削路便行。其間蟻穴不知凡幾。萬一河復入秋汎漲，乘虛而潰，水濱當不可問矣。安得不爲之密防？往規每歲春初，派夫增修一番。今當亟令本縣查舊例，應用何夫，補築堅固，最爲喫緊。蓋必堤固，水不再決，城中一切修營，方可次第舉耳。

一添築外堤。李家堡沖開河口與城外大堤決口，今既塞築堅固，似可無虞。第念河道雖閉，水濬已深。萬一水仍決河沖來，其勢猛迅。恐新築堤口，尚不能當奔突之勢。宜令該縣仍於新築堤口之外，再築虹樣一堤，從外護之，是爲重堤。量其地形，不過百十丈足矣。此則一勞永逸，可作百年長計，乃必不可少者。

一嚴禁盜決。傳聞西堤將決之時，人有謠曰：「水進城，貧富同。」此言豈無謂哉？想有無賴希圖盜竊，倖水之至而爲居奇之地，蓄心當未可知。觀其後來盜財物不已，轉而盜磚木，盜民間不已，轉而盜官物。堤防一潰，利孔遂開，則盜決之事，或事之未必無者。築堤之後，如不嚴禁，專委看守責成。恐狗盜者流，又倖水至而便私圖，將無限疏濬塞築工夫，都爲罔功矣。所當急令嚴禁者此也。

一訪戢賊盜。自肥城沖滃以來，其飄流傾頹、没溺無存者，已無望矣。就中官房民舍未經破壞者，尚可千百餘楹，所留無慮鉅萬，猶可藉以補救公私。頃被無賴之人，業已乘機盜竊十去五六。屢有明禁，終不愧悟。倘不及今訪戢究治，日復一日，勢必盡資狐鼠。後來即欲補葺，將何所藉？屬者鼎建圖新，規垂久遠，豈非士民雅願？然上臺俯從民便，既爲朝廷惜財，又爲災民惜力。定議仍舊，甚盛心也。今官舍民房，强半爲大力刼之而去。行將營建宫室，不但貧民無資，而官司亦難猝辦，是欲以省費而適滋費。則賊盜竊發，病在中扃，誠不容時刻寬縱者。故訪戢擒治，該縣尤當嚴且急焉。

開河議[一]

廣平府爲急濬故渠以洩洪水，速救生靈以拯陷溺事。奉本道王憲牌，蒙撫院張批，詳同前事。看得大人以四海爲一家，仁者期萬物之各得。縱有分土，實無分民。睠兹清河奉旨疏通之渠，原以洩兩河之湧漲，拯萬姓之淪溺。國恩浩蕩，功令當遵，其亟宜疏濬而不容阻遏也。屢經勘明，原不待再勘而決者。比職再勘之後，益復灼然心目。夫事或見之不真，勘之未透，猶可猥云徐議調停，不妨委之寢閣。乃此拯溺何事？而徒以公移耽延，不亟爲之剖判！當職會勘，與許推官同閱本院爲李[二]時會議，纚纚數百千言，至公至平，極真極切，最周最備，今即欲再贅一辭不得。所云「目擊心痛」，誠四海一

[一] 本篇原刻本缺字較多。文内所述之事，可參閱兩理略卷一清邑開河。
[二] 「李」，亦作「理」，「司理」之簡稱。

家之鴻慈，而萬物各得之盛心也。昨者武邑之亂，本院神武默運，不移時即削平畿南百年隱禍矣。詎忍清河無辜赤子百千萬衆，久在沈溺中，明知其罹害之重之大之急，而不一引手乎哉？況以奉旨已開之渠，特徼一字之允，令該縣自爲疏通，即可早□□數年難結之局，用垂千百載永垂之恩，抑何所□□不爲？況在昔兩縣猶多盛氣之爭。目今兩府公□□□之議，是在上臺一意主張，立斷葛藤，准仆無……開兩利遵□□，以成萬世永賴之功。仍乞諭令清河勒之貞珉，□□□爭，則惠澤旁流，與洪波并無涯矣。

□□□批詳：白圭壑鄰，貽笑千古。霸者曲防，申嚴五□□在一舟之中，而可秦越相視？故清河之渠一開……數十年之葛藤立斷，千萬姓之昏墊立脱。即□□□於南宫，仁人且必爲之，而況其兩利無害也！□□□摧，舊渠宜濬，此不煩再計者也。事完之日，仍□□□公同立碑，以垂不朽。庶本部院十五年夢寐□□□[一]川斯流，如石斯鞏，垂之永永不磨矣。

□□□批詳：既經會勘明白，准仆卻舊碑，同立新石，□□□利於不朽。毋得再起爭端，以傷一體之義。

諭驚逃

本廳到任以來，竊見此方百姓，各安生理，頗多善良，私心甚爲喜慰。嚮聞東省妖民倡亂，初若倡狂自恣，後乃邪不勝正，人難欺天。漸漸窮促，漸漸剪滅。爲首的淩遲處死，協從的多遭殺戮。妻孥死亡，家業蕩盡。平日妄想心腸，到頭竟成何濟？本廳每羨此方百姓安家樂業，父子兄弟團圓，母妻兒女廝守，何等快活？何等太平？視彼作亂地方，何等受用自在？何意今日忽起無端風波，做出一番莫來繇之張皇也。他那奸徒揑造訛言，正要你們亂動，他好乘機搶掠。你們略略有些識見的，怎麼肯墮他的術中？俗語云「狗咬腳」。你們若是定定的不動，看他如何搶掠？況你們小男、婦女投奔外

〔一〕 此三個缺字，依下句之句式，似作「以求如」。

鄉，也不是容易走的。何不先着一兩個壯男子，前去打聽的實，再作行止？何如就是他們妄傳上司發兵來洗你們村坊？你們也試自想一想，你們有甚罪過，上司惱恨至此！想都院念你們是舊遊地方百姓，愛惜你們如同自家兒女，見你們有些小苦累，即行刊掛大大告示，諄諄禁約官長，就是有寧難爲官長處也不卹。都只爲你百姓來，何曾有一件惱恨你們百姓處？況你們百姓告下一張狀子，也三番五次着官詳辨是非曲直，不忍誤傷一人。豈有不論青紅皂白，就將無于〔二〕平民盡行洗蕩的理？就是當日有名的白蓮教首，逃避遠方。自那武邑事平之後，撫、按都明懸告示，一切置而不問。不是不能拿他，正是不肯驚擾地方，欲百姓相安於無事，共享太平之福而已。你們今日卻如何無端自家張皇，幾令奸人得志？自今經了這番光景，你們大家須要回想回想，看那逃竄的有甚好光景？那不動的有甚不好光景？今日果是如何？則官府曉諭之言可信乎？奸人虛傳之言可信乎？從今以往，既還鄉井，各宜安心堅守自家家業，保護自家骨肉，成全自家性命，穩穩當當的坐享清平世界。勿再妄信傳言，虛生恐怖，致令一家骨肉拆散，親戚飄零，背鄉離井，到做個逃亡亂民。到後來家業被奸人搶占，妻子遭道路羞辱，揹的有家難奔，那時埋怨何及？悔恨何及？本廳迂闊無當，不能化誨吾民。然自信畏天愛人一念，斷不忍一言欺我百姓。凡我百姓，其尚亟相體亮，轉相告戒，永作善良，各安生理。毋忽！

批審李聚一案〔三〕

看得猾吏奸書，蠹衙之鼠，而食民之蝨也。官不覺察，則弊孔千端，毒乃流於萬姓；官太覺察，則謗讟四起，怨且叢於一人。然上下有章，倘非甚不肖之流，斷弗甘爲同眠之貓鼠；而官民一體，自非極大膽之輩，亦未敢作橫噬之虎狼。何意

〔二〕「于」，疑當作「干」。
〔三〕原刻本目録作「審結李聚一案」，今據正文篇題。

今日有奸猾吏書如李聚、韓來朝其人者，一則陽託陳言，圖逞報復之私忿；一則陰嗾刁黨，公行告訐之兇謀。藐官長如弁髦，視法律若土苴。駕言加派獨累，豈料悉奉兩院之明文；託名多派含冤，誰知正是若輩之弊竇。政使鑿鑿可聽，猶未免假公濟私；矧其件件涉虛，盡都是害衆罔上！按其詞一似重訴民困乎，然而把官挾吏，反大壞乎民風；綜其款又似直揭人惡也，然而發奸犯科，實自供其惡狀。細詢半日之久，歷稽衆證之言，非極口稱冤，則仰天設誓。即兩犯歷歷自吐其阱陷之機關，含沙之噴射，昭然在案，確乎可憑。不第不能爲兩犯置喙，而兩犯亦自不能置一喙矣。

嗟乎！官欲愛民，須先察吏。官幸能察吏矣，而猾吏奸書，輒敢無天無日，攢謀暗訐若此。脱不痛加懲創一番，則縣官之法令難行，吏書之效尤益橫。奸民日肆其毒蠆，良民翻受其浸漁。誠恐將來再無敢搜弊剔奸者矣。此其所關吏治民風不小，不得不據實招參。李聚之誣告反坐，來朝之教唆加刑，即城旦、鬼薪之擬，猶似不足以蔽厥辜者，是在憲威之加意誅鋤焉耳。

批審毛繡等一案〔二〕

看得程氏一事，據本縣、本府及道允招詳，似已勘結，可無疑矣。乃程則明冤憤不息，若其中猶有隱恨不容已者，則以姦之真僞尚未勘審，而勒令程氏自盡太速爲口實耳。然細閲當日之招詳，及細審諸人之執證，姦情固涉於曖昧，穢聲似溢於傳聞。毛繡等不忍其醜而欲執之，執之誠是也。乃執之不在姦所，而在大門之外，則毋乃太早乎？即執之矣，果是姦夫，姦果真矣，方且自醜不暇，而監生毛煜，生員毛㦃、毛緒、毛允中等，揚揚具呈何爲？況毛緒先已立爲嗣者，而亦列名呈内又何爲？又況程則明父子先自俱呈出首，尤屬不情。且查呈中詞語，一一與毛煜等所呈相符，詎彼此商議，合詞而揚其

〔二〕原刻本目録作「審結毛繡一案」，今據正文篇題。

醜乎？比昨質對呈詞，程則明父子俱各不認，面試字跡果不對，則當日情事，似尚介在可疑。而程氏胡然遽以縊死聞？豈宣淫者亦復有羞恥激烈肝腸耶？無怪乎程則明曉曉以爲口實！夫程氏果宣淫，自有死道。第士師方可殺，而繡等實非可殺之人耳！由是觀之，則説者謂煜等假此希圖絶業，雖不盡然，跡實似之矣。毛燫則泣訴曰：「誠如所言，當時燫蓋已見及此，曾力止之，而伊等弗止也。」時燫正在病中，且亦羞覩其事，故伊等列名，而燫實未與。謂假此希圖絶業，跡誠不無可疑。第燫今已乏息胤矣，將爲亡炯之續。先人頗有遺業，且不知遺之誰何？而又何心希圖他業爲耶！且程氏之死固太速，然當日穢聲傳聞實甚，正不如速朽之爲愈也。今事已往矣，程則明父子止謂久未合葬，昨因燒紙未得入門，故怒憤不已，具告若此。今念兩家皆紳後裔，已各立約，情願合葬圖息，稟乞兩全情面。惟時程則明父子亦各俛首唯唯。

竊照據法仍應深究，顧惟事經府縣詳明，且程氏、光生俱死已久，無憑質證深求。姑將毛繡等各擬杖以懲之。其程氏屍骨，準令如約合葬，以平程則明父子之情。至於毛宦所遺家業，既無嗣子堪嗣，況前已立嗣，復行逃廢，而且列名反狺，則亦奚必再嗣爲也？夫無嗣則業無所承，而猶然令毛煜等據爲己物，則豈不中宵小希圖絶業者之計？斷令除本宦正宅一所，既易名改作本宦祠堂，永爲春秋香火之區。其餘家產、地土、園圃，行令彼處□官逐一查明變價，或作助餉，或作備賑公用。一則可以廣本宦之仁，一則可以嚴杜姦之義，一則可以消後來希覬絶業者之毒心也。於是衆犯各各叩首輸服而去。

發審殷懋敬一案〔二〕

看得殷懋敬毆妻一事，乃人間世最不意之事也。方其考貢未遂，失意而回。悒郁之懷莫吐，憤懣之氣填胸。心上止知有兩字功名，眼前那復見一家骨肉？泣杖弗遵乎嚴父，憐香何望於嬌妻。顛乃持磚，毆且至死，真不可以情理究詰者！

〔二〕原刻本目録作「審結殷懋敬一案」，今據正文篇題。

日已久矣，疾且平矣，即懋敬自怨自悔，自傷自殘，嗟何及矣。痛父涕零殷大姐，搶地呼天，情盡堪憫；哀甥淚隕游守信，拊手捫舌，告息可原。擬以教刑，委不足洩寃姬之痛；寘之重律，又似難慰孝娥之懷。姑準違犯之條，用償過失之罪。庶情與法不枉，而生與死悉安也。

發審苑華一案〔一〕

看得苑華一青衿耳，據單開種種惡跡，真是令人髮指。比鞫審間，其事皆似有據，而皆非其所的據。蓋差役攤派地土出入，就中不無一二可摭拾者。然而諸證皆爲稱冤，則其爲風影所掛誤，情或有之。尤可異者，異母弟之涕泣號訴，歷敘苑華苦楚艱難之狀，一似絶與單開之事迥不侔也。且苑芬謂其母見在，恨不得代華申辨無辜，而苑義又極口稱此事甚是虧枉。若然，則苑華遭此，雖不可盡歸之弓影，意者含沙之射，有由來乎！於四劣生中獨此生似有未白之冤，故不敢輕縱，又不敢不爲之伸理。倘或察其有誣，特從末減之條，姑降青以俟其自新乎，是則上臺霜肅中之栽培也。

發審聶招一案〔二〕

看得聶宣不思致身青雲，乃爾立心白騙。乘人之窘，略無拯溺卹災之仁；利人之愚，輒肆欺孤侮寡之計。以賤值而鬻甲第，已見局坑；兑舊約而抵新銀，更顯播弄。況價未全交，而房已半拆；且利散羣僉，而苦偏一家。所不得以青衿

〔一〕原刻本目録作「審結苑華一案」，今據正文篇題。
〔二〕原刻本目録作「審結聶招一案」，今據正文篇題。

之故議寬者，第細審其情，李應登亦自承認收銀、收錢，稍帖還債，種種有因，似亦未盡如其母所陳也。故將宣之弟聶招及羣儈輩痛加懲治，併宣分別擬杖，以懲其惡，用洩應登母子之忿。而所拆之房，應登母子情願贖回，聶宣情願退補。兩家亦各相安於無爭矣。

發審張氏一案[一]

看得宋選長兄也，而文徵之父於選爲第三之弟。弟宦既久，選因挾長而有操戈之舉焉，則莊地之與，原屬強割，其非根心之讓也，明甚。今選以老病逝，既無子矣，所遺多業，尚被別門瓜分。而強割之莊地，又烏可久假不歸其主哉？王氏之告，理勢宜然。況寡嫂張氏親供，原爭莊地，委該歸還大侄文徵。第各門弟侄中有秀才宋陞、宋文成等，恃強鬨競。雖寡婦不能自主，矧么麽弱壻姚回春乎！比細審文徵，亦自直述回春焉敢主張，即伯母張氏今且有主，一似無主人也。張氏泣對，誠如所言，願歸原爭莊地，且乞斷分遺業於各門弟侄，以息異日爭端。於是面爲分析其地，一一證明，各相情願。咸曰：「從兹以往，不但可平王氏之夙忿，抑亦可杜張氏之隱憂矣。」念張氏老寡婦姑免議，乃回春未能理勸，致兹訟端，不可不杖以懲之耳。

〔一〕原刻本目録作「審結張氏一案」，今據正文篇題。

審解巨賊賈振武一案〔一〕

看得賈振武素負逆志，夙藏禍心。深院高樓，暗作綠林兇藪；招亡聚黨，明吟黄巢反詩。既舉火以驚人，幾致父子魄散；旋刑牲而誓衆，頓令士紳魂飛。閭里思避其鋒，官長潛畏其燄。寧知天鑒不遠，一時王法難逃！授刀援弓，小試奸雄之伎倆；有贓有主，忽剪巨寇之爪牙。未動三刑，而羣賊招若一口；無煩半旅，而元憝倏爾就擒。雞邑從此獲寧，虎黨詎容輕縱。所當亟誅，以靖地方者也。

審解謠言張月一案〔二〕

看得張月，村中刁竪子耳。執鞭狂叫，輒令一鄉魚亂鳥驚，幾成變異。爾時非急擒月等，一重懲之，民心倉卒實難定也，故論斬原屬不枉。第再四審究，委因村刁無知，醉後狂言，犯茲重辟，其情似亦有可憫者。矧今真正倡亂首惡賈振武已就擒矣，可正法矣。於月少留一綫之生，是在上臺法外之仁，非本職所敢擅專也。

審結史秀一案

看得史秀與梁東山、陳九成，合夥營利人也。遠涉萬里鳥道，希覬數緡蠅頭。即三人當初立議，止圖賺錢云云，業置死

〔一〕 原刻本目録作「審解賈振武一案」，今據正文篇題。

〔二〕 原刻本目録作「審結張月一案」，今據正文篇題。

生於度外矣。乃不幸而梁東山染恙，果葬身瘴霧蠻煙中。無何，而陳九成亦即物故，止留史秀殘喘，僅得返乎故鄉。所謂攘攘爲利往，不顧其身者非耶？楊氏痛夫旅櫬未歸，因誣以圖財殺命，此亦嫠婦無聊之情。第查其夫東山臨危遺約，銀券悉托史秀，則其死無別故可知。況九成原屬借本之人，九成未幾亦死，抑誰殺之乎？又況九成已死，史秀不推之九成，而與陳見信同去取貨，情願照約交還楊氏。則其間關辛苦之狀，亦可諒其非圖財者比矣。至陳見武、陳見信，不過寫約作保之人耳，的證霍孟春分疏已明，似皆無容深究。惟是史秀初回不即明吐前情，見武、見信又未曲爲處分，致楊氏告縣，批令史秀、陳見信湖廣起取筍竹，又不速還鄉井，耽延歲月，則其罪有不得而辭者矣。今面審楊氏，必欲取夫屍乎，史秀自難辭責。但史秀人隔異省，廣西路阻千山，須得楊氏的親一人同去搬取方可。而楊氏執稱無人，且亦自言不必取矣，止懇照約交銀，速令給主，庶幾藉以度日，亦不幸中之幸也。

遂斷令史秀、陳見信將起回筍竹見寄張秋鎮者，作速盡數變賣。内梁東山竹一百三十六綑，所得價銀俱給楊氏收領。陳九成竹三十綑，所得價銀，先儘所欠楊氏故夫梁東山。本利算完，如有餘利，方給陳九成母張氏領用。其梁東山臨危借給史秀銀十五兩四錢，追還楊氏收領。等項銀兩，候本院詳允該縣當堂追給楊氏面領，公同原、被當官議明，遂皆相安於無言矣。

審解張佳彩一案

看得邯鄲縣驛爲畿南界首一驛也，與河南接境。凡南來官使經由此地者，莫不從此掛號，方始應付北行。蓋從來之成規，而於今尤加密且嚴焉。往時掛號止憑縣官，甚至縣官置而不問者有之。故驛使稱便，馬役不敢作梗。近日票自撫院給發，號必縣官親掛，掛畢即時登簿以備繳查。官固不敢不奉功令，而書役馬户之類，遂因掛號之嚴，反有掯勒過客者矣。然所掯勒者，或是略有弊端之牌票，與夫無文非公之旁差，猶可藉口甦驛遞之疲累耳。乃兹黄元卿所執者何等之牌票，所賫者何等之公文，而張佳彩輒敢遲延時刻，不即掛號。比掛號矣，李應元等又不作速應付。雖研審之際，號簿歷歷可查，似無刁難淩辱需索情弊。然而元卿之稟，豈無因而至者？則張佳彩等之積翫可恨，縱百喙其何辭！第念元卿已去，莫從對質，更欲重擬，贓證無據。姑將張佳彩、李應元、宿可明痛決杖懲，具招申解，伏候本院面審，發落施行。

審結李自新一案

看得李自新既越境而潛住，倏改姓而易名。以貧窶僦居之人，乍有幾文錢，輒不安本分，調戲良家女婦。比被人告發，畏罪而逃，乃又捏詞聳告，牽誣多人。即其自指的證，止一盧三讓耳！極口詆其全是虛辭，且面質爲你一人畏罪脱逃，反累無辜多衆。況己方易名在逃，其妻又以殺夫興訟，此之刁惡無良爲何如？擬以反坐，方當厥辜。姑念鄉愚無知，杖以痛懲。

審結張惟韓一案

看得張惟韓真刁民也。其子緣樹偷柴，原無大讐之勢；以崗撞遇叫駡，亦屬小忿之常。乃以病死之貧兒，輒捏毆殺之惡狀。矧病死在半月以後，確證得之居停；而捏毆乃當日之中，稱冤即其于證〔二〕。且四五年已結之事，捏作新事；兩三次斷明之詞，更逞虛詞。則其刁猾不問可知已。第細審委係孤貧，而往因亦似可憫。斷令張以崗量出銀二兩，以濟其急；而擬惟韓以決杖，用懲其後。兩犯亦各輸服無言矣。

〔二〕「于證」，本文集卷四會勘蔡舉人語作「干證」。

審結張夏一案

看得張夏其無一點人心者乎！李氏執箕箒十有一年久矣，何絶無伉儷之情，無故而以片柴磚棍遍體兇毆，猶嗔其吆叫搪抵也。直扼其喉，不令得一出聲；反縛其手，不令得少輾轉。彼黄皮束骨之弱質，能不登時玉碎哉！且也剥脱其衣裳，委棄之野壙，不肯以一虆土相藉也。哀哉李氏！不飽糟糠而竟飽狐狸之腹矣，天壤間有此無情兇夫？不絞抵，不足以謝無罪苦死之寃婦！

卷四　治狀四

◎兩理略之四

公移後　揚州府

開壩議

爲遵旨復憲，開壩通河，以利八場，以益萬竈事。抄蒙鹽院張批查〔一〕，據富安等八場竈籍生員吴鴻功、王壽昌等，連名呈前事詞稱：「水利係生人命脈，河道乃鹽政根源。萬曆年間，鹽法壅滯，蓋因下河淺淤，旋濬旋塞，動費不貲。商苦赴掣不及其期，竈户火鹽久囤，以致私販四出。前院康太宗師憫商卹竈，特疏奏請於海安鎮上河開通，接連八場。引江淮之水，濟溝壑之窮。商得賴以轉運，免遲罰之愆；竈幸藉以疏通，解坐困之厄。八場大益，千載鴻功。石碑載有聖旨，場誌刊以憲文。詎料前任按院崔，竟築大壩，起蓋生祠，隔斷血脈，阻絶咽喉。今遇太宗師澄清攬轡，搏挖乾坤，懇乞毁奸黨之祠，開違旨之壩。庶汪洋解澤，同禹績以長流；浩蕩洪波，并范堤而不朽。裕邊充國，疏竈通商」等情。蒙批「仰理刑廳王細查

〔一〕「查」字，據上文補。

開塞緣繇詳報」。

蒙此，該職暫駐東臺，集諸青衿及進八場窮竈數十百人於庭，細詢開塞緣繇。僉謂當日康院特疏開河，動發司緡六千餘金，民間所費更倍之。河開而萬竈蒙澤，業數年久矣。未幾，皋邑以洩己上流不便也，爲之增壩，民情復至洶洶。乃彭院周歷荒度，於是去壩而易之以閘，以時啓閉，以相旱澇，以調蓄洩。固不使淮、泗上闌，稿涸西澤；亦不使淮、泗下洩，罄竭東膏。總期兩利而無害，法甚善矣。且皆奉旨允行，興化太史李公勒諸貞珉，歌頌兩鹽臺之美，見有記文可據，以爲可永行而無阻也者。不意崔院按臨，鄉紳從臾，縣令承望風旨，隨又填平閘口，即於其上起蓋崔祠。而奉旨疏通之河，竟以一人之私意塞之矣。迄今八場窮匱，萬竈逃亡，不但諸商轉運之艱難也已。每遇天雨愆期，河涸生塵。皇皇士庶，苦海滋鹹味，思一飲甘美之河水而不可得。嗟嗟！一縣之利，較八場之利孰多？一家之利，較萬家之利孰多？一人之私意，較萬人之公論又孰多？況開之者奉楓陛之明綸，而塞之者只翕柏臺之意旨；開之者普萬姓之樂利，而塞之者只便一己之身圖；開之者流百世之芳名，而塞之者只叢萬年之咀詈。不知何所見而爲此？況如皋欲專一己之利，而可截堵八場之水，則泰州當先截之矣！何繇得至如皋？又何繇得至通州？泰州不截，胡如皋獨欲截之？通州可通，胡八場獨不可通乎？今以朝廷六千金所開之河口，關係八場萬千之性命者，而以奸黨一祠據其上而斷塞之，果功耶？德耶？抑八場墮淚之碑耶？令人不得不致怨於始作俑之人。此皆諸青衿及諸窮竈歷歷泣訴之言也。

比問鄉紳爲誰？舊令爲誰？又皆囁嚅弗肯指姓氏，但緩其詞以對曰：「當日縣令、鄉紳爲一縣之利而言，亦公心也。第大小不同，公私稍異。比當事者立意以徼不朽之祠，而斷然必行，即鄉紳、縣令亦未如之何也已。邇因衆怨攸歸，聞皆悔恨。想此時仍復開閘，或亦鄉紳所樂從也。惟是崔祠在上，弗徼上臺之憲命，未敢動耳。幸今本院巡歷茲土，念念楷模聖賢，千載難逢其會；事事軫卹商竈，八場普望其仁。倘一旦檄委廉官，速行勘議，先毀奸黨之祠，亟開違旨之壩。俾汪洋解澤，同禹績以長流；浩蕩恩波，并范堤而不朽。毋論疏竈通商，其於裕邊充國，功且萬萬矣。」據此衆意僉同，其情似必欲開閘而後可。乃職再三商度，平心而議，亦謂此閘應開而無疑也。何者？大人視四海如一家，仁者期萬物之各得。

而爲民興利之君子，斷不肯狥私而廢公，又安肯以小而妨大？如皋固赤子也，自本院臨馭視之，通、泰、八場，誰者不是赤子？原不忍奪諸彼以與此，抑何忍彼獨肥而此偏瘠！

夫此河當剏開之初，固已灼見其無害而有利也。比後撤壩而易之以閘，既云以時啓閉，其間旱澇蓄洩之微機，又不知經幾許籌畫而後定。其必爲兩利而無害也，又明甚。矧今欲改怨爲德，易壩爲閘而重開之，尤必熟思審處，務期有利於八場，亦必無害於如皋焉斯可耳！詎敢冒昧從事矣乎？再查此閘所引之水，原非如皋發源之水；開閘之地，亦非經由如皋之地。其水總借淮、泗巨流，從揚北灣頭，通芒稻河閘口而東，而後迤邐入於泰州者也。繇泰而東，而後迤邐於海安。海安而東五十里，乃至如皋；再東，乃至通州。海安而北，僅一閘即可遞至八場。是八場、如皋、通州，固統借流於淮、泗者也。海安衙橋開閘之地，又係泰州所屬之地也。夫以泰州所屬之地，開一閘焉，以通流於泰州所分之八場，曾何害於如皋？即使水與地皆屬如皋，仁人君子亦不忍獨屯其膏以自私，而一膜之外輒秦越視也。矧今皆不其然！即謂洩己上流不便乎，然業有閘以時啓閉矣。夫固太旱則閉，而有餘乃洩，非無限制者也，夫何患乎竭流？況昨歲湖笑河溢，只因此閘堵塞不通，漲無所洩，遂爾漂溺民居，不知凡幾。彼時且岌岌乎有議亟毁芒稻河之閘以洩水者矣。噫！與其毁數千金最當築之閘以洩無用之水於江湖，何如復開數千金原奉旨之閘以洩有餘之澤於八場？是此閘之開，不但無害於如皋，而且有救於如皋之汎溢也。縱云此壩一開，未免分洩如皋之上流，而東流必致微細乎。夫果水流微細，又何不增芒稻河之閘使高，以壯水勢於來源，而反徒塞衙橋之閘，以阻餘波於末路乎！倘諺所謂「不塞甕口塞缸口，鍋裡不爭碗裡爭」者非耶！説者謂崔祠在上，柰何輕言毁壩？不知苟有利於民生，古聖王且不難卑宫室而盡力乎溝洫矣，何況區區一祠！又何況爲崔院之祠！吾姑無論崔院之功德何如，就使其功德在如皋也，祠之如皋焉足矣，胡爲乎壩上！夫祠也而故立壩上，正豪有力者之巧計耳，豈可永墮其術中哉！故本職竊謂壩上之祠，斷不可不毁；而祠下之壩，斷不可不開也。

第開閘之後，宜令相其水勢，定作閘板層數。閘共若干板，每板高厚若干尺。遇天旱則下層宜存板若干葉，要使無過洩上流爲則，若澇則任其宣洩已耳。其下層應存閘板，須令派夫看守。每遇船行，暫撤其板，船過則即閘之。著爲令，永遵守焉。如此而開，似亦兩利無害之善法也，或可永永無阻撓矣。緣係委查事理，不敢不詳述顛末，並一切調停委曲窾會，瑣屑上陳。若夫張主機宜，斷自上裁，非本職所敢擅便也。

文已申，或有咎余者曰：「是閘之易而壩也，其轉折甚多，條議甚悉，皋邑已刊有成書，吾子未之見耶？而顧有此紛更爲！」余曰：「見之矣。大端厥旨云何？」或曰：「大旨洩東皋之上流，固其首義。而此閘一開，則私鹽從此盛行，謂此閘正嚮者張士誠興販之故道耳。且閉閘後皋邑科第疊興，其所關於地方之風氣者尤最大也。故皋邑鄉紳咸謂弗開便。」余曰：「洩上流之說，余文中已詳之矣。至私鹽之說，余實弗敢以爲然。何者？兹閘之易爲壩也，數年久矣，宜乎私鹽絕無可也。乃今興販者愈衆，則私鹽不盡在此閘之開也，明甚。倘謂其爲士誠興販故道，遂禁築不通，將姑蘇爲士誠竊據之所也，亦遂禁閉不容民居耶？六合總此區宇，從古正統、偏安與夫篡竊、夷虜，總此立腳。詎得以篡竊、夷虜曾此立腳，遂皆棄而不立也哉？況私鹽之行，自有所以行之者，不於其根源處禁戢，而藉口於此閘之開，毋乃因噎而廢食之故智歟？況此閘原有巡簡〔二〕司巡緝乎！倘恐私鹽船從此閘行也，何如改閘爲石橋？橋下用石柱作欞齒，相隔一二尺許，俾船不行而水行，何如？總之，余意毫無偏私，止因八場不得一飲甘美之水，故謂原通之河可通耳。如謂關係風氣，則余亦何敢重違鄉紳之意，而妄行紛更？第風氣之説，或不盡屬實據。若果風氣使然，則宜人人掇美科矣。況相距五六十里，而風氣胡爲獨鍾於一二家耶！即謂地理信乎有之，余恐天理視地利之效更驗也。」

書此，以俟高明。

〔二〕「巡簡」，據明代職官，當作「巡檢」。

告神文〔一〕

曰：惟上帝垂佑我下民，肆神用寵，綏乎茲土。凡官茲土者，實式憑之。徵不敏，内省多愆，敢云神明之不疚？第臨汝無二，如保恒殷，一念畏天愛人之衷，想神所夙鑒也者。茲將受事之初，爰告衷言，祈神明貺。

夫茲土疇昔不曰財賦鄉哉！邇來催科有加，搜括不止。民既窮甚，商困且莫支矣。噫嘻！徵業明知醫眼剜心之痛，而復苞苴自潤，繭絲獵名。匪直不官，將不人，此無庸爲神告也。獨有一段苦衷，脈脈〔二〕不容已者，敢爲神告之乎？

蓋爲臣子不急公家之急焉，職則曠；急之，則急而一切敲骨劙脂之酸楚罔聞，心則安忍？室罄徒憐，閽高焉叩？當此人力無如之際，惟有哀籲神聽，默轉天聽而已。倘得天心一轉，遄發寬大浩蕩之德音，寧惟茲土之幸，官茲土者之幸，實亦寵綏茲土者之幸。乃徵夙宵圖維，冀神頫聽之第一義也。

至於職專刑名，政下民生死出入攸關。徵自審腸雖熱而面則冷，固不肯深文以重夜號，抑何敢寬縱以滋晝攫？然而識短才疏，一或狃於偏見，又或有煬焉而不之見。保無沉冤之弗白，洎夫大猾之潛脫？更願徼神之靈，借我明照，俾盆覆揭以見天，舟吞不致漏網。迄無令徵得罪於百姓，得罪於朝廷，得罪於垂佑下民之上帝，則神之惠也。徵敢不拜揚詣〔三〕若之庥命！

謹告。

〔一〕以涇獻文存卷九校。
〔二〕「脈脈」，涇獻文存作「脉脉」。
〔三〕涇獻文存無「詣」字。

祈晴文

曰：惟帝畀九級於諳若，護一郡之性靈。凡厥殃祥，難逃神鑒。昨徽蒞任之初，業有所矢。徼神之貺，幸爾天心默轉，聖主當陽。年來苛餤頓洗，民慶更生。兩荷豐成，悉藉神力，以迓天休。徽雖無知，敢遂冥帝力於何有？惟茲大雨，固仰窺大造沛澤之無垠；然連數日，霪霖弗已，則不覺萬姓皇皇，惟恐秋禾之無望。且堤岸塌決，漸懼坂竈之或浸也。徽之罪疣，罔克悉數，知無能逭上帝之譴罰。然更生方始，而災祲忽加，則諳若保護之司，其謂之何？徽用是不避叢垢之嫌，輒中懇禱之悃。惟神遄達天聽，力惠開霽。更望移此之弘恩，沛之旱涸焦望之處，當俱戴天頌神於無可紀極矣。

謹告。

謝神文

曰：於惟上帝，主此大圜。呼吸通座，匪隔重玄。狂愚悖慢，視爲杳綿。凡厥降罰，弗自引愆。謂爲定數，或謂偶然。怒是用重，災沴益延。小子明知，而弗克宣。矧罪潛滋，夙垢靡湔。愧未躬踐，徒假言詮。天道弗昭，人心彌湮。大雨霖霈，用彰帝嗔。日夕乾惕，懼悔交虔。畜神默照，開霽於天。晴光普惠，頓解悁悁。從茲時若，可望有年。爰謝神貺，庶其鑒旃。

尚饗。

諭鹽商

照得世間人熙熙攘攘，都爲利來利往，而商爲甚。天地間自然之利，富國益民者種種，不能枚舉，而鹽之利爲甚。他商皆自爲貿遷，惟茶與鹽，乃屬朝廷公共之商，關係甚重，而鹽商之重爲尤甚。故從來善謀國者，無不以鹽策爲第一；而善治生者，亦無不以業鹽爲良策。蓋就天地自然之利，而傅義中之利，其利自大。於國於家，無不利也。

邇來商困已極，上臺每每加意卹商。今幸聖治清平，搜括盡掃，已是諸商安享太寧之日。惟是奉公守法之良商，安分聽天者固多。而其中一二奸商，千方百計，圖奪僥倖，思欲遑從前之慣計，遂夾帶之蠹謀者，亦復不少，則不得不令人多一防範之心。夫家世素封，自待匪輕；官家優待，亦復不薄，胡爲挾重貲而反自取輕賤爲？有識者必自羞悔痛改，奚必俟禁言之喋喋也！況欲利之心，人誰不有？專利之人，天必厭之。毋論功令嚴密，網難盡漏。就使奸弊得遂，其爲不義多矣。不義之利，豈能安享，且將遺害於子孫。又何苦千方百計，先費已有之財，妄覬無影之獲也耶！

本廳莅任之初，業已自矢。固不肯苛求爾等，然亦斷不肯自負神明，以徇爾等之私。勸爾諸商各宜自愛，更轉相告戒，以無負本廳之諄諄。

又諭鹽商

照得掣鹽一節，商貲國課攸關。其中情弊，刊冊禁款已詳。所最可痛恨者，無如央求私書，賄買猾胥，潛摽手本，虚報輕數。間或報多，夾帶愈多。病商蠹國，莫此爲甚。刊約云：「割良商本無之餘，抵奸商賄免之没」，説透此中情弊矣。本廳識暗才疏，謬承斯委。第自揣爲國卹商一念，夙昔自矢，斷不肯徇私，致公法之莫伸；又安忍縱奸，俾良商之重困？竊念爾等擕祖父之巨貲，作朝廷之商綱。既先公而後私，爰以義而牟利。高名厚實，何等自重。柰何不自愛重，令上之人不以良商待，而以奸商律之也？毋論法所不貸，抑豈心不自慙？自示之後，凡我商人，各宜自愛，慎毋輕聽細小之謀，妄作僥倖之計，虛費現有之金錢，鑽營脱空之情分。如前項虛報多帶等弊事發，定行申究，悔其何及！勿謂本廳今日不言也。

特此預示。

諭戢盜

示爲計安地方，公擒首盜，以息海氛，以拯民命事。竊照古書有云：「殲厥渠魁，脅從罔治。」〔一〕此從來治盜安民之要法也。邇因梁垜場大盜王虎子猖獗，該地方士民往往告急，請兵勦捕。仰奉本道之明威，不動聲色，未嘗一矢加遺，輒以計擒而斃之獄矣。場竈一時安堵，地方賴以晏然，本廳竊爲士民稱慶。乃今只緣徐虎子等未遽就擒，士民往往復以請兵勦捕爲詞。

夫發兵勦盜，誰曰非法！但兵動則玉石不分，恐爾百姓愈罹慘害，愈遭荼毒，則何如自誓隄防，自行保救，自設方法，共擒巨盜之爲愈乎！俗語云：「強龍怎敵地頭蛇？」賊勢縱大，賊黨縱多，未必便多於爾土居！百姓自保身家性命，何待官府催督？他那賊徒縱多，未必一行便有百十餘衆。爾等人人相誓約，家家相扶持，村村相聯絡。大家齊心齊力，共期拿賊，賊豈有不怕的？況賊自是賊，終不敢明明做作。近日殺人於市，肆行無忌者，正因爾百姓不曾齊心齊力，大家救護擒拿，故致賊徒愈益猖獗。爾等從今以後，各買弓箭，各習鎗棒。平日無賊之時，或三五人，或十數人，立個射會，常常自家操演弓箭，與夫鎗棒技藝。一遇有賊，便各出門，大家擒捕。難説賊徒個個都是好漢。就是好漢，十個也敵他一個不難。

〔一〕 語出尚書卷七胤徵第四。

況爾千百人，豈不能拿他一個！前日他們賊徒殺人於市，市上人豈不百倍多於賊徒？何故大家埋頭斂跡，全不攢捉，儘着他們行兇！且説賊徒也只是你們地方上人，身材長短與你們一般，耳目口鼻與你們一般，配對跌打氣力與你們一般，比耦射箭巧拙也只好與你們一般。何故怕他，全不敢動一動兒？倘你們大家放膽拿他，他們是個爲非作歹之人，你們自然理直氣壯，豈有不勝他的？況你怕了他，他益得計，除殺了你們老幼，搶了你們婦女，刼了你們家財，一發長了他們威勢。你們受害無窮，自家性命都不能保，況牽連拖害而死，如張歡郎者，不可枚舉。就是首告官府，官府止不過急差捕快捕緝。捕快與賊徒賄賂結識，那肯盡心實實拿他？反將富家騷擾詐騙一番。即有百長們盡心捕緝的，卻被賊徒揮金誣禁者有之，又誰肯盡心實拿？近日捕盗假借青衣名色，借盗害民者，比盗還甚。你們豈不知道？如何自家大張聲勢，反稱賊鋒難敵，只請官兵勦捕？且不要説官兵一動，玉石俱焚。就使官兵發到，賊徒必然散亡潛逃。何故空費錢糧，空勞兵力？近日又聞勦捕之急，攀害株連者衆多，反被賊黨煽惑哄誘，貧者遂多附賊，富者愈不安生。憐爾百姓，何得安靖？

本廳如今與你們百姓明約：只在大家齊心齊力，設法擒賊主意。只要拏了賊頭，如徐虎子、韓冬子、湯成兒、湯季兒、王倉兒、劉明宇、周冬兒、周鈴兒、王四、吕四漢、房清漢、吕馬兒十二名正犯，你們能擒一人者，賞銀五十兩。其銀即在搜獲賊贓之内給發，且旌爾一匾以彰其功，斷不爾悋。既獲一盗，即時成招，斷不令其分外妄攀一人，波累無辜。倘賊黨之中有能設計擒獲賊盗者，或五六人，或十數人，亦一例給賞，盡與豁免夙罪。本廳決不食言，爾等轉相告戒毋忽。

特示。

諭場竈

爲安撫地方事。照得梁垛場大盗王虎子、安豐場大盗徐虎子毒流兩場，害及萬竈。近奉本道明威，不動聲色而二盗就擒，一斃州獄，一正典刑。本廳深爲爾百姓喜。但有二三餘黨，前曾出示，令爾百姓自相捕首。誠恐奸宄之徒，又以捕盗名色，乘機索詐，百姓不得安業。本廳又爲爾等憐之。

爾等場竈良民，皆屬赤子，邪正自然分明。是良民自然膽正心安，是盜賊自然心驚膽虛，其勢原不兩立。往時賊盜橫行於市者，皆因爾等讓屋而居，讓路而走，以致肆行無忌。今既拿了他們頭腦，他們自知難逃。爾百姓大家齊心齊力，捕緝他，防備他。爾等所居都是人煙湊集之所，賊盜尚且不敢藏身，況敢復猖獗乎？前梁垛場中，被本廳潛諭廳吏顧祐，并差甲首朱昇，密擒大盜徐虎子。爾地方起解時，聞韓冬子等業驚惶逃走，則羣盜已經潛遁，爾等何所顧忌，久曠安宅弗居？至於上負國課，自取罪戾；下拋故土，甘心流落，令他盜賊反得以乘機肆志。爾何自苦若是？

自示之後，該場場官總催挨門逐户，諭令各安生理，不得藉口盜賊未靖，躲閃錢糧。奸宄棍徒，亦不得假借青衣名色，捕盜而反刼掠。敢有仍前不遵曉諭復業安煎者，決非善類。及或有青衣索詐者，該場即時申報，俟本廳不日巡歷臨場之時，定行拿究重處，必不輕貸。

爲此特示。

諭息訟

爲諭釋疑忿以保身家，以安地方事。照得安豐、梁垛二場相距七里，雖非切近族黨，寧無世結姻親？夙昔往來交好，曾何讐恨疑嫌？只因大盜王虎子係籍梁垛，大盜徐虎子雄據安豐。兩虎結黨稱強，一旦殺死七命。七命多安豐人，以故安豐居民衆怒驟發，圖報兩盜之讐。風聞兩盜竊據梁垛場中，遂擁衆舉火，欲焚兩盜之巢窩，而不意其竟延燒無辜之多家也。夫梁垛被燒之家，果係兩盜居室黨窩，其燒之也雖非出自官法，猶或可以不怨。乃就中素稱良善居民，悉成灰燼，則不無有餘恫焉。至安豐被殺之人，或與兩盜爲黨復爲敵者，被殺之慘，猶曰有以致之。而善良無辜者横被殺戮，又烏得不令人有餘恨耶！今平心而論，殺人放火，事同一律。縱兩盜之死不足以償多命乎，然爲恨盜之故而故延燒多家，抑豈輕於七命乎哉！兩造相抵，正自不能有軒輊耳。乃今兩盜就擒，王虎子已斃獄中，徐虎子旋可就法。兩場之人，亦可從是相安於無事也者。

顧昨本廳經過兩場，見七人之屍棺尚未掩埋，已燒之房屋尚是焦土，一時不覺髮竪，不覺淚垂。蓋一則恨大盜之兇殘，一則悲無辜之戕害也。細詢不掩屍與不起盖房屋之故，若謂兩場之人似猶有餘恨未消，又各懷疑慮未釋，還欲藉此互相訐告，以爲報復地耳。

嗟夫！兩盜戕殺多命，又致延燒多家。爾地方百姓年來遭荼毒之苦，不亞兵火，幾不獲享安全之樂久矣。今幸可以安枕，顧不自安而復挑釁搆怨於不休也，豈非甚愚！爾等就中豈無聰明曉事、讀書知道理之人？試想天道報應不爽，又想一家安樂爲福。常言「冤讐只可相解，兩鬬必須兩傷。」轉相勸諭，各各自揣本心，大家盡洗勝念，捐卻無端讐恨疑嫌，照舊姻親往來交好，相和相睦，以無忘爾該場心齋王先生仁義道德之遺風。本廳有厚望焉。倘妄生疑忌，聽信挑激之言，輒自訐訟，釀成禍胎，將致身家之難保也，爾悔其何及！

爲此示仰安豐、梁垛場官，協同百長，速令被殺屍親，將各屍棺速行掩埋；各家將被燒房屋，急行起盖。以釋彼此之疑，以解無益之忿。如有抗違不從者，即指名申報，以憑重究，決不輕貸！

會勘房樊兩鹽院語〔一〕

會勘得天下事有跡涉可疑，究其實殊有不然。則論之者據風聞而事抨彈，固以盡綜核之職；而勘之者揭疑貳而乞矜宥，亦以廣欽卹之仁。細勘房、樊兩官任内事款，或緣卹商而冒市虎之譏，或緣助募而來竊鐵之誚。比職等再四翻閱前後

〔一〕原刻本目録作「會勘兩鹽院語」，今據正文篇題。

卷案，既無不與徹底清查之奏疏一一相同。夫錢糧收支，兩官雖有批發之責；案冊犂然，兩官總無染指之據。委不能妄摭一端，以爲兩官罪也。及進商、民、吏、士人等面相質對，又復萬口一詞，靡不嘵嘵泣訴，爲兩官乞解免者。據其呈詞，蓋曰：「彼一時也，賢臣急公念切，有聞輒告，或不計投杼之嫌。此一時也，聖主卹下恩深，離照當空，可頓洗載鬼之誤。況兩官矢公矢慎，爲國爲商，往因額外解助，曾蒙優敍，何反坐之以罪乎？」此商、民、吏、士人等呼天搶地，援引丹詔，祈雪讐冤，有甚於兩官之自鳴者矣。又況按之原參，第曰「有無染指」，蓋恐其或染指也，而非謂其真染指也。故未曾明指數目、款項。

職等遵照查勘，實無的據可憑。固不敢少爲暱比，以負當日之綜核；亦不敢輕自懸坐，以污兩官之名節。合無請乞上臺，仰體一人德意，俯從萬口籲呼，代爲兩官昭雪。倘肯憐念摧折之久，請復原官，固爲望外之特恩。即不然而垂察掛誤之繇，曲賜開豁，亦了不結之難局。庶沉冤遘聖明而獲釋，皇恩因昭雪而彌光矣。

會勘楊顏兩太守語〔一〕

會勘得楊、顏兩官一案，操院因操餉那借之多而議之者。原疏所云：「餉銀那借不止一官，而最多者無如楊嘉祚。蓋以兵餉爲長物，視操署若贅員。在後人率罹乎艱危，即大工難恃其緩急。」此其所專責於楊守者也。又云：「新任知府顏容暄申文，謂操餉係前官那借，無銀抵還，輒欲全不照管。及嚴行催促，顏容暄守挈瓶之智，憚拔毛之艱，漫然不應。」此其所專責於顏守者也。

今該職等細查得揚州府庫藏，原無徵收之責。不過合屬州縣起解京邊錢糧，并外府州縣協濟銀兩，解到之日，暫行收

〔一〕原刻本目録作「會勘兩太守語」，今據正文篇題。

貯而已。然即以每歲之所入者，供每歲之所出。偶入之者不繼，而出之者所需甚迫、甚急，勢不得不通融湊給，以救目前，是從前那借由來也。借而補，補而復借。久之，借而不能補，而又不能不借以應也。則頭緒既多，日復一日，年復一年，莫可究詰矣。故操餉那借之遠，非自一歲；陸續那借之官，非但一人。悉因隔江之拖欠難完，以致本府之那借積多。總之，公家之急，那此以應彼，非云經手之人，借公而營私也。乃獨歸咎於楊守者謂何？從前之那借猶可陸續抵補，而楊守到任之日，適值操院助工急需，取及操餉八萬之多，一時庫貯無銀，束手莫應，不得不將從前那借銀兩，盡行開報，若自楊守而那借轉多也者。今查本官到任日，與胡推官交代時，止有雜項銀三萬餘兩貯庫，而操餉銀兩在庫已無分毫。則本官即欲那借操餉，其如操餉之無銀何？是那借操餉，本官不但不多，而且獨無。夫那借既無，則乾没之情，益屬烏有。想當日操院急公念切，又因二璫索銀甚迫，故不得不議及楊守耳。此士民纍纍爲本官泣訴不已也。再查顔守接管方新，委以府庫無銀，不能仰副急公之念，跡似於抗，情實可原。乃兩官皆因無端之累，倏蒙削奪矣。

兹值聖明當陽，諸累俱釋。且詔旨明開應釋者即釋，應復者即復。今兩官被累已久，不但與開釋之例相合，實且與復官之例相同。職等遵奉憲委，不敢不細吊卷册嚴查。然嚴查而册卷犂然備在，實不敢將無作有，妄開乾没贓私，以點兩官之生平，以負聖主之德意。則惟有備造查明文册，仰祈上臺代爲昭雪而已。

會勘譚運同語

會勘得運同譚天相與運使汪承爵，同時擬贓被寃人也。止因天啓初年，大工肇造，逆璫搜括助工銀兩，比操院范輒將運司庫中歷年開收起解册數具疏題請，欽奉聖諭即差胡、劉二監臨揚催解。維時汪運使偶爾臥病，未即料理。貳監赫怒奏聞，奉旨削籍追贓矣。一時院道司府各官怵於嚴旨，又迫於二璫之坐催，庫中委無多積，無可湊解，只得將汪運使及離任曾被參論之譚同知，與夫歷來接管庫吏書張奇志等問擬贓罪招詳。鹽院疏内曾亦明開汪承爵、譚天相等收銀火耗，隨事詐騙等贓，原非庫中之物。而天相原籍云南，尚未到官。又二十餘萬兩，係二十年來經承吏書侵没等語，行道牌發各府理刑官會審。此其一段不得已之情景，莫須有之冤誣，固已隱寓不言之表矣。

年來監追汪運使，血比諸吏書。賣兒鬻女，罄産破家，與夫敲骨剜肉，相繼而死者纍纍。業已完解二十餘萬，皆此懸坐贓中之數也。幸今聖主在上，至仁如天，大開三面之網，盡洗數年之冤。見今與天相同案之汪運使未完之贓全豁，而且復其官矣。即諸吏書未完贓罪，亦皆蒙恩豁免。乃天相越在萬里遐荒，且當時所報贓銀，明係去任後一時兩璫迫坐之數。故其子間關萬里，匍匐叩閽，非直俯訴冤誣，實以仰籲皇仁。所具辯詞，不得不借當日會審之官爲名。而其真情，原亦備知兩璫逼迫之狀，特假再勘，冀徼聖恩豁免地耳。

今該職等細查册卷，面詰天相之子生員譚際美，謂此番再勘，論理必須爾父與當日會審各官兩兩面質，而後可以證其誣不誣。今爾父遠在萬里，當時會審之官，業又斥者斥，故者故，此事將若何而結局？際美啼泣而陳曰：「具疏辯誣，止欲仰祈聖主恩赦，非真執求勘官對理。且前此汪運使事同一體，曾亦未待一勘，即徼聖主浩蕩之洪恩，既蠲其未完之贓，且復其已削之官。今即不敢他有所望，特懇憫憐萬里病癈，奄奄待斃之人。兼之途遭刼掠，囊資已罄，縱有參論之贓，尚且死不能完。況明明知爲二璫逼迫懸坐之贓，原非待勘而後明，亦奚煩行提而再勘？惟望具詳申請，蚤爲題豁已耳。」

職等竊思，事固有勘之而後明，亦有不必勘而其情已昭然者。夫前此開報搜括庫貯銀兩，徒據册上流來之空名，狃爲帑中見在之實數。繼而搜括不敷，權璫必欲取盈，浸假而議及蠹吏之乾没，浸假而議及參官之贓罪，浸假而議及增添坐派之深文，皆起於利臣作俑，逆璫勒脅。不但被追者憯心莫訴，即追之者亦多掩面興嗟，其柰嚴旨之不敢違何？東南半壁天下，幾爲言利之臣所破壞，寧獨汪運使、譚同知之冤誣已哉？必欲直窮到底，似不在區區奉行之小吏也者。矧其子不求勘官對理，只求上臺昭雪，仰祈堯舜之主一轉念赦宥之耳。是在上臺加意垂察，曲賜回奏，以昭九重之德意，以卹萬里之窮愁。非職等所敢擅便也。

會勘蔡舉人語

會勘得天下士有士習，民有民風。士叢暴慢之愆尤，則士習謂之不正；民鼓囂淩之氣勢，則民風謂之不淳。故有地方責者，士習不可不端，而民風尤不可不亟靖也。

蔡廷諫一舉人耳，少登賢書，遂自倨傲夫閭里；狂軼聖訓，爰召指摘於朋親。蓋其暴慢之習態，爲鄉里人所耳而目之者，匪朝夕矣。一旦被訪之家，緣曖昧而生疑，恣多口而挑怨。而李尚志遂首倡多人，羣詣廷諫而甘心焉。據其率領多人，蜂擁廷諫家内，致將房屋門窻盡行打毁，其氣勢亦可謂囂淩甚矣。假令彼時而廷諫不速攜家遁也，縱欲如今日之庭鞫焉烏可得？甚哉！怨毒之入人深，而衆怒之猝難攖也。第其攖衆怒也，非的如種種開款之惡跡。總之，一念暴慢不簡所繇致耳。

蓋尚志等既打毁其房屋，趕散其家口，勢不得不摭拾多款，以抵廷諫之告理。所謂騎虎不能下背者，此也。而孰知廷諫自諗衆怒難犯，業已隱忍受之，不寧不敢告理，而且遁跡河南去耶！尚志輩恐其讀書得志，異日報復不便，遂又羣然連名告之道府不已也，告之撫按又不已也，且連名奏御前矣。

惜哉！廷諫寧知一念暴慢所致直至此！嚮使恂恂如處子乎，將愆尤且弗叢，而胡衆怒之不可解也耶！職等面以此言再三責問廷諫，廷諫亦自捫心悔痛不能已。維時一切干證、被害及李尚志等，亦悉叩首感服。且面詰廷諫云：「憑天理説，爾雖原無真正人命、姦占等項實惡，但爾傲氣淩人，族黨誰不怕你、恨你？況爾之弟兄、奴僕，在外生事害人非一，爾卻不能管束。又況爾聽信惡僕之言，動曰送司、送捕乎！」聽斯言也，廷諫暴慢之罪莫克逭矣。但細鞫委無真正惡跡，又業屢遭摧折之苦。必欲深窮，恐隘聖明樸棫之化。只照縣擬暫罰兩科停試，似猶未足以厭衆人之情。姑再加罰米三十石，以懲其暴慢之習，庶乎其平耳。至於其兄蔡顯吾，其僕丘順、趙俞等，倚勢害人，有贓有證，歛怨於衆，而貽禍干獨，城旦自當厥辜。

若夫狀頭李尚志，詎能無罪而處此？ 夫尚志與廷諫比屋而居，不過夙昔睚眦之小忿耳。 柰何以曖昧未明送訪之疑蹤，而輒率衆拆毀其房屋哉！ 就使送訪果真首犯罪重，亦不過一徒已耳！ 況尚志又自稱尾犯，又況後來絶無指據乎？ 胡爲讐深而不解之若是！ 夫既拆毀人房屋，趕散人家口，連名聳告道府、撫按不已，猶可曰懼廷諫告理受虧之先發術耳。 乃所告之詞，未經有司一問有何屈抑未伸，而輒捏奏九閽！ 倘所謂民之無良者非耶？ 雖其所奏不盡無因，然使人人聞風效尤，長此不止，不幾令闕庭之間多聚訟，司寇可勝庭評乎哉？ 此又不獨士紳寒心，人人自危，而此等囂淩氣勢，抑亦何可令衆庶見也！ 故職等爲民風計，不得不將尚志擬徒，以警後來之再爲囂淩者。 然亦毁人房屋應得之罪，非浮議也。 統乞
上裁。

查報黃山一案

該職進諸人證於庭，面爲查勘。 維時紛紛哀陳不一： 有云叛奴吳榮投身逆璫，殺伊家主吳養春父子三命，搆許大理查贓羅害無辜者； 有云飛贓虐民，吳養春叛奴吳榮姦烝主妾，因告懼罪逃京，投入魏璫，首告黃山漏稅，紐解養春父子三人至京，立斃杖下，家貲盡没入官，許大理來揚升堂，盛列刑具，手出黃紙印簿，厲聲稱説魏上公欽定各各贓數，爾衆無得分辨者； 有云吳榮獻鏹媚廠，弑主吳養春，活殺全家，荼毒闔郡，許大理助暴阿權，橫不容喙，無辜茹屈，四命慘亡者； 有云許志吉爲養春侄壻，僞造黃殼紙印簿，指璫飛贓，違旨肆虐者； 有云吳養春犯贓，屢奉明旨，止追没養春一人，無許波及無辜，蹇遭奸寺許志吉搆通魏璫，奏請查贓，倚虎負嵎，僞造黃簿，攀捏附本，負欠名色，徧行嚇詐，以受賄多寡爲派贓重輕者； 有云養春所犯之贓不過叛僕吳榮之首告，出於魏璫刑迫之強招，養春父子三人同死於獄，養春之妻且節縊於家，在徽在揚之貲産盡入於官，似亦足以完其局矣。 今查吳榮原供之案，魏璫羅織之疏，初無各商姓名，乃被許大理狐假虎威，嚇詐妄派，追比不已者。 總之，言人人殊也，而其哀懇之情則一。 一時滿堂號泣之聲，悲切之狀，真令人慘不忍見忍聞。

比職再查吳榮在揚犯罪招卷，及東廠首告緣繇，與許大理誣報冊籍，各商歷歷寃狀，不覺爲之髮指，不覺爲之泣下，曰：「嗟乎！養春因富殺身，固多藏厚亡之炯戒也。獨悲夫父子三命，俱喪一僕之手，立斃杖下；而其妻且效節烈以雉經，則其情亦大可傷矣。柰之何四命慘亡不已也，復慘斃乎多命！全家覆滅不已也，更覆没乎多家！初猶止於同族耳，旋且株連同鄉；初猶止於江南耳，旋且波及江北。故吕部郎傕之太激，徽郡業告揭竿；而許大理比之彌嚴，揚城幾致罷市。每根連以蔓引，慨虎噬而鯨吞。千家剜肉醫瘡，悉桁楊而待命；羣小磨牙吮血，尚推敲而食人。今茲嗷嗷乞哀之衆，疇非奄奄待盡之氓！夫就罪論，殺人者抵。假令養春果殺吳榮一人，抵之足矣。即不然而一家盡抵焉，亦可已矣，胡爲又斃及無辜之多命？而況吳榮固猶然在耶！就贓論，漏報税者半入官。假令養春果漏報黄山，半没之足矣。即不然而全没黄山，更全没其家貲焉，亦可已矣，胡爲又没及無干之他衆？而況黄山亦猶然在耶！夫人情一語之寃，無甚榮辱，不關死生，猶且喉急眥裂，反復辨白，指天畫日，而莫肯下。茲何事也，皮肉已致淋漓，忍令敲骨擊髓；房産已報罄絶，忍令賣婦貼兒？嗟哉！無辜之人，其何堪此！矧報張報李，曾非原疏的名；坐萬坐千，總屬後來添入。夢中尋夢，枝外生枝，甚且肆報復之兇，甚且滋漁獵之策，甚且假指黄封，竟同白占。依納賄之重輕，爲派贓之盈縮。嗟哉！無辜之人，其又何以堪此？嗚呼！四命偕亡，徑遭屠門之慘；千林欲盡，能堪破柱之愁。作俑者一叛奴之吳榮耳，而主之者逆璫，奉之者鱷壻，遂致虐燄薰天，毒風撲地，而養春一門無噍類矣。寧獨吳氏一門之不幸，實江南北千萬人之不幸也。」

今者逆璫伏誅，鱷壻就勘，差足洩柔良者之怨恨。然非磔此叛奴，碎屍萬段，猶不足以雪一家數命之寃，洩千萬人株比之苦，而昭千萬世國法之大常。想人人同此公憤，或必有起而言之者，職固無庸贅也。惟是目前牽連無辜之赤子，盆寃未揭，株比無休，職數欲請命而無繇。今幸聖主軫念如傷，已開三面之網，先免五萬之贓，其餘仍令查明請豁，則小民更生之辰，而有司入告之日也。況奉有上臺檄查，速爲代題之德意，敢不細核真的，妄圖解免？第詳稽此案，即養春一家處分之嚴，已無剩法剩贓。此外假立附本，負欠名目，都是莫須有之強派，正屢旨之所深禁。其已經完解者莫可問矣，而今之未行完納者，皆其所必不能完納者也。夫民也，當窮困流離之際，即惟正之供，尚可徼蠲免之恩，而況屬莫須有之強派乎？又況此項蠲免，非求蠲朝廷之所應有，特求免百姓之所原無。不過一念欽卹，即可解萬姓倒懸。計聖天子如天好生之仁，諒不難朝奏上而夕報可也。惟祈上臺力請全豁，以救此一方民耳。緣係查報事理，職謹遵依具覆。除另開諸家姓名，將先免五萬之數。請乞明示坐名攤免外，仍乞代題全免。萬姓幸甚，職愚幸甚。

擒解叛奴吴榮一案〔一〕

看得逆奴吴榮一案，該職嚮因查豁欽贓時，諸在揚州被誣被害之人，無不人人切齒，恨不得生食吴榮之肉。其所供吐占主財，蒸〔二〕主妾，鴆主幼男，曩日在籍種種不法狀，業已罪不勝誅。比因懼罪逃京，而其狡計愈狠，逆謀愈深，神通毒燄，愈益不可測度。而嚮邇隨乃賄結要津，夤通權璫，致故主吴養春父子三命，悉斃廠獄，而養春之妻與其弟婦兩汪氏，且皆雉經於其家矣。子姓盡幽囹圄，貲産盡行籍没。此猶一家一門之慘冤耳！乃又誣報黄山漏税，波及親友，甚且波及其無干之郡縣。一時魚驚鳥散，兔罹雉羅。桁楊接踵，死亡纍纍。東南一帶，幾成揭竿。此雖奉行權璫，承望風旨許志吉之威刼爲然，抑何莫非吴榮表裏爲奸首禍之所致耶？

即今面審吴榮，一一親口招認：「當日夤緣入内，先在工所，一時獻媚投悦魏忠賢。原借黄山一案，迎合助工之意，不意輒獲親信，遂爾言聽計從。」津津口角，若猶然自述其得意光景，無少隱諱。則其謀殺家主一段公案，奚待吴繼胤、吴道光等之面質，而本犯已款款供吐甚悉矣。狠哉逆奴！只便一己之私圖，不顧主家之多命。既盗其貲，既蒸其妾，既鴆其幼男，而又弄此毒手，謀殺其父兄子弟，直欲主家一無噍類而後快於心乎！想其在廠指授榜掠，羅織鍛鍊之際，頓令養春父

〔一〕原刻本目録作「擒解吴榮一案」，今據正文篇題。
〔二〕「蒸」，應作「烝」，參見兩理略卷二擒兇千里等。

子三人，以富室豢養之美軀，一旦化爲血肉淋漓之怨鬼。只此一節，慘動天地，罪真不容於死矣。而況逆謀一遂，虐燄更張。荼毒兩郡生靈，戕殺多少無辜。東南半壁之天下，幾爲此奴破壞。幸賴皇威遠播，畢竟天網難逃。今吳榮已就擒矣。凡在揚被誣被害之人，聞且見者，更無不人人切齒，恨不得速食其肉，而寢處其皮。不但養春遺孤吳繼胤與吳道光等在官諸人，哭泣痛恨而已也。

但此奴之羽黨，聞仍在京，昨已謀欲解部，再圖展轉。竊意徽人在揚者甚夥，矧被誣被害之人家，見今羣聚揚土。倘上臺題請明旨，即於揚州寸斬此奴，令兩郡含冤之氓，咸舉手加額，共睹國法之大明，於以洩人神公憤，而邕紓東南數載之積恫，豈非人心一大快事哉！不獨免途次押解之煩，實可消奸黨伏莽之虞。至於本犯正法之後，其贓私穢褻，置之不問，固益仰覘聖政寬大之仁。即不然而必欲追之，以窮治小人之罪乎，亦宜移文北直刑臺，〔一〕於其寄囤之家追搜可也。蓋本犯美妾家貲，咸在刑臺。今在揚州者，止其故妻之父洪魁一人，久爲本犯所厭棄。本犯赤身就擒來揚，此中固已無餘物矣，莫可追也。

正擬具招申請間，蒙憲檄部劄催解甚急，則此段情理，已非本職所敢妄擬也者。是在上臺詳示批行本府，摘差的役起解云耳。惟復別蒙定奪。

駁審姚德一案

看得姚德兇淫狡狠人也。始因姤姦臧氏，殺死姚化，固其夙忿。既而波及於長一，又波及於臧氏，則以倉卒之際，迫於喊救懼洩之故云耳。然殺機太横，殺心亦太慘矣哉。諸族人啖賄匿情，久不首。比姚賢嗾田龍而出首矣。乃德輒又駕言

〔一〕「刑臺」，似當作「邢臺」，下同。

臧氏緣姑詈自經，姚化以貧流江右。甚且贖回已賣之長二，硬充長一。致陷首殺人者兩遣，證殺人者兩徒，公舉殺人者褫革一生員，而真正殺人者反安然無恙也。殆四年於茲矣。揆厥所繇，蓋因姚化之親兄愚懦人耳，懼德聲嚇併殺而不敢直證。姚化之次子長二，又數歲小孩子耳，被德贖回詒誘而冒認長一。加之謝恩以姻家硬行幫誣，姚賢以堂弟改口支吾。以故讞者信姚化之果爾外出，信長一之果爾見在，信臧氏之果爾自縊，而又苦於兇器、二屍之無獲也。安得不聽姚德如簧之口，而成此獄哉！

今該本職詳閱招卷，與夫纍纍冤單，及隔別細審原初證佐與兇犯姚德。幸天厭其惡，不但諸證佐供吐一一真的，即姚德當堂且一一親口招認之而不辭焉。不用拷訊，盡露真情。於是嚮之妄稱姚化止一子，長二即長一者；今審化之親兄姚明，與衆證交口而供化原兩子，被殺者長一，此見在官者實長二也。比面詰長二，本孩連聲應曰：「我是長二，我是長二。」即姚德亦自應曰：「這個原是長二。」夫長二既仍是長二，則長一之被殺可無疑矣。嚮之妄稱德娶臧氏爲妾，被德毋詈辱自縊者，今審衆證執稱，本婦猶然是娼，固未曾爲化之妻，亦何曾爲德之妾？即德亦自言：「委非我妾，第不稱爲化妻乃甘心耳。」夫臧氏既非德妾，胡得云姑詈自經？則本婦之爲絞死可無疑矣。至於姚化之死，嚮之妄稱爲流落江西者，今衆證齊聲供爲沉之江中。比問姚德：「爾只覓獲姚化便可了此。」即德亦直認之曰：「業已殺而沉之江中矣，更欲覓一活化安可得？」聽斯言也，則姚化之被殺，不更可無疑也乎？不然江西非在天末，四年之久，何渠不一尋獲，以塞田龍諸人之口？其他據屍有人，見據有證，與夫江之距村僅隔一里之遥，鑿鑿有據，思欲以兇器、屍身無獲爲本犯寬一綫生路不得也。

本宜坐德以殺一家三人碎礫之律，但念本犯挾讐謀殺者，初止姚化一人耳。長一、臧氏，猝因防患而波及之。且臧氏屬娼，非化一家人。況絞鄰於縊，亦不與手刃者同科。姑照謀殺斬刑擬之，亦可少紓姚化父子數年魚腹之沉冤矣。謝恩、姚賢受贓，審無確證，姑免深求。惟以證佐不以實供，併徒田龍、藍士彦失於執辯，各杖。卜舉、藍士章、陳嘉祐俱免擬。據屍姚受、姚朋、姚槐，嚴提另結。至於黜生藍士章，公舉中人也，其弟士彦既無賄首之情，本生情有可矜，似應準復。但皆已奉憲詳，非本府所敢擅議也。

仰候上裁。

審解徐虎子一案

看得巨盜徐虎子、王虎子，真二虎也。王虎子自號南梁王，徐虎子自號平海王。倡首作亂，哨聚亡命數百人，寧往常強盜所可比擬哉？蓋往常強盜聚衆不過數十人，今則號召百衆矣。往常宵夜塗面猶畏人知，今則白晝大逞，公然道其姓名矣。往常不過刼人之財，今則擄其婦女，燒其房屋矣。往常刼殺一二人或一二家，已爲猖獗之甚，今則動輒殺三四人、五六人、不下百十人，動輒刼一莊、兩莊、不下數百家矣。所最可恨者，殺人而仍倒樹坑中，甚且支解人爲十數段以爲號令。則無天無日，罪大惡極，豈可一日容於清平之世乎哉！致兩塲萬命，陷溺湯火，日廑本道之憂，思欲殄此兩虎久矣。第多方緝捕，既以萑葦難清；調兵勦殺，又恐玉石同患。幸蒙示以方略，密拿王虎子於泰興，又捕獲徐虎子之家屬，鋭氣始爲挫動，而餘黨隨亦咋舌斂跡。乃徐虎子見妻孥被逮，又復聚黨披猖，兇燄更熾也。於是該塲告急，復又請兵擒勦。職愚蚤夜思維，又蒙憲示密議方略。乃先頒告示於兩塲，安戢民竃，推誠曉諭，惟求真盜，並不蔓及無辜。而被獲之愚民夥黨，始皆悔心而離散焉。然後密遣廳吏顧天祐，因係同塲人氏，招誘徐虎子投見，許釋放其父母妻孥。續差甲首朱昇伺而執之，而本犯亦遂甘心就縛矣。

今面審各盜，自知罪業深重，業已俯首無辭。相應依律正法，懸首高竿，庶可以彰國法而快人心。然大盜法固當嚴，而無辜亦不可枉。蓋賊口一時混供，乃諸人死生攸關，尤當細加詳察者也。如蒙憲駁葉成貴、繆守成貳犯，情可矜疑。今查得葉成貴係各盜招與同夥，屢屢有名，且稱擺陣作先鋒者也，似難輕縱。至繆守成止供爲盜揮指，並未分贓。若夫朱見亭爲王虎子挾親未允，讐攀在案，已行塲司查核，取有里社連名公結，委屬無辜。其顏章保雖係虎子之舅，乃夙昔惡其爲盜，不相往來者多年矣。細質衆盜，咸稱無干。查前起獲牛衣，皆係己物，而銀亦轉貸鄒生員者，故作己贓，苟免刑罰，其情殊可憐也。且查驗田契，係承襲祖業，並無寄贓置買。即此贓之未確，而窩盜之事亦誣。又若朱雲渠與弟朱海渠，亦稱窩主。無論招稱寄贓，原無造意之情；即果真窩，家人共犯，不應又辟其弟。今又斃於獄中，不亦苛哉！若徐星之寄贓，州審亦稱畏惡而不敢舉，是明知出於不得已耳。又王鑽之稱窩，似屬有因。及本職親過該場，而鄉保多人，連名公舉其枉。於是查驗招情，亦止寄贓或出供書之粧砌耳。大抵此盜與常盜不同。常盜畏人知覺，必隱跡投窩；今此盜公行刼掠，明明殺人，誰不知之？誰不畏之？又何所顧忌而更藉窩主以庇之乎？即稱窩者，皆不過畏威而受寄耳。周和稱係盜族，以不舉擬徒。然何盜無族？以此求之，不勝其誅矣。

今招案未定，而内犯張四孝等皆歿於獄。似此誅連，死亡接踵，若不早爲開釋，俱將爲海渠之續矣。相應改擬徐虎子、陳常兒、葉三兒、葉成貴、蔡老漢、張月子、丁尚樂、王三兒、陳四保、薛闖爾，俱強盜斬罪，仍比照響馬強盜，決於行刼去處，梟首示衆。王鑽改遣，周和、陳敢兒、繆守成、徐星、朱見亭、顔章保、王壽兒俱各改杖，庶得情法之平矣。其故盜王虎子母、妻顔氏、周氏、楊氏，俱免其流徒。未獲王四等，仍依原案照提。

審結王之龍一案

看得王之龍奸回如鬼，機巧通神，嫺於舞文，冒充旗校。方其蓄謀而來也，借欽贓爲必應之題，睨商賈若机上之肉。於是假官之名，假官之印，假官之公移，甚至假抄聖旨，假揑御狀，蓋一假無所不假。當此聖治精核，時而敢逞此么𪙊伎倆，膽亦可爲包天矣。詎期天奪其魄，巧反成愚。初露於縱跡之詭秘，再露於傔伴之出首，既且明露於當堂之自刻蠟印。種種僞狀，咸親口供吐，初招不啻詳矣。比職再奉覆審之際，又復一一備陳本謀，悉與初招無二。不俟刑鞫，輒自和盤掇出。其尤可怪者，假中弄假，而又計啜李廷芳之代投手本，妄冀解免也。

噫嘻！白日青天，安得容此魍魎！倘非許推官發覆摘隱，此輩業已成吞舟之魚；倘又非劉內監冷面公心，此輩還幾作出柙之虎。據初招擬之龍以戍，蓋謂蠟刻印文，可比描摸之條，或又念其騙詐未遂云耳。然使騙詐果遂，不知破壞多少商家，摧殘多少性命？似乎一戍不足以蔽厥辜者。蓋法以紓公憤，是又在上臺加意誅鋤焉。餘照原擬。李廷芳審係夥黨，相應徒配。招呈本道，轉呈鹽院許，駁道行廳覆審。

看得王之龍一案，供吐悉出親口，假官、假文、假印等情，業已備悉。初招及職覆審招內，不啻真矣詳矣。職前招內原謂之龍之罪，一戍不足以蔽之。蓋亦惡其舞文之極，而痛恨其蓄謀之深也。今蒙憲駁，仍提之龍等一干犯證到官，再三研審，一一與前情無異，當堂依律擬斬。之龍自知情罪深重，亦遂俯首無辭矣。惟照之龍跡同魑魅，惡埒蛇蜮，充假官而藐視真官，施巧手以恣展毒手。但見商貲可攫，罔憐皮骨空存。豈知天網難逃，應悔頭顱莫保。方其合謀而來也，假中弄假，佈成莫測之機關；及其漸次而敗也，真而彌真，露盡無端之伎倆。無論冒緹騎而招搖官府，威風真是嚇人；只此雕蠟印而從容公庭，膽氣誰復能爾！夫他人之假，或止一印，或止一事，又或止害一人一家；而之龍之假，則不但一假印已也。假官之名，假官之公移，甚且假抄朝廷之聖旨。此其假，寧與他止一假印者可同日語？況其騙詐果遂，所害又不止一人一家之性命也哉！擬之以斬，庶足以破舞文者之膽，而紓諸被害者之公憤矣。

附報擒獲大盜徐虎子申文

爲仰仗憲威，密拏巨盜，以安民命，以靖地方事。切照梁垛、安豐兩場，僻處海陬，離州窵遠。有巨盜王虎子、徐虎子倡首爲亂，震動兩場。王虎子自號南梁王，徐虎子自號平海王，哨集亡命數百。兩人騎馬當先，揮衆持刃，白晝刼財，殺死陳長子等百十餘命。以致兩場民竈，懸命於兩盜掌握間。乃本道日夜焦思，欲發官兵擒剿，又慮玉石難分，反滋地方擾害。旋蒙授以方略，先獲王虎子於泰興，並獲徐虎子父母妻妾。詎意徐虎子猶然肆虐，殆無虛日。於是兩場告急者紛紛，復請發兵不已。本職再四籌度，於是先給告示張掛該場，安戢民竈，推誠曉諭，惟求真盗，並不累及無辜。嗣後密差廳吏顧天祐，謂其爲本場人氏，授令諭以大義，餌誘投見，許釋其父母妻孥。並差甲首朱昇，密伺擒拏。乃本盗於九月初三日果爾請囚就縛。見在審明，招解本道轉詳外。事干擒獲大盗，理宜先行報聞。爲此，今備前繇，理合開坐，伏乞照詳施行。

按院批：巨盗徐虎子横行海上，目中久無三尺。非該廳威信久孚，何以有此？仰速招解本道轉詳。

附録梁垛場申報

一、報大盗吕四漢投見緣繇。

梁垛場鹽課司爲查究地方事。蒙推官王憲牌前事，除已遵行外，今該卑職於十月初二日自揚解納折價回場，查得大盗吕四漢於九月二十一日同伊族人等商議，投見本廳，繇東台路覓船上揚。彼族恐遭别衙門擒獲，扳害良善，隨於地名許家竈，將吕四漢搠死。其屍見該丁美舍驗看，聽候發落。事干地方，不敢隱擅，擬申報聞。

卷五　兵事

客問序〔一〕

客問者，客感東事而發端，余亦就事論事，面爲辯難商榷而條對者也。夫諮詢既切，則酬〔二〕應不得不詳。況高明虚衷而下詢，則雖自審芻蕘無補兮〔三〕，安敢不俯竭愚衷，忘其狂瞽，而直吐其欲吐之邊見？第恐從聲影起議論，用口語爲籌策，譬如病人不診脈息，不望顏色，臆度病症，傅會古方，豈有取效之理？且立談之頃，不暇顧慮，罔識忌諱，或觸當事者之疑怒居多耳。私念憂墜同嫠婦，無懷埒虚舟。知我罪我，客固有以原之矣。匪問胡答，故總筆之曰客問。

天啓三年孟夏望日，了一道人王徵記。

〔一〕客問及其序，皆據明刻本迻録。序文原無標題。

〔二〕「酬」，明刻本作「詶」。説文言部：「詶，譸也。」段玉裁注：「俗用詶爲應酬字。」宋伯胤編著明涇陽王徵先生年譜（增訂本）作「訓」（第一〇五頁），因字形近而誤。宋伯胤編著之書系陝西師範大學出版社二〇〇四年出版，以下所引皆簡稱宋伯胤本，並注明該書頁碼。

〔三〕「兮」，宋伯胤本作「乎」（第一〇五頁）。

客問 款凡五[一]

其一

客問：「經臣坐鎮山海，疏請軍馬、錢糧、器械等項甚多且急，恐廷臣猝難應其求也，則巧婦無米之炊將柰何？」余曰：「厥請云何？祈詳教焉。」曰：「疏略曰：兵須如千萬，兵數不敷，罪在司馬。餉須如千萬，餉數不敷，罪在司農。一切器械、火藥等項各如千萬，數不敷者，罪在司空。」又曰：「三者缺一，臣實不任其辜。」余曰：「允若是，是殆綠紗帽乎？」客曰：「奚謂綠紗帽？」曰：「一人家甚貧而外張富態，囊實乏一文也。偕友入肆，友易紗帽，渠亦哆云欲易，且取紗帽輒試之，甚可其首。即大言曰：『厥值若干？』肆人對曰：『第憑尊意。』渠故以懸絶之值應之，曰：『與若錢三文。』肆人習知其態，又窺見其並囊而無之也，則對曰：『三文足矣。』與之帽，立請值。渠環視再四，乃曰：『紗帽可矣，柰色不如意何？蓋吾意欲易綠者。』聞者皆掩口而笑。今當軍士逃潰之餘，帑藏空虛之際，所請甚侈，而少不敷其求，則罪歸他人而己不任，非綠紗帽而何？夫使三者果咸足無缺，則亦何須經臣而後可哉？蓋窶子而擁數萬金，則作富家翁似亦無難耳。」

〔一〕客問凡五款，一事一款，皆以東事爲主。五款之序號，乃編校者所加。

其二

余偶過棋盤街，見片席上懸一紙榜，就視之，則兵部所出示也。中列詔旨，乃東事再敗，懸爵求賢之詔。詔略云：「凡我文武大小臣工及草澤忠義抱奇之士，有能擒奴酋哈赤者，爵以公；擒其子若孫一人者，爵以侯；擒叛臣某某者，爵以伯。即奴酋部落中，有能擒逆嚮順，擒哈赤或子若孫及叛臣者，封爵亦如之。」余莊誦畢，喜而加額，已復扼腕嘆惜者久之。客謂余曰：「子加額矣，又復扼腕者何？」余曰：「自有東事以來，思得見此詔久矣。今始得見，寧能不喜！蓋喜其得鼓舞人心之要務，而爲東事吃緊之急着也。顧明詔而以部銜出之，豈詔旨不尊，借部銜以爲重？以如此隆重之典而卑褻視之，是廷臣先已不尊且信矣，又安望草澤有識之人尊信之耶？國家不當費而虛費者不知凡幾，而以赫赫明詔，如此隆重之典，僅僅藉以片席，樹之車塵馬足之地，而忍冠之以部臣之銜，不知何以風示天下，抑何可令遠人見哉！此余所爲喜之，而復長太息者也。」客問：「子意當如何？」曰：「是宜高揭榜樓，黄紙而大書之。專以綸音爲尊，而封爵等則分款開列。奴酋部落等語，亦列另款顯示。務極巍煥，庶足以聳動一時之耳目，流傳四方之觀聽，而忠義激發，抱奇思展，當必有應明詔而興起焉者。不獨此也，此中且有微意。奴酋奸細不往往潛住都城乎？我既爲此巍煥榜樓，宣示詔旨，後段又明明有捨逆嚮順一款，彼奸細者寧不傳報？即不能望其遽爾成擒，而令奴酋與叛臣與部落稍稍自相疑忌猜防，是以兵家間諜之一機也。柰之何其兩失之！」客聞之頷然再四，亦自扼腕嘆惜而去。

其三

東事再蹶，重臣行邊，條上一切修築障塞及增兵增餉諸款，甚詳備也。客喜甚曰：「長城有人，東顧其可無憂乎？」余曰：「信然哉！信然哉！第詳此諸款，乃邊臣事耳，非重臣事，且非重臣特承九重之專任而仗劍行邊事也。夫醫人治病，必審受病何在而相其緩急施劑焉。遼陽、廣寧之敗，其受病不在障塞之不固，亦不在兵餉之足不足也。何以見之？據當日失地光景，聞其開門而迎賊矣，即阨塞堅固奚益？聞其未戰而先逃矣，即兵馬極多奚益？比賊既入城後，軍餉之爲敵人資者，聞且用數月而有餘，則積餉極多又奚益？吾固知病根不在此也。病根何在？在軍威之不振。然軍威何以不振？咎在賞罰之不明耳。蓋余曾聞遼陽用兵之初，勇往直前，渡河而戰，戰且一日夜而死者，當時惜其徒勇，且或議其輕率而寡謀，而卒不反究其擁兵不渡，聞急不救之人。及詰問不渡不救之故，則又詭曰：『河原不可徑渡。』不知先渡之將之兵皆飛仙乎？何前者可渡而後者遂不可渡也耶？戰死者幾以浮議不蒙，而全軀以退者翻得藉口而安享其禄位，則賞罰可知矣。坐是數年以來，軍威迄不克振，而喪敗接踵。故爲今之計，急莫先於震軍威。而欲振軍威，急莫先於明賞罰。第明賞罰之説，誰不謂此老生之常談乎？而吾胡以獨望之重臣，乃謂餘皆邊臣事也？蓋邊臣政都在賞罰之中，非得專行賞罰之人，而專行賞罰之人非重臣不可。夫重臣代天子行邊，獨操閫外之柄，此而猶不能亟拔賢豪，立誅首罪，以張九重之威靈，而破奴賊之膽，則豈其權猶不尊且重耶！然賞罰亦非泛泛行之者。賞必先於下，真知其賢，無論草澤，無論行伍，無論材官偏裨，不妨以虚銜拔之上位，俟其果應而實授焉。罰必先於上，真知其不肖，亦無問其三窟百足而曲徇其情面，不妨與衆共聲其罪，即以尚方從事焉。在昔戮宫嬪，戮莊、賈諸名將不具論。即高仁厚，一招討耳，坐間斬一退逃欺罔之副行，不特千軍股栗，而賊黨畏其軍法嚴整，遂殺東川節度以降。則今日重臣果一明其賞罰，將見軍威自振，從前衰弱之氣頓起〔二〕，即奴賊聞之亦膽寒矣。不此之務，而僅僅議餉、議兵、議修築，吾不知於病之緩急何當也。」客乃拊掌而有味於余言。

〔二〕「起」，疑作「訖」。

其四

客有從山海關來者，余詢：「關門備禦光景近何似？」客謂：「重臣臨邊，經鎮副參而下，冠蓋旁午，其他道將偏裨，不能屈指數，士馬數萬，霧集雲屯於一城之內，關門真可稱巨鎮矣。惟是關城之內，住址少而人煙輻輳，軍馬既增數倍於前，則一切糧米草豆食用之物，湧貴殊甚。嚮日銀二分足一軍一日之用者，今則五倍費之，腹猶未果然也。經臣因是請帑金數萬，於城外創置營房數千間。然新築土垣，結茆覆之。暑雨連綿，盡皆傾頹。帑金空費，而竟不得實受安插之益。軍餉雖若增加數倍，軍馬實實不獲飽騰之效，甚且嗷嗷不休。兼之暑濕薰蒸，穢氛日甚，士馬之物故者又踵相接、枕相藉也。由是以觀，人事備禦儘周矣，而天意之困苦人乃若此，其柰之何？」余曰：「此固天意，然或亦人謀之未盡臧乎！何也？物希則貴，一人之食而兩人分之且不足，矧數人、矧不止數人，則柰何舉數萬之衆而咸頓之一城內也！夫距關城三二百里內，或百里數十里內，不有原設之城堡乎？不可星羅棋佈，分屯其衆爲犄角之勢乎？分屯則糧米草豆諸物自可不至湧貴，且可免薰蒸之苦，且可減創營之費。況諸將各統一軍而分屯之，其於自爲鈐轄操練更便也。既省日日奔趨叩謁之勞，尤絶同城相並相軋之忌。即猥云一時賊至，恐調發猝難及乎，不知賊距我在千百里外，縱急如風雨，未必朝發而夕至也。則何不厚糈重養騎士數十人，遠爲偵探，以爲戰守之先資，而徒預困此數萬之衆於一城爲？夫此非專爲移軍就食而言，即就戰守備禦機宜言之，直宜散屯關外諸堡，方可壯恢復之先聲，方可作關門之外護，乃爲守關之良策也。今大將偏裨，千軍萬馬，擁擠一城，無論米珠薪桂，樵蘇爲難。假令賊奴萬一直搗關外，一或如前望風逃潰，關門不支，勢且震動都城，將誰爲掎角可恃而不恐耶？又令賊奴知我重兵悉擁關城一處，倘聲言攻關而從別口潛出，吾不知又將何以禦之？故重兵悉擁一處，不獨於軍士不便，而窺之戰守機宜，似亦非計之得者也。不識當事者以爲何如？」

其五

客謂余曰：「自有東事以來，徵調召募，幾動天下之兵矣。而額餉不足，繼之加派；加派不足，仍事搜括；甚且減及官禄，減及諸衙役工食，舉在昔祖宗朝優待士大夫之典，皆屑越而裁省之，盡以供一隅軍興之費。迄於今，士卒徒老，不覩恢復之奇；閭里窮愁，難望息肩之日。識者亦嘗爲簡兵節餉之説，乃當事者動以軍士鼓譟爲憂。且一時餉或不敷，即有脱巾之虞。時勢若此，亦難矣哉！」余曰：「時勢至此，誠難矣！然就古之善將兵者論，或亦無難。即就今日時勢，熟思而審處之，似亦尚有可商。蓋不但兵可減，即餉亦可減也。」客駭然，詰問其詳。余曰：「東事之敗，受病不在兵餉之不足，嚮固已言之矣。即欲足兵足餉，不在求增，政可就減兵減餉處足之耳。何以言之？兵不貴多而貴精，學士類能言之，然不簡則不能精。蓄盆草者，時時剔剪其枯枝敗葉，則草色愈妍而精神若增茂焉。養兵之道亦若是，故多而不精，不若精之而不多也，則減之便[一]。減之之法，能仿淮陰登壇、信陵握符兩君所定之格而行之，則無論留者歡欣鼓舞，即減去之兵，亦必啣恩而退，不我怨也。今日關門備禦兵馬，以數計之，不嘗謂有十八萬之多乎？聞之古稱善將兵者，率能以寡擊衆，或八百，或三千，此不敢遽望之今。管子不云『節制之兵三萬，足以横行中原』乎？夫三萬且足横行中原，其於一隅何有？然亦不敢便爲此時律也。就十八萬而減去八萬，似亦無不可者。想此十八萬之名額雖具，或亦未必實足其人。一往頂冒乾没之弊，可一切都置不論，而特與之更始。明告諸將諸軍，留十萬而減八萬焉。其所減八萬之數，先儘徵調招募之人，明告情實，各量其道里遠近，給之路費。徵調者仍給回文，俾之各還原隸之伍，照舊食糧差操。而召募者亦當給之退軍帖，令其各還鄉里，爲民當差。是且適協其徵調召募者之素心也，而又奚鼓譟之足憂？既減八萬之兵，即明告於朝，明明減此八萬之兵之餉，著爲定額。即此一着，不可少釋司農仰屋之嗟、少甦閭閻加派追比之苦也耶？又就此所留十萬之兵，

[一] 「便」字後疑脱「是」字。

擇其丁壯者、勇敢者、技藝熟嫻者，或忠義足托，或奇智足採，或膽氣足取，一一而精選焉。十萬之中，精選六萬，視管子三萬之數猶加倍也。使善將者馭之，亦可謂多多矣。此則減其人不減其餉，以此所空四萬之兵之餉，年年留作軍前公用。一應賞賜造作行間諸事，悉取之此，不但操縱自如，且再不以煩廷臣也，夫誰謂其不可？然此番精選之初，須先明與十萬人約曰：『朝廷斂萬姓脂膏，以養爾等軍士，豈是空養爾等？原期爾等殺賊以衛朝廷萬姓耳！今爾等往日聞賊風而思遁，望賊影而先逃。無論官法容爾不過，爾等自心如何能安？我今另立新法，精選爾等，止用六萬之數。此六萬人務要個個奮勇殺賊。能殺賊者，當即給爾厚賞。殺賊多者，即給破格之賞。不殺賊而或有仍前退縮逃遁者，當即以軍法從事。蓋我另立新法中，有個連坐方法。連坐已定，號令已明，進前退後，都有個法子管着。便是十萬人臨陣，設使其中一個退縮，一個逃遁，都查得爾出，決照條内施行，決不姑息。爾等軍士自己揣量，願從我奮勇殺賊者，報名册内，我將依法教練。或自揣力量不加，武藝不通，不能殺賊，而情願先退者，聽其自便，我且給爾三月之餉，用酬往日之勞，少資一時歸家之費。』蓋此減去四萬人所給三月之餉，即取之當年所空四萬餉中可也。如此而減，減去之人諒亦樂從。然後於此六萬所留之兵，定爲必賞必罰之格，且間有破格之賞，不測之威，以鼓舞之，則兵未有不精者矣。從來厚賞之下，必有勇夫。故賞不破格，無以拔奇士。且不有破格之賞，亦難遽施不測之威。今軍士定額之餉，月月如數與之，不足爲恩。而少有不敷，即以賈怨。倘軍前果能有此四萬之兵之空餉，將年年可儲四五十萬餘金。以此而懸破格之賞，夫復何難？既能實實行此破格之賞，則士氣百倍，腹心多而干城壯。即以行不測之威，夫又何難！何以明其爲破格之賞、不測之威也？譬之千軍共守一堡，堡有東西二門，各分其半以守之。東門之軍，賊來不惟不能殺，不能堵截，且開門引賊而入。西門之軍，見賊來亦皆相率逃避，乃有十人奮勇當前，賊遂不敢進而去。此十人者，不必更論堵殺，就此拒賊之功，自當奪四百九十人一日之餉，胥以賞此十人可也。是之謂破格之賞。彼東門之軍，引賊而入，是名爲賊，不名爲軍，不但盡奪其餉，且擇其首先引賊者，即如越公盡行誅戮可也。是之謂不測之威。果能行此破格之賞、不測之威，而將此六萬精兵以往，即直抵賊巢蕩平之可，奚恢復之功不立奏哉！倘謂增且不足用，而乃曰減也，以余言爲迂腐，則彼李晟辭五千而請千人，且曰『以衆則不足，以謀則多』

者，獨何歟？昔种世衡厚養王嵩，爲之力辦其家事，凡居室騎從之具，無不悉備。既得其死力，遂謀殺天都、野利兩王以孤元昊之手足者，才用一人焉耳！果在多乎？不多也。」

兵約序〔一〕

兵約，約兵者也。約凡三：一曰兵制，一曰兵率，一曰兵誓。何謂兵制？制者，戰陣之總局也。酌古審今，顯標更番接戰之妙用。何謂兵率？率者，賞罰之定表也。真操實練，默寓鼓舞振作之微權。何謂兵誓？誓則仿古誓師之意，誓與文武將吏以及材官蹶張共習兵制，共遵兵律，共奮忠勇，共雪國恥，於以共建撻〔二〕伐蕩平之偉績也。約必三者何？不三，不足以盡兵家之概。然必止於三者何？多則覽恐弗竟，且兵士未易曉也。

客謂余曰：「子理官也，約兵奚爲？」余曰：「此余初理平干，謬承督兵主者檄召恒陽，委以練兵之役。再三辭不可，不得已乃遡羲易師卦之原，及余舅師湛川先生所著八陣合變圖解，並諸名家已成之法，而間附以一得之愚，聊以仰副上臺爲國之盛心云耳，敢猥云知兵乎哉？」歸而録之笥中，以備異日在師中者之採擇。

時天啓三年孟夏望日〔三〕，了一道人王徵撰。

〔一〕兵約及其序，據明刻本迻録。兵約序用涇獻文存卷七校。序文原無標題。
〔二〕「撻」，涇獻文存作「打」。
〔三〕「日」，據涇獻文存補。

兵約

兵制第一　款凡五

八陣總營共六十四隊，隊伍十人，立隊總一人。每五人中立一伍長，每十人中立一什長，各以金、木、水、火、土五字編成五號，各什長各認一號領之。隊或二、或三、或四成一局者，一旗標之，另立一旗總。旗總凡幾成百，另立一百總。百總凡幾成千，另立一千總。

八陣總營之中，立一大將爲三軍司令。大將下立一中軍傳宣號令。大將後排二隊爲衛兵，前排八隊爲牙兵，總名親兵，周旋大將而不動者也。四隅立四裨將，將一中軍，各有四隊。四將之外有八門，門各六隊。每一裨將統二門。此皆總居八陣總營之最中央，所謂「在師中吉」。大將者「丈人」之謂也。〔一〕四裨將與各門、各隊，悉準古師卦陣而推衍之。其隊亦正六十有四，與總圖相符合，則每隊即以總圖各隊之名名之更便。且多隊在中，有居重之勢，與黄帝相傳握奇之經甚相協也。

八陣合用將領官兵：

主將一員，大中軍一員。

〔一〕周易之師卦：「貞丈人吉，無咎。」象曰：「『在師中吉』，承天寵也。」周易傳解引何晏曰：「師者，軍旅之名，故周禮云二千五百人爲師也。」「丈人」，指軍旅總指揮。

護衛親兵五十名，旗兵二十名。
前哨裨將一員，中軍一員。
後哨裨將一員，中軍一員。
左哨裨將一員，中軍一員。
右哨裨將一員，中軍一員。
四哨每哨帶領兵八十名，旗兵四名，共兵三百二十四名。
步兵六十四隊，每隊五十名。
左小隊二十五名。
右小隊二十五名。
共三千二百名。
又每隊領隊兵五名。
小旗一名，隊長一名，隊副一名，班頭一名，班次一名。
共三百二十名。
每十六隊千總一員。
每八隊把總一員。
每二隊百總一員。
共千總四員，把總八員，百總三十二員。
馬兵二十四隊，每隊五十名。
左小隊二十五名。

右小隊二十五名。

共一千二百名。

又每隊領隊兵五名。

小旗一名，隊長一名，隊副一名，班頭一名，班次一名。

共一百二十名。

每十二隊千總一員。

每六隊把總一員。

每二隊百總一員。

共千總二員，把總四員，百總一十二員。

從總八陣圖變出天覆、地載、風揚、雲垂、龍飛、虎翼、鳥翔、蛇蟠之八陣分圖。每陣合用大旗二面，中旗十二面。共旗一百一十二面。

以上營陣大將一員，大中軍一員，裨將四員，小中軍四員，千總六員，把總十二員，百總四十四員。兵之步者，共用四千三十六名。兵之馬者，共用一千三百二十名。

大凡陣之小者，每陣約用五百五十人。陣之大者，每陣約用五千五百人。愈多愈善，變而通之，神而明之，存乎其人。此總營之制也。

總營左右相距若干里，各立一副營爲翼，即伏兵，亦名奇兵，亦名犄角。量我兵之多寡多寡之，不必陣。更量敵之多寡强弱爲之，無拘也。

其八陣總圖與分變八陣各散圖，并更番接戰、號令等制，已另刊有專書。大將、裨將、中軍、千、把總及隊、什長等，人給一册，可徧覽閱，茲不再贅。

新定師卦配合八陣全圖，開列於左。

武侯八陣總圖

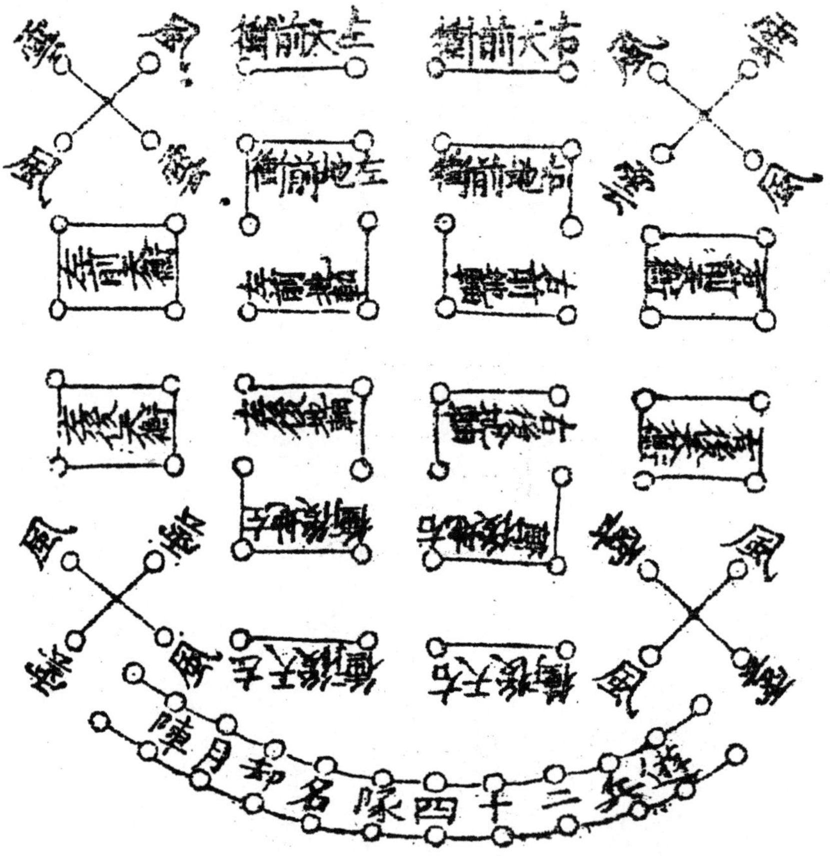

伏羲師卦陣圖

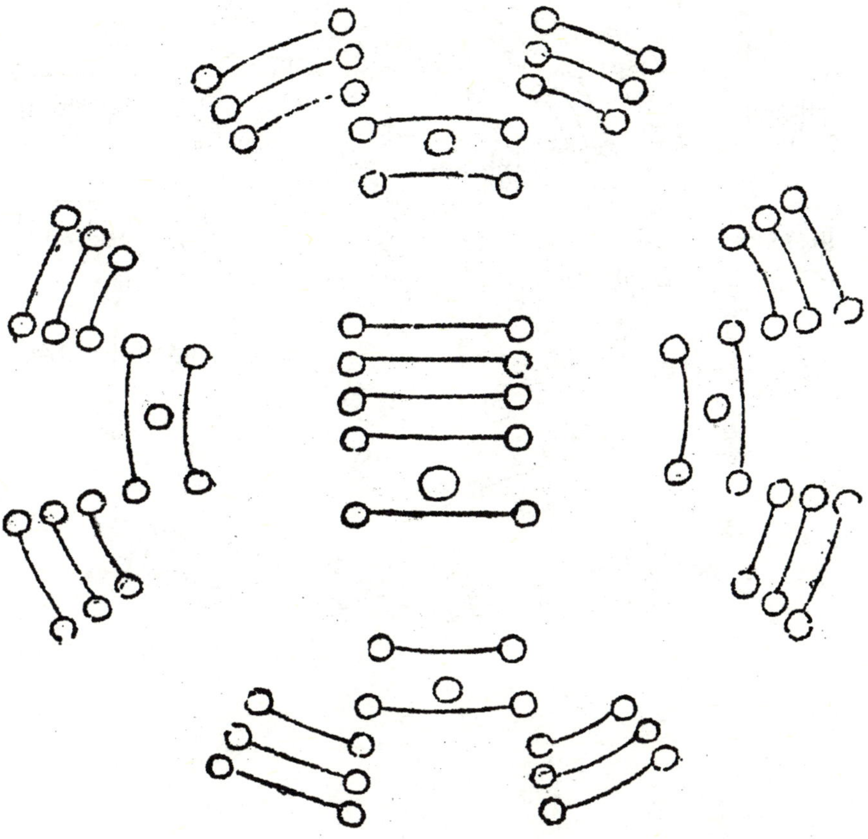

新定師卦配合八陣全圖

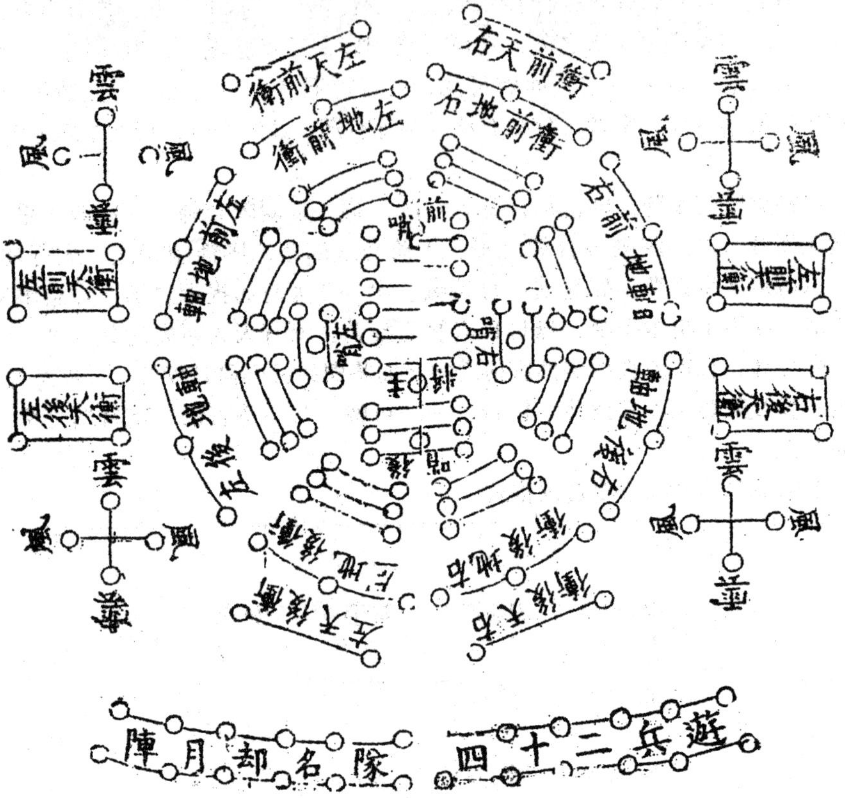
左天前衝
右天前衝
左地前衝
右地前衝
左前地軸
右前地軸
左後地軸
右後地軸
左地後衝
右地後衝
左天後衝
右天後衝
左前天衝
右前天衝
左後天衝
右後天衝
雲
風
遊兵二十四
隊名却月陣

兵率第二　款凡七

大將總管四裨將，裨將各總管内兩門、外兩陣，兩門、兩陣中千總管百總，百總管隊長，隊長管什長，什長管伍長，伍長管伍。層累而下，各有專責；層累而上，遞相稟成。練習之久，真可臂指相聯，呼吸相關。古稱將識兵，兵識將。卒有緩急，姓名可呼，面貌可認，聲音可通者，用此法耳。然練不定率，雖窮年操演奚益哉！率者，分練有期，合練有期，並練畢合，行賞罰之定則也。

一裨將既管兩陣，則當每日分練一陣，第三日兩陣合練。一將合練畢，一將接次而練。俟四將兩番合練已畢，大將乃統四將八陣而總操之，大行賞罰，一一以所定之率爲準。如是則一月始輪一次。在大將居提綱之勢，在諸將呈分管之能，在軍士更番操練，無日日奔馳之疲苦，而有人人爭先之氣性矣。況一陣一陣分練，且得免教場叢擠影射之弊，而將與兵可得盡日校閱，即熟悉姓名、面貌、聲音無難也。其技藝之精否，一一可較，又不待言已。定賞罰之率，其式如左：

上中下三等九則小票賞罰格式：

某陣　某隊　某手　姓名

上上上上　中中中中　下下下下

等上中下　等上中下　等上中下

年　月　日

照式刻此小票，預先將某陣如「天覆陣」、「地載陣」等名云云、某隊如左天前衝左隊、左天前衝右隊等名云云、某手如弓箭手、鳥銃手等名云云、某姓、某名填定，即照此式刻作書冊。每一葉排三票，張凡六票，即亦如票預先填定書冊，以各陣合練軍士姓名填足爲度。票則人各一張，俟練時按冊對名，點其等則。如弓箭手射中九矢者點上上格、八矢者點上中格之類。點冊時，即點其票。通俟練完，照冊唱名給票，以行賞罰。賞罰畢，仍照冊票等則，大書一榜，揭之營中，以示激勸。如一軍能獲上上格三票者，除當日照格給賞外，仍另立一榜爲超等，列其姓名，拔爲一軍，加厚犒焉。超等之軍，再獲上上格三票者，除當日照格給賞如常，仍特拔爲教師，優以冠帶，俟千把總等有缺，則以次陞補之。如裨將及中軍、千把總等官能獲上上格三票者，亦除當日照官賞格給賞外，大將仍具職名手本，俾督兵者另加優異，依次擢用。其以九則比試者，弓箭、狼機、鳥銃、快鎗俱九發爲則，三火器每發只入一子，以雙子入者，查出重懲。臨比時，照子數付之，其袋驗收訖可也。九中者點上上格，餘照次數點之。

此外又有連坐之法。每一將部下，俱賞無罰者爲超等。

賞數十分之九者爲上上等。

賞數十分之八者爲上中等。

賞數十分之七者爲上下等。

賞數十分之六者爲中上等。

賞數十分之五者爲中中等。

賞數十分之四者爲中下等。

賞數十分之三者爲下上等。

賞數十分之二者爲下中等。

賞數十分之一者爲下下等。

超等將官亟加優獎，特賞破格以勵其餘。仍具職名，上請陞擢。其中軍、千把總等各加優獎厚賞，仍行分別紀録。上上、上中、上下三則，將官、中軍、千把總等官俱加厚賞。

中上、中中，將官量賞。

中下、下上，免究。

下中、下下，將官量罰。中軍捆打一十，千總捆打二十，把總捆打三十，百總捆打四十。此連坐之賞罰，另在各官自身比試賞罰之外者也。

此外各將自立私會，與千把總等及各該管隊伍分頭習學者，不在此限。

校射例。昔种世衡〔一〕至清澗，倉卒無兵，乃教吏習射。雖僧道、婦人亦教之習。以銀爲射的，中者與之。既而中者益多，其銀重輕如故，而的漸厚且小矣。或爭徭役，亦使之射，射中者得優處。有過失亦使之射，射中則釋之。由是，人人皆能射。余特拈此一段，令諸將師其遺意焉。

兵誓第三　款凡二

凡我文武將吏，無問大小尊卑，那一個不是朝廷臣子，那一個不受朝廷厚恩？既是爲人臣子，就當盡忠報國才是臣子的道理，何況受恩深厚？試想我輩未做官以前，已蒙朝廷無限作養。如今做官以後，頭上戴的，身上穿的，口中喫的，手下使喚的，眼前一切受用的，那一件不是朝廷所賜？上而祖宗父母，下而兄弟妻兒，近而鄰里鄉黨，遠而親戚朋友，莫不沾被榮光，是何等恩寵！及至少少有些勤勞，小則獎賞一時，大則推恩三代，高爵厚禄，不次的陞遷擢用。想將起來，朝廷何曾有甚虧負着臣子？只有臣子虧負朝廷耳。

如今邊疆多事，朝廷焦勞，正是文武將吏盡忠報國，替朝廷分憂的時節。大家自今以後，必須從換一般面目，另安一副肚腸，將那舊套積習，盡行洗改。昔人云：「文官不愛錢，武官不怕死，天下太平矣。」夫天下太平，全憑文官、武官。文官、武官要着天下太平，只在「不愛錢、不怕死」六個字。這六個字，若是蓋世的聰明，絕世的力量，超世的神通，我們還可

〔一〕宋仁宗康定元年（一〇四〇）七月，范仲淹和韓琦并爲陝西經略副使（駐延州）。种世衡（九八五—一〇四五）係范仲淹手下大將。

自諉不能做。又或這六個字責任不在我，事權不由我，使令不從我，我們還可自謝不得做。這愛錢、怕死，只是自己一點念頭；不愛錢、不怕死，也只是自己一點念頭，撥轉過便是。何故不肯將這一點念頭拿定，大家做些真正事業，報效朝廷？且說提起一愛錢的名色，人也自己羞當，可見錢何必愛！況天下若不太平，將何處安頓吾家，何處置立此身，就有錢何處用？不看遼陽破後，城中多少巨家，一些財帛帶不去，空喪了性命，畢竟愛錢何益？這個病痛人人盡知，不消細說。且只細說「不怕死」三個字。蓋這「不怕死」三個字有兩端説話。一端是奮勇嚮前，刀鎗矢石不顧，只要殺那敵人，就死也是不怕，這叫做真正不怕死。俗語云：「怕死不忠臣，忠臣不怕死。」且道人生在世，果然有萬年不死的，纔該怕死。總未到百年，終是要死。死時苦楚疼痛，日夜呻吟，骨瘦如柴，有受罪一年、二年纔得絶氣者。一般是死，成甚利名！大丈夫與朝廷出力報效，掙得子孫爲官受禄，落得此身功成名就，就捨了這個身子，萬古留名，死也死的氣勢，卻不是死也與人一般死，多落了一個好聲名，多賺了輩輩受官禄。仔細思量，那個便宜？看那貪生怕死之徒，平日虛騙朝廷多少錢糧，空嚼百姓多少骨血？臨難脱逃，全莫一些爲國盡忠心腸。就是王法躲過，天也不饒，後來不知作何填還百姓裏。故死何必怕！況大家都奮勇爭先，都真真實實不怕死，又必不至死乎！一端不怕死是自己武藝習的高，手段比他強，防備的又牢固，莫破綻，莫有取死的敗路，所以自然不怕。武藝手段是弓箭鎗砲等項，平日須要操練精熟，常言「藝高人膽大」是也。這是不怕死的根子。

如今又教布陣安營，習學古人成規，正是要大家習熟這個離城出戰方法，正是不怕死的大本領。且道爲甚麼要布陣安營？若是只在城中坐守，何須用營用陣？只爲出城迎戰，曠野去處，不安營布陣，遇敵一衝，便自立腳不住。故自古善用兵者，莫不先立營盤，然後布成陣勢，與敵人交鋒接戰。如今教場非不日日安營布陣，只是多屬虛套，臨陣卻實用不着。茲將孔明八陣排演成營，就裏變化多端，微妙莫測，不能盡説。總説第一妙在老家……〔二〕

〔二〕此處兩款之間缺一頁。

……月糧不足費用，這也都是苦情。只是也要手搭心前，自己回想回想：朝廷一年費着百姓無限錢糧，養你千軍萬馬。官府終日逼打百姓，終年湊辦。那種地的卻到常日忍飢，荒年甚至餓死。軍士們手不把犁鋤，身不親收打，雖無豐衣足食，也不忍飢受餓；雖不榮華富貴，儘是自在安閑。年來被□□殺擄我人民，搶占我城郭，朝廷又費多少錢糧招軍買馬，且還費多少錢糧撫賞西虜，着替我們助力？我們軍馬卻似一毫也靠不得。仔細思量，心上安不安，肚裏惱不惱？

想那□□，身材長短與我們一般，耳目口鼻與我們一般，配對跌打，氣力與我一般，比偶射箭，巧拙與我一般。何□□反常勝，我反常敗？只爭一個心膽不同。他心齊我心不齊，他膽壯我膽不壯，他捨生我不捨生耳。夫存捨生之心，乃所以得生；懷怕死之念，乃所以送死。此必然之理也。人跑則狗趁，人住則狗住，人趁則狗亦跑矣。昔日倭奴來犯浙、直，浙、直人未嘗見倭，見者膽戰。有見一倭提刀，數百人個個跪下，任其砍頭，再不敢動，個個皆死。又一倭子遇一風〔一〕漢提刀，倭子向前撲殺，被那風漢將倭子一刀砍死。又一倭子強奪一個婦人，被那婦人以挽菜刀砍死。豈是風漢、婦人力量反大，武藝反精哉？只是不怕死耳！次年倭子再來，人人與他敵鬬，殺倭太半。又明年人皆□□，只恐倭子不來，倭子竟不敢來。而今□□所欺者，中國無膽。我若放開膽□□□也是怕死的。所以遇□□是放□□□□□□膽，便是心齊。大家心齊，□□□□□□□與我是何等深讐，敵□□□□□□妻女就姦，老幼便殺□□□□□□□誰没氣性，你就叫他爺□□□□□也饒不了你。不如捨生上前，他砍我一刀，我也砍他一刀，他就殺了我，我也教他帶些傷。小雀、老鼠拿的急了也咬人一口，如何膽破骨觫，就象綿羊一般，個個無一些殺氣，只是提起就怕他，就説決然敵他不過，滅自己志氣，長賊人威風，大家成甚麼好漢？□□也不曾喫着月糧，也不曾領着官馬，也不曾着將官操演，也不曾有官盔甲弓箭。他也不讀兵書戰冊，他也不講遁甲奇門，只是一齊捨命向前，村殺死砍，看我們軍士如木雕泥塑，一些怕懼也無。他原十分勇猛，百倍兇

〔一〕「風」，通「瘋」。

潑，與他一遞一刀，未必百戰百勝。

如今有個拙法兒，只將我們武藝操練的精，營陣排演的熟，從〔一〕他衝突，不能得進。我們便立站得穩，便已另是一番氣象。況大家奮勇向前，更番接戰，出奇無窮。託天之靈，仗朝廷福力，就是恢復疆土，蕩□□□□有何難！那時節，衆軍士們大家建功立業，掙官爵，掙富貴，有多少好名聲，有多少好光彩，豈不美哉？從今以往，抖擻精神，懽忻鼓舞，聽吾號令，分班操演，齊心合氣，努力向前，習成一身真本事，練就萬全真方略，奮志殺賊，替朝廷爭這一口氣，替百姓報這一點恩，纔是個好男子，纔叫做忠義軍士。大小三軍，細聽吾言，轉相告戒。毋忽！

鄉兵約一〔二〕

凡我同鄉地方居民人等，聽我誓約。目下歲饑盜起，人心易至忙亂，卻不商量一個擒拿盜賊保護身家性命的好方法，只要聽信小人故意搖惑喧傳的虛聲，先自家慌怯做一團，把些婦女、衣物、糧食、頭畜，亂行遷移逃躲。無論遷躲之時先被貧民生心，乘機搶奪，中了此間奸人之計。只說爲甚麼便自輕易離了墳墓鄉井，抛了自己房廊屋舍，僦借別人住址，都去城中逃避，城中那有許多寬房大廈？況一時上千上萬鄉民，一旦湊集一城之內，米糧燒煙諸物自然踴貴。城中豈盡富家，能免貧民暗竊？是乃以亂易亂，豈是個保守身家性命的長策？

今有一個好方法，只是四個字，叫做「大家齊心」。果肯大家齊心，從他怎樣的強徒，定然都捉了他。大家試想一想，

〔一〕「從」，通「縱」。

〔二〕據明崇禎初年刻本忠統日録（上、中、下三冊）之上冊迻録。按：原刻本之本篇與下篇皆名鄉兵約，此次編入本文集則分別標以鄉兵約一和鄉兵約二，以示區別。

昨日賊從上邊下來，一路上搶人婦女，搶人財物。大鎮大村都讓路而行，讓屋而居，讓酒飯而飲啖，幾曾饒過誰來？一到我們魯橋鎮上，大家齊心，都去攻擊阻擋，也就砍死他的賊頭兩三個，還拿了他幾個夥賊，打奪了他幾匹馬。不要説衆多好漢一齊擁圍，將賊趕到原上，困在舊堡之内，猶如釜中之魚。只説楊悦軒父子三人，奮勇不懼，與賊對射。又有張茂官，持一鍋蓋板遮箭，奮勇執刀砍賊，雖中箭不退，仍前砍殺，致賊畏勇奔逃。雖是後來到晚，大家一時少懈，着賊潰圍逃了。他們賊衆已都膽破骨穌，這豈不是大家齊心的效驗！聞説那一時還是倉卒之際，四村八社，鎗刀、弓箭、砲石，尚未整齊，平昔尚未約誓也，就有此堵截戰勝效驗。況我們鄉村，如今大家又立誓約，同心擒賊。正該乘此氣勢，日日整頓器械，操演弓箭鎗刀，裝試神鎗火砲等件，纔是備禦事體。

小人虚張賊人聲勢，動輒以少報多。不知流賊縱多，不過三五百人。我們此鄉村落稠密，三五里内，千家萬家。略齊一齊，精壯男子便有上千上萬的人，顛倒怕他三五百人乎！況且都是加一添二虚傳。前日陣上不過六七十人，就虚傳三百二百。全是長賊人志氣，滅自己威風。通是此間奸人，故意搖惑人心的計策。他那奸人捏造訛言，正要我們亂動，他好乘機搶掠。略有些識見的，怎肯墮他術中？俗語云「狗咬腳」。我們若是定定不動，大家齊心守護，大家齊心救援，大家齊心擒捉，看他如何搶掠？況我們小男婦女投奔外鄉，也不是容易走的。何不先着三兩個壯男子前去探聽的實，再作行止？如何只聽無影虚聲，過爲張皇〔二〕？俗語云：「強龍怎敵地頭蛇。」我們土著居民，父母妻子團圞，財帛性命相聯，自家道路自然熟便。他們就是強壯，道路必然生疏，終是怕我們四面圍捉。倘我大家齊心，家家相扶持，村村相聯絡，一遇賊來，便都出門，大家齊心向前擒捕，難説賊頭都是好漢。就是好漢，十個敵他一個不難。況我們上千上萬的人，豈不能拿他？

人又虚傳賊徒都是騎馬軍兵，難以抵擋。不知他們原是強盜，假稱無餉家丁，令人怕他好漢。其實馬是沿路上搶的，

〔二〕「皇」，通「惶」。

人是沿路上隨的，真正賊徒總多不過三五十人而已。古語道得好：「射人先射馬，擒賊先擒王。」賊徒全仗馬力馳騁。如今有個拙法，大家除鎗刀、弓箭、砲石、射打外，只用百十個村漢，手拿百十條棗棍，只打賊徒的馬腿。馬若倒了，賊徒必然個個成擒。如或賊到街衢，兩旁只暗用絆馬索，他們的馬如何敢走？

若是敢搶入人家居住，如上邊前日某村某村，擄掠財物，污辱婦女光景，就該捨上幾間房子，只消一把火，燒他們個罄淨。若是他在村鎮外屯住安插，我們晚間暗暗的堆柴積草，周圍放火燒他，不怕他不勦滅。

何故只聽虛傳聲信，便都逃躲，讓路、讓屋、讓酒飯與他？況今處處荒歉，處處嚷鬧有賊，何處是個安樂地方？何故妄信傳言，虛生恐怖，致令骨肉拆散，親戚飄零，背鄉離井，倒做個逃亡亂民？到後來家業被奸人搶占，妻子遭道路羞辱，捐的有家難奔，那時埋怨何及！悔恨何及！況平白地不要一分錢，忍將自己祖居家產房舍，盡行讓與賊徒？真所謂「捨卻自家無盡藏，沿門持鉢效貧兒。」但有知識，寧不羞死、氣死、笑死！婦女無知也還不足計較，我們鬚眉男子，寧無一段血性！乃亦往往輕聽，個個亂了手腳，一聞虛傳訛言，輒就毫無主張。流言止於智者，何自甘爲愚人？

且說賊徒也只是個人，豈有三頭六臂，豈是千手千腳？身材長短，也只與我們一般；耳目口鼻，也只與我們一般；就使配對跌打，氣力也只好與我們一般；比耦射箭，巧拙也只好與我們一般。胡爲怕他，忙亂至此？大家試看別鄉逃躲、讓路、讓屋、供奉酒飯的，有甚麼好處？婦女被賊污辱，家貲被賊搜檢。就中自守自固的，反都保全無恙。搬躲無人者，盡行席卷而去。此豈不是勇敢當先者，自可護守身家性命；而慌怯逃躲者，反行遭辱喪家之一明驗哉！從來子弟衛父兄，手足捍頭目，藩籬固墻垣。我們四鄉村落居民，正是藩籬，可以護守墻垣；正是手足，可以護守頭目；正是子弟，可以護守父兄。

如今院、道、兩縣父母，爲我地方費盡心力，募兵請兵，護守城池；也仍編行告示，催督我們團練鄉兵。且每懸重賞，說不論官兵、鄉兵，但能當陣擒斬一強賊者，給銀二十兩，其銀即在搜獲賊贓之内給發。就是不得已而隨賊者，擒斬賊首來投，亦要一體給賞，斷不食言。夫護守城池，有形之險也；大家齊心，無形之險也。無形之險，固於金湯。兵法全論犄角之勢。鄉村者，城池之犄角也。犄角星羅棋布，城池方克保障無虞。若村落先都慌怯逃躲，空虛無人，是犄角既撤，賊徒益無牽顧之慮。即盡搬入城，野無所掠，能保賊不垂涎乎？須是堅心固守村落，以壯城池，纔是今日第一要務。況前日我們河東、河西鄉村居民，大家奮勇殺賊之事，兩縣父母都已知聞，兩縣鄉紳富家都無不稱美。今已議定：再有臨陣斬獲賊首，除官賞外，大家仍湊銀旌勞，還要録其姓名，異日事平，各給旗匾，垂示永久。

如今旁近州縣也都聞風讚歎誇獎，説我們魯鎮河東、河西都是好漢英勇，不止護守一方，還可保障兩縣。倘大家立定脚根，益發鼓勇爭先，令賊人喪膽奔逃，又不獨兩縣藉賴已也。在昔許褚一勇夫耳，尚能保安一鄉。我們大家千萬人中，豈無百十個義勇好男子？果肯大家齊心奮勇，保固一方，護安兩縣，寧止如今兩縣馳名，久之且可附奏上而九重知名。甚之刻傳書冊，還可千古留名。大家要想這様好光景。今誓約陳説款項，大家照款同心協力，鼓起鋭氣，實實的整頓、備辦、操練一番。一遇賊來，大家都要仍前齊心，奮勇擒賊，以爲諸鄉之勸。其中機宜，愚見不能周到，尚俟高明君子，大家商確，共成妙算。至一切功令賞罰勸懲鼓舞微權，則兩縣父母自有不測之妙用也。幸先以此約轉相傳告。毋忽！

崇禎二年正月二十五日約。

鄉兵約二一　款凡四〔一〕

一、約束〔二〕

鄉兵者，鄉自爲兵，〔三〕共守一鄉，不隸於官者也。蓋兵〔四〕於官，則必守城禦賊，須得官糧，須得官府調遣，須得主將統率，方可策應殺賊。乃四鄉離城窵遠，偶遇賊來，鄉村先被搶掠。就使官兵出城迎戰，未免逗留時日。況官兵那有許多，只好防守城池，安能一時四鄉策應？目今饑饉之際，盜賊蠭〔五〕起。我們鄉村，不自家齊心保守，指望官兵勦賊，恐官兵未到，而身家性命已難保矣。

爲今之計，我們鄉村，約在五七里之內，可以聯絡爲乙〔六〕社者，大家立誓同心，自相約束，〔七〕每村各〔八〕擇立一總。一總下各挑簡〔九〕精壯好漢，或用弓箭，或用火砲，或用鎗刀，或用悶棍，或用礮石、絆索，其人務要有膽氣，有力量，或有謀略，靈

〔一〕以鄉兵約單刻本校，該單刻本早於忠統録本，現殘存款一（六葉）。
〔二〕「约束」，單刻本作「團練」。
〔三〕單刻本有「自相團練」四字。
〔四〕係「係」，單刻本作「隸」。
〔五〕「蠭」，同「蜂」。
〔六〕「乙」，單刻本作「一」。
〔七〕單刻本無「自相约束」四字。
〔八〕單刻本「各」字後有「自」字。
〔九〕「簡」，單刻本「各」字後作「揀」。

巧捷足，能隨機應變者。酌量村之大小，大村四五十人，中村或三二十人，小村或十數人，議定各立花名文冊。村村相合，多則七百八百，少則四百五百。如兵止五百，則火砲手一百，弓箭手一百，長鎗手一百，其礮石、悶棍、絆索、雜兵共二百。如多至七八百，則弓箭、火砲、長鎗三樣倍之可也。

各村各家，各照地畝糧石，量派銀兩，公貯聽用。時常合操，照訓練中較勝規則舉行。〔一〕但〔二〕遇敵來，臨陣之時，每名給銀五〔三〕分。如有力之家，仗義疏財，願多出者聽。其貧難者免派，止令本人遇有賊時，跟隨衆人一同出陣可也〔四〕。臨陣之時〔五〕，大家齊心，能鼓勇爭先，殺奪賊人首級、財物者，除官賞外，大家仍行湊禮稱賀，即記姓名功績於冊，異日稟官旌賞。如有臨陣立腳不定，先自退逃〔六〕者，除記姓名退逃於冊，仍追退其銀入官〔七〕公用。衆人稱賀有功之人時，還着他跪送酒食，以示其辱。

其兵至五百，須立一勇敢當先、信義孚衆者爲大總保，仍擇四人爲副總保。每一副總保管鄉兵若干，俱聽約束、指揮。其四副總保，則各聽大總保約束、指揮、號令。共設大黄旗五面：一大書「大家齊心」四字，小書「統兵大總保」；一大書「畏天愛人」四字，小書「左副總保」；一大書「安民護國」四字，小書「右副總保」；一大書「誅斬賊盜」四字，小書「前副總保」；一大書「捕獲叛亡」四字，小書「後副總保」。

〔一〕單刻本無「時常合操照訓練中較勝規則舉行」十四字。
〔二〕「但」，單刻本作「每」。
〔三〕「五」，單刻本作「伍」。
〔四〕「也」，單刻本作「耳」。
〔五〕單刻本無「之時」二字。
〔六〕「退逃」，單刻本作「逃退」。
〔七〕單刻本無「入官」二字。

每兵百名内，擇驍勇有膽者四人爲保隊長，人各統廿〔一〕五人。一保隊長所領廿〔二〕五人，能奮勇當先，擒殺賊人，除本兵受賞外，本管保隊長統領有功，記〔三〕名於冊，另行優賞。若臨陣退縮者，除本兵指名受罰外，本管保隊長統領無能，亦記名於冊，另行罰辱。此皆正兵也。

五百正兵之外，更精擇五十人勇悍有膽力、有信行者，以爲奇兵。或先期四出，遠探賊人的信；或分途鼓壯，以爲正兵應援；或預伏要路，以挫敵人鋭氣；或暗藏賊人歸路險要之處，俟其過半，擊其惰歸；或正當敵人對陣之時，從旁偶出，奮擊衝殺。此古所謂遊兵者。其臨陣之日，每名給銀一錢。有功者除官賞外，大家仍另加優賞。無功者除記冊示辱，仍追還其銀一半。若兵至七八百者，遊兵可用百人。餘可類推。

其賞罰定規，另列於後。五旗之外，若有力量，再製天覆、地載、風揚、云垂、龍飛、虎翼、鳥翔、蛇蟠八杆號旗，及五方、五帝、飛虎等旗，以壯威勢。用鼓八面，聞鼓則進；用鑼八面，聞鑼則止。一切號令，由大總保與副總保相機施行，不可違誤。

二、訓練

訓者，訓之以孝弟忠信，鼓動親上死長的肝腸。練者，練之以武藝行陣，習熟護身殺賊的妙法。訓詞、練格，各有專書。一名兵約，乃余所夙著；一名八陣合變圖解，乃余舅師湛川先生所刊行者。每總保人給兩冊，時常爲衆鄉兵講説操演，自

〔一〕「廿」，單刻本作「二十」。
〔二〕「廿」，單刻本作「二十」。
〔三〕「記」，單刻本作「紀」。

有妙用，茲不詳贅。

惟是鄉間粗野荷鋤村夫，久不知兵。一旦使之習學弓弩、鎗棒、火器、陣法，未免驚詫推諉。又況無官長催督，無人行賞行罰，誰肯帖然遵約，服習不怠？今又不免提醒一番，令各人自家立個比試較勝的規則耳。蓋人雖村野，那一個莫有好勝爭強的念頭？試看兩人並立，一人從傍誇獎某人是個好漢，好漢便自勃勃色起。又或笑話某人是個懦漢，懦漢亦自不覺勝氣陡起。甚或挑激不已，三言兩語，輒相狠鬭不休，至於廝打告狀，連身命不顧者有之矣。夫一言之辱，便自賭起氣來。明知爲無益之鬭，而鬭不肯休。如今被那賊徒搶掠去人畜，搜劫去家貲，甚且淫擄去婦女，其視一言之辱何如？何故反行讓他，通不與他賭鬭，就都潛躲逃竄？只因平日不曾習得護身殺賊真武藝、真本事，一見賊衆，先自膽怯故也。常言道：「藝高人膽大。」則真武藝、真本事，是你們安身保命的實受用，何待上人督催，然後習學哉！

今既籍爲鄉兵，聽受總保號令，必須各村各甲，各齊本村有名鄉兵，自行立會。弓弩、鎗棒、火器、陣法，件件自相比試。或攢銀錢，或攢酒肉，如你們賭博取勝的訣法一般，一一賭賽高低生熟。人人爭勝，自然本事漸漸高強。然後這村與那村比試，此鎮與彼鎮比試，彼此互相賭賽高低生熟。如此而村村爭勝，又如此而鎮鎮爭勝，自然處處都有好漢出來。既然都習學下真武藝、真本事，自然氣壯膽粗，又何怕那賊徒！若肯時時演習，則熟能生巧，每人各出己見，互相印證，愈演愈精。平日練得本事精強，心雄膽大。臨陣之際，自是不肯退縮，自是勇往直前，自是砍殺擒捉得勝。那時官府又有奬賞，大家都稱好漢。比那無益賭鬭，豈不快活便益百倍！又況大家都喜喜歡歡，心心念念，全以護身殺賊爲務，當做一個家常吃飯的本等職業，又何待於督催賞罰！

或問攢銀錢，攢酒肉，那得有此許多費用？試問你們平昔賭博，無益犯法之事，如何便都不惜費用？此乃保安身家性命，極有益極守法之事，反惜費乎？曾見往年賽神時，兩社爭強，無論富者，即窮家小户，無不竭力出錢，只要鬭勝。此徒求福佑於冥冥之中，不可必得之數也，人倒樂意施財若彼。今於真正本事，立刻見效，大獲保全之福利事，反悋惜而不爲乎？況今另有勸富一款，各鎮各保中有力之家，隨意樂施，以爲比試之勸，諒亦無難。想聰明人當自有巧妙方法，互相鼓舞，應無俟余言之諄諄也。

三、勸富

凡我世人，皆天所生，則皆天之所愛。譬如父母生下多子，雖聰明蠢愚、富貴貧賤，後來享用百般不同。然那一個不是父母的骨肉，那一個不是父母的兒女？有如一子獨享富貴，一子偏受貧賤。貧賤者甚至凍餓流離，瀕於死亡；而富貴之子獨安享其富厚，曾不爲之憐卹，不一施救引手焉。父母之心，寧不惱怒，寧能恝然？說者謂：天命一定，富者應富，貧者應貧，豈能盡散富以濟貧哉。且天既均愛其子，何不一樣授之富貴，而復令有貧賤爲？曰：是大不然。世富不盡自然富也。非他人貧己不得富，非多人貧己不得獨富。父母製一被，覆蓋羣兒。中夜一強有力者，盡挈而私諸其身，餘兒之凍，寧盡父母不均之咎哉！今姑不論其獨擁富厚之故，謂何只是自己安享富厚，而一家之外，頓成秦越？試想凍餓流亡之情狀，諒亦仁人君子所必動心而不忍見者也。況獨擁富厚，而不有諸貧賤凍餒之人爲之護衛捍禦，則賊徒必然生心搶掠，勢且不能安享。又況富厚而不肯施救引手，無論賊徒搶掠，安知飢寒困苦所迫，諸貧賤凍餒之人不環伺而生心乎？即富厚亦安得獨長保耶！

夫天之富人，原非使之獨有餘而已也，正欲以其有餘，濟其不足。古之善處富者嘗云：「富無足樂，富足周人之急爲可樂耳。」此固處富之善經也。即就保富厚之長策論，不散財安能聚財？且不有役使諸人感戴護衛，亦何能表其爲富厚之人乎哉！況急難之時，方顯財之利益。正以貧難之人，用身求財，而富厚之家，用財足護身耳。故富恒與德相提而論。德蓋一世者善一世，德蓋一國者善一國，德蓋一鄉者善一鄉。而能周一鄉之急者，始可謂富甲一鄉；能周一國之急者，始可謂富甲一國；能周一世之急者，始可謂富甲一世。昔懷清婦人與桑弘羊輩不具論，只我明萬曆年時，富平少川李君以布衣而施銀二萬賑饑，朝廷遂以卿銜酬之，迄今子姓世享其名，即謂此二萬之銀至今在可也。今即不敢望施銀二萬之多，有肯慨然捐數千，或數百，或數十，自足救無窮人之饑。蓋能周一鄉者賑一鄉，其功德當自無量也。不然而能周一村者賑一村，能周一族者賑一族，再不然而能周數家，或數十人，或數人者，亦各量力而賑。則貧家感德，人人皆我手足，皆我子弟，其不悉力悍〔二〕衛頭目、父兄者未之有也，又何患乎流賊！

倘大家量力，再肯捐貲或百或千，公貯一處，以爲斬擒賊首之賞。即明懸賞格：某項賞銀若干，某項賞銀若干。遇有擒斬合格者，即照格給賞。將人人爭奮，摩厲以待，先聲且足以寒賊之膽矣，又何患乎流賊之猖獗！語云：「厚賞之下，必有勇夫。」況先聲既壯，將此厚賞抑且虛懸而不用未可知。想仗義疏財高明之大丈夫，必有味乎吾言，樂倡率而無疑也。脫慳嗇不吐，甘爲守財之虜乎，無論事到頭來，其財畢竟難守。即僥倖能守矣，然守而不用，與無財同。每見積財不用者，往往爲子孫妄用，反以賈禍，則空積無用之財奚益耶！況樂施者自有好報，下而鄉里稱頌感揚，紳表彰傳述；上而官府旌奬優禮；又上而朝廷賞賚官爵，甚之簡在帝心；即冥冥之中，尚有無窮福廕遺之子孫矣。此其能用財與不能用財之故，較然自明。吾願富厚長者，熟思而審處之也。

四、諭貧

奉勸饑民大家仔細思量：天降災荒，不止我們一處，到處都是這樣。皆因平日心腸不好，積有罪過，故天心示罰，降此災荒，令其省罪改過。乃你們不自悔過，更起不良心腸，跟上賊徒，搶掠殺人，豈不益重罪惡，自速其死？試看安貧忍飢的，或替人傭工度日，或向本村富家借貸升斗，暫延性命。不兩三月，天着豐收，依然做個太平良民。那跟隨賊徒的，一時雖然吃些穿些，然都爲賊使喚。就是分些財物，不過剩下的潑東亂西，纔輪到你們。又要替他當先，官兵砍殺的先是你

〔二〕「悍」，通「捍」。

們；一時敗陣，賊徒又着你們殿後，殺捉的也是你們。總然趁烘兩日，畢竟就是賊了。就是得些贓物，賊去後主人認得，還要當賊拿你。你們何不改邪歸正！或是不得已被賊迫脅跟隨，何不乘他們賊徒睡熟酒酣之後，三三兩兩，或趕他的馬騾，或暗殺他首級，潛行投首官府。官府還有重賞，你又得做良民，豈不氣氣勢勢的受用？如何從賊，反替賊做奴才！仔細思量，那樣便宜？各討方便，普行勸改；共順天理，以免王法。再不要胡思亂想跟那叛賊可也！

卷六　奏議　揭帖

爲恭承特命監理海疆懇辭分外殊恩冀免虛冒願佐軍前成議期襄實功事奏本〔一〕

原任直隸揚州府推官臣王徵謹奏：爲恭承特命監理海疆，懇辭分外殊恩冀免虛冒，願佐軍前成議期襄實功事。

臣陝西涇陽縣人，繇壬戌科進士初授直隸廣平府推官，丁繼母憂，起補直隸揚州府推官，已經考滿，又丁父憂回籍。今年二月初九日服滿，正在給文赴部，偶接登萊巡撫孫〔二〕移劄，爲請設海外監軍以資分理事，內云已經部覆，聖旨特允所請，擢臣山東僉事，監軍海外。欽此欽遵。備劄到臣。

伏念臣歷俸已踰三年，少遲數月，循序亦可叨在內一官以自效。偶爾超遷，不勝駭悚。一則以監軍重任，西臺北門之彥不知凡幾，而思及於田間待補之小臣，真從來未有之異數也。一則以防海新銜，乘風破浪之材不知凡幾，而思及於簿書鞅掌之下吏，尤一時破格之奇榮也。反覆思維，誠夢想之所不及。臣才智本無寸長，獨懷一片樸忠，嘗以「畏天愛人」自誓，每恨東虜猖狂，不覺言詞激烈。曾有兵約、客問等書，條畫東事，見者誤相許可。尚憶壬戌之春，東事倥偬日甚。臣曾具疏〔三〕以挽回天意、收拾人心、添設城守三事上請而未果上。彼時有見臣稿者，轉相告語，遂以臣爲知兵，不知臣實書生，

〔一〕據明刻本特命録（辯揭附）一卷迻録。收入本卷之各篇奏議、揭帖皆據此刻本，非王徵所撰者一律作爲本卷附録。
〔二〕「孫」，指孫元化。原刻本「孫」字之後有兩字空白。
〔三〕此「疏」指爲奴氛日熾人心動搖敬陳祈天固本簡要三事以佐末議事揭帖，已收入本卷。

何嘗諳曉兵事？不過憂時念切，報國思殷，義激於中，慨發芻議云耳。今撫臣既謬爲推擇，部臣業如議題覆，皇上又即特允所請，以推官而拔爲僉事。如此殊恩，臣實感激零涕，忍復畏險憚勞！況南北東西，惟上所命；籌邊報國，係臣素心。即令臣以本等之官，躬拮据於海外，亦臣職當然。如謂監軍海外，險地也；海外監軍，專任也。以之上贊軍機，下鈐將吏，令出須尊，法行須畏，只在重其事權，不問官之崇卑。但許機務入告，葑菲荷采，推官猶僉事也。雖履危蹈險，覆餗是虞，然實不敢愛惜頂踵而辭其任。惟是未任事而先躐遷，似非用人賞功之常典。臣願朝廷之上，愛惜名爵而慎其官也。況近聞島逆劉興治已就殲滅，海外之局尚俟聖裁，臣又何敢輒自虛冒？有此下衷，不得不控辭於君父之前。外臣例不敢具疏。第臣昨讀邸報，仰見我皇上召各省監司於殿陛，一一清問小民疾苦。夫且不忍置小民疾苦於度外，則海外監軍關係或亦匪細。臣既荷此非常之特遇矣，不辭軍前之任，止辭分外之官。即以實情入告，諒我皇上如天之仁，或亦矜憐垂察。伏乞皇上敕下吏部，准臣即以推官監軍海外，但許機務入告，免加僉事秩銜。庶臣得以安分供職，獲免異時躐等之訕議矣。臣無任激切待命之至。爲此具本親賫，謹具奏聞。

崇禎四年五月二十三日，奉聖旨：「王徵既有旨陞用，何得復辭職銜！着作速到任管事。該部知道。」

爲仰謝天恩恭請明命事奏本

新陞遼海監軍道山東按察司僉事王徵謹奏：爲仰謝天恩恭請明命事。

臣於十九日具本，爲恭承特命懇辭分外殊恩等事，於二十三日奉聖旨：「王徵既有旨陞用，何得復辭職銜！着作速到任管事。該部知道。」欽此欽遵。臣迂疏小臣，何幸躬被殊恩，敢不矢捐頂踵，以圖報效！隨即赴闕謝恩訖，今遵旨刻期赴任行矣。但念臣係新設之官，職專監軍，任屬海外。視循序陞遷，帶銜腹裏，原有敕印，轉相交代者不同。今臣未奉敕印，恐難監理海疆，敢再冒昧恭請皇上明命，或允賜臣敕印，或復別有聖裁。

至臣夙懷樸忠，每思有所論列以自效。而今行役海外，不敢妄談天下事矣。海外事，臣職任中所有事也。但近日海外情形不一，臣亦何敢遙度？若東事，則與海外相因者也。臣殊有慨於中久矣，敢因海外而略陳之。

蓋東事初壞，紛紛徵調召募。既以一隅動天下之兵，因以一隅耗天下之財。十數年來，不知費多少金錢，損多少生命？總爲遼人一塊土。故議者僉曰：「遼事平，天下寧。」又曰：「遼餉不增，遼須罷兵。」夫兵，何可易言罷也？臣則謂：兵貴精不貴多，貴土著不貴客兵。管仲云：「有節制之兵三萬，足以横行中原。」何況一隅！計莫如收集見在遼人，令善將兵者激發其忠義，提醒其怒讐，精擇其勇壯者而訓練之。因而賞罰明信，恩威兼施，即以遼人補遼兵，便可省徵調召募之費。因而扼要設奇，乘險樹壘，即以遼兵守遼地，尤可堅故鄉故土之思。因而山寨住牧，膏腴耕屯，即以遼地儲遼糧，漸可減遼餉新增之半。一則可以攘外，一則可以安内。此或今日東事之要着乎？然即海外要着，諒亦不外乎此。竊覩邸報，仰知我皇上宵旰咨詢，無非爲封疆動念。而廷臣殫竭心力，經營料理，不啻視國事如家事矣。臣愚千慮，何能仰裨廟謨之萬一。顧臣受此殊恩，不忍不罄一得之愚也。

伏乞皇上憐臣涉險，愚誠垂念封疆重地。應否給臣敕印，畀賜裁奪，俾臣有所遵守，庶得專力以圖實效矣。臣無任激切待命之至。爲此具本親齎，謹具奏聞。

崇禎四年五月日，奉聖旨：「海事已有旨，着孫元化確畫。王徵着即去赴任，其應否給與敕印，還俟該撫奏來。該部知道。」

懇祈炤察登州兵變前後事情揭帖

原任遼海監軍道山東按察司僉事今逮問王徵謹揭：

徵以壬戌進士兩任推官，荷蒙聖恩，特擢僉事，監軍遼海。具疏控辭，未蒙俞允。覓腳赴登，矢圖報效。於崇禎四年七月廿日到任管事。八月中旬，方始鑄給遼海監軍關防，敕則迄今尚未給也。遼海係旅順以北奴酋殘破之區，即金、復、海、蓋地方，虛懸海外。其兵馬錢糧，特借登州爲屯練接濟之地，蓋於登萊儲峙而於遼海施爲。惟是遼人自金、復、海、蓋諸衛避難來登者，不下十數萬，寄寓登萊地方，已十餘年矣。登城之内，僦居者大半。遼人性桀傲，登人又以傖荒遇之，揹勒欺侮，相讐已久。徵到任之初，訪知其情，乃以俚言細細勸諭登民，仍以俚言再四曉解遼人。間遇材官猛士及遼官遼士寄俸廩於登萊者，每以忠義勸勉，激起讐奴大恨，消磨忿登小嫌，頗漸漸相安。不意大淩圍急，部檄撤調登兵入援。徵思職在監軍，軍既撤矣，無復可監。遂具呈乞歸。無何島兵又變，島帥被辱。部議往撫，謬及於徵，遂蒙「該部既稱王徵廉幹足辦，着即赴島安戢，熟察情形，具實奏奪」之旨。徵感激聖恩，方料理渡海，不意鼓譟之報又至矣，遂嚴備城守。無柰村屯激殺遼人於外，外黨愈繁；登城激殺遼人於内，内變忽作。初三之夜，内潰外應而城破矣。叛將不肯加害，且令兵士衛守。少刻孫撫臺乘馬而至，見城已破，輒自刎仆地。叛兵細搜徵身，恐亦自刎，防範愈嚴。其事已詳具兩次塘報及孫撫臺揭中，兹不重贅。念徵蒙恩最重，一籌未效，何所逃罪？但援兵激變，釁起中途，事隔千里。登城破亡，又因相激變生蕭墻。今泛海歸命，懇祈炤察前後事情及於寬政，則皇上如天之仁即台慈之再造也。須至揭者。

爲奴氛日熾人心動搖敬陳祈天固本簡要三事以佐末議事揭帖[二]

陝西承宣布政使司西安府涇陽縣舉人王徵謹揭：爲奴氛日熾，人心動搖，敬陳祈天固本簡要三事以佐末議事。

徵一介書生，叨中萬曆甲午科本布政司鄉試，歷監謁銓，已考縣職。今當會試來京，偶值東事倥偬，蠢爾奴賊，豕突過河，廣寧一帶，聞皆失守。不但封疆日蹙，山海之保障難憑；抑且都城剝膚，宗社之阽危可畏。所當急議備禦長策，鞏固

[二] 以涇獻文存卷一王徵奏奴氛日熾人心動搖敬請祈天固本以佐末議疏校。

皇圖者也。方今條陳備禦，章滿公車。然而浮泛者固難盡行，費鉅者又難猝辦。徵不揣微賤，竊伏思惟，事有至緊要、至簡便，在我皇上一舉念而可轉，在羣有司一料理而可集者，大端蓋有三焉。徵請昧死言之：一在挽回天意，一在固繫人心，一在添設城守。

何謂挽回天意？從古治亂相尋，謂之天運。至於殷憂儆戒，實係天威。詩云：「畏天之威。」又云：「天之方蹶，無然泄泄。」夫君道首稱敬天，即時當泰寧，尚不敢不畏天命。矧茲天威已赫，尚可泄泄然，不亟加恐懼修省乎哉？恭聞皇上見邊報孔棘〔一〕，業已不勝警惕。大小臣工，亦罔不惴惴靡寧。第不知實動籲天哀悔之誠，與夫祈天挽回之念否？自昔大風解圍，冰堅衆渡，與夫霜飛星徙，天人感應之常，載在經史，徵不具論。徵曾聞海外有一小國，爲強敵所圍困，其勢將亡。維時國中一大德人仰跽〔二〕祈救於天。交戰之頃，忽有無數蚊虻〔三〕入敵兵馬象鼻中，馬象驚跳迴奔，遂大敗潰。此小國遂以獲免。小國如此，何況天朝？一人回天之力如此，何況聖主之轉念？我皇上聖明御宇，法祖勤政，何曾有所失德而不爲皇天之所篤祐？即百爾有位，亦皆帝心簡在之賢。果能齊心禱悔，痛洗從前悠悠忽忽之心腸，另換一番臥薪嘗膽之幹局。用一人必當天心，行一事必合天理，誅一人不稽天討。毋敢戲豫，毋敢比周，以誠意祈禱於皇天。天心一轉，何物小醜不立時殄滅也哉？或有難徵者曰：「如此則閉門修齋誦經也而可乎？」徵應之曰：「淫祀〔四〕無益，讀聖賢書此理甚明。祖宗以來，制勅之詞，首稱『奉天承運』。夫但曰『奉天』，不曰『奉佛』『奉道』。蓋天子者，天之子也。呼吸相通，災祥立應。子有急難，不父是籲而他有所籲，父不救又誰救之哉！」故徵以挽回天意爲第一議也。

〔一〕「棘」，涇獻文存作「亟」。
〔二〕「跽」，涇獻文存作「跪」。
〔三〕「虻」，涇獻文存作「蝱」。
〔四〕「祀」，涇獻文存作「笥」。

何謂固繫人心？今天下人心不敢謂離叛，然亦渙散甚矣。平昔重文輕武，致戰士無死敵之志。又不肯破格用人，致豪傑無嚮用之志。邇又徵調加派，騷動海内，民窮財盡，囂然喪其樂生之心。不軌奸民，且將千百成羣，伺隙而起。今日人心，詎易收拾？謂宜仿唐臣陸贄罪己諭民之詔，切實哀痛，出自肺腸，明告中外，令人讀之有扶杖流涕光景，方是聖天子之德音，方足鼓四方之忠義，方可維繫[一]將渙之人心。至於都城之内，萬萬生齒鱗集，雖倉儲足備緩急，而一切煤薪雜糧，日用諸物，大率取給城外。儻或有急，閉門能堪三日無食用乎？能保窮民不譁噪先自潰乎？徵愚謂宜趁今賊情尚遠，即預發帑金數十萬，以付心計大臣，厚估以招各商，收買合用煤糧諸物，蓄貯官房官地，預備閉城乏絶之用。先行五城御史將見在京城人户，分爲上、中、下三等。臨急之時，諸物湧貴。上等人户比原價量增什二，不爲虧累。中等人户只照原價平賣，下户則量減什之一二，以示聖恩之周卹[二]。至於極貧小民，強壯者投軍受餼，孤弱者另從賑卹，又在臨期酌處。總之要使居民共知有備，堅其固守之心，不致聞風驚潰。此關繫之最大者也。説者謂朝廷官帑有限，既發如許軍需，安得再有此項費用？不知兵餉空捐十萬，今日竟成何濟？聞遼陽破時，城中官貯、商貯與富貴家私貯錢財，不翅鉅萬，皆爲奴酋所有，財安在耶！嚮使平日施仁施義，飽士飽民，一旦有急，同力固守，詎至受禍如此之慘？而況官買官賣，本仍不虧。雖曰上户少而下户多，不知財雖散而民則聚。只要出納分明，需揹弊塞；窮民得濟，心自不離。從來人心不固，縱有金城湯池，無所用之。故徵愚謂必人心安固，而後可言城守也。

何謂添設城守？都城之内，九廟在焉，皇居奠焉，千官萬姓萃焉。平日無事尚廑户牖之防，矧今東藩盡撤，北虜垂涎，尚可處堂自怡乎！猛將謀臣分區坐守，悉有成規，無容徵贅。第聞城守營軍不敷垛口之用，較之嘉靖庚戌又多外羅城四

[一] 涇獻文存無「繫」字。
[二] 「卹」，涇獻文存作「恤」。説文解字段注：「古書多用『卹』字，後人多改爲『恤』。」

十里，爲力愈難。未免派〔一〕離丈餘，周鑿坑塹，廣可二丈，深則二丈有奇，爲敵臺之外護。每臺用軍不過四五十人，而一臺可守三面，用人少而所禦廣。若用機關、毒弩，更可減省多人。精妙火器傍地衝胸而發，足使千步之内流血成渠。城上之人，只令遠望招呼，接遞飯食器械，省人省力。但使號令嚴明，卻似尋常無事一般。此臺就城一面，相其衝緩間設。每面多者不過建三四座而止，是週城不及二十座，而守禦已大備也。更將玉河〔二〕長流之水，從下流水口截築石堤蓄水，周灌城濠，令其滿而後溢。此則高城深池，更爲險固。今之議者，或欲砌〔三〕築砲臺，或欲多築營盤，費皆不貲，久乃可就。如徵愚計，則皆可取辦於旬日之間。人工磚價，計估有限。況且一勞永逸，亦何靳而不爲也。徵愚又有師傳活動兵輪一法，用人不多，城外遙望並不見人，止見垛口之内，滿城鎗刀轉動。更有友人所製活動擂木，可上可下，可行可止，其機最迅最猛，所費亦不甚多。悉可製以護城。又有徵愚自製不用人而萬弩齊發之弩機，不用火而萬砲齊發之火機，亦可密切製造，以備要害設伏之用。凡此諸具，不敢自詫爲奇。儻蒙廟堂之上採及芻蕘，試而後行，竊謂不無小補。

至天意、人心兩端，言本尋常，實關宗社大計。惟願〔四〕我皇上與諸大臣設誠致行，以爲挽回收拾之大機括。其城守等具，徵雖一介賤儒，願輟雕蟲，粗效狗馬。第事權經費，當須任一督理之人。徵愚夙聞光禄少卿李之藻忠勤不貳，廉幹無私，見理城守軍需。如果徵言可採，簡命斯人主持提督，而徵得以布衣從容謀議其間，相與悉心調度，竭力奔走，或者勉收薄效，以報朝廷三十年來作養之恩，共遊億萬斯年太平之福。如蒙聖明俯納，伏乞敕下兵部，詳議題覆施行。徵干冒天威，不勝惶悚待命之至。爲此除具奏外，理合具揭，須至揭帖者。

〔一〕原刻本此處疑有闕漏文字。

〔二〕「玉河」，當作「御河」。玉河在今新疆。

〔三〕「欲砌」，涇獻文存作「須多」。

〔四〕涇獻文存無「願」字。

此疏未上，因前疏〔二〕及之，故附刻於此。〔三〕

附録

登萊巡撫孫元化爲請設海外監軍以資分理並薦王徵爲遼海監軍道事題本

欽差巡撫登萊東江等處地方備兵恢復贊理軍務兼管糧餉都察院右僉都御史臣孫　謹題，爲請設海外監軍以資分理事。

該臣於去年九月到任，急裁餉司，因並監軍，原謂出海料理，自當終設。然初之並，非爲前餉臣之不能監；而後之設，非爲今道臣之不能攝也。前餉臣謹凜部行，恪遵欽定，月給島人七錢。而島中自斬帥後，兩三更置，事愈紛，餉愈缺，人愈驕，日執督師關輔之額以相質難。曰：「督師既許，則二年六月以後，即應一兩四錢。關輔既定，則三年二月以後，即應一兩一錢。今止給七錢，即爲侵漁。領而不與，即爲抑勒。」海外從無國法，至今囂囂責償取盈，費臣批諭無虛日。當臣初任撫戢，法當消解。島將既以訛言開嫌於餉臣，餉臣坦衷雅量，一切不較，益與臣共圖接濟。而金錢媿心，老羞成怒，開嫌者能自釋然乎。臣故因裁司餉，而暫遠監軍，以安島將，以全餉臣也。至登萊巡道，原兼監軍，責任綦重。臣前歸並，乃還其舊，非加其新也。道臣馮任防海，控島才略有餘。而欲圖修復，先宜歷覽。若責令出洋，兩郡百事不廢閣乎。臣是以裁並之時，即言終設。

〔二〕指收入本卷之爲恭承特命監理海疆懇辭分外殊恩冀免虛冒願佐軍前成議期襄實功事奏本。
〔三〕涇獻文存無此句。

今裁並所省，亦且半年，而旅順工作漸興，流離日集。春冰將泮，拮据伊始。及今不請，任事愈遲。臣非不知聖世多賢，師師濟濟。而自舉所知，冀成臂指，輒敢僭爲擬議，非妄侵衡鑑之權，自樹私人也。以臣所知，有原任揚州府推官王徵，陝西涇陽人，壬戌進士，初選廣平丁憂，今則再補再丁，約春初服闋，赴部聽補。其人忠勇廉勤，練達兵事，同朝多知其才品。雖兵凶海危，未必樂從，而臣爲國擇人，何暇爲人擇便！獨階級尚懸，歷俸未滿，稍嫌破格。然甲榜十年，資不爲不深；丁艱兩次，遇不爲不苦。奪其考選清華，而與以波濤鋒鏑，一僉事或未爲過也。伏乞皇上鑒臣所言，設官原非得已，用人實出至公。敕下吏部，細加采訪。如果臣言不謬，即以王徵爲遼海監軍道，勒限赴登。庶登、遼不至互妨，而撫、道可圖共濟矣。其糧廳倉委，試而後用，用而後題，未敢瑣瀆。爲此具題。

崇禎肆年正月　日。

吏部請命將王徵陞山東按察司僉事遼海監軍道赴登任事題本

吏部一本，爲請設海外監軍以資分理事。

該本部題、文選清吏司案呈，崇禎四年二月初八日，奉本部送吏科抄出，欽差巡撫登萊東江等處地方備兵恢復贊理軍務兼管糧餉都察院右僉都御史孫　題前事。奉聖旨：該部速酌具覆，欽此欽遵，抄出到部送司。

查得王徵年四十歲，陝西西安府涇陽縣人。中天啓二年進士，本年六月除直隸廣平府推官。四年三月内，回籍守制。六年十一月起送到部，本年十二月復除直隸揚州府推官。崇禎元年十一月回籍守制。本官胸富甲兵，任事慷慨。歷俸三年有半，賢聲已著遐邇。登撫志切恢復，諮訪英賢共事，而獨於本官惓惓焉，則才品之過人可知。已與以監軍一銜，而奪其清華之選，原非破格，合無俯允所請，則登撫之共濟有人，而巖疆有賴保障矣。案呈到部，既經該撫具題前來。相應覆請合無，將王徵陞山東按察司僉事遼海監軍道。恭候命下臣部，給憑勒限，赴登任事施行等因。

崇禎四年二月十三日，少保兼太子太傅吏部尚書王　　等具題。

奉聖旨：是。

登萊巡撫孫元化請給新陞遼海監軍道山東按察司僉事王徵敕印行事奏本

欽差巡撫登萊東江等處地方備兵恢復贊理軍務兼管糧餉都察院右僉都御史臣孫　　謹奏，爲仰謝天恩恭請明命事。

崇禎四年六月十五日接邸報，見新陞遼海監軍道山東按察司僉事王徵題請敕印前事，奉聖旨：海事已有旨，着孫元化確畫。王徵着即去赴任。其應否給與敕印，還俟該撫奏來。該部知道。欽此。

該臣看得，用海萬難，仰蒙睿鑑；撤島非易，方費調停。監軍一官，似非秋冬春所可省也。皇上若仍令登道帶管，則別置王徵要地，以資急用展長才。若令王徵赴任，則仍給敕印行事，以便文移，防詐僞。若空手至登，登道不便於代理，臣不便於徑行。而空印硃批，何以徵信海外？伏乞聖明俯察，速斷施行。

崇禎肆年陸月　日。

崇禎肆年柒月初壹日。

奉聖旨：王徵敕印准給與。該衙門知道。

兵部職方清吏司移會登萊巡撫孫元化手本

兵部職方清吏司爲公務事，准制敕房手本。

前事内稱，奉中堂諭，准兵部手本開遼海監軍道山東按察司僉事王徵請敕緣繇到閣。查得手本内止開官銜，未經明註所管地方責任，駐紮何地，及應管兵馬錢糧，不便撰擬。奉此，合用手本前去貴司，煩將王徵所管地方、駐紮處所、應管兵馬錢糧，一一開註明確，移送前來，以憑撰擬進呈。希勿稽延，等因到司。

准此，查得遼海監軍道奉旨給敕，本部已移文内閣撰擬去訖。但監軍道所轄地方，一切責任，駐紮何所，及兵馬錢糧等項，原疏未經題明，内閣未晰其詳，難以揄度懸擬。今准移查，相應移會查明速回，以便立等撰給。爲此合用手本前去欽差巡撫登萊、東江等處地方備兵援遼恢復金、復、海、蓋贊理軍務兼管糧餉都察院右僉都御史孫　，煩照來文事理，即查監軍道管轄地方，作何責任，駐紮何所，及一應兵馬錢糧事宜，詳細查確，星速回文過司，以便轉復内閣。立等撰寫，希勿遲誤。須至手本者。

崇禎肆年捌月拾伍日，尚寶司卿管司事李繼貞。

登萊巡撫衙門移復兵部職方清吏司文

八月二十八日奉撫院孫　抄發撰敕稿。

爲公務事，准兵部職方清吏司手本，准制敕房手本，前事云云等因到院。准此，看得監軍官屬創設，遼海地尚虛懸。且此官與本院體雖遞臨，事必分理。蓋兵馬屯守，俱在海島；　錢糧催辦，俱在登萊。一内一外，院、道宜分地各居，而稽核之責在該道。該道出海巡察，則本院留登督催，乃進止之機在本院。本院出海視師，則該道留登接濟。一出一入，院、道宜隨時互換，駐紮處所未可遽定也。其兵馬則有清與練二事，錢糧則有催與核二事，軍需馬匹則有辦與查二事，此各道所同。總之，合寧前遼海兩舊敕以酌衷而聽本院調度盡之矣。擬合移覆，查照施行。

兵部爲皮島兵變擬令遼海監軍兵備道王徵赴島計戳首亂事題本

兵部爲兵變蠹鈔事。

職方清吏司案呈先該登萊巡撫孫　題前事，臣部覆稱：據登撫孫　續報，知黃龍被縛未死，而彼中將領尚有副總兵沈世魁、參將龔正祥、王良臣等二十餘員，但一時亦爲亂兵迫脅，無可柰何耳。黃龍之得苟全，則亦諸將解釋之力也。龍既以貪淫致亂，辱此鼓旗，斷無復登壇之理，宜革任提問，以爲大帥婪污之戒。倡亂兵丁，亦宜推究爲首一二正法。若島帥自應改設副將，而登撫不撤，則聽節制於登撫，撤則聽節制於東撫，與登鎮之復不復無關也。鞭長不及，今之島豈爲撤登鎮而亂乎。撫臣先以毛承禄權攝島事，繼改委沈世魁，而今又疑世魁與亂同事，未可倚任，則又不如毛承禄爲文龍之裔，尚足繫屬人心也。如承禄必不可，亦乞敕下該撫，另擇一才智足備者委之，或遣廉能文吏一員往安撫其軍，庶可靖島而無後患耳。等因。

崇禎四年閏十一月初十日，奉聖旨：島兵屢變，應否留撤，亦須確商。亂兵尚未正法，黃龍應否遽行提問？島將聽東撫遙制，是否長便？遣廉幹文吏是否即能靖島？該部職任中樞，如此事情，當悉心籌畫，詳酌機宜，豈得疏率遊移，内外互諉？還着確議具奏。欽此欽遵。到部送司案呈到部，臣等曷勝惶悚！

竊照島中數萬兵民，生聚已久，其視海洋無異樂土。一旦内徙，豈能帖然？即聽徙而數萬衆驟集登州，大屬可慮。且安得遽有田廬與之居處，遽有糗糧供其饔飱。其不弱爲殣強爲寇者，鮮矣。況空島而奸人借資以獻奴，奴必遣降叛踞之。東擾朝鮮，西窺登萊，患且叵測。是以臣部從未敢言撤，即東省士紳亦從不欲言撤島。言撤者，獨孫元化耳。東省科道官葛應斗等連疏言其不便，業經覆奉欽依，胡庸再議。止減島兵之半以招練於遼，作策誠兩便也。黃龍徒步驟躐大將，不能爲皇上廓清海表，而表帥不端，致島兵執縛數罪，逐出衙門，尚可復佩肘印乎！革任聽勘，本屬正理。而先以讀元化疏，備列貪淫種種，不覺髮指。擬提問，誠有餘惡也，然而非法之平也。今奉明旨，謹爲改正。但倡亂兵丁往訊，人衆負嵎便難伏法。以勘黄龍爲題，拘之對簿，庶可明正典刑。而此案亦須東撫與登撫同勘。龍先爲登撫所舉，既又爲登撫所劾，恐未足服其心也。登撫不撤，則島聽節制於登，自是定理。因前有撤撫之議，則捨東撫無可節制者。而臣部亦以遙制爲難，故請改鎮爲副，而又請擇廉幹文吏監其軍。今島事未寧，撤撫之議尚須有待。登州有兩道臣，其王徵原爲監軍而設，亦素以廉幹名者。一往安撫島衆，計戢首亂，似亦足辦。毛文龍時，道臣出島議餉有故事。惟可任副總之人，臣部實不能懸度，非登撫莫悉其底蘊。而登撫先委毛承禄，繼委沈世魁，繼又謂沈世魁不足任，二三其説，題奏又當議處。今惟有依登撫初議，委承禄爲便，則毛文龍簪履之遺也。臣等才智短淺，疏率之罪，誠無所逃，然躊躇卻顧於撫疏之二三，實難措語，若推諉則萬萬不敢也。惟聖明俯賜鑒宥。既經奉旨確議，相應覆請，伏乞敕下遵奉施行等因。

於崇禎四年閏十一月十五日，本部尚書熊　　等具題。

十七日奉聖旨：前孫元化疏請撤島，原議實遼，非謂徙登。具島兵屢變，緩急曾無足恃，糜餉何益！既稱王徵廉幹足辦，着即赴島計戢首亂，熟察情形，另議奏奪。黄龍依議革任聽勘。該島協將，着孫元化另酌堪任的委用具奏。欽此欽遵。擬合就行。爲此合劄該道，遵照本部題奉明旨内事理，即赴該島計戢首亂，熟察情形，定限次年正月查明奏奪。須至劄付者。

右劄付遼海監軍兵備道，准此。

卷七　儒學

學庸書解〔一〕

大學之道

此章書是孔子將自己一生所學的底本爲人昭揭出來，有體有用，頭顱只在修身。從古大人之學，率先修身，而身之修，非道不能也。其道安在也？在明明德，在親民，在止於至善。明德者，吾身之虛靈不昧，百體之君，萬事之宰，惟精惟一，至純至粹，蓋衆善之長，而大覺之門也。即太甲〔二〕所謂天之明命，子思所謂天命之性，孔門所授一貫之宗，孟氏所衍性善之旨，乃千聖以來相傳之心印。愚今明説，即吾身神明之捨所具本來面目是已。夫一身之中，最明者孰如本來面目？其純粹何如？其精一何如？其虛靈而不昧又何如？舉凡喜怒、哀樂、惻隱、羞惡、辭讓、是非，皆從此起。内者由之而出，外者由之而入。試觀赤子見親知愛，見兄知敬，何明如之？又何待於明之？惟是欲竇漸啓，情隙叢生，機械致其紛紜，私意因之障礙，本明者不明矣。今欲還我本來面目，只是含光斂耀，聚精凝神，時加顧諟之功，常爲存養之計，俾本明者復明，則七情中節，四端咸充，萬緣皆清，一仁獨露，油然親厚之良，自有以動其天地

〔一〕據明崇禎元年刻本迻録。
〔二〕參閲尚書太甲上：「伊尹作書曰：『先王顧諟天之明命，以承上下神祇。』」

萬物一體之懷。吾未見有不忍人之心，而無不忍人之政者也。然其明之之實，非必於本體上另加工夫，就是認得本體，還得本體而已矣。故曰：「在止於至善。」蓋至善即明德，即吾所謂本來面目。而心止於此，即所以明明德也。

顧止之云者，以心還心之謂，少過即不可止，少不及即不可止。故必知至善之所在而止，知無過無不及之則，而妙於止，則真見一定之歸宿，而有定詣、有定守矣。既有定守，則心居其宅，應物不迷，而靜固能靜，動亦能靜矣。既靜，則天君不擾，百體咸寧，而心廣，而體胖，泰然能安矣。既安，則本原澄澈，觸目皆真，信手拈來，頭頭是道，從心所欲，即不踰矩而能慮矣。至於能慮而明德之全體完，大用備，天下之能事畢矣，故曰能得。得者，得此大學之道也。此其物之有本有末，事之有終有始，昭然可見。倘欲得此道者，非務本以該末，徹始而徹終，一循其先後之序，其胡以近之？故「古之欲明明德於天下者，先治其國；欲治其國者，先齊其家；欲齊其家者，先修其身；欲修其身者，先正其心；欲正其心者，先誠其意；欲誠其意者，先致其知；致知在格物。」格物者，即格究物有本末之物也。蓋吾身本萬物皆備之身，格者直向未發前乍見時體認本來面目，知其孰爲百體之君，孰爲萬事之宰，孰爲精一純粹虛靈而不昧，灼見原頭，專務大本，方爲知至。知至者，即知止之謂也。就收心以還心時，名曰止。就心之還於心時，名曰至。知至而後意誠，即「有定」之謂也。意誠而後心正，即「能靜」之謂也。心正而後身修，即「能安」之謂也。身修而後家齊、國治、天下平，即「能慮」之謂也。此皆「明明德於天下」者之全得也。

總之，格、致、誠、正，明德之工夫也，無非用修此身；齊、治、均、平，明德之分量也，無非從修身中出；則自天子以至於庶人，誰可外修身以爲本哉？苟捨身不修而亂其本，即欲謾言我能齊家、治國、平天下，乃逐末之論，必不得之數也。況有身不修，既以最厚者業自處於薄矣，又焉能取薄於身者而反厚之哉？我故曰：頭顱只在修身。

天命之謂性

此章書是子思子見當時人各立教，莫不自謂我見道也，乃皆外吾性而言道。縱有假性以言道者，又皆荒吾性於虛無，令人莫可捉摸；狃吾性於血氣，令人失之任情；索吾性於身心日用之外，令人尋枝摘葉，敝精疲神，而卒莫得其指歸。於是真性不明，常道久湮，邪説蜂起，而吾堯舜以來相傳之正教，幾爲天下裂矣。子思子憂之而作中庸，其意總要闡明真性，使天下之人共率之而已。故立言之首，即云「天命之謂性，率性之謂道，修道之謂教」。若曰命外無性，惟天命方可爲性；性外無道，惟率此天命之性方可爲道；道外無教，惟修此率性之道方可爲教也。

蓋天命者，天之明命，即愚前篇所指本來面目是已。四肢百骸，非此無以綱維而運旋，故名之曰命。一身之中，惟此命居之最上，清虚靈妙，精粹圓明，誠一元樞，而萬善之門也，故名之曰天命。總之，乃吾人天然自有之良心，而曰仁，曰明德，曰至善，曰形色天性，千枝萬葉，千流萬派，咸一以貫之者也。認得天命之性而率之，則靜與天俱，動與天遊，豈不觸目皆真，頭頭是道？率之云者，只是將此天命之性作主，凡事依他而行，不攙私意，不加造作，不移於紛華、靡麗、愛憎、利害之偏，方是能率。上焉者，不失赤子之心，即有性之之妙，是不假存養而自然能率者也。次焉者，有失本性之初，當加反之之功，或致曲，或顧諟，一以此性爲宗而遵之，是假存養而能率者也。顧存養過急而蹈助長者非率，少不存養而流於忽忘者非率，纔加存養就萌期必計較之念者亦非率。此其至簡至易之中，儘有法則節度。惟就此率性之道而修之，乃千聖相授之真傳也。

修者經營修理之義，猶云只在率性之道上做工夫耳。然又恐人錯認天命之天，直向身外求去，故又教人點檢一身之中，誰是須臾不可離者即是此道，其他可離者乃非道也。此正子思子喫緊提醒點化人處。夫一身中最不可須臾離者，孰如本來面目？離之則跬步之間，傾側所不免矣，又誰與辨是非而應事爲？是故君子知天命之性之道之不可離也。於是雖當不覩不聞之時，常切戒慎恐懼之念。而獨之不敢不慎者，正以至隱者天下之至見，至微者天下之至顯，而天命之性正在獨處呈真機，率性之功正在獨處驗存養也。

蓋獨者，念頭發處，獨露獨覺之獨，非專指獨居無人言也。試觀喜怒哀樂，日用間所必不能無者，有一不從此天命之性獨露獨覺處發之乎？知喜怒哀樂，則知萬感萬應總不能外此以爲根核，以爲發用。當其未發之前，一真獨朗，萬象悉含，靜定澄澈，毫無偏倚，何中如之？及其方發之時，一真偶觸，天倪自動，順天而行，毫無乖戾，何和如之？中也者，正所謂天命之性，乃天下之大本也。和也者，正所謂率天命之性，乃天下之達道也。果能率性而致此中和，天地有不位，而萬物有不育者乎？

致，至也，猶云至此中和地位也。蓋自獨察其莫見莫顯之機，而心嚴於不覩不聞之境。君子所以體認天命，久執厥中，而存養此性者，至矣。內之所存，既渾然天命之真體，而無所不中；自外之所發，一油然率性之妙用，而無所不和；則不獨天君一定，百體咸寧，吾身之天地萬物位且育焉已也。即極而裁成參贊，兩儀賴之以清寧；陶冶曲成，庶品賴之以咸若者，罔不自此率性中來矣。

然則是道也，謂其爲遠乎？則須臾不離，率之即是。謂其爲粗乎？則覩聞莫加，隱微難窺。謂其荒唐而無實際乎？則不出性情之內，即有位育之能。又況與生俱生，時時見在，人人各足，誠匹夫匹婦之所可知可能，而堯舜以來相授受之常道乎。柰之何求道者乃不率我天命之性，而從流於他教爲耶？噫！

士約 款凡三[一]

其一

人才者，天下理亂之繇；而學校者，人才邪正之關。今無論朔望之視學甚希，季月之考課久廢。即有植桃李者，拔英俊而厚加作興；重菁莪者，分會約而嚴行督責，不過曰舉業云爾。夫朝廷懸賓興重典，諸士爭進取榮階。即不令有司提

[一] 據士約明刻本迻録。

調，學官訓迪，寧乏鄉舉解額哉！ 如曰學校惟爲舉業，舉業專以詞章，則經書垂訓，貽後人利達之資；科目用人，開天下富貴之路，於身家誠得矣，不知朝廷取富貴利達人安用也？ 堂曰「明倫」，不亦迂腐不情之甚乎！ 夫特立之英，好修之彥，世不可謂無人。但自教指一迷，學政久亡。士終日聚談，無一語講求道義；終日誦讀，無一字照管身心。致知力行，學術漫無用處；濟事安民，事業了不相干。匪獨諸生，即吾輩何嘗非昔日諸生耶！ 蓋自吾父師之父師，所從來然矣。余以爲當慟哭幾絶，而聞者乃大笑欲倒也。夫教職爲守令屬官，而學校則守令提調。曰教，曰諭，所教、諭者何事？ 曰訓，曰導，所訓、導者何人？ 提者提撕，調者調習，所提、調者何效？ 朝廷命官之意，顧名而思之，應如是否耶？

思昔盛時，學有崇禮義之風，人有士君子之德。修之家，則規言矩行，不以狎昵邪肆愧峨冠博帶之身；命之士，則體國憂民，不以勢利紛華改羔羊素絲之節。今之人未必皆出古人下，不知當時郡邑長果繇何道而臻此也。茲欲以三物之教望今日，誠恐駭人心目，吾姑爲其卑近者。所願該學於諸生相近所在，不拘多寡，各立會約。每約給以進德、修業印信兩簿，擇年長而公直者爲約正，以察舉之；擇通敏而博洽者爲約率，以倡導之。

進德則先糾十二過，如：

家庭父兄，鄉曲尊長，有無薄情犯禮；

淫邪婦女，官私娼優，有無姦通包占；

鄰里地房，親朋財物，有無侵奪騙賴；

鄉黨閑事，衙門公事，有無干預請托；

逋負錢糧，交結黨與，有無挾制官府；

揑貼過惡，聚談婦女，有無生事造言；

宮室車馬，冠履衣裳，有無豪奢敗俗；

或騙貨利，或報讎嫌，有無唆詞健訟；

或以貪財，或緣醉酒，有無詈衆毆人；

或包牙店，或領秤尺，有無把持行市；

或交結棍惡，或扛幫愚少，有無賭博傾家；

或搬弄是非，或起編綽號，有無浮薄欺辜。

士有免此十二過者，即紀之進德簿中，另加優處。倘有希跡古人，留心聖學，脱凡陋之識，有獨得之真者，該學以報我，當賓禮之。該學俱署上考。

修業則先講十二政：

地土不均，糧差多弊，何以釐定之？

民無禮義，俗不純樸，何以化誨之？

俯仰無依，婚嫁失時，何以存卹之？

鄉無武備，境多盜賊，何以消弭之？

公無積貯，家無蓋藏，何以備兵荒？

疲癃鰥寡，凍餒流離，何以使得所？

一歲一督士，青衿滿學官矣，士習何以不古？

三年一舉賢，紳滿天下矣，民生何以不安？

民疲於徵輸，軍匱於芻牧，邊餉何以使充？

軍政則清勾日日，馬政則俵養年年，行伍何以稱乏？

三大營、九邊、天下衛所士卒，怯於見敵，而敢於犯上，何以使之有勇而知方？

虚文日盛，糜費日廣，何以使之崇簡而尚實？

士有講明此十二政者，即録之修業簿中，另加優處。倘有存心宇宙，注意民物，懷堯舜之憂，抱治平之略者，該學以報我，當賓禮之。該學俱署上考。

夫是權也，假之士，怠肆者視爲文具而不肯行，貪鄙者藉爲利媒而反亂實。要在賢學博有倡率之實心，有稽核之成法，有激厲〔一〕之良術耳。今不能一一道也。

其二

諸士知聖賢以經史垂訓，朝廷以學校養士之意乎？夫乾坤内只有這一種道理，古今人只有這一副心腸。千古聖人心腸中是這個道理，吾人心腸中也是這個道理。只是聖人志氣清明，義理昭著，又身心體驗，措注精詳，故其精神心術之微，識見施爲之妙，載在方策，傳留後代。是我心所同然，而彼先得；我心所同具，而彼先言。一種道理之外，聖人别説分毫不得；一副心腸之外，聖人别有分毫不得。譬之衣食，聖人是做造的，吾人是喫穿的。做造的留式樣，喫穿的享見成。所以朝廷教人讀書，正欲以我這副心腸，就經史中明那一種道理。何者？自古及今，凡身心性命之精言，天下國家之治道，天地鬼神之造化，草木鳥獸之情狀，及倉卒難應之務，艱危難濟之變，轇轕難剖之事，隱微難見之理，玄遠難測之數，經史中有一之不載者乎？古今是這個天地人物，古今是這等參贊輔相。故以經史之道，治今之天下，言言符契，事事吻合。不必費古人之心，自能獲古人之效。經書之有資於身心，猶衣食有茲於口體，世上少他便不成世界，人生少他便不成好人。朝廷特設學校，羣以師儒，令其口誦心惟，身體力行。指望諸士遵聖賢之言，成聖賢之身，以立聖賢事功。使斯世成唐、虞、三代宇宙，生民見唐、虞、三代太平。故待士之體貌獨優，舉士之禮節獨重，用士之榮寵獨隆，所以期望之者誠厚也。

〔一〕「厲」，亦作「勵」。

諸士終日誦讀，一字字都向心頭想一想，一句句都往身上貼一貼，試看古人之言，與我身心合不合？其合者，便要體驗擴充；其不合者，便要沉潛思索。便知聖賢千言萬語，説的是我心頭佳話，立的是我身上妙方，不必另竭心思。舉而措之，無往不效。而今把一部經史，當作聖賢遺留下富貴的本子；把一段學校，當作朝廷修蓋下利達的教場。矻矻終日，誦讀惓惓，只爲身家。譬如僧道替人唸誦消災免禍的經懺一般，唸的絶不與我相干，只是賺的些經錢食米衣鞋來養活此身，把聖賢垂世立教之意辜負盡了。有道之士仔細思量，笑死媿〔二〕死。

人生七尺之軀，皆有安天下萬物的性分，皆有使天下萬物各得其所的責任，皆有能使天下萬物各得其所的本事。聖賢又留下使天下萬物各得其所的學術，日日做天下萬物各得其所的事業，自有天下萬物各得其所的功效。只是吾人少了這使天下萬物各得其所的心腸。有了這副心腸，參贊位育，不是難事；彌綸輔相，不是虚言。只是而今世教不明，所志即非古人之志，所學亦非古人之學。古者十五而入大學，格致誠正修齊治平這八件，合下是一齊做底。其實格致誠正功夫磨鍊成這個身子，全到天下國家處作用。隱居求志，求底何志？就是行義時所達之道也。窮不失義，不失底何義？就是達時所不離之道也。孔子曰：「如或知爾，則何以哉？」「以」是甚麼功夫？漆雕開曰：「吾斯之未能信。」「斯」是甚麼道理？文中子曰：「苟有用我者，執此以往。」「此」是甚麼學問？諸士於「以」字、「斯」字、「此」字，曾否留心？孔子曰：「期月可也，三年有成。」孟子曰：「大國五年，小國七年。」聖賢有這般學術，直下承當，便敢定這般期限。就是下等事功，如管仲之期於霸齊，范雎之期於帝秦，蘇張之期於縱横，志趨雖不正大，手段都是見成，的的確確拏得定底，故其作用出來，皆有成就。

諸士在此只知記作文章，誦讀策論，且莫説本領上體貼，就是章句之學，也只剽竊料度。他日忘了這口頭學問，渾是一個空軀殼，餓肚腸。至於經世之務，更不留心。只問以本州縣編審差役如何均平？地糧如何清楚？盜賊如何消弭？風

〔二〕「媿」，亦作「愧」。

俗如何轉移？倉廩如何充實？荒歉如何救濟？留心者已自不多。至於世道之汙隆，國家之理亂，漕河之通塞，馬政之修廢，軍伍之盈虛，戰守之機宜，邊計之得失，言之津津有味，策之鑿鑿可行，恰似不見有人。這般經濟、學術、治平手段，不於諸士望，將誰望乎？諸士今日着襴衫，明年戴官帽，適所云云，一一付爾舉行，責爾效驗。到手事兒，皆平生夢寐不及着，肩擔子皆自小心思不到，要做詳審精密之事，成光明偉俊之功，豈不難哉？所望諸士以天下國家爲念，志伊尹之所志；以憂勤惕勵爲心，思周公之所思。爲學便是實學，休爲言語文字之工；作人須作端人，無矜聰明才辨之質。他日策名仕途，另有一番手段。俾社稷賴以奠安，蒼生賴以得所。朝廷收養士之效，科目有得士之光。流芳於竹帛，增重於冠裳。士大夫皆爲之吐氣揚眉，曰：「吾輩讀書人經綸手段，固如此哉！」諸士勉之。

其三

舉世衣冠往往通用，惟有生員衣冠，皇祖特爲留意。襴衫之制，中用玉色，比德於玉也。外用青邊，玄素自閑也。四面攢闌，欲其規言矩行，範圍於道義之中，而不敢過也。束以青絲，欲其制節謹度，收斂於禮法之內，而不敢縱也。絛縧下垂，絛者條也，心中事事有條理也。圍領官服，以官望士貴之也。惟有頭巾制度未定。一日，皇祖微行見士戴一巾，問：「此何巾？」曰：「四方平定巾。」皇祖曰：「四方平定，必須民安。」乃將巾前面按一掌，作民字樣，遂爲儒巾。曰：「朝廷養士，本爲安民。」以作元服，首重之也。而今儒巾倒過來看，隱然是一民字。其兩飄帶，則頭角未至崢嶸，羽翼未至展布，欲其柔順下垂，不敢淩傲之意云。嗟夫！聖祖之待士如何隆重，而望士如何殷切也。

吾少時鄉居，見閭閻父老，闤闠小民，同席聚飲，恣其笑談。見一秀才至，則斂容息口，惟秀才之容止是觀，惟秀才之言語是聽。即有狂態邪言，亦相與竊笑而不敢短長。秀才搖擺行於市，兩巷人無不注目視之曰：「此某齋長也。」人情之重士如此，豈畏其威力哉！以爲彼讀書知禮之人，我輩村粗鄙俗，爲其所笑耳！若閭閻其行，闤闠其心，言不根道義，信口開闔； 身不守禮法，任意舉動。三五相聚，則恢諧嘲訕，鬥口舌之工； 一二浪遊，則淫邪狎昵，作苟且之事。少年恃其才學，藐視師長； 霸者逞其刁悍，挾制有司。或小不忍而動大怒，輕遞呈詞； 或一人事而約衆人，同行囑托。說正話者則笑爲道學，吹求其短，必灌以狂泉。不詭隨者則惡爲古板，厭棄其人，不資夫麗澤。孟子曰：「其子弟從之，則孝弟忠信。」管子曰：「禮義廉恥，是謂四維。」此謂八行，即無論士有百行，此八行者關係名節不細。士日以八行自點簡，如此語言，得無不忠信乎！ 如此舉動，得無喪廉恥乎！

夫禾之高出曰秀，十中一人曰士。士肯好修，同學見其人而愛慕，居鄉熏其德而善良。官於內則爲朝著儀刑，官於外則爲紳師表。此之謂秀出，此之謂士人。也不枉父母生長此身，也不枉天地涵育此身，也不枉詩書教誨此身，也不枉朝廷作養此身。他日屬纊之時，將平生歷履打算一回，也不含羞於地下，也留贊歎於人間。百年易過，此身不復再生； 一息尚存，此志豈容少懈！

本廳平生立志不專，嚮道不篤。循省過端，千瘡百孔，自治不暇，何能訓迪諸士？ 第謬署風紀，於諸士有師帥之責，不得不以正言相告戒。今日士風，三事尤當首戒，特拈出與諸士談之。

余作小秀才時，見同學長者，竦然恭敬，不敢在傍高言大笑，不敢在班亂序先行。迎騎於長者道傍勒馬，同席於長者告坐隅遷。分付唯唯聽從，使令踧踧奔走。比見近日紳談天下士，率以新進少年，侮慢長者爲憂。夫禮非以尊人，盡吾道耳。不循禮，非以慢人，自棄其道耳！ 尊長尚存謙虛，卑幼豈宜倨傲？ 況尊長之年輪到我身，卑幼如斯，果能堪否？ 故夫子責原壤以幼而不遜，弟爲首過。孟子謂堯舜之道，只在後長徐行。諸生未必皆然，有則改之。

其次，公論出於學校。古人稱學校云：「有髮頭佗寺，無官御史臺。」言清苦正直也。近日學校豈無公論之人，但有一種浮薄之習，以愛憎爲毁譽，以口舌代戈矛。意所不快，造作謗言，寫帖匿名，或無水而起風波，或因小而張重大，或聚談人家是非，或編起同庠綽號。此等士風，最壞心術。不知諸士有此習否？ 有則改之。

至於結黨一節，尤干法紀。夫明友之義，過失相規，未聞同惡相濟。士平日自愛重，人未有先侮士者。即士爲人侮，一士之口，足以訟一人。即其人該滅族之罪，一士之力足以上告天子，下告方伯，明正典刑。況天下處處衙門，自有重士體面。乃借斯文之名，倡義氣之說。或一士見淩於鄉黨，則通學攘臂，爭告於有司；或一士見辱於有司，則通學抱冤，奔訴於院道。不知經史果有此道，律令果有此法，臥碑勅諭果有此許否乎？夫斯世之人，未有孤立而無類者。一民被刑，則百姓聚擾於公庭；一卒當誅，則三軍聚擾於帥府；下至於工商吏卒里老，無不各有同衣，無不各重同讎。勢必至於私黨横行，紀法盡廢。此大亂之道也。且士之賢者，未嘗不非笑其同類。而朋黨既成，去者以不去者爲薄行，甚者以誓相要，以駡相激，以利相鼓舞，柰之何不強相從乎？夫士也，諸類中之賢人，乃不以道義相先，而結黨以爲諸類倡，余甚悲之。如昨某某等叫號跳擲，全無禮法，尤甚痛之。

本廳身非緇黄，家亦士族，而惓惓如此者，以士君子之行望諸士，不欲以姑息兒女之情相煦煦也。倘禮法當如此，則經史法律必載之矣。諸生其繹思哉。

是約也，非余之言，乃寧陵吕公之言。余嘗録之以自警者也。余不敏，不能仰承大君子之明教，茲特拈出，以約多士。多士讀聖賢書，其中有志學聖賢者不少。尚其興起於斯文，慎勿以爲掇拾陳言也而忽諸。

崇禎元年仲夏望日，關西後學王徵書。

卷八　天學一

畏天愛人極論〔一〕

畏天愛人極論序

尚書之湯誥曰：「惟皇上帝，降衷於下民。」武王曰：「天地萬物父母。」此皆湯武當軍旅之際，告諭臣民之時，而其言如此；則三代以上，聖人之教概可知矣。吾夫子以天命立教，其最明切者，曰：「君子畏天命」，「小人不知天命而不畏也。」〔二〕君子、小人間不容髮，其關在此。自漢儒謂「道之大原出於天」，後來愈析愈精。若以天爲玄微幽渺，非聖賢不可許知天〔三〕，非談學者不許稱事天，則三代之教荒矣。夫「上帝臨女」，「昭事上帝」，〔四〕明乎其有以臨之事之也。〔五〕後乃曰：

〔一〕畏天愛人極論不分卷，寫本，藏於巴黎國立圖書館，古郎（Gourant）編目號碼爲六八六八。原抄本題署爲：涇陽王徵葵心父著，武進鄭鄤峚父評。然此本中並未見鄭氏之評點文字。有向達一九三七年抄本，及向達之弟子宋伯胤抄校本（簡稱宋氏抄本）。宋氏抄本見宋伯胤編著明涇陽王徵先生年譜（增訂本），西安：陝西師範大學出版社二〇〇四年版。向達所抄，即巴黎國立圖書館藏本。今據巴黎國家圖書館藏寫本之影印本迻録，以宋氏抄本校。

〔二〕論語季氏。

〔三〕「知天」，宋氏抄本作「之天」。按：孟子曰「知天」「事天」。「之天」語意不明，非是。

〔四〕詩經大雅大明。

〔五〕「臨之事之也」，宋氏抄本作「臨之事也」。按：「臨之事之」，對應於上引詩經「臨女」「事上帝」。「臨之事也」，不可通。

「天即理也」，然則祭天乃所以祭理歟？言不幾於不順乎？嗟乎！此學術之所以不古若也。王子畏天愛人極論，直揭天以詔世人，反復若干萬言。君平道德指歸而後，説之闓暢未有若此者也。其言「天主」，亦猶之帝也云爾。

或者謂：「道無諍，諍乎哉？」夫王子直爲事天之心不可以二，故總其紛紛而要諸至一也。或者又以西説爲疑。夫説亦何西、東之有？且王子誠有取爾也。誠使人人皆知天，時時皆能畏天，事事皆可以對天，是則王子之心也已。苟能是，則三代何不可還？故其説不可以不存也。

王子經濟大手，別所結譔，多奇絶。王子一不自有，而獨以此爲日用之課。既極論之，又命予評點以傳。予嘗論〔二〕三代以上之人材，其功業皆還之天；三代以下之人材，多欺天以自爲功。惟韓忠獻有言：「某生平實天扶持之。」〔三〕蓋〔三〕天者古之常談，今之絶學。夫詩、書之所覩記，有目者皆得而見之。讀者其即是而反之六經之大道，無作爰居之駭也。

崇禎元年〔四〕七月之望，毘陵年弟鄭鄤峚陽氏敬題。

畏天愛人極論

客有愛余者，顧而言曰：「聞吾子有志學聖賢人也。乃今異乎吾之聞。請得正言而無隱可乎？」余曰：「嘻！余小子不敏，自束髮來，解讀聖賢書，便欲覓天之所以命我者，以求不負乎人之名而不可即得，於今正皇皇也，敢云學聖賢乎

〔二〕「論」，宋氏抄本作「謂」。

〔三〕「某生平實天扶持之」，宋氏抄本作「某生實天扶持之益」。

〔三〕宋氏抄本缺「蓋」字。或因「益」與「蓋」形近而誤，並將其誤置前句之末。

〔四〕「元年」，宋氏抄本誤作「七年」。

哉？先生儼然詔我以正乎，敢不敬承大君子之休命！」

客曰：「天命匪遙，人道伊邇。子顧遠且難，焉求之？嚮聞子曾求之瞿曇氏矣，一切徵心見性之義，旛動鐘鳴之解，靡不證合，一時諸老宿咸謂善知識無兩也。亡何乃竟棄去不問，旋且轉而問之黃老？於是黃老之書，又靡不尋覽，且依古本手訂周易參同契、注百字牌〔一〕等書已，且自爲辨道篇及元真人傳與下學了心丹諸作。紳先生見之者，謂似類古之得道者然。乃子沉涵於是業廿餘年所矣，顧今又棄去不問，獨篤信西儒所說天主之教。子〔二〕何輕棄其所已學而信未學，棄舊學而信新學，棄近學而信遠學之若是哉？恐聖賢無此異教，學聖賢者無此異學矣！而且盡置嚮之所崇信者，而獨欽崇一天主在萬物之上，朝夕起居，若時時臨汝而虔〔三〕事之不少怠，每每揄揚〔四〕其說，無問人之喜與不喜而強聒之。甚且一家非之弗顧，一國非之弗顧，天下非之弗顧。人咸惜子之狂惑不解，而子乃執拗自是，反若見之獨定，知之獨真，信之獨堅，而好之更愈甚，抑何偏耶？即就子所譯刻西儒耳目資一書〔五〕，尚謂多所創見；及今所譯繪遠西奇器圖說，其中洵亦有此中所未之前聞者，然亦只可備文人學士與工匠技藝流之採擇云耳，詎遂可爲希世之寶？而子輒詫爲不世出焉，見亦邊矣！猶曰此各人之邊見，好奇之過也。至聆子所譚天主之教，猶然多述「天堂」「地獄」之賞罰，此與佛氏之謬何異？固嚮也吾儒所不道者，而吾子反執以爲美談，是豈學聖賢者之所宜有哉？繹其旨要，則又總不出乎畏天愛人之常說。夫〔六〕畏天愛人之說，

〔一〕百字牌又稱作百字碑，據傳係道教大師呂洞賓純陽子所撰，注家頗多，有陸西星之純陽呂公百字碑測疏、劉一明之百字碑注等。王徵所注百字牌，亦稱作百字解。
〔二〕「子」，宋氏抄本作「于」，文義不通，非是。
〔三〕「虔」，宋氏抄本作「處」，因形近而訛。
〔四〕「揄揚」，宋氏抄本作「揄揚」。
〔五〕「一書」，宋氏抄本作「書」，脱「一」字。
〔六〕「夫」，宋氏抄本作「此」。

吾聖賢久已言之，此中人誰不知之？而又勞吾子之闡譯爲！」

余曰：「噫！余過矣，余過矣。余惟求天之所以命我者而不得，故屢學之而屢更端，總期得其至當不易之實理云耳。乃釋典儘費參究，而迄不見其要歸，人雖謬云解悟，而反之此中殊未了了，敢自欺乎？故不得已尋養生家言，以爲此或修真之正路也。維時鑽研日久，頗獲的傳；亦復識其作料孔穴，殫力行持，似亦稍有微驗。顧形身非不快適，而心神輒復走放，亦無茫無巴鼻，〔一〕此中猶弗慊也。偶讀孟子『三樂』書，〔二〕而忽有省於『仰不愧天，俯不怍人』之旨。作而歎曰：微矣哉，此吾聖賢千古壯神法也！夫不愧於天，不怍於人，此其心神何如暢滿；孔顏樂處，寧詎外是？顧安所得不愧不怍，而坦然於俯仰天人之際，令此心毫不走放也耶？適友人惠我七克一部。讀之見其種種會心，且語語刺骨。私喜躍曰：『是所由不愧不怍之準繩乎哉？』方欲卒業，而余病矣。病且廿餘日，不下一粒。於是追惟從前所作，不但原未解悟者，只覺虛幻。即稍有微驗者，仍屬影響，而止有可愧可怍之辠〔三〕愆，明明〔四〕印諸方寸，展轉弗能脫。則始悔半生功力，竟不能尋得天命所在，而今已矣，空負人之名焉耳矣！烏可追？烏可追？徼有天幸，得不死。病少愈，遂日取七克置床頭展翫，然恨未遽鏡其原也。

亡何，復詣都門。及晤七克作者之龐子，因細扣之。龐子笑曰：『此吾輩下學，於畏天愛人中，各審擇其病痛而自施

〔一〕「巴鼻」，亦作「巴臂」，意爲來由，凭準。朱子語類輯略卷七：「若是如此讀書，如此聽人說話，全不是自做工夫，全無巴鼻可知。」按：「亦無茫無巴鼻」，宋氏抄本作「亦是茫無巴鼻」，似更合句意。

〔二〕孟子盡心上：「孟子曰：『君子有三樂，而王天下不與存焉。父母俱存，兄弟無故，一樂也；仰不愧於天，俯不怍於人，二樂也；得天下英才而教育之，三樂也。』」

〔三〕「辠」，同「罪」。以下文内「辠」字皆用「罪」字。

〔四〕「明明」，宋氏抄本作「明目」，語義不通，非是。

針砭克治之小策耳。子奚所見而愛之？』因徧示邸寓所攜來諸書，簡袠〔一〕重大，盈几滿架，令人應接不暇，恍如入百寶園，身遊萬花谷矣。初若另開眼界，心目頓豁；已復目絢心疑，駴〔二〕河漢之無極也。龐子爰爲予陳其梗概，曰：『吾西學從古以來，所闡發天命人心，凡切身心性命與天載聲臭至理者，不下七千餘部。而其最切大者，則人人能誦讀焉，部蓋二十有四。撮其大旨，要亦不過令舉世之人，認得起初生天、生地、生人、生物之一大主，尊其命而無踰越，無干犯，無棄逆；於以盡昭事之誠，於以體其愛人之心以相愛，於以共遊於天鄉云耳。』予於是日，似喜得一巴鼻焉者。隨與龐子時時過從，相與極究天人之旨。竊謂果得一主以周旋，自可束我心神，不致走放，可馴至不愧不怍無難也〔三〕。乃龐子肅然引余瞻禮天主聖像，見其像儼然人也，而手撫天地一圓儀。

余徐問所以，曰：『此吾西國自國王以至士庶，無問尊卑大小，即婦人女子，人人所共敬事之陡斯也。陡斯者，大主之譯，蓋爲生天、生地、生人、生物之一真正大主宰云。天地間凡物無不有一主宰，而非其大。喻如一人之身，有一主焉，心神是也。所以統領五官四體而綱維乎百爲者，悉此焉宰之。推而言之，一家有一家之主，家人之嚴君是。一國有一國之主，一國之君王是。天下有天下之主，一世之總王是。主而至一世之總，王亦大矣。然果能如心神之宰一身者乎？不能也。則必有一大主默宰其間，舉四海萬國之大，視同彈丸，若運旋一掌之内，無所不照臨，無所不安養，無所不震攝而提扶；而且無遠弗届，無微弗入，無隱弗燭；不疾而速，不行而至，天上地下，總皆臨涖之區；古來今，渾囫一視之中，蓋心神之宰一身之易之妙，猶未足仿佛其萬一耳。此非生天、生地、生人、生物原初之陡斯，其疇足以當此？吾西國有史能誌開闢之初，當未有天地人物之先，有一全能者罷德肋，化成天地，創造人物。爰生一男名亞當，一女名厄襪，以爲我人類之祖。罷

〔一〕「袠」，同「帙」。
〔二〕「駴」，同「駭」。
〔三〕「也」，宋氏抄本作「矣」。

德肋譯言父也，即陡斯之謂。蓋陡斯之造天，所以覆我人；造地，所以載我人；造萬物，所以養我人。故造成天地萬物，總爲我人類而設。而人獨靈於萬物，感其覆載生全安養之恩，莫能報謝，爰總呼之爲罷德肋云。罷德肋之全能，既於無中化成天地萬物，輒於其中摶一泥土，付之靈性，曰亞尼瑪，即成亞當，爲男。又取亞當一肋，付之亞尼瑪，即成厄襪，爲女。又造無數天神，大小尊卑共有九等。一則隨從陡斯，侍衛於十二重之永靜不動天，以爲役使；一則暗偕我人，爲我照護引治，以爲當身之諳若。史載陡斯造成天地神人萬物之功，甫及七日而畢。於是，置亞當、厄襪夫婦二人於美囿良和之隩，名曰地堂。令之不耕而食，不織而衣，無疾病苦楚患害，一切禽獸蟲畜之類，蔑不服順。祇示一命，俾其敬遵弗違，約期至日，還歸天鄉，永享福樂。此之爲恩，又何如其洪大也。無柰二祖，偶爲傲神露祭弗爾所誘，乃犯逆陡斯誡命，故從茲以後，致干天怒，而天之降罰世日以重也。』因出天主十誡示余。誡之條有十，總歸二者而已：曰欽崇一天主萬物之上，曰愛人如己。且曰：『此在昔天主降諭，令普世遵守，順者升天堂受福，逆者墮地獄加刑。』」

余曰：「所稱天主即陡斯乎？」

曰：「然。」

曰：「奚不仍稱陡斯，而胡易以天主之名爲？」

曰：「此中難明陡斯之義，不得不借天地人物之主，而從其大者約言之耳。其實，吾西國原無是稱。此中不嘗曰帝者天之主宰乎？單[一]言天非不可，但恐人錯認此蒼蒼者之天，而不尋認其所以主宰，是天者似涉於泛。故於天加一主字，以明示一尊，更無兩大之意。且主者視父尊嚴，專操賞罰之大權，不獨偏施生全安養之恩而已也。」

曰：「此正與吾書所言：『惟上帝不常，作善降之百祥，作不善降之百殃。』[二]其義適相吻合，可以窺賞罰之大指矣。

[一] 「單」，宋氏抄本作「但」，非是。
[二] 尚書伊訓。

然即易之以上帝之稱，似無不可，而胡必欲名之天主，以駭人之聽聞？」曰：「初意亦以上帝之號甚當也。比見此中廟貌甚多，稱上帝者甚夥，余以爲上帝之廟貌也，竊喜此中人知敬天矣。乃徐察之，則率以人神而謬擬之，如玄天上帝之類，不可枚舉。私又愳〔一〕其混也，以人儕天，故卒不敢以褻吾陸斯之尊稱。要之，果真知其爲生天、生地、生人、生物之主宰而畏之，而愛之，而昭事之，則謂之天也可，天主也可，陸斯也可，上帝也亦可，而奚拘拘於名號之異同哉？」

余於是洗然若有以自新也，灑然若有以自適也，而又愀然若無以自容也，曰：「嗟乎！今而後余始知天命之有在矣，余始知天命之果不爽矣，余始知天命之真可畏矣。」嚮者誦吾孔子之言，曰「君子有三畏」，以爲此學者攝心法耳，而孰知千古作聖之心法也？夫士希賢，賢希聖，聖希天。〔二〕固未有不希天而可作聖者，然焉有不畏天而可希天？又焉有不知天命而能畏天？故既而惕之曰：「小人不知天命而不畏也。」夫既讀聖賢書矣，疇肯自甘於小人？然試一問其能畏天乎？則或敢即應之曰：「畏。」試又轉問其知天命乎？則或者弗敢直任以爲知也。何者？天命果易知乎？將孔子天縱之聖，必先知之蚤矣，胡以自言「五十而知天命」？孔子五十而知天命也，天命不易知矣。夫天下事，苟欲知之，未有不留心究徹而遽能曉然也者。況天命何事，有未曾一留心焉而能即知者乎？夫不知而胡以曰畏也？不畏而胡以自免於小人？君子、小人，只在一念畏不畏分途，此其際不甚嚴哉！然謂君子、小人，止以定人之品，猶就是非論也。固有不顧是非而肆無忌憚者，亦何所畏？誰知降祥降殃，天命赫赫，不可禱之，賞罰即於此畏不畏時定之。故知命君子，懷刑與懷德之念並急。懷刑者不但畏世主之賞罰，實以畏天主之賞罰。而懷天刑之念，正其「畏天命」之實功耳。孔子折王孫賈「奧竈」之問，明明以天之威命靈爽不可禱者，攝服小人之膽。而解者乃謂「天即理」也，權奸寧知畏理乎哉？只以天言，說理得，說

〔一〕「愳」，「懼」之古字，宋氏抄本作「想」，因形近而訛。
〔二〕「士希賢，賢希聖，聖希天」，見周敦頤通書志學，原作「聖希天，賢希聖，士希賢。」

道得，説蒼蒼亦得。天而繫之以命，則律令靈[一]威，有以所[二]命之者，則必有所以出，是命者所謂主也，有不敢不畏者在矣。試問瞻宮闕則起敬，入公門則起敬，遇君位則起敬，有明知天子儼然在位，天威只[三]尺，賞罰森嚴，而敢不畏焉者乎？嘻！世之人止知地上有主，而不知天上有主；止知地上主賞罰可畏，而不知天上主更有真正大賞罰之更可畏。惟其不知天上有主，故謬爲之説：有指天爲積氣者，有指天地爲氣機之自動，自然而然者。因不知主，並不知有賞罰，遂指一切福善禍淫之應，與災祥之示，率諉之天行、天運、天數之適然；或且妄謂並天不自由，而皆出於天命之自然、當然，其勢不得不然，而莫測其所以然。一似蒼蒼之表，冥然空虛，全無一主宰之者。長天下後世無忌憚之習，皆此説恣之也。識者自可察其謬妄，無足深辨，今第約略言之。使天果積氣乎？氣即積久，亦未有不散者。胡爲乎萬古恒如斯？且日月星辰之昭垂者，胡其布置位列，毫髮不爽，從無一日一時之散亂錯動也邪？就使爲氣機所動，自然而然，借問起初使之自然而動者爲誰？今人見風鳶淩空而起，乘風而動，以爲是氣機所使，自然而然乎。然誰製風鳶？誰提綫索？誰促之乘風而動也耶？則必有所以使之者矣，不可謂無主人翁也。

嗟夫！覩門庭之巍焕，窺堂奥之静深，與夫鐘鼓器具之森列，雖未目擊主人翁之儀容乎，諒無不信有主人翁在。乃今天如此其高明也，地如此其博厚也，日月星辰、山川草木如此其照曜而充[四]鬱也，疇爲開此？疇爲闢此？疇爲生養而安全此？信非生天、生地、生人、生物起初之陡斯，決無能辨此者。而反疑穹[五]窿之上，祇蒼蒼之積氣，而無一主宰之者。噫！亦愚甚矣！果明知其有主，則一切災祥禍福，寧可漫付之運數哉？故明乎天之有命，明乎天命之出於天主，明乎天

[一]「靈」，宋氏抄本作「虚」，因形近而誤。
[二] 原文如此。「以所」，依下文似當作「所以」。
[三]「只」，通「咫」。
[四]「充」，宋氏抄本作「克」。
[五]「穹」，宋氏抄本作「穷」，因字形而誤。

主之命之無不善，無可違，無所禱，則雖欲不畏烏乎敢？蓋天既有主，則不得徒視爲形色蒼蒼之天。主而冠之以天，則一尊而更無兩大。詎但一人一家一國之主，莫之敢並，即一世之共主，千萬世之共主，莫不在其統領綱維中，同受其賞罰也者。縱生知安行之聖，出有入無之神，亦不過全能中所造萬類之一類。第出乎其類焉耳，而豈可以爝火比太陽，蹄涔擬滄海乎？彼媚佛、媚仙、媚神鬼者，正「奥竈」之故習也。正吾孔子之聖所謂獲罪於天者，又安可踵而行之哉？況不知有真主，而漫焉不畏者，其罪猶小；乃明背真主而反媚篡弒之強臣以爲主，此其罪可禱邪？不可禱邪？

吾中國自伏羲、堯、舜而後，代有正統，主維一真。迄周末之季，十二侯王各相雄長，幾不知有周天子也者。然周天子雖徒擁虛器乎？而諸侯王有能朝周知尊奉正朔者，則諸國莫不相與推爲盟主。其臣能使厥辟尊周無貳者，天下後世猶咸美其王佐之才。蓋人心雖當式微淩夷之際，隱隱一念，猶咸知[一]有真主在也。迨至戰國而澌滅極矣，亂臣賊子，楊墨邪説，遂充塞乎仁義。孟軻氏辭而距之，而其功不在禹下。然而篡逆者踵相接，謬認篡逆爲主、甘心事賊者亦踵相接也。夫身爲篡逆，僭竊真主之權，假其名號而自立，罪固不容於堯舜之世矣。明知篡逆之非，真主徒怵於恐喝之威福，又或迫於附和之脅從，甚或殫精竭力，反排抑正人，誅鋤忠良，蔑[二]棄真主之倫常，稱頌篡逆之功德，以自附於股肱心膂，此其罪能容於堯舜之世乎哉？彼貿貿無知之氓，相率從逆，無足深責。獨怪讀聖賢書，翻爲篡逆之忠臣乎，於篡逆名忠，於真主必爲賊，至無上至無等也。孔子所云「獲罪於天，無所禱」者，正指乎此。倘一捫心，應自咋舌，奚俟余言之諄諄？

夫世上主不可篡，天上之主可篡乎？篡世主者罪不容，篡天上主者可容乎？事篡世主[三]者罪不可禱，豈事篡天之主

〔一〕宋氏抄本脱「知」字，句意難通。
〔二〕「蔑」，宋氏抄本作「彼」，非是。
〔三〕原抄本無「主」字，當依前後文之意補。

者福獨可徼乎？甚矣！他媚者之惑也。佛氏哆云：「天上地下，惟我獨尊。」爲之徒者，尊而信之，位於諸天之上，且謬謂此蒼蒼之天，乃四天下之一天云耳。此外一天下積而數之至於千，乃爲小千世界。又從一小千積而數之至於千，乃爲中千世界。又從一中千積而數之至於千，始爲大千世界。佛乃獨超三界之外，而三界億萬諸天，皆拱立於梵王之側。梵王於佛，猶在弟子行，則佛視諸天之主，如周天子之視八百諸侯，猶不啻也。間有讀吾聖賢書者，亦復淡泊吾聖賢畏天愛人之説以爲常，而反信其虛恢〔一〕之譚，以爲佛之尊，不但在諸聖之上，抑且在諸天之上，遂亦相率尊而信之，謂爲聖中之聖，天外之天，堅不可破云。夫聖中聖，天外天，此兩言者聊以表天主之德也則可，而乃以之佞佛，謬甚矣！僭甚矣！不倫甚矣！姑無論傲爲兇德，一傲而諸德盡喪。佛氏之傲然自尊，正與聖不自聖者相反。試觀從古帝王賢聖，有一不尊天者乎？佛不但敢於不尊天，而且自尊於諸天之上。若視天甚卑甚小，不敢仰望焉者，世有此等聖人乎？若者不第不得名聖，且必爲諸聖所棄逐，矧敢云聖中之聖乎哉！矧可稱之曰天，且尊稱之爲天外天耶！如果爲聖中之聖，則讀聖賢書者既知有此至聖矣，胡不師佛而乃師孔子？果不止尊如天，且爲天外天，則帝王相傳，胡不曰奉佛承運，而必曰「奉天承運」？豈其所尊信在彼，而所崇奉顧在此耶？不亦不情之甚乎哉！夫以千古帝王賢聖從來所尊事之天，敢於卑小視之，以極擬一己之尊大，此固露祭弗爾之傲態乎。天上主應自有誅篡法，吾不敢知。即彼爲之徒者，崇信其説而推尊之，猶無足怪。獨怪夫讀聖賢書者，捨吾聖賢帝王所尊事之天不畏，而反佞佛、媚佛若此也，不知出吾聖賢何書乎？故新莽篡漢，一時稱功頌德者〔二〕四十八萬七千餘人，史不之書也。而紫陽綱目，獨於劇秦美新之人，筆之曰莽大夫揚雄死，〔三〕其所以誅亂臣賊子之於

〔一〕「虛恢」，宋氏抄本作「虛無」。
〔二〕「者」，宋氏抄本作「有」。
〔三〕事见朱熹（别號紫陽）編纂資治通鑑綱目卷八。

讀聖賢書者，最深且嚴。嗟夫！人流之抗罔〔一〕，無罪不犯；巧奪人世，猶未饜足，至敢於圖僭天主之位而欲越居其上。而聰明才智之儒，又爲之吹〔二〕其脣而助其燄，不顧叛我聖賢帝王所昭事之真主，而反作彼之忠臣，吾不知視莽大夫有異乎。

夫人知事其父母，而不知天主之爲大父母。人知國家有正統，而不知天主統天之爲大正統也。不事親不可爲子，不識正統不可爲臣，不事天主不可爲人。試觀今之世，小吏聊能阿好其民，便稱父母，建祠立像，布滿郡縣，而佛殿神宫徧市彌山不止也。豈其天主至尊，無一微壇以瞻禮敬事之乎？以化生天地萬物大公之父，又時時主宰安養無上之共君，羣世人而莫之仰，莫之奉也，不將無父無君至無孝至無忠乎？忠孝蔑有，尚存何德哉？夫天主化成天地萬物以養我人，而人無一物奉天主，乃並天主所賦一點靈心，不歸嚮天主，而反歸嚮乎莫知〔三〕爲誰之傲魔。試一反之，此中能安邪？不能安邪？

疑之者謂：「天漠漠耳，蒼蒼耳，無頭無腹，無手無足，其高廣不知其幾千萬里之大也。而謂儼然一人像，而手撫天地，誰其見之？誰則信之？吾儕擡頭見天，衹知拜天而已。今又於天之上，猥云有主。不但此中從所未見，亦從所未聞也。而一旦欲其信從而無疑，不亦難乎？」

噫嘻！世之人信耳目而不信心也久矣，輒以耳所習聞者爲常，以所不習聞者爲怪；以目所習見〔四〕爲有，以所不見者謂爲必無。故謂天爲漠漠然，無與世人之殃祥善惡也者，褻天、棄天而甚且逆天，無足論矣。間有良心不昧，夫亦知事天矣，乃徒知事蒼蒼有色之天，而不知天之上更有主也。何異遠方之氓，忽至長安道上，驚見皇宫殿宇，巍峩巀嶪〔五〕，則施禮而拜曰：「吾拜吾君。」是以宫闕爲其主也，詎知宫闕之内，固自有真主在乎？夫真主深居大内，原非人人可得習見。彼

〔一〕「罔」，宋氏抄本作「岡」，非是。
〔二〕「吹」，宋氏抄本作「吮」，因形近而誤。
〔三〕「知」，宋氏抄本作「之」，非是。
〔四〕依前後文意，「習見」之後似脱漏「者」字。
〔五〕「巀嶪」，宋氏抄本作「嵽嵲」。

宰臣侍從，始得目覩清光，親被寵眄。下此而追隨簪紱鴛鷺之班聯者，亦或竊幸快覩其睟穆。海濱草野之愚民，委難見也。雖則不見，豈可不信其有乎？不信其有，必至犯法干令，直待斷罪於闕下，然後信其有，悔其罪乎？晚矣！晚矣！惟智者不信耳目而信心，乃能推見至隱。視此天地高廣之形，而遂知有天主主宰其間。故肅心持志，而獨欽崇一天主萬物之上。

客曰：「平治庸理，惟竟於一，故賢聖勸臣以忠。忠也者，無二之謂也。五倫甲乎君，君臣爲三綱之首。夫正義之士，此明此行。在昔值世之亂，羣雄分爭，真主未決。懷義者莫不深察正統所在，則奉身殉之，罔或與易也。邦國有主，天地寧容無主？國統於一，天地寧容有二主乎？天上有主，智者固深信而無疑矣。然天下萬國九州之廣，或天主分委此等佛、菩薩、神仙諸名聖，保固各方。如天子宅中，而遣官布政於九州百郡然者，亦未可知，何吾子闢之之深也？」

曰：「主既惟一，教豈有二？天主非若地主，但居一方，不遣人分任，即不能兼治它方者也。彼其知能無限，無外無爲而成，無所不在。所御九天萬國，體用造化，比吾示掌猶易，奚待彼流人〔一〕代司之哉？且理無二是，設天主之教是，則它教非矣；設它教是，則天主之教非矣。朝廷設官分職，咸奉一君，無異禮樂，無異法令。彼佛氏之教，不尊天主，惟尊一己〔二〕焉耳，己〔三〕自昧於大原大本，所宣誨諭，大非天主之制，具可謂猖狂自任，豈天主委任之乎？黃老神仙之屬，竊天地之機，盜造化之精，以自養其身形，雖未合乎大道爲公之旨，然猶每每尊天而弗敢自尊，故君子亦不概爲深罪。獨怪夫佛之猖狂自任，政不奉朝廷之正朔者也。有忠義之心者，方將聲罪致討之不暇，寧肯借朝廷之名器爲之寬假乎哉？蓋擇主而事，

〔一〕「人」，宋氏抄本作「入」。
〔二〕「己」，宋氏抄本作「已」。
〔三〕「己」，宋氏抄本作「已」。

良臣之哲，從違一判，忠佞立分。彼佞佛之切〔一〕而自以爲至善利者，不猶事篡逆者彌竭其忠、彌顯其奸佞乎？此正善惡分途之最關切〔二〕處，故不得不三致意云。」

客曰：「若然，則天主之與佛教，信薰〔三〕蕕之不可同器語矣〔四〕。乃天主之教，胡亦竊彼天堂地獄之誕言乎？吾聖賢書中，何獨無此『天堂』『地獄』之説？」

曰：「誰〔五〕竊誰耶？佛氏〔六〕西竊『天堂』『地獄』之大旨，而又妄附之以閉他臥剌謬語，增以輪迴六道妄言，以鼓動世人。其所以能鼓動世人之信從者，正此『天堂』『地獄』之説，有以欣發其良心耳。然徒知其名似，而實未灼見其真境，故其所説仍復狂誕不根，令有識者轉滋疑眩。乃今至疑天主之教竊彼誕言乎，是齊丘子翻誚景昇盜我化書〔七〕也，不亦可笑乎哉？姑先定賞善罰惡之定理，而後略述『天堂』『地獄』之真境，以破世儒之惑，於以明吾聖賢承天持世之大權。凡人之所以異於禽獸者，無大乎天賦之靈才。靈才者能辨是非，別真僞，而難欺之以理之所無者也。彼禽獸之愚，雖有知覺運動差同於人，而不能明達先後内外之理。惟人則超拔萬類，内稟靈才，外通物理，察其末而知其〔八〕本，視其固然而知其所以然。故能不辭現世苦勞，以專精修道，圖身後萬世之安樂也。靈才所顯，不能強之以殉夫不真。凡理所真是，我不能不以爲真

〔一〕「彼佞佛之切」，宋氏抄本作「彼佛之初」，語意不通洽。
〔二〕「關切」，宋氏抄本作「關切要」。
〔三〕「薰」，宋氏抄本作「熏」，非是。
〔四〕「同器語矣」，宋氏抄本作「同器而藏」。
〔五〕宋氏抄本於「誰」字前衍一「氏」字。
〔六〕「佛氏」，宋氏抄本作「佛氏」，非是。
〔七〕化書六卷，譚峭撰，收入正統道藏太玄部。譚峭，五代道士，字景昇，泉州（今屬福建）人。相傳譚峭曾以化書請南唐大臣宋齊丘作序，宋齊丘竟竊爲己撰，改書名爲齊丘子。後人知其原委，改復原名，稱譚子化書。有中華書局點校本。
〔八〕原抄本爲：「察其末而知其其本」。向達抄本注：原抄衍「其」字。

是；理所僞誕，我不能不以爲僞誕。捨靈才所是之理，而殉他人之所傳，無異遮日光而持燈燭也。語云：『鳥得羽翼，以翔山林；人稟義理，以窮事物。』故事物之折衷，論惟尚理焉耳。理之體用廣甚，雖聖賢亦有所不知焉。一人不能知，一國或能知之。一國之人不能知，千國之人或能知之。君子以理爲主，理在則順，理不在則咈〔一〕，其誰得而強之？今兹世人，所現居之界名曰「蒙鐸」。蒙鐸者，善惡未分之總稱，乃聖凡雜處，污潔並涵，憂樂交萃之所也。蒙鐸而上，天則高廣不知其幾千萬里，大略九重，最上一重名曰明光天，乃天上主臨莅之國，與原初所造九品天神，及諸後來畏天愛人，修德純備，升受天福之賢聖所居也，即世所稱『天堂』者是。蒙鐸而下，地則厚深約三萬餘〔二〕里，其中心最深暗處一窖，名曰萬苦聚，乃天上主所罰傲魔露祭拂爾與原初從惡之魔侶，及諸後來欺天害人，作惡貫盈，墮受天罰之罪犯所居也，即世之所稱『地獄』者是。比自開闢天地安立世界之初，即創置之若此矣。而天主所立十誡之後，又明明云：『順者升天堂受福，逆者墮地獄加刑』，其所從來久遠爲何如！夫此蒙鐸世界，不能有善而無惡也，則自不得不有賞而有罰也。勢也，理也，誰謂非至當不易之法則哉？顧現前之賞罰，小則官長操之，大則國君操之，然而非其至也。真正大賞罰，則惟天上主得而操之。即世所稱操賞罰之人，皆其所並受賞罰之人也。故曰：『惟仁者能好人，能惡人』，蓋惟天上主始可當仁者耳。不然，孔子既聖矣，何以云『若聖與仁，則吾豈敢？』〔三〕而則天之堯，始僅僅稱其仁如天也耶。夫世之人，總好人，總惡人，而不能直遂其好惡之情之實者，往往而是。試觀孔子，大聖人也，而未操賞罰之權，再四陳請，欲討一陳恒而不能，則其他可知。夫大夫能薦人於諸侯，而不能必其爲大夫；諸侯能薦人於天子，而不能必其爲諸侯，則其他又可知。矧推其極愛之情，欲其生而不能；推其極惡之情，欲其死而不能。不但不能，而反爲惑矣。然則世之好人惡人者多，而能好人能惡人者，固不數數見

〔一〕「咈」，宋氏抄本作「逆」。按：雖「咈」有違逆之意，然「咈」與「逆」究屬两字，不當改。
〔二〕「餘」，宋氏抄本作「約」，不可通。
〔三〕論語述而。

也。其惟仁者乎？其惟上帝之至仁者乎？

「書云：『惟上帝不常，作善降之百祥，作不善降之百殃。』此真正永遠大賞大罰之權輿也。而厥賞在於何所？則有前所稱明光之天堂在。厥罰在於何所？則有前所稱萬苦之地獄在。夫好惡少辟，且不能齊一家；賞罰不當，且不能行一旅；捨彰善癉惡之典，而欲齊家、治國、平天下，即聖哲不能也。而謂宰制六合之大主，獨無所操賞罰於其上，豈理也哉？理之所在，萬古不易。雖聖賢未言，聖賢弗能違天也。況吾聖賢隱意微言，亦自有不盡泯者乎？聖賢之教在經傳，其勸善必以賞，其沮惡必用罰也。舜典曰：『象以典刑，流宥五刑。』又曰：『三載考績，三考，黜陟幽明。』皋陶謨曰：『天命有德，五服五章哉。天討有罪，五刑五用哉。』益稷謨曰：『迪朕德，時乃功，惟敍。皋陶方祗厥敍，方施象刑，惟明。』盤庚曰：『無有遠邇，用罪罰厥死，用德彰厥善。』泰誓曰：『爾衆士其尚迪果毅，以登乃辟。功多有厚賞，不迪有顯戮。』康誥曰：『乃其速由文王作罰，刑茲無赦。』多士曰：『爾克敬，天惟畀矜爾；爾不克敬，爾不啻不有爾土，予亦致天之罰於爾躬。』多方曰：『爾乃惟逸惟頗，大遠王命，則惟[一]爾多方探天之威，我則致天之罰，離逖爾土。』此皆二帝三代所傳語也，則無不人人言賞罰矣。夫曰賞曰罰，豈其別無分疏安頓之處？故都俞吁咈於一堂，賡謌喜起，其諸聖賢聚樂天堂之景象乎！顯戮殄滅，代有刑人之所，其諸罪惡聚苦地獄之景象乎！第天堂之樂，更全更大更真，不但如世福之僅有其影；而地獄之苦，視人世之刑戮極嚴極備極永，尤可畏耳。今試就世法論之。小而郡邑，大而邦國，無不設立禮賢之館，刑罪之囹圄。而謂天上主宰治六合之大，反無一安頓善不善之處所耶？則天堂地獄，乃上帝陟善於明，黜惡於幽，最切最公之第一義也。聖賢即未言，可謂聖賢之缺典，胡可以明明不易之理，特因聖賢未言而弗信乎哉？況地獄之說，吾聖賢書中雖未顯見，而天堂之意義，則固有明載焉者，第讀者急在文，緩在意，弗及細思之耳。詩云：『文王在上，於昭於

[一]「惟」，原抄本作「推」，據尚書多方當作「惟」。

天。』『文王陟降，在帝左右。』又云：『世有哲王，三后在天。』〔一〕召誥云：『天既遐終大邦殷之命，茲殷多先哲王在天。』金縢云：『乃命於帝庭，敷佑四方。』夫在上、在天、在帝左右，非天堂之謂其何歟？而況明明言上帝之有庭，乃命於帝庭耶？

「夫既有天堂，則自然有地獄，二者不能相無，其理一也。如真文王、殷王、周公在天堂上，則桀、紂、盜跖必在地獄下矣。行異則受不同，理之常，何容疑哉？況顔貧夭，跖富壽，令不天堂不地獄也而可乎？大德受命，受命而德施彌溥，報以蒼梧伐木削跡之身，兩楹奠而素王終，即血食萬世，浪〔二〕得身後榮？聖人不起而享也，報在子孫乎？丹朱傲，外丙仲壬殤，伯邑考醢，奚報焉。惟是衍聖之爵延世，顧易世而子孫之面目名號賢愚好醜悉不可知，以代聖人受賞，此足以厚聖人乎？不天堂又不可也。說者謂秦餤酷而其義弗存，故吾聖賢書中不具載，然政不得因其不載而有疑，不然彼輪迴六道之誕言，凡出佛書無理之談，悉吾聖賢書中所不載，且皆有識之儒所力闢者，何世之人反信之而不疑耶？吾且就世人觖〔三〕望之情，而益徵天堂〔四〕之必有。凡物類各有本性，所嚮必至是而定止焉，得此則無復他望矣。人類亦必有止。然觀人之常情，未有以本世之事爲足者，則其心之所止不在本世也明矣。不在本世，非在後世天堂歟？蓋人心之所嚮，惟在全福。全福備處，是謂天堂。是以人情未迄於是，未免〔五〕有冀望焉。全福之内，□〔六〕壽無疆。人世之壽，雖欲信天地人三皇及楚之冥靈，上古大椿，其壽終有界限，則現世信有缺也，故世人往往呼本世爲缺欠世界。所謂世界無全福，彼善於此則有之。試

〔一〕詩經大雅文王之什。
〔二〕宋氏抄本於「浪」字前衍「孟」字。
〔三〕「觖」，宋氏抄本作「触」，因字形而誤。
〔四〕「堂」，宋氏抄本作「主」，非是。
〔五〕「免」，宋氏抄本作「能」，非是。
〔六〕「舍」，疑作「含」，待查考。宋氏抄本作「□」。

觀商賈殖貨之人，雖金玉盈箱，富甲州縣，心無慊足。又如仕者，躐身世之浮名，趨明時之捷徑，惟圖軒冕華袞爲榮；即至於垂紳朝陛，晉職臺堦，心猶未滿；甚且極之奄有四海，臨長百姓，福貽子孫，其心亦無底極，焉非人心之果無厭足也。現在原人之僑寓焉耳。無限之樂，無疆之壽，悉在本鄉天堂。故一蚊之小，不足飽龍象；一粒之微，弗克實太倉。古聖有悟此理者，瞻天歎曰：『上帝公父爾，實生吾人輩於爾，惟爾國能滿吾心也。』人不歸爾，其心詎能安足哉？經曰：『天堂之樂，天主所備以待仁人者，目所未見，耳所未聞，人心所未及忖度者也。』夫欲度天堂光景，且當縱目觀茲蒙鐸世界。見在奇麗之景，多有令人歎息無已者。曰：嗟乎！吾主爲我此賤軀，與以多且大恩賜，一至於此。如天地、氣海、晦明、寒暑、霜雪、雨露、鳥獸、魚鼈〔一〕、草木，至備矣。所備於天境，聖賢面爾之所又何如？圈牢中若此多且厚，帝庭當何如？涕谷若此大樂，諸樂之真境更何如？今所並賜仇者、友者若此豐隆，身後特賜友者更何如？不信爾言，不從爾道，賜享天地間諸福已若此；所預備以報信爾言，尊爾命，從爾道者，豈不尤盛大而無比乎？必也常爲暄春，無寒暑之迭絫〔二〕；常見光明，無暮夜之屢更；其人常快樂，無憂怒哀哭之苦；常舒泰，無危陷〔三〕；韶華之容常駐不變，歲年往來，大〔四〕壽無減；周旋左右於上帝，世俗之人烏〔五〕能達之？烏〔六〕能言釋之哉？

「吾輩拘於目所恒睹，不明未見之理。比如囚婦懷胎，產子暗獄，其子至長，而未知日月之光，山水人物之嘉，祇以大燭爲日，小燭爲月，以獄内人物爲齊整，無以尚也，則不覺獄中之苦，殆以爲樂，不思出矣。若其母語之以日月之光輝，貴顯之

〔一〕「鼈」，宋氏抄本作「䵳」。
〔二〕「絫」，説文厽部：「絫，增也。」宋氏抄本作「易」，非是。
〔三〕「陷」，宋氏抄本作「害」。
〔四〕「大」，宋氏抄本作「夭」，語義不洽，非是。
〔五〕「烏」，宋氏抄本作「鳥」，非是。
〔六〕「烏」，宋氏抄本作「鳥」，非是。

粧飾，天地境界之文章，廣大數萬里，高億萬丈，而後知容光之細，桎梏之苦，囹圄之窄穢，則不肯復安爲家矣，乃始晝夜圖脱其手足之桎梏，而出尋朋友親戚之樂矣。世人不信有天堂也，因不信有身後無窮之真樂，而遂以現在之苦世，恬然爲樂地也。悲哉！囚子之見也。

「夫經中稱天堂之景有曰：『居彼之處，一切聖神具無六禍，此世中無人無其一；具有六福，此世中無人有其一。』六者云何？一謂聖城，則無過而有全德也。二謂太平域，則無危懼而恒恬淡也。三謂樂地，則無憂苦而有永樂也。四謂天鄉，則無冀望而皆充滿也。五謂定吉界，則無更變而常定於祥也。六謂壽無疆山，則人均不死而常生也。壽無疆則並前諸福，俱永久不滅，此天主切答仁人之情也。其詳悉具畸人篇〔一〕內。

「又試略述升天堂者，尊榮之旨焉。蓋升天堂之人，靈神既飽飫〔二〕於真福，其光輝吉樂因達於肉身。肉身之福，據其本性，亦罔不備。姑以世所謂福者略喻之。夫人精神強固，百疾不侵，氣度舒和，體貌精美，神心睿智，事物之理，澄然融會，視聽言動，絶無欲牽，充積於德，大定於善，又加富足尊貴，顯榮安樂，此皆世俗所謂身中身外之吉祥者。但此諸種種福，在此塵世則暫福也。居世之人，又僅獲其纖毫。惟是永居天堂者，始得其真且全。蓋肉身〔三〕躋此，百體固強，無受損害，常生不死，四肢協稱，無餘無虧，放有光明，七倍於日，周旋六合，不待俄頃，速如心目，透山入石，竟無留礙。非若今日之肉身，飢思食，渴思飲，寒思衣，勞思逸，必有待而然者也。其靈神親見天主無窮能性，悉得洞曉，無復疑滯；大定於善，無復更易。此時〔四〕寓居靜天。靜天之境，高峰華麗，固非世主珍寶翫好，瓊宮瑤宇所可仿佛其萬一。所伴侶者，天神與萬世之聖

〔一〕當指利瑪竇撰述之畸人十篇，有萬曆戊申（公元一六〇八年）刻本，後由李之藻編入天學初函。

〔二〕宋氏抄本「飽」字之後脱「飫」字。

〔三〕「肉身」，宋氏抄本作「因身」，非是。

〔四〕「時」，宋氏抄本作「昔」，非是。

神，相爲昆弟，相親相愛，如一身心。共是共非，共愛共惡。其人之所願，惟天主之所願，而分外無復有願。凡所願，巨細無一不遂。凡所欲爲，賴天主之全能，無不能爲。此其富足安逸，無以復加。此皆天主鍾愛之子，天神契悦之友〔一〕也。尊榮孰大？於是諸人還想此等光景否？吾夫子云：『不怨天，不尤人，下學而上達，知我者其天乎？』夫上達者，其即上達此天堂乎？不然孔子一生周流困苦，既〔二〕歎『莫我知矣』，何以又云『知我其天也』耶？他日又云：『君子上達，小人下達。』〔三〕上下懸隔，寧非天堂、地獄之定界歟？何者天堂？非他，乃古今仁義之人所聚光明之宇。地獄亦非他，乃古今罪惡之人所流穢污之域。彼既升天堂者，已安其心乎？善不能易矣。其既墮地獄者，已定其心乎？惡不克改也。

「今吾中處，烏可不定心於德？烏可不速改其不善？烏可不長近仁義之君子？烏可不遠避罪惡之小人？烏可不時時望嘗〔四〕天上之永福？烏可不刻刻愳〔五〕墮地中之永殃？夫吾輩不知天命，不知真正大主之可畏，即妄自謂我爲善而不爲惡也，我不敢信。乃既知有天命之可畏矣，而悠悠忽忽，日復一日，爲善不誠且不堅，去惡不猛且不力者，正不知此身後天堂地獄，上無所望，下無所畏焉耳。倘誠真知其必有，即不望天堂乎，寧能不畏地獄也耶？夫地獄與天堂正相反者也。天堂，安於靜天九重天之上，最爲清朗；地獄，置於地中最下之處，最污暗也，其苦難之態，固非口舌可罄其萬一者。凡天上主所自造之物，如天如地如海，皆甚大甚備，皆足顯無涯之智能也。地獄之苦及甚盛義〔六〕怒刑罰，亦必顯其無量之智能。即其甚大甚備，可想見矣。

〔一〕「友」字之前，宋氏抄本衍一「良」字。
〔二〕「既」，宋氏抄本作「即」，因字形而誤。
〔三〕此處引文均出自論語憲問。
〔四〕「嘗」，宋氏抄本作「當」，因字形而誤。
〔五〕「愳」，乃「懼」之古字，宋氏抄本未辨，因字形相近誤作「想」。
〔六〕「及甚盛義」，宋氏抄本作「及其盛」，且「盛」後脱「義」字。

「蓋本世之患，有息有終；地獄之苦，無窮無間。厥苦〔一〕多種，總歸於二：一謂覺苦、一謂失苦。覺苦者，寒火、飢渴、臭穢、暗冥、憂懣，與凡一切能致痛楚之刑。此類之苦，地獄甚備甚大。凡世間所謂苦者，以是苦視之，悉不爲苦，正如畫物與真物也。是爲外患。失苦者，則失天主，因失天上諸慶〔二〕福永不復得之悲憂也。是爲内禍。兩苦並大，失苦更深。罪人所傷痛，尤莫深乎所失之巨福也，故常哀哭自悔曰：悲哉，吾生前爲淫樂之微，失無窮之福，而溺於此萬苦之聚谷乎！今欲改過免此而已遲，欲死而畢命以脱此而不得。蓋此非改過之時，乃天主公法所使以刑具苦痛其人，不令毁滅其體，而以悠久受殃者也。

「此處之掌戮，則鬼魔也。其惡劇大，甚強有力，酷虐無比。其恨我人類最深，無絲髮慈愍。凡所能加，惟力是視。其所加苦難，又孰尚乎？夫世苦〔三〕雖大，或有他慰。即無他慰，尚有有限之慰。地獄之苦，既猛且大，而又無限。入者知不能出，故悉無復脱之慰，而有永永〔四〕不能脱之苦憂。吁！可畏哉！

「世人或見罪人犯科，不見即受罰，將曰：『造化茫茫，原無主宰；善未必榮，惡未必罰，修德何益？爲惡何損？』又或見柄世權者，賞罰偏私，則以省疑造物主原弗〔五〕理視世事。或又解之曰：『此天之未定焉。』噫！豈知造物主之定賞定罰，固在此身後哉。嗚呼！柄世權者之賞罰，縱不偏私而公平乎，其所褒貶功績與否，亦維耳目是憑信耳，無審據者弗克洞燭也。民之庸情，有所妒憎，則泯其善，揚其惡，壅蔽莫達。有所親愛者反是，則在上者，時或不能周悉其人之功罪，何能盡得法意？豈惟人乎，己亦掩已矣！雋德之精，多含於内，不露於外，發外者德之餘耳，非其人易粉飾焉。善者彌誠

〔一〕「苦」，宋氏抄本誤作「若」。
〔二〕宋氏抄本脱「慶」字。
〔三〕「世苦」，宋氏抄本誤作「世者」。
〔四〕「永永」，宋氏抄本作「永」，脱一「永」字。
〔五〕「弗」，宋氏抄本作「非」。

彌隱，己德不但曰〔一〕隱也，且不有其德也。人與己不知之，則疇從而褒之？惡慝之恨，素釀於心，不洩於外，見外者慝之末耳，詐善者不難文藏焉。惡者滋熟〔二〕滋匿，己〔三〕慝豈但曰匿也，且不覺爲慝矣。人與己弗達，又誰從而貶之？夫己自蘊蓄己不有之，同類之人又覆蓋之，秉法君臣不及盡知之，非天上主明威神鑒，豈得按審無爽也哉？

「乃世之儒者，侈爲高遠之談曰：行善而望天報，此非德，乃利也。爾行德，不望天報，不尤精美乎？此言似高遠，似乎引人進於至德，而其實使人怠於修德，誘人恣行諸惡者也。何者行德爲德？此物此志洵美矣！第非聖人弗及此也。即聖人之行德也，其大意悉爲上帝，爲德美，特不汲汲望世報耳，亦何嘗不希望於身後之天報？況衆人乎，非望福安能策怠？勵行德之苦，謝隨世之樂，非畏害安能去惡克己〔四〕乎哉？今信有主有報，猶多自欺、自恕、自縱、自怠，難於精修，況去主報歟？又有拘儒，狃於成說，曰：『善惡必報』信矣，第在本世，或不於其身於其子孫耳，何必〔五〕言天堂地獄？豈知本世之報甚微，不足以克人心之欲，又不足以盡償誠德之功，且不足以顯上帝賞善之力量也。公相之位，極重之酬矣，若以償德之價，猶爲萬不償一，天下固無可以償德之價者也。修德者雖不望報上帝之尊，豈有不報之盡滿者乎？王者酬臣之功，賞以三公至足矣。上帝之酬，而於是止乎？人之短於量也如是。夫世之仁者、不仁者，皆屢有無嗣焉者，其善惡何如報也？我自爲我，子孫自爲子孫。夫我所親行善惡，〔六〕盡以還之子孫，其可爲公乎？且問天主既能報人善惡，何能報其子孫，而不能報及其躬？苟能報及其躬，又何爲遠俟其子孫？且其子孫又有子孫之善惡，何以爲報？亦將俟其子孫之

〔一〕「曰」，宋氏抄本作「内」，非是。
〔二〕「熟」，宋氏抄本作「热」，因字形近而誤。
〔三〕「己」，宋氏抄本誤作「已」。
〔四〕「克己」，宋氏抄本誤作「克已」。
〔五〕「必」，宋氏抄本作「比」。
〔六〕此句至「何能報其子孫」之前，宋氏抄本脱二十一字。

子孫以酬之歟？我爲善，子孫爲惡，則將舉我所當享之賞，而盡加諸其爲惡之身乎？可爲義乎？我爲惡，子孫爲善，則將舉我所當受之刑，而盡施諸其爲善之躬乎？可爲仁乎？非但王者，即霸者之法，罪不及胄。天主捨其本身，而惟胄是報耶？則信哉天堂地獄之賞罰，爲天主至公至仁至義之大典，毫無可疑〔一〕焉者。倘必執佛氏六道輪迴之說，而概疑天堂地獄爲誕言，且出自佛言，反久相信從；出自西儒天主之教，反執不相入，是許刼盜殺人，而不許士師之殺人也，不亦惑乎？」

客曰：「吾子已曾見有天堂地獄乎，而必曰有？」

曰：「世之儒已曾見無天堂地獄乎，而必曰無？夫死後無永報，必天壤間無主也。果有天地人物之真主，身後必有善惡之永報矣。倘曰必待死後，既親見，吾則信焉，則先失天堂之永福，墮地獄之永苦，而後始信實有天堂地獄，豈不甚晚？縱信將何益耶！常見聰明智慧之儒，靈才所具，亦既實見至理，深信天堂地獄之必有矣；而狃於俗情，不肯急遷其善，急滌其惡，謬自寬解曰：『天主之教，固甚精美矣，第吾儕儒也，姑不從信，不知者或不罪乎？』夫朝廷設立大法，原欲人人遵奉，豈惟是知法犯法者方罪，而鄉愚無知之人可以其未曾讀律知法，輒縱容其刼盜殺人之罪而不之罪耶？噫！寧獨天不可欺〔二〕，想自心亦不能自欺。掩耳盜鈴，知必嘿〔三〕然而自笑也。」

客曰：「行善以致現世之利，遠現世之害，君子猶且非之，吾子何諄諄論來世之利害爲？」

曰：「來世之利害甚真大，非今世所可比也。吾今所見者，利害之影耳。故今世之事或吉或兇，俱不足言也。吾聞師之喻曰：『人生世間，如俳優在戲場；所爲俗業，如搬演雜劇。諸帝王、宰官、士人、奴隸、后妃、婢媵，皆一時粧飾之耳。

〔一〕「可疑」，宋氏抄本脱「可」字。
〔二〕「不可欺」，宋氏抄本作「不欺」，脱「可」字。
〔三〕「嘿」，同「默」。

則其所衣衣，非其衣；所逢利害，不及其躬。搬演既畢，解去粧飾，漫然不復相關。』故俳優不以分位高卑長短爲憂喜，惟扮所承腳色，雖丐子亦真切爲之，以中主人之意而已。蓋分位在他，充位在我。吾曹在於茲世，雖百歲之久，較之後世萬禩[一]之無窮，烏足以當冬之一日乎？所得財物，假貸爲用，非我爲之真主，何徒以增爲悦，以減而愁？不論君子小人，咸赤身空出，赤身空返[二]，臨終而去，雖遺金千笈，積在庫内，不帶一毫，奚必以是爲留意哉？今世偽事已終，即後世之真情起矣，而後乃各取其所應得之貴賤也。夫世利最小，非他人貧，我不得富；非多人貧，我不得獨富；不取之此，不得予彼；世之利也，如是耳矣。吾所指來世之利，至大也，至真也，而實無相礙，縱盡人得之，莫相奪也。以此爲利，王欲利其國，大夫欲利其家，士庶欲利其身，上下爭先，天下方安方治矣。重來世之利者，必輕現世之利。輕現世之利，而好犯上爭奪，未之聞也。使民皆望後世之利，於爲政乎何有？先賢謂世界無全福，且無真福，蓋真福惟善人得而有之。世界之福，善與惡均受焉，甚且惡者反享福利，而善人弗得享也，則誰謂世福之果真哉？然則長生而享無窮之真福，信非身後之天堂、天主，無以酬善人矣。」

客曰：「常生而享無窮之真福，人所欲無大於是。第吾儒謂人死之後，魄歸於土，魂則無不之也，終歸散滅而已。則縱有真福，誰其得而享之？」

曰：「爲[三]此説者，是未知人魂之靈異，將等之於禽獸草木之魂，而概歸之散滅也。人有魂魄，兩者全而生焉；死則其魄化散歸土，而魂則常在不滅。必如是，然後善惡之報無盡，然後可以勸善而懲惡。顧猶有不覺不力者焉，藉其盡歸散滅，豈不令小人倖免而君子枉受爲善之苦勞乎哉？夫世界之魂有三品。下品名曰生魂，即草木之魂是也。此魂附草木以

[一] 「禩」，同「祀」。宋氏抄本作「祀」。
[二] 「返」，宋氏抄本作「还」。
[三] 宋氏抄本「爲」字前衍一「散」字，作「散爲此説者」，非是。

生長，草木枯萎，魂亦消滅。中品名曰覺魂，則禽獸之魂也。此魂附禽獸以長育，而又使之以耳目視聽，以口鼻啖嗅，以肢體覺物情，但不能推論道理，至死而魂亦滅焉。上品名曰靈魂，即人魂也。此兼生魂、覺魂，能附人長養，及使人知覺物情，而又使之能推論事物，明辨理義。人身雖死，而魂非死，蓋永存不滅者焉。凡知覺之事，倚賴身形。身形死散，則覺魂無所用之。故草木禽獸之魂，依身爲本情，身歿而情魂隨之以殞。若推論明辨之事，則不必倚據於身形，而其靈自在。身雖歿，形雖渙，其靈魂仍復能用之也。神故也，故人與草木禽獸迥不同也。

「蓋長育身體之事，無身體則無所長育矣。視之以目司焉，聽之以耳司焉，知覺物情之以四肢知覺焉。然而，色不置目前，則不見色矣。聲不近於耳，則聲不聞矣。嗅近於鼻則能辨，遠則不辨也。味之鹹酸甘苦，入口則知，不入則不知也。冷熱硬愞〔一〕合於身，我方覺之，遠之則不覺也。況聲同一耳也，聾者不聞。色同一目也，瞽〔二〕者不見。故曰覺魂賴乎身〔三〕，身死而隨熄也。若夫靈魂之本用，則不恃乎身焉。蓋恃身則爲身所役，不能擇其是非。如禽獸一見可食之物，即欲食不能自已，豈復能明其是非？人當飢餓之時，若義不可食，立志不食，雖有美味當前，不屑食矣。又如人身雖出遊在數千百里外，而此心一點默憶家鄉，則山川里社景物，靡不色色宛現目前，則此明理之魂賴身爲用乎哉！有夫〔四〕形之魂不能爲身之主，獨人之魂能爲身主而隨志之所縱止。故志有專向，力即從焉，雖有私欲，豈能違公理所令乎？則靈魂信專一身之權屬於神者也，不與有形者埒也。

「蓋物之生，一物惟得一心。若人之生，則兼有二心：獸心、人心是也。則亦有二性：一乃形性，一乃神性也。人之

〔一〕「愞」，同「懦」。宋氏抄本作「软」。
〔二〕「瞽」，宋氏抄本作「盲」。
〔三〕「賴乎身」，宋氏抄本誤作「賴乎自」。
〔四〕「有夫」，宋氏抄本作「夫有」。

遇一事也，且同一時也，而有兩念並興，兩相悖逆。如吾或惑酒色，既似迷戀，欲從忽又慮其非理，矢不肯從，從彼謂之獸心，與禽獸無別；不從彼謂之人心，與天神相肖也。夫人止一心乎？一時一事，不得兩情相悖並立。如目也，不能一時覩一物而並不覩之也。如耳也，不能一時聽一聲而並不聽之也。是以兩相悖之情，必由兩相悖之心；兩相悖之心，必由兩相悖之性。故着形之性，惟着形之事爲愛惡。而超形之性，則恒以無形之事爲愛惡。

「彼禽獸所貪娱者，惟味色、四肢安佚耳已；所驚駭者，惟飢勞、四肢傷殘耳已。是以斷曰：此諸類之性，不[一]神，乃着形之性也。若人之所愛惡，雖亦有有形之事，然德善、罪惡之事爲甚，皆無形者也。是以斷曰：人之性，兼得有形、無形兩端者也。此靈魂之爲神也，且如人觀百雉之城，可置之於方寸之心。非人心至神，何以方寸之地，能容百雉之城？能神所受者，自非神也，未之有也。形則有滅，神則烏得而散滅哉？

「今夫人心皆欲傳播善名，而忌遺惡聲。是故行事期協公評[二]，以邀人稱賞，或立功業，或輯書冊，或謀術藝，或致身命。凡以求令聞廣譽於後世，雖捐生不惜，此心人大概皆有之，而愚者則無，愈愚則愈無焉。試問死後吾聞知吾所遺聲名否？如以形論，則骨肉歸土，未免朽化，何爲能聞？維有靈魂常在不滅，所遺聲名善惡，實與我生無異。若謂靈魂隨死銷滅，尚勞心以求休譽，譬或置妙畫以己既盲時看焉，或備美樂以己既聾時聽焉，此聲名何與於我，而人人求之至死不休？彼孝子慈孫，四季修其祖廟，設其裳衣，薦其時食，以悦考妣。使其形神盡亡，不能聽吾告哀，視吾稽顙，知吾事死如事生，事亡如事存之心，則固非自國君至於庶人之大禮，毋乃童子之空戲也歟？

「夫靈魂者，正前所云天生[三]造成亞當、厄襪之身，而賜之以亞尼瑪者也。靈性一賦，常存不散。第善者藏心以德，似

[一]「不」，宋氏抄本作「非」。
[二]「評」，宋氏抄本作「平」。
[三]向達抄本注：「生」應作「主」，原寫本誤。

美飾之；惡者藏心以罪，似醜污〔二〕之，如兼金然。或以之造祭神之爵，或以之造藏穢之盤，皆我自爲之耳。然其藏穢盤獨非兼金乎？增光於心，則卒騰天上之大光；增瞑於心，則卒降地下之大瞑。誰能排此理之大端哉？」

客曰：「吁！今吾方知，人所異於禽獸者，非幾希也。靈魂不滅之理，甚至甚明矣。夫夫也弗信天堂之永福，〔三〕因弗信地獄之永苦，而實先自今同於禽獸草木也而可乎？然必何如而後可望天上之永福，可免地下之永苦？惟吾子昌言之。」

曰：「至大也，至難也，而實至平、至易也。『順天者昌，逆天者亡』，吾聖賢固常言之矣。今亦無他說，祇予前所常言『畏天愛人』四字而已。四字總括天主十誡之義。十誡云何？一欽崇一天主萬物之上。二毋呼天主名而設發虛誓。三守瞻禮之日。此三者，愛敬天主之事也。四孝敬父母。五毋殺人。六毋行邪淫。七毋偷盜〔三〕。八毋妄證。九毋願他人妻。十毋貪他人財物。此七者，皆推廣愛天主之心以愛人事也。右十誡，總歸二者而已：愛慕天主萬物之上，與夫愛人如己。此在昔，天主降諭，令普世遵守，順者升天堂受福，逆者墮地獄加刑。此教要也。其詳，另有專書備論。

「其工夫下手，則在先以聖水洗其習染之污，而以淨心歸誠於天主，痛悔其過而遷善焉。嘗譬此工如治圃然：先繕地，拔其野草，去其荊棘，除其瓦石，注其泥水於溝壑，而後蓺〔四〕嘉種也。學者先去惡，而後能致善，所謂有所不爲，方能有爲焉。

「夫天堂無窮之真福，世間絕無能比之美好也。故誡欲見此美好，先宜瞽；欲聞此美好，先宜聾；欲論此美好，先宜

〔二〕「污」，宋氏抄本作「恶」。
〔三〕「夫夫也弗信天堂之永福」，宋氏抄本作「夫人也弗信天堂之永福」。當以宋氏抄本爲是。
〔三〕「盜」，宋氏抄本作「窃」。
〔四〕「蓺」，宋氏抄本作「艺」。按：「蓺」似作「埶」。説文：埶，種也。若「埶」爲種植、播種義，則與後文語義允洽。

暗；欲得此美好，先宜失；欲嘗此美好之味，先宜不知味。何以故？不絶世見，不能見此美好；不絶世聞，不能聞此美好；不絶世論，不能論此美好；不絶世得，不能得此美好；不絶世味，不能嘗此美好。當其未學之初，習心横肆，其惡根固深透乎心，抽使去之，可不力乎？勇者，克己之謂也。既已知學矣，尚迷乎色慾，則何以建於勇毅？尚驕傲自滿欺人，則何以進乎謙德？尚惑非義之財物，不返其主，則何以秉廉？尚溺乎榮顯功名，則何以超於道德？尚將怨天尤人，則何以立於仁義？秬鬯盈以醯醢，不能斟之鬱鬯矣。知己之惡者，見善之倪，而易入於德路者也。欲剪諸惡之根，而興己〔一〕於善，須逐日再次省察。凡已半日間所思所言所行善惡，有善者自勸繼之，有惡者自懲絶之。久用此功，雖無師保之責，亦不患有大過。然勤修之至，恒習見天主於心目，儼如對越至尊，不離於心，狂念自不萌起。不須他功，其身莫之禁而自不適於非義矣。故改惡之要，惟在深悔。悔其昔之已犯，自誓弗敢再蹈。心之既沐，德之寶服可衣焉。

「夫〔二〕德之品衆矣，不能具論。論其綱，則仁爲要焉。得其綱，則餘者隨之。易云：『元者，善之長。』『君子體仁，足以長人。』〔三〕夫仁之説，可約而以二言窮之，曰：愛天主，而天主無以尚；而爲天主者，愛人如己也。行斯二者，百行全備矣。然二亦一而已，篤愛一人，則並愛其所愛者矣。天主愛人，吾真愛天主者，有不愛人者乎？此仁之德，所以爲尊。其尊非他，乃因上帝。故曰：仁，天之尊爵也。借令天主所以成我者，由他外物又或求得之而不能得，則尚有歉，乃皆由我心中一念，特在一愛云耳。孰曰吾不能愛乎？人人知愛，人人相愛，止一轉念間即是，孰謂不至平至易乎哉？然真愛天主者，必由畏起敬，由敬起愛；必顯其功德，揚其聲教，傳其聖道。其愛天主之效，又莫誠乎愛人也。所謂仁者，愛人。不愛人，何以驗其誠敬上帝歟？愛人，非虚愛，必將渠飢則食之，渴則飲之，無衣則衣之，無屋則舍之，憂患則卹之慰之，愚蒙

〔一〕「己」，宋氏抄本作「已」，因字形近而誤。
〔二〕「夫」，宋氏抄本作「失」，非是。
〔三〕周易上經第一乾。

則誨之，罪過則諫之，侮我則恕之。故經有形神哀矜之十四端，以着其愛人之實。

「果能畏天愛人，而實盡其道乎，無論異日者必升天堂，必不墮地獄；即今在生一日，將天之所以與我者庶幾不失，而於『仰不愧天，俯不怍人』之樂，不亦快然有契乎哉？此予小子日夜汲汲，寧棄其所已學、舊學、近學，而不顧好奇喜新之譏，且逢人舉似不厭諄復，不憚強聒，而每每闡譯之者，職此故耳。如謂『畏天愛人，吾聖賢久已言之，此中誰不知之？不必復事闡譯乎。』夫聖賢固已言之，然非徒言之而已也，亦非徒令人知之而已也，固欲人人日日設誠致行之。倘果人人日日設誠致行之，真不必復事闡譯；若猶未也，聖賢救世之念，迄今猶未滿也，即反覆闡譯庸何傷？況亦有聖賢所欲言而未嘗言者乎？稍有其書，稍有其言，便謂〔一〕已足，則堯舜之後，安用孔孟？真法堯、舜、孔、孟者，必不據堯、舜、孔、孟未盡之言，而詎人千里之外也。」

客於是洗然嘉歎曰：「嗟呼！悲哉！世人不爲二氏所誕誤，則蕩蕩如無牧之羣，直以苦世爲樂地天堂耳。今聆吾子反覆數百千言，句句依理而談，強於利刃剖我心疑多矣。且明論昭〔二〕然，欽崇一主，既開世人歸元之路；而力排邪說，極證人魂〔三〕不滅，與夫真正大賞罰之不爽，令人〔四〕既有所望，又有所畏，此仁人之用心歟？今而後，予蓋彌信吾子爲真善學聖賢人矣。請於異日，齋沐再叩，相與盡窮西儒未盡之奧旨。」

余曰：「嘻！有是哉，先生之虛也，輒肯不鄙余言之迂腐，而翻然改聽之若此。余不敏，雖不能盡窺西儒之奧乎，敢不罄竭愚衷，唯明問之是聽。」

〔一〕「謂」，宋氏抄本誤作「未」。

〔二〕「昭」，宋氏抄本誤作「照」。

〔三〕「魂」，宋氏抄本誤作「鬼」。

〔四〕宋氏抄本脱「令人」二字。

畏天愛人極論記言

畏天愛人極論者，所以論天之不可不畏，人之不可不愛。而凡學聖賢者，畏天愛人之功，必不可少也。然「論」焉足矣，而必曰「極」者何？蓋畏天愛人，本人人原具之良心，亦愚夫愚婦所可與知與能之平常事，而實千古希賢、希聖、希天者之真功用，衹在吾人一提醒轉念間耳。柰之何邪説充塞已甚，真心沉埋已深，錯認他人爲本生父母者已久，反遇本生父母而不認也。間有畏天命悲人窮者，非不時爲提醒，其如習念之猝不可轉，何徵不自揣思，欲解人之嘲？輒因畢己之愚，爰爲之反覆極論，以破其積習，以開其闇惑，以撥動其夙具之真心，而指之還家之路。故理所創聞，雖爲舉世所震駭，而實爲天地間之必不可無者，則不得不極論其是；理所偽誕，雖爲舉世所惶惑信嚮，而實爲天地間之必不可有者，則不得不極論其非是。

總之，欲吾四海兄弟，人人認得元初真父母，共盡昭事之道，以期偕歸本鄉云耳，無他腸也。縱高明君子，誚其狂，誚其迂腐，誚其蔓延僻俚而無當乎，吾惟盡吾畏天愛人一點不容已之心焉耳矣！知我罪我，夫奚卹？

時崇禎元年孟秋十有五日，書於景教堂。

卷九　天學二

仁會約[一]

仁會約引

嚮余爲畏天愛人極論，蓋有味乎西儒所傳天主教義，竭力闡明，用勖我二三兄弟之崇信。第論焉已耳，未克實行。即行矣，悠悠忽忽，未克力[二]。間即憤志力行乎，其力小，其行微，終未克約我同志，共捐全力，以暢我實行之志願。夫西儒所傳天主之教，理超義實，大旨總是一仁。仁之用愛有二：一愛一天主萬物之上，一愛人如己。真知畏天命者，自然愛天主；真能愛天主者，自然能愛人。然必真真實實能盡愛人之心之功，方是真能愛天主。蓋天主原吾人大父母，愛人之仁乃其喫緊第一義也。余故深信天主之教，最真切，最正大，最公溥，且最明白而易簡，乃人人所能行，人人日用所當行，人人時時處處所不可不急行者。

[一]　仁會約不分卷，明崇禎刻本，藏於巴黎國家圖書館，古郎（Gourant）編目號碼爲七三四八。原刻本封面標題爲仁會。有向達一九三七年抄本，及宋伯胤抄校本（簡称宋氏抄本）。宋氏抄本見宋伯胤編著明涇陽王徵先生年譜（增訂本），西安：陝西師範大學出版社二〇〇四年版。今據巴黎國家圖書館藏明刻本之影印本迻録，以宋氏抄本校。

[二]　據上下文，疑「力」字之後缺「行」字。

七克中云：聖若盎既耄不能多言，恒用相愛二字，勸其門人。習聞者頗厭之，問：「何故都無他教？」答曰：「此天主親命，獨行之足矣。」夫此道有四善：愚智俱識，至明也；一言可盡，至約也；貧富賤貴，少壯老病，悉能行之。天主經云：「我命不高不遠，在爾心中，至易也。」聖葉落泥曰：「相友愛，正我儕大益。天主又陳宏報以酬我，其慈無涯，至有益也。」嗟乎！人生世間，種種苦趣，不可勝言，疇克盡免？凡觸於耳與目者，那能弗惻於心？弗惻於心，非仁；惻於心，而不見之行，無濟於彼，猶非仁也。其必盡我相愛能力，救之補之，使之存以順，歿以寧，[二]愛人之功其庶幾乎！然匪有力不能濟，匪藉衆多全力亦不能廣濟。余兹感於西儒羅先生哀矜行詮，[三]立此仁會約。蓋欲從今以後，自竭心力，合衆全力，俾人遊樂郊[三]，補此有憾世界，以仰副天主愛人之至仁，於以少少行其愛人之實功。且勸我會中人，緣此愛人功行，默啓愛天主之正念，庶人人可望天上之真福云。

時[四]崇禎七年後八月一日，了一道人良甫王徵書於崇一堂。

仁會約所行條目

仁會者，哀矜行之總名也。哀矜之德有二：一形哀矜，一神哀矜。形哀矜凡七端，神哀矜亦七端，總以行此愛人之仁焉耳。然神哀矜之行，但以神行，可不須他物；形哀矜之實，則匪須他物，莫克濟也。故端各臚列於後，而茲會中所訂行

[二] 張載正蒙乾稱篇云：「存，吾順事；歿，吾寧也。」

[三] 哀矜行詮三卷，意大利耶穌會士羅雅谷（Jacques Rho，一五九三—一六三八）著，有一六三三年北京刻本。

[三] 「郊」，宋氏抄本作「鄉」。

[四] 宋氏抄本脱「時」字。

者，則尤以形哀矜七端爲急云。

形哀矜之行七端

一、食飢者。

二、飲渴者。

三、衣裸者。

四、顧病者。

五、舍旅者。

六、贖虜者。

七、葬死者。

神哀矜之行七端

一、啓誨愚蒙。二、以善勸人。凡人靈魂所乏，其在明悟司也，或暗蔽不通，則不能自取爲善之益，故首曰啓誨愚蒙，次曰以善勸人。其在愛欲司也，一有拂意之事，即憂鬱恐怖，非寬解之，必不堪，故三曰慰憂者。人有過，不自知，因而冥行取戾〔一〕，我不喻之省改，是坐視其陷於罪也，故四曰責有過失者。人或以非理加我，或弱行而不能推情於我，均屬可矜，故五曰赦侮我者，六曰恕人之弱行。若人生而艱難疾苦，及墮三仇誘感，死無所恃，或歸煉獄，其提拔赦宥，非吾主不能，故曰七爲生死者祈天主。此七端者，皆屬於神，故稱神哀矜也。

以上哀矜之行，專爲愛人而起念；愛人又專爲愛天主而起念。故此仁會之立，獨以形哀矜七端爲急務。此外一切不關救人之務，不但力不能給，即能給者，亦不之行。蓋恐未認真主，必不能辨爲真善，正恐反得罪於天主焉耳。又此預白。

〔一〕「戾」，宋氏抄本誤作「泪」。

行哀矜事有九要

述聖額我略言：

一曰：謙。

視所與者，非我物；且視受者，若實助我德焉。

二曰：真心爲主，不爲虚名。

如此功屬天國，非復當世功矣。

三曰：發懽喜心。

聖盎薄西荷曰：「欲行善事，宜以喜行爲本。」聖葆禄曰：「我願行，則有報；强而後行，何功乎？」

四曰：欲行即行，勿持兩可。

人見父兄子弟有難，即時救之，不能待。彼窮乏者，皆同體，我見之，何獨不然？聖亞吾斯丁曰：「人欲曝，日不待求而出；物欲濡，雨露不待求而墜。凡物之於人，多有不求而至者，豈人於人而可俟其求乎？且求之而緩以應乎？」

五曰：有倫有義。

何時可行？何人宜先？何物爲當？神行在前，身行在後。先者當先，次者當次。由親及友，由友及衆，各依本願遂之。

六曰：寬廣。

施最忌吝，吝與仁反。聖葆禄曰：「少種少收。」經曰：「爾施時，用度量，報時亦如之。」欲獲厚報，今何不厚施乎？

七曰：所施，宜慎所從來。

若攘物賑貧，非功也。蓋物來非理，即非爾物，須歸本主。柰何代彼施，而竊爲己功乎？

八曰：先宜洗心，斯主歆爾獻。

洗心者何？心無罪慝，而獲存寵愛也。蓋罪慝爲主之仇，主仇未離我躬，雖有微獻，安望其享乎？

九曰：所與之物，用爾大願將之。

夫天國之價，至重至貴。爾所持物，毫末耳。爾願不到，縱萬鎰無益。若得爾願全注之，杯水亦足。蓋施與之願，乃施德之本也。

仁會約款

會之衡

夫斯會，既以形哀矜爲急務矣，就今日時勢衡之，似又不無最急、稍緩之分。蓋兵荒之餘，饑多，病多，死者多，故哀矜此三者尤最急。若飲渴，少俟之盛暑；衣裸，少俟之嚴冬；舍旅、贖虜，少俟物力充足之後，舉而行之可也。最急之中，又須劑量，如食饑，人少則或量給米粟、銀錢足矣；至冬月，及春二三月，饑者必衆，則宜擇公所，立一粥厰煮粥，庶克有濟。顧病，則宜先立一藥局，預買合用藥料，擇一善醫者調視，酌與之。葬死，則宜置一公塋，預作木棺以待，見有無主而死者，即爲葬之公塋。此不得已，而聊爲緩急之衡耳。論愛人全功，果能力量充足，須一一舉行，方成哀矜實行。

會之資

約每位銀日一分，月積三錢，年則三兩六錢。或願日日給，或願月一類給，或願一年總給。然類給與總給者，則寧先期，毋寧後。此外有發大願力，再肯多出者聽。若力不從心，而意欲與會，苦不能如約者，量力喜捨，悉無不可。銀足色。錢十文，作一分算。如或米、布、衣、木等物，照時議〔二〕估，抵銀錢數。

〔二〕「議」，宋氏抄本誤作「儀」。

會之人

凡爲愛天主、愛人起念，願如約與斯會者，無論簪紳、文武、宗侯、富室，及農商技藝之人，俱可。惟憎、道不與，蓋彼望人施，非施人者。一入會，則徇情妄用者多矣，故獨不可。若有婦女人，聞風起念，願爲愛天主、愛人而施之者，收其所施之物，另簿款開姓氏，以彰其德可也，第勿與會。

會之督

會既立，脱無人焉督理，其胡能行？故執掌會簿，收視錢物，及斟酌賑救事宜，須推擇一二人，或三人，以督之。此督理〔一〕者功，視施物之功更大也，幸無相推諉。

會之輔

督既有人，然一切貯收、易買、傳報、〔二〕散給等事，匪藉數人輔助，勢亦難行。故又須推擇數人，爲之輔。輔之之功，分督功半，共成愛人之仁，慎勿謂其輔也而忽諸。

會之覈〔三〕

會既有督、有輔，不有綜核之藉，即督若輔，公忠無纖私乎？心事奚自白焉？故須多立冊籍，以便覆覈。先爲如約與會者，簿一；次爲有〔四〕大願力多出者，簿一；次爲不克如約、量力與會者，簿一；次爲婦女願施、不與會者，簿一；再爲貯收置買，簿一；再爲散給款項，〔五〕簿一。出入收支，一一登記諸簿，則總隸會督處。

〔一〕「督理」，宋氏抄本脱「理」字。
〔二〕「報」，宋氏抄本誤作「銀」。
〔三〕「覈」，宋氏抄本作「核」。按：「覈」與「核」乃同源字。
〔四〕宋氏抄本脱「有」字。
〔五〕「款項」後，宋氏抄本衍「者」字。

會之推

此會果行，一方窮乏，不無少賴。推而行之，小而一鄉，大而一邑，再大而一郡、一省，人人同此心，處處立此會，在在行此仁，其所利賴於民生者，或亦匪小。倘又推而廣之，若州邑之賢父母，若郡省藩臬〔一〕之賢公祖，若爵封采食之懿王賢宗侯，聞此民間自相救卹之法，惻〔二〕然垂念，轉沛恩施，將仁惠所及，益〔三〕復無量。頃聖天子軫念民窮，屢下德音，出帑金數萬，專遣一御史大夫，賑我秦畿。想此仁會之立，諒亦當事所嘉與，九重所樂聞者也。或謂連歲兵荒，民幾無如，人日銀纔一分，杯水焉耳，焉能救車薪之火？不知日積月累，以至於年，則其銀爲兩者三，爲錢者六矣。年年如約出銀，誰云杯水？即杯水，不猶愈於一滴不漏者耶？且人而十，則有三十餘金；人而百，則有三百餘金矣。浸假而人至千焉，則爲千金者不止三；浸假而人至萬焉，則爲萬金者不止三。積少成多，由微而鉅。始焉安一人，既焉安千萬人，將堯舜猶病之心，可從此少慰焉者，柰何少視之？況人日一分之約，正謂杯酌餘滴，便樹愛人功行，正欲人人喜捨無難耳。又況此念一動，將日日存愛人之念；此風一倡，將人人興〔四〕愛人之風。於以培人心而挽世道，縱不敢望施之果博，濟之果衆乎，似於立人達人之訓，未必無小補云。

仁會約證述

仁會，原古人已行之成法也。故證述多端，總期感發吾人之仁念。

〔一〕「藩臬」，宋氏抄本誤作「藩县」。
〔二〕「惻」，宋氏抄本誤作「側」。
〔三〕「益」，宋氏抄本因字形而誤作「盖」。
〔四〕「興」，宋氏抄本誤作「與」。

述哀矜行詮總論

仁會本哀矜行詮而立，故特摘述總論數款。哀矜之德，總根於愛。然此德之施，宜順而不逆，乃稱其位。如大於小，上於下，長於幼，富於貧，智於愚，力能推及之，是順也。姑以貧富論，惟富有餘，方能周人之急。若貧者，縱有憐心，無憐具矣。故凡位居大者、上者、長與富與智者，當順行其德。且憐人以行，毋徒以言。言之不行，虛憐也，行之始實耳。今有貧者、病者、愚者於此，而我爲富者、醫者、智者，雖有悲憫之詞，絶不思所以濟之、療之、導之，尚可謂有憐心乎？故凡有施憐之位者，又必實行其德，斯稱其位焉。

第一仁者爲誰？曰：惟天主。蓋憫人之罪而赦之，軫人之危而援之，其施恩也，惟公惟溥，高卑善惡無擇，無時無處不被焉。耶穌訓宗徒曰：「汝等欲行仁慈，宜法天上父。彼其造物養人，無不得養者，如日以照之，人炙其輝；雨以潤之，人濡其澤，奚分妍纖鉅乎？」聖王〔一〕達味德曰：「天主功業甚大，而其仁獨居萬蹟之上。」

聖王〔二〕達味德曰：「天主開其慈仁之行，如天距地，不足度之。」又曰：「天主仁慈，充滿世界，如天上多品天神，天中日月星辰，天下火氣水土，及人與獸，諸動植飛潛之物，一一皆主所生，非主大恩所包囿乎？乃主一不自用，悉以爲人，非甚愛人憐人乎？萬物咸被主恩，而總又爲人生萬物，則主之大恩施於人者，真萬萬難數矣。」若欲數天主與人之恩，天下事事物物，皆可見其一端。即人一身，内而靈魂，外而軀殼，孰非主賦予者？又孰非主護衛者？然主初不論人認主與否，感恩與否，而惟以愛心普給之。人盍是則是效，以廣其惠愛，柰何強生分別乎？子之於父，恒欲步其武〔三〕，情也。乃主爲

〔一〕「王」，宋氏抄本誤作「主」。

〔二〕「王」，宋氏抄本誤作「主」。

〔三〕「武」，宋氏抄本作「哉」，非是。「武」，脚印。屈原離騷：「及前王之踵武。」

大父，人皆主之子，又何不體其仁愛之心，而仿[一]其哀矜之行耶？天主經曰：「我願人獻我，莫獻牲，但獻我以仁心。」又曰：「仁慈馨於祭物，然則人苟賤視同類，不賑窮乏，雖祭祀豐潔，主弗享。」蓋主爲矜憐之表，最喜人行矜憐，人曷不以主所喜者獻之？

經言：「明知救窮乏之苦，乃真福也，惡日必全受賞於天主。耶穌列真福第五端，云哀矜者乃真福，爲其將蒙哀矜己也。」聖葆禄曰：「富者施[二]與，必有與爾者。」經曰：「即捨與窮，爾未爲乏。」又曰：「爾施與乏者，乃出貸於天上，主必百倍償爾。」惡日，「審判日」也。是爲定罪罰之日，故名。

不奉主教，不能行真善事，必不得天主寵愛，及天堂永福。然或有哀矜之行，亦能動主。默啓其衷，俾認主而欽崇之。古將谷耳搦略者，其心仁善，每以濟窮爲務。忽見一天神入其室，呼其名，搦略聞而怖，曰：「主誰[三]乎？」天神曰：「爾行仁功，已徹主臺前。今令我命爾，遣人往藥白府，請伯多禄從彼所訓行之。」言訖，去。主爲行仁所感，故遣天神詔之，是亦哀矜獲報之一徵乎？聖伯多禄，乃宗徒之長。

聖經曰：「少種少收。」喻人身後福報，視在世功行，如農家秋收多寡，即在播種日定之。種少而欲收多，必不得矣。聖額我略稱：「人行仁，爲後福種子。」信哉！

哀矜之功，必合三物而成：一窮者乏，一富者與，一所與之物。蓋無窮乏，則富者之哀矜，無自而見。然哀矜而無濟於實，終虚情也。受人與者常感人，乃若授者，第求實有濟於人而已。若以博人之感戴，亦非真哀矜矣。故施與有四情：

[一]「仿」，宋氏抄本作「效」。
[二]「施」，宋氏抄本作「賜」。
[三]「誰」，宋氏抄本誤作「摧」。

曰樂，曰捷，曰無疑，曰不望報。四情全具，厥恩〔一〕乃真。

聖亞瑪斗，西國王子也，以濟貧爲樂，日食多人。偶遇他邦使臣至，請觀國寶，訂以次日。及期，諸貧人來赴食，遽召使臣曰：「汝願見吾寶乎？衆人之腹，皆吾庫也。他王諸寶蓄諸庫，取以豢養犬馬諸獸爲娱。我則不然，念世人皆天主子，皆我兄弟也。别多糜費，而坐視兄弟之凍餒，忍乎？吾之寶，如是而已。」

凡推恩於人，而生姑待心，必漸吝不與矣。抑或故〔二〕遲之，俟求乞再三而後與，是市恩，非施恩，不謂真德也。求乞之言，人所恥惜。每觀告急時，面必赬，〔三〕心必憂，且有寧甘死而羞言乞者。萬不獲已，負慚而來；一求之，已難爲情，況可再三乎？必再三求而後與，是以小物索重價，非惡德哉？惟未求而先與，或一求而即與，既濟其急，且適其願，功乃百倍矣。

若施而望報，非恩主，乃債主。蓋意原不在愛人，特爲名，或爲利，如債主之權子母然。以小博大，以寡博多，殊非哀矜之行、仁人之心也。經曰：「愛人如己。」惟愛不從名利起，實從人起，則真矣。

凡濟貧乏，不宜分品類。日，不分世物之貴賤而並照；雨，不分善惡人之田而並濡；我施人，柰何擇人乎？蓋施恩者，不須度彼之分量，第須滿己之分量。

聖亞吾斯丁曰：「凡施與貧者，勿想所與，宜想所受。蓋吾與之物，總由土生。以之與人，是以土養土，以土補土。乃所受則非土，實萬物之尊高，天主之聖愛也。」又設爲貧者對富者之言曰：「我雖受爾物，我實爲爾恩主。蓋我受爾下土有價之賤物，天主定酬爾以天上無價之寶福。」

〔一〕「恩」，宋氏抄本誤作「思」。
〔二〕「故」，宋氏抄本誤作「放」。
〔三〕「赬」，宋氏抄本作「赧」。

耶穌勸人濟貧，曰：「爾等宜積其財，而置之天上，盜不竊，蟲不蠹，永久不壞。」或問：「何能置之天上？」主解之曰：「凡施與窮者，與施與我等。」施貧宜〔一〕爲天主而施，勿爲名與利及他神佛而施。

述形哀矜詳解

形哀矜既爲仁會中之急務，故哀矜行詮每一端下，原有詳解甚備。茲特摘録數款，以爲觀感動心之一助云。

食飢

人肉軀函有四情：熱、冷、乾、濕是也，必四者和而肉軀始安。因藉飯食，補其乾熱，則免飢；補其濕冷，則免渴。夫饑之生有五：一曰人體百支盡虛，無以充之使實；二曰欲火内〔二〕熾，無物供其銷鑠，自不覺以口腹爲答；三曰一身俱取給於飲食之府，所救者衆，中自漸詘〔三〕而竭；四曰脾胃中有黄痰，能消一切諸物，久之外無所進，則致内〔四〕傷；五曰臟腑以滋培爲本，一失其滋養之宜，則吐納之官亂抑。不但此也，肉體常動不静，内勞其心，外勞其形，勞久氣傷，呼多吸少，出多入少，皆足以耗吾之精，而損吾之元者也，雖欲不飢也得乎？故飢之徵：聲細，首顫，目眩，不辨色。久之，面黄，皮枯，肉減，〔五〕筋骨盡露，脈絡俱焦，五體羸弱，五□□行。外物侵擾，惴焉莫必其命。故餓死者，比□〔六〕死更苦。彼死於火，死於水，死於刃，與死於猛獸等皆不踰時，惟飢者奄奄餘息，延遲日久，苦極萬狀，甚可憐憫。

衛生之事，莫急於飲食。自始生以迄老死，並不得絶。然亦有量數，多則過，少則不及，皆足致害。但多者僅以樽節，

〔一〕宋氏抄本脱「宜」字。
〔二〕「内」，宋氏抄本作「肉」，因字形近而誤。
〔三〕「詘」，同「屈」。
〔四〕「内」，宋氏抄本誤作「肉」。
〔五〕宋氏抄本脱「減」字。
〔六〕原刻本此處缺一字，疑作「病」。

即免迷飲食之罪； 少者苦難自給，勢不得不仰給於富者。 富者能急救之，以全其生命，仁莫大焉，天國路通，地獄免墮矣。蓋仁者延人生，與父母生人，其功相等。

聖經曰：「凡汝從飢者之意而滿其欲，必大黑中有大光焉。」此言能濟貧，必得主寵愛也。 又曰：「分己食與飢者，若有求於主，必允之。」大黑，喻〔一〕本世行實。 大光，是天主聖寵也。

經曰：「時有一富人，獲麥甚多，廩不能容，思別作大廩貯之。 又言：『我恃此可無憂，足食數年，諸費不乏矣。』主聞之曰：『噫！ 此狂人也。 若今夜斷其命，所積之物，誰用乎？』」耶穌此言，蓋諭人宜賑饑濟窮，以立功天上耳。 古今聖人悉達此旨，奉而行之不怠。 今略譯取吾主耶穌及往聖行實數端，以爲世表。

耶穌在世，所行聖跡多端，於人無所不救。 如命病者愈即愈，命死者生即生，諸如此類，不可殫述。 茲特舉食飢一端。一日，偕宗徒郊行。 至一曠野，從之者五千人，聽主講道，理優味永，樂而忘歸，越三日不食。 主甚憫之，不待所請，輒呼宗徒裴理白，曰：「衆飢矣，何以食之？」對曰：「人衆地曠，無從市易。」安德勒忽曰：「此中有童子，攜得麵果五枚，魚二尾，此外無有。」耶穌乃仰謝安德勒，即取此二物，授宗徒剖分而散之，隨散隨長，愈分愈多。 衆悉飽飫，尚餘麵果十二器焉。此蓋諭人有當即捨，勿俟彼求，雖少亦不宜吝。 主有全能，能以爾至少變爲至多也。

伯多禄者，利未亞人也，富而甚吝。 偶本府乞兒羣曝日，各舉富室相問： 某喜捨，某略捨求主報□□。 一丐舉吝伯禄之名，衆詈曰：「生平不拔一毛，何足道哉？」丐曰：「我能強得之。 今往，彼必與我。」衆尾之去。 至門，伯多禄自外來，載有新造麵果一駝。 見丐者，便發怒叱逐。 丐者不去，再四求乞。 多禄愈怒，欲加毆擊而無梃，即取一麵果，遙擲之。 丐者急取以走。 吝者度不可追，曰：「捨爾！ 捨爾！」衆丐共嗤笑焉。 越二日，伯多禄忽大病，幾死，夢在一官長前，取其一

〔一〕「喻」，宋氏抄本作「謂」。

生行實衡之。魔鬼舉其惡行，寘[一]左盤；天神舉其善行，寘右盤。右輕，天神念無可加者，俄而曰：「曾強捨一麵果矣，以寘右，即平焉。」天神謂之曰：「爾非此果增重若干，黑鬼必械爾去矣。」伯多禄驚醒，自忖夢中所見，曰：「此非夢，實事也。我見魔鬼盡露我一生之惡行，而一麵果且以怒心捨之，猶足相抵，況真心濟之，焉得無大功乎？」自後專以廣施爲務，至捨其身。此正耶穌所謂若爲主捨冷水一杯，必有其報者耶！

窮乏者之苦，並動野獸之心。古史載：比則[二]諸府，時有我多地名蠻人入寇，攻刼甚慘，居民竄匿。一姙婦走僻野避難，忽產子，以布裹之，因懼甚，棄之而去。其子呱呱啼，有野羊聞而來，見之，遂臥其旁，乳哺之，守而不離。他獸來害，以角觸之。其子食乳，漸長大能行，乃復得與人居焉。夫獸類非有仁心，又不知義理，率其蠢動之性，尚施以乳哺之恩。乃人或見有委棄之子，不思收養之，曾獸之弗若。哀哉！

飲渴

渴者何也？人之一身，全賴元氣充滿。元氣分爲二：一濕氣，一熱氣。二氣均調，乃無疾病。若熱多濕少，則濕爲熱所鑠，其急思潤濡之情，曰渴。

養生之資，飲食爲要。故形哀矜，食飢爲首，飲渴次之。渴之病，與飢等。蓋飲與食相須，如鳥必二翅以飛，人必二足以行，缺一不可。試觀天下有生之物，非水滋潤，無繇長養。昆蟲草木，萬類皆然，況人乎？故造物者，在在畀之以水，大而江海，小而泉壑，使諸物類，資取不竭焉。又人有殊方，飲性不異，故凡水皆可療渴，無分山谷一也。

耶穌在世，第一聖跡爲以水變酒。時有姻戚，以婚禮宴耶穌與聖母及其門徒。席半酒盡，無處可沽。主人甚愧，密告聖母知爲矜憐之母也。聖母求濟於耶穌，旋囑其姻之僕曰：「須順耶穌之命。」知有全能也耶穌命設數甕，滿注水，即令

[一]「寘」，宋氏抄本作「實」。「寘」字義爲置，「實」字則無此義。
[二]「則」，宋氏抄本作「時」。

司席者嘗之，甘美異常酒，衆駭愕。因是知用水變酒，大顯靈異，共謝主恩，益〔一〕加崇信焉。蓋吾主所行聖跡，不惟救人之命，兼亦救人之名，有如此。

審判日，天主問曰：「爾在世，曾飲渴者乎？」又斷罪之言曰：「爾等距我，今往就彼永火中。永火即地獄。蓋以爾等在世，我渴而不我飲故也。」

地獄之苦，莫甚於渴。故富者求亞巴郎，命臘沙祿以一指水爲涼其舌，蓋大渴難堪也。或問：「富者在地獄，其苦曷爲渴獨慘〔二〕？」曰：「緣彼在世，縱酒無度，曾不以一滴施貧，故渴報適準其罪耳。」

衣裸

人生需飲需食，與禽獸具生覺魂者無異。其所以異者，爲有靈魂耳。靈魂體近天神，具有主像，在肉軀中，實爲之主。其體爲尊，不欲受肉身之褻，必加掩覆，以免詬辱，故須衣以蔽之。

造物主始造人祖亞當、厄襪二人，付以良心，欲其肉身順靈魂之命，享天堂自然之樂。時雖無衣，不覺爲裸，如始孩然。乃二人叛主之命，於是奪其初心，罰以諸苦。二人當即知罪痛悔，並以裸體爲羞。匿深林中，綴緝木葉爲衣，用掩其體。主憫之，即以二羊裘畀之，俾作模，此製衣之始，即衣裸之始。後世聖人，因取則立功焉。

或問造物主：「生禽獸，各界之羽毛爲衣，以蔽其身；生水族，亦並〔三〕之鱗甲，使能禦患；甚至樹木，亦有厚薄二皮，以禦風霜。何獨於人，反赤身而生，寒暑風雨，無所不畏，豈主愛人，反出諸物下乎？」曰：「禽獸蟲魚等類不靈之物，故用羽毛鱗甲，足衛其身。人則賦以靈魂，必能自作庇護，故雖罰以諸苦，卻令其製衣以飾備也。」抑衣有二用：一以掩

〔一〕「益」，宋氏抄本作「蓋」，因字形近而誤。
〔二〕「慘」，宋氏抄本作「滲」，因字形近而誤。
〔三〕「並」，宋氏抄本作「界」。

形，一以禦患。且麻縷絲絮，皆衣之質。主實生之，何謂主於人不加愛乎？

寒氣爲天災之一，與人生命爲讐。蓋以元火保其生，遇冷徹膚滅火，生氣必斷。試觀冬月苦寒，草木枯槁，惟賴煖氣在中，故遇春即發，不則竟死矣。人無衣，則不耐寒冷，手足僵頑，五體戰縮，膚革不澤，血脈不流，面見黑色，種種苦狀，莫可名言。仁人見之，能弗動念思拯救之乎？

衣裸者之用意有二：一免其外害，一免其内愧。所以修德之士，必飾威儀，不敢少露其内[一]體，避人目未已[二]，並避己目，以全羞惡之心也。自待既爾，於人亦然。一遇裸者當前，即以恥己之心，代爲之恥，能弗衣之乎？

聖童女意溺斯，有惡官撓其貞，不遂，乃強剝其衣，置衆前辱之。意溺斯慚欲死，求主收其靈魂，忽長髮數尺，圍繞其身以當衣。蓋天主憐其貞德，顯此異蹟救之也。然此固秉貞之效，亦衣裸者之意。

顧病

病者，人類原祖罪根之蔓也。大主造人，本欲貽以永安。惟原祖初享安佚，而即叛主命，故諸患蔓焉，病其一也。此患不分貴富賤貧[三]，皆有之。自幼而壯，而老，初末成一病局。以故人生時，墮地即哭，異於他生，以他生病少，惟人病多。蓋人有七情，較他生易至失調，兼以四行所結，或有偏毗，寒暑饑渴，内外相侵，雖欲不病不得耳。

耶穌居世，廣行聖跡，而救病者居多，殆爲人立顧命之表。世人雖無殊能異德，然知藥可療病，或濟病者以財，資其藥餌；或自知醫，察其證而投之劑，皆仁事也。若財與術無可施，則扶之以心與力。或爲之祈求主佑，亦良心不容已[四]之

[一]「内」，宋氏抄本作「肉」。
[二]「已」，宋氏抄本誤作「己」。
[三]「賤貧」，宋氏抄本作「貧賤」。
[四]「不容已」，宋氏抄本誤作「不容己」。

騐[一]耳。西國多有醫士，自顧貧人之病，而白施之藥者。

古西王德阿多戌，有聖德。其后，德亦如之，謀以救病施惠，因搆一大院，召病人居焉。延醫療治，時躬往視之，兼給以衣食。嘗曰：「我王治國，我以救病求主保國。」又曰：「我王以政保民命，我惠病者，獨非甦民命乎？」又云耶穌定審判時語，其一曰：「我病時，爾曾顧我否乎？」蓋主視世人病，猶己病也。且我獲居王宮，荷主殊佑，無以酬主。惟爲主愛民，以尊而甘服卑役，庶少盡萬一乎？仁哉后也，無愧國母矣！

歐邏巴大州府縣，各設有養病院，規制不一，今止就一米蘭府言之。其院建自本王，歲捐帑金十餘萬，選本府之貴而賢者，迭掌其事。院分爲六。其一、其二，凡貧家幼孩，父母不能養者，收入院，覓乳媼哺之。至五六歲，男女各居一院。男爲延師，習書、習讀，或習技藝，及成人，聽出院。女亦習女工，年及笄，具奩資嫁之。其三，專養癩病人。慮其傳染，不與他疾者同居。其四，養不治之病，如麻瘋、癱瘓等。其五，養顛狂難治之病。其六，養傷寒、瘧、痢等病。已上六院，俱有大屋宇，分別男女，各有服役人。又令名醫專視藥物，一切飲食衣服寢處之資，無不備具。又命人巡防外侮，又命人司講論，以開慰久病者之心。病愈，聽還家，死則有公塋瘞之。此六者，名爲公院。此外，又有養老院，舍旅院，及安補院。凡人非全得元力，不能作工，而又非病比，故特安養以補之。[二]共九種，外尚有多院，皆以行十四端之功。各有資俸，設官司之。總皆愛人如己，教中一大事云。

舍旅

古昔人類未蕃，無城郭宮室，乃巢居穴處，如鳥獸然。厥後生齒漸稠，智巧漸發，彼此合生，與聚與處，始結茅爲廬。浸假而有宮室城郭，又爲舟車，以通往來，舍旅之義自此始。夫鳥之有巢也，不相假借，人則不然。我安寢，則不忍彼之露處，

[一] 「騐」，同「驗」。

[二] 此小字注，宋抄本誤作正文。

故西國多設候館，以舍客旅。且時其飲食，禦其仇侮，愛敬不少懈。蓋彼遠來，以信心寄我，我何忍以不信待之？

旅者不一，約言之有四：或周流四方傳教，或苦修避家贖罪，或爲喪家而遊食，或因遭害而避仇，皆旅也。旅雖異等，而舍者之心，總以慈愛爲本。初無分別，至爲教而旅者，尤不得不舍。蓋彼爲主棄家而來，指我天路有大利益，我何敢拒卻之？

物搦濟亞府，一顯者，家甚富。一夕將就寢，聞空中有聲，曰：「爾在此安逸，乃我所愛人於彼露處，爾忍乎？」顯者遽呼從人，攜燈往索之，見一人臥地，則意納爵，聖人也。請入其家，備飲食舍之。

聖測薄弱，爲教主，多德行，更以舍旅爲樂。一日，我多人攻其地，有敗兵走入其家，測薄弱舍而藏之。我多人追及，搜之不獲，訴於王多第臘。王怒，逮測薄弱，置曠院中，縱數熊食之。一熊大且猛，至測薄弱前，馴伏如小犬，以舌舐其足。衆見之，驚曰：「此大德聖人也。猛獸且順之，豈人更猛於獸乎？」王見之，亦易怒爲愛矣。此舍旅顯報之一徵也。故家有旅客，宜珍護之，慎勿輕視焉。

贖虜

凡人情恒欲自爲主，若自身不得自主，即憂鬱憤懣，萬苦齊集矣。蓋人身有形，有神。神惟自受縛於理與欲，初不授人以柄，行止由我，人不得強之。若形則受人制縛，他人得而強之，愛惡相左，並靈魂不得自由，於此可想被虜之苦。蓋人爲主而我不能自主，動有顧忌限制，或見善而弗克爲，或思親而弗克事，或遘疾而不獲安養，或疲勞而不獲休息，衣食生死惟命，如鳥在樊，如獸在檻，可不哀歟？

虜有二：一爲潰師見執，一爲犯法被收。二者情雖不同，苦則無異。西國語曰：「虜者非生人，乃死人。」蓋死者委形於地，不能自主；虜者委形於人，亦寔〔一〕如是。故贖虜之恩，與再生等。

〔一〕「寔」，同「實」。

人無有不願自爲主者。古語云：自爲主之能，萬物無以尚。夫鳥之在樊也，飲啄非乏，特不能自主，故時思颺去。人之被虜，亦然。西國有仁會，願以行乞積金，備贖虜者，此功最大。蓋非特出一人於陷阱，且獲歸而滿父母兄弟夫婦一家之願望，非大功歟？

或曰：「虜於敵者，非罪也；繫於官，則其罪矣，亦須贖乎？」曰：「不然。是或有司讞者，闇於識而誤繫之，或爲有力者所傾陷，或窮而無保主相明，不能解脫。西國刑制：月命一官省獄，詳其犯罪之故，有保主代應，或明其事，即釋之。若未可釋者，則給以食。嘗有一婦在獄，罪當飢死。其女來省，法不聽通飲食，女潛以己乳食之。獄吏見之，告讞者。讞者義而憐之，竟釋焉。」

葬死

死，乃人之終也。肉身與靈魂，合而爲人。靈魂附肉身中，故能運動，能生長，能有一切世間功名財物。靈魂既去，則諸事盡歸烏有。即此〔一〕軀殼委地，不能自保，惟賴他人葬之而已。聖亞吾斯丁曰：「屍者，無魂之身，是人非人，推之不動，呼之不聞，惟人所置。」凡生而罹諸苦者，能求人救；死則不復能求救，更可哀矣，得無惻然乎？

或問：「葬死之功，何以大？」曰：「死者不保其既冷之身，或委草莽，或投溝壑，或烏〔二〕喙，或蠅嘬，俱不可知。而我收而葬之，得遠諸害，以全其軀，功豈小乎？且救死與救生，大異者二：一無所望報，如食飢、衣裸諸功，或望其人轉能德我，死則不知所報矣；一視人死，因自忖其身之死，曾見有屍腐不生蟲乎？則我身亦一蟲囊耳，何忍坐視其屍之暴露，不一爲之所哉？」

葬死者之功，非一端。凡人見屍，不得不想及己，以壓其傲心。蓋出乎土，歸乎土，始終一土也，曷傲乎？經言：「人

〔一〕「此」，宋氏抄本誤作「以」。
〔二〕「烏」，宋氏抄本誤作「鳥」。

如流水，逝而不返。暫寓世間，實非其家。」又云：「日落再出，身落不再出。日失光，再生光；人身一失，永不生。直待審判日，方曉然耳。」存此諸念，最益身心。故古聖人，多務行此功，雖捐財輸力，甚而致命，所不辭也。

葬死者之義，因性而行，自然之情也。或謂不然，則盍觀之蟻乎？蟻微蟲耳，羣聚一壤，如民之合生，遇途〔二〕死者，衆攢舉而移之穴。蓋以其穴爲墓，不欲暴之他所也。豈人而不蟻若哉？

此形哀矜行詮中摘款也。若論愛人之心，神哀矜原宜在先，且在上，其功更大。倘我會中人，欲並留心詳覽乎，則另有全書在。

述哀矜善功二端

哀矜之行爲至善，爲真功，故再述善功二端，以勖我會中之同志。

其一

曰：天主本至善至公，全能極聰，乃大都獨以慈悲爲其尊稱。自古經典，常稱爲矜憐之主也，又欲顯證此切至之情，則降生爲人。初生時，即以救世爲名，號曰耶穌。在人中，常設神訓，曰：「吾不欲人祭祀，而欲其相哀卹也。」意以二者或不可得兼，即捨祭祀天主，而哀卹人焉可耳，甚言之也。又曰：「爾等相慈卹，如爾天上之父，慈憐爾可也。」嗚呼！天主至善，無德不備，吾儕所當效法，何待言？乃獨設慈悲，以爲世法，可不念哉？故古聖人常云：「天主至高，不可及也。惟知憐之士，可近之。」又曰：「此哀矜之行，則上天之梯也。人登之者，愈積愈高，愈超絶衆類，而近就天主，尊莫加焉，功莫尚焉。」

其二

曰：天主聖教，無善不酬，無德不報，但大小、厚薄、遲速不等。若哀矜之行，生前歿後，俱速得其報矣。報之有三。

〔二〕「遇途」，宋氏抄本作「途遇」。

一云：凡知憐因而施救，必不失其所施，反倍益之也。經曰：「爾施於人，天主必施於爾。」又曰：「知捨於窮者，定不得窮矣。蓋施如種稼，稼一而穡十焉。」古詩意曰：爾所善施之財，似不在猶在，誰云廢也。爾所未施之財，似在必去，爾是將廢失者也。罷西略聖人曰：「施恩之事異哉！授受之際，利益多歸於授者也。」蓋受者，受恩之後，仍多空乏。若授者，施恩之後，其富自若，不見損矣。譬之於日，環周下照，温育萬方，普惠庶物，而日光之富，莫得減損。又譬之井泉，彌汲之彌豐，不汲反穢而或渴〔二〕矣。西利亞國，古有名聞德士曰瑪細瑪者，知憐施人，室中常設油麥二大器，時刻取以施人，竟弗消減矣。此則哀矜之報一也。二云：行世者，無人悉無患，亦無人不須人之我卹我助也。故人以是施之，天主以是報之。經曰：「哀矜者乃真福，爲其將蒙哀矜已也。」則未施哀矜者，其亦將不蒙哀矜已矣。」殆哉！殆哉！經中嘗述古事曰：有甚富者，豐食鮮衣，而以小需未施於丐者。俄而富者死，投於地獄永火，困苦不已，每乞勺水以潤其枯吻，終不獲也。天主豐爾財也，亦冀爾以所有餘，補彼之不給；又豐彼之德行，以補爾〔三〕之不足焉。爾以其所餘，傲慢私之，不肯公施於彼；彼獨公施其所餘於爾，非義矣。聖人曰：富者哀矜，以其財物，施濟貧者之外患；貧者亦哀矜，以其功德，施濟富者之内患，理也。是故凡犯有罪愆，而圖消煉改贖，法莫善於誠行哀矜之事矣。以是感動天主慈悲，使開爾茅塞，引令解悔改圖，竟祐賜之，以諸罪之洪赦。聖經云：「有罪必贖之以施」，是已。此則哀矜之報二也。三云：夫實哀矜，本爲貿天上福之價也，則人終而見天主嚴臺時，出是價，必受是福矣。聖經云：「從義而卹哀人者，其必將生而享福於天上矣。」又曰：「知哀施於窮者，定將得庫於天。」昔耶穌在世時，嘗言世界盡期，凡善惡者，必當復生，至於天主臺前，聽其審判。乃命天神分别等類，而置善者於右，置不善者於左。謂善者曰：「爾輩來，而居爾原備之國，則由爾能食饑者，飲渴者，衣裸者，處無室者，慰憂患者，種種哀矜斯卑窮者，與施我無異矣。」又謂惡者曰：「爾輩去，而居爾水火之域，則由爾

〔二〕「渴」，似當作「竭」。宋氏抄本作「竭」。
〔三〕「爾」，宋氏抄本誤作「彼」。

不欲食饑者，飲渴者，衣裸者，處無室者，慰憂患者，種種弗施斯卑窮者，與弗施我無異矣。」聖人解曰：「往聖賢盡心竭力，修道行德，至不難致命矣。不肖者，濟惡不才，無所不至也。天主於公行審判之日，獨稱哀矜之行，而反是者即於罰，豈不明示哀憐之功爲綦大與？」故聖良曰：「諸有他善，而獨無哀矜之行者，彼善無益，終未可受天上之福。即或有惡，而能此哀矜之行者，亦將令得改圖，終獲天上慶焉。」可不勉哉！此哀矜之報三也。

述仁愛德美七端

仁愛，哀矜之實德實行也。其美好無可加尚，爲天主所最喜愛者也。故再述七端，以歆好行其德者。

其一

天主所喜德，莫過於仁愛也。微獨本德，爲天主所喜。是德所在，諸德隨之。經云：「仁必忍，必慈，必不妬，必不傲，必不妄行，不復讐。是德不在，諸德俱虛，似而實非。」經云：「雖盡洞徹天徹地之奧理，以至悉測未來，仁乏，無所得也。雖稱述天神及諸聖人之言，仁乏，猶鐘磬而已矣。雖盡施我財，捨身當大苦，然非爲仁愛天主與愛人而興念，總無益於我也。」故天主真道萬端，總歸愛慕天主萬物之上，與夫愛人如己二者而已。愛人之命，天主自稱我命，示其至要無比也。

其二

人相愛有三。其一習愛，同居，同業，同情，同議，此相習生愛也。是者易聚易散，鳥獸亦有之。縱不惡，固非天主所責我愛人之德矣。其一理愛，人皆自知。生斯世也，同斯人也，不友愛任卹，不能成世道，不能立世事，不能備世變。是故恒求己所愛人，及愛己之人。此人間之事，爲愛也私，爲德也微，惡人亦有之，亦非天主所責我也。其一仁愛，仁者視人爲天主之子，與己同性，故愛之，而願其得福。孰爲福？生時能識天主，行實德；死時生享天福，則真福大福也。仁者先自真愛天主，轉以天主之愛愛人，故望人識愛天主，以享生死真福，冀改諸惡，脱永殃。若他福無妨於此福，望之；否則，惡之。是謂仁愛，乃天主所責於我焉。若以是相愛者，真德也。非除貪妬傲淫諸惡情，非心契於天主真道實德，雖合於外事，弗能得焉。故聖亞吾斯丁云：「爾不愛造人之天主，不能善愛天主所造人。」泉上出，易下；愛天主者，易愛人。仁者之人愛，原於天主之愛。天主之愛，又受育於人愛。如衣取熱於身，又自保身熱也。

其三

世之人，猶一全身焉。經云：「衆人共成一身，故人皆相與爲體也。其相愛，宜如人身之百體焉。」身之百體，各有尊卑緩急。百體所營，亦有勞逸貴賤，第各安其位，各從其職，卑者不陵，尊者不嫚，無者不妬，有者不驕。故足不求爲首，首未嘗輕足。目不聽，不妬耳；目能視，不驕耳也。體各營其業，不私受其益，諸體共受之。如目視謂人視，足行謂人行，口食謂人食，心明謂人明。視、行、食、明之職，各體分任之，其益一人全享之。仁者安於天命，不妬〔一〕不嫚，所得所知，不吝傳達，猶衆人公得公知焉。己〔二〕亦非己，乃人焉。

其四

一體所得，必分於他體，諸體共得焉。口食胃化，自留所須〔三〕，餘則分於他體，他體亦特取所須〔四〕而已。留者過多，決非其益，乃徵疾耳。仁者愛人如己，得財自留所必須〔五〕，有餘知是天主所錫，以周貧者之乏也。靳固之，猶竊諸貧人焉，故弗敢自封以取罪也。

其五

一體苦樂，諸體與俱苦樂。仁者視衆如己，故苦樂禍福，悉與人同。經云：「與哭者哭，與病者病，與樂者樂，合於衆以化衆，此之謂也。」所施於一體，則以爲施己，故足痛，則口呻目泣；迨得醫而愈，則面悅，身輕，口頌，手攜持敬謝之。仁

〔一〕「妬」，宋氏抄本誤作「詬」。
〔二〕宋氏抄本脱「己」字。
〔三〕「須」，宋氏抄本作「需」。
〔四〕「須」，宋氏抄本作「需」。
〔五〕「須」，宋氏抄本作「需」。

者視人得施，猶己得之。天主曰：「爾施於小者，則施我也。」

其六

各體先顧身之公益，而後顧己之私益。故體各自當害，以救身害。小體亦自當害，以免大體之害。如手臂寧自受傷，免首傷也。知君長代天主治民者也，故違君上之義命，猶違天主之命。若爲君而以義委命，猶爲天主委命，乃大幸矣。

其七

天主之愛，非虛言而已，實行也，仁人亦然。經云：「我子勿獨以舌愛，以實行愛，毋舌大手小可也。」

附録　西國用愛二端

西國總名歐邏巴，在亞細亞西，其國大都純奉天主聖教。其教用愛有二：一是敬愛天主在於萬物之上，一是愛人如己。正所謂實行哀矜之人之地也。故特附録其事如左。

其一

敬愛天主，在於萬物之上。愛天主者，人既歸誠於天主，遂蓋天主殿堂，隨地方物力，有極大者，極美麗者。凡國中及郡縣，至小小村落，皆有天主堂，羣一方之人歸焉。各處掌教者，皆有德有才之士，專主教事，俱守童貞，不婚娶，不家居，純全一心，朝夕敬事天主，及教化人，並不分心别業。其殿堂中，一切營造供給，皆國王、大臣、庶民之家施舍資給。掌教之士，庶民俱稱爲〔一〕神父。神父者，謂能救拔人之靈魂，使升天堂也。有所求，有所苦，則告之。人人日瞻禮，每七日定爲公共瞻禮。此日四民悉罷業，上下俱歸天主殿堂瞻禮，聽掌教士講解經典，勸善戒惡。女人瞻禮聽講，别居一處。講畢各散，

〔一〕宋氏抄本脱「爲」字。

依信奉行。故大小男女，俱知所當守，所當避。掌教士知有人爲惡犯戒，先私自勸責；數次不改，恐以其惡誘人，則顯明責辱其惡。既用語言勸諭，令爲善去惡，又恐易忘，故造刻書籍，引人勸人，爲善去惡，敬愛天主，忠君，孝親，敬長，種類甚多，其理言最能感動人心。男女老幼或自覽，或聽人誦，俱能明其理，從其言。又録古聖人聖女所言所行事，天主所賜之報應，使聽其事，勉勵從效之。幼稚之人，易流於惡，無所學，或惡易染而難改，故各州府〔一〕縣村落立小學，選明德士，隨處多少，主教孩童，讀書學文，使不聽邪言，不行邪事，從幼習聞實理，習行善事也。

其二

愛人如己，愛亦〔二〕多端。第一愛其靈神，使之爲善去惡。凡諸國崇奉天主，禁絶異端，廣布教化，必求救盡世人，皆享生天真福，此爲愛其靈神也。次則愛其形軀。知我不愛人，天主亦不愛我，故人人俱喜施捨貧乏。千餘年來，未有貧而賣子者，未有餓死者。各國及郡邑村落，皆有貧坊，一方之貧者皆入焉。本處官民所施〔三〕錢穀甚多，衣食及一切用物皆設人專管，不致缺乏。又有病坊，大城中多至數十處。隨人品大小不等，有小民坊，有中人坊。鄰國主及若官宦大人坊，其房室最大最精，與其國中家中不異也。此坊或國主大家所立，或城中人共立，其錢穀最豐，悉備藥物。給掌事者，選國中名醫。病輕者，每日一診視，病重者再。其掌事人各有專職，每病人各設臥房床榻帷幔之屬，各有扶持人，病愈而去。每病坊，每月輪用國中一大貴人，總領其事，凡藥物飲食之類，皆親檢視之。歲終，命官遍檢藥物，陳不可用者焚棄之。各縣豐年多積麥，遇荒歲，常〔四〕價俵散之。偶遇道上遺失物，弗敢自取用，若是牛馬羊豕，必求其主還之。弗得主，則每年四日〔五〕，約定一

〔一〕宋氏抄本脱「府」字。
〔二〕「亦」，宋氏抄本誤作「已」。
〔三〕「施」，宋氏抄本誤作「賜」。
〔四〕「常」，宋氏抄本誤作「當」。
〔五〕「日」，宋氏抄本作「月」。依下句「至日」云云，作「月」非是。

公所，凡人所得非己之畜，皆養育之，至日往公所置焉，聽原主收取。又無主，則宰肉，或賣價，散於貧乏者。他微物則懸天主堂門外，令其主認取之。若金銀寶物，令巡卒叫街尋主，終不得，以爲貧乏者之物，遂施捨之。京城立天理堂，選國中大才盛德無求於世者，凡欲征伐，或欲行利國之事，必先質之此堂，問合天理與否？衆擬議以爲可行，然後行之。人病危，即明告之，病人乃悔一生所作罪過，掌教者爲代求天主赦之。次分析家財，必遺一分以爲仁用。仁用或以救貧乏人，或助病坊，或贖敵國所虜人。或以□□天主堂。一切仁事，悉從病人之意。所遺□子孫，謂子孫之財。所遺仁用，謂己靈神之財。聖教中人，有慕道更深者，知目前受用有限，身後受用無窮，發意拋棄世間榮福娛樂，或避居山谷，或入聖人聖女所立會山修道，終身不復出。入會者，必設三誓：其一，一生守貞，以絶貪色；其一，守貧，以絶貪財；其一，從掌會者之命，以絶自用。各國各郡縣，從十六七歲，自願入會，生平守童身者，男女不可勝計，自國王至大臣、宗室、富貴人，皆有之。子欲棄家，父母亦不強留。凡聖人所立會，有專意自修不及化人者，有務化人而不及遠遊者，又有一等欲正己以及天下，其恒辭去本國，離朋友親戚，生平遠遊，以天下爲家，天下人爲兄弟，不畏勞苦，不懼險難，周行四方者。此等雖食人之國，亦不敢避，務求勸化世人，使識其真主，歸於升天真道，不爲異端所惑。其視山海危險，經歷苦難，甘之若飴。蓋視此化人爲善，爲事天極大功行，愈□□□□□□□故[二]也。

□□□全圖說中，詳敍西國風尚語也。其□[三]種種美俗不備録，特摘録此二端，以爲仁會之一證云。

[二]「故」，宋氏抄本作「放」。

[三] 原刻本此處缺一字，疑作「中」或「間」，宋氏抄本推測作「它」。

卷十　天學三

杜奥定先生東來渡海苦蹟〔一〕

杜先生者，遠西歐邏巴州〔二〕意大里西〔三〕國士也。聖名奥定，道號公開，爲耶穌會中修士。在會爲大會長所推重，授以撒責爾鐸德〔四〕之任，擇同會侶若瑟、西北盎等六人，奉教化皇命，來我東土，闡傳天主聖教。先生則親承教皇面〔五〕諭，優禮特簡，率侶偕來者也。自天主降生一千六百二十六年九月間，從羅瑪府起程登舟，同舟者耶穌會中人凡三十有五，其餘在天主教者共六百餘人。舟行海中，多經風浪，苦難盡述，第述其最苦難者。

〔一〕杜奥定先生東來渡海苦蹟不分卷，寫本，藏於巴黎國家圖書館，古郎編目號碼爲一〇二一一。意大利神甫杜奥定（Agustin Tudeschini，字公開，一五九八—一六四三）原著，法國神甫方德望（Etienne Faber，Le Fevre，字玉清，一五九八—一六五九）口譯，王徵筆述。原抄本題署爲：方德望、玉清甫譯，王徵良甫氏述。有向達一九三八年二月抄本，及向達弟子宋伯胤抄校本（簡称宋氏抄本）。宋氏抄本見宋伯胤編著明涇陽王徵先生年譜（增訂本），西安：陝西師範大學出版社二〇〇四年版。今據巴黎國家圖書館藏寫本之影印本迻録，以宋氏抄本校。

〔二〕「州」，宋氏抄本作「洲」。

〔三〕向達抄本原注：「西」係「亞」之誤。

〔四〕「撒責鐸爾德」爲意大利文 Sacerdote 的譯音，即司鐸。

〔五〕「面」，宋氏抄本作「而」，向達抄本原注云「而應改面」。

過大浪山脚，大風雨兩日夜，莫知所往。風最猛逆，蓬〔一〕帆盡被吹落，止露檣杆三〔二〕根，舟人咸謂必死。乃杆頭忽有火毬環繞，厥色不紅而藍，類硫黄煙炎，或左或右，或遠或近，一似往來驅逐提扶狀，風遂散止，舟始平浮。駕長等驚喜大呼，曰：「此天主救我一舟人也！」奚次〔三〕號器，令闔舟之人跪誦天主經，感謝洪恩，謂從此直抵小西洋，再無險阻可畏矣。不意渡至若望得那襪海島傍，水流猛迅，若萬馬奔騰，而大風則擁舟迎風若水，兩相衝突爭戰，舟則迴〔四〕漩其中，不能退不能進者凡九日。夜夜無月，天陰黑甚。約三鼓時，偶聞霹靂聲，惶駭莫知所由來。比再響震，始知舟觸大石，乃爾作響，其舟已破壞矣。凡大海舟上，必有一小舟，爲取水買物使用。故大舟既壞，衆急取小舟入海，用救大舟，倉卒間溺死已數十人矣。黑夜罔克拯救，駕長呼衆無顧財物衣糧，各急存命爲計。顧舟重檣長，大浪所怒摧者恒在此。況大砲十二枚，列舟兩旁，厥重尤甚。於是砍去檣杆，棄卻大砲，及一切糧物，始得免於沉溺，然水從壞處已入舟矣！舟已側翻，岸邊人反死據舟外，每大浪至，即擁數人逝去。

時先生當如是急難中，乃不顧己身，一心專求天主，惟以解罪救人靈魂爲務。比天明，望見若望得那襪海島在近有數十里，急命小舟上人先詣探視。回報野島無人處也，先生方令小舟救渡見在人衆，陸續赴島中存活。先生身無長衣，止留法郎濟斯〔五〕哥聖物一匱在胸。爾時小舟載衆去島，舟中一武將隨去。先生在大壞舟上，獨持聖物護身救人，連四日無一粒充口。時同舟者有一鐸，〔六〕亦爲人解罪，然病甚，謂己可以死矣，哭勸先生速速赴島。先生涕淚而言曰：「寧我一人死此，

〔一〕「蓬」，宋氏抄本作「篷」。當以「篷」爲是。
〔二〕「三」，宋氏抄本誤作「之」。
〔三〕向達抄本原注：「奚次」不可解，疑「次」乃「吹」字之誤。
〔四〕「迴」，宋氏抄本誤作「迵」。
〔五〕「斯」，宋氏抄本作「時」。
〔六〕向達抄本原注云：「鐸」下疑脱一「德」字。

決不敢委棄衆人靈魂而不救也。」忽一大浪如山，將臨舟畔，先生急呼天主聖號，以聖物指之，浪輒過去。四日内，小舟被武將留止，不來接救。有一人善浮水，欲去取舟，浮半里餘，水淺可行。遂再招善浮者，輒有三十〔二〕人入水浮去。比至島，僅存二人耳。先生痛其溺也，止勿再浮。輒生一法，命匠折大舟檣木，並諸板木，製如桄式，用木撐扶，衆人都得存活抵島。末後一桄，衆人力擁先生而上。將至岸，衆人壯有力者，咸登岸先行。先生數日未食一粒，弱甚，不能登岸。及踔踜〔三〕登岸，海潮漸溢，岸浸水中。水中石嶺岈如刀，刺足抵，破傷血出，足痛無奈，手扶膝行。顧去島尚遠，潮益長，漸漸及胸，先生呼聖法郎濟斯哥曰：「數日來以爾聖物救無數人，今咫尺不救我耶？」呼畢，小舟倏至，遂登舟而抵島焉。先生抵島，衆人如得慈父，武將亦來慰勞。先生正色責教之，蓋責其不發小舟救人故也。舟壞時，所見存者三百人；計至島，全活者二百三十有奇，非先生皆飽鯨鯢腹矣！

居此島中，凡兩月。島横闊可六十里，樹木蘩〔三〕襍〔四〕，野草茂密，百鳥羣集其間：大者、小者、飛者、栖者、紅者、黑者、黄者、白者，色色各别，種種奇異。最大鳥曰野馬者，肥大若牛形，其卵埒鵝卵而十倍過之，卵食可以食飢，卵之殼堅硬埒石，厚可半分，牙色有細點文。先生持一枚來視之，真奇物也。其島絶無人跡，無房室，無水泉，亦絶無煙火。時衆人缺衣缺食，咸取諸鳥：取其毛羽作衣，取其皮作鞋，取其卵作食。然苦無火。先生命以兩木相摩，火乃生矣。第海水鹽苦，無可飲者，先生祝祈天主、聖母，用刀掘一小井，水輒溢出，甘美可飲，衆呼爲聖母泉云。先生居島七日後，命武將同教中數人，駕小舟詣黑人國摩顙比格府取救船，緣此府中先有耶穌會士振鐸彼地故也。小舟兩日半便至府，方至府，大風發矣。

〔二〕「三十」，宋氏抄本誤作「二三人」。

〔三〕「踔踜」，宋氏抄本作「掙扎」，非是。

〔三〕「蘩」，宋氏抄本作「聚」。按：「蘩」乃「叢」之異體字，作「聚」非是。

〔四〕「襍」，同「雜」。

風若先一刻發，小舟安能至彼岸哉？小舟既至摩顙比格，會士知先生同衆海島受難，遂覓大舟來救。舟至海邊，方欲發，無故自裂。島中日望不至，於是伐木自造一舟，又用九人詣府求救。比至府，飢死者六人，僅存三人。登岸，黑人執見國主。國主知爲大西人也，命送會士處以報，於是再發大舟來迎。

先生日望救舟久不至，因命匠伐大木作一十字架，刻記被難始末，樹之以垂後。每日羣教中人於其下，誦祈天主，爲瞻禮之所，若將終身也者。島極僻靜，而所衣所食，充然具足，且有多魚，每尾重五七斤，味甚甘美。時晝雖焦熱，夜則寒甚，乃又有絶乾冗細長草作被臥，人反帖[一]然以爲樂土，而不願離。爾時乏薪，有一人欲先取魚，先生曰：「爾第先取薪去，天主即賜爾魚無難也。」其人從命去採薪，薪已束，將行，偶一鴉過，墮一魚於肩額，約長二尺餘。其人駭喜交集，感頌聖跡。蓋皆天主督佑先生，因以督佑教衆，俾之絶地逢生，有如此耳。

久之，大舟迎至。先生始同衆登舟，赴摩顙比格府，而與會士相晤談云。府中人被化者衆，率尊敬先生，所餽遺奇物甚多，有麟[二]之角，重十一觔；又在[三]麟角杯一枚，今在開封費先生處；若麟之趾，麟之齒，及魚之牙長八寸餘者，見在此中。其地有先勞冷佐島，島極大，山水極奇特。島中國王自三十歲即位，惟時將一百六十歲矣。聞先生至，喜甚，因請先生至其島，躬自進教，同其后及子[四]皆入教。欲久留先生，使之自擇一地，乃國中一小山，山上地甚廣平，俯視宮室，都在目下，周圍皆池塘活水，最奇境也。俾於其上，建大天主堂，以爲先生彌撒之所。顧先生行急，後竟不知何如。居府一年，始

[一]「帖」，宋氏抄本作「恬」。按，「帖」字此作安定義。
[二]「麟」，宋氏抄本誤作「鱗」。以下各句中之三「鱗」字，皆當作「麟」。
[三]向達抄本原注：「在」應爲「有」字。
[四]「后及子」，宋氏抄本作「子及后」。

棄〔一〕舟，將兩月至小西洋。小西洋〔二〕八閱月，乘舟東來。又兩月，始抵廣東香山。自初發開闢六年，受萬端危苦，而後至止於此。倘非天主垂憫憐救，萬萬不能主〔三〕此。然非先生純心事天，篤志愛人，一心戀主，萬苦不辭，亦烏能當萬死一生中，屢荷天主篤佑，陡顯奇跡之若是哉？蹤跡甚奇，然皆苦境，故總記之曰：渡海苦蹟。

噫嘻！先生不婚不宦〔四〕、不名不利人也。祇爲敬天愛人一念，不遠九萬里惠顧我東土，歷絶〔五〕盡百險百危，曾不一毫退轉。我輩癡迷，盈盈一水之隔，不百里而近，乃憚跋涉苦，弗能時時親炙德輝，良可笑耳，且可其〔六〕愧已！爰援筆述其始末，用以自鏡，並以告我同志。

崇禎十年冬日，了一子記。

〔一〕向達抄本原注：「棄」應作「乘」。
〔二〕向達抄本原注：「小西洋」三字疑爲衍文。
〔三〕向達抄本原注：「主」應作「至」。
〔四〕「宦」，宋氏抄本作「官」。
〔五〕宋氏抄本脱「绝」字。
〔六〕宋氏抄本脱「其」字。

卷十一　天學四

崇一堂日記隨筆[一]

崇一堂日記隨筆小引

崇一堂者，嚮余理維揚時，因遠西諸儒振鐸中土，寓我省會，爰置此堂，以爲朝夕欽崇天主上帝之所。蓋天主十誡首云「一欽崇一天主在萬物之上」，故嘗謬擬一聯：「自生天生地生人生物以來，兩間無兩主宰；從有帝有王有聖有賢而後，一總是一欽崇」。遂取此義名堂，聊旌一念「欽崇」之意云。

比自維揚歸里，會湯道未[二]先生，寓此堂中，振揚天主聖教。余間一躬詣，每留連十數日，多聞所未聞。此則坐間筆記之話言也。先生每夕坐間，爲余譯述西賢苦修會中奇蹟一二段，以爲日課。余覩其所述奇蹟小冊，蠅頭西字，横行密排，又

[一] 崇一堂日記隨筆不分卷，刻本，藏於梵蒂岡圖書館，編目號碼爲：Borg. Cin. 三三六(三)。有向達一九三六年三月抄本，及宋伯胤抄校本(簡称宋氏抄本)。宋氏抄本見宋伯胤編著明涇陽王徵先生年譜(增訂本)，西安：陝西師範大學出版社二〇〇四年版。今據原刻本之影印本迻録，以宋氏抄本校。

[二] 德國神甫湯若望(Jean Adam Schall Von Beli，一五九一—一六六六)，字道未。

是單紙，兩面細印，計紙百數十葉。事少〔一〕者，每葉或一段，或兩三段；事多，則每段或滿一葉，或多至兩三葉而止。此日記隨筆，不過千百中之一二焉耳。無何，先生驟承欽召，以修曆入都行矣，故所記僅僅若此。此稿嚮攜東省，幾失之。今當秋雨連綿，偶翻架上書冊，忽復一見，不覺動今昔之感。隨手録成帙，漫加評贊於其後以自省。喜吾鄉創修崇一堂一所，已告成矣。倘〔二〕天主佑我，俾道未先生重遊舊地，續成全書，是余昕夕所祝籲而祈望之者，不知可能如願乎否？

客有見之者，笑謂余曰：「嚮者吾子從百危百險中，業已備嘗百苦。今且七十老矣，幸得優遊林下，此正天佚以老時也。謂宜追懽行樂可矣，柰何兀坐書窗〔三〕，日日手自抄録，楷書細字，仍效少年學〔四〕子之所爲？兹又津津乎有味苦修之蹟，而録之若是，豈其老苦之未盡耶？吾竊爲子不取。」余應之曰：「愛我哉！我寧不知自愛？顧素性淡寧是甘，殊自樂此，不爲苦耳。諺云：『受得苦中苦，方做人上人。』凡世之有志富貴利達者，類皆然。彼苦修士皆有志做天上人者，不苦而能之乎？嗜苦如飴，非矯情也。余之録此，非果能自取法，亦非必欲強人取法。但思諸修士看透世緣悉幻，獨依天主爲真，故雖受苦千般，不改欽崇一念。自恨受教已久，認得天主事理已真，且默荷天佑，提扶保全之恩，已多且厚。乃悠悠忽忽，日在醉夢鄉裏，日惟料理塵情俗緣，不肯時時回頭顧主。既到寶山空手回，寧不痴愚可羞乎哉？邇來，天雖老我之鬚眉矣，不老我之心志，不老我之耳目。安居明窗淨几，儘是自在清閑。光陰有幾，忍復虛擲？無問開卷有益，只此聖賢左右對面，至尊不離目前，能不收攝狂念，而潛滋其心靈？如以一時之微苦，得徼異日之安恬，即真苦不卹也，況實自不

〔一〕「事少」，宋氏抄本作「事小」。按：「事少」與下文「事多」對應，故「事小」非是。
〔二〕「倘」，宋氏抄本誤作「尚」。
〔三〕「書窗」，宋氏抄本作「窗前」。
〔四〕「學」，宋氏抄本作「舉」。

苦？又況發憤忘食，樂以忘憂，吾夫子尚然不知老之將至，余何人斯，敢自偷閑〔一〕學少年乎？」

客乃呵呵大笑曰：「老少年！老少年！」旋亦索録其書而去。

時崇禎十有一年孟秋望日，了一道人斐理伯子王徵謹識。

崇一堂日記隨筆目録〔二〕

〔一〕「余何人斯，敢自偷閑」句，宋氏抄本作「余何人，斯敢自偷閑……」。按：此處「斯」作句尾語氣詞。詩小雅何人斯：「彼何人斯？其心孔艱。」

〔二〕原刻本之目録在小引前。

〔三〕「日」，宋氏抄本誤作「曰」。

少年水巽
以撒巴刺約
少年人
修道人
歐塞卑約
瑪利諾

崇一堂日記隨筆〔一〕

聖人巴孥，在日多國山中，修道多年。默思苦修已久，自視若已甚高，私祈天主顯示所修功德可居何等？可比何聖何賢？忽一天神明諭之曰：「爾之品格，尚在某市吹簫者某人之下。」蓋吹簫者，爲他人侑歡，以自求生活，最微賤人〔二〕也。巴孥愕然，即趨訪吹簫者於市，果見之，叩究夙昔所爲善事。其人謙遜，無可舉似。再四叩之，乃答云：「嚮曾與羣盜作侶，偶掠一童貞女子，羣盜欲污之。女子哀祈甚懇，曰：『我原以童貞誓事天主者，願乞赦我。』我聽其誓，知爲誠事天主貞女也，遂力拒羣盜而釋之，且護送歸之女家。後又獨行山中僻處，偶遇一隻身婦人，殊有姿色。詢其孤走倉皇之故，婦泣

〔一〕 原刻本正文之題署爲：遠西耶穌會士湯若望道未甫譯述，涇邑斐理伯子王徵良甫甫筆記。刻本記事文字頂上欄，而王徵按語則下退一字刻板。在本集中，王徵按語用楷體字退二字排印；所記諸事之間空一行，以示區隔。宋氏抄本未區分記事文字與王徵按語。

〔二〕 「人」，宋氏抄本作「之人」。

告〔一〕曰：『我乃含冤被迫之人。夫因欠債，官獄拷比，已賣三子，苦不足償，今欲自鬻，而無路也。有人肯以三百金贖我子及夫，則〔二〕情願終身爲奴婢。』我聽其苦迫哀泣之狀，遂引歸我家，飲食之。醵夙所盜貲三百金與之，即令歸家，贖其夫若子矣。從此後，念盜終非人所爲，輒改行吹簫，聊以糊口。若此云耳，安能有他善事乎哉？」巴弩歎服，因而獎勸其人，何不棄業隨我誠事天主？吹簫者即擲簫，隨之入山，〔三〕居小屋中，苦修三年。一日天神擁護，升天而去。

巴弩又忽自念自歎，不知所造云何？天神又顯諭曰：「爾尚未及某鄉約。」鄉約者，約一鄉而爲善者也。一鄉有事，咸質成焉。巴弩即又詢至鄉約之家。鄉約極其敬愛，親爲洗足，親供飲食。巴弩未食，亟叩所爲善狀。鄉約初無所言，乃不食而數叩之，始歷述其自生子後，迄今已三十年，誓絕房幃之私，及施旅助貧，種種濟人〔四〕利物之事。巴弩獎勸不已，但謂：「止少一件：爾何不棄家隨我一意誠事天主？」其人即飄然赤身，隨入山中苦修，通無一念留戀家業妻子意。比至山中，亦居吹簫者小屋内，朝夕勤講天主事理。不三年，亦爲天神簇擁，升天而去。

巴弩又自思維，己德不知可少進否？天神仍復顯諭曰：「據爾所修，似猶在今來助爾大商某人之下也。」巴弩即訪大商。時大商同諸侶伴載各種奇貨，充物數船。聞知巴弩苦修，餽送豆糧十石爲資。巴弩述天神推重大商之言，因勸：「何不隨〔五〕我苦修，共奉天主，爲第一善事乎？」大商欣然揮散伴侶：「爾等各分船中貨物，自濟濟人。我從聖人苦修去矣！」輒亦隨入山中，居小屋内，誠心欽崇天主。未幾亦復〔六〕升天，如前二人顯跡。

〔一〕「告」，宋氏抄本作「告我」。
〔二〕「則」，宋氏抄本作「我」。
〔三〕「隨之入山」，宋氏抄本作「隨之」，脱「入山」二字。
〔四〕「人」，宋氏抄本誤作「下」。
〔五〕「隨」，宋氏抄本作「從」。
〔六〕「復」，宋氏抄本誤作「後」。

自此巴孥感奮，苦修愈堅。一日，天神明慰之曰：「爾德盛矣！今可與爾明告矣，天主已許爾與某聖某聖〔一〕相並，不獨與前三人相較量也。」無何〔二〕，白日升天，天神擁護而上。其身光潔白如雪，數倍於日。蓋天主欲旌聖德爲世標，故特加優異云。

謹按：巴孥聖人，苦修年久，自視若高。殆少少有自滿意乎，故天主令天神顯抑之。抑之者，正所以進之也。三問而三抑之，其所以進之者深矣。乃聖人勇於屈服，略無退沮；精修彌勤，感奮彌厲，德彌盛而心彌下，安得不受天主特〔三〕眷，更加優異乎哉？且才爾默思，天神便爾降諭，則聖與天接，呼吸直通帝座。詩所謂「上帝臨爾〔四〕，毋貳爾心」，於此益信。即其遇人，便以誠事天主爲首務，則聖心念念在天〔五〕可知矣！然則聖人多年苦修之至道，不明白易見也耶？

一盜侶耳，輒能改作吹簫，行徑雖以微賤自甘乎，安穩已十倍矣。猛折雄心，辱伏淡泊，胸次已自不俗。又誰知作盜時，原自有道心乎？即其一聆貞女誓事天主之哀祈，便毅然立阻羣兇，獨送還家，此其大勇，業已豫挺上天之骨。比〔六〕再遇窮迫之婦，遂盡捐盜貲，湊滿三百金，令其贖子若夫，不少慳〔七〕也。世之貪慳可鄙者，無足言

〔一〕「聖」，宋氏抄本作「賢」。
〔二〕「無何」，宋氏抄本誤作「無如」。
〔三〕「特」，宋氏抄本作「默」。
〔四〕「爾」，宋氏抄本作「汝」。
〔五〕「在天」，宋氏抄本脱「天」字。
〔六〕宋氏抄本脱「比」字。
〔七〕「慳」，宋氏抄本作「吝」。

已。即號稱賢士大夫，素襲仁義之美名者能乎哉？ 況於盜跡不少隱瞞，肯向人前和盤掇出，況又不自以所作之善事爲善事，披〔一〕褐懷玉，行歌市塵；　市塵中肉眼，那能識塵埃中有此天上人也？ 噫！

一鄉黨自好之人，勸善賑貧諸美行，人猶可及；　至生子後，輒能力絶房幃之私，三十年如一日，難矣哉！ 難矣哉！ 一旦赤身飄然，從聖人〔二〕入山苦修，略無一毫顧盼〔三〕留連意，則其素所蓄積絶色一念基之也。 如此之人，真是入道如箭。

商人耽耽逐利之徒也，財貨愈多，貪心愈熾。 彼其涉海渡洋，昕夕所營何事？ 而乃縈〔四〕念於山中苦修之人，爲之資助糧豆，其人原自皭然迥出流俗上。 但立談之頃，〔五〕驟令拋棄多財，入山苦修，不笑其爲迂腐不情之甚，則亦有掉臂去之已耳！ 胡乃相信之深，輒爾揮散伴侶，一切財物，令其自濟濟人，灑然擺脱之若是。 所謂「欲貪天上寶，須棄世間珍」。 斯人之胸次，吾謂其直與海天同空闊矣。 噫！ 明明天上人也，那得不向天上去？

於此可見，無人不可入道，無人不可苦修，亦無人不可升天。 果辦信心肯心，即絶名、絶利、絶婚、絶宦〔六〕，凡人立躋聖地無難耳。 彼大商與鄉約無論也，乃吹簫者，以夙昔爲盜之人，一旦改行苦修，誠事天主，直可升彼光明天上。 則信哉雖有惡人，齋戒沐浴，可祀〔七〕上帝，子與氏非誑語也。

〔一〕「披」，宋氏抄本作「被」。
〔二〕「聖人」，宋氏抄本作「人」，脱「聖」字。
〔三〕「顧盼」，宋氏抄本作「顧家」。
〔四〕「縈」，宋氏抄本作「系」。
〔五〕「立談」之後，宋氏抄本脱「之頃」二字。
〔六〕「宦」，宋氏抄本作「官」。
〔七〕「祀」，宋氏抄本作「事」。

聖人安當，棄家入會，苦修多年，已九十歲矣，自謂苦修之人無先也。不知先是有聖人葆禄，其家最富，已爲少子。十五歲時，父母俱亡，止有一姊，其夫忽生嫉忌，意欲圖害。葆禄知之，遂盡棄其家，入一深山窮巖之中，誠奉天主聖教，一意苦修。日食椰實如棗充饑，渴飲洞外泉水而已。久之無衣，則穿緝椰葉成衣，聊以蔽體。坐臥洞中，絶無人見人聞，〔一〕蓋已數十年久矣。天主寵憐常，〔二〕每日遣飛鴉遺之麵包半枚，以表其異。至是一百十有三歲，將取升天。恐世人卒莫知其隱跡也，乃令天神〔三〕顯諭安當曰：「爾毋自矜。爾爲苦修第一，更有苦修在洞，甚於爾者，前爾數十年。今現在山中，何不亟訪之？」安當駭甚，即訪求隱跡。三日後，至一山，杳無人影，俄有半人半馬之大獸當其前。安當問某聖人所在，獸不言，第以手指其處，忽不見。安當嚮所指處尋覓，將至，猶不知其的所，俄又有半羊半人之小獸當其前。如前叩問，獸則明告之曰：「某聖人隱某〔四〕洞中。」因問：「爾爲何人？」則答曰：「我乃世人，妄認山靈祈求福利者耳，殆魔鬼之屬。」又忽不見。安當尋至洞口，遠遠看見椰樹下一泉，一狼奔飲。瞥見洞中有燈，不覺喜甚，亟入其洞，被石抵足，仆地有聲，而葆禄聖人輒閉其門矣。安當扣之再四，且以不開則死在洞門之外亦不肯退爲懇。葆禄始開門，延之入。因直呼其名曰：「安當，我果某人。初進此中，食椰實，飲泉水，將六十年。荷天主垂憐，遣鴉送麵包救我。我今將逝，天主憐我，命爾葬我肉軀。爾可急回，取某人送爾某衣作我葬衣可也。」言已，鴉果送麵包至，且比往日多一人之用。於是安當亟回取衣，三日之程，一日到矣。到則取衣，疾反〔五〕山洞。至半塗忽聞天樂，仰見衆多天神，已擁護葆禄，光潔如雪，上升而去。比復入洞，則見葆禄仍跪天主臺前，似誦經默祝狀，安當亦潛跪於後。誦經良久，不見其起也。用手徐驗，乃真死矣。遂脱其所衣椰葉之衣，而以

〔一〕「人见人聞」，宋氏抄本作「一人见聞」。
〔二〕「常」，宋氏抄本作「異常」。當據宋氏抄本補「異」字。
〔三〕「神」，抄本作「聖」。
〔四〕「某」，宋氏抄本誤作「其」。
〔五〕「反」，宋氏抄本作「返」。

所取之衣衣之。苦無掘地之具，正在躊躕，忽有兩獅掘地作一長坑而去，遂葬焉。後安當每當彌撒時，輒衣椰衣以顯其事。無何，安當亦白日升天云。

棄家苦修，至於行年〔一〕九十而不倦，自是人所難及。然纔有人莫能先一念，便有一先數十年苦修之人在。諺云「行行出狀元」，其斯之謂歟？可見自矜一念，凡百作〔二〕爲，都不可有。

年少富家郎，窺得人欲圖害，不但無一毫爭心，無一毫怒意，便脱然棄家，逃難遠避。只此一段識力，便已迥邁俗見〔三〕。然此猶或可及，惟是以孔夫子志學之年〔四〕，便知誠奉天主聖教，此殆天縱，非由人力。既能依此聖教爲安身立命之本，故避世惟恐不遠，入山惟恐不深，人總不見不聞，天則日親日近，所以歷百年如一日。余嘗謂：孔子絶四，以其心常在一，故克絶四無難耳。葆禄聖人絶利、絶名、絶色、絶世，總在一心有主，常常欽崇一天主在萬物之上，纔能獨居萬山之中，遯世不見知而無悔也。以如此絶德，不求人知之人，天主安肯使之埋没深山，徒自拔取升天，不爲人間留一苦盡甘來之大榜樣乎哉？故先之以天神顯諭，繼之以兩獸指引，又終之以兩獅〔五〕爲送葬之役，無非表揚苦修聖跡，令普世通知，且令千萬世共知共仰之意云。

嗟乎！以富室〔六〕豢養之子，拋宫室，棄肥甘，屏輕煖，苦中更受苦中苦，乃人間世絶不經見經聞之事。然或

〔一〕宋氏抄本脱「行年」二字。
〔二〕「百作」，宋氏抄本作「作」。
〔三〕「俗見」，宋氏抄本誤作「俗凡」。
〔四〕「年」，宋氏抄本作「言」。按：「志學之年」，當指孔子十五歲之年，與文中聖人葆禄「十五歲」所指相同。改「年」作「言」，非是。
〔五〕「獅」，宋氏抄本誤作「獸」。
〔六〕「室」，宋氏抄本作「家」。

一時忿激致然，未有日久而無變志也者。乃自十五以至六十歲，日食椰實，飲泉水，甚至以椰葉緝衣蔽體，坐卧洞中，謝絶世上煙火，自非天上更在天上人，其何能若是？我輩少少能甘澹薄，便謂卓越一時。又或少少撇脱塵緣，便謂超絶千古。間有深山守静孤者，卻〔一〕又名心飛馳，甚或借爲捷徑。求其刻刻念念欽崇天主，積百年之久，臨死猶然長跪誦經不輟，信愛天主之篤如此者，萬萬不能。夫既不能信愛天主，天主又焉肯輕信而愛之哉？人或多以絶世遠引爲拂情過高之行，斷非世人所能及。而余獨以專心奉主，彌久彌篤，原人人可能事也，人特不肯一信且愛焉耳。無怪乎葆禄聖人迥爲絶德，而踵繼其姊夫之心之行者，反〔二〕比比也。噫！

假令葆禄不遇嫉忌圖害之姊夫，終身安享富厚〔三〕，不過世間一得意受用人耳，如何得升天上？余且謂葆禄聖人有緣，得遇良姊夫，助此上天梯在。

一簞食，一瓢飲，在陋巷，不改其樂，惟顔子爲然。與木石居，與鹿豕遊，一似深山野人，惟大舜爲然。今葆禄食椰實，飲泉水；羊馬當路，狼獅排衙。倘非大聖大賢，不是餓煞凍煞，必定唬煞。聖人哉？賢人哉？天人哉？

椰衣，每作彌撒祭衣，即天上主且歆豔之矣。俯視冠冕都塵土，奚問珠玉錦繡？

莫問利約，〔四〕最有聖修，遠邇知名。時有一會，苦修之士，殊自苦甚：日每一餐，甚者三五日一餐，諸士自謂苦修者莫

〔一〕宋氏抄本脱「卻」字。

〔二〕「反」，宋氏抄本誤作「仅」。

〔三〕「厚」，宋氏抄本作「貴」。

〔四〕「莫問利約」，宋氏抄本誤接於上段按語之後，當作爲正文另起一段。

過也。莫問利約聞之，遂故作一村俗人，如初欲進教狀，訪〔一〕詣其處，跽〔二〕求入會，作苦修事，以事天主。諸士謂之曰：「爾或不能受我輩之苦乎？」對以〔三〕「不拘甚苦事，願甘受之，毋敢退也」。乃許入會。於是利約日夕承命，如僕役然。夜則露處石鎛，不居屋内。每無事，輒長跪誦經不少怠。每七日始一食。其謙卑自牧，及專精茹苦之習，爲〔四〕諸士所不能及、不能堪也。諸士異之，莫測其爲何等人，因共祈天主顯示之。天主命天神，明告爲莫問利約，衆始知之，羅拜求教。而莫問利約，輒又飄然他往矣。

夫一日一餐，三五日一餐，真是苦修之極。乃又有七日始一餐者，安得不爽然自失？然利約之意不在此，正以謙卑自牧，爲諸修士作頂門針耳。

每爵，素行不良。聞一童貞室女爲大家子，其女誠奉天主，即在堂側一小屋中，朝夕勤修。每爵妄意室中之藏，輒於一晚人静後，從屋上揭瓦欲進其屋。攫取之，百方不能揭，力倦臥於屋上，遂見一人在其旁〔五〕，往來過者數十人，皆修道人儀狀。旁一人指每爵曰：「此皆爾所管理會中人也，爾當爲他每〔六〕大會長。但爾從今，宜盡改往昔所爲不良事。」每爵寤，不知所謂，時天將曙矣。室女晚間聞屋上聲，不敢動。至此登屋尋看，則見每爵猶在屋上。問其來歷，都不答，第曰：「引

〔一〕「訪」，宋氏抄本作「時」。
〔二〕「跽」，宋氏抄本作「跪」。
〔三〕「以」，宋氏抄本誤作「曰」。
〔四〕「爲」，宋氏抄本誤作「竟」。
〔五〕「旁」，宋氏抄本作「傍」。
〔六〕「他每」，宋氏抄本作「他們」。按：似當以「他們」爲是。

我天主堂中。」比至堂中，則跽求鐸德之前，細陳自己從前惡狀，求聖水以洗之。鐸德試之八日，知其誠懇，爲之講説經中當行規則。渠即以所講三兩段事，入山行持，俟習熟再請。後遂純然爲修道之人，人宗之者甚多。一日，遠村中一少年，乃誠奉天主人也。有病垂危，人告每爵，亟往救之。每爵即離山往救。時日將西墜，尚有數里之遙。每爵恐其不能到也，祝日〔一〕：「且徐徐下墜，俟我到某人處方墜可耳。」爾時日隨半圓墜地中，半圓在地平上，不墜者約一時。村中人咸異之。忽見每爵到村，衆皆喜甚，因問：「日〔二〕爲何不墜者移時？」每爵曰：「爾不知經中所言乎？人但有真信心〔三〕，天主佑之，無不可作。」衆始知日爲爵祈而停晷也。及到某病者家，病者已死，移安正屋。每爵悔〔四〕己來遲，坐死者頭畔低聲呼曰：「某某！恨我來遲，不及爾救。」病者復甦，每爵問曰〔五〕：「爾所往，光景如好，爾則去；不，則再留，何如？」其人答曰：「我已嚮至美好處矣，柰何又呼我爲？」遂死，不再甦云。

每爵初行，與前吹簫者相埒。至痛悔自陳，洗心聽講，纔聞三兩段規則，便自入山行持，純然成一修道高人。視呫嗶家讀盡五車萬卷，方纔理論行持，甚且全不理論行持，徒資口頭乾慧者，豈止徑庭已哉？此人猛力信心，自是人不可及。天主特以將墜不墜之日輪，表其誠懇之靈異，蓋亦奬其有轉日迴天之能力云爾。

老實葆禄，至誠人也。初因出外，而其妻有所私。老實葆禄輒棄家，訪至安當聖人，苦修山中，求爲講經，奉事天主。

〔一〕「祝日」，宋氏抄本作「祝曰」。
〔二〕宋氏抄本脱「日」字。
〔三〕「信心」，宋氏抄本誤作「心信」。
〔四〕「悔」，宋氏抄本作「恨」。
〔五〕「問曰」，宋氏抄本作「曰」，脱「問」字。

安當見其爲〔一〕鄉村樸野人，欲試其心，〔二〕命之跪誦聖經，待己出，然後起聽講解。老實葆禄遂如命跪誦，安當故久不出。令人潛視，不但不起，即左右顧亦不敢。直至次日，安當聖人出見，〔三〕命之起，方起焉。聖人愛其誠，遂授教，令之日侍左右。一日，安當與諸進教大聰慧人，講論天主降生及古先知聖人諸事理，老實葆禄侍聽，忽問：「降生在前？先知在前？」安當謂其愚陋失序，怒而斥之，〔四〕令再勿言。葆禄不知其怒也，以爲命所當然，遂一兩月不出言。安當怪而問之，曰：「前有命，命勿再言，安敢不遵命而出言？」其老實聽命每如此，聖人愈益愛之。久之，天主寵愛誠篤，畀之大力。間有染魔求祛除者，安當聖人或不能除，而老實葆禄則能除之矣。聖人慮其驕也，更置之山中深處。有一染魔久者，安當除之不得，俾詣老實葆禄〔五〕求解。老實葆禄誦經，求祛其魔，魔亦不去，蓋天主亦慮其驕故耳。老實葆禄遂跽〔六〕求天主曰：「魔若不去，己終不食矣！」言已，魔遂去。蓋其誠實心，最爲天主之所憐愛云。

鄉村樸野，至誠老實，全是不失赤子之心之人也。不第聖人愛其誠實，天主更憐愛其誠實。觀其聽命，便一一欽遵：不命之起，不敢起；不命之言，不敢言，雖一兩月不敢違命而輕出一言。即此細小事，不敢少犯聖人之誡，則於天主諸誡，肯一犯之乎？人見老實太甚，未有不笑其癡愚〔七〕者，詎知鬼魔畏懼遠遁，天主顧獨鑒其誠

〔一〕宋氏抄本脱「爲」字。

〔二〕「試其心」，宋氏抄本誤作「誠其心」。

〔三〕宋氏抄本脱「見」字。

〔四〕「愚陋失序，怒而斥之」，宋氏抄本誤作「愚陋，先佯怒而斥之」，語義難諧。

〔五〕「葆禄」，宋氏抄本誤作「葆禪」。

〔六〕「跽」，宋氏抄本作「跪」。

〔七〕「癡愚」，宋氏抄本作「病愚」。

實乃若此耶！參魯回愚，孔夫子最得意弟子也，當日獨得宗傳，意亦埒是。

畢約爾，誠聽師命，毫不敢違，日侍安當聖人之側，勤苦殊甚。安當愛之、憐之，命之曰：「爾可自擇一處，任爾默修足矣，且亦不必頻來見我。天主或命爾來見我，方可一來見耳。」此意蓋欲其自逸，勿僕僕道路間耳。畢約爾輒擇一深山中居之，垂三十年不一來見。安當聖人，蓋亦如老實葆禄聽命之誠云。時其姊年老矣，有兩子，咸已長成，因多年不能一見畢約爾之面，想念甚。令二子訪〔一〕請，既覓得其處，請之再四，必不肯出。二子遂求安當聖人之命。安當亦異其久不一來見也，遂命二子傳命來見。畢約爾始往見安當聖人。安當叩其三十年不一來見之故，對曰：「師有命，天主無命，是以遵師命，不敢來見。」聖人頷然之，因謂之曰：「今爾姊欲見爾一面，令二子來請，爾可往彼，俾一見爾，可也。」畢約爾承命，偕二修道侶，同詣姊家。至門，令二子請其姊出門。比其姊迎見，畢約爾閉目而言曰：「請姊見我。今既見我矣。」輒偕道侶而返。蓋遵師命，令爾姊見爾一面之言，未承爾見爾姊之命，故閉目而不敢一視也。噫！可謂遵命絶意之極也已。

誠聽師命，毫不敢違，至云「師有命，天主無命」，遂遵師命垂三十年不敢一來見。比再承師命，令爾姊見爾一面之言，輒閉目令姊見，而不一見姊。余每讀之，未有不掩卷而笑者，想人人共笑之矣。不知專一敬聽師命，正是專一敬聽天主之命。所云不笑不足以爲道者，乃在此。今之聽師命者，聲入左耳，已從右耳飛去。靦面唯唯，退即唉〔二〕而置之者，比比也。無論小小誡命，即關係甚大，率多胥越視焉。噫嘻！應見者，即有命來見，或三十

〔一〕「訪」，宋氏抄本作「時」。
〔二〕「唉」，宋氏抄本誤作「笑」。

年不一見者，有之矣； 不應見者，雖承師命諄諄，當面禁諭，弗遵也。余甚愧之，故録此可笑〔二〕者，以立遵命之程。

本多聖人，會下二童子： 一名巴剌濟多，一名卯羅，皆大富貴人之子也。一日，巴剌濟多承命取水，失足河中，爲水推去。時本多聖人堂中正誦經際，忽呼：「巴剌濟多墜〔三〕水，卯羅速救之〔三〕！」卯羅聞命，疾赴入水，從深淵洄漩之中，挽髮救出巴剌濟多，而卯羅之衣履，絶無水痕。衆咸見而異之。卯羅不自以爲異也，乃歸功於本多聖人云。

入水不溺，〔四〕衣履絶無水痕。小小童子，便到至人地位矣。又不自以爲功，仍復歸功於本師，天主那得不愛？

卯羅，在山下小屋中，以壺接取大筒内酒。西法： 酒貯大木筒内，筒底鑽〔五〕有小孔，常以小木屑塞之。用時去屑，則酒溢流壺中矣。時卯羅方去其屑在手，以壺承流〔六〕。而本多聖人在山上堂中，忽呼其名。卯羅疾趨應命，遂忘塞屑。比至本多聖人處，見其手中之屑，問：「爾何爲持屑？」乃憶取酒忘塞事。聖人以爲酒必溢於壺外地上多多矣，命趨視之，則

〔二〕「笑」，宋氏抄本誤作「嘆」。
〔三〕「墜」，宋氏抄本誤作「墮」。
〔三〕宋氏抄本脱「之」字。
〔四〕「溺」，宋氏抄本作「溺水」，衍「水」字。
〔五〕「鑽」，宋氏抄本作「鉆」，與簡體字「鉆」形近而致誤。
〔六〕「流」，宋氏抄本誤作「多」。

見酒滿壺中，堆集壺上，如小塔狀，而絶不旁溢一點於地。衆人無不歎異。蓋天主表其聽命之誠，故〔一〕特示奇跡云爾。

酒堆壺上，直立空中，如小塔，絶不旁溢一點，無非表其一念獨尊，崇敬不散之誠悃耳。奇則奇矣！衆歎其異，卯羅亦不以爲異也。恁様童兒，余愧不能任解履之役。

有一少年，入會苦修者。會長〔二〕命之汲水，且命速速。少年聽命持筒，疾趨井邊。比至井，卻忘其綆，欲回取綆，恐遲違師命。惶懼之甚，遂跽求天主，祈令井水湧出，速應其命云。祈畢，呼水曰：「上來！」水遂應聲湧上，汲滿其筒而回。天主蓋嘉其絶意奉命之誠，故特爲表異若此云。〔三〕

汲水忘綆，命速懼遲；童心純一，其誠最至。故祈天而天〔四〕立應，呼水而水上湧。總旌其奉命之誠，正以示師命之不可不遵也。

以撒巴剌約，大富貴人之子也。少年美姿容，聰慧之極。日在天主堂中，講説經典，人人喜悦愛之。官長巨家，遠近胥知。一大官之妻，見其講論容止，殊甚愛而欲私之。每遺之貴重物，蓋有不端之念焉。巴剌約欲絶之，不敢；欲順之，恐

〔一〕宋氏抄本脱「故」字。
〔二〕「長」，宋氏抄本誤作「者」。
〔三〕宋氏抄本將本節文字誤接於上節按語之後。
〔四〕宋氏抄本脱「天」字。

壞其從前功力；欲棄家遠逃，家又富厚甚，無不順暢，戀戀不能割也。自心躊躕，莫可爲計。天主乃命一天神，化一武官，命多兵將巴刺約送之罪人獄中。一官將鞫之，其官似即欲私婦人之夫也。時正別用刑具，苦諸罪人。巴刺約不知爲何至此，恐怖之甚。忽又有一厚友來見，問曰：「爾何罪？亦在此〔一〕乎？」巴刺約自審無他罪，惟有欲私婦人餽送諸物，不能拒絶，又不能遠躲，遂至於此。其友憐之，且曰：「事已至此，爾果肯遠躲，棄家修道，我猶能祈天主救爾。」巴刺約誓以「寬我一日，收拾經書衣物，我即離家去。」友與官悉不見，乃知爲天主顯示。遂果次日收拾行囊，棄家登舟，往某國居焉。某國有一聖婦人，〔二〕其子若孫，俱爲顯官，而聖婦絶棄世緣，一意奉事天主。〔三〕見巴刺約講論〔四〕天主事理甚明辨，殊憐愛敬禮之，都人士亦〔五〕無不人人敬愛之者。巴刺約遂久安駐，無入山修道意。未幾，病，病且數月不起。聖婦憐之，謂：「爾病非病，似是天罰。」責令其吐罪求解。巴刺約輒歷歷吐其前事。聖婦因曰：「爾今肯願入山苦修，我祈天主赦爾罪。」巴刺約誓願從此永入山也，疾遂瘥。於是入一山中，苦修數十年。日止麵一斤，鹽一撮，一切肉食、菜果絶不入口。所居所衣，極敝壞不堪，日爲人傭寫諸經典，以自生活。所著書甚富，蓋善書，又聰慧博聞，善纂撰也。入山數十年，絶不一問塵事。人有報其父死者，則斥之曰：「我父不能死！」蓋指天主大父，彼惟知有天上父而已。將死之先三日，天主顯示其積勞，宜升明天之旨云。

欲絶之，不敢；欲順之，又恐壞其功力；欲棄家遠逃，又戀戀而不能割。視前葆禄聖人，不無少遜。然天

〔一〕宋氏抄本無「此」字。
〔二〕「聖婦人」，宋氏抄本作「聖人」。
〔三〕此句「俱爲」之後，宋氏抄作脱漏八個字。「奉事天主」，宋氏抄本作「奉天主」，脱「事」字。
〔四〕「講論」，宋氏抄本誤作「真誠」。
〔五〕宋氏抄本無「亦」字。

主鑒其不得已之情，委曲玉〔一〕成，故令天神顯示異境，驚覺之。又令他鄉聖婦訓誨之，務期〔二〕提撕醒悟，積勞以臻明天。即慈父之愛子，莫是過矣。故巴剌約亦惟知有天上之慈父而已，他復何知？

一少年修道之人，多興淫念，多自克之，然猶不已。一旦，就山中一老年修道者，歷述其興念不能盡克之故，蓋求〔三〕一克之之方法也。乃彼老年人，自少至老，絶無欲念，而見少年所述之言，輒嗔責之，謂：「爲天主所棄人也。」少年怫然不悦而回，私念：「既爲天主所棄矣，不如回城娶婦，另作行徑。」遂忙忙奔詣城中。路遇阿玻羅，迎而問曰：「爾何忙忙奔走若是？」少年述其求教高年，告以天主所棄，自分修道無益，欲往城娶妻，遂其難克之初念耳。阿玻羅笑〔四〕而勸之曰：「念起何妨？肯痛自克責，正是天主所予，何謂反爲所棄？爾第返爾舊業，我爲爾祈天主，助克爾念，無傷也。」少年意少喜慰，仍歸苦修寓中。此蓋從來善救之妙方也。彼老者，純誠未試，乃爾戇言，幾阻人進，且幾害人之成。阿玻羅遂祈天主，略令魔念，一試老者之心。即時遠遠望見一小黑人，進老者修道之門。須臾，小黑人拉老者出門，忙忙下山，直奔城中。阿玻羅怪而呼之，不應，愈益〔五〕疾趨。阿玻羅拉止之坐，亟叩其奔趨之内〔六〕，乃直道曰：「欲念熾甚，不能遏，欲往城中尋一遂我念者。」阿玻羅曰：「彼少年人，有念輒克，極其勤苦，尚不肯一遂其欲，而求救於爾，爾輒斥〔七〕爲天主棄人。今爾

〔一〕「玉」，宋氏抄本誤作「至」。
〔二〕「期」，宋氏抄本誤作「祈」。
〔三〕「求」，宋氏抄本誤作「有」。
〔四〕「笑」，宋氏抄本誤作「叹」。
〔五〕宋氏抄本脱「益」字。
〔六〕「内」，宋氏抄本作「由」。按：當以「由」爲是。
〔七〕宋氏抄本脱「斥」字。

年且老矣，纔一動念，便不能克，乃忙忙求遂若此，視彼少年何如哉？不知此殆天主令魔鬼試爾，非爾本念，宜亟同我跪求天主赦爾可也。」老年人果隨阿玻羅跪求天主，黑魔遂滅。蓋自是〔一〕不敢輕言，以阻人之進矣。

淫念難克，克淫原是第一苦工。故念起能自克者，的是天主所予，胡云反爲所棄？阿玻羅善巧方便，極得循循善誘之方，且又默祈天主，以黑魔潛試老年人，而又力止其遂念之邪心。堅少年以老成〔二〕，提老年如嬰兒，隨祈隨應，捷於影響，阿玻羅天人也哉！

一修道人，未入山，止在城外近地苦修。乃有羣惡少，欲試果真修否，〔三〕遂覓一豔娼，俟其出外而潛匿其所焉。比修道人歸，偶見婦人，以爲魔鬼也，亟出外，呼人求救。婦乃跪泣而言曰：「我乃入城婦人，夜晚不克入城，此曠野中恐爲獸攫〔四〕，故投此一宿，暫避其害耳，非魔也。」道人信之，曰：「汝果是人。」遂入房自扃其户，命於墻垣中避之足矣。婦又跪泣：「垣牆低小，恐終爲獸食也。祈移我房中，置我隅角，得一安身，深感活命之恩。」道人不得已，開户令婦宿一隅。至夜半，魔念頓起，不能止。於是點燈，跪誦天主經典以克之。猶不止，則私忖曰：「爾果欲遂爾念乎？恐地獄之火，不能免也。今爾先試此小火，倘能勝之，則任爾所爲。」乃將小指直〔五〕燈上燃之，已燒損矣，念猶不止。直將五指齊燃，

〔一〕「是」，宋氏抄本誤作「足」。
〔二〕「成」，宋氏抄本作「年」。
〔三〕宋氏抄本脱「否」字。
〔四〕「攫」，宋氏抄本誤作「攖」。
〔五〕「直」，通「置」。

猶跪誦不輟〔一〕。其婦見此景象，輒驚怖而死矣。蓋亦天主故死之，以彰此人之苦烈也。頃之，天曉，羣惡少闖入其室，謂必污其道行無疑矣，乃厲聲斥曰：「昨晚婦人何在？」時道人猶然跪誦，第答曰：「果有婦人，在彼處睡〔二〕者是。」羣惡少視之，則婦已死矣。惡少迫問：「婦何〔三〕以死？」道人乃出其手，曰：「爲此妮子，壞我五指。」歷述其狀。衆皆駭然嘆服〔四〕，羣跪道人，祈求婦人復生。道人乃跪求天主，婦人始甦。於是婦人改娼爲貞，後亦爲賢婦人云。

近地苦修，乃起羣疑。纔見可欲，不禁心動，以故苦修者，入山惟恐不深也。燃一指而不已，舉五指以齊燃，烈哉道行！誰其得而污之？不第惡少讋服羣祈，豔娼改化貞婦。如此堅忍苦烈，天神當生敬畏矣，天主那得不隨禱即應乎哉？

歐塞卑約，乃撒爾底泥亞國王也。素敬天主，常以通國之賦十分之一，專供〔五〕天主堂公用；而更徑除一郡城中之賦，全奉天主堂中，作〔六〕彌撒，以爲祈救在煉度所者之靈魂。行之有年。一日，鄰邦國阿斯別爾若，最強盛，遂發兵攻此郡。城中有奸人內應，輒納之入城，而竊據之矣。歐塞卑約聞之駭甚，謂羣臣曰：「別郡失之猶可，此郡乃吾常爲天主奉者，而失之乎，天主必自有意。我兵雖弱小，不可不急救。即不然，寧爲天主致死可也。」於是即起見在兵六千六百人赴救，屯聚郡

〔一〕「輟」，宋氏抄本誤作「輒」。
〔二〕「在彼處睡」，宋氏抄本誤作「在彼偏隅」。
〔三〕「何」，宋氏抄本誤作「人」。
〔四〕「服」，宋氏抄本誤作「恨」。
〔五〕「供」，宋氏抄本作「借」。
〔六〕「作」，抄本作「多作」。

城之外，俟便欲攻。忽有白衣兵四萬餘人，皆白鎧白旗，兵刃耀日。既近營，先四人騎馬來營，與兵士相見，曰：「我等非敵兵也，特來助戰者，可傳語國王。」王親見之，白衣兵曰：「明日可遂進兵攻城，我等竭力助戰，保必勝也。其各齊心，進攻無疑。」國王等皆不知其何故，依言，次日進兵。時敵仇兵有六萬人，最強盛，出城迎戰，望見白衣兵數萬，即驚仆駭疑，不敢交兵。白衣兵乃謂之曰：「爾等無故侵此郡城，天主震怒，爾不即拜服此中國王，會見若輩虀粉矣！」敵人恐，胥離城，叩首悔罪，拜服國王。不但此城中秋毫不敢犯，而且願年年餽獻方物焉。白衣兵方許之，敵國因得解兵而去。白衣兵乃辭國王歐塞卑約，而言曰：「我等皆煉度所死者之靈魂也。夙昔荷王爲我輩祈求天主，故爾齊來，效一臂之力耳。」言訖[一]，遂皆不見。

白衣助戰，聊報聖王冥救之恩；強敵款降，彌昭天主顯扶之意。嚮非誠信天主，施此普度之仁，安得多助神兵，效其一臂之力？噫！今強敵壓境，誰不願得白衣兵以驅之乎？吾謂大家，必須先盡奉天之實而後可。

瑪利諾，係苦修會最盛德□□幼女也。女纔三歲，時□□因其妻並[二]兩子皆死，止遺此幼女，遂託於其弟，而盡棄其家，入苦修會修道，一意誠奉天主，成會中最有德人矣。居十年，忽一日，面帶憂容，若有所思狀。會長怪問其故，則對曰：「我嚮進此會時，家中原有一三歲小兒，恐會中拒我，故未之言。今偶有所思，此兒此時已十三歲矣，不知可容進此會中，令之事奉天主[三]乎否？」會長及衆會人，謂其果真男兒也，許之。□□遂詣其家，引瑪利諾，扮作男兒，同入此苦修會中。此

[一]「訖」，宋氏抄本作「畢」。
[二]「並」，宋氏抄本誤作「棄」。
[三]「令之事奉天主」，宋氏抄本誤作「無事奉天主」。

兒儀容秀雅，舉止端正，而又事事勤苦，最爲會中所喜，都不知其爲女身也。數年之久，盛德益著，苦行益堅，而其父□□忽棄世矣。瑪利諾時年二十有七，誠奉天主，於會中一切作苦之事，咸身任之，夜中常爲諸會人洗滌舊衣，不令人知。會中規則，或有城中貿易諸物，或同志〔一〕修道善〔二〕行人家有所餽送，每令少年者御車，或止宿城中一日、二日，即回會所。他少年類然，而瑪利諾絶未一出。一日，會長命之御車〔三〕入城，詣某家。某家女見瑪利諾而悦之，蓋視之爲美少年也，而初不知其爲真童女也。遽欲私之，瑪利諾拒絶之而返。乃某家女淫心熾甚，不能已，輒他有所私而成孕。比將娠，其父母覺之，鞫問其所私。淫女私其所私人，不之吐也，反〔四〕以瑪利諾之名對。適瑪利諾承會長之命，復至其家。其淫女之父母怒甚，與衆人宣知此事，咸痛抶〔五〕之，馳報會長，與衆通知。會長疾惡之甚，總不知其爲女身也，痛抶之幾死，即逐之會外。瑪利諾遭此冤誣，亦總不肯自白，自露其女身。日惟於會所門外，承罪祈哀而已。未幾，淫女生一子，其父母又送瑪利諾處，再辱抶〔六〕之。瑪利諾哀泣，撫育此子，朝夕宿於門外，默自苦修。每見會中人，即叩頭乞哀。如此五年，衆會人憐其苦，又念其父曾爲大有德人，咸懇求於會長。會長方許之復入，然命一切會中最賤最苦之役，皆獨身任之，毋得他有代也。瑪利諾得入，喜甚，其苦作愈甚，顧殊不自以爲苦。又三年，忽有疾，病甚，會長令諸人勿得視慰，且曰：「入會未幾，即有病，是天主不欲

〔一〕「同志」，宋氏抄本誤作「同老」。
〔二〕「善」，宋氏抄本誤作「者」。
〔三〕「車」，宋氏抄本誤作「奉」。
〔四〕「反」，宋氏抄本誤作「仅」。
〔五〕「抶」，宋氏抄本誤作「杖」。
〔六〕「抶」，宋氏抄本誤作「笞」。

令是等罪人久溷我苦修會中乎，諸人何數數懇求〔一〕爲耶？」瑪利諾死，會長仍令舁〔二〕葬野外。衆會人〔三〕將遵命舁〔四〕葬，內有憐其苦極者，欲爲一洗滌之。比解衣欲〔五〕洗，方知其猶然童女身也。衆始驚泣，急請會長親看。會長親看之真，不覺大聲慟哭，跪而悔罪曰：「嗟乎！同修二十餘年，無一人知其是女，已爲難之難矣。乃遭誣遭抶〔六〕，至死而卒不肯露其女身，真宇內所最難最難〔七〕者！予之罪，反莫〔八〕可解矣！」於是，會長同會衆，無不人人泣悔，欲移葬天主堂中。一時遠邇聞之，無不人人驚詫，持蠟而來觀且吊者，不下十數萬人。彼時魔鬼忽附前淫女之身，作厲殊苦，百方不能止。其父母聞知瑪利諾死，爲真童女身也，乃始自悔當時之冤誣，令淫女亦往見其身屍。魔鬼畏之，始遁去。其時已死八日矣。蓋天主故留貞屍以示勸，且以昭瑪利諾之絕德爲舉世所難及云。

以女扮男，不但同會者不知其不男，且令淫女謬認爲美男，亦可爲善變者矣。至於遭誣不辨，遭抶〔九〕不辨，遭辱遭苦數年，至死卒不辨，蓋惟恐其女身一露，有傷厥父易女作男之初心。此或其一念之隱衷乎！天主於臨終

〔一〕「懇求」，宋氏抄本作「求懇」。

〔二〕「舁」，宋氏抄本誤作「畀」。

〔三〕宋氏抄本脱「人」字。

〔四〕「舁」，宋氏抄本誤作「畀」。

〔五〕宋氏抄本脱「欲」字。

〔六〕「抶」，宋氏抄本誤作「笞」。

〔七〕「最難最難」，宋氏抄本作「最難」。

〔八〕「莫」字之前，宋氏抄本衍「最」字。

〔九〕「抶」，宋氏抄本誤作「笞」。

之日，默啓〔二〕同會者相憐，以洗滌露其真身，又顯留貞屍八日以祛魔，表其靈異，蓋亦嚮者表揚葆禄聖人之微意哉。

附録　祈請解罪啓稿

謹啓：重罪人某，敢因本名聖斐理伯，指引告鐸德先生前。罪某得徼陡斯恩佑，得聆鐸誨領洗，得入天主聖教，秋毫皆諸鐸德鴻賜。顧自受教以來，信道雖深，苦不堅；愛主雖真，苦不熱；望天雖殷，苦不純。在諸鐸德提誨獎掖汲汲引爲教中人，年來且承遠西鐸德致書褒嘉，即甚駑弱，忍不思奮！

第自省罪愆山積，未克悔解，實自知爲重罪人也。重罪多端，而犯天主十誡之中，毋行邪淫之罪，爲尤重。蓋罪某初進教時，原矢堅守一夫一婦之規，以遵誡。故壬戌登第之日，即移書家之人，戒勿爲我娶妾。謂一朝徼有寸進，皆天主之賜也。敢因所賜，而反獲罪於天主！比家之人隨居平干任中，羣念無子之故，妻女跽懇，弟侄環泣，重以父命嚴諭，一旦邪念遂興，不能堅守誡規矣。自是以後，極知罪犯深重，數請解罪於諸鐸德，咸曰：「非去犯罪之端，罪難解也。」不之許。於是痛自追悔，已曾立意嫁妾以贖我罪。乃室人哭懇勉留之，幾至反目；而妾因痛哭，幾殞厥生，願言進教守貞，誓死不肯改適。不得已，悠悠忽忽，因循至今。總皆罪某守誡不堅，妄想世情嗣續一念，怠緩苟且，故至此。罪將奚諉？

〔二〕「啓」，宋氏抄本誤作「起」。

華梵侏，如鼻語角聽之不同類，將家必以爲怪。今重門而八，九譯而通，似皆絶徼異域之人乎！〔一〕自主天下眎之，猶然家之人耳。家之人而獨云文字之不相通也，忍乎哉！

金四表先生乃天下極西國人，慕我明崇文之化，梯航九萬里，作賓於王。其間閲歷，不知幾百國，而覩識風俗文字之傳，國又各數變〔二〕焉。稅駕於邸，急取中國聖賢典籍讀之。其義意之邃，不啻河漢。而先生一旦貫通，以西學二十五字母辨某某爲同鳴父，某某爲自鳴母，某某爲相生之母，分韻以五仄，如華音平則微分清濁焉。不期反而反，不期切而切，不體外增減一點畫，不法外借取一詮釋。第舉二十五字母，纔一因重摩盪，而中國文字之源，西學記載之派，畢盡於此。蓋二十五字母，即太極中分之奇偶；而兩字相比成音，即奇偶相重而爲象也。三字相比，即奇偶再重而爲卦；四字相比，即八卦遞重而爲六十四；五字、六字相比，聲聲自然透現〔三〕，即六十四卦重爻變化，舉〔四〕天下之能事而爲四千三百九十六卦也。按其母而子自晰，切其音而韻自諧。清、濁、甚、次、中，櫛比黍累，無論足訂等韻，斌珙、休文之誤。凡蒼帝造書以還，中華無字之音，一旦肖其像貌，踴躍而出。更從萬國音韻總圖中，一參〔五〕悟其二十五字母所虚之次，即雁唳蟲吟，都可爲文。古人有彈琴而游魚出聽，清商鼓而天地皆秋者，節宣政在此際。然則謂庖羲之易爲文字之祖，而先生是書即禰〔六〕庖羲，稱字學之宗子可也。西儒之資云乎哉！雖然此猶先生之緒餘耳。

〔一〕涇獻文存無「乎」字。
〔二〕「變」，涇獻文存作「異」。
〔三〕「現」，宋伯胤本形訛作「視」。
〔四〕「舉」，涇獻文存作「極」。
〔五〕「參」，涇獻文存作「想」。
〔六〕「禰」，此爲仿效、效法之義。明馮夢龍序山歌：「書契以來，代有歌謠；太史所陳，並禰風、雅。」

先生學本事天，與吾儒知天畏天、在帝左右之旨無二。同〔一〕其儕入中國幾三十年矣，名利婚宦事一切無染，獨嗜學窮理，不知老之將至。所刻實義、畸人、天問、表度諸書，莫不各殫奥妙，而此特先生所獨剏。史稱蒼頡字成，天爲雨粟，鬼爲夜哭。説者謂洩天之靈，鬼神攸忌。余則謂天有全靈，人有全覺，覺與無覺，全靈自含，人天共〔二〕洽，忌於何有？庖羲氏之作易，露靈龍馬，奇偶無恙，而渾沌固不驚也。逮蒼帝渾沌而絲解之，天雨鬼泣，一若苦於掊鑿而失庖羲之祖意然。乃今於先生二十五字母，因重摩盪，恍有會焉。倘所謂準庖羲之一圈，補蒼帝七竅者非耶。

昔我高皇帝定鼎之初，即取音韻百家，命諸儒臣翻校董正，以昭同文，著爲洪武正韻。精核典要，洵足跨轢前代。然時始御極耳，可考證者一代之章程，一成之餘説。至於今日，職方九譯，莫不獻琛我明誠萬國文字之宗國哉。異日者，天禄、石渠採先生是書而更爲之表章，即命之爲萬國耳目資也，夫誰曰不可？其尚俟之知言君子。

時天啓丙寅歲春月之吉，關中涇陽良甫王徵撰。〔三〕

西儒耳目資釋疑

西儒耳目資將梓，敬一張子走書謂余曰：「西儒他所著書，種種名理，悉皆發此中從來所未發。故一書出而人競購，業已膾炙人口。其必傳於世，可無疑矣。今兹耳目資，或總不能越我音韻已傳諸書之範圍。即間出巧法，想皆此中所已備者，君獨何嗜之偏而必欲授之梓？」余復之曰：「名理如淵，正匯字學之海。學海不澄，名理奚自而流？西儒殫竭心力，

〔一〕「同」，涇獻文存作「自」。
〔二〕「共」，宋伯胤本誤作「无」。
〔三〕涇獻文存無此行文字。

急急成此書者，政欲資之。偏閱此中文字，可爲後來翻譯西學義理之淵海耳。況此中世代相傳，音韻諸編，種類雖多，都從一路所出。細勘厥路，路多有差，但差之或近或遠焉爾。今西儒耳目資一書，獨闢直捷之路，不左不右，絶無一毫之差。其中種種名理，相逼而出，若海錯爭奇，鮮新可味。細相較勘，西儒創發此中嚮來所未有者，蓋至五十餘款之多。觀者肯一細心理會，自見良工苦心，應不疑余有偏嗜矣。」爰爲之款列耳目資内創發此中所未有者，一一如左。不第用釋敬一之疑，並以釋後來凡讀此書者之疑云。

計此書創定中原前此所未傳者，款列於後：

一創定萬國音韻活圖，[一]止半葉耳，輒能包括萬國語音。

一創定元音五聲。又以元音配會，生萬音、萬韻。

一創定音中有自鳴，有同鳴。

一創定同鳴爲父，自鳴爲母，父母相合，共生字子。

一創定中原所用萬字之音，有單，有雙，有三，有四，有五，不能再多。

一創定音韻即中原所不用者，此書亦能備傳。

一創定中原音韻活圖，[二]三圈之中，我音一一畢具。

一創定音韻經緯總局，[三]輒能包括總音、總韻。

一創定總音、總韻，雖中原所用有音而無字者，西號俱能書之。

[一] 收入西儒耳目資第一編譯引首譜，第四張。

[二] 收入西儒耳目資第一編譯引首譜，第六張。

[三] 收入西儒耳目資第一編譯引首譜，第十三張。

一創定總母五十之攝，欲增不能，減亦不得。

一創定總母次第： 首元母，二子母，三孫母，四曾孫母，恰合五十之數。

一創定總音、總韻即無字者，但係此中所用之音，皆在總局之内。

一創定音韻經緯全局，〔二〕又將總局之音，每一開而生五，綻成雙平、三仄，及甚、次、中之别。

一創定同鳴字父，有能輕而能重者，有能輕而不能重者，有能重而不能輕者。

一創定輕重，在字父而不在母； 平、仄、清、濁、甚、次、中，在字母而不在父。

一創定總、全二局，如勾股者，父成在旁，母成在上，父横母縱，相會交羅之處，明生字子之音。

一創定父横母縱，相會交羅之法，雖遇無字空方，能知某音在此。

一創定排字之法，横行俱屬同父，縱行俱屬同母。

一創定無字母音、無字子音，每每聲各有五。

一創定雙平清濁之音，或母或子，另排不致雜亂。

一創定甚、次、中三音之字，或母或子，亦另排之，不致雜亂。

一創定字子，原宜有父，不獨有母。

一創定字以自鳴爲首者，無不爲母； 字以同鳴爲首者，無不爲子。

一創定字音所響於字子之末者，常爲字子之母。

一創定切字子，法四品。

一創定切字母，法四品。

〔二〕 收入西儒耳目資第一編譯引首譜，第十六張。

一創定字父俱不容切、字子俱無不容切者，字母有容切、有不容切者，且分誰容、誰不容焉。
一創定切法，雖立四品，究竟終成一品。
一創定切法，以父爲首，以母爲末。
一創定切法，誰可減，誰不可減；　誰減異父之首，誰減異母之末。
一創定切法，以清切清，以濁切濁，不亂雙平不同之聲。
一創定等韻三十六母，不宜稱母，止宜稱父。　又能減其所餘，補其所乏。
一創定正、沈、等三韻彼餘此乏條目。
一創定元母每一生五，餘母皆然。　又能知此中所用與所不用之母，而分别之。
一創定母韻不餘、不乏，五聲每有五十，數皆平等。
一創定不同之韻有相通者，另列一類。
一創定相生之母，可見於首；　相通之韻，可見於末。
一創定同音者俱在同切之下，同韻者俱排同攝、同母之中。
一創定同父諸字、同母諸字，常用而不移切字。
一創定音韻譜，一聞萬字之音，雖未知其點畫，開卷則遇其音。
一創定邊正譜，一覽萬字之畫，雖未知音、知意，開卷則遇其字。
一創定兩小目録，能改篇海、海篇，從意、從音之亂。
一創定算畫之法，不必從意，不必尋門，便得其字。
一創定以音察字，以字察音，兩法互用，流通不滯。
一創定五聲高低之念法，不拘有字無字，皆能分别其音，不至如等韻借客補位。

一創定萬字直音綱法，能約數萬不同之字，總歸千五有奇之音。

一創定西號數目，但能算號數者，雖不識字童子，便可尋得其字。

一創定聞音察母之法，但能聆音，雖不識字童子，便知音屬誰母。

一創定西號於各中字之下，字字都屬直音。不但西儒一覽西號便得中字之音，即此中學者，少少留心，能認五十字母，即無不開卷自了然者。

一創定五聲之號，并甚、次、中三音之號。見號尋字，一一不爽絲粟。

一創定西號，凡一字有數音、雜數處者，即立數號。依號尋音，無不各得其字。

右特撮其崖略而已。其他妙義，不必一一細贅。總之，西儒學以克傲爲第一義。其自以耳目資名書，志謙也。彼原毫不敢有自是自高之念，但名理所迫，不得不爾。余恐此中學者，先存一傲心，忽焉不加之意，而遽以剪綴我錦爲疑。故不得已，爲之表揭數端若此，實非西儒所欲鳴也。

説者謂：「允若是，是書信高矣，美矣，可梓而傳矣。其柰中多西號，我輩不易曉何？」余曰：「嘻！君又何甘自逐之若是耶？夫西儒梯航遠來，學我華言，不數年間，輒能徧曉此中文義，所通六經史傳，何啻數萬之字、之音！今觀西號，自鳴之母，號不過五；同鳴之父，號不過二十；及傳生諸母之攝統計之，纔五十號耳。肯一記憶，一日可熟。視彼習等韻者，三年尚不能熟。即熟矣，尋音尋字，尚多不得便遇者。誰難誰易？而反甘自逐爲！且余獨非此中人乎？闇愚特甚，一見西號，一二日中，亦盡了了。又況聰明特達之士，高出萬萬者乎！然則人自不欲曉耳，寧患不易曉哉！倘高明君子，虛懷省覽，不惟不以西儒爲標異，而且嘉與之，以贊我文教之大同。異日者，獻之聖天子、宗伯，羣諸儒紳，大爲校訂，頒布海宇，傳之無窮，亦足以彰我明千古來同文之盛治也。誰復問中西哉！

「抑余於是而尚有願焉。願天假餘閑，期與二三同志，更將此書第三邊正一譜，就依西儒所訂、所排之序、之法，一一檢韻會小補〔二〕所注音義，大書其字而細釋之。第務摘其切要，刪其繁蕪，益補續其所未備。再於大書真字之下，并搜草字、隸字、篆字，一同列之，尤爲絶唱。私計此書果成，庶幾可稱字學之大全矣。大約費貲千金，費工三載，便可了此。不知何日可能遂此願耳？識以俟之。」

了一子王徵謹白。

是書也，創作之者四表金先生，贊成之者豫石吕銓部、景伯韓孝廉、子建衛文學，而冢宰誠宇張先生與其季子敬一，則所爲捐貲刻傳之者，余小子徵特周旋終其役耳。至於一字、一音、一點、一畫，細加校讐，而毫不致有差遺者，則金先生之門人鼎卿陳子之功爲最。書作於乙丑年夏月，於丙寅年春月告竣。因再識之若此。

徵又白。

三韻兑考問答

中士問曰：「正、沈、等三韻之字母，兑之先生所定之字母，協乎？不協乎？」西儒答曰：「協哉。夫有字之韻，易兑也。無字之母，一一兑之不爽。非君善認西號，烏能若是？」

問曰：「三韻與先生之韻相兑，能闡音韻無數之妙。前音韻問答〔三〕之中，尚多半未詳，敢因此書而再詳教之，何如？」答曰：「三韻之詳，旅人未詳。第君既有問，旅人敢不以所知者詳陳之乎？」

〔二〕指收入西儒耳目資第一編譯引首譜中的韻會小補字母目録。
〔三〕指收入西儒耳目資第一編譯引首譜中的列音韻譜問答。

問曰：「三韻俱不分總全之音、總全之韻，何故？」答曰：「總音、總韻，中華俱無字可書，雖知不能傳。因不能傳，想益不能知耳。但知與不知，三韻之中，必多有之。蓋總在全，得全必亦得總，得總不必得全。如敝土字學家，總音、總韻俱無不知，惟全則未知，由未知平仄故也。」

問曰：「先生所謂三韻之中，總音、總韻必有之者，何指？」答曰：「有則實有，但如全不全，總亦不總。蓋音韻有全，所定之母，必有其總；無全者，必亦無總。如尤字，全韻也，分平仄，故有其全，必亦有其總，減所在首上濁平之號，用西號書 iêu 是也。」

問曰：「總韻在三韻之中者有幾，能知之乎？」答曰：「易知也。三韻之中，每韻雖止有一全，而一全之中，總韻即在內矣。若無一全者，五聲俱無，必亦無總。今見三韻兑考〔二〕篇中，五十總母之攝，五聲俱無韻者頗多，則其韻俱無總矣。母無字者類如此，見第九攝至二十三等攝。」

問曰：「總韻既無，即不知想亦無妨乎？」答曰：「知之殊有大用。蓋知總韻者，其韻其母，不得有餘，不得有乏。不得餘何？知總韻者，必知東、冬、鍾俱是一韻一母，曰翁而已，故不肯雙，亦不肯三之也。不得乏何？知總韻者，必知誰母生誰，則知用與不用，豈肯有所乏耶？」

問曰：「三韻或多或寡，字學果無定數乎？」答曰：「非然也。多者未補少韻之乏，少者未減多韻之餘，想因中字不指其音而獨指其意，講音韻者未習，故難分之耳。若字學自然有一定之數者，理也。豈容任意增減哉？」

問曰：「五十母攝，想有先後之序乎？」答曰：「有。元母單字者在首，雙者次之，三者又次之，四者終之。」

問曰：「唯單、雙、三、四字者，每品之中，其序如何？」答曰：「元母單者，其先後俱無所以然之故。余從上古所定，

〔二〕收入西儒耳目資第一編譯引首譜。金尼閣在三韻兑考小序中說：「三韻兑考者，良甫王君依旅人五十字母，母各五聲之韻，兑考三韻之母而作也。」本書僅收入其中的三韻兑考問答。

今世所用，西方之序，是也。子母雙者，皆有先後之故。元母之一，所生爲首，二三四五次之。孫母三者仿此，曾孫母四者止有一，其先無後。」

問曰：「元母每一所生，其首字如此，但其餘字亦有序乎？」答曰：「俱有。雙者末字，亦從首字之序。三者中字、末字並然。蓋丫a先額e，額e先衣i；衣i先阿o，阿o先午u。多字俱然，皆得其所。但因有多韻，中華所棄而不用者，此序遂多所間斷，然亦但不用者不立之耳，實未嘗有先後、後先之亂。」

問曰：「母於其末，有同鳴者如何？」答曰：「母於其末，有自鳴者在先，有同鳴者在後。況同鳴者，亦有其序。蓋中字用同鳴於末者止三，勒l、麥m、搦n而已。同鳴之列，韻母之排，俱是勒l先麥m，麥先搦n矣。韻母先後，無不如此，兑之自明。」

問曰：「三韻之母，其先後之序何如？」答曰：「正、沈兩韻以上、以下分平，等韻加中，三仄俱一，無上無下之分。旅人諸母，每一則分五聲，故每聲俱平數，總記五十。今不論甚、次、中，不拘有字與否，即無字之音，亦易測也。蓋有字者，母雖止有一，其一之音，五聲之音也，獨有高低之別耳。假如藥iŏ母，獨入聲有字，但藥iŏ係總音，五聲俱是。若母五聲無字者，見子母韻明在其末。如丫a元母之一。五聲無字，但其母子，聲聲有有字者，如差、茶、鮓、詐、察，其母五聲之音ā、â、à、á、ǎ，豈不明哉？」

問曰：「三韻五聲俱不同數，正韻平、上、去，每聲二十有二，入止有十；沈韻平、上、去，每聲有三十，入止有十七；等韻五聲每每不同，平有四十四，上四十三，去四十六，入二十六，俱何故？」答曰：「未知其故，恐俱偶然，人人所定，而以本意爲是云耳。」

問曰：「三韻從五聲者，每聲之中，有先後之序乎？」答曰：「平聲之母，未見其中有先後，但上去多一一與平相應，如正韻東、董、送，三者俱總韻，同曰um。但此序之常，終亦不常。」

問曰：「入聲與他聲大不相應，何故？」答曰：「入聲之母，音多無字。音無字者，三韻不傳，故少相應也。」

問曰：「今就每攝兑之，第一攝何如？」答曰：「第一攝一字元母之一曰 a。五聲無字，故西號借土音而傳之，丫字是也。蓋多省丫字風氣曰 a，此丫 a 在本攝之首，而無號於上，其左上横排者，五聲總音之全也。餘母總全二音，俱仿此。」

問曰：「清平五聲之一，三韻俱無母，何故？」答曰：「三韻平聲，單而不雙，蓋雖清濁無不知之，惟雙平之字，一母之下，無不混排之者。今第一攝之母，所定有濁平者如麻，後第二攝有清平者如遮，或有或無，多是如此，將不勝其疑矣。」

問曰：「濁麻、上馬、去禡，三韻同作三母，是乎？非乎？」答曰：「俱非。蓋麻、馬、禡三者，俱字子，見西號 mâ、mà、má，皆有同鳴者麥 m 在首。所響於其末之音母也，是 a。但此非不可爲非，蓋母無字，以子代之亦可。後母多半如此。」

中士曰：「代不如本，夫立母本以求音也。有音生韻，假音之韻，豈能真乎？」西儒曰：「君言理也，余言權也。敝土有言：極理之緊，無理之極也。」

問曰：「本攝入聲，正、沈二韻皆未定母，等韻以乏字爲母，如何？」答曰：「乏字代母 ă，真母無字，故以子代之，夫子代母亦可。二韻無母，則其乏矣。但等韻之母，亦□爲是。蓋乏母之下，所列之字多屬葉母，如業、□、□之類。葉母，子母也。於 a 爲遠不相同之韻，豈不能辨者，立母何爲？」

問曰：「兩韻無母，必無所排子矣。如雜、察、八等本母之子，將尋之何處？」答曰：「正韻有合、有轄，沈韻有點、有洽、有狎等類。」

問曰：「如是多母哉，豈能察耶？」答曰：「無法可辨。無定之母，子豈能定乎？未知母韻，子音必不能得其列矣。」

問曰：「第二攝何如？」答曰：「第二攝一字元母之二也，曰 e，五聲無字，西號借土音而傳之，額字是也。」

問曰：「額字同鳴之第九也。今自鳴之二，一字何亦如是？」答曰：「額中字，字子也，實不能爲同鳴之父，亦不能爲自鳴之母，彼此俱借之耳。蓋額中字，用西號有二：首號額 g，同鳴之九；末號自鳴之二，曰額 e。指首代同鳴之九，指末代自鳴之二。蓋多省額字風氣曰e字，則減同鳴之首。故所剩於末者，足以代自鳴之二矣。」

問曰：「清平正韻有遮母，沈、等兩韻清濁俱無。故正韻所排之字，遮母之下，沈、等無所排之，將何處？」答曰：「多在麻母之下，麻母a也，與額e母相隔甚遠，故每攝欲救母母紛紜之亂。恐此問答之書，厚過等韻之書始足也。」

問曰：「本母之乏，必生此亂哉。入聲之母，正、沈二韻雙之，等韻三之，又何故？」答曰：「本攝入聲有甚、有次之雙，故正、沈二韻俱有一甚陌母，一次，質母，等韻多一德母，且雙甚單次，其爲餘也可知。」

問曰：「母一甚一次，必不餘矣。但甚母之下，所排之字俱甚否？次母之下，所排之字俱次否？」答曰：「設若是，豈不甚可願哉？但母甚、母次，各有甚、次相雜之子，君察之自見耳，旅人豈敢常常曰非？」

問曰：「先生所排，甚母之下俱甚乎？所排次母之下，俱次乎？」答曰：「不然豈不亂哉？母母、聲聲、字字，俱然。若有一字不然，無意之差也。餘母有甚、次者，無不仿此。」

問曰：「便哉。但等韻之母，多有一甚，似亦無妨？」答曰：「雙母俱甚，各必有子。其下所排，必亦有同母同音之字。乃今不同位，欲尋無處，故同韻之母，愈多愈亂也。」

問曰：「等、沈二韻，清、濁、上、去，皆無其母，豈不亂哉？」答曰：「正韻平、上、去、入，俱有母，則其母雖少於沈、等二韻，但其少勝於乏者，況全於他韻之餘乎？故余常曰：『定母不在多寡，在中而已矣。』」

問曰：「第三攝如何？」答曰：「第三攝一字元母之三曰衣，清、濁、上、去有字，故總音不必借土音。獨入聲無字，不但母音，其子之音俱亦無字，故三韻入俱無母。」

問曰：「母子無字，定母何爲？」答曰：「母子五聲無字，傳之無用。但五聲止一有字者，雖他聲無字，不可不傳。不然，將五聲之誦有缺，而不得聞五聲之叶矣。故等韻或非之，或不知之，幾遇入聲無字，多以他韻之客代之，惟此非爲甚。詳前音韻問答中。」

問曰：「本韻本母，清、濁、上、去四聲，明明有本字者。三韻棄之，反立其子爲母，何故？」答曰：「母無字者，以子伐仁也。母有字者，棄而立子，則僭矣。」

問曰：「不知母子之别固矣，但三韻以子爲母，其子之類，想亦有定法乎？」答曰：「同母之子，指母俱同，指父俱異。父有二十，故同母之子，亦有二十不同之類。今三韻以子爲母者，其類俱弗定也。本攝有係同鳴之父，第一如祭，第二如齊，第三如支，第十二如尾，第十三如廢，母多浮散，夫同母異父俱等，而實無先後之位。乃立此而不立彼爲母，有何確據哉？」

問曰：「本攝清濁，每有定母，何故？」答曰：「本攝清濁，皆有其母，未見其的然之故。蓋清母之下，字子之排，清濁相雜，濁母之下亦然。恐因字多，如平聲有上下二卷，母亦有清濁二聲之分耳。」

問曰：「若清母之下，字子俱清；濁母之下，字子俱濁。庶乎清濁可分，不然分之何用？先生常分之乎？」答曰：「分之矣。母清子清，母濁子濁，餘聲俱是。不然，同音同韻之字，豈能知之？」

問曰：「本攝母單、母雙、母三不一，且等韻去母，則有五矣。請問是否？」答曰：「總屬單母爲是，其他餘者，愈多則愈亂矣。」

問曰：「正、沈清母俱定支字爲母，獨等韻棄之，乃定脂字。等韻不從先世之母，其中有何妙乎？」答曰：「支、脂二字，俱同音、同韻之子，並不能爲母。今棄老母先世所用，而立新母，亂之端也。不能改古，豈不能從古哉？等韻之母多如此，正韻不然，多改沈韻先世之母。但所改古，其中有故，蓋減沈韻之餘而已。今愚所改於古者，亦然。」

問曰：「本攝三韻之母，總二十有五。其中本母有乎？否乎？」答曰：「俱否。」

問曰：「然則微、尾、未三字，雖屬物父同鳴第十二，乃先生初謂亦屬自鳴之五。夫自鳴者，亦何不能爲母哉？」答曰：「微、尾、未，必能爲母，但不能爲本攝之母。在二字子母中，一字元母之五所生，故但曰屬耳。見第二十三攝，二字母十八是也。」

問曰：「第四攝何如？」答曰：「第四攝一字元母之四曰阿ｏ，中原三聲清、上、入有字，故總韻不必借土音也。」

問曰：「等韻清母，獨有二：歌、戈，濁平無母，俱爲何？」答曰：「其弊同前。」

問曰：「入聲之母，三韻俱異，又何如？」答曰：「本攝入有甚、次之别，故正韻之母有二：一甚曰曷，一次曰勿。沈韻多有一母，曰合，餘也，故正韻減之。至等韻之亂，入聲之母則有六，四甚：曷、鐸、末、合，次二：燭、没。但母雖分甚、次之别，乃其子相混，而不認所生之母。今欲察本攝入聲之字，必搜盡六母之宫，方可得。況多不在六母之宫，散而之四方者，脱非偶獲，豈能正遇之哉！」

問曰：「先生所定之母，如惡字者，豈能爲母？恐是字子，而屬同鳴十四曰額乎？」答曰：「惡字之音，處處不同，有爲子者，有爲母者。今從爲母，乃疑其爲子者，或風氣而非正音故耳。」

問曰：「本攝入雙、母單，何故？」答曰：「本聲之次無字，故惡母書在傍甚表之上。但西號之母原有二，則補之耳。」

問曰：「本攝三韻之母，俱子乎否？」答曰：「俱子也，不能爲母，母有字無字者俱是。」

問曰：「第五攝何如？」答曰：「第五攝，一字元母之五也。入聲本母無字，他聲俱有。本攝五聲，皆有甚、次、中之别。詳見音韻問答中。但本母次、中俱無字，故中字空之，西號補之。」

問曰：「三韻凡無母者，乏也；凡多母者，餘也。不必每攝贅問。但本攝乏多無餘，誰母能補本攝之乏？」答曰：「第十六攝魚 iu 諸母，大抵略可補之耳。蓋本攝與第十六，三韻多相通用，後母多亦如此。但實實二攝，大有不同。本攝單字元母，第十六雙字子母，單雙之字，俱指西號而言。」

問曰：「韻中有相通之韻，何從辨之？」答曰：「有相通者，母韻也。母韻響於字末，而不響於字首，字首同鳴故也。字母之首，雖常有自鳴，但略響則難分，在首故耳。如鐘有餘聲，久而未散，母母之韻在末，則易分，惟其餘在末故也。單字其首無末，故難分。今欲知母母相通之韻，見其末而不見其首，同首者不能相通，同末者多相通矣。如丫 a 與鴉 ia，如額 e 與葉 ie，如衣 ie 相通於尾 iu，如阿 o 相通於葉 io，午 u 相通於魚 iu。三字孫母相通於二字子母者，俱仿此。如愛 ai 於隘

iai，澳 ao 於堯 iao，盎 am 於陽 iam 等類俱然。詩家同韻於未相通者，並用之，故中原音韻諸卷多有，助作詩者之便用耳。」

問曰：「先生不用爲何？」答曰：「愚意不在詩文，總從尋字之便而已。」

問曰：「相通之韻俱不爲相生之母，何故？」答曰：「同首者，皆相生之母也。同末者，皆相通之韻也。生本於首，響本於末故。」

問曰：「一字耳指生曰母，指響曰韻，明哉相生相響之理乎？今元母既畢，請兑餘母之攝。」答曰：「後攝乏、餘兩病，總多同前，不必一一細贅也。」

問曰：「然第六攝正、沈二韻，各有一母曰泰；等韻雙之，一重曰泰，一輕曰代。誰是誰非？」答曰：「輕、重，同鳴字父之德也。自鳴之母，俱不論。蓋輕、重在首，母韻在末故也。等韻以輕以重列雙母者，非也。」

問曰：「第九攝多母爲何？」答曰：「餘也。但因其相通者 iam，中華棄而不用，字字俱會於本攝之母。蓋雖多有 oan、uan，二母相通，但因其字寡，故多萃於 an 耳。」

問曰：「第十攝後字讀係去聲，立母乃在上聲，爲何？」答曰：「上，古聲也。韻書從古，故以之立母。」

問曰：「第十一攝相通者曰 iem，豈中華亦棄之，而其母寡乎？何不如第九攝哉？」答曰：「本第十一攝字寡故也。況本攝之母，多相通於第十七曰 im，蓋雖字末不同，實不可相通。但二韻之叶相近，似難分耳。」

問曰：「第十四攝中，叶字本母，是乎？非乎？」答曰：「是也。但宜有二：一甚，一次。次者所有，字子代母也。」

中士曰：「吾儕實不知母，多攝明明有母，多母明明有字，乃不能用之。至第十四攝，幸有一字相同，想亦偶中而無意者乎？」西儒曰：「想或如是。第十六攝，平上去母，俱無不同。」

問曰：「第二十五攝曰而 ul，母俱無子，爲何列之？」答曰：「子有字者，而母無字，不可棄也。母有本字，雖無本子，豈可棄之哉？況子無字，不必無音。列音韻者，本欲聞其音，不必觀其字耳。」

問曰：「餘攝無所可問已。但先生嘗謂，母相生生，中原所棄之多，請詳列之，何如？」答曰：「萬國音韻活圖，俱在其中，但因自鳴、同鳴，相麗難分。今欲詳列，余另排一小圖，備細不遺，則一覽而可易明也。字下有圈點者，中華所用；餘無圈者，即知中華之所棄也。」

問曰：「問答未盡。先生所加兑考之左三韻母字於西號兑考者何意？」答曰：「旅人如瘖所不能言，用手舞之，蓋難寄耳者，勉而寄之目也。余前謂某字不能爲母，恐人未信。今見西號之首有同鳴之號者，子也。滅之所剩乃其母耳，前謂餘、謂乏，恐人未信。今見西號之下，每每多母，豈不餘哉？西號有母可書者，三韻又多無母，豈不乏哉？前謂某字係本母，今以西號相同者顯之，其意如此，故足補瘖人之癖云耳。」

元母生生總圖

本圖圓範，三圈之中，包括三代之母。内圈，元母之圈也，分五；中圈，子母之圈也，分二十有五；外圈，孫母之圈也，分一百二十有五。蓋每一常常生五，多圈如此。但中原所用，自鳴之母配不過三，餘母有同鳴在末者，俱在萬國音韻活圖中，今獨列自鳴而已。下有小圈點者，明表中華所用，夫有用不拘自鳴同鳴之末者。左有其本，目録列之。

元母生生總圖

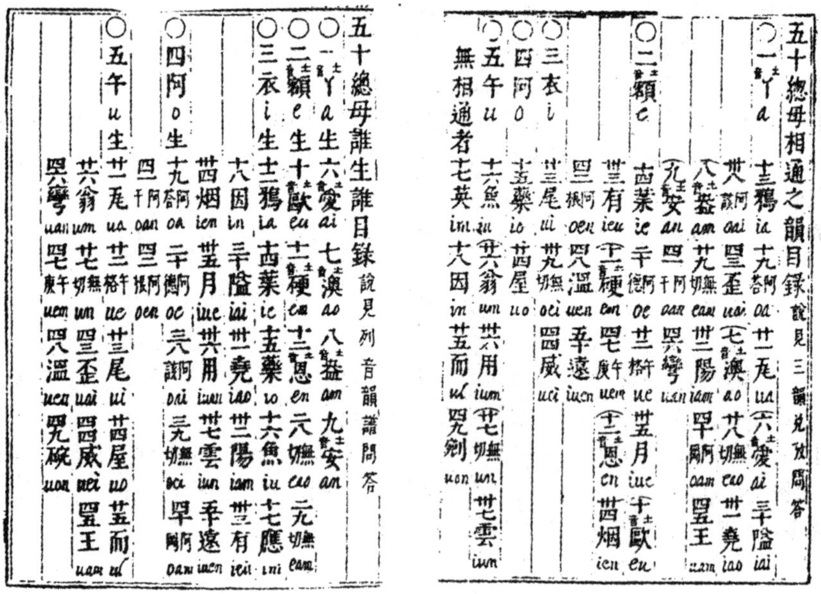

五十總母誰生誰目録　說見列音韻譜問答

〇一丫a生　(六)愛ai　(七)澳ao　(八)盎am　(九)安an
〇二額e生　(十)歐eu　(十一)硬em　(十二)恩en　廿八切嫵eao　廿九切嫵eam
〇三衣i生　十三鴉ia　十四葉ie　十五藥io　十六魚iu　十七應im
十八因in　三十隘iai　卅一堯iao　卅二陽iam　卅三有ieu
卅四烟ien　卅五月iue　卅六用ium　卅七雲iun　五十遠iuen
〇四阿o生　十九咨阿oa　二十德阿oe　卅八該阿oai　卅九切嫵oei　卌二剛阿oam
卌千阿oan　卌一根阿oen
〇五午u生　廿一瓦ua　廿二格午ue　廿三尾ui　廿四屋uo　廿五而ul
廿六翁um　廿七切無un　卌三歪uai　卌四威uei　卌五王uam
卌六彎uan　卌七康午uem　卌八溫uen　卌九碗uon

五十總母相通之韻目録　說見三韻兌放問答

〇一丫a　十三鴉ia　十九咨阿oa　廿一瓦ua　(六)愛ai　三十隘iai
卅八該阿oai　卌三歪uai　(七)澳ao　廿八切嫵eao　卅一堯iao
(八)盎am　廿九切嫵eam　卅二陽iam　卌二剛阿oam　卌五王uam
(九)安an　卌千阿oan　卌六彎uan
〇二額e　十四葉ie　二十德阿oe　廿二格午ue　卅五月iue　(十)歐eu
卅三有ieu　(十一)硬em　卌七康午uem　(十二)恩en　卅四烟ien
卌一根阿oen　卌八溫uen　五十遠iuen
〇三衣i　廿三尾ui　卅九切嫵oei　卌四威uei
〇四阿o　十五藥io　廿四屋uo
〇五午u　十六魚iu　廿六翁um　卅六用ium　廿七切無un　卅七雲iun
無相通者　十七英im　十八因in　廿五而ul　卌九剜uon

五十總母相通之韻目録

卷十三　書牘[一]

與唐太守書

不瞻慈顔，荏苒數月矣。每從寂寞中回憶我太老先生懇款情腸，道義骨肉，令人依依夢寐，不自覺神魂徘徊左右也。惟是懶散之性，置之閒曠之野，真是一切世事都不入耳，而宦路風汛絶不與聞。蓋鄉居頗遠城市，跧伏希近顯達，其情景原自如是。兼之家無得力之僮，不堪遠出，以是久未申候台祉，此中可勝悚歉。計我太老先生海天雅度，或亦諒其無他，不過督乎？

不孝晚某，私念節鉞望重久矣。倘敝鄉有福咫尺，得借專閫，則不獨關以西河嶽增輝，而不孝晚某雖跧伏草野乎，其必先童子竹馬之迎慶躍歡呼。可知我太老先生想亦破顔相迓，未便麾頓轅門外也。顒顒望望有便符，敬遣小价，專賫菲儀，上候萬福，伏祈我太老先生俯垂鑒納，而勿斥其輶褻焉。晚某臨楮，不任遙瞻仰戀之至。不盡之衷，又有手奏。

與寇通政書

不瞻芝範，荏苒數月矣。每從寂寞中回憶台臺道義骨肉，懇款情腸，令人依依夢寐不自覺云云。計老先生海天雅度，

[一] 本卷書劄十五通，據柏堃輯編涇陽文獻叢書（一九二五年鉛印綫裝本）所收王端節公遺集卷二迻録。

或亦諒其無他，不我過督乎？敬遣小价，專賫菲儀，上候萬福。伏祈台慈俯垂鑒納，而勿鄙其輶褻焉。不盡之衷，又有啓。

與李同知書

往遣役敬迓台旌，謂可咫尺接光範也。不謂台旌久未至，而不孝某且扶繼慈柩抵里矣。天下事遇而不遇有如此。抵里後一切世事都不入耳，而宦路風汛絶不與聞。故即台臺之榮莅平干，杳不能一使通候，歉可知已。兹遣小价，賫獻微芹，聊申賀私。伏祈老先生俯垂鑒納，而無斥其輶褻焉，則幸甚。臨楮可勝依戀之至！

與孫推官書

謹啓：曩不孝某曾在許年兄處聞有孫先生其人者，稱「司李最」，竊嘗心儀之久矣。乃昨偶閲邸報，知孫先生且理廣平也。廣平士民有福哉！不孝某私心蓋喜懼交集焉。懼者，懼不孝某待罪平干近二年，所苦無善狀而徒貽醜態，恐臺星一照，不自覺積儹之畢露也。然又竊喜臺臺海天雅度，既爲名司李，久知司李者之難，必且覆其短而獎借寬假之，則不孝某雖伏在苫塊乎，私慶有二天矣。

惟是慘惡姓名，久未敢以蕪辭申賀，殊深悚歉。兹專小价，賫致不腆，少將夙仰之私，伏祈臺慈俯垂鑒納。臨楮可勝瞻戀之至！不盡之意，又有啓。

與來司李書

老年台甫臨平干，而弟即扶柩西歸，天何使吾兩人相遇而復不相遇若此？ 自違臺顏，日卧草野中，宦路風汛，都不與聞。 昨有傳者謂已借老年台司李廣平矣。 弟聞之喜躍欲狂，不獨爲平干九邑慶，實爲弟私藉二天之庇慶幸不已也。 蓋弟在廳時，疏懶拙腐，多所不理，去後醜態自是畢露。 非邀老年台遮護曲培，其胡能逭於吏議？ 望老年台百凡有可指示者，密以教我，幸無金玉其音而有遐心。 耑役馳候，不腆之儀，聊以伴緘，伏祈老年台俯垂鑒納。 臨楮不勝馳戀。

與各縣衆年台書

自違光霽，荏苒數月。 每從寂寞中回憶年台道義氣味，骨肉情腸，令人依依夢寐，不自覺神魂常繞平干下也。 惟是懶散之性，日卧草野間，路宦風汛都不與聞。 蓋鄉居頗遠城市，跧伏希近顯達，其情景自是如此。 兼之家無得力之僮，不堪遠出，是以久未奉候起居，私衷殊悵歉不能已。 想年台海天雅度，或亦諒其無他，不我過督乎？ 茲遇便符，專役馳候，不腆之儀，聊以伴緘，伏祈台臺俯垂鑒納。 別後地方人情凡有可指示者，幸無金玉其音而有遐心。 不孝某臨楮不勝馳戀之至。

與各鄉紳書

謹啓： 自不孝某待罪仙郡，迂腐疏懶，多所不理。 即間或謬掩愚夫婦之口，詎能上厭士大夫之心？ 方日以獲罪大人君子爲懼，乃諸台臺不第不督過之，而且謬加獎藉。 比昨奔訃歸里日，猶然禮意綢繆，情腸惇摯，何大人君子用愛之過篤也。歸來稱述，即諸親友聞之，無不感頌仙郡士大夫厚誼不容口，矧不孝某躬挹其盛者乎！惟有南望瞻戀，感激弗諼而已。順鴻俯候，聊鳴區區感謝之忱。苫處縮朒，愧無可將，且亦不敢以轄褻煩裁答耳。統希尊慈俯垂鑒在。伏楮可任瞻戀之至。

與通學書

不孝某待罪仙郡，多所不理，而謬於子佩過爲期許，方日以取罪學校是懼。乃諸學士不惟不相督過，而情腸懇摯，禮意有加焉。比昨不孝某奔訃抵里，此正冷煖易念時也，而諸學士用愛彌篤，絶不以去住二心。私念不孝某涼德之人，何以得此於諸學士哉？歸來稱述，即諸親友靡不嗟歎，謂貴郡邑士風人情淳厚，真是罕儷，矧不孝某宜如何感耶？惟有南望洛干，銘刻弗諼已耳。順鴻附候，聊布感謝之忱。苫處縮朒，愧無可將，且亦不欲以轄褻煩裁答耳。統希諸學士鑒諒。不孝某伏楮何勝瞻馳。

與曲周劉吏部書

謹啓：不孝某自違台光，荏苒數月，每從寂寞中回憶台臺道義情腸，留連懇摯光景，真令人依依夢寐，不自覺神魂常繞書臺上矣。惟是疏懶之性，投之閒曠，一切世事，都不入耳，而宦路風汛，絶不與聞。蓋鄉居頗遠城市，跧伏希近顯達，其情景自是如是。兼之家無得力之僮，不堪遠出，以是久未稟候起居，私衷殊甚悚歉，殊甚戀慕。茲遇便符，耑役馳候，不腆之儀，聊以侑函，伏祈尊慈俯垂鑒納。

前所懇大作，不知肯留意否？不敢請，然實不能不引領也。不孝某伏楮不勝遙瞻仰戀之至。

與申同年書

不孝某待罪仙郡，昕夕得聆老年台指示，真是道義氣味，骨肉情腸。比昨扶柩歸里日，猶然禮義綢繆，不一而足，何老年台世誼之過篤也。歸來雖伏處草野，每從寂寞中回憶龍潭聚樂光景，未嘗不夢繞左右。惟是久未申候爲悵歉耳！茲者耑僮上候，聊鳴感謝之忱，不腆之儀，用以侑函，伏祈老年台鼎納。至不孝某積罪多端，去後自爾畢露，非仗老年台曲爲遮護，其何能逭於吏議乎？望老年台無悋金玉，詳以示我，益感廕庇之殷矣。外有奉衆鄉紳并衆元總書一函當，〔一〕不敢主名，恐不能徧及，反取罪不便也。幸老年台轉致在城王老先生處傳覽之，何如？餘不能詳，伏楮不勝瞻戀。

與習推官書

嚮在恒陽道中，極荷台臺道義骨肉之愛。比不孝某偶爾扶柩抵里，又辱奠慰特加，感激之私，何日能諼？昨傳台臺典試敝省，聞之喜躍欲狂，頓忘身在苫塊中也。乃因雨多河漲，不能飛渡。及促騎到省，而台駕已於是日行矣。天下所謂遇而不遇，覿面而失之者何如此？不孝某蓋爲之數日不快云。

茲遣家僮，代候崇禧，不腆之儀，聊瀆不能一酌之愆，伏祈臺慈鑒納。至不孝某貽戾多端，匪仗台庇嘘植，其何得逭於吏議？想台臺或亦不肯忘情於王生乎？段道臺上不孝某具一稟，耑候台臺其爲某再一委曲，申白其誠，又感不既。伏楮何勝企慕祈祝之至。

〔一〕指本卷第七通與各鄉紳書。

與衆博士書

不孝某待罪廣陵，多所不理，而於諸博士尤愧無所短長。乃諸博士不惟不相督過，而情腸懇摯，禮義有加焉。比昨不孝某奔訃歸里，此正冷煖易念時也，而諸博士用愛彌篤，絶不以去住二心。私念某涼德之人，何以得此於諸博士哉？惟有南望邗關，銘刻弗諼已耳。順鴻附候，聊布感謝之忱。苫處縮朒，愧無可將，且亦不欲以輶褻煩裁答耳。不能一一詳，統祈諸博士鑒諒。不孝某伏楮何勝瞻馳。

與湯中丞書

昨歲秒得瞻老公祖慈顏，款笑移日，深慰數年積戀之懷。比元旦躬馳敝邑，欲再一晤，而老公祖行矣，悵悵者久之。繼聞暫駐興平，近日始知正月二十四日後旌節方發。倘知之若早，尚可攀轅款侍多日。第念老弱書生，或亦未敢荷戈前驅耳。書役侯封寄字，始知老公祖三月初旬已至涼州報代。旌旄載煥，壁壘增輝，從此朝廷可釋西顧之慮，邊塞可空幕南之穴，而三秦百千郡邑，亦可悉荷帡幪之庥矣。徵私竊欣躍不能已。偶遇順鴻，敬附八行，上候萬福。前承諭巧匠，敢不留心？但其人亦因有他事阻隔，久久未至，至則令其應命來耳。

茲有瀆者，妻弟尚□，庠生也，涇陽人，遇報功時，敢乞老公祖俯念薄分，與前祝舍侄永年并列一名，則均沾鴻恩無量矣。妻兒情切，又此瑣瀆，萬惟老公祖慨允。若曰咄咄老生，此時尚聽内言乎？則徵不任顔。倘匪至戚，斷不敢饒舌。書辦侯封可問也。侯封書吏一缺，嚮已蒙老公祖恩賜金諾，茲不敢再聒。緫一通候，便此刺刺不休，蓋緣機會一逢，恐一時錯過難得也。恃愛之甚，草率不恭，統祈老公祖慈察留神。臨啓何任遙瞻欣戀之至。

邇來時事愈新，薦舉方行，又有大破常格第一奇事。□□給事事日異而月不同，聖天子作用真是超越尋常萬萬。湯有三聘，漢有三顧，今有三跪，良足媲美千古哉！不知老公祖以爲何如？郵使往來，老公祖毋重金玉之音，而時賜一劄爲望。治某臨啓。

與雷邑侯書

蓋自老父母涖臨敝邑，敝邑萬姓若一旦遊春臺也。清風所拂，無人不頌至德。治某遠栖原邑，弗克時親光範爲悵慊耳。佳篇過褒，感愧殊深。恭聞榮發在即，令人不覺增戀。謹具薄虔，耑价馳獻。嗣容躬旨臺階，再挹德暉耳。外地契□張，祈賜印發爲祝。

與張儀昭書[一]

執殳西鳳，高卧北窗，昕夕焚香，誠心默禱。願聖天子皇圖鞏固，多士匯征，羣策共濟，早洗兵甲，安享泰寧而已。邇來百無一事於心，三碗飽飯後，一枕黑甜。余自立工課，匯輯西儒縹緗要略，[二]每日手録五七葉，業已多半。計其全可數百

[一] 柏堂輯編王端節公遺集之目録卷二書牘第十五通題作與張湛川書，正文卻題作與張儀昭書。此係編者失校，將「儀昭」誤作「湛川」。按：儀昭乃湛川之子，王徵之表弟，故書内多次以「吾弟」稱之。以涇獻文存卷二校。按：柏堂輯編涇獻文存目録與正文皆題作王徵與張儀昭書，可證與張湛川書之誤。

[二] 西儒縹緗要略，其内容當是王徵對西洋傳教士攜來有關天主教書籍的編譯。王徵之七世孫王介在讀明史甲申之變先端節公殉國略述梗概百韻(已收入本全集附録三)之自注中稱，王徵自罷官「歸來，閉户讀書，日譯西文，闡揚聖教，以爲老來功課。」該書即屬此類，已佚。

葉，或成一種不刊之奇書也。撇脱塵土俗緣，料理雲霄清事。見之者每笑白髮衰弱〔一〕，復作青春學子，豈其老苦未盡，抑亦書債難還？然而我固〔二〕樂此不爲疲也。功名意〔三〕同石火，胸次一似海天。景天臺畔，欲設幽閒居一所終焉。其内雖材木諸務尚屬縹緲，而意中規度已宛宛目前矣。閒居果就，便是自在天鄉。第知我如老弟，正展修五鳳樓手策，無暇爲我指點經營，此衷少介介耳。

魯橋鎮堡已完，鎮民建屋將滿，守備粗陳。迄今萬人頌德，一方安堵，皆吾弟首倡力也。今且出其保障桑土者爲斯世作一大保障，〔四〕惟吾弟努力爲之，不負舉主所知，幽人且荷㠾幪於無既矣。引領望之。

〔一〕「弱」，涇獻文存作「翁」。

〔二〕「固」，涇獻文存作「顧」。

〔三〕「意」，涇獻文存作「看」。

〔四〕「桑土者……保障」，涇獻文存無此十一字。

卷十四　詩曲

河渠嘆〔一〕

河分三峪異流，澤潤涇原兩縣。冶峪河來西北，濁峪河灌東畔。
清峪河從中出，東西六渠分灌。工盡獨居上流，原成挨接下面。
再下方是五渠，水漲改作石建。廣惠廣濟相連，三渠總是一堰。
工盡五渠木漲，都在河之東岸。河西老渠原成，惠濟補澆少半。
各渠各有斗門，水程誰敢紊亂？上斗不得下浸，河西焉能東占？
祇有勢要霸吞，小民點水難見。管家賣水吃水，時常撒麵散扇。
嚇挾少不趁心，便將平民誣陷。主翁聽信呈官，利户人人膽顫。
富家猶難支持，揹死多少窮漢。強梁卻不敢惹，偏來欺侮軟善。
要酒要肉要錢，月月弄得熟慣。主翁還誇忠僕，那管百姓呪怨？
從來百姓人家，那個敢欺鄉宦？至於張唐小蘇，三里人心難厭。

〔一〕據李之勤輯編王徵詩文輯存逸録。王徵詩文輯存（簡稱輯存），收入李之勤校點王徵遺著（西安：陝西人民出版社一九八七年版）。今據清乾隆四十五年清峪河各渠始末記碑碑文訂正，「工盡」應爲「工進」，「原成」應爲「源澄」。

欽定三里歸渠，辛管匯東可驗。後來借入五渠，客子反將主贊。
水又不曾到東，徙嚮沿渠吞啖。五渠閉斗□□，識者已興浩嘆。
柰何害了河東，又將河西作踐。縱説全渠該閉，豈可全河都斷？
三里兼并兩河，萬家忍令塗炭。況且渠斗堰口，各有冊簿案卷。
每月初旬八日，原爲修築淘墊。名曰八浮空水，人人得沾餘羨。
近來通歸勢豪，各渠分日定限。然亦各渠自派，豈是隔河通算？
河東諸渠通行，偏憎河西冒犯。人見河西使水，誰憐流乾血汗？
田原近堰近渠，人又同力同辦。有時河漲堰沖，氣力使勾千萬。
麥草斗扇板榻，還帶坑上席片。赤身拖泥帶水，恨不將身横捍。
得澆一畝半畝，如拾千貫萬貫。遠者誰肯用力，只要成熟吃飯。
如今老天不雨，秋苗委得亢旱。河流乾涸細微，大家田難灌徧。
奴僕畏主嗔責，指稱河西卸擔。哀哉河西小民，敢惹河東都憲？
都憲怒呈小民，泰山石壓雞蛋。差人管家下鄉，村民驚惶逃竄。
幸喜天開日霽，始得風清雲散。倘然怒深莫解，一方定受苦難。
我因感嘆傷懷，立誓自悔自鑒。水利本以養人，誰料翻成水患？
爰查河渠源流，細列從前公案。告白仁人長者，大家當存公念。
愛人方是自愛，便人正以自便。福田廣種廣收，福泉越深越汎。
爲是編作俚言，觀者傳説普勸。

和焦涵一老中丞年兄見贈原韻〔一〕

老我桑榆景，居諸悲易過。籲天膝每研，憂國淚恒沱。
雨夜欣同調，酒狂發狂歌。羣賢正濟濟，起舞莫蹉跎。
暘暵更春夏，秋霖時已過。頹垣風四欺，漏屋雨重沱。
農子欣來歲，征人望凱歌。兵甲果爭洗，暢飲毋蹉跎。

秋日温與亨招同諸君子飲海印樓〔二〕

清商欣素爽，勝地喜相邀。海印樓前雨，鷺鶿花裏杓。
清尊推酒聖，白戰總詩豪。善謔狂成癖，偷閒懶似嬌。
感君新意氣，愧我老風騷。鬮韻隨人得，楸枰入夜敲。

〔一〕 據王徵詩文輯存逸録。焦源溥，字涵一，陝西三原人，萬曆四十一年進士，官至右僉都御史、大同巡撫等。與王徵友善。崇禎十六年，被李自成軍所殺。

〔二〕 據王徵詩文輯存逸録。温與亨，明嘉靖進士、左都御史温純（字景文，謚恭毅）之子，名自知，字與亨，與王徵友善，著有海印樓文集七卷等。

醉來燭換跋，歌去烏驚巢。卻憶匡時略，門庭寇未銷。

題温與亨海印樓五言古詩一首〔一〕

碧翁敞泬寥，萬頃琉璃璀。黄璵如拾芥，大澤洗空壘。如何□□人，凝滯積成痗。浮沫逐飛漚，強舌無流改。多君□緣□，内景逗深彩。嗤彼五濁累，包身被重鎧。巢木理蘭構，煙雲盪墨海。時有照靈幽，於硃破迷怠。譬之按指光，耀煜姤真宰。悲哉大千内，蜂房間蟻蝗。獨此百尺樓，瞳矓散微靉。超然豁遠目，旭日淩霞彩。

秋意〔二〕

不識東籬意，虚勞採菊心。蕊寒金氣迸，根瘦草垂吟。對雨頻呼酒，經霜亦下禽。但留清醒意，三徑足幽尋。

〔一〕據王徵詩文輯存逸録。
〔二〕據王徵詩文輯存逸録。

冬梅〔一〕

蠟國來金蓓，冬殘第一芳。攀多枝臃腫，寒甚氣淒涼。
月下攢心紫，壽陽點額黄。繞檐清臭永，先此報春光。

和馬雲麓年台雲陽紀捷六首〔二〕

其一

去冬驚寇至，四月尚留淹。野有千家泣，民無一日恬。
轉燐紅欲燒，委骨白於鹽。誰督雲陽戰？毛頭落查占。

其二

赤羽軍聲急，黄昏殺氣淹。不緣三將力，能使四方恬？
露布馳麟闕，轅門列虎鹽。攙搶今盡掃，太乙已先占。

〔一〕據王徵詩文輯存逸録。
〔二〕據明崇禎初年刻本忠統録（上中下三册）之下册逸録。

其三

狐鼠跳梁日，干將血色淹。畫麟誰鄧禹，軃髮摠王恬。
君勇能橫槊，予閒賦裹鹽。登壇行鼎足，鵲印應前占。

其四

汗血原千里，霜蹄豈受淹？摧鋒憑武略，獻馘足文恬。
凱奏鼙鼙鼓，歌翻惜惜鹽。圖書盈去橐，紀勝愧分占。

其五

烽火傳關輔，中原驥足淹。一征真電掃，四境已風恬。
李廣弓彎月，蚩尤骨化鹽。靈臺新獻奏，太白不煩占。

其六

雲陽兵四合，無那鼓聲淹。搦戰偏賈勇，全師更引恬。
三彪推賈氏，一目愧無鹽。頗牧思應切，雲臺姓早占。

附雲麓馬逢皐原詩：

初夏喜諸將軍破賊有功賦贈八首〔二〕

其一

裹革英雄志，封侯歲月淹。曳柴知算勝，溉火喜波恬。

細柳晴疑雪，荒臺白似鹽。乘時堪奮翼，平賊不須占。右贈駱將軍。

其二

大樹多英略，東隅豈易淹？令名千古馥，遺策萬方恬。

羡爾横矛武，憑誰煮海鹽？震霆隨響起，摧厭曷容占？右贈張將軍。

其三

昆明習戰久，長恨歲時淹。射虎輕飛將，封狼笑智恬。

渚紅留戰血，沙白代江鹽。功始收全勝，淩煙近可占。右贈喬將軍。

〔二〕 據明崇禎初年刻本忠統録下册迻録。

其四

我兵嚴欲解，猛士尚相淹。逸氣關河壯，雄風海國恬。
彎弓堪射柳，懸首類形鹽。近識天顔喜，麟臺畫可占。右贈晁將軍。

其五

偶仗孫吳略，長驅不自淹。旌旗隨日遠，瀚海況風恬。
漢壘青歸柳，胡天白績鹽。便當休士馬，俘告喜榮占。右贈孫將軍。

其六

戎馬生郊日，龍門豈久淹？運籌同漢傑，拓境陋秦恬。
霞照回流血，霜花逐舞鹽。拊髀勞聖主，雲物應先占。右葵心王年兄登壇次日，諸將奏捷，喜賦請教。

其七

邑盜縱橫日，王師不暫淹。鼓鼙聲已壯，裘帶意仍恬。
溝引弓涵月，飛揮劒湧鹽。得人風雨動，嘉靖不煩占。右前韻兼寄陽伯來方伯。

其八

陣雲昏四野，漢將故相淹。奮擊羞飛羽，持戈賴養恬。

咲余摧屐齒，憐爾作梅鹽。欽至諸賢在，何煩太使占？右雲陽紀事，仍前韻奉贈焦年兄請教。

送馬貞一〔一〕

離亭共醉清溪濱，奕世交情把臂陳。笑我白頭空歲月，羨君赤幟嚮風塵。片帆穩渡黄河水，雙舄飛遊紫禁春。天上故人如有問，煙波不動漫垂綸。

送孫火東歸田〔二〕

上林休休暫歸田，欲賦閒居孝敬全。堂上萱花顔色駐，林中桂樹露華偏。掄才曾識驊騮種，定策能清邊塞煙。未久明王應有夢，重修勳業勒燕然。

〔一〕據王徵詩文輯存逸録。

〔二〕據王徵詩文輯存逸録。孫元化（一五八一—一六三二），字初陽，號火東，江蘇嘉定人，官至右僉都御史，登萊巡撫。天啓元年受洗於北京，聖名依納爵。孫元化乃徐光啓門人，與王徵相友善。天啓七年，「魏閹諷其阿己，當大用。元化正色拒之，遂矯行奪職。」（嘉定誌孫元化傳）此詩是王徵爲孫元化送行時所作。

壽詩〔一〕

南山高徹五雲邊，瑞氣攸鍾德里先。日始出兮月始弦，滄海不記幾推遷。
蒼松翠柏老逾妍，閱盡繁華獨撫然。惟有人間福壽全，涓涓不絶儼如川。
罔陵願祝萬期年，永適時豐物阜天。天際婺星映日鮮，堦前服象共萊班。
貴同歐母勤仍績，慈類仉姬教不遷。青鳥書來彩拂霽，黃熊丸罷清陪泉。
飛瓊豔羨爭彈曲，緱氏笙傳跨鳳年。

璿紀重迴繞漢斜，曾桀九氣友皇媧。獄圖自結山川珮，鴻脯常餐日月華。
手門珠宮身映紫，喚披雲宅曆生赮。翩躚舞綵傳仙令，德政應添母壽遐。

頌唐邑侯政成榮擢〔二〕

君家休璟早談兵，開國徹侯礪作盟。閥閱承先人玉樹，文章啓運世簪纓。
即看五馬行春出，立見雙龍下詔迎。孤棘公槐欣濟美，枌榆何幸菓由庚。

〔一〕據王徵詩文輯存迻録。
〔二〕據王徵詩文輯存迻録。

即事〔一〕

老天生我意何如，天道明明忍自迷？精白一心事上帝，全忠全孝更無疑。

戲爲射覆語奉和鐵漢先生

想必是　清江引

掃煙塵，何必你忙動手？潤澤須先透。滿腔流惻隱，細細淋甘露，看他那煙塵何處有？

〔耍孩兒〕最剛方，守準繩，惱恨的是不平，全憑股肱行公令。違法的立加剷削不停手，順規的纔覺安恬便放松，管教他四方八面悉平定。固然是手策高妙，還仗著眼界分明。

〔駐馬聽〕小小身材，赤手承懽二老諧。都誇他善體親情，善隨親意，善解親懷。痛癢相關，憑指示逢迎恰當笑顔開。親心快哉！親心快哉！端的是有兒萬事俱康泰。

〔一〕據柏堃輯涇獻詩存民國十四年（一九二五）綫裝鉛印本卷一迻録。

從心令〔一〕

云鶴巾頂替了烏紗帽，云鶴氅更替了紫羅袍，蒙金帶改變做黃絲絛。都是些山林物料，纔成就雲水豐標。受用的清閒散誕，便益個無煩無惱。

有時節悲人窮熱心腸空自焦躁，有時節畏天命温工課惹人嘲笑。到不如北窗高卧，塞兑垂簾，一了都了。咶咶雞，半癡烏，原衹合嚮那丘壑間鳴跳。優遊自在，樂意陶陶。願從念民安國泰，雨順風調。老天保佑，盡教我這不中用的人兒快活逍遙直到老。

舉壺觴預賀鹿鳴，喜遍親朋，慶滿門庭。好趁槐黃高攀丹桂，快赴雲程。羨聯翩，父前子後；掇魁元，西弟東兄。恁樸聲名，恁樸崢嶸，喜孜孜鞭敲金鐙，齊臻臻都步蟾宫。

耐抽將錦作心，盡搜來繡做腸，文江自湧出桃花浪。瑤詞唾下憑人羨，天語飄來自覺香。但落筆非凡響，全虧了陰扶祖德，□真有默映祖光。

〔一〕據王徵詩文輯存逸録。

山居自詠〔一〕

正宮端正好 依美陂先生春遊韻

四面遶山青，一派緣溪綠。紅霞翠錦平鋪，其中有個藏身塢，二〔二〕舍遠城南路。

〔滚繡球〕濬原泉，作洞渠；傍原崖，作土居；彷彿那商周間風物。正待要訪林泉，小築庭除，喜〔三〕東鄰，待價估〔四〕；喜西鄰，特地呼。恰便是眼前天目，更有那幾般兒景致非俗。林月篩千竿竹，曲沼平〔五〕穿五色魚，堪遊賞，堪備行廚。

〔叨叨令〕這壁廂小丘巒，小蹊逕，小橋度；那壁廂幽院深，幽窗淨，幽人住。看的是洞中泉，簷端溜，瀑邊樹；聽的是樹頭鶯，花間鳥，池傍鷺。兀的不愛殺人也麼哥，兀的不愛殺人也麼哥，又何須貔貅擁，珠翠圍，鐘鏤鑄？

〔脫布衫〕繞青欞亂滚瓊珠，種紅秈細剪氍毹。泉裏音淙淙似語，花外車行行且住。

〔小梁州〕半畝方塘數畝壚，不費躊躇，蝸涎篆壁竟成枯。從頭數，那個會癡愚？

〔一〕據盧前輯飲虹簃所刻曲（正續集）民國二十五年（一九三六）金陵刻本迻録，用涇獻詩存卷一校。盧前（一九〇五—一九五一），原名正紳，後改名前，字冀野，自號小疏，別號飲虹，別署江南才子、飲虹簃主人等。畢業於東南大學，是曲學大家吳梅先生的得意門生，著名的詩人、散曲作家、劇作家、文學史和戲劇史評論家。

〔二〕「二」，涇獻詩存作「一」。

〔三〕「喜」，涇獻詩存作「善」。

〔四〕「估」，涇獻文存作「沽」。

〔五〕「平」，涇獻詩存作「萍」。

〔么〕從今勘破從前誤，且軒渠拭眼掀鬚。經了些虎豹叢，干戈聚，千磨百煉，夢裏尚迷糊。

〔上小樓〕想着那公庭，懼府名途畏路。打破愁城，掙離苦海，受盡鞭驅。命矣夫，如斯夫，鹿駭狼顧，就裏個賺人坑，回頭始悟。

〔么〕歎當日勢同騎虎，喜今朝身隨汀鷺。見在的七尺無恙，八口無飢，百事無虞。青山瘦，明月孤，閒來閒去，好一似信天緣，流雲野鹿。

〔滿庭芳〕再不問誰甘誰苦，只這個成熟福地，賽過蓬壺。升沈變態同煙霧，那能夠事事歡娛？任從你食牛飯羖，任從你大纛高閭，這些事憑君做。我只有〔一〕同心道侶，日日伴吾廬。

〔快活三〕光陰呵，去忒速，遄的似隙駒。據梧忘我況其餘，爲甚的苦縈心，閒裝慮？

〔朝天子〕近離了錦屋，遠結下草屋。身似貧，心則富。還思百歲等朝晡，喜得藏修處。買鼎安鑪，傍門外户，那個識天真主？飯青精幾斛，插秧田幾畝？儘兒輩，聊看顧。

〔四邊靜〕指盈時〔二〕桑麻禾黍，西接秦宮，北連漢都。衰草寒煙，都是繁華處。因此山翁反做學徒，另立個工程簿。

〔耍孩兒〕我再見滈河如帶西流去，寂寞殺王維杜甫。風流千載竟何如，樊川境僅可追呼？且休吟，山川紀，勝詩千首，直傾瀉，〔三〕兩曲連糟酒百壺，青白眼，何煩顧？醉眠芳草，懶賦生芻。

〔五煞〕詩酒場，興頗豪。性命關，心肯粗？奇人幸得多奇遇，資人耳目元音譜，啓我靈函聖蹟圖。但開口，皆奇趣。情知道天花香豔，那怕他世路荒蕪。

〔一〕「有」，涇獻詩存作「要」。
〔二〕「時」，涇獻詩存作「疇」。
〔三〕「直傾瀉」，涇獻詩存作「直須傾」。

〔四煞〕糊塗帳，何須算？ 神明鏡〔一〕，樂有餘，分明認得來時路。 半生潦倒從人笑，百樣顛危賴主扶。 自在鄉，由人住，灑聖水消除了白業〔二〕，嘆南柯勞攘殺玄駒。

〔三煞〕守枯禪單尋智果，戀凡情雙扯仙裾，三仇五濁〔三〕誰人〔四〕去？ 防淫緊似防奔馬，策怠還〔五〕如策蹇驢。 蚤脱那淩雲渡，甘從隱遯，喚醒冥愚。

〔二煞〕棲長林，一枝鳥，數斜陽，幾陣烏？ 山中工課忘朝暮。 天心見處梅開早，慧性圓時月上初。 到此肯空回去？ 剖開真境，跳出迷途。

〔一煞〕好風光，隨意賞，平安路，信步趨，傍人空作遊人覷。 止知丘壑堪藏拙，誰道名山好著書？ 銷繳了千年慮，三竿高臥，一枕華胥。

〔尾聲〕淳風陋漢唐，清光侵〔六〕肺腑，這塔兒纔是桃源路。 説甚麽雞犬人間俗上古？

〔一〕「鏡」，涇獻詩存作「境」。
〔二〕「白業」，依方豪似當作「百業」。參見方豪了一道人山居詠箋證，已收入本書附録四。
〔三〕「五濁」，依方豪當爲「七濁」之誤。詳見方豪了一道人山居詠箋證，已收入本書附録四。
〔四〕「人」，涇獻詩存作「能」。
〔五〕「還」，涇獻詩存作「忙」。
〔六〕「侵」，涇獻詩存作「浸」。

山居再詠〔一〕

正宮端正好　仍依前韻

南北垞，輞川清，柴桑里，垂楊〔二〕綠。王孫草軟翠輕鋪，其間別有桃花塢，深隔着紅塵路。

〔滚繡球〕愛殺咱繞籬邊水一渠，篩花陰月滿居，這便是山家長物。喜今朝結茅庵，小可庭除，醉溪聲懶去沽譜，鶯簧作意呼。拭一拭看山雙目，況且有許多的友契超俗。開籠閒放梅間鶴，泊岸輕穿柳外魚，偕訪那好酒兵廚。

〔叨叨令〕一會家聽許由瓢瀝瀝〔三〕臨風度，一會家吟洞仙歌蹋蹋〔四〕留雲住，一會家攜雙柑尋黃鳥深深樹，一會家看方塘浴清沼閒閒鷺。兀的不趣殺人也麼哥，兀的不趣殺人也麼哥，說甚麼絲毫揮，寶劍磨，銅山鑄。

〔脫布衫〕唾天風口裏璣珠舞，蠻腰鐙下氍毹鬬。豪華閧堂笑語，這光陰幾人留住？

〔小梁州〕自昨提兵嚮海壚，禍亂躊躇。英雄失路鮒魚枯，人無數，誰不笑癡愚？

〔么〕自憐枉把經綸誤，鬬猙獰磨齒捋鬚。只落得兩鬢蒼，雙眉聚，憂愁風雨，前路眼迷糊。

〔上小樓〕因此上志沖紫府，夢遊仙路，縲絏餘身，煙霞活計，山水馳驅。上大夫，下大夫，前瞻後顧，爭似我叩三生石

〔一〕據盧前刻本迻録，用涇獻詩存本校。

〔二〕「楊」，盧前刻本作「陽」，依涇獻詩存改。

〔三〕「瀝瀝」，涇獻詩存作「歷歷」。

〔四〕「蹋蹋」，涇獻詩存作「踏踏」。

邊頓悟？

〔么〕再休提張拳鬬虎，隨斑振鷺。擁篲題橋，拜相封侯，伐虢圖虞。興未輸，願不孤，終南隱去，覓他們角與綺，牲牲友鹿。

〔滿庭芳〕尋甘贖苦，山通地肺，境賽蓬壺。嵐光翠洗煙和霧，八節常娛，還思量鬻身五羖。再吁嗟問卜三閭，他做的誰能做？任從是伊周共侶，諸葛出茅廬。

〔快活三〕纔掛着差排速，誰縶維空谷駒，曉星般黜落的幾曾除？單丟下没頭子把〔一〕人慮。

〔朝天子〕世界如傾屋，仕路如矮屋，止爲着榮和富。寒鴉流水日西晡，尚不尋棲處。幸有山莊翠屏當户，爲三川聊作主。貯秠幾斛，種區田數畝，名與利誰還顧？

〔四邊靜〕但甕中釀醅有黍，爛醉谿山，幽尋故都，韋杜繁榮〔二〕，草長鶯啼處。逐境攜樽，酒友狂徒，指點徧，興亡簿。

〔耍孩兒〕喜的是芙蓉翠靄青難去，招尋些山翁田甫，杖頭錢使盡何如？管甚麼牛馬稱呼！謾誇他檀糟瓊液欺醽醁，且把這瓦缽磁甌勝玉壺。青眼兒頻頻顧，許我醉悠悠化國，任人賦皎皎生芻。

〔五煞〕春稻米重思，細削松枝筆管粗。洞天況得今生遇，雲封洞口桃花渡。泉瀉林間瀑布圖，入眼椿椿趣。最好是紅歸桃杏，綠滿蘼蕪。

〔四煞〕想當年經百戰，苦工夫，積三餘，杏林遊處香生路。官間鐵甕潮頭冷，醉後梅花嶺上扶。佳麗境，能常住。監遼海承乞秉憲，整軍容我馬維駒。

〔三煞〕正蜃樓氣結妖氛，誓揮戈血染征裾，丹心航海歸朝去。五刑曲宥恩同旻，一技難工笨似驢。放還也如蟻渡穩，

〔一〕「把」，涇獻詩存作「杷」。
〔二〕「榮」，涇獻文存作「華」。

安素拙甘守朱愚。

〔二煞〕愛雲山窮鳥鼠，送年華任兔烏，山容如畫更朝暮。林花嬌綻飛紅亂，畦稻秧齊翠染初，恰好約登臨去。青排四面，錦鋪〔二〕前途。

〔一煞〕鳥間關林外鳴，鷗從容水際趨，人間富貴浮雲覰。山林經濟閒中課，花鳥文章靜裏書，罷一切閒思慮。但效取爭席桑楚，不復學救楚包胥。

〔尾聲〕山青閣兩眉，川晴濯六腑。便從今永斷長安路，耐他些麟閣淩煙千萬古。

同春園即事〔三〕

雙調新水令　依表弟張儀昭來韻

想林泉清夢繞天涯，猛回頭堯門山下。紅桃圍野塢，綠樹隱人家。錦繡雲霞，潑染就天然畫。

〔駐馬聽〕恁樣韶華，策杖從容勝駟馬，何須長駕？田家蹤跡遠官衙，披襟日與友朋狎，掛冠不惹公卿罵，這優悠誰像咱？同春園自在閒遊耍。

〔沉醉東風〕有時節，濯夙垢，清峪水涯。有時節，拜奇石，巀嵲山峽。戴一頂漉酒巾，脫一緉連泥襪，任逍遙眼底春華。醉訪清溪處士家，把一行乍見的人兒愛殺。

〔二〕「鋪」，涇獻詩存作「敷」。

〔三〕據盧前刻本迻録，用涇獻詩存本校。

〔折桂令〕愛只愛本分生涯，較雨量晴，插柳栽花。牧羖山童，灌園野叟，浣衣村娃。密樹底投壺打馬，小園中竹笋茶芽。偏〔一〕野桑麻，盈沼魚蝦，平安樂有餘，冷淡趣無涯。

〔雁兒落〕看甚麼邗關梅嶺花，説甚麼蜃海仙樓話。只爲那宦情海樣深，勾惹出禍患天來大。

〔得勝令〕到如今醉夢怯烏紗，敢思量恩赦降黃麻？喜的是曲水泛流斝〔二〕，怕的是長安馳駿馬。聽幾曲琵琶，把多少熱情腸都丟罷。看幾縷煙霞，將這些好風光打當咱。

〔沽美酒〕我則見割蜂脾鬧曉衙，唼魚藻閙春葩，滿眼鶯花乾趣殺，莫推聾做啞。鳥不作，魚不怕。

〔太平令〕休笑我池頭鼓，幾部鳴蛙；孤村影，幾陣啼鴉。疏籬外薔薇亂叉，曲檻邊葡萄滿架。呀！坐田疇剖瓜，就清泉煮茶。受用煞，清涼無價。

〔離亭燕帶歇拍煞〕甋不足層臺小築黃茅瓦，偏橋飛渡紅衫馬。逢人兒便誇，原來是杏花村，不亞似水竹居，卻是幅雲林畫。先隴近草廬，薄產足耕稼，悶了時引孫兒戲耍。也不羨平山堂，也不訪桃源路，也不賣成都卦。深林鸝語圓，淺水虹梁跨，儘教咱老頭兒住咱。只這個六合亭一派趣兒清，還想甚兩間園幾番兒話〔三〕假？

嚮余有兩間園志：緑輿作基，碧天爲宇，張布四維，承以八柱，海環垣周，中羅萬有。憑萬象之所敷衍，在在時時，靈奇珍怪，靡不充鬱我兩間園内。數十年來，尚不能窺吾園之一隅，即一隅尚不能窺十之二三，而余老矣。茲幸歸老故山之陽，爰就清溪之濱，天然三層臺上，小築六合亭一座。不鑿不修，喜巖巒俱在；無垣無户，任童冠往來。三五里隴頭紅杏

〔一〕「偏」，涇獻詩存作「徧」，似以「徧」爲是。
〔二〕「斝」，涇獻詩存作「斚」。
〔三〕「兒話」，涇獻詩存作「話兒」。

夭桃，媚我花徑；百千年溪畔高槐弱柳，助我堤封。因字之曰「同春園」。境小趣真，會心政不在遠舉。嚮來寥翔之念，悉歸目前平淡中矣。故曲終及之，蓋亦猶然狂奴之故態云。

卷十五　序　跋

代疑編序〔一〕

孔子曰：「人而無信，不知其可也。」〔二〕凡言不知，皆深絶之之辭，非心不可行而已。蓋事理當前，由信得及，然後有心肯；由心肯從，然後能身赴。信菽粟可飽，自必食；信布帛可温，自必衣；信水火難蹈，堇葛傷生，自必避。萬事成立，未有不從信始。故西學嚮天主三德，信爲之首；十二宗徒各表，爲性簿録，誠重之矣。木之發榮，托命在根；室之巍焕，造端在基。根拔而基壞，雖有場師大將不能成功。故曰師無當於五服，五服不得不親；信無當於五常，五常不得不舉；學者欲希聖希天，爲安身立命之事，未有不從信入。此西學惓惓指引，首闢信門；而彌格子承其意，作徵信論二十有四篇，有味乎言之矣。

先是西學深渺，與人多不領契；幸儒者善疑，彌格善辨，舉嚮來人情最不釋然者，似已掊擊殆盡，昭揭靡遺。自今惟手是篇，即同面徵言説，可無事乎。抑西士又言：信者心之真嗜，非必見見，非必聞聞；待見待聞，其信猶淺淺者。信東魯有尼父，未見聖如弗克聖；既見尼父，信亦無所用矣。信長安有天子，豈必身至闕廷；既與至尊認，信又不必言矣。

〔一〕王徵代疑編序，據徐宗澤編著明清間耶穌會士譯著提要（北京：中華書局一九八九年版）第一五九—一六〇頁迻録。代疑編（原題徵信録或徵信論），楊廷筠（一五五七—一六二七，字仲堅，號淇園，聖名彌額爾，號彌格子）撰述，刊刻於明天啓元年辛酉（一六二一）。

〔二〕論語爲政。

此西國信字詮解。而又云有死信，有活信。活信者行解齊到，知與好樂一時都有。孔子曰：「信以成之。」〔二〕成始成終之禮，漆雕之吾斯，武城之莞爾，足以當之。死信則浮慕而已，衷不熱，力不注，究必中槁焉。於以希天希聖，奚由至哉？敢并述所聞，以足彌格子之未備，不知有當否？是爲序。

關中王徵謹撰。

客問序〔三〕

兵約序〔三〕

西儒耳目資敍〔四〕

〔二〕論語衛靈公。
〔三〕見本書卷五兵事，第九八頁。
〔三〕見本書卷五兵事，第一〇五頁。
〔四〕見本書卷十二音學，第二三八頁。

新製諸器圖說小序〔一〕

甕叟抱樸，驚掊渾帝，化人奇肱，巧绝弗傳，懼滋朅來人心之幻耳。然人心之幻滋甚，彌難方物，初不盡識破之。然而民生日用之常，漸有輕捷省便之法，黐多滯混罔通，似於千古尚象製器之旨不無少拘。睍彼大圜輪輪轉，匪一輯以自斡，疇萬象之更新而顧爲是拘拘者耶？不揣固陋，妄有所作，見之者頗謂裨益民生日用。有已造而行之者，有未造而儀其必可行者，繪集爲圖爲說，間爲之銘，自解其嘲而識之。若此其他自動風翣與活輥木、活地平及用小力運鉅重之器，尚有多種，爲其關民生之未甚急也，茲不具載。

時天啓六年孟春人日，了一道人王徵題。

遠西奇器圖說録最自序〔二〕

奇器圖說乃遠西諸儒攜來彼中〔三〕圖書，此其七千餘部中之一支。就一支中，此特其千百之什一耳。余不敏，竊嘗仰窺製器尚象之旨，而深有味乎璇璣玉衡之作一器也，規天條地，七政咸在，萬禩不磨。奇哉！蔑以尚已。考工、指南而後，代不乏宗工哲匠。然自化人奇肱之外，巧絶弗傳，而木牛流馬遂擅千古絶響，余甚慕之愛之。間嘗不

〔一〕王企重印本和來鹿堂本皆作「新製諸器圖小序」，無「説」字。

〔二〕據陝西師範大學圖書館藏清王企重印武位中刊本（嘉慶二十一年）迻録，以清來鹿堂刻本（道光十年）等校。

〔三〕「中」，來鹿堂本改作「國」。

揣固陋，妄製虹吸、鶴飲、輪壺、代耕及自轉磨、自行車諸器，見之者亦頗稱奇。然於余心殊未甚快也。

偶讀職方外記，[一]所載奇人、奇事未易更僕數。其中一二奇器，絕非此中見聞所及。如云多勒多城，在山巔取山下之水以供山上，運之甚艱。近百年内有巧者製一水器，能盤水直至山城，絕不賴人力，其器自能晝夜轉運也。又云亞而幾墨得者，天文師也，承國王命造一航海極大之舶。舶成，將下之海。計雖傾一國之力，用牛、馬、駱駝千萬，莫能運也。幾墨得營作巧法，第令王一舉手引之，舶如山嶽轉動，須臾即下海矣。又造一自動渾天儀，其七政各有本動，凡列宿運行之遲疾一一與天無二。其儀以玻璃爲之，悉可透視，真希世珍也。職方外紀，西儒艾先生所作，其言當不得妄。余蓋爽然自失而私竊嚮往，曰：「嗟乎！此等奇器，何緣得當吾世而一覩之哉？」

丙寅冬，余補銓如都，會龍精華、鄧函璞、湯道未[二]三先生以候旨修曆寓舊邸中。余得朝夕晤請教益，甚讙也。暇日，因述外紀所載質之。三先生笑而唯唯，且曰：「諸器甚多，悉著圖說，見在可覽也，奚敢妄？」余亟索觀，簡帙不一，第專屬奇器之圖之說者不下千百餘種。其器多用小力轉大重，或使升高，或令行遠，或資修築，或運芻餉，或便洩注，或上下舫舶，或預防災祲，或潛禦物害，或自舂自解，或生響生風。諸奇妙器，無不備具。有用人力、物力者，有用風力、水力者，有用輪盤，有用關捩，有用空虛，有即用重爲力者。種種妙用，令人心花開爽。間有數製，頗與愚見相合，閱其圖繪，精工無比。然有物有像，猶可覽而想像之，乃其說則屬西文西字。雖余嚮在里中，得金四表先生爲余指授西文字母字父二十五號，刻有西儒耳目資一書，亦略知其音響乎。顧全文全義，則茫然其莫測也。於是，亟請譯以中字。鄧先生則曰：「譯是不難，

[一] 職方外記六卷，意大利艾儒略(Jules Aleni，字思及，一五八二—一六四九)神甫撰，有一六二三年杭州刻本，後收入天學初函。

[二] 龍精華，意大利神甫，漢名龍華民(Nicolas Longobardi，一五五九—一六五四)，字精華，一五九七年入華。鄧函璞，德國神甫，漢名鄧玉函(Jean Terren Z，一五七六—一六三〇)字函璞，一六二一年抵華。湯道未，德國神甫，漢名湯若望(Jean Adam Schall Von Beli，一五九一—一六六六)，字道未，一六二二年至華。

第此道雖屬力藝之小技，然必先攷度數之學而後可。蓋凡器用之微，須先有度有數。因度而生測量，因數而生計算，因測量、計算而有比例，因比例而後可以窮物之理，理得而後法可立也。不曉測量、計算，則必不得比例；不得比例，則此器圖說必不能通曉。測量另有專書，算指具在同文，比例亦大都見幾何原本〔一〕中。」先生爲余指陳，余習之數日，頗亦曉其梗概。於是取諸器圖說全帙，分類而口授焉。余輒信筆疾書，不次不文，總期簡明易曉，以便人人覽閱。然圖說之中巧器極多，第或不甚關切民生日用，如飛鳶、水琴等類；又或非國家工作之所急需，則不録，特録其最切要者。器誠切矣，乃其作法或難，如一器而螺絲轉太多，工匠不能如法；又或器之工費甚鉅，則不録，特録其最簡便者。器俱切俱便矣，而一法多種，一種多器，如水法一器，有百十多類，或重或繁，則不録，特録其最精妙者。録既成，輒名之爲遠西奇圖說録最云。

客有愛余者顧而言曰：「吾子嚮刻西儒耳目資，猶可謂文人學士所不廢也。今兹所録，特工匠技藝流耳。『君子不器』，〔二〕子何敝敝焉於斯？矧西儒寓我中華，我輩深交，固真知其賢矣。第其人越在遐荒萬里外，不過西鄙一儒焉耳，奚爲偏嗜篤好之若此？」余應之曰：「學原不問精麤，總期有濟於世；人亦不問中西，總期不違於天。兹所録者，雖屬技藝末務，而實有益於民生日用，國家興作甚急也。儻執『不器』之說而鄙之，則尼父繫易，胡以又云『備物制用，立成器以爲天下利，莫大乎聖人』？〔三〕且夫畸人罕遘，絶學希聞，遇合最難。歲月不待，明覯其奇而不録以傳之，余心不能已也。故嚮求耳目之資，今更求爲手足之資已耳，他何許焉？夫西儒在兹多年，士大夫與之遊者靡不心醉神怡。彼且不驕不吝，柰何當吾世而覿面失之？古之好學者裹糧負笈，不遠數千里往訪。今諸賢從絶徼數萬里外齎此圖書以傳我輩，我輩反忍拒而不

〔一〕同文算指十一卷，利瑪竇口授，李之藻筆述，有一六一四年北京刻本，後收入天學初函。幾何原本六卷，利瑪竇口授，徐光啓筆述，乃歐幾里得原著前六卷之譯文，有一六〇五年北京刻本，後收入天學初函。

〔二〕論語爲政。

〔三〕易系辭傳上第十一章。「備物致用」，嘉慶王企重印本作「備物制用」。

納歟？諸賢寥寥數輩，胥皆有道之儒。來賓來王，視昔越裳、肅慎，不啻遠之遠矣。正可昭我明聖德來遠，千古罕儷之盛。邇來余省新從地中掘出一碑，額題「景教流行中國碑」，頌乃唐郭子儀時所鐫，千載如新，與今日諸賢所傳崇敬天之教，一一若合符節。所載自唐太宗以後凡六帝，遞相崇敬甚篤也。在昔已然，今又何嫌忌之歟？」

有客又笑謂余曰：「是固然矣。第就子言，耳目有資，手足有資，而心獨可無資乎哉？西儒縹緗盈室，資心之書必多，子不之譯而獨譯此器書，何也？」余俯而唯唯，曰：「有跡之器具麤可指陳，無形之理譚猝難究竟。余小子不敏，聊以辦此足矣。若夫西儒義理全書，非木天、石渠諸大手筆，弗克譯也。此固余小子昕夕所深願而力不逮者，其尚俟之異日。」客遂頷然而去。余因並録其言，以識歲月。

時天啓七年丁卯孟春，關中涇邑了一道人王徵謹識。

畏天愛人極論序[一]

畏天愛人極論記言[二]

[一] 見本書卷八天學一，第一五四頁。

[二] 見本書卷八天學一，第一八二頁。

仁會約引〔一〕

兩理略自序〔二〕

崇一堂日記隨筆小引〔三〕

歷代事略發蒙歌跋〔四〕

此先舅師〔五〕貞惠先生所編讀史歌，用以發蒙者也。余蒙童時，每熟讀而強記之，今且六十年多矣，間能背誦其一二。猶憶做秀才時，舅師命余於歌中或事蹟未甚了然，或姓名未甚明悉，與夫史斷可摘録者，詳稽全史，添註其旁，並細書條段

〔一〕見本書卷九天學二，第一八三頁。

〔二〕見本書卷一治狀一，第一頁。

〔三〕見本書卷十一天學四，第二一三頁。

〔四〕據柏堃輯編涇獻文存民國十四年（一九二五）綫裝鉛印本卷八迻録，以李之勤輯編王徵詩文輯存校。

〔五〕「師」，李氏輯存作「氏」。

於額上，俾觀者一覽便自通曉，無俟翻閱而疑問自釋也。柰役將半而因事中輟，遂遷延未克授梓。比余監軍遼海，曾攜一部，欲於暇日續爲添註而梓之。乃受事未幾，旋罹風登變，并原稿胥〔一〕失矣。今表弟儀昭氏喜奉聖天子欽詔，以賢良文學考授縣令，徧索書屋，僅存一部，亟須〔二〕公諸海内。余念其無副本也，於是手録此帙，一以温繹童蒙時之舊業，一以令諸子侄各各抄録，轉相傳誦，無忘先舅師嘉惠後學之苦心。少俟仍當補註，以完夙命，然後梓行。若夫讀史良法，立歌初意，先舅師已言之矣。

噫嘻！上下數百千載，一刻可了目前；是非判於數言，褒貶嚴於一字。易同指掌，洞若列眉。想海内自有大眼目人評贊之也，余小子安敢阿所好？

時崇禎十一年季秋之月，白髮學徒門下甥王徵謹識。

新製連弩圖説引〔三〕

聞昔武侯有連弩法，親授姜維。想當日木門道萬弩齊發，射死魏大將張郃者或即其製，迺其製失傳久矣。近世有從地中掘得銅弩者，製作精細無比，今之工匠不能造。然特弩之機耳，而人輒以爲全弩也，故卒莫解其用。徵愚偶得見之，歎服古人想頭神妙如許。再四把翫，因了悉其運用機括，僭爲增損一二，且易銅爲鐵，不但簡質易作，更覺力勁而費省，似於今

〔一〕「胥」，李氏輯存作「悉」。

〔二〕「須」，李氏輯存作「欲」。

〔三〕此新製連弩圖説引及其各圖説，與新製諸器圖説中所收新製連弩圖説引及其各圖説，文字大體相同，然係不同刻本，各圖説之題目、及繪圖亦略有不同。

之行陣甚便也。

額辣濟亞牖造諸器圖說〔一〕自記

額辣濟亞，〔二〕乃全能造物主開發學人心靈獨賜恩祐之異名也。牖造云者，正是天牖厥衷，創作非常之謂。凡我世人，尋常日用，動念興思，悉有一天神領守名「諳若」者爲之照護引治。至若奇異想頭，創作希有，爲人間世所不經見之製，匪徼全能者造物主之恩〔三〕牖，斷乎不能。況以至愚極拙之人，弗繇師傳，絶無指授〔四〕，一旦用志不分，輒克胸中了了，觸類引申，摹古軼今，如鼎彝〔五〕尊罍，獲覩異式，種種出人意表，豈真自己些須聰明力量猝能成就乎哉？

余不敏，正世所稱至愚極拙人也。一切世事不甚通曉，即家人生計，與夫時尚世局，總安愚拙，都不料理。顧獨景慕古人奇異諸製，如璇璣、風鳶、指南、奇肱，及武侯木牛流馬之類，恨不當吾世而悉得目覩之焉。若不獲覩，結想成癡。因讀西儒力藝之學，而有感於用穴用氣、用水用風諸說，恍如開悟，頓克成造種種機器，業有四伏、四活、五飛、五助及新器諸刻傳

〔一〕額辣濟亞牖造諸器圖說，王徵手稿本，天水縣圖書館邵力子力學廬贈書目録著録爲額納濟亞牖造諸器圖說小記，編目號碼爲六二一·〇（劉文炳耀藜編目，一九四二年）。一九九七年七月和二〇〇二年一月，編校者曾兩次專程赴天水尋訪該書，不意竟不知去向。幸賴存窔撰讀明末涇陽王徵所著額辣濟亞牖造諸器圖說自記手稿録後（載於西北論衡第九卷第七期，一九四〇年；轉載於真理雜誌第一卷第二期。簡稱存文），及劉耀藜（即存窔）撰奇器圖說著作者之續製未刊稿（載於西北文化第十七至十八期，一九四五年。簡稱劉文）兩文，保存了王徵手稿的主要内容，可視爲該手稿的節録本。今據存文迻録，以劉文校。劉文中有一部分字跡模糊。

〔二〕額辣濟亞，拉丁文 Gratia 之譯音，今譯聖寵。

〔三〕「恩」，存文因字形近而誤作「思」。今據劉文改。

〔四〕「指授」，存文誤作「捐授」。今據劉文改。

〔五〕「鼎彝」，劉文作「彝鼎」。

之矣。茲再續成諸器，既繪爲圖，又各以説詳之，而冠之以「額辣濟亞」之名者，蓋自知愚拙無能，匪微造物主特恩啓牖之萬一，萬萬弗克成也。故欲傳以救世，先自感頌主恩若此。

客有見而疑之者，笑謂余曰：「覽子種種諸製，不第目所未見，實多耳所未聞。真有神授，殆若[一]天成，謂非天界靈巧不可，而子乃歸功於天上主，感頌啓牖之特恩也。誠哉，誠哉！初閲種種名目，涉於怪異秘密，疑鬼疑神，似真似幻，私意必屬莫可測識、不克曉解之物。比[二]歷覽諸圖，而又細繹其説，卻又日用尋常簡易平實，人人可曉，鑿鑿可行。其機緘孔穴，一一分明顯露，略無隱晦閉藏也者，真可應民用而救世。但其中可裨世用者固多，而毒人者亦不少也。如火船、兵車、砲臺、雲梯等類，似是殺人第一毒器，於救世乎何居？」

余曰：「以殺止殺，從古已然。夫敵加於己，不得已而應之。止殺匪殺，其胡能應[三]？況我人不傷，而船與車自焚自戰；用力最捷，而砲與梯可擊可登。其所默救於衆者，不既多耶？又況偶爾出奇，足以破敵人之膽而奪其神，慮[四]無不倒戈而歸命。其所全活於敵人者，或亦多多矣。不知高明以爲何如？」

客乃囅然嘉歎曰：「良工苦心哉！良工苦心哉！古人尚象製器，開物成務本意，從此可概見也已。」於是一一賞翫，録之而去。

余因次其問答語筆之冊首，用解觀者之疑。

時崇禎十有三年季冬，了一道人自記（其章曰：了一道人王徵）。

〔一〕「若」，劉文因形近誤作「右」。
〔二〕「比」，存文因形近誤作「此」。今據劉文改。
〔三〕「能應」，劉文作「能不應」，衍「不」字，非是。
〔四〕「慮」，存文因形近誤作「盧」。今據劉文改。

額辣濟亞牖造諸器圖說跋辭

圖說甫既，好友致音。迺以勖辭，作臺良箴。蓋云良工示人以樸，良賈深藏若虛。子乃鑿渾沌之竅，洩玄靈之秘，固稱天巧乎哉，將無來好異炫奇之疑。矧紙上鑿鑿，似皆人人攸好；庭前空空，誰見種種成造？匪誕即誇，能無叢誚！

余拜昌言，蹷蜳靡寧。報以謝章，往用質成。其辭曰：夐哉尚已，宇宙茫茫。機乘〔一〕籟鳴，天倪自章。世多以偶不經見者詫爲奇異，於所習不可測度之神奇，反忽焉而若忘。粤稽元主，造物以意。不做質模，化成天地。六日工成，萬有咸備。蓋全能而無一能名，極兩間而莫二。今夫天，高廣不知其幾千萬里也，杳不見車輪推運之跡，亘萬世而常旋。今夫地，博厚重深，上下四旁，迄非亥步所能窮也，乃塊處中央，孰維繫而常懸。只此兩大奇胡能宣，乃終日戴天履地，亦既稱萬物之靈矣，疇能不知其自感謝造物元主之洪恩。況天壤間代有畸人，猝難悉舉。有幾墨得者，天文師也，巧絶無比，曾以玻璃作一自動之渾天儀，真希世珍也。層層透視，七政各循其常，一一克肖乎天體。又曾作一航海極大之舟，舶於海岸，計舉國之徒〔二〕、馬、駱駝千萬，雖曳莫能動也。中藏巧機〔三〕，第一引手焉而輒徙。如此奇製，彼猶視若平常。今此纖巧器具，何啻比蛙〔四〕步於千里？嗤余小子，結想成癡，徼天之祐，偶成一得之愚。言念苦心，手録藏笥。敢曰希蹤臥龍？聊以飽於蠹魚。自哂雖屬寸長，不過工匠技藝之末務已耳，何關經〔五〕世大猷之萬一？本來無奇可異，又奚好異炫奇之足疑？惟是巧

〔一〕「乘」，劉文作「動」。
〔二〕「徒」，劉文作「牛」。當以「牛」爲是。
〔三〕「機」，劉文作「製」。
〔四〕「蛙」，劉文作「跬」。當以「跬」爲是。
〔五〕存文此處缺一字，劉文作「經」，今據補。

匠難覓，物力難全，苦自造之無資，不得不暫假之言詮。誇誕之誚，深自懷慚。好友勖我，敢不勉旃！惟願造物主垂憐癡人，假我餘年，庶幾哉一一自造之有成也，不致終作空言。不第解人之嘲，實可了我心願。

於是書之冊末，留爲異日之券。

了一道人再記。

滸北山翁訓子歌跋〔一〕

此先君自編口號，以訓不肖兄弟輩者也。先君最喜讀古人書，顧先世少讀書人，家亦無多藏書，則間就他塾師處抄録九經及明心寶鑒與太上感應諸書篇中警世醒人語，靡不一一成誦。日摘取往哲格言懿行以淑其身，不區區文詞計也。間自編爲歌説，振發愚蒙，納之軌義。嘗謂不肖輩曰：「古聖賢格言懿行，原留與後人作式樣耳。倘讀得一句就行得一句，雖不得遽到聖賢地位，也不失爲天地間好人。若書止是書，徒以文詞獵取功名富貴，於自己身心毫無益濟，總萬卷也何爲？」故每見古書中忠孝大節爲世所習聞常覩，及見今之人有一善行，有一義事，未嘗不擊節嘉歎，間爲歌説以讚美之。至見不肖輩或有汲汲躁進之意，則又以義命寬解之。且曰：「爾輩只宜盡其在我，餘惟聽命於天纔是。柰何不圖真實學問，妄思僥倖爲也？試看孔明隆中高臥時，何曾有一毫富貴功名想！彼五十四州之圖，明懸堂上，三分成局，早已料理停當於胸中矣。惹〔二〕大英雄，惹大才學，一顧不出，再顧不出，直待三顧而後出焉。寧如今之學者，纔通章句，便望青紫，胸中曾無一得，輒傲然自負世人莫我知也，不亦大可笑也乎哉？」不肖輩於是爽然自失。歌中往往因事致訓類若此。回憶嚴誨，

〔一〕據涇獻文存卷八迻録。

〔二〕「惹」，同「偌」。張相詩詞曲語辭匯釋：「惹，與偌同」。

時切泫然；偶覩遺音，恍聆謦欬。敬先手録成帙，用識先君之手澤云。其他遺稿如算數歌款尚多，容再抄録以傳。

時崇禎十有四年孟夏，男王徵謹記。

同春園即事後記[一]

怪木供讚敍[二]

[一] 見本書卷十四詩、曲，第二八一頁。

[二] 見本書卷十六議、記、讚、銘、雜文，第三〇四頁。

卷十六 議 記 讚 銘 雜文

龍橋名議[一]

嘗謂天下不患無人品，第患無真心腸；不患無學問，第患無真德行；不患無事功，第患無真經濟。而真經濟、真德行，壹是皆以真心爲主。真心者何？仁是已。孟子曰：「仁，人心也。」「大人者，不失其赤子之心。」又曰：「人皆有不忍人之心。先王有不忍人之心。」「以不忍人之心，行不忍人之政，治天下可運之掌上。」[二]内聖外王，有體有用，所謂千古一道，千聖一心，詎非吾夫子相傳一貫之真旨哉？試將君子終身不違仁、顔子三月不違仁，與曾子仁以爲己任，死而後已諸説互相參訂，一貫單傳，寧不了了？此余素所證明，愧未克實實體驗，然亦未克多見其人。

乃今觀於少保温恭毅[三]先生，事功、學問、人品，卓冠三朝，師表一代，真堪與本邑王太師端毅公[四]相伯仲。至就龍橋舊址，創建石梁，偉績尤能於萬難措手處獨建前人之所不能建。諸名公敍讚頌賦，亦既章章備矣。余不文，又何能再贅一

〔一〕據李宣義王徵墨跡四文箋釋（載上智編譯館館刊第二卷第六期，一九四七年）迻録。

〔二〕孟子告子上、孟子離婁下、孟子公孫丑上。

〔三〕温純（一五三九—一六〇七），字景文、叔文，號一齋，陝西三原人。嘉靖進士，官至左都御史。卒，謚恭毅。著作有温恭毅公集等。明史有傳。

〔四〕王恕（一四一六—一五〇八），字宗貫，號介庵、石渠，陝西三原人。正統進士，官至吏部尚書。卒，贈特進左柱國太師，謚端毅。著作有王端毅公文集等。明史有傳。

辭？唯是橋以龍名，雖以往因取義，然既言龍鬭敗橋，於義殊亦弗嘉。且於造橋初念，似無干涉。曾聞橋成，輿情欲以温公名之，先生力止。功成不居，自是先生撝謙美意。顧先生一片濟人利物真實心腸，於此正露一斑，寧得終掩抑耶？每憶先生肇造之初，心心念念，時時刻刻，事事處處，精神畢注於此，自己家事莫過也。其不忍人溺之真心腸，寧獨終食不違、三月不違？蓋將終其身不底厥成，必不肯自已者。古之人謂專於文者，嘻笑怒罵皆文；余謂先生此事，嘻笑怒罵皆橋也，則皆仁也。脱念頭稍有不真，或沽名，或畏難，又或勤始怠終，其胡克成此千百世不拔之基？故先生之真經濟、真德行不具論，而余小子獨深服其肫肫不已之真心腸有若此。諺云：「天下無難事，只怕有心人。」夫果有一副真實心腸，自然有一種真實學問，自然有一段真實事功，將必愛人一如愛己，將必視國事一如家事，將必處天下最難處事一如自己身家萬不容諉之事。噫！使人人能心先生之心，又何德功之不可立奏乎哉？嚮余議於橋上居中建四明樓一座，不但壯兩城之巨觀，且以爲鞏橋之重鎮。更於橋之東里許作一滾堰聚水，俾之滿而後溢，一則水無沖逆，永爲橋基遠護；一則兩城咸有深池，永爲保障之資；一爲玉帶之水常環，永爲兩城文風之助。兩者所費不過數百金耳。柰人心不一，竟爲道旁之築。益信先生之真心腸，洵哉！其莫克兩也。

竊謂橋日以崇，先生之仁與之俱崇；橋之崇千百年不朽，先生之仁亦千百年與之俱崇不朽。夫先生之里既以崇仁名矣，胡不即以「崇仁」名橋，而顧取名於茫然無稽之龍爲？况古人偉績凡可傳於後者，輿論既協，即自欲淹没不得。不然彼蘇公、范公之堤，胡至今名不改也？今即不直以温公名橋，亦宜推本先生造橋不忍之真心，直以「崇仁」標坊，不獨可以表先生之仁，抑且可以興後來觀感者之仁，或亦先生之所首肯。倘不欲龍橋之舊遽湮乎，另竪一碑於橋之上，大書「三原縣龍橋故址，新築崇仁橋」，亦庶乎兩全而無議耳。不知輿論以爲何如？

敬書此，以俟知言君子。

創建涇陽會館記〔一〕 崇禎四年六月建

關中邑，著名相頡頏者恒稱涇陽、三原。兩邑人士之寓都門者，亦每相埒。乃三原有會館且兩所，諸宦遊、計偕、權子母人往往入都，即暫寓其中，如抵家舍，甚便焉。而我涇邑獨少此，人咸意弗愜也。

吾邑雪松張翁計偕入都，用囊金三百買宅一區在正陽坊，門房、中庭、後屋共十五間，前後各有廂房，總計三十一間，門窗等俱全。初則自寓，宦遊後欲公作會館，第未及明言之。厥後聖徵君曾明言作會館矣，以疾作弗果。乃今又十數年矣。

雪翁之孫，余子婿也。因余北上，輒持原券視曰：「此寒家都門所置業也。今奉去或作私寓，或作吾邑會館以終先大父、先伯父志，即數百金不悋也。」余嘉其義，頷然之。抵都，攜券驗房。門面、廂房、後屋等尚自巍然，然其中庭五間，則寄寓者或拆毁無存矣。噫嘻！寓人於我室，毁傷其薪木，久假而不歸，烏知其非有。爲之恚甚，欲直之執法者。已復自念，既捐私以濟公，乃以直而報怨，非余夙昔靡爭意也。會寄寓者雅知以情理自反，且悔罪求寬，意甚懇。又其子青衿，韶秀可憫也。遂一切置不較，但令自行遷居，還我原屋。我特顔其門曰「涇陽會館」，爰托親友邢維玄氏暫寓而經理之。維玄數年前寓都中，曾拾人十數金還主不昧人也，迄今都人士咸歎服，讚述不容口，故余特托重云。

自茲以往，凡我涇邑宦遊、計偕、權子母人暫寓其中者，積房金修葺，當一一如三原會館例。第無忘張宅三世之義舉焉可也！是爲序。

〔一〕據王徵詩文輯存逸録。

清北創建温恭毅公繕城祠碑記[一]

邑治必有城。城惟一，制也。原之初，厥城亦惟一。乃今南北對峙，判焉爲兩者何？則以清、治二河匯流而東，横沖其中故也。歲濬月削，滋深滋闊，勢若太極中判，而兩儀不得不爲之分割。然城在河以南者，實四方財貨輻輳區，且制臺、中丞御吏臺、諸藩臬道府行旌往往駐節焉，而聖廟、學宫、倉庫、衙宇胥在内，又縣大夫朝夕聽政所也。城故不圮，即圮旋補築之無難耳。北城既牉焉，越在河之北岸，其中土著居民聚廬而處者，雖數百千萬之衆，與士大夫家鱗次櫛比乎。第縣治既在南，商賈既在南，冠帶輪蹄往來應酬既在南，則當事者之精神思慮無不急在南。而北或膜外視之，其勢也，亦情之所易至也。

以故樓櫓漸傾，城日頹壞，漠然罔聞，恬不爲怪。久之，垣齾池凸，鬱成萊蒿。跛羊可牧，蹊徑交交。又久之，高者就平，雉飛無蹤，城基斷續，面面皆風。斯時也，承平日久，狃以爲常；築鑿之謀，大家相忘。

少保温恭毅先生偶家居，念此城名僅有而實弗存也。穆然深思，謂保障無資，一旦有警，將奚所恃而無恐？爰謀之縣大夫，與諸紳士父老議城事。或曰：「是役也衆。」先生曰：「吾能衆。」曰：「費恐不資。」曰：「吾能費。城者所以保吾衆而善藏厥費者也。既欲城民，不衆不費，胡能城？從古有天成之城、地湧之城乎哉？」曰：「費大而以衆動也，恐人將以利己爲口實。」先生曰：「嘻！天下皆己也。凡此同城之衆，林林總總，百千萬家，謂非一家之人也歟哉？獨吾一家之人也歟哉？果爲己耶，人即不謂己也，實自愧；果不獨爲己耶，即人謂利己也，庸何傷？」或又曰：「今天下九塞

[一] 據李宣義王徵墨跡四文箋釋（載上智編譯館館刊第二卷第六期，一九四七年）迻録。温恭毅公即温純，參見本卷第一篇龍橋名議之腳注[三]。

晏然，八方平定，正夜户不閉時也。無故而興不急之役，姑無問費且若何，衆實謂勞我也，將柰何？」先生曰：「圖久安之，不得不暫勞之矣。天下寧有不一勞而能久佚者哉？吾聞之，計小者害大，道謀者寡成〔一〕。未雨徹桑，鳥且能然。如必渴而始井也，井能渴及也耶？此城不成，吾心之誠不能一日寧。」輒毅然捐金倡義，董率區畫，爲之重築北城，并補南城，以固其圉。

工肇於萬曆癸巳，不數月而四門重闕，樓櫓煥然，崇墉言言，雉堞雲連，屹然稱金湯矣。方築鑿時，果有借此以事抨彈者，先生不之卹也。繕城之工，必欲告成而後已。既告厥成，先生之心方寧，顧不自以爲功。即當日之人，或亦未甚德其功。

迨至崇禎戊辰，關中大饑，流寇紛起，擄聚日繁。千騎萬侶，耽耽焦獲之原，環馳城之郊且數次。維時，鄉邨猝無堡寨，蹂躪焚掠之慘，不忍見聞。郭外之氓叟稚婦，逃賊而求入者，踵相囑也。當事者與諸士紳父老議：「賊衆不遠，恐得以隙乘之也。」門拒不内。余謂：「城所以衛民也，柰何拒吾赤子而委之賊？且賊尚遠，未遽乘也，即乘，吾力能拒之。」議者又云：「城内無百日糧，驟内多人，以耗吾食，非計。可令挾芻粟者入，弗挾者毋得入也。」余又謂：「均赤子也，柰何遂拒其飢者委之賊？況賊風雨飄忽，必不肯爲百日攻。」當事者是余言，遂大開城門縱之入。諸見阻他門者，亦轉徙而入，可數萬計。遂擇其精壯者，亦派爲城守之夫。諸紳嬰城指揮士民，咸登陴力守。一時城頭數百千人，賊遂逡巡咋舌退。

於是諸紳士父老輩拊城興思，咸聚而歎曰：「天！天！設非今日城守之嚴，吾輩不知當作何狀？設非當年預築此城，即欲爲今日之守，何可得？作此城者，何其流澤之無窮也！今既飲水而知源，安可忘恩而不報？其亟建一耑祠，以報此繕城之功德也可？」僉曰：「可哉，可哉！」於是□金易地，庀材鳩工，不數月而祠已報竣。人心感服之深，翕應之速，可概見矣。祠凡六楹，遺像如生。羣拜羣祝，維城之宗。

〔一〕「道謀者寡成」，依後文「道傍之謀」，似當作「道傍之謀者寡成」。

乃先生及門之士張玉芝、來舒吾諸文學十數輩咸請徵言，以文麗牲之石。徵素不文，且不喜爲讚媚過實之文，而獨於先生之德之功，則喜談而樂道之，與諸紳士父老有同情焉。蓋居恒私歎：士大夫居鄉，必有一段不朽功德，利賴一鄉，令鄉之人久久感頌不忘，稱曰「鄉先生」，始不虛耳。不然，身都貴顯，鄉之人毫無所利賴；或徒擁富厚，廣田宅，日夜爲子孫圖百年便利，於鄉之人若秦越不相關也；甚或睚眦淩轢，恣逞其所欲得爲，反貽害於閭里，令鄉之人心非巷議，腹誹背詛，敢怒而不敢言：此即求免一時之訾詈且不能，矧能聲施後世，歿已數十年猶然令鄉之人追思俎豆無已時哉？如先生者，真可百世不朽已！

猶憶嚮者偕諸紳士守城日，玉芝張君建議於北城外相距數十武，可築關城一座，一則爲大城犄角，一則爲附近居民清野守保計。條畫區當，策甚善也。當事者首肯，諸士紳父老亦無不心是之者。惜無毅然首事之人，迄今猶懸道傍之謀。益思先生愛人之真，見事之徹，獨斷獨行之力，真古大臣先憂後樂襟度，非區區尋常士大夫所克仿佛於萬一也。倘先生一聞人言，便引築怨之嫌乎，其何得有今日？徵常讀西儒真福實指，〔二〕所指真福八端之一，有曰：「爲義而被窘難者，乃真福，爲其已得天上國也。」如先生之真，已永享天上之福矣，笑遊帝庭，寧獨人間之廟貌也歟哉？

夫祠者思也，所以思前而示後也。今而後謁先生之祠者，爲封疆之臣，則思其所守；爲邦之簪紳衿裾，則思其所立；見鄉之人追念鄉先達功德彌久而彌殷也，則各思所爲不朽。是則建祠者之意，諒亦先生睠念桑土、來歆來嘗之意也。

因述其繕城始末如此，而繫之以銘。銘曰：

於都先生，處爲真儒，出爲名臣。學窮二酉，志在三立，體惟一仁。

〔二〕意大利神甫陸安德（Andre｜Jean Lubelli，一六一〇—一六八三）曾著真福直指二卷，刻於一六七〇年。然此時王徵已逝，無從得見。據考，此處所謂真福實指，很可能是德國神甫湯若望所著真福訓詮（一作真福經典）。湯若望與王徵友善，交往密切，而且真福訓詮正是言「真福八端」之書。

朝著忠清，家傳孝友，乘史詳陳。茲所特祀，恩深桑梓，土徹未陰。睠念浚隍，獨屢衣裲，畀目荊榛。乃倡大義，乃協羣策，乃捐多金。畚杵登登，壺簞翼翼，睨者狺狺。築怨弗卹，遭讒罔懈，工竣乃忻。垂數十年，功德巍巍，漸忘所因。倏遭流寇，掠我鄙野，逼我城闉。仗此崇垣，全活大衆，百千萬人。爰感遺澤，建此耑祠，俎豆惟寅。仰瞻先生，在帝左右，展矣明神。崇廟巖巖，擊鼓坎坎，萬舞侁侁。先生臨格，闔城豫樂，薦旨祈歆。豐我禾黍，固我藩垣，永絶氛塵。準墉虎踞，龍橋蛇承，并表嶙峋。銘此貞珉，〔一〕千秋萬年，尸祝長新！

簡而文自記〔二〕

余友師種芳，經世人也，雅有出世風韻。每爲余言，城南讀書處頗饒清景，邀余同遊。離城一舍，鴻固北依，神禾南對，兩原相望，甫五七里，而東西寬平空闊，則數十里而遙。潏水〔三〕東來，縈洄若帶，通濟渠亦相傍流。岸多柳樹，老者、嫩者、側倚而半枯者，數百千株； 桃、杏、柿林，相錯如繡。東爲杜曲鎮，西韋曲，南樊川，相傳爲唐宋韋、杜諸名家棲止處。再南

〔一〕「貞珉」，李宣義文作「負珉」。按：「負」，當作「貞」，因形近而訛。

〔二〕據盧前輯編飲虹簃所刻曲民國二十五年（一九三六）刻本迻録，以涇獻文存卷五校。「簡而文」，出自中庸第三十三章：「君子之道，淡而不厭，簡而文，溫而理。」

〔三〕「水」，涇獻文存作「河」。

終南諸山，環拱神禾原外二十里許。原平似几案，山似几案上翠屏。鴻固原下，居民千百家。背原南嚮，中乃種芳讀書處矣〔一〕，景果清甚。余戀戀不能捨，因止宿焉。高臺對月，暢飲極歡，意興翩翩，令人一往塵容俗狀不覺滌除頓盡。

詰朝散步，始見東鄰有一水洞，高出人家屋上數層。洞前隙地長七八丈，寬三五丈。洞水平溢，潺湲有聲，從樹杪落下，天然灌溉，可稱一奇。且多鳥語花香，茂林修竹。人淳地古，水繞山環，隱然輞川圖一幅。余益戀戀久之。

會地主求售，易以善價。洞臺下趾有不足者，種芳特爲余足。總之，高田下田，水田旱田，僅僅畝計有五。而鶯啼花梢，鱗游河〔二〕畔，高齋秋霽，遠岫雪晴，洵可坐挹一方之勝。戲字之曰「簡而文」。蓋以費不侈而景頗饒〔三〕，樂地雖小眼界則甚寬也。況乎柳岸〔四〕迎風，翠錦搖曳十里；林桃笑日，紅霞掩映三川，猶有無窮春富貴在耶！最可愛者，原頭活水，高高下下，層層地湧池塘；覿面奇峰，暮暮朝朝，日日天開圖畫。人咸羨爲真福地，余亦自況小洞天。遠離市廛，漸掃三仇濁累；潛伏洞壑，永遵十誡清修。此余素懷，而今計可幸愜耳。暫爾行遊，暫寄余心之樂；終焉安止，終成自在之鄉。爰述數言，用券異日。

中秋後一日即景紀事〔五〕

金烏西沈，玉盤東上。中秋剛多一日，勝會恰好七人。居民習視尋常，我輩欣傳豪舉。最可喜者，天上晴光皎潔，河中

〔一〕涇獻文存無「矣」字。
〔二〕「河」，涇獻文存作「荷」。
〔三〕「饒」，涇獻文存作「樂」。
〔四〕「柳岸」，涇獻文存作「岸柳」。
〔五〕據王徵詩文輯存迻録。

濤響潺湲。幸際月朗風清，能不神怡心曠？一壑險爭天塹，龍橋平過等天衢；三原祥匯地靈，鳳侶羣集呈地秀。舌端天籟，恍凝嘯自蘇門；口角洞簫，何異舟遊赤壁？飲酣子夜，誰分諢言莊語；頑埒丁年，那管鳥聲兔語？洵矣樂地，快哉良宵。步月徐行，話未完再話話；登車又止，譚不了再譚譚。笑和一聯，總出於百家之姓；聊述數句，都是些千字之文。敬上詞壇，以佐噴飯。

房家房馬家馬富貴豪華房簷前騎崢嶸馬；

柳氏柳牛氏牛逍遙散誕柳樹下放自在牛。

怪木供讚〔一〕有敍

肖天朱君，博雅純篤人也，與余交數十年如一日。一日，邀余飲。時羣芳正豔，園花錦鋪，見一物在風雨泥土中礌砢微露，塊然獨處。初疑是石，迫而視之，則木也。有頭有角，若目若口，四足虎跱，一尾後掛，莫辨其爲何木。而鬣怒鱗森，非幹非枝，知爲靈根虬結，足底所憑。又一小者纔數寸耳，側正偃仰，皆象物形。余低回久之，因謂朱君：「此殆百年以上物也。縱不得爲席上珍，柰何棄風雨泥土中，忍與凡木同腐耶？」朱君笑語：「此怪木耳！相傳久遠，某固未悉所從來。君既賞識，請即以贈。」昔坡仙以怪石供參寥〔二〕，某獨不可效顰爲怪木供乎？余再辭之不可，忻然抱歸。歸則把翫數日，不啻元章初得敉〔三〕周端州石也。於是手拭漬垢，浴以香水。然後奉之淨几，石盤下藉；再以小銅盂置其小者於座前，五色

〔一〕據涇獻文存卷十二迻録，以王徵詩文輯存校。
〔二〕「寥」，李氏輯存作「蓼」。
〔三〕「敉」，李氏輯存作「婺」。

西石兩丸輔之。默坐焚香，時時靜對。

客有嘲余者，曰：「何物怪木，真以作供！果天臺之靈根，抑仙洞之異質？果白骨之龍盤，抑黃葛之虬曲？果臥雲之檜，眠巖之榕，抑泗榿之古，海樹之奇？支離不才，空質無文，匪彝匪鼎，爲玉爲金，柰何嗜癖與米顛而同珍？」余應之曰：「夫物固有以無用爲用者，空質無文，乃其所由不才而壽也。商周法物，洵匪澤癯所能致，況與金玉競貴，將人人有愛心矣。惟此怪木，人棄我取，過而不問，可以長有。」

讚曰：

匪金匪玉可常有，是鼎是彝差足耦。
雕琢不事本天成，骨幹如鐵乃不朽。
厥形似虎角一端，默籲止殺爲世壽。
下有小者像其兒，依依顧盼不離肘。
拳曲輪菌底事珍，與君同號支離叟。

温恭毅公像讚[一]

祠曰温公，或者疑是司馬君實[二]俎豆之所。不知此乃姓氏，彼以爵封。不一者像貌，并美者德功。立朝則事業均依重於宗社，居鄉則忠誠均感孚乎兒童。此蓋我明少保三原温公之祠也，而與宋代司馬洵異世而同風。瞻者敬仰，無貳爾衷！

[一] 據李宣義王徵墨跡四文箋釋（載上智編譯館館刊第二卷第六期，一九四七年）迻録。
[二] 司馬光（一〇一九—一〇八六），字君實，宋陝州夏縣人，官至龍圖閣直學士。病卒贈太師、温國公，謚文正。

祭尚宜人文〔一〕

崇禎二年三月己卯，我誥封張老舅母尚宜人僊遊之百日也。愚甥揚州府推官王徵因奔父喪旋里，哀毁之餘，適值盜賊猖獗，鄉閭〔二〕戒嚴，坐是久稽哭奠。乃於兹辰宰豕封羊，偕弟徽、徹等爲文以酹柩前曰：

嗚呼痛哉！徵早背母，得見我宜人猶母也，而宜人之視徵則不啻猶子也。乃今遂永不得一見也耶。

嗚呼痛哉！徵自總角以來，時時就外家，如陳江總幼小故事。維時呴哺顧育，固上賴我外王母李太宜人在。然衣我、食我、教誨我，則惟我舅師督運使君暨宜人是依。我舅師每蒞任，徵且追隨宦署，侍宜人膝下無虚日。及徵舉於鄉，久不第，宜人憐念獨殷。比博一第，我舅師不及見矣，猶幸我宜人一色笑也。憶丙寅冬徵補銓將北，宜人移輿顧我。拜别之際，不覺淚潸潸下曰：「吾老矣，而往服官東西南北，多歷年所〔三〕，不知可能再見否也？」徵亦抆淚難已。竊謂宜人春秋七十高矣，然康強善飯，況恭孝慈祥，天必篤佑不爽。而我儀昭弟才名一時無兩，咫尺捷科聯第，可以報我舅師罔極之德於泉下，可以慰我宜人夙宵期望於目前，宜人老景怡愉，孫曾聯翩，雖歷百歲未艾。故昨徵在維揚，方擬爲吾父乞文稱觴，後即欲爲宜人製一錦，少罄祝釐之私也。不謂吾父溘焉長往，及抵里，而宜人亦脱然棄我已月餘矣。

嗚呼痛哉！胡爲天不遺，使我骨肉慘悴，内外含戚之無已也。徵在揚聞吾父訃時，即知宜人亦抱恙久。星夜就道，尚冀一望顔色。乃風塵跋涉，弗克飛翰歸也。聞宜人病且革，猶呼徵名，謂果不得再見也已。

〔一〕據涇獻文存卷九迻録，以王徵詩文輯存校。李氏輯存題作祭河東運副張貞惠公元配舅母尚宜人文。
〔二〕「閭」，李氏輯存作「閆」。
〔三〕「年所」，李氏輯存作「所年」。

嗚呼痛哉！宜人視徵，子莫過也。而徵顧不獲母事宜人，如曩昔視我舅師湯藥棺殮，少盡萬一之誠，其胡以爲情也耶！一官所羈，千里睽違；歲月倏忽，音容迥隔。入里門而椿庭闃寂，過外家而萱背凄涼。悲至親之俱逝，詎五内之能堪？

嗚呼！懿嬂萬千，哀不能盡，欲報深恩，銘在寸丹。宜人其尚默鑒汝甥乎？

嗚呼痛哉！尚饗。

爲父求墓誌狀稿[一]

嗚呼痛哉！客歲夏，不孝某在維揚，猶乞名言爲先君八十壽。荷年台不棄，錫以大作，且親書錦授焉。孰意先君里居憂旱，竟以禱雨過勞，積勞見背，不肯少延數月，俾不孝徵持大作以一觴獻也。曾幾何時，今且拉淚述狀，復乞誌銘於我年台耶！

嗚呼痛哉！以年台已知先君素履，哀毀中業具短疏哀懇，獲金諾矣，故敢以不朽先君者耑力重跪請。惟年台不悋金玉，爲泉壤光。蓋不孝某欲於是年冬月并先慈柩共襄大事也。謹具狀如左：

先君諱應選，別號滸北，涇陽人也。故老相傳，我王氏號爲「金牌王家」，第遠莫可考記，且無譜諜[二]相遺，他世系亦不

[一] 據寶田堂王氏家乘卷六行述碑狀迻録。寶田堂王氏家乘八卷，王徵七世孫王介輯編。卷六爲刻本，然該篇〈爲父求墓誌狀稿〉則係王介手抄，附於卷前，無標題。以王徵五世孫王秬手抄本涇陽縣盈村里尖擔堡王氏族内一支記世系並記墳墓冊（簡称「冊本」）所附該文校。冊本當抄於明崇禎元年（一六二八）秋冬之際。

[二] 「諜」，冊本作「牒」。

克詳述。惟是我高祖瓚，生曾祖尚仁，生雲，乃先王父〔一〕配衛王母，生先君爲長，次仲父應□，早卒。先王父悉力農畝，壽八十有七。終其身，足蹟不一至公府，亦未嘗一覩長官之面，蓋恂恂鄉野中老善人。而先君雖亦承事南畝乎，則獨津津喜讀古人書。顧先世少讀書人，家亦無多藏書，則間就他塾師處，抄録九經及明心寶鑑與太上感應諸篇中警世醒人語，靡不一一成誦。日取往喆格言懿行，以淑其身，不區區文詞計也。間自編爲歌説，振發愚蒙，納之軌義。嘗謂不孝某輩曰：「古聖賢格言懿行，原留與〔二〕後人作式樣耳。倘讀得一句，就行得一句，雖不得遽列聖賢地位，也不失爲天地間好人。若書止是書，徒以文詞獵取功名富貴，於自己心身毫無益濟，總萬卷也何爲？」故每見人有一善行，有一義事，則擊節嘉歎，作爲歌説傳美。即鄉里童子乎，往往以善讀書大人期許之。脱遇不善不義舉動，雖夙稱多讀書尊貴人，不之許也，甚或面折之不少讓。蓋素性頗執，然所執者古道，出自一片真心真意，千百人非之不顧也。總之獨行其是，不在情面、世局、時好上着工夫耳。

先君精算數，嘗自編爲歌款，甚便捷也。以之教人，人無不立解。即不孝某愚昧，亦輒解之無難焉。其他地利、星命諸家，率皆通曉大義。至養生家言，則獨篤好而力行之。養氣凝神，殊覺有極得力處。以故徒步陟太和，往來數千里，人甚難之，而先君毅然弗苦也。十數年來，終南、太白、嵯峨、祋祤諸名勝，遊眺幾徧，姑不論，即數年間登太華絶頂者凡三次，峭崖險壁，上下如飛，一時諸少年咸詫爲莫及云。而尤誠信感應之説，每晨起，必默跪神前者移時，自省自艾，雖嚴寒酷暑罔或輟。蓋生平若無一念不可對鬼神者，其自信然也。至一片濟人利物熱腸，居恒殷殷在念。猝見急窘者，不難推食食之，解衣衣之。苦家素寒蹇，無能盡愜其樂施之意耳。

比不孝某稍稍禄養足給，則先君每歲夏三月，捐貲施茶湯救暍以爲常。間遇困病鬻産業者，率倍其值易之。蓋惟濟人

〔一〕禮記曲禮下：「祭王父曰『皇祖考』。」孔穎達正義曰：「王父，祖父也。」也。

〔二〕「與」，冊本作「於」。

是務，不屑屑爲家人生産較錙銖也。不孝某迎養平干，時值天大旱，先君茹素露禱者累日夜。謂己食地之毛，不可不憂人之憂也。比昨不孝某理廣陵，廣陵地卑濕甚。不孝某捐貲浼兩令君，置樓楹於公署後以迎先君。先君感兩令君之德不容口，且曰：「是何莫非朝廷之所賜也。」每禱神時，未嘗不口籲皇恩皇恩焉。維時逆璫虐燄酷烈，揚之先兩鹺使、兩郡守及同官輩，率多羅織下理，以贓被勘。又黄山一案，諸商家株連血比者日纍纍也。某日夕戒心，躊躇不能決。先君其敕不孝某曰：「爾作理官，慎勿以不理虐人。即不得上意，寧不官焉可矣，胡可以人之官博己官？矧其可以多人性命、千家膏血易五斗爲耶！而父夙昔所講明於感應之説者，昭昭在目。天鑒真可畏，其戒之哉！其勖之哉！」不孝某於是欣然奉訓命，遂一意秉公議，豁其誣議，復其官議，盡蠲其贓累。荷聖明在宥，咸俯從之。不孝某之幾幸於吏譴於鬼責者，秋毫皆先君之懿訓也。

先君性閒曠，喜鄉居，不喜城市；喜野服逍遥，不喜拘拘官舍間。冠裳輿蓋間，一服御輒棄去。即鄉飲正賓，堅不再與，曰：「是何異鐘鼓之樂爰居哉！」日惟與里中父老知厚者奕棋溪邊大樹濃陰下，脱帽露頂，不衫不履，意興瀟然，略不作富貴態，諸父老咸樂就之。寓廣陵甫數月，翻然思見里中諸父老，不孝某不敢強之留也。比抵里，則親友環聚，諸父老相問遺者無虚日。不孝某私謂順適休暢，可永康強無虞。乃未幾里中旱甚，輒日日步行數里，詣嶽廟禱雨，且跪暴烈日中，膝殷殷含血不自止。雖一念憫時濟人之真心不自勞乎，顧遲之踰月，始得雨，而勞積矣。積勞病痢，遂不起。

嗚呼痛哉！何吾父不自愛，而篤愛人之若此也？極憶不孝某初舉於鄉，先王父王母俱無恙，先慈先君俱在堂。一時重慶，人悉爲某慶之。踰一年而先慈背我逝矣！虚名纔换，禄養未及，終天之恨，夫復何言！幸吾父少少得及禄養之私，躬被恩綸之錫。私計先王父壽且八十有七，而吾父康強似過之，謂可百歲不止者。胡乃不少數月，延以屆八十之期也耶？

嗚呼痛哉！先君生於嘉靖二十九年正月十六日，卒於崇禎元年九月二十三日，享年七十有九。至先慈，則僅享年四十有五耳。育兒而不獲食兒之報，半生苦辛，竟成夢幻。追念夙昔，能不潸然？蓋先慈爲贈奉直大夫張公長女，而先舅師朝議大夫湛川先生之女弟也，素嫺德禮之訓。及笄於歸先君，值先王母衛太孺人秉家嚴，先慈質弱寡言笑，凡井臼炊爨事，不惜一身拮据。彼時家敦素，使令乏人，姑先身辦，爲婦者安敢後！所以大得先王父母歡心者，一味清苦可知也。而先君又性執直，初不以財貨私，抑且不以顔色假借。以故先慈布衣粗糲，晝供膳，夜濯裳，服其勤苦，有尋常婦不肯爲不屑爲者。性特淑惠貞静，諸姑姊妹靡不善視之，蓋至今猶人人誦説不置也。及產不孝某，襁褓即善病。病每發，輒數日啼，瀕死。先慈日夜鞠育救治，笥中簪珥，半佐巫醫祈禱之資。不孝某之有今日，皆從先慈苦辛中全活之也。顧不孝某少長，即就外家從先舅師學，不克盡一日菽水歡。比才舉於鄉而先慈病矣，病數月不克起，日呻吟床褥間。不孝某百計籲，罔效也。當病革時，猶呼某語曰：「而母辛勤半生，謂可生受吾兒翟帔我也，今竟已矣。」痛哉！痛哉！先慈見背幾三十年而不孝某始得博一第，以翟帔焚之柩下。停棺年久，今始起而與先君合葬焉。不孝某其將胡以爲情也耶！

嗚呼痛哉！先慈生於嘉靖三十年十月十五日，卒於萬曆二十三年二月二十三日，享年四十有五。生男二子：長即不孝某，中壬戌進士，娶尚氏，封孺人；次徽，增廣生，中乙卯副榜，不幸亦以今年閏四月四日卒矣，娶馬氏。孫男子三：長永年，邑庠生，娶何氏，徽出；次永春，邑庠生，娶張氏，亦徽出，今過繼於不孝某爲嗣；又次永齡，幼，未聘。孫女六：長適張策，徽出；二適孫正宗，府庠生，徽出；三適楊聯芳，府庠生；四適秦名世，邑庠生；五適杜枝秀，邑庠生，俱徽出；六適張德齡，國子生，徽出。重孫男一，率童幼，永年出。重孫女二：長字房□□，[一]次字李□□，俱永年出。

先慈歿而繼先慈者亦張也，生季弟徹，甫彌月而棄世矣。今弟徹亦爲邑庠生，娶雷氏，生三男：長永祚，聘雷君聯芳女；次永禧；又次永德。一女幼，未字；皆先君之孫男女也。夫弟徹生一月而失母，不孝某蓋愈益痛衃之，不啻先慈之背我時矣。今其母張亦將祔葬於先君幽室之右。

[一]「長字房□□」，冊本作「長字房大任」。

五雲太守來公墓誌銘〔一〕

陽陵五雲來先生，以司寇郎清公著名特甚。□□太守故物，適言者以它官事坐，先生代人受謫，左遷汾陽二守，歸里中，未幾卒。余與先生爲甲午同年弟，辱知愛最深。先是以揚州理官，特起田間，爲遼海監軍道，寄駐登州。數月，尋值孔賊之變，同衆航海，詣詔獄，過西曹。時先生正司平反，知爲封疆詿誤，從公加意昭雪，得以薄譴生還，皆先生周旋力也。

比先生左遷歸里，時相過從，促膝話心，談笑終日夜。嘗謂「余終南有最佳處，地名天上。環在羣山之中，巍然獨立，幽徑纔通，攀藤而上，則眼界空曠，寥闊無垠。撮漢唐以來諸名勝，平供目前。四圍陡峻如鐵壁，中土芊綿如掌，計畝可數百。香樹成林，葱鬱可愛；草屋數楹，堪蔽風雨。最可愛者，清泉一泓，甘洌異常。人跡罕到，雞犬不聞。雖云同在人間，宛然獨遊天上。我將終老其中，不識吾弟肯同一往遊否？」余聞之，屣齒躍躍，輒訂期願隨先生杖履。無何，先生之訃聞矣。嗟乎！胡天不弔，奪我良友之遽若是？先生有意於天上，乃竟永棄夫人間也耶！

聞先生□□□□囊金數笏耳，僅僅足備棺斂。數囑兩郎君，□□□□所遺，遺爾輩名爲清白吏之後足矣，慎勿以官服拘束我。諸聞且見者，蔑不歎服先生之爲人。居官數十年，臨終猶然寒素，此時此人能多見哉？余猶憶受命監軍，入都曾謁先生請教。先生時在郎署，僦寓一僧舍，兩僕隨侍，意味蕭然，令人望之塵土之腸都淨。夫居官若是，何怪乎居鄉之猶然寒素也耶？嗟乎！先生不富厥身而富厥名，令名不朽，德馨無窮。矧兩郎君皆食公家餼，只〔二〕尺拾青紫如芥，諸孫又皆英傑不羣。先生之食福且無量，固可笑遊天上也哉。

〔一〕據涇獻文存卷十一迻録，以王徵詩文輯存校。

〔二〕「只」，通「咫」。

兩郎君將於某月某日葬先生於新阡，持誌狀，泣請余銘。余即不文，忍不銘先生之墓？

先生諱于廷，字覲光，五雲其别號也。其先世關中人氏，居陽陵城中，爲名族。來九章者，先生曾祖也。九章生希淵，希淵生獻，以文學起家，貤贈登仕佐郎，累贈承德郎、刑部主事。配李氏，累贈安人。生二子，長于朝，壽官；次即先生。繼配王氏，生一子于階，邑庠生。先生生於嘉靖壬戌八月，甫八歲而母李見背。痛其早失怙也，輙[一]發憤讀父書。□□□諸弟子羣家甚窘，約有田十餘畝，且耕且讀。□□□古掛角負薪者。二十三遊泮，至甲午年三十三矣，中試二十二名，人無不爲先生喜。先生顧愀然不樂，一則痛母李之不及見，一則爲兄若弟之分居故也。曰：「今日幸舉於鄉，禄養將有期矣。脱不偕兄若弟共奉甘旨，胡以得堂上歡？」歸則復乞同爨，一切出入，悉伯[二]氏操焉。乙未下第，兄若弟仍求異爨不克止，先生乃遜讓無愠色。

戊戌下第，聞父訃音於河南途次，哭泣暈迷者歷數時，行道之人爲之心惻，乃強扶旅邸。且行且泣，奔號入里門。人咸稱其孝思篤摯，與吕文簡公如一轍。

甲辰仍不第，而南宫之念未已也。循例署教諭事於河南南陽之泚。時知縣事者曹公思誠，後先生至，凡事無巨細，必請政於先生，先生一一語之無隱。會曹公有河工之役，先生代縣事凡四閲月，秋毫無染，人甚德之。

歲丁未十月，遷國子學正。庚戌，以學正遷工部司務，旋管器皿廠事，三月餘節省銀三千有奇，絲毫不以入己，白之大堂，用備緩急。大司空劉公以節省事聞，上命銓部紀録之。歷二歲，□□察院司務，矢公矢慎，職業外一切私囑，毫不聞諸□□，一時諸執法無不爭相禮重。癸丑，以給繇貤贈尊人爲登仕佐郎、都察院司務。

甲寅，陞户部廣西清吏司員外。部有河西務分司之缺久懸，人皆憚劇苦，不肯往。大司農以先生之名請往視。維時國

[一] 「輙」，李氏輯存作「而」。

[二] 「伯」，李氏輯存作「仍」。

課正額積欠以萬計，又南來糧船多帶私貨，到此必欲沽盡，勢不得不延遲月日。往往至冬守凍，不得南往，俾沿河居民眠霜臥雪，爲護守計，節年勞苦不休。先生廉其弊，夙興夜寐，巡河催攢。間或水淺舡澀難行，則祈雨，雨輒降，多獲神助。是冬，竟無有守凍者。至減稅而商遂雲集，正課雖未滿額，視往歲多數千餘矣。公署鏡池，蓮久不花，是歲始花，有杏亦然。人咸以爲異徵。及瓜期，謝事如都，河西人涕泣絡繹數十里不絶。代者何君亦爲歎羨，至今口碑不置云。

乙卯，遷本部廣東司郎中。適值十年估計香商，例與事者，臺省各一人。蓋御用諸香，多產異域，其真贋莫辨，價值亦屬風影。商多賄胥吏作奸，紳先生其誰素能辨此，聽胥吏將贋溷真，移賤作貴，歲冒帑金數千不止也。以十年計之，濫費朝廷金錢可數萬。先生乃密密預詢諸香若何爲真，若何爲贋，并其值誰貴誰賤，了晰胸中，一一剖別，秋毫不爽。諸商咋舌心服，胥吏無敢關說，商人羣嚮先生叩頭乞恩，欲量增數百金。先生曰：「今日估計不費爾浼情通賄，便省爾數千金，斷不忍以帑金徇人情也。」臺省兩公咸歎服不自已，其爲朝廷節省金錢不知凡幾。

是歲冬，遷廣西梧州府知府，候憑居里中。時有忌其與渭上史侍御公相厚善者，乃掛丁巳典計浮躁例。先生遂優遊家園，與一二知己談奕飲酒，導引頤真，作世外生活。獨謂母李未膺一命，絲絲一念未忘耳。歲癸亥，朝邑心一王公，陽陵天虞劉公偕晉卿貳貽札敦促，而高邑儕鶴趙冢宰，清正君子也，時方秉銓，先生始勉強出補。

甲子孟夏，補廣平府照磨。時余爲司理，相得甚歡也。合肥鄉縣尹病篤，錢穀未明。先生往覈，悉密察其鼠竊者，追補之。中有耗羨，悉封還縣尹，無少利。是歲秋，即陞順天府通判。進宫錢兩，屬邑文武賢否，五城八院批駁，總屬先生料理。先生一一裁決，應之裕如。□□□服而屯院甚奇其才，且以清理屯田專委焉。遂著有民政□□八可行、三不可行之説。其議引西山之水灌畿外田，一則食足，一鍾可當江南數十鍾，庶幾甦飛輓之苦於萬一；一則溝洫深，經界正，水澤畜，北東兩夷不敢南嚮而走馬，是國家金湯之利也。允哉，經濟偉略！惜當事者未能慨然舉行。尋署大興篆，青天之頌，聲震輦轂。

是歲乙丑，以執事入會場際覃恩贈其父爲承德郎、順天府通判，贈母李爲安人，而先生與厥配高氏，俱以例封。疇昔報李之念，始少愜。尋值崔、魏之燄，遂決意圖南遷，固須避璫禍，亦欲流覽南江風景。當事者以南刑山西司主政授之，時丙寅之四月也。江山之勝，金陵之秀，觸目興懷，著有白雲漫吟。尋以水土不宜，借假歸里。

歲丁卯，今天子入繼，仍以覃恩贈其父爲承德郎、刑部山西司主事，贈母李爲安人，而先生與高安人并封，悉如例。假滿復南，未幾聞繼母王氏訃，奔歸，喪具悉自備，不以累兄若弟也。戊辰冬，承德公及母李安人合葬，竭心力如禮。

庚午服闋，補北刑部福建司主事。當是時也，聖天子精明振刷，功令嚴於久寬之後，故臣下所□□，一時元老大臣及文武百職在獄中者，不下三五□□。福建司適當其煩，且正副郎咸缺。先生署篆，大司寇胡公初猶以衆人視也。嗣胡公察其處事精詳，且一一妥甚，又居心獨靜，迥異諸曹郎，輒大加敬愛。凡獄無大小，必需先生會審。其勘語但經先生手者，輒一字不爲增減，而諸曹郎亦多以勘語私相質叩。凡所奏上，聖天子無不報可，故一歲中刑曹官獨無有獲罪於朝廷者，先生之力居多。時有買豆商人曾爲珠寶商，户部以每年獲利頗多，令其領價代買黑豆。豆業交完，乃將久朽於廩者四萬七千餘石，責令商人賠補。且先年珠寶内欠商人價五萬五千餘金，足抵此數。上下堅不准抵，又不領與，追比斃杖下者已數十人矣。其應比者非妻孥則歇家，正身僅一二存耳。先生知之，曰：「冤矣哉！吾不意輦轂下法司中戴盆遊者十常八九，蓋不止一黑豆商人已也。古云：刑官無後，有以哉！」遂奮然白之胡公。胡公曰：「我兩人其急爲雪之。」令先生密具稿移查户部，即商人不之知也。疏上，雖未獲允，然先生之陰德多多矣。

壬申四月，陞本部山東司員外。至七月，福建司繼署者以迅奏遲延，乃分其過於先生，降爲四川按察司經歷。過里如蜀，峨嵋、劍閣之奇，錦江、棧雲之險，悉收拾入奚囊中，著有西蜀雜詠。蓋先生山水之趣甚濃，殆天以此爲遊息地乎。明年甲戌，隨例入覲。其冬，陞山西汾州府同知。乙亥，以年老致仕歸里。五月初九日，終於正寢。

先生生平不畜妾媵。高安人，少先生八歲。生男子二：長承禔，府學生，娶吴氏，邑崇府引禮希舜女；次承祉，邑學生，娶趙氏，臨潼禮部儒士洪業女；□□，適邑增廣生劉文節，卒。孫男六：琦，娶焦氏，三原中丞焦公長子庠生之稚女；繼張氏，邑府庠生張翼漢女。琯、琛幼，俱祉出。琮，娶梅氏，邑守備御藻女。瑄，娶孫氏，三原府學生正宗女。珹幼，俱禔出。孫女三：長適邑舉人吴覲光長子邑增生子驎；次適三原太學生李篤培次子元傑；一尚幼，未字，俱祉出。

先生歷仕三十餘年，官凡一十四任，享年七十有四。比致仕歸里，兩郎君翩翩博雅，六孫兒森森玉立，而高安人青春結縭，白頭相傍，真可謂福備人間者也。乃笑遊天上之日，惓惓囑其毋以官服拘也。先生真達人哉！敬爲之銘。

銘曰：

五雲冉冉近三台，光裏鬱葱三樹槐。道是先生親手栽，柯條遠遠蔭臺階。人間天上好徘徊，天上人間不再來。玉骨琳琅藏夜臺，清光流潤福無涯。

又銘曰：

先生才美，循吏帥師。節奏窾解，百紛自持。遇所不可，如矢發機。和而不流，圓則中規。霽景條風，隨地而施。其與人交，剪棘剖籬。孝友宅衷，剛介其隄。凜操如冰，善好若飢。性耽山水，藻彩陸離。神遊天上，名勒鼎彝。芳躅難罄，聊述所知。

祝少泉張翁壽文〔一〕

余嘗讀西漢史，東園、綺里輩以山叟定太子，留侯布衣爲高帝師。又讀司馬遷貨殖傳，范蠡既霸越，之陶爲朱公。掩卷歎曰：「噫！信乎，布素不可輕，圭組不足重，有若此哉！顧人自立若可耳，安在公卿素官而扁舟五湖乎！」余嘗以此概天下士，近得之少泉張翁者。憶在昔神宗時，余髮未燥，即知翁爲雲間巨賈。余登仕後備員木天，荏苒數載。時翁歸養母家，遂風馬牛不相及。

〔一〕據王徵詩文輯存逘録。

邇者余閒居里門，賓客過從，咸嘖嘖口翁不置。乃知翁長於才，雄於貲，樂於任事，好行德而不責人報者也，其爲世系賴匪尠矣！今戊寅□□□其壽紀耄齡，其若朋、若戚謀所以觴翁者，而屬爲之辭。

余稔聞翁居關陜之涇陽邑，丱角時即有志四方，恥作鬚眉博士，盡棄雕蟲，乃從計然策爲萬里遊。宅心虛曠，善性清明，審權衡，覩時變，挾貲而遊上國，旁及各省。觥收夷越之奇，帆飽荊襄之勝。稍轉籌畫，弓裘煥然。而東南都會之中，每稱陶朱復出焉。或指爲萬石躬行，或指爲不疑長者。翁之品雅爲士大夫所珍重。然其至情逸德，甚有紳衿所不及者。堦作嬰孩，不失戲綵懷橘之恭；天生羽翼，可方共被合荊之愛。至於卻金助麥，布一德、施一惠則末耳。邇年旱滂頻仍，軍國騷擾，每郡邑有大徭役與夫黌較傾頹，城堡坍圮，有司束手。翁嘗捐貲首事，使凋瘵之衆，以息肩。此其保養一方元氣，即古大臣籌國之實事奚以加之，而壽身又其餘事也。大抵殫翁之才能，使宇宙周物，流通灌輸於宙宇若一身。然而一身中先天精氣，其脈然流通灌輸，符合參同呼吸之理，更可知也。人謂天不以榮名報，蓋以大年酬也。而余遐想翁於今日翠柏蒼松，經霜彌茂。高堂母氏，年踰九十而視聽不衰。白頭帛仲，嚶鳴相和。子若孫悉建幟詞壇，採芬泮水。所謂瓊枝玉樹列於庭階，龍駒鳳雛環於膝下，遐邇已豔爲勝事。昔俾之柏臺豸繡，請命褒嘉，章服榮其躬，題額光其第，辟雍割祖爲上賓。翁其自視欿如，則過人遠矣。行見聖天子下鳩蒲之詔，就百年之耇，詢壽國壽民之道，子若孫咸以文顯於朝，固不待輸卜氏之粟而後大於公門也。是天不但以大年酬，而更以榮名報翁，第指日需之耳。即所云東園、綺里、留侯、朱公猶爲過之，而豈以享用一身、爲德一鄉論盈絀哉！余不斐，何能諛，謹以素所佩服者轉以爲翁一觴之侑。

賀張儀昭授滿城縣令序〔一〕

千古稱無爲而治者，至堯舜尚已。問堯舜何以無爲而成至治？則惟是親賢用人爲首務。當其時，萬邦黎獻，共惟帝臣。惟帝時舉，明揚及側陋矣。在廷在外，九官十二牧，誰者不從疇咨僉謀薦舉中得來？明良相遇，喜起一堂，千古稱得人之盛者，亦無如唐虞之世爲最。

聖天子〔二〕聰明神武，人人有真堯舜之稱。臨御之初，首誅權姦，急任才雋。海内想望唐虞之治久矣。顧十數年來，盜寇交訌，所在繹騷，中外苦於握算，官民疲於抽絲。輸餉者難，辦餉者更居其難。索餉者急，措餉者不得不急。因剿賊而徵兵，因徵兵而加賦。加賦者已窮，搜刮者已盡，漏巵者仍無底也。徒令人對封疆而無色，覩蔀屋而愴懷。皮盡堪憐，獸窮思囓，一切苛政，有加無已。致守令之賢者，束於功令，莫克遂撫字之苦心；而不肖者且反藉之以爲潤橐之資。噫嘻！難言之矣。居恒仰籲造物主既已篤生此千古難遘之聖主矣，柰何不遄令斯世斯民安平治〔三〕之福？

每與表弟張儀昭盱衡談天下事，蓋未嘗不動聖主賢臣之想云。乃儀昭弟今果以茂才異等，應聖天子賢良方正之舉，欽授爲滿城令矣。守與令皆親民官，而從來父母之稱，惟令君爲然。正謂其好民所好，惡民所惡，一點愷悌真心，恰如親父母之與親兒女。慮周而神自到，意美而法自良，斯不愧民之父母。吾弟熟悉〔四〕當世之故，夙饒經濟之猷，一旦得百里而南面

〔一〕據涇獻文存卷七迻録，以王徵詩文輯存校。張炳璿，字儀昭，張鑑子，王徵表弟。魯橋鎮志有傳。
〔二〕「聖天子」，李氏輯存作「今聖天子」。
〔三〕「平治」，李氏輯存作「治平」。
〔四〕「悉」，李氏輯存作「晰」。

之，知必家事視邑，身事視民，不患不以才顯。惟是皭然不緇，實實守父師之繩墨，以愷悌熱腸撫彼困頓憔悴之蒼赤，則余所致勖於吾弟，亦吾素所畜積而今可見之行事者也。

憶余少時隨舅貞惠先生於定興任中，爾時曾聞具文遠詣椒山楊先生祠，以致敬賢之意。今正在治地，吾弟〔一〕其必有所以卹後裔而昭幽光者。且我舅師之遺愛，固儼然數舍近也。吾弟之景行仰止，端有在矣，余復何言！夫虎始乳而氣食牛，凰始鷇而音中律，此由有所本也。我舅師之在當日，美政多端，無暇枚舉。所著靈異之績〔二〕，匯在家乘國史者，吾弟寧不稔知其詳？總之，愛民真心，純然由赤衷而出，即天心且感格響應矣，矧此小民。善哉！舉主皓月路父母贈吾弟聯語可誦〔三〕也。所云「聖天子詔舉賢良，欲其不負平生所學，須致主爲堯爲舜；鹺貳公謚垂貞惠，何以克承先世之休，要澤民如茂如恭。」吾弟新發於硎，正勉作茂恭時也。重國即以重民，愛民即以愛國，雖當握算抽絲之際〔四〕，仍委曲盡其撫字。願不負朝廷，願不負知己，願不負庭訓，以副堯舜君民之素心也可。

此邑距都不三百里而止〔五〕，循良實政，易達九重，指日由禁掖而公輔，不難拾級而登，其可賀者駸駸乎將無量也。因諸社友之請，特述其期許於君者，以爲賀言。

時崇禎十二年歲次己卯季夏之吉。

〔一〕涇獻文存無「弟」字，依李氏輯存補。
〔二〕「績」，李氏輯存作「積」。
〔三〕「誦」，李氏輯存作「日誦」。
〔四〕「際」，李氏輯存作「時」。
〔五〕「止」，李氏輯存作「近」。

天問詞序[一]

萬曆歲在柔兆敦牂[二]之季秋，朔有九日，欽陞[三]河東督運使舅師張先生小祥期，其甥門人王徵及弟徽餘哀靡已，結思彌長，追惜斯文，感慟山木，不自知涕之無從也。嗟乎先生！孰無舅？先生於徵舅而父者也。嗟乎先生！孰無舅？先生於徵舅而師者也。

先生生卒六十載，居官二十年，醇學善政，秃穎弗克悉。而一段正己、慎獨、忠誠、孝友之衷，即昨病革猶弗少懈也。先生固以文章起家：易占有集，剖抉先天；史事有歌，經緯千古；八陣之推衍，六壬之新解，運氣之鈐法。其闡天地之祕，洩鬼神之奇，非天之特縱先生，斷不能窺測萬一者也。至於詞賦建議，又皆身心經濟之實學，咸可壽梓以垂不朽。其他易弩、火弩諸機括，張翼、無敵諸戰車，扼要調畫，製作種種，出人意表。故大司馬蕭公、大中丞魏公俱心奇之而布諸塞上，永爲折衝禦侮之具。則其有功於疆埸社稷者，復出循良撫字之餘矣。昔人立功、立德、立言，先生其兼之乎！獨恨徵大之不能如游、夏、萬章之徒，存孔、孟什一於千百；次之又不能如司馬氏、班固氏，令古之人盛德大業，昭彰於萬世。嗟乎！此徵輩所爲朝夕飲泣，寤寐弗寧者也。悲感之餘，爰摛鄙詞，以誌懿行，且託言問帝，亦「知我惟天」之意云耳。

〔一〕據涇獻文存卷七迻録，以王徵詩文輯存校。

〔二〕爾雅釋天：「在丙曰柔兆」，「在午曰敦牂」。「萬曆歲在柔兆敦牂」，即萬曆丙午三十四年（一六〇六）。

〔三〕「欽陞」，抄本作「乃欽陞」。

題崇仁書〔一〕

少保温恭毅先生在我關西爲名家，在海内爲名世，在昭代爲名臣。豐功偉烈，嘉言懿行，傳播人間，與太師王端毅公埒。一時大手筆如李宗伯本寧、葉相國臺山、文光禄天瑞、來藩伯星海諸先生，洋洋灑灑，數千百言，率皆讚述不容口。而楊制臺修齡先生又以數言總括之，謂先生清白似楊伯起，方正似王彦方，濟人利物似范文正，器識德量似司馬温公。真足寫先生居身、居鄉、居朝之梗概矣！

先生撰著甚富：學一堂集、二園詩稿、歷官奏議等，刻行世已久。兹册所集，正諸名公之所讚述。乃先生季子與亨業皆勒之貞珉，今又匯次成書，藏笥備梓也者。徵偶得而讀之，曰：「於都哉！美矣，盛矣。」先生言行功烈，藉此諸大手筆，足傳不朽。徵生也晚，先生立朝大業未克悉。至所爲德於鄉，如造橋，如築城，如建尊經閣，與夫救荒卹災，種種懿美，膾炙人口。即兒童婦女，迄今稱説不已，一如宋時司馬君實故事，則耳之甚熟悉也。

私念士大夫居鄉必有一段不朽功德，利賴一鄉，令鄉之人久久感頌不能忘。如先生者，始可稱曰「鄉先生」不虚耳。不然，身都貴顯，於鄉之人毫無所利賴，或徒擁富厚，廣田宅，日夜爲子孫圖便利，於鄉之人秦越不相關，甚或睚眦淩轢，恣逞所欲爲得爲，貽害閭里，令鄉之人心非巷議，腹誹背詛，敢怒而不敢言。此即求免一時之訾詈且不能，矧能聲施後世乎哉？嗚呼！如先生者，真可傳世不朽也已。然非與亨孝思勤篤，疇能從戎馬倥傯、守陴弗遑之際，力舉數十年未舉之事？既取諸名公手筆，悉勒之石矣，復匯次成書，仍欲授梓備傳。若此，則徵之所爲洗然嘉歎者也。

用是，不揣謭陋，敬題數語於册末。

〔一〕據李宣義王徵墨跡四文箋釋（載上智編譯館館刊第二卷第六期，一九四七年）迻録。

和陶靖節先生歸去來辭[一]

歸去來兮！茫茫然宇宙將安歸？賤貴富貧總歸盡，羌誰喜而誰悲？歎浮景兮易逝，慨空過兮難追。痛已往之迷誤，可仍蹈乎前非？願洗心兮聖水，更祓除其裳衣。尋上達之正路，莫顯見乎隱微。乃遡大原，望道而奔。首畏天命，歸依孔門。知天事神，曰養曰存。欽崇一主，惟上帝尊。輒齋戒而沐浴，日對越兮天顔。奉一仁以作宅，歷千變兮常安。身未臻乎樂域，心每惕乎賢關。雖晤言於一室，時俯察而仰觀。覩聖域之至寶，忍素手而空還？矢朝乾以夕惕，敢玩愒而盤桓？

歸去來兮！形未遊而神遊。天既詔我以真樂，又何事乎旁求？底天鄉而自立，消人世之百憂。然欲享秋成之樂，須殫力乎田疇。挽下坡車，撑上水舟。勿空談乎羽翰，勿曲佞乎比丘。掃旁門之邪徑，毋隨波而逐流。惟寸心之耿耿，願與物而咸休。

嗚呼噫嘻！電光石火那能久？惟有真神萬世留。胡爲乎，捨此將何之？善惡終有報，殃祥無了期。守荒田而空望，曷乘時而耘耔？必切磋與琢磨，始可得而言詩。既依天爲歸，莫我知兮又何疑？

[一] 據方豪王端節公和陶靖節歸去來辭跋（載真理雜誌第一卷第二期）所引温氏海印樓名賢詞翰本迻録。

活人丹方[一]

此方專治七情六欲，三仇五濁，貪淫妒傲，種種毒害身心、損壞性命一切病證。不論久近輕沉，但肯依方炮製，服之立時見效。

敬天真心一副，愛人熱腸一片，孝順十分，忠肝一段，大肚皮一具，勁骨一大節，信寔根梢俱用，本來面目要全，陰騭不拘多少，神異奇料臨時酌取。

以上同入寬平鍋内鍛煉，不要焦燥，放清凉地上冷定，除去火性。又要耐煩寧靜，研爲細末，神水調勻，一團和氣爲丸。每服一兩，日進三服，一味澹薄湯送下。

最忌相犯七物：

一逆天害理，一利己損人，一言清行濁，一始勤終怠，一暗中箭，一笑裏刀，一兩頭蛇。

果能日服前藥，永戒七物不犯，自然百病不侵，一生安樂。不但增福延壽，還可慶貽子孫，真千金寶要方也。藥料隨地隨人，時時具足，惟願大家急取服之。

關中了一道人王徵傳。

人人自有病根，參禪打坐，皆誣下藥者。葵心先生此方從海上來，真討病良藥也。自治治人，高出秦越人上，拈出傳與

[一] 收入清劉凝輯編天學集解。天學集解抄本九卷，今藏聖彼得堡俄國公共圖書館。黄一農著兩頭蛇：明末清初的第一代天主教徒（上海古籍出版社二〇〇六年版）第四章收入活人丹方傳單複印件，本書據以迻録。

不諱病者。若欲長生不死，惟用一味拔弟斯摩水〔一〕。試問之葵心先生。

晉中韓雲景伯跋，館甥孫正宗梓行。

析箸文簿自敍瑣言〔二〕

了一子居恒自歎，已復自笑，已又復有所感，而不能自慊於心。夫渺焉此軀，上荷帝天之生成，遠承祖先之積德，父母劬勞萬狀，舅師訓誨千端。朝廷作養百計，馴至今日，亦既首開科第於吾鄉，幸爾忝居士大夫之後矣，夫復何歎？

蓋追憶少小多病，家道窘迫，慈母之所以撫摩護惜我者，真是萬苦千辛，千憐萬愛。而後稍稍得至成立，乃甫登賢書，而慈母病矣。病之時，多方延醫調治，苦不即痊。猶憶雪中短襖布靸，十步一拜，泣禱於六十里外孫真人之洞，〔三〕而竟莫能救也。終天之恨，每一念及，便自心酸。樹徒栽兮誰華屋，蠶徒織兮誰羅縠。縱使畫棟雕梁，鮮衣錦食，反之方寸，胡時能安？坐是荒廢多年，淹蹇仕進。十上公車，始博一第。比兩任司李，徼竊天禄矣，迎養未成而嚴君又忍見背。且也仲弟叨中副榜，謂可咫尺拾青紫也，旋亦捐館舍。高堂萱椿闃然，雁行正飛中斷，骨肉情傷，誰能堪此！我尚孺人曾育多男，且皆英爽可愛，往往以痘而殤，止存兩女，形影相憐。迄今我兩人年將七十老矣，人有伯道之憫，而已且成不孝之愆，中夜思之，烏能已於浩歎。

〔一〕「拔弟斯摩水」，當爲拉丁文baptisma（洗禮）的音譯。

〔二〕據王徵詩文輯存李之勤轉抄本迻録。

〔三〕「孫真人」，即孫思邈（五八一—六八二），唐代道士，醫藥學家，京兆華原（今陝西耀縣）人。北宋崇寧二年（一一〇三），追封爲「妙應真人」。「孫真人之洞」，指孫思邈故里之藥王洞。

緬想當年做秀才時，正經學業懶務，家人生理不問，即日用等秤銀色莫辨也。顧眠思坐想，專一好作古今所不經見奇巧之器具。比作司李，一切官套、時尚、世法都不復諳，止憑自家癡腸，老實做去。卓獲虛舉，超格特命，東海監軍。而薄福之人，半籌未展，竟爲罪廢之陳人矣。乃不知自羞，遇人每多慷慨激烈，猶然多口妄談天下國家之事，寧不可笑！嚮者困躓公車三十年，窮約自守，絶不一字入公門。而今既官歸里，反多掉舌官長之前。雖敦年誼，垂清問，或式廬過訪，爲諸公祖父母之盛節，而干牘頻投，毋乃令人漸起請托之疑，不猶三老寡婦，搽胭抹粉嚮人逞色笑也？又無端起念，營建景天閣一所，或請助於公祖父母，或請助於戚友朋親，一似募緣抄化子之所爲。甚且家事一毫不理，而心心念念，時時刻刻，只嚮此事著力。即妻女之簪珥，囊篋之餘物，交際之餽遺，一一捐之此中甘心焉。無論外人憐而笑我，即家之人，雖亦不敢不從，而背地裏將無或以老敗子目我。兀坐自想，連自家不覺啞然而失笑也。邇年來宦囊已空，門面如故，凡百酬酢往來，婚嫁煩費，雖則東挪西湊，未免露肘捉衿。還虧内助克賢，勉強左支右吾，而家之人尚有儉嗇之誚。呵呵，追念我生作人、作官、作家計，全埒點水蜻蜓，浮浮泛泛，百無一事到頭美好者也。蓋志願頗大而才不能副，言頗大而行不能副，願頗大而力量不能副。少壯時慨慕范文正公作秀才便以天下爲己任，私謂志若堅定，或亦無難。自百危百險萬死一生之後，無敢再言天下事矣。然猶謂仁惠一方，如義田贍族諸事，或可仿而行之乎。

乃今一家之中，食指且盈五百，而田園水旱地土，畝計僅二百五十有奇，即一家終歲糊口之需苦不給也，可柰何？況因遭患難時，負貸諸親友者，尚有千餘金未償，此外又別無生財活計於此，而徒仰公藝九世同居之風，不但勢有不能，恐一旦溘先朝露，衆心或難合一，衆口必至難調，及留百怨頭於日後矣。因是默然有感，輾轉躊躕，實不自慊於心，而不得不爲此析箸之舉。

慨吾家自祖父及父叔以至我昆弟暨諸子侄輩，已同居四世久矣。諸子侄羣聚一堂，森森玉立，奚忍一旦另爨？顧時勢不得不然，想天地鬼神，亦或鑒我此衷。即祖父母、父母九泉之下，亦應鑒我苦衷不怪也。我兄弟子侄，其尚憐我於形跡之外。兹將所有家業，不論祖貽浮置，俱作三份均分。蓋我居長，名爲長房；仲弟居二，名爲二房；三弟居三，名爲三房。一切地土，各照段落畛畝，長中、二左、三右爲例，分種承糧爲業。後有地畝册簿詳開，不暇細贅。

惟是鄉居祖莊一所，其基三大間，通前通後，原來在中，理合長房居住。西宅一所，有大庭五間，有左右廂房，卻無後房，無門房，且視東院少覺窄短，宜以東樓及東空園補足。至東院一所，基可八間有餘，雖有小樓一坐，而大庭門房俱尚未有，然視西院，則頗寬長，以西巷所買莊房一所，有前樓、有廂房、有大庭者貼補，似亦相當。此東西兩院，若拘左右論，則自應左二右三。惟恐稍有軒輊，人心啓疑，臨時拈鬮，聽天自定可也。南園又停分作三園，照例三分分之。北巷浮置空莊，二房三房拈鬮而分。惟街北北院，我初原爲祠堂而置，長房獨分爲業，蓋亦猶存宗子之微意云爾。河東魯橋鎮新築城内西街住房一所，通前通後，北則東側短院一所，南則對門小院一所，或以左右，或以南北，共作二分，二房三房拈鬮分之。橋南渠西鋪子兩間，二房三房各分一間。東街住房一所，則宜分之長房。老夫新建家神堂，雖爲大家公共祈福之所，而我欲焚修昭事，終老其中，亦專令長房專管爲妥耳。至於三原北城浮置住宅，本宜三房均分。念我兩夫婦後來終事必然費多，一時無湊，轉貽過繼者以苦難，今亦獨歸長房，以爲我兩人後事之需。倘過繼者能不花費此業，而克襄厥事，即令永遠爲業，亦不枉過嗣一番，彼亦不疑我爲偏私乎。

孫家姐姐，我尚負欠他家百五十金，容我陸續補還，固不能他有所遺，彼亦無庸我遺爲者。獨憐張家姐姐，以鉅萬金之家，一旦遭流寇焚劫，遂至狼狽之甚。嚮所付托彼者，竟至以店房償我，我雖弗忍，彼自不肯已也。今議以縣中店房暫歸長房，少俟用補張親家之債。倘張親家萬一念其子婿而弗忍納乎，則亦歸長房之長子，以表婿承翁愛之情。其雲陽城内店房，則仍還之張二哥爲業，亦以見我兩人愛婿之微意可也。

此特大略言之耳，倘大家同心合意，即再姑待數年而後另爨，亦無不可。肯在努力求成，不大家你靠我推，而耕者自耕，商者自商，讀者自讀，俾家道日益隆起。更肯兄友弟恭，父慈子孝，夫正婦順，一家和平相安，無失我祖父以來忠厚善良相承之一脈，即欲媲美公藝奚難焉。噫！另爨非吾本意，但恐人多用多，未肯一家一計，莫柰何支析家緣於今日。同居是我宿懷，如果克勤克儉，從此同德同心，誰不望光大門祚於將來？今特預立文簿三通，三家互相收執。外寫嗣書二紙，二子各自珍藏。

時崇禎十二年二月十一日，了一子良甫王徵親筆。

對聯〔一〕

其一

空洞中三仇盡掃，十誡恒遵，乃思乃言乃行，念念恪守聖經，敬躋光明聖域；

層臺上萬慮都清，一誠獨注，所信所望所愛，心心欽崇天主，欣登樂福天鄉。

其二

卒世重貞，貞德若規距範世，世人永賴，下上而上乃下，無始之始；

開天誕聖，聖教如日月光天，天路斯通，上下而下始上，非常之常。

其三

無始無終，立天地之主宰，留降世聖容，顯慈愛以拯救斯世；

〔一〕其一至其六，據王徵詩文輯存逸録。其七，據涇獻詩存卷十了一要語逸録。其八、其九，據張炳璿明進士奉政大夫山東按察司僉事奉敕監遼海軍務端節先生葵心王公傳（已收入本書附録三）逸録。

全能全善，肇人物之根宗，樹升天宏範，大教化而羣姓瞻天。

其四

願爲世間好人，定要走孝弟慈一路，位置三才教本乎有始；

圖享天上真福，必須由信愛望三門，包綜萬象道妙於無終。

其五

體上帝生人之意，身歷九萬里，道德著一代表範；

發大父愛子之心，聲教八百郡，仁義作千世□師。

其六

獻贊起三王，萬國信心應瀨曁，降□尊而代，仁慈至也；

濡毫煩四季，千年奇跡豈無徵，拯萬靈以艱，公義昭哉。

其七

立心必以盡性至命爲歸，心不至此則不可以對天；

講學皆爲拯溺救焚之務，學不至此則不得言體天。

其八

自成童時，總括孝弟忠恕於一仁，敢謂單傳聖賢之一貫；
迄垂老日，不分畏天愛人之兩念，總期自盡心性於兩間。

其九

憂國每含雙眼淚；
思君獨抱滿腔愁。

其十

頭上青天，在在明威真可畏；
眼前赤子，人人痛癢總相關。

附録一　年譜[一]

明隆慶五年　辛未（一五七一）　一歲

四月十九日，先生生於陝西西安府涇陽縣魯橋鎮盈村里尖擔堡。「生而穎異」。諱徵，字良甫，號葵心，又號了一子（了一道人）、支離叟等。中年皈依天主教，聖名斐里伯（Philippe）。

先世相傳爲山西洪洞人。自北宋末，始祖諱春者，始遷涇陽。（參閲本書附録三王介撰王氏家乘序）數傳至先生高祖瓚。瓚生曾祖尚仁。尚仁生祖父雲，終生農耕，壽八十七。雲生子二，長應選，即先生父。

應選公生於嘉靖二十九年（一五五〇）正月十六日，號滸北。是年，二十二歲。應選公雖亦承事南畝，然則喜讀、抄古人書，日取往哲格言懿行以淑其身。並自編滸北翁訓子歌，以訓誨子弟；還精算術，嘗編爲歌訣，以之教人，人無不立解。

母張氏生於嘉靖三十年（一五五一）十月十五日。是年，二十一歲。爲贈奉直大夫張朝寵公之長女、先生舅父朝議大夫張鑑先生之妹，敕封孺人。生二子，長徵，次徽。

是年，楊廷筠十五歲。楊廷筠（一五五七—一六二七），字仲堅，號淇園，又號鄭圃居士、泌園居士，浙江仁和（今杭州）人。

[一] 本文集所附王徵年譜之系年，一仍古人年譜之慣例，採用陰曆，圓括號内則標示陽曆之公元年份。譜文所繫月、日，亦一律採用陰曆。其對應的陽曆年、月、日，請按照各種中西日曆對照表查出，例如方詩銘、方小芬編著中國史曆日和中西曆日對照表（上海：上海人民出版社二〇〇七年版）。

是年，徐光啓十歲。徐光啓（一五六二—一六三三），字子先，號玄扈，上海徐家匯（今上海市）人。

是年，李之藻六歲。李之藻（一五六五—一六三〇），字振之、我存，號淳庵居士、存園叟。浙江仁和（今杭州）人。徐光啓、楊廷筠、李之藻三人，皆江南名士，後爲傳教士利瑪竇的弟子，被稱作「天主教三大柱石」。

是年，利瑪竇二十歲，於羅馬加入耶穌會。利瑪竇（一五五二—一六一〇），字西泰，原名Matteo Ricci，意大利傳教士，公元一五八二年來華。

明隆慶六年　壬申（一五七二）　二歲

五月，穆宗帝崩。

六月，太子朱翊鈞即位，是爲神宗顯皇帝，改明年爲萬曆元年。

此頃，張居正聯合宦官馮保逐高拱，出任首輔。慈聖皇太后以帝年幼，委以大權，前後當國十年。張居正（一五二五—一五八二），字叔大，又字時大，號太岳，湖廣江陵（今屬湖北）人。嘉靖二十六年進士，隆慶六年入閣。

明萬曆元年　癸酉（一五七三）　三歲

是冬，建州女真酋長王杲犯邊。

明萬曆二年　甲戌（一五七四）　四歲

十月，建州女真族王杲犯遼東，爲鎮守遼東總兵李成梁所破。土酋王臺執杲以獻，斬之。李成梁（一五二六—一六一五），字汝契，鐵嶺衛（今遼寧鐵嶺）人。由諸生襲指揮僉事，官至左都督、總兵官，鎮守遼東，屢獲大捷。

是年，文震孟生。文震孟（一五七四—一六三六），字文起，號湛持，蘇州長洲人。著名書畫家文徵明曾孫。

明萬曆三年　乙亥（一五七五）　五歲

四月，渭南、耀州、涇陽、乾縣、長安等縣改屬關内兵備道。

明萬曆四年　丙子（一五七六）　六歲

一月二十三日，澳門奉准成立主教區。

是年，毛文龍生。毛文龍（一五七六—一六二九），字振南，浙江仁和（今杭州）人。長期鎮守遼東，官至總兵，後駐軍皮島。明史卷二五九有傳。

明萬曆五年　丁丑（一五七七）　七歲

是年，從舅父張鑑學。性喜静，言動不苟，能日誦百千言。「初不曉文章爲何物，祇聽人説有破題、起首，乃自謅一破，約有半篇文字之多。比承舅師訓誨，稍稍知文，輒又妄自出題作論表，一時師友咸睨視爲笑譚。」（本書卷一兩理略自序）

因張鑑乃先生發蒙老師，故尊稱舅師。張鑑（一五四五—一六〇五），生於嘉靖二十四年乙巳（本書卷十六天問詞序），字孔昭，别號湛川。涇陽人。是年三十三歲。湛川先生好學深思，爲關中理學名儒。關學續編卷一有傳。先生舅師湛川以所編讀史歌（即歷代事略發蒙歌），令學童熟讀而强記之，後成爲先生一生之「讀史良法」。湛川之學得力處在「慎獨主敬」，教人每以「毋自欺」三字爲宗。張鑑又善製各色戰車，昜弩、火弩等器，皆巧思獨運，此對先生成年後喜製器之學影響甚深。

明萬曆六年　戊寅（一五七八）　八歲

正月，張居正惡書院，請廢之，凡毁六十四處。

是年，耶穌會意大利神甫范禮安抵澳門，出任印度、日本、中華教務巡閲使，在澳門爲華人特造一聖堂。此可視爲天主教在中國展開傳教活動的開始。范禮安（Alexandre Valignani，一五三八—一六〇六），字立山。多居留澳門，間或往日本，然未曾入中國内地。

明萬曆七年　己卯（一五七九）　九歲

是年，先生舅師湛川三十五歲，入都謁選，授趙城（屬山西）令。

是年，楊廷筠二十三歲，成舉人。

七月，意大利神甫羅明堅奉范禮安命抵澳門。羅明堅（Michel Ruggieri，一五四三—一六〇七），字復初，著有聖教實録一卷等。

明萬曆八年　庚辰（一五八〇）　十歲

正月，先生弟徽生。徽（一五八〇—一六二九），字仁甫，號荃心。敦化孝友，化洽鄉里，以文學教授生徒，人咸欽之。萬曆乙卯（一六一五）副榜。道光元年魯橋鎮志有傳。

七月，利瑪竇（二十七歲）授司鐸。

是年，先生舅師湛川三十六歲。約在是年，湛川因父去世，歸里守制三年。

是年，羅明堅初抵廣州。

明萬曆九年　辛巳（一五八一）　十一歲

是年，京師旱，南畿饑。張居正上疏，請破格賑之。

是年前後，葡萄牙人首次將煙草、望遠鏡等物攜入中國。

明萬曆十年　壬午（一五八二）　十二歲

六月，張居正卒。

七月二十日（公曆八月七日），利瑪竇跋涉三載，經海路抵澳門。

年末，羅明堅偕巴範濟神甫等人抵廣東肇慶，居東關天寧寺四月。是爲中國内地之耶穌會第一會所。巴範濟（Francois Pasio，一五五一—一六一二），字庸樂，意大利人，一五七二年入耶穌會。

明萬曆十一年　癸未（一五八三）　十三歲

春，羅明堅等被迫重返澳門。

九月十日，羅明堅、利瑪竇赴肇慶傳教。

是年，張問達成進士。張問達（？—一六二五），字德允，陝西涇陽人。官至吏部尚書。明史卷二〇四有傳。

是年，建州女真族努爾哈赤被推爲酋長，時年二十五歲。愛新覺羅·努爾哈赤（一五五九—一六二六），號淑勤貝勒，建州左衛蘇克素護河部赫圖阿拉城（今遼寧新賓）人。初爲遼東總兵李成梁部下，屢立戰功，後襲父職，任建州左衛指揮使。

明萬曆十二年　甲申（一五八四）　十四歲

是年，先生舅師湛川四十歲。約在是年，湛川服闋，補定興（屬保定府）令。先生隨舅父湛川至定興任中。（本書卷十六賀張儀昭授滿城縣令序）

是年，羅明堅和利瑪竇在肇慶所建造之聖堂落成。羅明堅所著天學實録出版。利瑪竇所繪山海輿地圖（亦稱坤輿萬國全圖）成，由當時按察司副使肇慶知府王泮刊刻出版。此圖爲新式世界地圖在中國流傳之最早者，由此中國人始知世界有五大洲。羅明堅、利瑪竇同時攜來的還有玻璃三棱鏡、時鐘、聖母像等。

明萬曆十三年　乙酉（一五八五）　十五歲

此頃，先生敦修大節，肆力問學，文章駿發，立志落落，不與衆伍。有修菴尚翁者，因與先生舅師相過從，得遇先生，一見甚異，試以帖括，不移晷成，斐然可觀，遂以女許先生。成婚可能在次年。尚修菴，生平不詳，衹知其爲先生表弟張炳璿之舅父。

是年，先生舅師湛川四十一歲，連丁祖母、母憂。

七月，應范禮安神甫之請，麥安東和孟三德神甫同至澳門，利瑪竇遂變歐羅巴姓名爲華姓名，嗣後諸傳教師皆從之。（費賴之著在華耶穌會士列傳及書目，北京：中華書局一九九五年版，第三三頁）麥安東（Antoine d'Almeyda，一五五六—一五九一），字立修，葡萄牙人，幼入耶穌會。孟三德（Edouard de Sande，一五三一—一六〇〇），字寧寰，葡萄牙人，一五六二年入耶穌會。

明萬曆十四年　丙戌（一五八六）　十六歲

是年，先生補縣學生員。

是年，羅明堅、麥安東赴浙江。

明萬曆十五年　丁亥（一五八七）　十七歲

一月，羅明堅、麥安東抵杭州，旋至紹興。

是年，先生「入庠讀史，見范文正公做秀才便以天下爲己任，輒慨然有意其爲人」。（本書卷一兩理略自序）

是歲，努爾哈赤不斷擴張勢力，並與明和，通貢受封。

明萬曆十六年　戊子（一五八八）　十八歲

是歲，努爾哈赤經五年之努力，兼併附近女真族五部，統一建州全境。

明萬曆十七年　己丑（一五八九）　十九歲

是年，先生舅師湛川四十五歲，喪事畢，在籍里創建先祠，聚諸弟子講學其中，先生亦聽其講學。

是秋，瞿太素於肇慶拜利瑪竇爲師，習天算及教理。瞿太素生於嘉靖二十八年己酉（一五四九），名汝夔，江蘇常熟人。幼讀羣書，但不求仕進。父景淳，官至禮部尚書，家居丹陽。父棄世後，週遊各省。

明萬曆十八年　庚寅（一五九〇）　二十歲

七月，范禮安往日本。嗣後，孟三德被任命爲耶穌會團長兼任傳道會道長。

明萬曆十九年　辛卯（一五九一）　二十一歲

先生舅師湛川四十七歲，居喪後復入京，補令遷安（屬永平府）。

明萬曆二十年　壬辰（一五九二）　二十二歲

是年，先生舅師湛川四十八歲。約在是年，湛川因得山西巡撫寧陵吕坤特疏請，擢爲岢嵐（屬山西）守。不三年，岢嵐荒僻瘠困之區煥然改色，而頌聲洋溢遠邇矣。（關學續編卷一）是時，吕坤四十七歲。吕坤（一五三六—一六一八），字叔簡，號新吾。河南寧陵人。萬曆進士。歷官右僉都御史，巡撫山西。著作有去僞齋文集、呻吟語等。

二月，楊廷筠（二十六歲）進京會試，中進士，知江西安福縣事。

馮應京進京會試，中進士，授户部主事，改兵部稅監。馮應京，字大可（明史作可大），號慕岡，南直隸鳳陽府盱眙（今屬安徽）人。（詳見明史馮應京傳、明儒學案卷二十四江右王門學案九）

明萬曆二十一年　癸巳（一五九三）　二十三歲

是年，徐光啓三十二歲，赴韶州教書。

利瑪竇四十二歲，第一次將中國儒家經典四書譯爲拉丁文，略加注釋，寄回本國。此後，凡傳教士之入中國者，皆取此書研讀之。

明萬曆二十二年　甲午（一五九四）　二十四歲

八月，先生參加鄉試，中舉人。按：明制，鄉試以陰曆八月初九日爲第一場，又三日爲第二場，又三日爲第三場。（明史選舉志）同年舉人有陽陵（今屬陝西高陵縣）來于廷。來于廷（一五六二—一六三五），字覲光，別號五雲，官凡十四任，以山西汾州府同知致仕歸里。（本書卷十六五雲太守來公墓誌銘）

是秋，利瑪竇等傳教士決定改着儒服，不再穿僧服。

九月，鄭鄤生。鄭鄤（一五九四—一六三八），字謙止、祚長，號峚陽，江蘇武進人。與先生同年進士，相友善。

顧憲成因忤旨削籍歸里，與高攀龍等講學於東林書院，議論朝政，品評人物。自是，東林名聲大振。顧憲成（一五五〇—一六一二），字叔和，號涇陽，常州無錫人。高攀龍（一五六二—一六二六），字雲從，改存之，號景逸，常州無錫人。

意大利神甫郭居敬至韶州，利瑪竇遂北上傳教。郭居敬（Lazare Cattaneo，一五六〇—一六四〇），字仰鳳，著有靈性詣主一卷、悔罪要旨一卷等。

明萬曆二十三年　乙未（一五九五）　二十五歲

二月二十三日，先生母張孺人卒，享年四十五歲。先生「哀毀痛楚，輒忽忽無意人間世。偶見道書内有『一子成僊，九祖陞天』語，思欲以此報親恩，輒懶誦詩書，專一參閲養生家言，妄求必得，於一切聲色世味淡如也」。後此，先生性「顧頗好奇，因書傳所載化人、奇肱，璇璣、指南，及諸葛氏木牛流馬、更枕石陣、連弩諸奇製，每欲臆仿而成之。累歲彌月，眠思坐想，一似癡人。雖諸製亦皆稍稍有成，而几案塵積，正經學業荒廢盡矣。又性寬緩耽延，不即就銓，致弟友親愛輩咸嗟怨刺譏不已。直至十上公車，始克博一第焉。半生潦倒癡懶，可笑已若此」。（本書卷一兩理略自序）

年初，四十四歲之利瑪竇著天主實義（一名天學實義）刊刻於南昌。

春，先生首次赴京師應會試，不第。

五月，利瑪竇離韶州北上，月末抵南京。

六月，利瑪竇抵南昌，爲建安王撰交友論，旋刊刻行世。

此頃，利瑪竇改易儒服，以「堂」字名聖堂，廢寺名。

是歲，徐光啓三十四歲，在韶州教學，結識主持教堂事之郭居敬神甫，交談頗愜。

明萬曆二十四年　丙申（一五九六）　二十六歲

是年，利瑪竇四十五歲，擔任新設之中國耶穌會會督（一作會長）一職，綜理中國一切教務。

明萬曆二十五年　丁酉（一五九七）　二十七歲

五月初六日，先生季弟徹生。徹（一五九七—一六六五），號蕙心。邑庠生。

九月，徐光啓（三十六歲）應順天府鄉試，拔置第一。

是年，先生舅師湛川陞太原同知，督偏頭關軍餉。六年中，爲國省冗費二萬有奇。又創製各色戰車、護城懸樓、翻車、易弩等器，總督蕭大亨使造式布諸諸邊焉。

是年末，龍華民神甫抵韶州傳教。龍華民（Nicolas Longobardi，一五五九—一六五四），字精華，意大利人，一五八二年入耶穌會。著有聖教日課一卷，死說等多種。

明萬曆二十六年　戊戌（一五九八）　二十八歲

二月，先生赴京師應會試，二上公車不第。

是年，李之藻三十四歲，成進士。楊廷筠三十二歲，擢監察御史。

六月，利瑪竇和郭居敬同赴南京。八月，抵北京，居兩月後赴蘇州。

明萬曆二十七年　己亥（一五九九）　二十九歲

二月，利瑪竇返南京。

五月，明廷遣太監蒐全國積儲，搜索上供。

十一月，增加四川、湖廣田賦。太監陳奉任稅使，在湖廣肆虐横行，激起民變。當是時，馮應京任分巡僉事，獨以法裁制之，並以十大罪參奏陳奉。

明萬曆二十八年　庚子（一六〇〇）　三十歲

春，徐光啓知有利瑪竇先生，便專程往南京造訪，晤談甚歡，稱利瑪竇乃「海内博物通達君子」。（徐光啓集卷二跋二十五言，上海：　上海古籍出版社一九八四年版，第八六頁）

四月，利瑪竇偕龐迪我自南京啓程入北京。龐迪我（Didace de Pantoja，一五七一——一六一八），字順陽，西班牙神甫，一五八九年入耶穌會，一五九九年抵澳門，遂受范禮安神甫派遣至南京。著有七克大全七卷，人類原始等多種。

明萬曆二十九年　辛丑（一六〇一）　三十一歲

年初，利瑪竇、龐迪我抵北京，進呈大小自鳴鐘、聖母像、耶穌偕施洗約翰像、救世主像、三角玻璃等貢物，帝尤愛自鳴鐘。遂獲准留居京師，並賜月俸。自是後，利瑪竇不復離開北京。

二月，先生進京會試，三上公車不第。

是年春，五十歲之利瑪竇校正天主實義，重刻於北京，凡二卷。卷前有馮應京序。

是年，李之藻三十六歲，與已至京師的利瑪竇「過從尤密，間商以事，往往如其言則當，不如其言則悔，遂大傾服而問道焉」。（陳垣浙西李之藻傳）

查繼佐生。查繼佐（一六〇一——一六七六），字三秀，更字支三，號伊璜，一號敬修、釣史、與齋、東山、左尹等，浙江海寧人。在其所著罪惟録中，爲先生立傳，列入該書卷十二致命諸臣列傳中。

明萬曆三十年　壬寅（一六〇二）　三十二歲

是年，李之藻在北京重刻利瑪竇萬國全圖，並作跋。

龍華民所撰聖教日課一卷，初刻於韶州。此書後來多次重印。

李贄以「惑亂人心」罪，遭劾下獄，自刎死，年七十六。李氏與利瑪竇曾「三度相會」，稱利氏「今盡能言我此間之言，作此間之文字，行此間之禮儀，是一極標致人也」。（李贄續焚書）李贄（一五二七——一六〇二），原姓林，名載贄；後改姓李，號卓吾。泉州晉江（今屬福建）人。嘉靖舉人。歷任南京刑部郎中、雲南姚安知府等。究心泰州學派之説，喜讀佛經。著有藏書、續藏書、焚書、續焚書等。

明萬曆三十一年　癸卯（一六〇三）　三十三歲

先生舅師湛川五十九歲，以勞疾決意告歸，諸臺不能挽留，乃上其績於朝，遂加河東鹽運司運同旌之。檢囊中僅數十金。

秋，四十二歲之徐光啓復至南京，往訪利瑪竇，不遇。是時，利氏赴北京已三年。於是，光啓拜會留南京主教事之郭居敬和羅如望兩神甫。羅氏向光啓講論教理，並以利氏所著天主實義、諸教士同譯天主教要等書相贈。光啓歸邸反復閲讀，立志受教，遂在羅如望手領洗，教名保禄（Paul 或 Paulus）。領洗後，返滬。羅如望（Jean de Rocha，一五六六—一六二三）字懷中，葡萄牙人，一五八三年入耶穌會，一五九八年來華。著有天主聖像略説一卷等，翻譯天主聖教啓蒙一卷等。

明萬曆三十二年　甲辰（一六〇四）　三十四歲

二月，先生進京會試，四上公車不第。

五月，馮應京將利瑪竇撰於南京的二十五言酌加潤色後付刻，並序。徐光啓爲之撰跋。

是年，徐光啓四十三歲，成進士。

孫承宗成進士。孫承宗（一五六三—一六三八），字稚繩，號愷陽，保定高陽（今屬河北）人，官至兵部尚書兼東閣大學士，後自請督師山海關外。

利瑪竇五十三歲，天主實義重刻於北京。

龐迪我撰七克，並刊刻印行。

明萬曆三十三年　乙巳（一六〇五）　三十五歲

是年秋，先生舅師湛川卒，享年六十。卒後私謚貞惠，故後人亦稱貞惠先生。

八月，利瑪竇遷居在北京購置之住宅（宣武門内）。

是年（或一六〇六年），利瑪竇五十四歲（或五十五歲），所著天主實義重刻於杭州。後來，天主實義屢有重刻本。

瞿太素扶妾爲正，故於南京受洗於羅如望，教名伊格那修（Ignatius）。

明萬曆三十四年　丙午（一六〇六）　三十六歲

秋，先生撰天問詞序（本書卷十六），爲舅師逝世一周年忌日致祭。

自秋季始，由利瑪竇口傳，徐光啓筆受，共同翻譯歐幾里得之幾何原本。

是年，李自成生。李自成（一六〇六—一六四五），陝西米脂人。年輕時曾爲驛夫，擅騎射。

張獻忠生。張獻忠（一六〇六—一六四七），陝西延安人。

馮應京卒。

明萬曆三十五年　丁未（一六〇七）　三十七歲

二月，先生赴京會試，五上公車不第。

春，幾何原本前六卷譯畢。

是年，温純卒。温純（一五三九—一六〇七），字景文、叔文，號一齋，晚號亦齋，陝西三原人。嘉靖進士，官至左都御史。卒謚恭毅。著有温恭毅公集等。先生與恭毅公三子温自知（字與亨）相友善。先生里居時，曾撰題崇仁書（本書卷十六）、龍橋名議（本書卷十六）等文，對恭毅公之事功、學問、人品，推崇備至。

羅明堅卒。

明萬曆三十六年　戊申（一六〇八）　三十八歲

六月，利瑪竇所撰畸人十篇上下兩卷付刻，李之藻等人爲之作序。此書爲問答體，記録了徐光啓、李之藻等數位儒家士大夫與利瑪竇之間的對談。

十一月，李之藻撰成幾何學著作圜容較義。

是年冬，應徐光啓之邀，郭居敬自南京赴上海。徐光啓爲之建教堂一座。

是年，孫元化撰述幾何用法一卷。孫元化（一五八一——一六三二），字初陽，號火東，江蘇寶山（亦稱嘉定）人。事蹟附見明史徐從治傳。元化乃光啓門人，懂得西方數學知識，擅長火炮技術，官至右僉都御史，巡撫登萊，與先生交誼甚篤。

利瑪竇開始撰天主教傳入中國史。

明萬曆三十七年　己酉（一六〇九）　三十九歲

是年，遼東巡撫熊廷弼上疏，痛陳遼左危急。（參閲明實録）熊廷弼（一五六九或一五七三——一六二五），字飛百，號芝岡，湖廣江夏（今湖北武昌）人。萬曆進士。三十六年（一六〇八）巡撫遼東。

布政使汪可受等在西安府爲馮從吾講學建關中書院。馮從吾（一五五六——一六二七），字仲好，號少墟，陝西長安（今西安）人。曾師事許孚遠。萬曆十七年進士。官至左副都御史。與顧憲成、高攀龍、錢一本四人，號爲「東林四大君子」。關中書院，與當時的東林書院、江右書院、徽州書院，并稱天下「四大書院」。

上海第二聖堂落成，位於徐光啓宅西。

明萬曆三十八年　庚戌（一六一〇）　四十歲

年初，利瑪竇所撰天主教傳入中國史成，分五卷，原文爲意大利文。此書即後來之利瑪竇中國劄記。

二月，先生進京會試，六上公車不第。

二月，李之藻四十六歲，領洗於北京，聖名良。

閏三月，利瑪竇卒於北京，享年五十八歲。利氏在華共二十七年。卒前，任命龍華民爲中國耶穌會之會督（一作會長)。

明萬曆三十九年　辛亥(一六一一)　四十一歲

是年初，金尼閣神甫由澳門被派至南京，在郭居敬等神甫的指導下學習華語。金尼閣(Nicolas Trigault，一五七七—一六二八)，字四表，比利時人。一五九四年入耶穌會，一六一〇年來華。著有西儒耳目資、利瑪竇中國劄記等多種。

春，李之藻丁父憂回籍，因邀郭居敬、金尼閣二司鐸赴杭州開教。五月，楊廷筠前往杭州致弔，得晤郭、金二司鐸，與論道，遂受洗，聖名彌格爾(Michael)，故號彌格子。時廷筠五十五歲。

明萬曆四十年　壬子(一六一二)　四十二歲

是年，孫元化中舉人。

熊三拔著、徐光啓譯泰西水法六卷告成，刻於北京。熊三拔(Sabbathin de Ursis，一五七五—一六二〇)，字有綱，一五九七年入耶穌會，一六〇六年來華。另著有簡平儀等多種。

金尼閣自南京抵澳門。

明萬曆四十一年　癸丑(一六一三)　四十三歲

二月，先生又入京會試，七上公車不第。在京師，與來復等遊西山鳳凰嶺。(參閱來陽伯詩集)來復，字陽伯，陝西三原人，與先生友善。

是年，焦源溥成進士。焦源溥，字涵一，陝西三原人。明史卷二六四有傳。焦源溥與先生友善，曾爲先生所撰兩理略作序。(收入本書附録三)

金尼閣司鐸赴羅馬報告教務。

明萬曆四十二年　甲寅（一六一四）　四十四歲

是年，孫丕揚卒。孫丕揚（一五三二—一六一四），字叔孝，陝西富平人。嘉靖進士，官至吏部尚書。明史卷二二四有傳。

龐迪我所撰之七克七卷重刻於北京。

金尼閣抵羅馬。

明萬曆四十三年　乙卯（一六一五）　四十五歲

先生在撰成於崇禎元年的畏天愛人極論一書中，回憶自己接受天主教影響之機緣和歷程時說：「適友人惠我七克一部。讀之見其種種會心，且語語刺骨。私喜躍曰：『是所由不愧不怍之準繩乎哉？』……亡何，復詣都門。及晤七克作者之龐子，因細扣之。」（本書卷八天學一）此頃，七克一書已有重刻本刊印，可知其流行較廣，故先生得到此書不應很難。贈先生七克一書之友人，可能是先生數次進京會試時結識的李之藻或楊廷筠。先生此處說「亡何，復詣都門。及晤七克作者龐子」云云。「復詣都門」，當指次年二月進京會試；「亡何」，則說明先生得讀七克距進京之時不會很久，可能就在抵京的前一年。

明萬曆四十四年　丙辰（一六一六）　四十六歲

正月，建州女真族酋長努爾哈赤稱帝，國號金，建元天命，金後改爲清，是爲清太祖高皇帝。

二月，先生復進京會試，八上公車不第。

此頃，先生借滯留京師之機，得晤七克一書之作者龐迪我。龐氏就先生所問，詳爲解説，並出示天主教十誡於先生。龐氏應爲先生所結識的第一位西方傳教士。先生很可能即於本年在京領洗奉教，聖名斐理伯（Philippe），且授洗人很可能即爲龐迪我。

五月，南京禮部侍郎沈漼等疏請立即驅逐西洋傳教士。沈漼（？—一六二四），字銘縝，浙江烏程（今湖州）人。萬曆二十年（一五九二）進士，官至禮部尚書兼東閣大學士。是蓮池和尚之弟子，後與魏忠賢等相勾結。魏忠賢（一五六八—一六二七），河間肅寧（今屬河北）人。少無賴，萬曆時入宫爲宦官。

七月，徐光啓上辨學章疏，爲西洋陪臣龐迪我等辯護，稱天主教之説「以昭事上帝爲宗本，以保救身靈爲切要，以忠孝慈愛爲工夫，以遷善改過爲入門，以懺悔滌除爲進修，以升天真福爲作善之榮貴，以地獄永殃爲作惡之苦報，一切戒訓規條，悉皆天理人情之至。其法能令人爲善必真，去惡必盡，蓋所言上主生育拯救之恩，賞善罰惡之理，明白真切，足以聳動人心，使其愛信畏懼，發於繇衷故也」。並駁斥佛教曰：「柰何佛教東來千八百年，而世道人心未能改易，則其言似是而非也。」若「必欲使人盡爲善，則陪臣所傳事天之學，真可以補益王化，左右儒術，救正佛法者也。」（徐光啓集下册，王重民輯校，上海：上海古籍出版社一九八四年版，第四三二頁）

是年，來復成進士。

明萬曆四十五年　丁巳（一六一七）　四十七歲

二月，傳神宗諭旨曰：「着照沈漼所請，將在北京之洋人龐迪我、熊三拔與在南京之王豐肅、謝務祿，一并押解出國，不准逗留内地，欽此。」然龍華民、畢方濟二人，在徐光啓和孫元化的庇護下，暫居嘉定。畢方濟（一五八二—一六四九），字今梁，意大利人。一六〇三年入耶穌會，一六一三年來華。著有靈言蠡勺二卷（經徐光啓校訂，後收入天學初函）等。

明萬曆四十六年　戊午（一六一八）　四十八歲

一月，龐迪我等被逐，甫抵澳門患疾卒，享年四十八歲。

三月，賑陝西饑。

四月，金帝以七大恨告天，起兵反明，取撫順。

此頃，金尼閣攜圖書七千餘部再度來華。同行者有鄧玉函、羅雅谷、湯若望等二十二人。鄧玉函〔Jean Terrenz（Terentio），一五七六—一六三〇〕，字涵璞，德意志人，一六一一年入耶穌會，一六二一年來華，著有人身説概二卷、奇器圖説三卷等多種。羅雅谷（Jacques Rho，一五九三—一六三八），字味韶，意大利人，一六一四年入耶穌會，一六二四年至華，著有哀矜行詮三卷等多種。湯若望（Jean Adam Schall Von Beli，一五九一—一六六六），字道未，德意志人，一六一一年入耶穌會，一六二二年來華，著有真福訓詮一卷等多種。

閏四月，命楊鎬經略遼東。楊鎬（？—一六二九），字汝京、京甫，號鳳筠，河南商丘人。萬曆進士。官至兵部左侍郎。

五月，金陷撫安等十一堡。

七月，金陷清河等堡，遼東屏障皆失。

是年，呂坤卒，享年八十三歲。

明萬曆四十七年　己未（一六一九）　四十九歲

二月，先生再次進京會試，九上公車不第。

三月，楊鎬督兵攻金，大敗。

六月，金陷開原，改命熊廷弼經略遼東。

七月，金陷鐵嶺。同月，金尼閣一行抵達澳門，後至嘉定居孫元化家。

八月，楊鎬下獄論死。

明萬曆四十八年　庚申・泰昌元年庚申（一六二〇）　五十歲

七月，萬曆帝朱翊鈞卒，廟號神宗。

七月，金尼閣返澳門。

八月，皇太子常洛即位，詔改明年元爲泰昌（光宗在位僅一月即死，遂以萬曆四十八年八月以後爲泰昌元年）。

九月，泰昌帝朱常洛卒，廟號光宗。太子朱由校嗣位，是爲熹宗哲皇帝，詔明年改元爲天啓。

十月，改命袁應泰經略遼東。袁應泰（？—一六二一），字大來，陝西鳳翔人。萬曆進士。官至兵部右侍郎。

是年，艾儒略神甫赴陝西。他是第一位到陝西傳教的教士。（參閱魏特著湯若望傳，第一〇五頁）艾儒略（Jules Aleni，一五八二—一六四九），字思及，一六〇〇年入耶穌會，一六一三年來華。著有萬物真原、三山論學記一卷、大西利先生行蹟一卷等多種。

明天啓元年　辛酉（一六二一）　五十一歲

是年初，金尼閣赴南昌。

三月，金陷瀋陽、遼陽，經略袁應泰自縊死，文武兵民死者甚多，遼民紛走山東，或赴皮島依毛文龍。

六月，復命熊廷弼經略遼東。熊廷弼建三方布置策，屯馬、步於廣寧，置水師於天津、登萊。

是年，先生爲楊廷筠所撰代疑篇（即徵信録）作序（收入本書卷十五）。序中，先生説明了「信」之重要性，并解釋了「死信」和「活信」的不同。

孫元化在京受洗入教，聖名依納爵。（方豪著中國天主教史人物傳孫元化，北京：中華書局一九八八年版，第二三六頁）

明天啓二年　壬戌（一六二二）　五十二歲

正月，廣寧失守，經略熊廷弼退守山海關。

二月，下熊廷弼等於獄。

此頃，先生進京會試。在京期間，以西安府涇陽縣舉人的身份「爲奴氛日熾，人心動搖，敬陳祈天固本簡要三事」上疏。所謂「三事」，「一在挽回天意，一在固繫人心，一在添設城守。」此疏後因故未上。（收入本書卷六）

此次，先生十上公車，終成進士。

孫元化亦在京參加會試，得與王徵相見。此前，元化即已從西方傳教士處知涇陽有葵心王先生矣。（孫元化與王徵交誼始末，見本書附録三）

五月，山東白蓮教首領徐鴻儒起事於鉅野，號中興福烈帝，稱大成興勝元年，破鄆城。

六月，先生除直隸廣平府推官。履任方新，即奉保定巡撫張鳳翔檄召恒陽，點閱三大營兵，查驗戰車。張鳳翔，字稚羽，山東堂邑（今聊城）人。萬曆進士。歷任吏部主事、兵科給事中，天啓二年至三年十一月任右僉都御史巡撫保定，旋陞左僉都御史巡撫保定如故，崇禎初年任兵部尚書。（參閲明督撫年表卷一）

先生依舅師湛川教授之諸葛武侯八陣合變圖法，將各營軍兵分爲八部，分則爲八小陣，合則爲一總陣。

七月，白蓮教攻曲阜。

八月，命孫承宗督師經略薊遼。此頃，孫元化亟論備邊之策，大略言禦敵之法，無過用砲，因言築臺製砲之術甚詳。同里兵科給事中侯震暘遂薦之於朝。孫承宗善其説，乃命給七品俸，赴經略軍前贊畫。（參閲萬斯同著明史稿卷二三三孫元

化傳）

十月，白蓮教首徐鴻儒敗死。

十一月，馮從吾和鄒元標在北京建首善書院，業餘講學其中，以「提醒人心，激發忠義」，一時士風爲之稍振。

是年，金尼閣居杭州。

明天啓三年　癸未（一六二三）　五十三歲

先生在廣平任内。

三月，羅如望卒於楊廷筠家。

孟夏，先生以通俗俚語編撰爲兵約，分掛軍營，曉喻官兵。兵約一卷，分三章，一曰兵制，二曰兵卒，三曰兵誓。（收入本書卷五）此外，先生還撰成客問一卷，凡五問五答，就遼東邊事，直抒己見。（亦收入本書卷五）

是夏，意大利神甫艾儒略撰西學凡，紹述當時歐洲大學文、理、醫、法、教、道等六科之課程綱要。楊廷筠在該書序中言及：「六科經籍約略七千餘部，業已航海而來，且在在可譯。」

是秋，由艾儒略增譯、楊廷筠匯記，增補成職方外記六卷，艾氏、李之藻和楊廷筠各爲之序。

是年，「大秦景教流行中國碑」在西安出土。此碑建立於唐建中二年（七八一），埋入地下歷八百餘年。先生在撰於天啓七年（一六二七）的遠西奇器圖説録最自序中説：「邇來余省新從地中掘出一碑，額題『景教流行中國碑』，頌乃唐郭子儀時所鐫。千載如新，與今日諸賢所傳敬天之教，一一若合符節。所載自唐太宗以後凡六帝，遞相崇敬甚篤也。」

金尼閣入河南，居開封。

魏忠賢掌東廠印。

明天啓四年　甲子（一六二四）　五十四歲

三月，先生因繼母喪而回籍守制。

約在是年初，金尼閣應韓霖、韓雲兄弟邀請赴山西絳州傳教。朝夕論道，「偶及字學」，「因請爲書，凡三易稿始成」。（韓雲西儒耳目資序）此即指著名的西儒耳目資一書。金尼閣在山西居住約一年半。（參閱魏特著湯若望傳第一〇六頁）韓霖（約一六〇一—一六四四），字雨公，號寓菴，山西絳州人，約二十歲時中舉人，後從艾儒略受洗禮，教名湯姆士（Thomas）。其弟韓雲，字景伯，舉人，亦受洗禮，教名艾天尼（Etienne）。

明天啓五年　乙丑（一六二五）　五十五歲

是年，先生守制里居。

三月，金初都遼陽，稱東京；至是遷都瀋陽，後稱盛京。

四月，先生邀金尼閣神甫來陝西，居其家，爲其家人授洗，並協助金氏在陝西開教。

七月，魏忠賢用事，構陷東林黨人，依附者奏請毀天下書院，首善書院首先被波及。

八月，熊廷弼遇害。

十月，孫承宗以忤魏忠賢罷職。高第代爲經略，撤承宗所設要塞。本月，金尼閣親眼目覩景教碑，他可能是歐洲人中見此碑之第一人。（參閱阿·克·穆尔著一五五〇年前的中國基督教史，北京：中華書局一九八四年版，第三七—三八頁）嗣後，金尼閣赴杭州。

明天啓六年　丙寅（一六二六）　五十六歲

正月，金帝努爾哈赤率五六萬騎攻打寧遠。按察使袁崇煥連發西洋炮，力禦退之。袁崇煥（一五八四—一六三〇），字元素，號自如，廣西藤縣人（原籍廣東東莞）。萬曆進士。初授邵武知縣。

二月，以袁崇煥爲僉都御史，專理軍務，旋授遼東巡撫。

是春，先生分别撰新製諸器圖小序、西儒耳目資序。（收入本書卷十五）

閏六月，始建魏忠賢生祠。

是夏，先生請里人前吏部尚書張問達爲西儒耳目資撰序，並「捐資刻傳」。付刻前，先生撰西儒耳目資釋疑和三韻兑考問答各一篇，亦收入西儒耳目資一書中。（本全書卷十二）

八月，金帝努爾哈赤死。

九月，努爾哈赤第八子皇太極即位，是爲太宗文皇帝，明年改元天聰。

是年冬，先生除服謁選抵京，部復授南直隸揚州府推官。

先生赴任前，在京師嚮傳教士龍華民、鄧玉函、湯若望朝夕請益，尤關注西洋機械之書。後由鄧玉函口授，先生譯繪，選擇若干西洋機械書譯成書稿遠西奇器圖説録最三卷。

明天啓七年　丁卯（一六二七）　五十七歲

二月，魏忠賢黨羽毁關中書院，馮從吾憂憤而卒，享年七十一歲。

孟春，遠西奇器圖説録最三卷刊行。先生在是書自序中，闡述了此書選録之標準：「然圖説之中，巧器極多，第或不甚關切民生日用，如飛鳶、水琴等類；又或非國家工作之所急需，則不録，特録其最切要者。器誠切矣，乃其作法或難，如一器而螺絲轉太多，工匠不能如法；又或器之工值甚鉅，則不録，特録其最簡便者。器俱切、俱便矣，而一法多種，一種多器，如水法一器，有百十多類，或重或繁，則不録，特録其最精妙者。」王徵這裏所説的「三最」，正是該書稿定名爲遠西奇器圖説録最的原因。

五月，先生抵揚州任所。與孫元化分别時，先生贈詩一首云：「上林休休暫歸田，欲賦閒居孝敬全。堂上萱花顔色駐，林中桂樹露華偏。掄才曾識驊騮種，定策能清邊塞煙。未久明王應有夢，重修勛業勒燕然。」（本書卷十四送孫火東歸田）

此頃，金帝皇太極率兵攻寧遠、圍錦州。袁崇焕力禦之，獲寧錦大捷。

七月，淮揚巡鹽御史許其孝爲魏忠賢建生祠於揚州，唯先生和兵備副使來復毅然不往拜。來復，亦關中人士，故一時人稱「關西二勁」。

此頃，袁崇焕受魏忠賢排擠去職。

八月，熹宗朱由校卒，其弟信王朱由檢嗣位，是爲思宗莊烈皇帝，明年改元爲崇禎。

是年夏秋之際，湯若望被派往陜西西安府，管理西安教務。居西安近三年，與先生時相過從。

十一月，魏忠賢聞將逮治，自縊死。

十二月，命毁各地魏忠賢生祠。

十二月，楊廷筠卒，享年七十一歲。

李顒生。李顒（一六二七—一七〇五），字中孚，學者稱二曲先生，陜西盩厔人。高名當時，與容城孫奇逢、餘姚黄宗羲并稱「三大名儒」。著有二曲集、四書反身録等。先生四世孫王承烈曾從學於二曲先生門下。（關學續編卷一）

明崇禎元年　戊辰（一六二八）　五十八歲

先生在揚州府任內。

年初，在龍華民的堅持下，江南地區的耶穌會士十一人召开「嘉定會議」。議定：廢除利瑪竇時期使用的「天」和「上帝」，保留「天主」譯名（李天綱著中國禮儀之爭，上海：上海古籍出版社一九八八年版，第二五—二八頁）。

正月，磔魏忠賢屍。

四月，起袁崇煥爲兵部尚書，兼右副都御史，督師薊遼、登萊、天津軍務，鎮寧遠。

是年春，先生與同年鄭鄤遊廣陵，二人敍舊甚歡。鄭鄤後來回憶説：「葵心玄理極精，而有巧思，出奇器圖説相示。予問以木牛流馬，亦云可造。若所爲代耕、風磨、水漏之類，真有裨於經濟。欲盡試之，聞起用之報而返。」（天山自敍年譜）

仲夏，先生撰士約，凡三款。揚州府儒學教授王名世刊刻先生數年前所著學庸書解一卷。

七月，先生在揚州撰著畏天愛人極論一卷，鄭鄤爲之序。此乃先生所著的第一部、也是最重要的一部有關天主教教理之著作，詳盡闡述了「畏天愛人」的思想。（收入本書卷八）

孟秋十五日，先生撰畏天愛人極論記言。此頃，揚州府儒學訓導武位中將先生所譯繪之遠西奇器圖説録最與所撰新製諸器圖説兩書合爲一帙，刊刻行世。卷後，有武位中所撰之奇器圖後序。先生在廣平府和揚州府任内及里居時，曾製虹吸、鶴飲、輪壺、代耕、自轉磨、自行車及連弩諸器，並運用於農耕、灌溉、運輸、習戰。

九月二十三日，先生之父滸北先生卒，享年七十九歲。

冬，先生聞父喪，旋歸里。

十一月十四日，金尼閣卒於杭州。

十一月，陝西連年荒歉，饑民紛紛揭竿而起，白水王二倡導於先，府谷王嘉胤、安塞高迎祥等先後響應。高迎祥稱「闖王」。高迎祥（？—一六三六），一名如岳，李自成之舅父，一説結義兄弟。

明崇禎二年　己巳（一六二九）　五十九歲

先生有時居三原縣北城。（參閲本書卷十六析箸文簿自敍瑣言）

正月二十五日，先生爲「忠統營」立鄉兵約。先是，高迎祥等所率軍至涇陽、三原一帶，爲抵禦其襲擾地方，先生與焦源溥、馬雲麓領導三原縣士紳和鄉勇組織地方武裝「忠統營」，時稱「忠統三先生」。忠統營存在至本年六月。此頃，高迎祥軍「往來飆忽數千里，秦無完城，獨涇陽、三原安堵，大抵多出徵與焦源溥方略云。」（屈大均撰涇陽死節王徵傳，收入本書附録二）

年初，先生歸里料理喪事之後，即常自家鄉涇陽魯橋鎮往西安，與寓居於崇一堂的湯若望神甫會面請益。先生在崇一堂日記隨筆小引中説：「崇一堂者，嚮余理維揚時，因遠西諸儒，振鐸中土，寓我省會，爰置此堂，以爲朝夕欽崇天主上帝之所。蓋天主十誡首云『一欽崇一天主在萬物之上』，故嘗謬擬一聯：『自生天生地生人生物以來，兩間無兩主宰；從有帝有王有聖有賢而後，一總是一欽崇。』遂取此義名堂，聊旌一念欽崇之意云。」（本書卷十一）可知，崇一堂之建置當在先生司理揚州時期，即天啓七年（一六二七）至崇禎元年（一六二八）之間。據巴爾托利（一譯巴篤略）著中國耶穌會史説，湯若望主持西安教務時，『信教者日衆，士大夫漸善遇之，建築壯麗教堂一所，其費用幾盡出於布施』。（轉見於費賴之著在華耶穌會士列傳及書目，北京：中華書局一九九五年版，第一六八—一六九頁）

先生回憶其在崇一堂會晤湯若望，並撰崇一堂日記隨筆的情形：「余間一躬詣，每留連十數日，多聞所未聞。此則坐間筆記之話言也。先生每夕坐間，爲余譯述西賢苦修會中奇蹟一二段，以爲日課。余覩其所述奇蹟小册，蠅頭西字，横行密排，又是單紙，兩面細印，計紙百數十葉。事少者，每葉或一段，或兩三段；事多，則每段或滿一葉，或多至兩三葉而止。

此日記隨筆，不過千百中之一二焉耳。」（本書卷十一）先生覩湯若望所述「奇蹟小冊」，當爲古聖軼事一書；而先生所記，即爲崇一堂日記隨筆。（參閱顧保鵠編著中國天主教史大事年表，上海：光啓出版社一九七〇年版，第二一頁）

三月，值舅母尚宜人百日忌，先生撰祭河東運副張貞惠公元配舅母尚宜人文以悼。（本書卷十六）

閏四月四日，先生弟徽病卒，享年五十歲。

四月，徐光啓任禮部左侍郎，管部事。

此頃，孫元化受任山東布政司參政，登萊道兵備。

六月，袁崇煥惡毛文龍驕橫，以私通後金罪殺之。

秋，先生致書鄭鄤，請爲父撰墓誌銘。鄭鄤乃撰明敕封文林郎揚州府推官濟北王君暨元配敕贈孺人張氏合葬墓誌銘。（收入峚陽草堂文集卷十二，及寶田堂王氏家乘卷五）

十月，皇太極親統兵分三路攻明，圍薊州，陷遵化等城。

十一月，金兵圍北京，袁崇煥率師入援。

十二月，思宗中金反間計，下袁崇煥於獄。

十二月二十二日，孫承宗受任兵部尚書兼中極殿大學士，督理兵馬。

十二月三十日，徐光啓奉旨指揮訓練京營兵。

是年，先生弟徽之次子永春，過繼於先生爲嗣。永春，字大春，號暘谷，邑庠生。後此，先生又過繼季弟徹之三子永順爲嗣。永順（一六二八—一七〇四），號百順，邑庠生。

李之藻輯刻天學初函叢書。刻成後撰刻天學初函題辭云：「叢諸舊刻，臚作理器二編，編各十種，以公同志。」

明崇禎三年　庚午（一六三〇）　六十歲

先生里居。

正月，皇太極率師陷遷安、遵化、灤州、永平等地。

三月，皇太極率師抵房山城下。

四月十九日，先生六十誕辰。孫承宗撰祝涇陽王葵心先生六旬壽序（收入本書附録二），歷述先生生平和兩任司理時之政績，并稱：「葵心先生，關西傑士，天下奇英。」「茲值先生周甲之辰，遠陳同志祝年之序。」天啓三年，先生撰客問，其中對當時正督師遼東等地的孫承宗的戰守之策有所批評，而此舉反倒使其更加看重先生的爲人和識見。

四月，皮島副將劉興治叛。

五月，孫承宗率師收復灤州、永平、遵化。

五月，鄧玉函病卒。朝廷遂徵召湯若望與羅雅谷自西安进京修曆。

六月，孫元化陞任右僉都御史，巡撫登萊。

八月，徐光啓陞任禮部尚書兼翰林院學士，協理詹事府事。

此頃，督師袁崇煥遇害。

九月二十七日，李之藻卒，享年六十六歲。

十月，屈大均生。屈大均（一六三〇——一六九六），字翁山，號華夫、羅浮山人，廣東番禺人。有文名，爲「嶺南三大家」之一。曾來陝西涇陽魯橋鎮拜先生祠，並爲先生撰寫傳記。（收入本書附録二）

是年，李自成率衆起事，後投「闖王」高迎祥軍前，稱「闖將」。

約在是年，忠統録三冊刊刻行世。此書是先生參與領導的三原縣一帶鄉勇武裝「忠統營」之事蹟記録和文件匯編。

明崇禎四年　辛未（一六三一）　六十一歲

正月，登萊巡撫孫元化具本上疏，請設海外監軍，并薦先生爲遼海監軍道。（此疏收入本書卷六）

二月九日，先生服滿。

二月十三日，吏部具本，請命將王徵陞山東按察司僉事遼海監軍道，赴登任事。

五月十九日，先生在京具本上疏，請辭僉事之銜，以推官監軍遼海。（此疏收入本書卷六）

五月二十三日，奉聖旨：「王徵既有旨陞用，何得復辭職銜！着作速到任管事。」

六月，先生撰創建涇陽會館記。（本書卷十六）

七月二十日，先生抵登州任所。

十月，徐光啓上欽奉明旨敷陳愚見疏，對當時戰守事提出「四言」之策：其一曰勿疑，其二曰勿遲，其三曰急用人，其四曰勿惜財。其中，勿遲和急用人兩條都提到，「速召孫元化、王徵於登州，令先發見兵」。（徐光啓集卷六，王重民輯校，上海：上海古籍出版社一九八四年版，第三一三頁）

此頃，皇太極率兵分兩路圍攻大淩河城，用紅衣大炮攻城，遂陷。嗣後，金兵行軍必攜帶紅衣大炮。

閏十一月，登萊參將孔有德等於奉命援遼途次，因京中餉糈不到，叛於吳橋，此即「吳橋之變」。

明崇禎五年　壬申（一六三二）　六十二歲

正月初三夜，登州城爲孔有德所陷，孫元化及先生被執。元化與先生欲自刎，被叛軍所阻，遂縱其乘船北去。

是春，孫元化與先生等至京師。

七月二十三日（公曆九月七日），孫元化因所部孔有德叛亂案被誅。刑前，湯若望曾喬裝煤夫負煤入獄探監，聆其告解。先是，徐光啓設法營救孫元化，未果。而先生則謫戍近衛。先生與元化訣別時，以絲帶索元化墨跡，元化遂手書與王徵交誼始末一篇。（收入本書附録二）不久，先生遇赦歸里。

明崇禎六年　癸酉（一六三三）　六十三歲

先生居里中。

二月，孔有德等降金，所攜火器大炮與精其技者皆歸之建州。

八月，金兵略山海關。

九月，徐光啓卒，享年七十二歲。内閣以訃聞，特賜祭，贈少保，謚文定。光啓一生精研曆法、算法、水法、火攻諸學，主要著譯有農政全書、幾何原本、測量法義、靈言蠡勺等多種。明史卷二五一有傳。

明崇禎七年　甲戌（一六三四）　六十四歲

三月，山西、陝西旱，大饑，人相食。

此頃，先生於里中創建仁會，乃依天主教慈善團體之制而設。仁會以食飢、飲渴、衣裸、顧病、舍旅、贖虜、葬死等七事爲急務。先生所設仁會，「全活千百人」。（張縉彥撰僉憲王端節公墓誌銘，收入本書附録二）

八月，先生撰仁會約一卷，刊刻行世。

明崇禎八年　乙亥（一六三五）　六十五歲

五月初九日，來于廷去世，享年七十四歲。應于廷子之請，先生爲撰五雲太守來公墓誌銘。（本書卷十六）

約在七月之前，先生於長安樊川北坡、鴻固原南坡買地十尋，建成卜隱之居一所，稱之爲「簡而文」。「簡而文」，典出中庸第三十三章：「君子之道，淡而不厭，簡而文，温而理，知遠之近，知風之自，知微之顯，可與入德矣。」

年末，最無節操的大學士温體仁卻彈劾鄭鄤私生活不檢，遂使鄭下獄。鄭鄤同道劉宗周、黄道周等營救之，未果。

明崇禎九年　丙子（一六三六）　六十六歲

四月，皇太極改國號曰清，自稱皇帝，改元爲崇德元年。

秋，先生所撰兩理略四卷成。在此書自序中，先生對兩任司理時的心境和政事作了回顧和總結。「比入官，以老書生兩作司理。初任平干，再則廣陵。到手事皆生平夢寐所弗及，終日懵然，攢眉作苦，祇得抖擻精神，祇憑自家意思做去。獨時時將畏天愛人念頭提醒，總求無愧寸心。曾書一聯自警曰：『頭上青天，在在明威真可畏；眼前赤子，人人痛癢總相關。』此外一切世法、宦套、時尚，弗顧也。」「感於人言，深切内訟。因追憶往昔事實數款，信筆直述於冊；又取公移之僅存者，手録以附，名之曰兩理略，用以自解。」

十二月初十日，先生撰祈請解罪啓稿。（崇一堂日記隨筆附録，收入本書卷十一）先是，先生於壬戌登第之日，即移書家人，戒「勿爲我娶妾」，以守天主教誡規。「比家之人隨居平干任中，羣念無子之故，妻女跽懇，弟侄環泣，重以父命嚴諭，一旦邪念遂興，不能堅守誡規矣。」此指先生被迫娶妾事，應在天啓三至四年之間。其妾申氏，時年十五，道光元年魯橋鎮誌有傳。自是以後，先生「極知罪犯深重」，數次請解罪於諸鐸德，咸不之許。此時，先生「偶讀彌格爾張子靈應奇蹟，及口鐸日抄内刊有罪某嚮日移書不娶妾一款，不覺慚愧之極，悔恨之極。終夜思維，年將七十，反不如十七少年功行，且虛傳不娶，而實冒邪淫之罪於莫可解。夫既不能絶人，抑豈不能自絶！況年已垂白，猶然不自決絶，甘犯上主不赦之條，空係進教之名，奚益耶？又況百危百險中，賴主祐而生還。縱及時苦修，斷絶一切世緣，能有幾許功行，報答從前公恩私恩？柰何不自割捨，日墮慾海中，以速重罰！今立誓天主臺前：從今以後，視彼妾婦，一如賓友，自矢斷色以斷此邪淫之罪，倘有再犯，天神諳若，立賜誅殛！伏望鐸德垂憐，解我從前積罪，代求天主之洪赦。」

是年，高迎祥被陝西巡撫孫傳庭俘獲，押解北京處死。李自成遂稱「闖王」，活動於陝、甘、川一帶。

明崇禎十年　丁丑（一六三七）　六十七歲

是年，先生所撰兩理略四卷由門人武昌孟道宏梓行問世。（兩理略四卷，收入本書卷一至四）

是冬，先生撰述杜奧定先生東來渡海苦蹟一文。此文杜奧定原著，方德望翻譯，由先生筆述。杜奧定（Agustin Tudeschini，一五九八—一六四三），字公開，意大利人，一六二二年入耶穌會，一六三一年至華。方德望（EtienneFaber LeFevre，一五九八—一六五九），字玉清，法國人，一六一八年入耶穌會，一六三〇年來華。

明崇禎十一年　戊寅（一六三八）　六十八歲

是春，羅雅谷卒。

是秋，先生檢出崇一堂日記隨筆舊稿，「忽復一見，不覺動今昔之感。隨手録成帙，漫加評贊於其後，以自省」。此隨筆一卷，嗣後刊刻行世。

此頃，先生家鄉建成崇一堂一所。（參見崇一堂日記隨筆小引）

此頃，先生撰歷代事略發蒙歌跋。（收入本書卷十五）

十一月，清兵破高陽，前大學士孫承宗自殺身死，子孫戰死者十數人。

是年，鄭鄤被處死刑。

明崇禎十二年　己卯（一六三九）　六十九歲

二月，先生撰析箸文簿自敍瑣言。（收入本書卷十六）

夏，先生表弟張炳璿（儀昭）授滿城縣令。先生爲文賀之。（收入本書卷十六）張炳璿，字儀昭，先生舅師湛川之公子。以貢士保舉授滿城縣令後，甫匝歲而撫綏有方，邑稱大治。然因清介不合於時，後去官歸里，杜門著書。道光元年魯橋鎮志有傳。

明崇禎十三年　庚辰（一六四〇）　七十歲

一月十九日，郭居敬卒於杭州，享年八十歲。

是年，先生致書表弟張炳璿云：「邇來百無一事於心，三碗飽飯後，一枕黑甜。余自立功課，匯輯西儒縹緗要略，每日手録五七葉，業已多半。計其全可數百葉，或成一種不刊之奇書也。擻脱塵土俗緣，料理雲霄清事。見之者每笑白髮衰弱，復作青春學子，豈其老苦未盡，抑亦書債難還？然而我固樂此不爲疲也。」（王徵全集卷十九）西儒縹緗要略一書，内容當爲王徵對西洋傳教士攜來有關天主教書籍的編譯或介紹。王徵之五世孫王介在讀明史甲申之變先端節公殉國略述梗概百韻（收入本書附録二）之注釋中稱，王徵自罷官「歸來，閉户讀書，日譯西文，闡揚聖教，以爲老來功課」。可能此書也應在其内。

是冬，先生撰成額辣濟亞牖造諸器圖説。在此圖説之自記中，先生曰：「額辣濟亞，乃全能造物主開發學人心靈，獨賜恩祐之異名也。牖造云者，是天牖厥衷，創作非常之謂。凡我世人，尋常日用，動念興思，悉有一天神領守名『諳若』者爲之照護引治。至若奇異想頭，創作希有，爲人間世所不經見之製，匪徹全能者造物主之恩牖，斷乎不能！」額辣濟亞，乃拉丁文 Gratia 之譯音，今譯聖寵。

先生又曰：「余不敏，正世所稱至愚極拙人也。一切世事不甚通曉，即家人生計，與夫時尚世局，總安愚拙，都不料理。顧獨景慕古人奇異諸製，如璇璣、風鳶、指南、奇肱，及武侯木牛流馬之類，恨不當吾世而悉得目覩之焉。若不獲覩，結想成癡。因讀西儒力藝之學，而有感於用穴用氣、用水用風諸説，恍如開悟，頓克成造種種機器，業有四伏、四活、五飛、五助及新器諸刻傳之矣。茲再續成諸器，既繪爲圖，又各以説詳之，而冠之以『額辣濟亞』之名者，蓋自知愚拙無能，匪徽造物主特恩啓牖之萬一，萬萬弗克成也。故欲傳以救世，先自感頌主恩若此。」可知，此額辣濟亞牖造諸器圖説，作爲前此所撰新製諸器圖説之續編，不僅有新的創製，而且還竭力突出了全能造物主開發學人心靈的獨特力量。

此額辣濟亞牖造諸器圖説，包括自記、諸器目録、圖説（殘篇）、論器、跋辭等幾部分。（收入本全集卷十八）。

明崇禎十四年　辛巳（一六四一）　七十一歲

是春，李自成攻占河南府，殺福王朱常洵，勢力大振。張獻忠破襄陽府，殺襄王朱翊銘、貴陽王朱常法。

是夏，先生撰滸北山翁訓子歌跋。（本書卷十五）

是冬，李自成破南陽府，殺唐王朱聿鎮。

明崇禎十五年　壬午（一六四二）　七十二歲

是春，清兵先後攻陷松山、錦州。

先生里居。

明崇禎十六年　癸未（一六四三）　七十三歲

正月，李自成破承天，稱「奉天倡義大將軍」。

是春，清兵自山東攻掠後入直隸，敗明八鎮兵遂出塞。

八月，清太宗死，子福臨即位，是爲世祖章皇帝，改明年元爲順治。

十月，李自成破潼關，旋破西安，改曰長安，號西京。

十一月，李自成破延安，更名爲天保府，米脂縣更名爲天保縣。

明崇禎十七年　甲申（一六四四）　七十四歲

正月，李自成稱王於西安，更本人名爲「自晟」，國號大順，建元永昌。

此頃，李自成欲羅致地方名士，先生知不免，決心以死抗命，於是手題墓門之石曰「有明進士奉政大夫山東按察司僉事奉敕監遼海軍務了一道人良甫王徵之墓」。旁又署一聯曰：「自成童時，總括孝弟忠恕於一仁，敢謂單傳聖賢之一貫；迄垂老日，不分畏天愛人之兩念，總期自盡心性於兩間。」又曰：「老天生我意何如？天道明明忍自迷！精白一心事上帝，全忠全孝更無疑。」李自成遣使將至，先生輒引高麗佩劍坐卧所事天主堂中。後自成使者果至，先生毅然拔出佩劍欲自盡，使者上前奪劍，因傷其手出血，大怒之下欲將先生帶回，然永春苦苦哀求願以身代父，使者乃將永春執回見自成。從此，先生遂絶粒不復食。

三月初四日，先生七日不食而卒。屬纊之際，猶握表弟炳瓚手，誦所爲「憂國每含雙眼淚，思君獨抱滿腔愁」之句，絶無一語及他。卒後，鄉人私謚曰端節先生，葬於三原楊杜鎮東北原上馬家坡北嶺上。按：方豪等説葬在魯橋鎮北轆轆耙原，不確。

三月初，李自成進抵直隸昌平。

三月十九日，李自成陷京師，明思宗朱由檢自縊死。

四月，李自成於山海關被吴三桂與清兵聯手擊敗，遂怱忙還北京。

五月，李自成於武英殿即皇帝位。不日，自成撤兵西走。同時，清軍占領北京。

十月，清世祖福臨自瀋陽抵北京，祭告天地，即皇帝位，改國號爲清，建元順治。

附録二　傳記　讚賀　祭文

明進士奉政大夫山東按察司僉事奉敕監遼海軍務端節先生葵心王公傳[一]

張炳璿

崇禎癸未之次年三月初四日，涇陽葵心王公卒於里第。卒之日，紳衿耆夙[二]思公痛公，不能置於其懷，相與唁而嘆曰：「夢夢者天耶！胡生弗辰，乃竟使此公賫志以長逝耶！」既而不忍以名名公，復相與考行，私謚稱端節先生。蓋先生生平無逸行，於法得端，節則慎。逆闖之入關也，魚肉其薦紳先生，故以僞命辱之，故先生手題墓門之石：「有明進士奉政大夫山東按察司僉事奉敕監遼海軍務了一道人良甫王徵之墓」。旁更署一聯曰：「自成童時，總括孝弟忠恕於一仁，敢謂單傳聖賢之一貫；迄垂老日，不分畏天愛人之兩念，總期自盡心性於兩間。」又曰：「老天生我意何如？天道明明忍自迷！精白一心事上帝，全忠全孝更無疑。」付其子永春、侄永年輩曰：「吾不忍七十餘年君親生成之身，辱於賊手，旦夕且求死。死以吾所題字鐫諸墓門，泉下人渠復爲名計。死不忘君，永吾志足矣。」已聞賊且使使迫促應命，先生輒引佩劍坐卧所事天主堂中待盡，囑家人勿顧念：「使果至，吾以頸血謝吾主耳！」無何，子永春以先生老病狀復有司，有司縶永春代行。永春喜得代：「第俾吾父考終命於牖下，兒即九死目瞑已！」先生亦強相慰勞：「兒代我死，死孝；我矢自死，死忠。雖不能不痛惜兒，顧以忠孝死，甘如飴也。」從此，遂絶粒不復食。家人勉進匕箸，弗御；進藥餌，亦弗御。閲七

[一] 據清王介輯編寶田堂王氏家乘卷五誌傳碑銘迻録，以涇獻文存卷六張炳璿撰王公葵心傳校。
[二] 「夙」，涇獻文存本作「宿」。

日而捐館舍。屬纊之際，猶握予手，誦所爲「憂國每含雙眼淚，思君獨抱滿腔愁」之句，絶無一語及他。

予同至親及及門視含殮，目先生脱然委蜕，金色浮滿大宅。意先生勤事天之學綦二十年，刻刻以畏天愛人爲心，至是復以憂憤盡節，滿面金色示異。君子雖不語怪，要必有不死者存。遠擬夷齊，近媲文山、雪菴先生之風，殆庶幾歟！

予既奉先生遺囑，撮先生生平大節，誌而銘之。尤念銘藏以示後世，近顧不可以無傳。維時關以西立言之士，凋謝殆盡。予鄙僿，甚辱先生情親而誼深，且知先生殊悉，有道之碑竊幸可以無愧，於是復爲之傳。

先生先世，遠莫可考。諱春，占籍涇陽之始祖也。數傳至瓚。瓚生尚仁。尚仁生雲，是爲先生王父〔一〕，世有隱德。配衛氏，生子二。長應選，純終克世，以先生貴，封文林郎、直隸廣平府推官；配張，即予姑，慈惠靜順，贈孺人。以隆慶辛未四月十九日生先生，諱徵，字良甫，道號了一道人，葵心其别號也。

先生生而穎異岐嶷。七歲出就外傅，從先大夫學。先大夫固以理學名關西，教先生佔畢〔二〕章句，灑掃應對外，即一言動不苟。已能日誦百千言，已能爲文，駿發茂美。年〔三〕十五，有修菴尚翁者，予舅氏也，過從先大夫，因晤先生，異之。試以帖括，不移晷成，斐然可觀。翁即以女許委禽焉。十六歲遊於泮。廿四舉於鄉。名理淵涵，躬行砥礪，人謂先大夫宅相之奇，先生洵無忝於魏收、劉牢之云。居恒嗤士人一甫登賢書，有則狎俠邪，使酒罵座；不則飾裘馬，豪宕不羈；有則溷公府，徵逐貨利；不則求田舍，連卷猥瑣。乃爲文自誓，壹槩范文正做秀才便以天下爲己任。故困於公車垂三十年，而絶無一字陽鱎其間。布袍蔬食，著書談玄。時而策蹇，時而徒步，謙光道氣，有滅明叔度之遺韻焉。至於事母之孝，根於天性。痛其多病，百計醫療，徒跣百里，十武一叩，以禱藥王。丙夜望斗，膜拜百數，以祈增算。居喪則不茹酒肉，不近寢室。瘠毁

〔一〕禮記曲禮下：「祭王父曰『皇祖考』。」孔穎達正義曰：「王父，祖父也。」
〔二〕禮記學記：「今之教者，呻其佔畢。」
〔三〕經獻文存無「年」字。

骨立，幾於一號殞命。邑里顧化，使人篤於毛裏之愛。錫類維則，迄今流餘風也。

壬戌，登文震孟榜進士，時年五十二矣。擢第之日，無論識與不識，莫不欣欣相賀。粹品積學，鬱然公輔之器，其有益風教民生，將未艾也。已乃司李平干，丁繼母艱。已復司李維揚，丁太公艱。實歷宦籍，纔二年餘耳。其在廣平，則辨白蓮之誣服，全活無辜以數百計。定清河之水閘，澤被石田以千頃計。演諸葛之八陣而武備飭，築成安之河壖而昬〔一〕墊拯。其他丹筆明冤，蘉魚表潔，美政難以指數。廣陵甫任，三王就封，無藝之征，王舟之費，榜人貂虎，幾以人爲脯已。先生挺身白之王前，力爲元元請命，王終折節聽之。未幾，魏璫羅織搆獄，連及舊鹾臺樊公、房公，故太守楊公、顏公。又搆黄山一案，蔓引幾數百人。奸人乘機磨牙，無一敢逆其顔行。先生獨矢天日曰：「司李，郡執法也。即某在，必不敢廢法。法不廢，齗齗者其容囓弱肉乎！倘不以平反報，司李願罷斥去。廢朝廷法而爲一己功名地，死不敢爲也。」當事卒無能奪。璫勢漸灼，人爭獻媚。白下、淮陽建祠纍纍，部使者以下，竭蹶恐後。先生獨與淮海道來公陽伯名復，毅然不往。來公與先生同里同社，同以風節表著，寧觸璫怒禍不測，必不污姓字於建祠籍中，一時有「關西二勁」之稱。

丁太公艱後，服尚未闋，會登萊叛將劉興治據島爲亂。登撫初陽孫公〔二〕悉先生長於邊計，特疏起陞山東僉憲，監遼海軍務。先生赴闕控辭，弗允。與孫公劼𡵆島事，及圖恢復金、復、海、蓋諸道。未幾，叛將授首，恢復諸務，駸駸有成算矣。而孔李二將，自吳橋激變，反刃歸登。家屬內伏，叛人外攻，侵尋至於淪陷。撅鼠羅雀，先生力竭，無異張許之於睢陽。而其間使逆黨服其忠義，不忍加害，授以艅艎，航海歸廷尉。卒徼鷄竿之赦，以返初服。此非至誠足貫金石，格豚魚，能及此耶！

返初服十五年，卻掃著書，禦寇賑饑；清貧如布素，而切己溺己饑之恥；勤渠如學徒，而開後知後覺之蒙。而且雅

〔一〕「昬」，涇獻文存作「民」。按：「昬」，同「昏」，作「民」非是。

〔二〕涇獻文存無「公」字。

量容人，和風扇物。一時提陽秋之鏡者，擬先生孝謹如石建，平恕如劉寬，籌邊如仲淹，直節如汲長孺。其創製有自行車、自行磨、引水、代耕、測漏、連弩，著成奇器圖説等書，又如法和、孔明。而惜乎其中道免官，不能大竟厥施，不能不爲斯世扼嗌云耳。然先生享年七十有四，宣髮朱顔，步履強健，談論風生。與人無城府，好獎藉後學，所過人爭延致，又如堯夫先生之花外小車，天下名碩習公藉甚。宦秦者爭先式廬，先生每切切以憂時經世相勸勉。至於銅駝之嘆，杜鵑之慨，灼識觀，至今不幸其言驗，而付之無可柰何。如先生者，夫寧可多得哉！猶憶大祲之後，邑令誤信其下，催科過嚴。先生輒手疏數百言，侃侃切直。客虞觸令之怒，先生曰：「竿牘無私，我所自信。令君信我，涇民幸，令亦幸也。即不我信，我固未嘗負令君也。」令卒謝過惟謹。先生如傷之念，此更可窺一斑。

嗚呼！先生可傳之行，更僕難數，茲僅傳其大略。

予嘗有感於士君子完品之難。子雲當世名傑，而「美新」遺訴於千秋。信公有宋之第一人也，炎午猶風其速死。蓋人居恒談忠義，扶綱常，未嘗不鋼腸鐵骨自擬，視叩馬採薇，抉目斷舌可接踵者。一當患難死生之際，或蒙袂〔一〕而不知恥，或澳涊而不能決。即甘一瞑矣，而或後時無以自白，均之於品有未完也。若先生者，跡其生平如此，按其晚節又如此。夫當逆璫操生死人權，雖望祠下拜，所損未若反面事仇之甚也。先生尚不肯屈一膝以嘗斧鑕，豈值世運鼎革，君父摧殘時，而顧偷一日之生歟哉？故人謂先生之品完於盡節之日，而予於不媚魏璫時，已覘先生品有獨完者矣。故予誌銘中特以完人與先生，秉彝同心，天下後世必不謂予阿所好也。

先生元配尚孺人，貞壽克儷厥德。側室申氏，青年貞靜，矢志靡他，小星中尤難多得。子永春，孝思篤摯，其得脱逆閹禍也，明則黔首爲之代控，幽則碧翁爲之垂憐，天祐忠孝，豈真夢夢也哉！弟徽，醇學篤行，蜚聲藝苑，乙卯秋闈，大受知於有司矣，而顧以數奇未售，先先生卒。弟徹，樸茂忘機，無間言於友。於侄永年、永祚、永齡等，猶子情深。一門孝友，尤皆

〔一〕「袂」，涇獻文存作「袂」。

爲先生完品之助，故亦傳之末簡。

嗚呼！ 稗官國史，可使修夜常明。 誰標金玉之管，尚有採於斯言。

欽詔賢良方正北平令長天臺隱者里眷弟張炳璿儀昭甫頓首拜書於怙冒山居

王徵墓誌銘

張炳璿

蓋（大小爲，長一〇三寬六七厚九，厘米）

明賜進士第，奉政大夫，兩任推官，特命遼海監軍，山東僉憲，欽崇天主耶蘇〔一〕聖教，纂修三教要略、彙集等書，了一道人，私謚端節，王公墓誌銘。〔二〕

正文（大小爲，長九五寬六三厚七，厘米）

明□〔三〕進士出身，奉政大夫，奉□〔四〕遼海監軍山東提刑按察司僉事，葵心王公墓誌銘。 嗚呼！ 此有明完人葵心王公，私謚端節先生墓也。 世當天啟、崇禎以還，天下之自爲完人必委蛇〔五〕進退，榮膴至公卿大夫，而不少顛躓也。 不則勇退，辭

〔一〕 蓋文爲「蘇」的篆體，現通寫爲「穌」。

〔二〕 蓋文全爲篆體刻工。

〔三〕 疑應爲「賜」。

〔四〕 疑應爲「敕」。

〔五〕 通「逶迤」。

導以隱約。弢〔一〕光差免，人之訾謫。再不則遘會一出，中道委蜕，其於世變，不少眥〔二〕也，亦得以領聞被也。實求其負□〔三〕大之氣，備純終之品，歷夷險考，終命之如一也，則不數數見也。粤稽王公，斯其人也，斯無愧於完之義也。按公先世遠，莫可考。可考者，春籍，涇陽之始禰也。屢傳至瓚，生尚仁，尚仁生雲，公之祖也。葆德醇固，膺高年爵，配衛鹿門，相儷滋祥，稔福所自來也。生子二，長應選，公之父，世厥隱德，讀書通大義，旁及百家諸書。封文林郎，直隸廣平府推官。母張，即予之姑，慈仁愷摯，贈孺人，皆因公貴，覃恩所迤〔四〕榮也。公昆〔五〕弟三，長公名徵，次徵，次徹，俱邑文學。公與徵同生，徹則繼母張出也。良甫，公字也，葵心，公別號也。了一道人，又公中年潛心玄理，所自稱也。萬曆甲午，公舉於鄉之歲也〔六〕。浚〔七〕廿九年壬戌，乃其擢對大還時也〔八〕。初授廣平司理〔九〕，丁繼母艱〔一〇〕。補除維陽〔一一〕司理〔一二〕。丁封公艱〔一三〕。服甫闋在籍，

〔一〕「弢」通「韜」。
〔二〕「眥」通「訾」。
〔三〕此字從疑，實難辨認，暫認爲「剛」。
〔四〕原銘爲「貤」，「貤」通「迤」。
〔五〕原銘爲「晜」。
〔六〕西元一五九四年。
〔七〕應爲「逡」，碑文中爲「浚」，若以「浚」義不通。
〔八〕西元一六二二年。
〔九〕西元一六二三年。
〔一〇〕西元一六二五年。
〔一一〕銘文爲「陽」，有關資料是「揚」，即揚州。
〔一二〕西元一六二七年。
〔一三〕西元一六二八年。

待命起陞山東僉憲，監遼海軍事〔一〕，此公所歷官也。平反冤獄，獎拔士類，緝白蓮教而玉石有分，練八陣圖而畿輔有備，拯清河之水患，理南宮之管道。大爲中丞，張公直指，劉公所倚重，此公理廣平之政績也。拒逆黨之崇祀，節王舟之濫費，辯誣逮兩淮舊鹺臺某、廣陵舊太守某，俾得復其原官，非置其身於死生利害之外，不能脫，然絕畏葸也。片言息竈場之揭竿，一筆杜黃山之木稅，詘豪右而定如皋之水閘，公掣鹽而謝徽陜之苞苴。歷代名宦，舉祀桐鄉之血食光也。天長圮橋，重葺白鶴之虹梁濟也，此公李〔二〕廣陵之政績也。監軍特命暫駐登州，議築島城，恢復海蓋。察劉興治之叛情，拒孔有德之逆狀，戰有資于充國，守無愧於睢陽，此尤僉憲政績中之卓犖可紀者也。後雖以孔李遘難航海歸，遷獄竟蒙薄譴。公之艱苦萬狀，而其間使逆將羅拜而不忍加害，金吾涕泣而不忍誣服。著書獄中，比之傳經之夏侯，周旋同難，決不負心于蔚宗。生平之節義文章，更於此有是覘也。悃愊無華，望之儼然，而不可狎者，公之貌也；恬適有容，即之溫和，而不忍去者，公之度也。是非涇渭，毫髮不爽，月旦精也，執守耿亮，千駟弗顧，如石介也。居約守貧，三十年如一日。母病茹素，重趼百里外，十步一拜，祈神迴〔三〕生，公之爲孝廉也。著書立言，十三年如一日。大祲併〔四〕食出粟，數十家待以舉火，不至捐瘠溝壑，公之返初服也。二十四而舉於鄉，五十二而擢於廷，先後蒞官甫及三載，垂橐歸里，資釜蕭然，拔葵之風，懸魚之譽，千載有同媺〔五〕也，然薄於自奉，而敦故愛客，四方之士就之如登龍門，輶軒之使，莫不式盧尊禮，所謂座上客常滿，樽中酒不空，公庶幾也。至於濟人之急，賙人之困，說項以薦人長，發矢以排人難，令有蒙於下，輸納弗均，逃亡累累，公不難手䟽〔六〕數百言爲

〔一〕西元一六三一年。
〔二〕原銘爲「李」，疑爲「理」。
〔三〕同「回」。
〔四〕同「並」。
〔五〕「媺」，「媺」通「美」。
〔六〕「䟽」，「䟽」通「疏」。

百里請命，令卒轉圜拜謝，民賴更生。非公至誠，可貫金石，未嘗顧化，若是速也，脫勤事天之學精，必研鑽以畏天愛人爲本。手録所著群書及西學要略等集，幾數十卷，冬夏無間。功或有憫，其瘁而止之，公曰：「我自樂此不爲疲也。」旁及星曆、天文、兵車、伏弩、自行之磨、代耕之牛、水法風機，種種出人意想。議者恐其巧傷其雋，而要之奇不詭正，藝不害道。公之生平學術，大抵然也。公素善飯，飲興無量，丹頰宣髮，翩翩如神仙中人。良時佳節，花外小車，清峪水際，杏花灣頭，白鷗可狎，黃鸝可聽，所到之處，人爭延致，無異堯夫之過從也。每與友契劇談，好稱說古今，忠孝陰騭，湮朘悲歌，淋漓泣下，相與感激勉勵。公固別有悲憫深情，非僅躭時送日、泣蹠愁窮者之可埒也。崇禎癸未季秋，猶偕予看菊，溫與亨社文齋中，未幾，腰膝支離，非扶鳩不能起也。顧尚，顧予自嘲：「山林麋鹿，久不習折腰屈膝也，而茲更硬其脊，挺其骨，天之有以全我也，未可知也。」於戲，曾幾何時？而思果有改革之事，公於其間不一屈膝折腰，公言殆其讖也。已而相對嗚嗚，夷齊不可尚已。淵明于晉，澹庵于宋，千古無異人也。於是手題墓門之石，閉戶待盡，絕粒歸全，迄垂危，猶北面流涕，吟一聯曰：「憂國每含雙眼淚，思君獨抱萬斛愁。」故予挽公，詩中有「最憐屬纊淚，北面尚盈顋〔一〕」，蓋紀其實也。嗚呼！跡公爲人，洵可爲氣充剛大，品備純終，才優經濟，不以險夷生死貳其心者。較之世變，未嘗僅免人訾謫，以及安享榮膴，謂之完人，可稱完人？否也。蓋棺之日趨唁奔吊，幾於罷市輟舂，〔二〕數百里外，重趼修絮酒之誼，幾無虛日。嗚呼！忠義之心，三代不泯，公真可以死也。況四世百口，共食同衣，略無間言。公嘗數舉子，數不育，後以弟徽次子永春爲嗣繼。念徹亦多子，公之副室不胤而賢，公夫婦不忍孑然已也，並取其三子永順，令其子之。永春生事死葬，盡情盡禮。一家之內，孝友婣〔三〕睦。

〔一〕「顋」同「腮」。
〔二〕原銘文「舂」上部爲「𡗗」，「臼」爲下部。
〔三〕「婣」，同「姻」。

視陳、荀公，藝不得耑〔一〕美於前，則身之效刑，于之化尤足仞，公之澤方未艾也。予與公爲中表昆季。公幼遊渭陽之門，師事先朝議。雖長予幾二十年，而以愛弟畜之。知公之深，故志墓之文未敢以不文辭也。一時賢士大夫惜公思公，七以慰藉，乃援柳下黔婁之義，私以「端節」易名，亦三代之直道也。居心靡邪，事主靡貳，其於「端節」有當，予因以完人括之，竊擬中郎之誄有道，當非阿所好也。隆慶辛未四月十九日，公之生也；崇禎癸未十月初十日，公之病也；越次年甲申三月初四日，公之卒也。里北之楊杜村，原公生前所卜之藏地也。甲申之八月念〔二〕九日辰時，藏公之年月日時也。曆日甲子四百三十有七，則公攸享之年歲也。〔三〕邑人四川彰明縣簿尚翁從〔四〕教女，敕封孺人，公元配也，申氏公側室也。子二，長永春，邑庠生，娶太學張君繩祖女，繼隱德楊君雍女。次永順，娶處士馬君之騏女，即所謂爲申氏子者也。女二，一適太學孫君燦子正宗，郡廩生，一適揮使張君鳳翊子德齡，太學生，俱尚孺人出也。侄永年，超貢生，永齡，邑庠生，俱弟徽出。永祚，邑庠生，永禧、永孝俱弟徹出。侄孫瑛，永年出，瑄，永祚出，珙，永禧出。侄曾孫胤華，瑛所出也。公嘗視諸侄，一如其子，故諸侄事公亦猶父也。故予不厭，詳爲之書也。口厥狀，跽求志而銘者，永春也。忘〔五〕其固陋，撮而爲之文者，舊北平侯張炳璿也。書丹者，獲里文學薛鳳也。篆蓋者，里社太學溫自如也。鐫石，則頻陽之高君榜也。

銘曰：

二十四舉於鄉，矢文於天，天下是肩，超然不埒世之趣纖也。三十年困公車，將母純摯，生歿盡禮，一字絕無溷公府，趠然一真孝廉也。五十二擢大遷，名實藉甚。海內名賢，轂推心折，憲邦文武，才可兼也。兩李郡而甫三禩，破柱照天，泣石

〔一〕同「專」或「端」。
〔二〕應爲「廿」。
〔三〕王徵享年七十四歲。
〔四〕原文「從」同「從」。
〔五〕原文「忩」同「忘」。

解網，威明慈祥，民瘼賴以砭也。特起監軍，而□〔一〕四月飭兵借箸，奠島拒逆，運奇如法和，死守如睢陽。厥績騰茂，宜霜鍔之政銛也。雖丁孔、李之難，逆將泣拜而不加害；雖對廷尉之鞫，金吾殞涕而難誣服，非忠誠足以感豚魚，胡齦齦者之悉懕也。薄譴而歸，立言著書，證聖事天，經世化俗，十三年如一日。其深嗜，蓋獨恬也。壽踰古稀，聰明强固。弄凡則堯夫之風月，高臥則元亮之義炎也。陽九適遘，先期善病亭立，獨行不一，屈膝折腰，以至盟心待盡，絕粒歸全。終其身，無片翳足以點巇崦也。嗚呼！叔季之世，有人如公，才奇、品奇、識奇、遇奇，而要之畸乎？人而全乎天，天全則人寒，人熱不受玷也。易名端節，直道在人，三代弗少漸也。子姓昆侄，藹藹彬彬，森森振振，靡一非則身之效天之所以完公之名、完公之節、完公之德、完公之福，非造化小兒所私添也。佳城蒽蔚，藏玉其中，堯門矗矗，清水瀠瀠。有明完人，流風興並。億萬斯年，過其墓而式〔二〕者，有同覘也。

不孝男永春、永順泣血上石

墓室外，橫，「明賜進士奉政大夫山東僉憲理學名儒私諡端節王公墓」，「明賜」「王公」爲朱紅色字體，其餘及左右側聯皆爲黑色字體。墓門，右側，「老天生我意何如？天道明明忍自迷！」左側，因王徵墓曾被盜，左側門破壞，估計應爲：「精白一心事上帝，全忠全孝更無疑。」

〔一〕此處不清。
〔二〕原銘文爲「式」，疑應爲「拭」。

僉憲王端節公墓誌銘〔二〕

張縉彥

癸未，李賊破關中。故進士僉憲王公不辱僞命死之，時甲申三月也。里人私謚曰「端節先生」。張儀昭傳其事，誌狀闕焉。越七年，子永春煢卹在疚，謂余令三原時與公最契，能悉公言行學術，託鄭乞言於余。嗟乎！余何忍誌先生？然播遷餘魂，未死者不爲死者誌，負先生哉！乃爲誌曰：

公諱徵，字良甫，號葵心，自稱爲了一道人。生而穎異。七歲，從張貞惠先生遊，已能日講百千言。年十五，文章駿發，立志落落，不與衆伍。敦大節，肆力問學。有修菴尚翁一見異焉，妻以女。十六，補弟子員。二十四，登賢書。人訝尚翁宅相之奇。得雋後爲文自誓以天下爲己任，曰：「范文正所爲，分内事耳。」困公車者三十年，芒履蔬食，以著書講學爲務。母病，徒跣百里，十武一叩以禱，病尋愈。壬戌成進士，年五十二，無論識與不識咸相慶，以爲是科得大儒矣。

司理廣平時，白蓮獄興，有司擊斷爲武，連無辜以千百計，公悉爲辨釋之。濬清河水閘，渠石田者千頃。教民以武侯陣圖，曰：「天下不可以無事之治治也。猝有變，何恃哉！」以繼母憂去。補廣陵，值三王之國，從舟執事者如林，膾人脂血爲食。公挺身白王，王爲折節。及魏閹搆黄山獄事，連巨室數百人。黠者乘機搆害，一時側目。公毅然曰：「某在，必不敢廢法，齗齗〔三〕者其容嚙弱肉乎！」以一官爭之，當事卒不能奪。建祠役興，公與淮海道來公陽伯力持不可，竟不往拜，一時稱爲「關西二勁」云。丁父憂。時島賊爲亂，登撫孫初陽疏起公爲山東按察司僉事，監遼海軍務。公赴任，規劃海事，進取金、復、海、蓋諸道，擒叛將劉興治等。時吳橋兵變，登州繼破。公航海隻身歸赴廷尉，會赦返。初服十五年，卻掃著書，

〔二〕據清王介輯編寶田堂王氏家乘卷五誌傳碑銘迻録，用涇獻文存外編卷五校。涇獻文存題作王瑞節公墓誌銘。

〔三〕「齗齗」，涇獻文存作「斷斷」。

不異秀才時。

余令三原，公里居。值寇盜充斥，每從受方略，議戰守。創爲連弩、活橋、自行車、自飛礮諸奇器，演爲圖説。三原巖邑，賊視之咋舌去，公力也。歲祲，糾仁社賑之，全活千百人。又爲書數百言，諷涇陽令之急催科者，令改容謝之。公通西學，與利瑪竇之徒羅君善，造天主堂居之。著有畏天愛人極論，爲前人所未發。〔一〕李賊入關，羅致紳大夫。公懼不免，手題墓石曰「明進士了一道人之墓」。〔二〕又書「全忠全孝」四大字付公子永春曰：「吾且死，死豈爲名？欲汝識吾志耳！」及賊使使促公，公引佩刀自誓。有司乃縶公子永春行。永春喜得代父，急赴賊所。公亦強相慰勉。從此遂絶粒不復飲啖，越七日而殂。殂之日，猶誦所爲「憂國每含雙眼淚，思君獨抱滿腔〔三〕愁」之句。顏色如生，面上浮出金光，姻戚吊者無不嘆異云。

嗟乎！李賊煽禍，臣子有死有不死，有被其掠殺而死，有遭其刑辱而死，有受僞命卒逢其怒而死，有求生不得無可如何而死。曰殉身，曰與難，人即稱之曰節，曰烈。若公者，進不與其憂，退可避其刃，而七日絶粒，談笑自若。視有宋文文山、謝疊山，其大節炳爍，豈有讓耶！謚曰端節，信有徵夫。今大清誅賊靡有噍類，余舉幟黄麻山中，慕義來朝，留滯者五年。追念我公，安能不涕泗横集也！

按狀，公始祖名春者，初遷涇陽。數傳至瓚，至尚仁，至雲，是爲公王父。子二，長應選，即公父也，封文林郎、廣平推官。公元配尚氏。子永春。弟徽、徹〔四〕，皆有文名。

〔一〕涇獻文存缺「又爲書数百言，……爲前人所未發」一段。
〔二〕「明進士了一道人之墓」，涇獻文存作「明進士山東按察司僉事奉敕監遼海軍務了一道人之墓」。
〔三〕「满腔」，涇獻文存作「萬斛」。
〔四〕「徹」，涇獻文存誤作「允」。

銘曰：與其餒於德也，寧餒於身；與其壽於身也，寧壽於名。身則躓之，名則腴之。其丘以土，既安既固，後人是覩。

陛見在京前進士兵部尚書兼翰林院學士如是道人張縉彦拜撰。

王徵傳[一]

查繼佐

王徵，字良甫，號葵心，晚自號了一道人。陝西涇陽人。生穎異。七歲，過目成誦。二十四，舉於鄉。負志節，以著書、講學、力行爲務。母病，跣百里，步一禱，病愈。困公車三十年，乃登天啓壬戌進士。司理廣平，時白蓮黨所連無數，徵盡活之。補揚州，三王之國，挺身白王，民徭減。魏祠大興，徵獨與兵監道來復持之，祁上無香火魏者。來復亦陜人，時稱「關西二勁」。黄山吴養春獄多波及，徵據法爭曰：「寧失官，不能深文。」

徵奉天主教，最闢佛事。因習西洋術，製有自行車、自行磨、引水、代耕、測漏、連弩，草奇器圖説[二]。崇禎初，降將劉興治據島叛，登萊巡撫孫元化薦徵山東僉事監軍。徵行而興治亦貼。會兵亂吴橋，還據登州。徵與元化併自繫，詣闕請罪。元化死，徵赦歸里。

著兵書曰癡想，所載有三約、三諭、四伏、四活、五飛、五助，凡二十四則。三約，約遼人也。三諭，皆邊事也。餘者，火攻之制。時無有信其用者。先是，童謡有云：「水過雁塔，李王大發。」時果水浮塔頂。迄癸未冬，賊自成乘勝入秦。徵知不免，書「全忠全孝」四大字，付其子永春，且曰：「吾必死，當鐫石墓門『有明進士奉政大夫山東按察司僉事監遼海防

[一] 據查繼佐撰罪惟録列傳卷十二致命諸臣列傳（四部叢刊本）迻録。

[二] 原本作「奇門圖説」。王徵著作各本皆作「奇器圖説」，「奇門圖説」顯係查繼佐筆誤，當據改。

軍務王徵之墓』。」賊至，手劍坐天主堂，閉口不食，七日而死。死之夕，猶誦「憂國每含雙眼淚，思君獨抱百年愁」之句。

論曰：王監軍諸著、諸器，惜不及一試。想但與山左滿巽兄一例，亦機，非能大用也。獨其奉天主教嚴，臨命猶喃喃二語。以此事天，儒教哉？嘗語其子：「死豈爲名？欲汝識吾之志耳！」知死非其所難。同人私謚端節先生，不止以其死也。

涇陽死節王徵傳[一]

屈大均

王徵，字良甫，一字葵心。涇陽人。天啓二年進士。初任廣平推官，部民爲白蓮教所誣，徵得數百人，冤者釋之。又築清河水閘、武安河壩，有功於郡。丁母艱，歸。補揚州。天啓七年，瑞、桂、惠三王就國，供億繁重，民苦之。徵上啓三王，王皆折節以聽。魏璫忠賢起大獄，搆舊巡鹽御史、舊知府樊、房、楊、顔四人。又搆黄山一獄，蔓引至數百人。吏緣藉爲奸利，將不可底。徵曰：「司理，天子之執法也。殺人以阿媚人，死且不敢。事若不直，願罷斥。」忠賢無以奪。時大江南北爭建忠賢生祠，徵獨與淮海道僉事三原來復毅然拒之，時謂「關西二勁」。

崇禎元年，登萊叛將劉興治據島爲亂，巡撫孫元化薦徵邊才，上命以山東按察司僉事往監遼海軍。時徵服未闋，赴闕控辭，弗允。至軍數月，斬興治，恢復金、復、海、蓋諸州。會孔有德自吳橋激變，反攻登州。徵城守旬餘，士飢不能出戰，城陷。逆黨重徵不忍害，使航海以歸。既下獄，會赦得釋。

闖賊初起，關中岌岌。徵歸與邑令募守禦，繕甲儲餉，爲桑梓計。流賊屢攻不能拔。賊往來飈忽數千里，秦無完城，獨涇陽、三原安堵，大抵多出徵與焦源溥方略云。十六年冬，西安陷，賊欲大用徵。使且至，徵引佩刀坐於門以待，謂其嗣子

[一] 據屈大均撰翁山文鈔附翁山佚文輯卷上（民國三十五年廣東叢書第一集鉛印綫裝本）迻録。

永春曰：「賊使至，吾必不行，當以頸血濺之。」永春叩首曰：「大人毋自苦，兒今走自成所，請死以代大人。」徵曰：「兒代我死，死孝；我矢自死，死忠。兒行矣。」既行，徵遂絶粒不食。延至五日，永春獲釋而歸，跪進湯餌。徵曰：「子之於父，當承其志。今日之事，不忍父死，是亂父志也。」揮之。又餓二日乃歿。邑人私謚曰端節先生。

其友袁養和者，字祥夫，盩厔人，繇舉人知屏山縣。獄焚，囚出避，火熄盡還獄。人皆奇之。陞衛輝同知。爲福藩採木於蜀，省金數千。遷河南知府，理南陽獄，出死囚百餘人。陞貴州副使，豫策知四川奢寇之叛。轉雲南參政，以病歸。西安陷，自成疾徵之，亦絶粒死。

屈大均曰：賊之僭號於西安也，吏部郎宋企郊爲賊進退人才，授官較士；舊副使張國紳進拷掠士紳、殺宗藩之議；舊磁州道僉事鞏焴進改八股、定官秩儀注之議。賊分鄉舉爲三等：一爲弘文院，僞館選也；次爲六府從事，僞部郎也；外爲防禦使，僞監司也。秀才亦分二等：優者充州縣長吏，次充教官。是時涇陽舉人聞而南遁者，有張惇、馬御輦；三原舉人聞而入山者，有周祚昌；縉紳則焦公慷慨，王公從容，同不污僞命以死。若袁公忠貞相繼，亦皆人傑也哉。

予嘗至魯橋拜王公祠，欷歔流涕。讀其諭叛、諭遼、諭□三書，並足餉、籌兵二議，惜其不獲早用以至死。有楊國柱者，聞徵死亦絶粒，七日不死，復食。未幾，京師陷，爲大行皇帝后位，哭奠盡哀，復絶飲食七日。家人強之，乃遯入空同山中牧羊，竟以死。國柱字叔堅，亦涇陽人，繇萬曆四十一年進士，初知泰興，入爲户部郎，出兵備河東，皆有政績。

王徵傳[一]

萬斯同

王徵，字良甫，涇陽人。舉於鄉，十赴會試不第。以孝義爲鄉里所推。天啓二年始舉進士，授廣平府推官。時治白蓮

[一] 據萬斯同撰明史稿（北京圖書館藏抄本）卷二七一忠義傳六迻録。

妖黨，株連者數百人，多爲昭雪。建清河水閘，民獲其利。以繼母憂歸。服闋，補揚州。值三王之國，部内大擾。徵直詣王前，白之王，即爲戒戢。徽州黄山獄興，其富人多行賈於揚，主者大肆羅織。徵曰：「我在，必不使無辜受冤也。」獲全者衆。大吏建魏忠賢祠，惟徵與鹽司三原來復不與，時稱「關西二勁」。崇禎初，以父憂歸。

東江副將劉興治作亂，登萊巡撫孫元化以徵素習西洋火器，薦爲遼海道監軍僉事，節制東江。未幾興治爲部下所殺，徵乃與元化謀將進取四衛。上言：「十餘年來所爲耗費金錢、荼毒生齒者，總爲遼左一塊土耳。故議者僉曰：『遼事平，天下寧。』又曰：『遼餉不增，遼須罷兵。』夫兵何易言罷也？臣謂兵貴土著，不貴客兵。管仲曰：『有節制之兵三萬，足以横行中原』，況一隅乎？計莫如收拾遼人，令善將者簡閲而訓練之。明其賞罰，施以恩威，可省徵調召募之費。因而扼要設奇，乘險樹壘，以遼人守遼土，可益堅故土之思。因而廣收膏腴，大興屯種，以遼土養遼兵，可漸減加派之困，於攘外之中，得安内之道，幸聖明垂聽報聞。」四年十二月，李九成、孔有德反於吴橋，擁兵還抵登州。其黨與爲内應。明年正月朔，城即陷。徵及元化皆被執，幽之空舍，久之縱還。元化論死。徵謫戍，已而赦歸。

十六年冬，李自成陷西安，令有司召徵，徵誓死不赴。其子永春陳父老疾狀，有司執以代行。明年京師失守，天子殉社稷，徵爲位慟哭，絶粒七日卒。鄉人私謚端節先生。

端節王先生[一]

王心敬

先生名徵，字良甫，既第後自號葵心，晚乃自號了一。卒之歸於致命遂志，故歿而士林謚以端節，至今稱端節先生焉。西安府涇陽人。生而器宇英邁。七歲從張湛川學，即言動不苟，文藝駿發。十六入庠。廿四舉於鄉，即自誓以天下爲己

〔一〕據明馮從吾撰、清王心敬增輯關學編卷六，清嘉慶七年周元鼎增修本逡録，以中華書局點校本關學編（附續編）一九八七年版校。

任，因自號葵心。識者已知先生之志所在矣。困公車者三十年，孝事兩親，餘惟講學著書爲事。芒履蔬食，一字不以干公府。母素多疾，百計醫不愈。徒跣耀州，十武一叩，禱醫宗孫真人洞，嚮夜望斗，膜拜百數，以祈增算。一時士大夫聞之豔羨曰：「良甫事親如是，他日事君鞠躬盡瘁當生死以之矣！」年五十二，乃登天啓壬戌榜進士。

當是時也，明之季葉，盜賊、饑荒，海以内連綿不絶。先生自未第時即蒿目而憂，講經時濟變之略，於凡兵陣、城守、積貯、製器之宜，無不究極其要。故初任廣平司李，即贊守飭武備，演武侯八陣以禦盜。他如辨白蓮教之誣服，全活以數百千計；修整清河之水閘，溉石田以千頃計；築成安之河壩，拯數邑之昏墊，不啻百十萬；皆其救災捍患大目。餘丹筆明冤，難指數也。甫一年，丁母憂，柴毁骨立，不飲酒食肉近寢室者踰三年。服闋，再補廣陵。值魏璫扇虐搆黄山一獄，蔓引不可勝數。先生獨矢天自誓曰：「司李，郡執法也。倘以平反斥去，是固所願。廢朝廷法，爲己身功罪計，獲罪於天，孰甚焉，死不敢爲也！」一時默全爲多。及璫祠之議興，白下淮揚，纍纍相屬，部使者以下竭蹷恐後，先生獨與淮揚道陽伯來公屹立不往，一時有「關西二勁」之稱。蓋來公三原人，與先生皆關西人也。甫一年，又以丁父艱去。計兩任司李，實歷官僅年餘耳。先生設施固百不暨一，而膽略之弘偉已聲滿紳間矣。服尚未闋，會登萊叛將劉興治據島爲亂，撫軍孫公初陽素悉先生幹略，特疏起陞山東登萊兵備僉事監遼東軍務。先生固乞終制不得請，則親赴闕自懇，卒不允，奉特旨令與孫撫經營島事，及圖恢復金、復、海、蓋諸道〔二〕。先生單車赴任，至則與孫撫慘淡經營。未幾叛將授首，恢復諸務駸駸有緒矣。而孔、李二叛將復自吳橋激變，賊黨家屬在内，外内勢合而城遂陷。先生乃以艅艎航海歸命廷尉，朝議量其非辜，特赦歸里。

是時海内盜賊益衆，而荒旱益甚。先生明見時事，知將益，於是築室於園，嚴事天之課。立心，則必以「盡性至命」爲歸，曰「心不至此則不可以對天」；講學，則皆拯溺救焚之務，曰「學不至此則言不得體天」。於救荒也，則以身倡糾仁

〔二〕「金、復、海、蓋諸道」，中華書局本誤作「金復、海蓋諸道」。按：金州、復州、海州、蓋州四衛，屬山東之遼東都司。

社〔一〕賑之，一民飢如己之飢。於禦盜也，則築城浚隍，倡鄉人固守。又籌輔車相依之勢，約合三原令君公議救援戰守之宜，復創爲連弩、活橋、自飛礮諸奇器，以出奇制勝，卒之二邑俱賴以全。厥後，兵部尚書張公縉彦〔二〕誌先生墓，謂「三原嚴邑而賊不敢犯者，皆先生之力」。蓋是時張公令三原，本從先生受方略以保境，蓋知之最詳云。

既而逆闖攻關。先生自矢以死報國，遂更號了一道人。了一者，猶之葵心之旨，而殺身成仁之志遂決於此矣。及逆闖至長安，果羅致紳大夫。先生乃手題墓石曰：「明進士了一道人王某之墓。」又書「全忠全孝」四大字付其子永春，曰：「吾且死，尚何名？要使女曹識吾志耳！」越數日，賊果指名使促行，先生引佩刀自誓。令邑者素重先生，乃縶子永春以行。先生送而慰之曰：「兒代我死，死孝；我自矢死，死忠。吾父子得以忠孝死，甘如飴也，尚何憾哉！」及永春既行，先生曰：「此行縱使賊聽我，終不可苟生賊手。」從此遂絶粒不食。家人泣進匕箸〔三〕不御，進藥餌不御，閲七日捐館舍。維時張公炳璿以至戚視含殮，目見先生脱然委蜕，金色浮滿大宅。嘗語人曰：「先生屬纊時獨把予手，誦所謂『憂國思君』，語甫畢而翛然逝去，一語絶不及他。但見其顔色如生意。」

先生三十年勤事天之學，刻刻念念以畏天愛人爲心，至是復以忠憤盡節。君子雖不語怪，要必有不死者存，遠擬夷齊，近媲文謝，夫何議焉！顧未知文謝當就義時其氣象從容，視此何如耳？嗚呼！殺身成仁，從容就義，於先生備見矣。

先生所著有學庸解、兩理略、士約、兵約、了心丹、百字解、歷代發蒙辨道説〔四〕諸書，皆傳於世。門人私謚曰端節。而海

〔一〕「仁社」，即王徵所創「仁會」。見本書卷九天學二。

〔二〕「兵部尚書張公縉彦」，清嘉慶本脱「部」字作「兵尚書張公縉彦」。按：據明史卷二百六十五列傳第一百五十三，張縉彦崇禎十六年擢兵部尚書。當據補「部」字。中華書局本失校，亦脱「部」字。

〔三〕「匕箸」，中華書局本因形近誤作「七箸」。按：「匕箸」，指匙和筷。

〔四〕「歷代發蒙辨道説」，中華書局本作「歷代發蒙、辦道説」。按：清王介賓田堂歷世諸集目録著録爲「歷代發蒙辨道説一部」，此非兩部書，「辨道」亦非「辦道」。

内深知先生者，則猶謂是特就致命遂志一節名先生耳，其實與先生生平之大志弘學未之盡云。

子永春，性至孝。當逆闖之變，威逼紳入謁，先生以死自誓。永春乃告邑令，願身代父行。及行而先生卒七日不食以死，永春亦卒無恙以歸，俱如先生父忠子孝之旨，君子以爲天倫之難事焉。永春事備載陝西通志。

王徵傳[一]

黄　節

王徵，字良甫，又字葵心，陝西涇陽人。明天啓壬戌進士。授廣平推官，開清河閘，利濟運輸。起復揚州推官，講禮正樂，政刑清簡，士民胥化，弗拜魏璫之祠。以邊才薦授登萊監軍僉事，未閱月告歸。米賊竄亂秦中，所過州縣率被殘掠。徵里居，倡立忠統營，屢出奇兵卻賊，以故涇、原一邑獨全。

自來中國多尚義理之學，而於製器尚象之旨，皆失其意，則以爲奇伎淫巧，而無與於形上之道。徵嘗嘆考工、指南而後，宗工哲匠弗傳其術，而諸葛之木牛流馬，雖擅千古，後人亦弗克發明。乃製爲虹吸、鶴飲、輪壺、代耕及自轉磨、自行車諸器。未通籍時，每春夏耕，多爲木偶以供驅策，或舂者，或簸者，或汲者，或飲者，或操瓶杖抽風箱者，機開轉捩，宛如生人。至收獲時，輒用自行車束載以歸。其所居室，竅一壁以通言語。每一人語於竅，雖前後相隔數十屋，悉聞之。（泰西德律風發明距今不及三十年，而徵時已解此理。）皆其心所發明者。

及讀艾儒略職方外紀，則慕乎多勒多城山巔運水之器，亟而幾墨得一舉手轉運海舶之術，則爽然自失。曰：「西儒所言，當不得妄，何緣當吾世而一覩之也？」以是探賾索奇，思通其術。故當其未第也，就里中金四表者，授泰西文字。既舉進士第，補銓如都，則龍華民、鄧玉函、湯若望泰西諸儒，方集都下候旨修曆。徵乃與諸儒遊，舉外紀所載質之，於是得窺西

[一] 據國粹學報第一年史篇第六期（一九〇五年）迻録。

儒所著製器圖說，而先從事於度數之學。嘗述西儒之言曰：「因度而生測量，因數而生計算，因測量、計算而有比例，因比例而後可以窮物之理，理得而後法可立也。」

卒就鄧玉函口授，而譯次之。其言曰：力藝，重學也。力如人力、馬力、水力、風力之類；藝則用力之巧法，如用人力、用馬力、用水力、風力之類，所以善用其力而輕省之也。此重學，其總司唯一曰運重。其分所有二：一本所在內，曰明悟；一借所在外，曰圖籍。所正資而常不相離者，度數之學。（原釋曰：造物主生物有數、有度、有重，物物皆然。數即算學，度乃測量學，重則此力藝之重學。重有重之性理，以此重較彼重之多寡，則資算學。以此重之形體，較彼重之形體、大小，則資測量學，故數學、度學，正重學之所必須。蓋三學均從性理而生，如兄弟內親不可相離者也。）所借資而間可相輔者，視學及律吕之學。（原釋曰：夫重學本用在手足，而視學則目司之，律吕學則耳司之，似若不甚關切者。然離視學，則方圓平直不可作；離律吕學，則輕重、疾徐、甘苦、高下之節不易協。況夫生風、生吹、自鳴等器，皆借之律吕。故兩學於重學實相輔而不可少也。）徵既發明重學之原理與支配其學之各科，又復演爲圖說：爲重解、器解、動解諸篇。

而所最精者尤在重解一篇。曰：重，何物？每體直下必欲到地心者，是物之本重。（原釋曰：本重者，如金重於銀，銀重於鐵之類。）重之體，必定自有點綫面形。（原釋曰：內有容，外有限曰形。其中點爲形心，有直綫過心兩邊不出限者爲徑。形有二：一面形、一體形。）重之心，重繫於心則不動。（原釋曰：假如有重於此，以綫繫之，果在其心，不偏不動。倘不在心，則必偏且垂下矣。）每重各有其心。有直綫過重心爲出兩限者，爲重之徑。有重綫過地心，交於地平，作兩直角者，爲重之垂徑。有重體不論正斜，皆有徑綫。從徑綫分破，其側面，爲重之徑面。有三角形，從角至對綫於中作一直綫，直綫內有重心。有三角形，其重心與形心同所，求三角形重心。有三角形，每直綫從過角重心到對綫，其分不等，爲二倍比例。有法四邊形，其重心分兩平分，爲徑。有法多邊形，其重心、形心所同。平圓與鷄子圓形，其重心、形心同所，求直綫平形之重心。每多棱有法柱，其重心在內徑中。每多棱有法體，其重心、形心俱同所。有體求其重心。每重不在其所，則必下俯地心，作正垂綫。每體重之更重，必在重之心。重下墜，其心常在垂綫。有重繫空，或高，或低，其重常等。每垂綫相距，似常相等。（以上止明一重之理，以下又以兩重相比言之。）每重徑面分兩平分。有兩體其重等，其容亦等。爲同類之重。同類之重，有重容之比例等。有兩重，其容等，其重不等，爲異類之重。重之類有二：曰乾，曰濕。（原釋曰：乾如金、石、土、木之類，不流者是；濕如水、油、酒、漿或水銀之類，能流者皆是。）每乾重繫於直綫，而想直綫有兩德，一無重，一不破。有重插於直綫，或在上，或在下，但在垂綫中者不動，否則必動而轉下。水搏不得。水面平，有水在器，被迫則必旁去。天下水，皆同類。有水之重，求其大。有定體，其本重與水重等，則其在水不浮不沉，上端與水面準。定體，其本重輕於水，則其在水不全沉，一在水面之上，一在水面之下。有定體，其本重重於水，則其在水必沉至底而後止。有定體，本輕於水，其全體之重與本體在水之内者，所容水同重。有定體在水，即其沉入之大，求其全體之重。兩水或重或輕，有兩體同類相等。其重水與輕水之比例，即兩體沉多沉少之相反之比例。凝體在水，輕於在空，視所占之水多少，即其所減之輕多少。兩體同類，同重，但不同形，在水其重恒等。有兩體，其大等，但一是凝體，一是流體，已有凝重，求流重。有凝體、流體相等，已有流重，有凝重，有凝流兩體之重相等，已有凝容，求流容。有凝流兩體之重等，已有流容，求凝容。有兩凝體相等，已有彼重，求此重。兩凝體重相等，已有彼容，求此容。有兩體容之比例，本重之比例，已有此重，求彼重。有兩體，已有本重之比例，已有此重，已有此容，求彼容。其大之比率，求本重之比率。其推論重心與夫凝體流體之容重，皆吾國三百年上之創聞。要其所言，大率分靜重學、動重學兩類。

其論製器十九條：　曰度數尺，曰驗地平尺，曰合用分方分圓尺，曰闔闢分方分圓各由一分起至十分尺，曰規矩，曰兩足規矩，曰三足規矩，曰兩螺絲轉闔闢定用規矩，曰單螺絲轉闔闢任用規矩，曰畫銅鐵規矩，曰畫紙規矩，曰作鷄卵形規矩，曰作螺絲形規矩，曰移遠盡近規矩，曰寫字以大作小以小作大規矩，曰螺絲轉母，曰活鋸，曰雙翼鑽，曰螺絲轉鐵鉗。

所用物六十六條：　曰柱，曰長柱，曰短柱，曰梁，曰橫梁，曰側梁，曰架，曰高架，曰方架，曰短架，曰槓杆，曰軸，曰立軸，曰平軸，曰斜軸，曰觚軸，曰輪，曰立輪，曰攪輪，曰平輪，曰斜輪，曰飛輪，曰行輪，曰星輪，曰鼓輪，曰齒輪，曰幅輪，曰觚輪，曰燈輪，曰水輪，曰風輪，曰十字立輪，曰十字平輪，曰半規斜輪，曰木板立輪，曰木板平輪，曰鋸齒輪，曰半規鋸齒輪，曰上下相錯鋸齒輪，曰左右相錯鋸齒輪，曰曲柄，曰左右對轉曲柄，曰上下立轉曲柄，曰單轆轤，曰雙轆轤，曰滑車，曰推車，曰曳車，曰駕車，曰玉衡車，曰龍尾車，曰恒升車，曰索，曰曳索，曰垂索，曰轉索，曰纏索、曰水戽，曰水杓，曰連珠戽，曰鶴膝轉軸，曰風蓬，曰風扇，曰活輥木，曰活地平，曰活桔槔。皆靜重學一類。

其論諸器所用二十九條：曰用器，曰用人，曰用馬，曰用風，曰用水，曰用空，曰用重，曰用槓，曰用輪、曰用龍尾，曰用螺絲，曰用秤杆，曰用滑車，曰用攪，曰用轉，曰用推，曰用曳，曰用揭，曰用墜、曰用薦，曰用提，曰用小力，曰用大力，曰用一器，曰用數器，曰用相等之器，曰用相勝之器，曰用相通之器，曰用相輔之器。

諸器能力十一條：曰能以小力勝大重，曰能使重者升高，曰能使重者行遠，曰能使在下者遞上而不窮，曰能使不動者常動而不息，曰能使不鳴者自鳴，曰能使不吹者自吹，曰能使大者小，曰能使小者大，曰能使近者遠，曰能使遠者近。皆動重學一類。

其妙乃至於用空，其神乃至於人飛。故其所言曰：省大力，免大勢，解大苦，釋大難，節大費，長大識，增大智，致一切難致之物，平易無危險也。吁戲！吾國言重學之源流，多尊之墨子。曰挈有力引無力也，動重學也。曰翟之爲車轄，須臾刻三寸之木，爲任五十石之重，靜重學也。漢誌曰：權與物鈞而生衡，衡運生規，規圓生矩，矩方生繩，繩直生準，是規矩準繩皆本於權衡，乃方圓平直之理。九章諸書言之綦詳，而獨不及於重學，豈久而失傳邪？

泰西重學發明於亞而幾墨得，殆即徵所嚮慕之人。然有亞而幾墨得創之於前，而有千百如徵者求之於後，以故泰西近百年來物質之進步，無一不資於重學。吾國則如徵其人者，已不可多得。而當時以爲曲藝，其乃詆及西儒。以爲僅資耳目，而無與於「君子不器」（見徵自敍）。今有言徵者，舉國將驚而疑之，且不知徵之爲何人，大抵皆是也。悲夫！

徵之言曰：「學原不問精粗，總期有濟於世人；亦不問中西，總期不遠於天。茲所録者，雖屬技藝末務，而實有益於民生日用，國家興作甚急也。」吁戲！若徵者，殆吾國之胡威立者爾（胡威立，英人之精於重學者，著書十七卷，分靜重學、動重學兩大支）。徵又言曰：「民生日用之常，漸有輕捷省便之法，使猶滯泥罔通，似於千古尚象製器之旨，不無少拘。

覩彼大圜輪，輪遞轉，匪一機以自輯，疇萬象之更新，而顧爲是拘拘者邪？」吁戲！使後之人有如徵者，由重學而發明萬匯物體物質之變，於此三百年間，吾國實業當不至窳敗若是，而顧爲是拘拘者邪？

當是時，葉臺山、徐元扈當國，以王佐才交章推薦，未獲起用。而李自成陷西安，脅徵使效力，則佩刀自矢不肯赴。聞京師失守，思陵殉社稷，□□入關，據地而帝。乃設帝位哭於家，七日不食死。著有兩理略、奇器圖説、諸器圖説、了心丹、百子解、學庸解、天問辭、士約、兵約、元真人傳、歷代發蒙辨道説、山居詠諸集。學者私謚曰端節先生。

黄史氏曰：予讀明史，於王徵僅一識其名而已（附祝萬齡傳）。蓋死節士也，然或以爲死於癸未十月李自成之陷西安（明季北略亦云然）。則徵之死，死闖耳。及讀陝西誌書，徵之死固在思陵殉國，□□入關之後，徵猶得爲位以哭故君。悲夫！徵以此才未盡其用，而乃不肯苟生，後之人不得聞其風，遂不能本其説而有所發明。則非徵之不幸，而中國之不幸也。後之人修史之罪也。當徵之時，唯物唯心論未入中國，而徵之言曰：耳目有資，手足有資，而心獨無資乎哉？西儒資心之書，猝難究竟，其尚俟諸異日。悲夫！設徵不遇國變死，則其所以饗後世者，亦復何限，乃僅僅得此，而後之論之者，又謂其「荒誕恣肆，不足究詰」（四庫全書總目），詆之惟恐不力。悲夫！得之三百年上，而不知寶貴，今始駭而求之，則晚矣，則晚矣！

涇陽王徵傳〔一〕

陳垣

王徵，字良甫，號葵心，又號了一道人，陝西涇陽人。父應選，號滸北，以經算教授鄉里，著有算數歌款，滸北山翁訓子

〔一〕原刊於北平圖書館館刊第八卷第六號（一九三四年十一、十二月），收入陳垣學術論文集第一集（北京：中華書局一九八〇年版）時，曾據原稿校訂。今據陳垣學術論文集第一集迻録。除文末「論曰」以下分段外，原文其他部分皆不分段。

歌各一卷。明隆慶五年（西一五七一）徵生，性聰穎。七歲從里儒張鑑遊。鑑河東運司，有學行，鄉人私謚貞惠先生。徵少受父師之訓，有經世志。年十五，修菴尚翁一見異焉，妻以女。十六補弟子員，二十四中萬曆二十二年甲午（西一五九四）舉人。九上公車不遇，芒履蔬食，以著書力田爲務。嘗慕木牛流馬之奇，自製虹吸、鶴飲、輪壺、代耕，及自轉磨、自行車諸器。每當春夏耕作，即驅所製器從事隴畝，舂者，簸者，汲者，炊者，操餅杖者，抽風箱者，機關轉捩，宛然如生；至收獲時則以自行車捆載禾束以歸，邑人奇而效之，利甚溥。所居室，竅一壁以傳語，每值冠昏喪祭，以一人語竅，則前後數十屋皆聞，名曰空屋傳聲。見者以爲諸葛孔明復出。當是時，耶穌會士利瑪竇講學京師，東南人士如徐光啓、李之藻輩，多與之遊。關中風氣較遲，然徵以屢上公車之故，亦時聞緒論，且性好格物窮理，尤與西士所言相契，遂受洗禮，聖名斐理伯。年五十二，成天啓二年壬戌（西一六二二）進士。明年艾儒略著職方外紀成，徵見之，所載奇人奇器，絶非此間聞見所及，乃私心嚮往曰：「嗟乎！此等奇器，何緣得吾當世而一覩之哉！」尋補廣平推官，值白蓮獄興，株連無數，悉辯釋之。又濬清河水閘，溉田至千頃。教民以諸葛陣圖，曰：「天下不可以無事之治治也，猝有變，將何恃？」

以繼母憂去，時（西一六二五）金尼閣在山西，乃邀至陝開教。金尼閣者，比利時人，利瑪竇卒年至中國，曾集利瑪竇筆記爲蠟頂文中國開教史。又著西儒耳目資，以蠟頂字爲注音字母，西士入中國，能閱中土文字多資焉。徵既從金尼閣習其文，乃自爲之序，并丐其鄉人前吏部尚書張問達序而刻之於陝，時天啓六年（西一六二六）五月，徵年五十六矣。清乾隆間修四庫全書，得兩江總督採進本，以是爲音韻之書，本擬著録經部小學類，後因其卷帙殘缺，附之存目。迄今言中國人習蠟頂文最先者，猶當推陝人王徵也。

是年冬服闋入都，會龍華民、鄧玉函、湯若望以候旨修曆留京邸，徵得朝夕請益，乃以職方外紀所言奇器叩之。三人因出其所藏圖籍之專屬製器類者，令徵縱觀，無慮千百種，間有與徵曩所自製者相合，竊幸此心此理同也。閲其圖繪，精工無比。然有物有像者，尚可想而像之，其詮説則盡屬西文。徵雖嘗習西儒耳目資，爲日尚淺，苦不能明其義。請於鄧，譯爲中文。鄧本醫學專家，製器非其所擅，然以徵之請，欣然諾之曰：「是不難，第須先通測量計算比例而後可。」乃爲徵指陳一切。徵雖老，天資穎悟，算學其家學，製器又夙所習，性又近，故習之數日，即能曉其端倪。於是取諸器圖説全帙，由鄧分類口授，徵信筆疾書，不期其文，期能共諳。其自序謂：「非切民生日用者不録，録其最切要者。切要矣，費工過鉅者不録，録其最簡便者。簡便矣，一器有多種不能盡録，録其最精妙者。」録既成，名之曰遠西奇器圖説録最，以天啓七年（西一六二七）正月刻於京師。譯僅匝月而已，其精力有過人者。清四庫著録子部譜録類，今刻於守山閣叢書者是也。從今視之，所謂奇者未必奇；然在三百年前，則固未有奇於此者。況今日工學諸譯名，無不溯源於是書者乎！

補揚州推官，適三王之國，從者誅求無藝，民不堪其擾。徵挺身白王，王爲折節。徽州富民吳養春，與弟爭產，弟赴東廠首其兄佔黃山獲大利。〔二〕魏忠賢提養春拷訊，詞連巨室數百人，下徵按問。徵據法爭之，全活甚衆。各省爲魏閹建生祠，揚州祠成，徵與淮海道陝人來復獨不往拜，時稱「關西二勁」。

丁父憂去。島賊爲亂，登撫孫元化亦天教徒也，疏起徵爲山東按察司僉事，監遼海軍務。崇禎四年（西一六三一）閏十一月，登州遊擊孔有德等叛，登州陷，元化被執，徵隻身航海歸。六年（西一六三三）二月，官軍復登州，論罪遣戍，尋遇赦歸，不復出。

關中寇盜充斥，三原令張縉彥乃從徵受方略，議戰守，爲連弩活機、自行車、自飛礮，以資捍禦，閭里獲安，皆徵力也。歲祲，結仁社賑之。十六年（西一六四三）李闖入關，羅致薦紳，知不免，手題墓石曰「明了一道人之墓」。闖使至，徵引佩刀自誓，乃繫其子永春去。徵素德於鄉，鄉人以身贖者百人，永春得不死。十七年（西一六四四）京師陷，徵聞變，絕粒七日卒，年七十四。門人謚曰端節。

所著書，自奇器圖説、諸器圖説外，尚有學庸解、百子解、天問解、兩理略、了心丹、癡想語、任真語、耆鏡、士約、兵約、鄉兵約、兵誓、屯兵末議、甲戌（西一六三四）紀事、草野杞談、感時俚言、特命録、忠統録、路公繪心録、元真人傳、張貞惠公年

〔二〕黃山吳養春一案，並非「與弟爭產」而起，事詳本書卷四之兩理略四查報黃山一案。

譜、崇正述略、事天實學、真福直指、歷代發蒙、辨道説〔一〕、畏天愛人論、憂旱禱天歌、西書釋譯、西洋音訣、山居題詠、景天閣對聯、籲泰三因等各一卷。籲泰衷言四卷，尺牘二卷，尺牘遺稿四卷，奏議一卷，文集二卷，又四卷，均存目待訪。又有經集全書二十七卷，不知爲何書，其卷數與新約聖經同，疑徵晚年家居所譯新約也。

永春子𤩽，𤩽子承烈，清康熙己丑進士，刑部尚書。承烈子穆，雍正癸卯舉人，以詩書世其家。

論曰：陝西自昔爲國都，西域人至者，多取道敦煌以至於陝，其爲中西文明之樞紐宜也。明季西域梗塞，西士至者多由海道至東南，與陝宜風馬牛不相及。然以景教碑新出土（西一六二三）之故，西士至陝訪碑者踵相接，秦晉教務，遂與東南俱。若王君者，亦徐、李之流也。然王君奮興，尚在景教碑未出土之前，則所謂豪傑之士已。今陝西通志、涇陽志皆有王君傳，然不詳，且於其信仰均不之載。張縉彦爲君墓誌稍詳矣，然徒稱其政績、其死節，於君學術無所闡揚。原墓誌有「公通西學，與利瑪竇之徒羅君善，造天主堂居之，著有畏天愛人論，爲前人所未發」一段，康熙涇陽誌亦刪之，一若以此爲君諱者。夫服膺耶穌而可諱，則真恥爲君子者矣。予纂中國基督教史，掇拾諸書，爲補傳如此。又深歎明季諸儒之事西學，多在強仕服官以後，老而不倦，爲不可及也。

王徵〔二〕

J.C.楊　王重民

王徵（字良甫，號葵心〔三〕、了一道人），一五七一年五月十二日—一六四四年。科學家、學者、明代官吏。陝西涇陽人。

〔一〕「歷代發蒙、辨道説」，非兩部書，實爲一部書。參見本卷王心敬端節王先生注。

〔二〕據美A.W.恒慕義主編清代名人傳略上册第九一—九四頁迻録。該書上、中、下全三册，由中國人民大學清史研究所清代名人傳略翻譯組譯，西寧：青海人民出版社一九九〇年版。

〔三〕「葵心」，王重民此文誤作「癸心」，逕改。

其父王應選（號滸北，一六二八年卒）在家鄉私塾任教，曾著有算術歌訣及滸北山翁訓子歌兩書，篇幅均較短。王徵於一五九四年中舉人，但是直到二十八年後的一六二二年才考中進士，其間九次落第。據説他這次會試考卷至今還保存在西安陝西省立圖書館。他是一個對實用科學深感興趣的青年，有意改進農具。據説他曾製作一些新式農具供他自己的農莊使用。他撰有一部附有圖樣的著作諸器圖説一卷，一六二七年完稿。這部書記述了這些農具的改進方法。他多次進京參加會試，故有機會結識一些耶穌會傳教士，并接受洗禮，教名斐里伯（Philip）。一六二三年，他在職方外紀一書中得知歐洲一些國家有關機械發明的知識，爲之振奮不已。大約在一六二三—一六二四年，任河北省廣平府推官。他在該地斷案公正，百姓有被誣指爲參與一六二二年白蓮教暴亂者，均予平反開釋。

一六二五年，王徵因繼母去世奔喪還鄉。他在家鄉期間，邀金尼閣（Nicolas Trigault，字四表，一五七七—一六二八）從山西到陝西傳道。同時，他還嚮金尼閣學習拉丁文，因而有人認爲他是第一個學習這種外國語的中國人。一六二六年，他和韓雲編輯並刊行西儒耳目資一書。此書是金尼閣爲解決漢語讀音問題所編撰的一部著作。此書刊刻所費皆由王徵同鄉張問達（字誠宇、德允、德孚，一五八三年進士）及張之次子（保羅）張緟芳（字敬一）資助。一六二六年末，王徵去北京，他在北京會見龍華民（Longobardi）、鄧玉函（Terrenz）和湯若望（Schall ron Bell）三人經徐光啓推薦，奉諭修訂中國曆法。王徵熱心好學，遂乘機嚮傳教士學習各種知識，尤其是實用科學。約一個月以後，他在鄧玉函協助之下，翻譯出一些來自歐洲的有關機械原理與器械的書籍，他並繪圖説明，輯爲遠西奇器圖説録最（一般稱爲奇器圖説）三卷，一六二七年在北京刊行。王徵在一六二七年爲此書所寫的序言中指出：陝西省新發現的景教碑文上所載教義與基督教義相同。

奇器圖説和上述的諸器圖説一八三〇年由王徵的同鄉張鵬翂（號補山，一八二一年舉人）重刊，後於一八四四年收入守山閣叢書。這兩部書中的一些機械專用名詞術語肯定已永遠進入漢語詞匯。一六二七—一六二八年間，王徵任揚州府推官時，與陝西同鄉淮揚道來復（字陽伯，一六一六年進士）拒不往拜人皆唾棄的魏忠賢新建生祠。由於他們謹慎自守，後來人們稱之爲「關西二勁」。一六二八年末，王徵返里奔父喪。因山東半島登萊巡撫孫元化之薦，授王徵遼海道（據國立北平圖書館館刊八卷六期陳垣涇陽王徵傳：「孫元化……疏起徵爲山東按察司僉事，監遼海軍務。」所載與本文略異——譯者）駐登州。一六三一年八月一七日，王徵到任。半年之後（一六三二年二月二十一日）登州落入耿仲明和孔有德之手。孫元化爲叛軍所俘，後被釋放，王徵則脱逃並返回陝西。翌年（一六三三），他因失守登州被處流戍，但旋即遇赦。此後，王即潛心著述，未再出任官職。一六四三年，李自成攻占西安後，邀王徵前往聚義，徵堅拒之，並聲稱寧死不附賊。當其得知李自成於一六四四年四月二十五日攻陷北京，竟絶食七日而死。門人私謚「端節」。後來清高宗皇帝追謚爲「忠節」。

王徵的著作已知的有三十多部，但現存的只有少數幾部。除上述著作外，還應提到幾本不太知名的書。其一名畏天愛人極論。此書一卷共五十六頁，一六二八年著，原稿現存巴黎國立圖書館。書中有一條注釋説明：此書曾由鄭鄤評點。鄭鄤，學者，與王徵爲同年進士。王徵寫此書，旨在期望儒家與基督教可在「畏天愛人」共同宗旨下融爲一體。此書的書名即體現出這一想法。還有一本仁會約，計四十七頁。王徵親友爲增進基督教知識並身體力行而發起「仁會」以互相切磋，徵乃於一六三四年草擬此約並予刊行。一六三八年，王氏刊行崇一堂日記隨筆一卷，內收湯若望（Adam Schall）一六三〇年赴北京之前在陝西西安基督教堂（崇一堂）歷次談話中嚮他講的許多西方故事。王徵在西安時，還幫助方德望（Etienne Faber）將杜奧定先生東來渡海苦蹟一書譯成中文。此書記述傳教士杜奧定（Augustin Tudeachini，一五九八—一六四三）一六三一年來到中國之前在航海東渡中所經歷的艱險事蹟。王徵在廣平和揚州任職時所寫的公牘判詞，輯爲兩理略四卷，於一六三六年刊行。

王徵有一重孫，名王承烈（一六六〇—一七三〇，一七〇九年進士），是一位從政的學者，官至刑部侍郎。

王徵〔一〕

方豪

王徵字良甫，號葵心，又號了一道人、支離叟。聖名斐理伯。門人謚曰端節，乾隆時追謚忠節。陝西涇陽魯橋鎮〔二〕人。

明隆慶五年（一五七一）生，比楊廷筠小十四歲，比徐光啓小九歲，比李之藻小六歲。

父應選公字滸北，在鄉里教授經算，著有算數歌訣和滸北山翁訓子歌各一卷。

母張氏，慈惠勤儉，在王徵鄉舉後去世。

王徵七歲起，即跟母舅張鑑讀書，尊稱「舅師」。鑑字湛川，曾任河東督運司。王徵後來在機械方面發生興趣，也得之於這位「舅師」。

二十四歲（萬曆二十二年）中舉人，但到五十二歲（天啓二年）纔登進士。

王徵最早接觸的西洋教士，大約是西班牙人龐迪我。龐氏於萬曆四十二年（一六一四）完成七克，是年冬，或次年春，王徵已在家中讀到了這本書，他信天主教很受這本書的影響。萬曆四十四年是「大比」（考進士）之年，所以萬曆四十三年冬，或次年春，王徵即在京師會見了龐迪我。大約就在這時受了洗，他已四十五歲了。

崇禎元年（一六二八）他著了一部畏天愛人極論，曾說他研究宗教達二十餘年：最先是佛教，然後是道教，最後纔接受天主教。

天啓元年（一六二一），即王徵受洗後五年或六年，他爲楊廷筠所撰徵信論即代疑篇作序，極力説明「信」的重要，更解

〔一〕據方豪著中國天主教史人物傳（北京：中華書局一九八八年版）第二二六—二三三頁迻録。

〔二〕原作「魯鎮」，當作「魯橋鎮」。

釋「死信」和「活信」的區別。

天啓六年(一六二六),他協助金尼閣神父完成西儒耳目資,這是第一部研究用羅馬字爲漢字注音的書。金氏的動機,原祇是幫助後來的西教士讀認漢字,所以稱爲西儒耳目資,他當初並未想到這本書竟成了我國音韻學史上劃時代的巨著,而王徵的貢獻也是很大的。此書早已絶版,民國二十二年,北京大學和北平圖書館重爲影印。

天啓七年(一六二七)鄧玉函口授遠西奇器圖説,即由王徵「譯繪」。原來天啓六年冬,他又到京師去應試,會見了龍華民、鄧玉函、湯若望三人。當時正是金尼閣帶來七千部西書後不久,其中有不少最新的科學書。不久以前,西安附近又出現了景教流行中國碑,王徵大爲興奮。他從小富好奇心,喜歡讀奇文,交奇人,研究奇器,而這部奇器圖説便成了我國第一部介紹西洋物理學和機械工程學的書。但王徵自認這祇是「器書」,至於「義理全書」,他自謙「力有未逮」,而希望有「大手筆」出來完成,也就只好「俟之異日」了。

王徵信教後,在文字中常倡導「畏天愛人」。又造教堂以居西洋教士,名曰「崇一堂」,指欽崇惟一天主也。著有崇一堂日記隨筆,末有祈請解罪啓稿,是專爲他自己娶妾認罪而作的。

天啓二年(一六二二),他竟敢以「爲奴氛日熾,人心動摇,敬陳祈天固本簡要三事」上疏。當時號稱爲中國天主教三大柱石的楊廷筠、李之藻、徐光啓三人還都在世,官職都不小;他是布衣,卻能言人所不敢言。何況當時他也許尚未領洗,或受洗不久,更值得欽佩。

天啓三年,他出任廣平推官,在任祇幾月,因母喪去職。七年,任揚州推官。次年,又因父喪歸鄉。

王徵以介紹西洋物理學和機械工程學爲我國學術界所推重。但他所著奇器圖説附有諸器圖説。前者介紹西洋學説和機械,後者卻是他個人研究發明的。此外還有一部額辣濟亞牖造諸器圖説手稿,藏天水圖書館,至今還没有印行。「額辣濟亞」是拉丁文「天主寵恩」Gratia 的譯音,「牖造」指天主默牖或啓示。我曾對王徵自製的器具,從各書上加以統計和考證,共得五十五種:

自行車、自轉磨、輪壺（即自鳴鐘）、代耕、連弩、活動兵輪、活動擂木、活揭竿、活舂竿、活閘、運重機器、活動地平、龍尾、鶴飲、虹吸、恒升、活杓、弩機、火機、天球自旋、地塹自收、日晷自移、月規自轉、水輪自汲、水輪自升、火船自去、火雷自轟、風輪轉重、風車行遠、雲梯直上、雲梯斜飛、氣足發矢、氣足傳聲、機淺汲深、機小起沉、自轉常磨、自行兵車、活臺架砲、活鉗擒鐘、靈竅生風、妙輪奏樂、通流如海、神威驚敵、拒馬刀、西洋神器測量定表、榨油活機、螺絲轉梯、折疊藏梯、千步弩、十矢連發弩、袖弩、袖箭、斷絃箭、弩彈弓、水銃等。

以上有些註明已試驗成功，有些已製成模型。

奇器圖說在目録中分起重、引重、轉重、取水、轉磨、解木、解石、轉碓、轉書輪、水轉日晷、代耕、水銃、取力水、書架、人飛等。但正文和目録並不完全符合，例如「轉書輪」在正文中只有「書架」；「取力水」不見於正文，大約即「水銃」；「人飛」亦不見於正文；「取水」包括「龍尾車」和「恒升車」；「水轉日晷」正文無「轉」字；每題包括項目有只一二項的，也有多至十一項、十五項的。

說明所用的記號是用二十個拉丁字，王徵的用意是要利用它的難記，讓讀者「怪而尋索，必求其得」。這二十個拉丁字和漢字讀音都見於西儒耳目資。但守山閣本已改爲甲、乙、丙、丁等。

對於這些外來的儀器，王徵也有不完全贊同，而有意爲之改良的。

本書正文既有若干處和目録有出入，已可見成書的倉促。最重要的是原來的計劃，全書本分四卷（見卷一前），後來卻將第三、四卷合爲一卷。

本書有凡例九則，說明研究機械工程所必須旁通的學問、譯書時所用十八種參考書、必備的工具、圖中說明所用的拉丁字記號等。

這兩部書的版本，可以略舉如下：一、天啓七年（一六二七）揚州初刻本，武位中較梓；二、明刻清印本，有七世孫王介所撰明關學名儒先端節公全集序，時在嘉慶二十一年（一八一六）；三、古今圖書集成，經濟匯編，考工典卷二四九所收，集成始纂於康熙時，完成於雍正六年（一七二八）；四、費賴之在華耶穌會士列傳所記崇禎元年（一六二八）南京刻本，此本恐無根據，或由於武位中爲南京人，自署「金陵武位中」而誤解；五、道光十年（一八三〇）來鹿堂刻本，但並非完全重刻，只是將原板漫漶部分挖刻；六、道光間守山閣叢書本；七、光緒三年（一八七七）本，書名和序文，改奇器圖説爲機器圖説，大約是爲配合「洋務運動」；又把諸器圖説列於前，以示重視著作高於翻譯；八、叢書集成初編本，但只是影印守山閣本。

奇器圖説所依據的原本，也在民國三十五年在北平北堂圖書館發現四部：一、Vitruvius 所著拉丁文建築術（DeArchitectura）；奇器圖説譯其姓氏爲「未多」；二、SimondeBruges 所著拉丁文數學記録（Hypommemata Mathemstica），書中譯其名爲「西門」；三、GeorgiusAgricola 所著論金屬物（DeReMetallica），書中譯著者原名含意曰「耕田」；四、AgostinoRamelli 所著論各種工藝機械（LeDiverseetArtificioseMachine），書中譯原著人名曰剌墨里。圖中人物以及器具藻飾，多已改爲中式，但書架圖，書輪上的書雖已改爲中式綫裝書，而書架上的書卻依舊爲洋裝西書。

崇禎四年（一六三一）二月，王徵受教友登萊巡撫孫元化的推薦，出任山東按察司僉事。五月入都，上疏懇辭，疏入不允。七月二十日到登萊。閏十一月，遊擊孔有德等叛。十二月二十二日，孔部逼登州，元化還派人去招降，不料有遼人内應。五年正月初三夜，登城陷，元化、王徵等被執。六年，官軍收復登州，兩人都論罪。王徵原定是謫戍，後遇赦回鄉。王徵將出戍時，曾以絲帶索元化墨迹，元化書兩人相交始末（此書一部分將在孫元化傳[一]發表），可見兩人謀國之忠，和奉教之誠。

王徵回家後，到崇禎十六年（一六四三）十月初六日，李自成攻入潼關，十一日西安不守，想羅致一些有地位的人士，以資號召。王徵不願爲他們利用，但知道抗拒的結果，將難免一死，所以他自題墓碑曰「明進士奉政大夫山東按察司僉事

[一] 孫元化傳，見方豪著中國天主教史人物傳第二三四—二三九頁。

奉敕監遼海軍務了一道人良甫王徵之墓」，以示一死的決心。李自成派來的人到達時，王徵取佩刀發誓不從，結果將他的兒子永春捕去。後因鄉人百人願以身贖，永春得不死。

相傳崇禎十七年，王徵聽說京師陷落，絕食七日而卒。但據其表弟張炳璿所作王徵傳，王徵三月初四去世時，他是唯一在旁的人，王徵終前還和他握手，並没有說他自殺。明史卷二九四列傳第一八二，忠義六，祝萬齡傳，記萬齡是投環死，王徵等七人「抗節死」，那祇是說他們不肯從命而死。

王徵的故居，現尚存在，一部分已售與天主堂，並曾充關西主教座堂。王氏家祠已爲九、十兩代後裔出售。墓在魯橋鎮正北轆轆耙原。

王徵所著書，尚有兩理略、忠統日録、學庸書解、士約、兵約、客問。以上諸書，現陝西高陵縣通遠坊天主堂尚有殘版。畏天愛人極論、仁會約，以上二書巴黎國家圖書館有藏本；崇一堂日記隨筆，獻縣耶穌會及梵帝岡圖書館有藏本；杜奧定先生東來渡海苦蹟，亦藏巴黎國家圖書館，余已全部録入拙著中西交通史第四册第六章第九節，以其爲十七世紀初東西交通的稀有文獻。山居詠，盧冀野先生收入飲虹簃叢刊。西儒縹緗要略，未見，大約是一部記述西教士著作目録的書。張炳璿所作王徵傳中還列有很多著作，已不傳。

七世孫王介曾編正學齋文集三十卷，有端節公文集、端節公尺牘全集，但似僅有抄本。民國十四年，柏堃輯涇獻文存，收王徵詩文二十四篇；又印行王端節公遺集四卷，收文三十三篇，列爲涇陽文獻叢書第一種。二十二年北平圖書館館刊八卷六號發表王徵遺文抄，共十八篇。五十三年十二月我在國立臺灣大學文史哲學報第十三期發表王徵之事蹟及其輸入西洋學術之貢獻，共收文五十一篇。

明壬戌進士監遼海軍僉事兵憲大夫鄉謚端節王公像讚〔一〕

張炳璿

師志卓，師藴奇。色晬而頤豐，盧湛而眉祺。溯厥品行，酷似渭陽，蓋媲先朝議貞惠之令儀云。而哀然者異，晚擢巍第，三事咸推，矯矯特立，如靈光之獨巍耳。兩司劇理，丹筆春熙，甫持憲節，氣瀞海涯。奠覺華島，聳之伓碑，駸駸乎試壯猷於文武，立將策勳於鼎彝矣。變丁孔李，誓死靡虧。屹素心兮若山，甘白刃兮如飴。究迺飛濟大沽，歸命廷尉，卒邀鷄竿以解。雖則碧翁之所以全純忠，渠僅棘寺持平得而私哉！弢光十稔，巇窠栖遲。拯大饉，沐瘡痍，不以去位而忘主，不以懸橐而慫施。孜孜乎畏愛天人，雖似癖耶穌之學，此生平好奇則然。然中之所存，壹以忠孝爲基，一綫到底，八風弗移。故士君子私謚端節，洵頹波之砥柱，已堪不朽乎來兹。至逢闖難，矢日傾葵，始引干將而仿李芾，繼絶薇蕨而侶伯夷。即屬纊之密際，猶以痛淚洗面，扶枕稽顙，瞻魏闕而長嘻。嗟哉！先生倘得早登樞軸，少綏霆箕。文山乎？疊山乎？先武侯而後法和，不尤繫九鼎於一綫歟？惜乎千秋立冥，六鰲斷揞。總之，天實爲之，非人力所能爲也。儼然肖像，劍履陸離。遺編烱烱，泰山嶷嶷。敬書小讚，竊比諸炎午悲些，臯羽涕洟。庶幾海内之後死，不甘與諸蜍之同奄奄者，尚有感於吾師耶！張炳璿撰。

〔一〕據清王介輯編寶田堂王氏家乘卷五誌傳碑銘迻録。

祝涇陽王葵心先生六旬壽序〔一〕崇禎庚午四月十九日

孫承宗

葵心先生，關西傑士，天下奇英。萃太華終南之秀，九千里靈毓真儒；紹外王内聖之傳，五百年篤生名世。才高北斗，嘗徹通乎三教九流；品重南金，實力振夫五常十義。仁愛居心，慈祥成性。惠早孚乎桑梓，澤更被及寰區。斯真大德之必得，允宜五福之兼備者也。

先生妙慧天生，靈機夙悟，時方七歲，文力掃乎千言；年未十齡，名早馳乎四表。而且秉彝惟孝，孺慕終身，同氣篤恭，友於白首。母病籲天，徒跣拜神祠於百里；父疴禱地，誠心增壽算於遐齡。孝子之稱，徧乎族黨；神童之號，達於家邦。蓋自幼而敬天愛人，誠畢世而希賢崇聖者矣。當其稽古力學，書十行而齊下，過目難忘；道一貫而輒通，觸心即悟。弱冠登賢書，早魁秋榜；中年成進士，晚領春官。中外慶得人之美，朝廷羡獲士之真。

出理平干，握符畿輔。熄煽亂於白蓮，生全萬姓；開閘堤於清水，利濟千秋。時流氛正熾，邊寇方猖。設三韜六略之謀，演八卦五花之陣。壁壘一新，風雲變色，旌旗四布，魑魅潛蹤。神傳圯上之褒，出於天府；策裕隆中之讚，書自帝庭。真無忝乎張子，寧多讓於武侯耶！至若行磨、飛車、流馬、木牛之製，巧奪天工；代耕、連弩、虹吸、鶴飲之傳，奇非神授哉！

迨夫補維揚，守邗土，結欽案，釋冤囚。導三王駕而不騷，德早徧乎江北；抗巨璫祠而弗拜，風獨勁乎關西。共嘆黄山無誣獄，咸歌江水共恩波。淚乎奄風既息，文教亶興。作禮樂於宫牆，金聲玉振；約士夫於壇坫，俗化風清。戴德無

〔一〕據清王介輯編寶田堂王氏家乘卷二採輯羣書迻録。孫承宗此文原載於高陽孫太傅文集，尋訪該文集暫未見。孫承宗（一五六三—一六三八），字稚繩，號愷陽，保定（今屬河北省）人。萬曆進士，官至兵部尚書兼東閣大學士，曾督師山海關外。著作有高陽集、督師全書等。

涯，生祠衆建。

喪親有痛，旅櫬遙歸。先生之守制也，至性天成，泣血幾於滅性；仁心物與，拯災出自苦心。憫饑饉之連年，流離滿道；痛盜賊之四起，擄掠長驅。用是出粟賑荒，災黎普濟；築城禦侮，流寇是殲。夫人典珥以犒軍，公子揮刀而破虜。里壯聞風，勇先百倍；門生集義，忠更同盟。立忠統營於池陽，剿寇爲全秦保障；濬廣惠渠於涇北，灌田獲萬頃膏腴。井里三千，方欣父母妻孥之養；生靈百萬，始樂身家性命之安。

爾乃廬墓著書，閉門闡道。探玄秘於石室，著論五千函，皆達天立命之言；傳教化於西儒，間關九萬里，悉泛海從游之士。方今將相交疏，才推王佐；公卿共薦，器許帝臣。行見恩綸下詔，入讚皇猷；敕命特頒，出修國政。僕羈身山海，翹首雲天。茲值先生週甲之辰，遠陳同志祝年之序。夫聖主需賢，召用即爲他時之左券。況仁人必壽，延釐又寧待此日之長歌也哉！

與王徵交誼始末〔一〕

孫元化

往從西鐸，知涇陽有葵心王先生。壬戌乃見，便浪遊渝關，不再相聞矣。癸亥回，則先生司李平干，内艱去。遼稿一冊，附西鐸爲問，他無言也。丙寅冬，先生除服謁選，余再從寧遠歸職方，益聞所未聞。蓋嚮者道義相許，至是乃更得其巧思絶學。而所謂道義許，即與翁同得之西鐸，亦未有一聞不待見，一見不待試，若許翁之深。其所以深，余不自解，而翁何能相解？即丁卯春，余得譴投閒，兩筐一兜，蕭蕭揮手，故知不避嫌忌，坐視行色者，先生一人。此世俗賢豪所尚高致義舉者，而兩人結契，并不在焉。翁補理廣陵，仍從西鐸，一相聞，彼此數行，淡然玄漠。戊辰，余賜環，道出廣陵，固知翁望見故

〔一〕據方豪撰孫元化手書與王徵交誼始末注釋（載真理雜誌第一卷第二期，一九九四年）迻録。

人甚切，而偶取他途，非必不見，乃不必多一見耳。未幾，翁復外艱歸。余入部，出關垂一年，在虜外七月，尋往登萊。此兩年者，日在駭浪驚濤，遊魂夜跳，萬死餘生，乃復入此苦海，爲國爲身，人惟求舊。西鐸有言：「友，第二我也。」我非第二翁，翁實第二我。翁才望高出一時，長安以勢要相許者，不亞於余之道義；而余不顧勢要之足奪與否，毅然請之，亦心知翁之自必不以勢要奪也。不意一片癡腸，終成大夢，潦倒詔獄，卧廢已死。翁同苦而尚以其苦餘，左右提挈子弟童僕之事，周至有加。蓋自宦登，而無五日不一再見者半年；自乘城而無日夜不一再見者半月；自陷賊航海，下北司，過西曹，而日止一再刻不見者半年餘矣。今翁重擬謫戍，黯然言别，以絙索手迹爲長途疏伴。余手受刑五次，加掠二百餘，至今酸楚搖顫。間一舉筆，横直宛轉，起止之間，皆不自繇。手之好也，猶不能書，况其病乎！乃書交誼始末，前淡若水，後苦如荼。翁見其書，如見其病。亦請翁書此，使兒曹識之，更見翁書，即如見翁之同病，而且救乃父病也。壬申七月，吳人孫元化書。

讀明史甲申之變先端節公殉國略述梗概百韻[一]

王介

小序

端節公諱徵，字良甫，號葵心，萬曆甲午亞魁，天啓壬戌進士。初授直隸廣平府推官，佑善褫奸，明允著譽。熄白蓮亂，生全萬民；開清河閘，利濟百世。生平深得諸葛忠武之學，演設八陣，教習三軍，俱有經濟。起復揚州，導三王駕，無所擾。魏閹構黄山獄事，公抗爭，生全數百人。及建魏祠，獨不往拜。登萊遼海巡撫孫元化特以邊才薦，陞山東按察使司僉事，監遼海軍務。未閲月有登萊之變，遂回籍。值流寇發難，倡立忠統，堵賊保民，涇原獲安。當道薦爲王佐才，未展其用。及闖賊陷關中，徵避鄉曲。賊屢迫脅，佩刀自矢。手題墓石，付子先孝恭公永春曰：「欲以一死謝吾主耳！」聞京城失

[一] 據柏堃輯編涇獻詩存卷三迻録。詩旁小字乃王介原注。

守，設帝位哭於家，七日不食死。學者私謚端節。公生平事詳明史、一統志、陝西通志、涇陽縣志、續表忠記、古今圖書集成、皇明紀事本末、增太平廣輿記、三世鄉賢稿、揚州府志、廣平府志，及各野史，明末國初諸名公詩文集等書。

明季天下久崩裂，崇禎天子獨泣咽。
天子聰明頗英察，朝夕兢兢臨棖闑。
勵精圖治勤不倦，國事日非不可説。
邊氛愈熾震陵寢，社稷立見就杌隉。
朝廷黯淡無顔色，朝夕散亂不成列。
闖賊長驅入神京，城守無人任剪刷。
將士離心不戰鬪，暮春之月國運竭。
可憐皇帝聖明君，十七年來日憂惙。
國家有君無臣子，一朝國破自經絶。
母后太子與諸王，一一殉國無遺孑。
盈庭文武盡肉食，爲問誰人能死節？
惟有先臣在草莽，一死社稷賴不滅。
先臣本是奇男子，毓秀鍾靈一俊傑。
生而穎悟自軼倫，正直聰明不戲媟。
兒時早慧善屬文，一試千言成綵纈。
四座聞之驚起立，目以神童不敢褻。
就中尚公有特識，願結絲羅綿瓜瓞。公天資夙慧，七歲就外傳，方授句讀，見同舍生作文，即執筆學之，灑灑然一千言立就，一時驚詫以爲神童。彰明簿尚公特奇之，遂妻以女。

幼童泮水青芹採，弱冠蟾宮丹桂掇。年十六入泮，二十四舉賢書。

從遊運同張貞惠，舅氏傳授最真切。

冢宰張公牛司寇，當朝鼎石號稷契。

深得真傳根柢厚，堅白不慮人磨涅。公少從學於關中理學河東運同舅氏張貞惠公鑑，及太保吏部尚書張誠宇公問達，理學名臣刑部尚書牛公春宇應元，深得諸公之傳，以理學名於世。

四海九流與百家，一一博貫無少缺。公於經籍子史之外，凡古今書無不貫通。

道德經綸侔葛亮，千四百年得真訣。

精通韜略明戰陣，出鬼入神妙施設。公深得諸葛忠武之學，精通兵法，演八陣圖，設連弩法及木牛流馬等製，施於戰陣以禦賊人。

復得秘傳西海西，天人奧藴悉洞徹。

石室秘府探仙籙，先聖後賢同一轍。公與遠西耶教諸大儒鄧玉涵等相善，盡得其道，天人奧藴，無不洞徹。兢兢以聖賢之道爲務，以天下國家爲己任。生平立志，以敬天愛人爲主。其學問德業，忠心正氣，高節清風，天下爭相重之。

思際不經人見解，創爲奇器世所蔑。所造自行車、磨、虹吸、鶴飲諸奇器數十百種，出人意表，巧奪天工。

生平著述百萬言，字字金石與玉屑。所著有奇器圖、兩理略、了心丹、百字解、學庸解、天問辭、士約、兵約、兵誓、忠統、元真人傳、歷代發蒙辯道説、山居詠、草野杞談、籲泰衷言、甲戌記事、西儒耳目資等書數十百種，共數百萬言，皆關天下國家世道人心之語。

敬天一念學最實，愛人一片腸獨熱。

體天之心彊不息，體聖之學勤不輟。

久以天下爲己任，一視同仁無區别。

困頓公車三十年，杏林試馬倚金埒。

禮闈新榜動長安，九陌人人咸笑哇。

共道今科出大儒，朝廷幸得棟梁棁。榜下之日，無論識與不識，無不爲朝廷得人慶者。

甫出畿輔理平干，霖雨隨車遍邱垤。

白蓮獄起大株連，蔓引無辜盡纍紲。

一一力辨爲開釋，從此冤獄悉靖讞。

開浚清河通水利，小民便之如井渫。

分兵演設八陣圖，鼠賊望風不敢竊。

經營二載遭母憂，泣血三年釋縗絰。

再理南畿治維揚，察奸擿伏心瑩澈。

魏閹大搆黄山獄，生全多命如蠓蠛。

連導王駕不擾民，民心因之悉感悦。

權璫到處建生祠，獨不往拜見節烈。

關西勁士人爭羨，勁氣真甚鎮孽孽。

捐俸改修景天閣，閣畔巍然豎石碣。

旋去淫祀毁生祠，逆像紛紛手批擊。

甫及二載又遭喪，匍匐歸去幾傾跌。

馬鬣佳城親選造，墓墓纍纍勢高凸。

苦次每含憂國淚，憂心如火自焚爇。

倭奴濱海正跳梁，肆其狂惑呈其譎。

金復海蓋悉賊有，遼陽一帶任取擷。
邊城將士望風逃，勢如破竹力披抉。
天子宵旰日憂勞，汲汲下詔選明哲。
當道薦剡王佐才，天子特命破強劣。
感君知遇無以報，誓矢願將國憤泄。
即日束裝赴遼海，整頓士卒大簡閱。
糧餉足儲兵精勁，軍聲到處雷電掣。
撫順誅逆昭天討，敵人四走亂奔軼。
倭奴納款海疆復，吳橋忽變大兵撤。先是，倭奴内侵，沿海一帶悉爲所有，帝心憂慮，朝議紛紜。登撫孫元化等特薦公，以爲有王佐才，拜山東僉憲兼遼海軍務。歷任之初，招流亡，撫背叛，簡軍練士，恩威並施，夷人内附，海疆就復。忽有吳橋之變，大兵撤去，叛將孔有德與夷人内外交訌，登州被陷。公與孫中丞拔刀自刎，爲賊所覺，立救不獲自盡。遂率屬赴京就刑，辛苦備嘗。上察其忠，令謫戍遠方，尋即釋歸，隱居不出焉。
無何登州城池陷，仰天太息屢哽噎。
同心忠義孫中丞，各拔佩刀手自截。
賊兵叛卒不忍害，終日護衛甚紛迭。
送出大海三千里，自投廷尉就刑決。
天子憫忠特放歸，歸來杜户常守拙。
正道直行違時忌，飄然高卧隱巖巢。
手録奇書闡聖學，日對長林芳草茁。

敬天愛人念彌篤，籲泰焚香書短偈。歸來閉户著書，日譯西文，闡揚聖教，以爲老來功課。每憂時事，更著草野杞談、籲泰衷言等，敷陳利弊，愷切詳明，深得當時行軍之要。惜當時無有能用之者。

碩儒名士恒優遊，每日山居歌一闋。公立身忠孝，學貫天人，海内名士無不樂與之遊。一時相國何公宗彦、朱公國祚、冢宰徐公玄扈、太宰李公松毓、英國公張元勳、靈邱王定寰殿下、淮督閣部史公可法、大宗伯董公其昌、大司馬張公縉彦、太保冢宰温恭毅公純、孫恭介公丕揚、張誠宇公問達、大司馬總督魏恭襄公學曾、劉公曰俊、劉公四科、大司寇李敏肅公世達、牛春宇公應元、韓公繼思、總憲胡公嘉謨、大司農隋公抑客、少宰張公蓬玄、大中丞孫火東公元化、湯平子公道衡、樊公我劬、焦公源清、焦公源溥、秦公所式、陝西三邊總督閣部經略孫公傳庭、楊公修齡、陳公奇瑜、方伯來星海公復、秦伯公一鵬、劉公士璉、李公士狀，達司許公國翰、大光祿王公豫立、副憲楊扶寰公國柱、韓管涔公琳，及同年元臬文公震孟、陳公仁錫、倪公元璐、閔公心鏡、黄公道周、盧公象昇、劉公必達、鄭公鄤、南公居仁、武公獻哲、侍御馮恭[一]定公從吾、路公振飛、太守郭貞懿公郛、祝公萬齡、唐公際盛並陳眉公，李我存、金正希、陳大士、馬世奇、羅喻義、温孝靖、喬維嶽、張帝鄉、李維貞輩相友善。歸田後隱居城南，日與同志論道賦詩。歲饑，輒出粟賑民，開廣惠渠，灌溉千村。流寇蜂起，倡修魯橋鎮城，創立忠統，練習鄉勇，護衛萬姓，民賴以安。關以西王公、閣部、督撫諸大吏，無不式廬請教。

樂得天真保壽康，童顔鶴髮異髦耋。
有時扶杖憩東郊，間從柳外聽鳴鳩。
有時高卧北牕下，綸巾羽扇任飄擎。
有時三徑看黄花，清霜滿座浮麴蘖。
有時詩思正悠然，策驢踏遍灞橋雪。
良辰美景皆堪賞，悠悠歲月去如瞥。

[一]「馮恭定公」，涇獻文存脫「恭」字。

年年征戰總不息，天下傷潰成瘡癤。
四方盜賊如蜂起，秦楚燕趙連滕薛。
惟有闖賊尤貪戾，蠶食州郡甚饕餮。
軍興旁午歲復饑，草木食盡無萌櫱。
民困幾無所聊生，賑粟放飯恣流歠。
創立忠統禦流寇，招募鄉兵相保結。
高築崇墉衛小民，力擊固守細盤詰。
渠開廣惠濟民生，千村灌溉水清冽。
王侯將帥式廬請，願示方略早明揭。
忽聞逆闖陷關中，僞徵紳士作藩臬。
手把龍泉誓不往，豈有堯臣肯輔桀！
冢男代赴繫賊中，慷慨而談賊吐舌。
里俠數千爭往救，賊亦慕義不留挈。

賊陷關中，僞召紳士，公拔佩刀自誓，手題墓石付子曰「明進士了一道人之墓」。先孝恭公代赴繫賊所，慷慨激烈，幾瀕於難。里俠李文傑等數千人爭往救之。賊亦慕其孝義，遂放歸。嗣聞京城失守，設帝位於家，絕粒不食，痛哭七日而歿。歿之時，猶頌所謂「憂國每含雙眼淚，思君獨抱滿腔愁」之句。金光滿室，殆精忠之氣所致云。

嗣聞國破君已亡，此信一知怒衝髮。
北嚮痛哭端皇帝，滴滴珠淚成碧血。
痛殺天王殉社稷，不覺肝腸寸斷折。
老臣無力扶社稷，老臣無計勢拮据。

誓死從君於地下，君臣異地如同穴。
手題墓石付冢男，正笏垂紳佩玉玦。
從容北望謝吾君，七日不食並不啜。
滿室金光浮四壁，一朝烈烈千古別。
身騎箕尾歸天上，慷慨殉國最慘冽。公卒，城中罷市數日，哭聲蔽野。
浩氣直淩太華巔，清風直比清峪潔。
夷齊之後更無人，惟我先臣可頏頡。
鞠躬盡瘁死而已，寸心百煉真如鐵。

附録三　序　跋　提要

畏天愛人極論序[一]

鄭　鄤

尚書之湯誥曰：「惟皇上帝，降衷於下民。」武王曰：「天地萬物父母。」[二]此皆湯、武當軍旅之際，告諭臣民之時，而其言如此。則三代以上，聖人之教概可知矣。吾夫子以天命立教，其最明切者，曰：「君子畏天命」，「小人不知天命而不畏也」。君子、小人，間不容髮，其關在此。自漢儒謂「道之大原出於天」，後來愈析愈精。若以天爲玄微幽渺，非聖賢不可許知天，非談學者不許稱事天，則三代之教荒矣。夫「上帝臨女」，「昭事上帝」，明乎其有以臨之事之也。後乃曰：「天即理也」，然則祭天乃所以祭理歟？言不幾於不順乎？嗟乎！此學術之所以不古若也。[三]王子畏天愛人極論，直揭天以詔世人，反覆若千萬言。君平道德指歸而後，説之闓暢未有若此者也。其言天主，亦猶之帝也云爾。

或者謂：「道無諍，諍乎哉？」夫王子直爲事天之心，不可以二，故總其紛紛而要諸至一也。或者又以西説爲疑。夫説亦何西、東之有？且王子誠有取爾也。誠使人人皆知天，時時皆能畏天，事事皆可以對天，是則王子之心也已。苟能是，則三代何不可還？故其説不可以不存也。

[一] 據畏天愛人極論（巴黎國家圖書館藏抄本之影印本）卷首迻録。

[二] 尚書泰誓上：「（武）王曰：『……惟天地萬物父母，惟人萬物之靈。』」

[三] 編校者按：依下句「説之闓暢未有若此者也」，疑此句脱「此者」，當作「此學術之所以不古若此者也」。

王子經濟大手，別所結譔，多奇絶。王子一不自有，而獨以此爲日用之課。既極論之，又命予評點以傳。予嘗論三代以上之人材，其功業皆還之天；三代以下之人材，多欺天以自爲功。惟韓忠獻有言：「某生平實天扶持之。」蓋天者古之常談，今之絶學。夫詩、書之所覩記，有目者皆得而見之。讀者其即是而反之六經之大道，無作爰居之駭也。

崇禎元年七月之望，毘陵年弟鄭鄤崟陽氏敬題。

奇器圖說後序〔二〕

武位中

世間非常之事，非常之人爲之。非常者，奇也。小儒膽薄而識淺，借口中庸以文飾其固陋。夫中庸之不可能非奇耶。藝苑有奇文，戰陣有奇兵，術數有奇門，人倫有奇士，山海有奇物，鬼神有奇狀，詎於器而無奇也者？要亦非常之人，靈心躍露，直以器爲寄焉耳。

關西王公司理維揚，寬明仁恕，莊敬中和，政簡刑清，士民胥化。即正樂一事，其與不肖位講明而修舉者，亦既洋洋大雅，追六代之遺矣。以位爲可教也，復出其奇器圖説一書，採輯者爲卷三，創置者爲卷一，授位學焉。蓋公膽智宏材，披天根而漱地軸，觸類多能，其緒餘矣。

嘗考古善奇者，輸班、墨翟見用於時，有益於世，其最著者矣。嗣若祖沖之、張平子、馬鈞、蘷元之流，皆當世名巧，而功不集事，利不及民，終無取焉。獨木牛流馬膾炙至今，此外多屬假託，非其真也。乃公所製自行車、自行磨已足雁行武侯，而虹吸、鶴飲之備旱潦，輪壺之傳刻漏，水銃之滅火災，連弩之禦大敵，代耕之省牛馬，因風毖水之不煩人力，其有裨於飛輓、轉運、軍旅、農商，瑣細米鹽，小大悉備，逸勞相萬矣。昔人謂文至韓愈，詩至杜甫，書至顔真卿，畫至吴道元，天下之能

〔二〕據清嘉慶王企重印本遠西奇器圖説録最附新製諸器圖説迻録，以涇獻文存外編卷二奇器圖説序校。

事畢焉。然於國家緩急，生民日用，曾何毛髮益乎？是書也，廣而公之，固濟世利物者一大舟楫也，寧止嘉惠維揚哉？陰符曰：「爰有奇器，是生萬象。」位則曰：公有奇器，實利萬民，則公之品，誠有用大儒；公之書，固非常偉業。是胡可以不傳也？敬手繪而壽之梓〔一〕。

時崇禎改元中秋日，直隸揚州府儒學訓導武位中頓首撰並書。〔二〕

兩理略序〔三〕

張縉彦

秋八月雨甚，至王良甫先生履不出户者浹〔四〕兩旬餘。已而出一編，名曰兩理略。蓋司李時治狀，從静憶而備述之者也。在今日爲實録，在當時爲實事，在生平爲實學，而所抱以閲始終、貞常變者爲實心。如簡兵、擒盜、開河、足餉、卹商、通利載於編者，亦既章章如是。然余謬謂先生之治略，蓋出之有本也。

夫兵，大事也；盜，大患也；治水、理財，大務也。人當此則竭精畢智，手忙脚亂，而日以紛。先生以理官非有專責，以閒神定氣應之裕如。以事治事，以人治人，以物治物，如行所無事者，蓋主之以静也。比年來，余與先生每每城頭禦寇，遥觀大纛，勁弓躍馬，挺戰蹬動崇墉外，人皆驚怖欲絶。先生飲啖自若，繼以謔浪，卒能調度合機，籌畫精當，城守亦矻然無虞。就余所見以觀所未見，東海有聖人，西海有聖人，此心此理，寧惟是兩理哉？宰天下，如兩理矣。今日阻雨而澄〔五〕息

〔一〕涇獻文存無「梓」字。
〔二〕涇獻文存無此句。
〔三〕據兩理略明刻本卷前迻録，以涇獻文存外編卷二校。
〔四〕「浹」，涇獻文存作「經」。
〔五〕「澄」，涇獻文存作「從」。

之心，即當日應變而寧謐之心。靜氣相對，不覺拈出，以與天下靜人説破機關。大學曰：「靜而後能安，安而後能慮，慮而後能得。」此治國平天下之大本也。武侯曰〔一〕「寧靜以致遠」，亦此心，亦此理。先生借兩理説法，但不許鬧人輕率觀場耳。

余方勞於簿書，困於兵燹，窮於生聚，安得聞先生靜慮之言，而與之日對玄風邪？

時崇禎丙子陽月之吉，賜進士第知三原縣事通家晚生河北張縉彥大隱甫頓首題。〔二〕

讀兩理略〔三〕

焦源溥

余善忘，之野則野，之官則官。之官則不計之野，之野則不計之官。王良甫出兩理略，讀竟，因憶之官時嘗自紳曰：「天下事應如是則如是。」竟大事、小事，有事、無事，而人人未必如是，心不心乃翁事而別心其心。下者囮奇貨，上者媒赫聲。墨方寸之池而攪之，顛之衣而倒之裳。火燎於原，水狂於瀾。若而人者，乘其睡而竊其珠，告於人曰：吾手天河而撲熏天之燄。賜之汁而飲之，而誤乃翁事，不知其幾矣。操割而傷手，及數於易，牛不以解。賜之汁而飲之，而誤乃翁事，更不知其幾矣。足其蛇者，不得飲，猶蛇也非蛇，而蛇竟得飲，乃翁亦不爲誤，而誤更不可言。是此略化大事爲小事，多事爲無事。人見其無事耳，竟亦無事耳。曲徙哉，良甫亦竟浮雲之太虛自若也。

日月可掩乎？日月經天者也。此略經天之下者也。三奉王舟，期期不奉詔也。簡兵恒陽，戚將軍也。平干息亂，朱儁撤圍也。借寇擒魁，岑彭尉朱鮪而就降也。備樂崇賢，文翁也。洩漲開河通利，神禹行水也。杜兵擒盜，劉子羽爲張俊

〔一〕涇獻文存無「曰」字。
〔二〕涇獻文存無「賜進士第知三原縣事」以下二十四字。
〔三〕據兩理略明刻本卷前迻録。

謀而止致范於獄，跋扈者自懾也。衄商休民，晉陽保障也。結欽案，消商患，李載義之喻李暢，皇甫規之治涼，權貴斂跡，而不必疏其罪也。治水易木，治閘易閘，利運機器自行車之類，武侯之木牛流馬，推用之而無所不宜也。至足餉籌邊諸大議，尤今之充國，而人莫之用也。

噫！此經濟略也，兩略踰三略也。總以真心實意用之國、之民，而膽智自出。以之膽、之知用之國、之民，應如是，亦還之如是耳。噫！在古人，駭之爲奇，恨不旦暮其人。今有其人，而不以旦暮遇之，豈貴耳而賤目乎？使古人在古時，人亦不以爲古人，至今人而始知爲古人，及知之而無及。是書曰：「凡人未見，若不克見。既見，亦不克繇。」〔二〕噫！果真有不克見之心乎？請試之江以南，恒以北。

年家弟焦源溥敬書。

兩理略跋〔三〕

孟道弘

夫法曹之秩，自兩漢重之；而我朝之制，錫任特鉅。屬車豹尾，副憲臺而巡方，其古之倚爲耳目者乎？澄清天下，於焉賴之。凡繩奸遹、屏貪墨、清棘槐、靖萑苻，須乎經濟者繁且劇也。

池陽王良甫先生坦平寧靜，愷悌君子也。而志之所嚮，復以天下爲己任。出而兩陟司理，見乎展錯。故居邯鄲，則麗日懸於昴畢之野；居廣陵，則和風布於江淮之滸。毛擊鑽鑿，幾無所事矣。偉略得就，固足勒之鼎彝。然明刑弼教之餘，甚得調燮匡建，更有非理曹之所能罄。其抱志如足餉、除戎、衄商、休民、通利、治水，以至尊聖、崇賢諸款，嘉謨弘議，豈僅

〔二〕尚書君陳：「凡人未見聖，若不克見。既見聖，亦不克繇聖。」
〔三〕據兩理略明刻本卷前迻録。

爲司理一職料量哉！纚纚鑿鑿，當實切中，咸足作廷廊石畫也。別有籌邊奇策，如木牛流馬之類，繪圖著論，業鋟其板，以行於世。此非本於胸之鬱積而抒寫之乎，如霮䨴之出入於四嶽也。迺卷舒無盡，如棟宇之經營於公輸也。迺繩墨盡制，如虬螭、鮔鱒、鼋鼉之屬，畜於大海浩瀚之中也。迺怪奇萬狀，變幻無方。有云智足以謀國事，行足以爲人師，其謂公歟！

秦地兵燹之禍，幾歷十年。華池紳士，登陴防守，得以屹然無虞者，倚有公之籌畫在。玆者余攝邑事，屢請禦寇謀，因侍磬欬，抵掌以談天下事，其松風瀏瀏，冰瑩湛湛耳。嗣出此編以示，披讀之畢，忍不廣傳當世，以爲翊讚中興之藉乎？故捐俸督梓，聊附跋語。居培塿而論嵩華廣厚之藏，仍不敢臆爲推測矣。

鄂渚孟道弘能孺氏題於華池之公署。

學庸書解跋[一]

王名世

右學、庸首章兩解，司理王公攄所獨得語也。公聖賢學業，斯文主盟，憲節維揚，膏流丹筆，照徹覆盆。未及期，德化大行，凡關風教者，無不修舉。朔望臨庠，與諸士談學，其要在體驗身心，闡晰性理。一日出此兩解以示，悉發前人所未發，無片語襲陳言。嚐鼎一臠，全旨具是，真千秋大業也。諸士如久滯迷津得登寶筏，爭相抄閱，弗能徧及。爰付之殺青，以廣其傳。匪維揚人士知心性之學，將風聞天下，識所嚮往，公之嘉惠弘矣。

大梁王名世識。

[一] 據學庸書解明刻本迻録。

士約跋〔一〕

王名世

不佞譾劣無似。昔令長山，寔〔二〕積罪愆，不能阿上旨而取容。丙寅冬，謁選銓曹，以病具疏，改補揚庠，又何能率多士而振起之？第蒞任後，見揚俗競喜遊樂，竊恐多士爲俗所移，不修本業，每思出一言以約之。然一歲之中，日事藥餌，力加調攝，自不暇及。

戊辰仲夏望日，司理王公臨學談藝，出士約三款以示。不佞再四披讀，忻然有當於中。與四司訓共議發梓，爲多士鵠。多士誠字字體認，時時研究，身心性情，裨益不淺。異日端士偉人，必且繼起，以成光明俊偉之業。廣陵士習，海内將傳之，朝廷收得人之效。其於立約之意，庶無負乎？多士勉旃。

大梁後學王名世識。

三韻兑考小序〔三〕

金尼閣

三韻兑考者，良甫王君依旅人五十字母，母各五聲之韻，兑考三韻之母而作也。三韻者，一洪武正韻，一沈韻，一等韻。蓋王君初見余所定之母，止五十字耳，疑以爲少。既而見母各五聲，共成二百五十有幾，則又疑以爲多。余笑而應之曰：

〔一〕據士約明刻本迻録，以涇獻文存外編卷六王名世刻士約後跋校。涇獻文存所收，僅「司理王公臨學談藝」以下文字。

〔二〕「寔」，通「實」。

〔三〕據西儒耳目資明天啓六年杭州刻本迻録。

「不少也，不多也，字母之定數也。君試取三韻而兑考之，則此餘彼乏，略無定則，始信余之所定，果不訛乎。」不數日，王君編成三韻兑考一書，以視余，且曰：「先生所定字母，以三韻相兑而考之，有一聲而三韻俱少者，有此韻有而彼韻無者，又有一聲而一韻有數字之多者，足徵先生所定不爽矣。但其中不無疑信相半，先生其終教之，毋傲可也。」余曰：「傲則惡乎敢？第有疑相證，此則旅人之大願耳。」故又序次兑考問答如左。

兵約題辭[一]

錢洪謨

公祖天付故奇，雖俛事八股業，非所屑意也。竊聞其曾遇異人，得異授。凡宙合内事理，未經前人參透者，無不玄通。且非獨自喻適志也，併可以喻人。蓋凡事作之有據、試之有效者，非臆也，皆有一必不可易之理。原至尋常，特以其非耳目所習，心思所到，則相詫以爲神耳。

先是，公祖爲北府司理。當道因奴難孔棘，趣使練兵，其耳食公祖久矣。公祖亦不讓，已而隨試輒效，至有方之卧龍者。公祖亦不驚，其所藴蓄，固不可量矣。至是鄉試聘入東省闈，得識荊州，妄冀一扣洪鐘。而公祖亦不卻，決事詮理，解道訓俗，亹亹不倦，期可共諭。徐出兵約相示，則其所嘗練兵者也。約例有三：曰制，曰率，曰誓。制仿八陣圖；而率，則仿之易；誓，則仿之書。其實非仿也。通其變而善用之，則大將軍之位，可以意增；核其實而明習之，則位置進退，血氣僝猛，可以意轉。此約之所以設乎！雖然李廣刁斗不擊，人稱爲「飛將」；岳武穆不屑屑師古陣法，而敵撼其軍至比之撼山尤難。謂公祖以此括兵法，是亦扣盤捫籥者耳。即如木牛流馬，遺制具在，誰能仿而置之？而公祖優爲，且如使風推磨、激水救火等事，出奇無窮；而星辰遠近，日月高低，至幽寥難明者，皆歷歷徵之，若指諸掌夫。無師可智，無情可移，

[一] 據柏堃輯編涇獻文存外編卷六迻録。

況軍令至嚴明者乎？故謂僅足窺一斑者猶淺直，謂其未嘗習兵則得公祖之深者耳。蓋使奴難息，酋氛掃，兵衅甲銷，熊羆歸南畝，公祖方將從漸磐衎食之餘，歌咏道德，借抱膝之長吟，作仕宦之結局，喻人猶煩，況約兵乎？然不可以不傳也。因從臾授之梓。

簡而文小引〔一〕

梁爾壯

城南勝概，際遇於漢唐之世。江水山容，高甍〔二〕畫棟，名剎浮圖，照耀西京。當時高人韻士，辰泛宵行，豈羨山陰道上。今去之數百年，惟餘荊榛瓦礫而已。壯每入青門，攜竹葉一尊，出郊坰眺，望見晴嵐古岫，澗谿草樹，有荒寒古澹〔三〕之趣。雖園林臺榭無復舊時，而天巧具在，不勞外飾而後奇也。壯久染泉石膏肓，憾不削髮爲頭陀。遠則長興、草堂，近則慈恩、薦福。佛香唄梵而後，看「山氣日夕佳」〔四〕，於志畢矣。

一日，王良甫先生出一帙曰：「此不佞之簡而文也。」壯攜之斗室中，靜讀數十日，乃知先生攬巨勝於韋、杜，搆數椽於藪澤，真所謂丘壑夔龍，衣冠巢許者也。且與至戚張儀昭丈讀書琴奕，暇日撰樂府詞曲數闋，以寄寓情志。兩公深諳律

〔一〕據盧前輯飲虹簃所刻曲民國二十五年刻本迻録，以涇獻文存外編卷六校。

〔二〕「甍」，涇獻文存作「甇」。

〔三〕「澹」，涇獻文存作「蒼」。

〔四〕「山氣日夕佳」，出自陶淵明飲酒二十首其二：「結廬在人境，而無車馬喧。問君何能爾？心遠地自偏。採菊東籬下，悠然見南山。山氣日夕佳，飛鳥相與還。此中有真意，欲辨已忘言。」

呂，頡頏今古，更唱迭和，并驅中原。我關中百年前德涵〔二〕、敬夫〔三〕特妙聲調，與西蜀用修〔三〕賡響振籟。後來久輟，兩公足繼芳躅。昔馮惟一太常好飲酒，每賓客聚宴，雖不召亦自至。酒酣彈琵琶，彈罷賦詩，詩成起舞。人愛其俊逸，稱爲三絶。良甫先生析天人之奧，抱文武之略，然而真率坦易，飲酒歌曲，無一毫冠冕習套，頗類坡公頹焉自放。當吾世而躬逢其人，幸甚。壯語先生：「倘往南墅時，令小子獲執御之役，從遊於〔四〕樊川、杜陵之間，遂閒放之致，發要渺之思，以醫我痼疾，先生許我否？」

乙亥之秋，七月既望，里後學梁爾壯纂。〔五〕

〔二〕　指康海（一四七五—一五四〇）字德涵，號對山、沜東漁父，西安府武功縣（今陝西省武功縣武功鎮滸西莊）人。有沜東樂府、對山集、納涼餘興、春游餘録等，尤以武功縣志最爲有名。與李夢陽、何景明、徐禎卿、邊貢、朱應登、顧璘、陳沂、鄭善夫、王九思等號稱「十才子」，又與李夢陽、何景明、徐禎卿、邊貢、王九思、王廷相號稱「七才子」，即文學史上的明代「前七子」。明史有傳。

〔三〕　指王九思（一四六八—一五五一）字敬夫，号渼陂，陝西鄠县（今户县）人。以诗文名列「前七子」。著有渼陂集、沽酒游春、中山狼（一折），及碧山乐府等。明史有傳。

〔三〕　指楊慎（一四八八—一五五九），楊廷和之子，字用修，號昇菴。新都（今屬四川）人。正德六年（一五一一），殿試第一，授翰林院修撰。著有昇菴集、江陵别内、寶井篇、滇池涸等，明史有傳。

〔四〕　涇獻文存脱「於」字。

〔五〕　涇獻文存缺此行文字。

四庫全書總目提要　奇器圖説三卷諸器圖説一卷[一]

紀昀

兩淮鹽政採進本。

奇器圖説，明西洋人鄧玉函撰。諸器圖説，明王徵撰。徵，涇陽人。天啓壬戌進士，官揚州府推官。嘗詢西洋奇器之法於玉函，玉函因以其國所傳文字口授，徵譯爲是書。其術能以小力運大，故名曰重，又謂之力藝。大旨謂天地生物，有數，有度，有重。數爲算法，度爲測量，重則即此力藝之學。皆相資而成，故先論重之本體，以明立法之所以然，凡六十一條。次論各色器具之法，凡九十二條。次起重十一圖，引重四圖，轉重二圖，取水九圖，轉磨十五圖，解木四圖，解石、轉碓、書架、水日晷、代耕各一圖，水銃四圖。圖皆有説，而於農器、水法尤爲詳備。其第一卷之首，有表性言解，來德言解二篇，俱極誇其法之神妙，大都荒誕恣肆，不足究詰。然其製器之巧，實爲甲於古今。寸有所長，自宜節取。且書中所載，皆裨益民生之具，其法至便，而其用至溥。録而存之，固未嘗不可備一家之學也。諸器圖説，凡圖十一，各爲之説，而附以銘贊，乃徵所自作，亦具有思致云。

明關學名儒先端節公全集序[二]

王介

先七世祖端節公氣鍾川嶽，學貫天人。自成童時，便以天下國家爲己任。生平得力於事天之學，以「敬天愛人」爲主，

[一] 據四庫全書總目卷一一五子部譜録類（北京：中華書局一九六五年版，第九八四頁）迻録。

[二] 據兩理略明刻清印本卷前迻録，以王介正學齋文集卷一（涇陽文獻業書鉛印綫裝本）校。

以聖賢經濟爲心。故自持己接物，以至立朝臨民，無論在官在野，一切學術治術，凡有關於國家日用、民生利賴者，無不以誠意爲之。當是時，海内名流仰公如泰山北斗，靡不樂與之游。關中魏恭襄、李肅敏、孫恭介、温恭毅、馮恭定諸賢，皆以關學名儒首推重之。而相國葉臺山、徐玄扈，太傅孫高陽，冢宰李松毓，中丞左忠毅、楊忠烈諸公，又咸推爲「王佐才」，交章爭薦。卒爲權奸所抑，未獲大用。迨至甲申之變，以林下之身絶粒殉國，良足慨矣。其事具載明史、明鑑、明紀、廣輿記、一統誌、圖書集成、殉難諸臣録、續表〔一〕忠記、廣萬姓統譜，及各野史、類書。而一時立言之士，又各樂爲誌傳誄銘，以紀其節。我高宗純皇帝追謚忠節，特加褒寵。公之學品，於此亦可概見矣。

公生平著述累百萬言，如奇器圖、兩理略、士約、兵約、學庸解、山居詠等書，不下數十種。久行天下，毋庸詳述。先君海澄公諱僧額，嘗擬刻公列傳於各集之首，使觀者一見而可以得其生平，且知公之學術皆實施諸經濟，非徒以著述見長也。惟是板藏於家，先君以簿〔二〕書鞅掌，「王事靡盬」，〔三〕未及抵里而盡瘁以卒，今且十餘年矣。暮春之初，始克刻公之傳，因列於各集之端，以便觀覽。此先君子志也。至於所著宏猷，自有各書在，余小子不能贊一詞。

時嘉慶丙子季春，七世孫王介一臣沐手謹撰，七世孫王企夢仙氏較梓。

先端節公尺牘全集序〔四〕

王　介

尺牘小技也，然苟有關於國家，有裨於政事，自不可以爲尺牘而概以小視之。公生當隆、萬、天、崇間，懷格、致、誠、正

〔一〕正學齋文集脱「表」字。
〔二〕「簿」，正學齋文集作「薄」。
〔三〕詩小雅四牡：「王事靡盬，我心傷悲。」
〔四〕據王介正學齋文集卷一（涇陽文獻叢書鉛印綫裝本）迻録。

之學，抱修、齊、治、平之道，自童時即負重名。弱冠登賢書，以理學名關中。赴試春官，名動京師。當時大有權力者爭相推薦，咸欲羅致門下。而公懷才自重，不肯輕出，閉門謝客，不投一字於當道。蓋其素所抱負者如此。

及成進士，理平干，守維揚，監軍遼海，一切治獄、治盜、治士、治民、治水、治荒、治兵、治塞、治陣圖、治奇器、治機變、治權璫、治禮樂、治經術，凡其所處，皆萬難措手之事，而公隨所施爲，動合機宜。是以上膺帝眷，下協人情，民之望公如農之望歲。蓋其見於經濟者如此。

當其時，足跡所至，不惟海内親王賢相、名公钜卿仰其風裁，無不樂與之遊。即海西諸洋，其間鴻儒碩士，抱負經綸者，如鄧玉函、金四表、湯道味，以及葛、楊、方、羅諸先輩，尚且不憚跋涉，間關八九萬里，梯山航海，東遊入中國，以求與公識一面，聆一言，獲一結納，以爲四夷交遊光寵。蓋其才可配德，名足副實，故爲朝野中外所推重者如此。

迨賦閒居隱，處堯門山，卻掃著書，日闡聖賢，以爲老來工課。時值饑饉，流寇充斥，長安以北，民不聊生。公慨然以關西萬姓蒼生爲己任，賑災卹困，開渠濬河，創築城堡，練集義兵，立忠統營於三原，破寇剿賊，威振河北。自經略將帥以下，悉受方略。公製諸奇器以資捍禦，民賴其力，安堵無恐，自是始知有身家性命之樂。蓋其德被桑梓，保障州里者如此。

此其所以天下之士仰公如泰山北斗，不獲常與公遊，往往以尺素相通款，惟公即無不以尺素答之。數十年來，往復手翰不下數千百篇。然公每有所復，輒親筆楷書，生平一字不輕假人手。蓋其精明詳慎，周固審密，雖一事之微不苟又如此。

顧書本朋友酬酢之詞，而公之書，寒暄外初無一語及家人私事。其中所載，或憂深國政，或念切民瘼，或詳究夫天人性命之理，或深明夫聖賢道統之傳。上關宗社之重，下繫閭閻之憂。蓋其立心也真，與人也實，故於交遊間凡其事之有關經濟者，知無不言，言無不盡，而義之所當，情見乎詞，有不覺慷慨而激烈，沈雄而悲壯，委婉而周詳者。其切切偲偲，與人爲善之誠又如此。

余小子讀其書，觀其辭，而歎其文之純於古也。夫古來尺牘之最著者，無如史遷報任少卿、李陵答蘇子卿二書，下此則路温舒之尚德緩刑，司馬相如之諫獵，韓昌黎之上張僕射、孟尚書，與夫歐陽文忠之上范司諫，蘇子瞻之上韓魏公，子由之上韓樞密等書。此皆古今有數尺牘，膾炙人口，千百年傳世之作也。然之數公者，或負一代史才，或稱千秋大儒，或推古文名手，而其尺牘傳世者無多，未有如公之多益善者。蓋其和順積中，英華外發，故其書古奧曲折，畢達其情又如此。

且夫人有品者，未必皆有學。有學矣，而知遇無人，不獲見用於世，則亦終老巖穴已耳。故士君子懷才未遇，得一知己，引而用之，雖死無憾。甚矣，非學品之難，而所以獲用者實難。今以觀公抱負則品可知，觀公經濟則學可知，觀公爲朝野中外所推重，當道薦剡王佐才，天子褒其神傳圮上，策裕隆中，則所遇又可知。極人世之最難必者而公皆有之，夫何難立朝廷，除璫患，靖四方，平寇亂，修禮樂，正憲典，畢展其一生忠君報國之忱，致天下於久安長治之隆，豈非千古之一大快事哉！無如愛公者多，而嫉公者愈多。蓋其正道直行，不容於世。雖卿相交推，而阻撓者衆，不獲大展其用。徒令憂時之心無所措施，不得不托於尺牘之間，以異人之採而用之，則其心亦良苦矣。是以杞憂雖深，空言無補。至於闖賊陷京，國破君亡，以林下之身，絶粒七日捐軀殉難，此忠臣義士所以扼腕而歎息者也。嗚呼！遇不遇者命也，用不用者天也，非人之所能爲也，究何足爲公恨哉？公之忠君愛國，其心思一出於正大光明者又如此。

比余以固陋寡聞，材質庸劣，讀先人書，愧不能身繼先人之志，述先人之事。而所生也晚，凡公尺牘，年歲既遠，多所失存。今雖竭力搜羅十有餘年，所獲不過十之三四，復虞愈久愈失其真。謹爲參考編次，繕寫成書，藏之先祠，遺於後世。使爲子孫者讀其尺牘，可以見先人之品之學，與先人之遇不遇，而並有以知先人之與往來贈答者皆天下士也。嗟呼！公歿幾二百年矣。公之道德功業，載在史册及各誌傳，毋庸詳贅。

公生平著述累百萬言，如奇器圖説、兩理略、了心丹、百字解、學庸解、士約、兵約、兵誓、忠統録、天問詞、元真人傳、歷代發蒙辨道説、山居詠、草野杞談、籲泰衷言、崇正述略、事天實學、西儒耳目資、畏天愛人論等書，傳世已久，人所悉知。惟文集與尺牘，嚮無成書。今考搜既久，業皆成集，行將付梓，並垂不朽焉。由此觀之，其有關於國家、有裨於政事豈淺鮮哉？而顧可概以尺牘視之哉？然則公歿猶不歿也。謹序其事如此。

戊寅十月。

先端節公文集序[一]

王介

從來天下必有真人品而後有真心術，有真心術而後有真道德，有真道德而後有真事功，有真事功而後真學問、真文章出焉。苟人品、心術稍有纖毫未真，則大本已虛，縱文章足以炫世，亦不過應酬世故之資，而其所謂學問，究於天下國家世道人心毫無裨補，是烏足以傳後世而垂不朽哉？

余七世祖端節公製作侔神明，德行動天地，筆參造化，學究天人。自成童時便以天下國家爲己任，生平得力於事天之學，以敬天愛人爲主，以聖賢經濟爲心。故自持己接物，以至立朝臨民，自幼而壯、而老，生平無一言不真，無一事不真，而文章則更無一字不真。究之惟其人真、心真，故能一切皆真也。公少領鄉薦，晚掇巍科。理平干，守維揚，監軍遼海，一切治術，無不以實心行實政。迨歸隱蕺葉下，開渠濬河，築城禦寇，凡有利於民生者，亦皆以誠意出之。他如木牛流馬之製，連弩、代耕之圖，虹吸、鶴飲、自行車磨、八陣圖之奇，久爲國家日用所利賴者，孰非一片真心於格物窮理之餘，而擴充之，以爲救世之實資哉！嗚呼，以公器質之深厚，智識之高遠，而輔以學術之精微，使得久立朝廷之上，輔佐皇猷；早臨行陣之間，蕩平寇亂；則有明之天下，或者稍有裨補，不至速亡於權璫、寇氛之禍，未可知也。柰何廢置於外，卒老田間，雖當道疏薦王佐才，而終不獲用？直至甲申之變，絶粒七日，竭節盡忠。君子於此未嘗不惜公之才之志，而歎明之末也，未嘗無人，而卒不能自用，以致滅亡也。殆亦天奪之鑑乎？至於文章，見於議論，豪健俊偉，剴切詳明。其積於中者，浩如江河之停蓄；其發於外者，爛如日星之光輝。豈特其清音幽韻，淒如飄風急雨之驟至；其雄辭閎辯，快如輕車駿馬之奔馳。而光明磊落之中，自饒古奥曲折之致；沉雄悲壯之内，不失忠厚和平之音。所謂真有關於人品、心術、道德、事功之作，而學

[一] 據涇獻文存卷七迻録。

問之見於真性者，固不徒矜天下之奇文、至文已也。

公生平著述甚富，如奇器圖，兩理略，百字、學庸等解，士約、兵約等書，不下數十種，俱已行世，毋庸詳贅。惟尺牘與文集，嚮無成書。今已竭力搜羅，十載有餘，共得若干篇，録輯成帙，略序顛末，謹藏先祠，行並付梓，以垂不朽焉。

嗚呼！公之神明功德，固不以生而存，不隨死而亡，不待文而顯，而其文又奚必待序爲哉？乃余之所以諄諄不能忘情者，固實有所不敢序，而更有所不得已也。昔潘岳之文章，首述家風；陸機之詞賦，先陳世德。夫公生當隆、萬、天、崇間，天下之士慕公真品，仰之如泰山北斗。微特海内名公賢相，樂與之交，即遠西諸儒耳公名者，尚且不憚跋涉，問關八九萬里，梯山航海，東遊入中國，以求聆其文，瞻其道範，以爲四夷交遊光寵。況當二百年之後身爲子孫者，顧可聽其散漫失真而不爲之序次以傳，使後之知人論世者雖欲讀其文，慨然想見其爲人，亦將安所私淑耶？此則余之志耳！

惟是余賦性庸劣，迂疏固陋。生於忠臣孝子之門，且爲理學名臣之後，讀先人書，既不能建功立業，上繼先人之志，下而文章，更於先大夫無能爲役。窮年兀兀，毫無樹立，徒令數百年以前中外所仰止而不得輕見者，而今親爲其裔，又余一生之真幸而先人之不幸也。雖然公之文自有其真，豈以余之不敏所能掩哉？

己卯四月。

先端節公經濟全書遺稿序[一]

王　介

余既集先端節公所刻自著書九種成函，題曰王端節公經濟全書。而公生平著述甚富，其未及付梓者不下數十種；已付梓而版片不藏於家，流傳四方者又十餘種；其書名雖存而年遠失傳，無從查考者，又且數十種。

[一]　據王介正學齋文集卷一（涇陽文獻叢書鉛印綫装本）迻録。

余太息者久之。十餘年來，殫心竭慮，遠近搜羅，並家藏共得二十三種，集篇成卷、成函，統計大小二十七卷，俱屬親筆，復題之曰王端節公經濟全書遺稿。蓋公生平得力於事天之學，以敬天爲主，以愛人爲念，以聖賢經濟爲心。凡所著書，悉有關於國家日用、民生利賴之言。其敦飭倫紀，孝謹如石建；平反詔獄，平恕如劉寬；簡兵積餉，則范文正之籌邊；抑強制奸，則汲長孺之直節。至所創製自行車磨、連弩、代耕、虹吸、鶴飲、八卦陣圖諸奇器，則得武侯、法和之真傳。而其論大學修齊治平之術、中庸天命性道之教，則又默契乎孔門一貫之旨。惜乎遇合不偶，中道免官。雖當道薦疏王佐才，而未展大用。卒至甲申之變，絶粒殉國，良足慨已。嗚呼！公往矣，公之書可行於世，書在即公在也。至所未刻諸集，俟陸續求之，終當踵成以授剞劂。後之有志於國家經濟之學者，採而用之，當必有補於世道云。

庚辰六月。

寶田堂歷世諸集目録序[二]

王介

余先世當前明嘉靖间自司理濟北公起家，歷僉憲端節、副憲孝恭、糧憲文清、司寇文正、慶陽文惠，及南陽司馬、東川參軍、漳州司馬諸公，迄今二百餘年。科第綿綿，或以理學名世，或以剛正立朝，忠孝相傳，清白是繼，而又皆以著作稱。即文學布衣之士，率風雅擅場，類皆克繼家聲。是以歷世祖考著述良多，大都有關世道人心之旨。惟是家素清貧，無力悉刻。先人大夫每欲匯刊成函，昭茲來許，而奔馳王事，有志未逮。

余感慨者久之。十餘年來，殫心竭慮，苦力搜羅，僅從敝笥殘篋中搜獲若干卷，及故家遺書、古寺荒碑間遍加採訪，隨得隨録，集篇成卷，集卷成書，並舊刻諸集，共得百餘種，蓋存什一於仟百。而至若年歲之久遠，卷帙失傳者則竟無可如何。

[二] 該序乃寫本，據寶田堂王氏家乘卷一迻録。寶田堂歷世諸集目録一卷，乃刻本，據寶田堂家乘迻録。

而不禁嘆息抱憾於無已也。集既成，因採歷世諸集名目卷次，別爲目録一卷，以便觀覽。後俟有力，尚當統付剞劂焉。

嘉慶庚辰嘉平上浣王介一臣甫自題於寶田堂。

附録　寶田堂歷世諸集目録

王　介

算數歌款一卷
滸北山翁訓子歌一卷　以上俱司理王公應選著。
奇器圖四卷
兩理略四卷
士約一卷
兵約一卷
學庸書解一卷
兵誓一卷
忠統録三卷
元真人傳一卷
天問辭一部
草野杞談一部
籲泰衷言四卷
西儒耳目資一部

歷代發蒙辨道説一部
了心丹一册
百字解一卷
畏天愛人論一卷
甲戌記事一卷
憂旱禱天歌一卷
路公繪心録一卷
張貞惠公年譜一卷
山居題詠一卷
特命録奏議一卷
鄉兵約一册　以上已刻。
西儒書一部
崇正述略一卷
事天實學一卷
屯兵末議一卷
真福直指一卷
癡想語一卷
耆鏡一卷
景天閣對聯一卷

諸器圖説小稿一卷

藏器圖説小稿一卷

西書十冊十五卷

籲泰三因一部

聖經要略匯集一部

感時俚言一卷

聖經直解一部

西書釋譯一部

任真語尺牘二卷

尺牘遺稿四卷

西洋音訣一卷

雜刻一卷

以上四十三種，俱遼海監軍道王端節公徵著。

王端節公文集二卷　王端節公著，王介匯刻。

王端節公文集四卷

王端節公時文二卷

王端節公尺牘全集一部

王端節公經濟全書遺稿二十七卷

以上四種，俱王端節公著，王介匯輯。

集古藏書一部

江游記一卷

暘谷尺牘一卷

暘谷詩草二卷

江游巵技、暘谷集杜一卷

百忍齋詩稿一卷

萍萍草一卷

雜文、雜詩一卷

以上八種，俱副憲王孝恭公永春著，王介匯録。

王端節公誌傳一卷

日省録二卷　已刻。

詩經説六卷

尚書解六卷

家禮小祥酌儀一卷

魯橋集一卷

廬慕集一卷

鳳池集二卷

楚江集二卷

襍詩二卷

復菴尺牘二卷

王文清公、王太孺人行述一卷　已刻。

寶田堂文稿一卷　已刻。

鄉會墨經義制策二卷　已刻。

以上十三種，俱司寇王文正公承烈著。

王文正公文集三卷

王文正公制義一卷　俱王文正公稿，王介匯録。

大清一統志一部　王文正公承烈奉敕分類纂修。

大清一統會典一部　王文正公承烈奉敕分類纂修。

安溪四書劄子一部　大學士李文貞公光地著，王文正公承烈分校凡例檢刻。

岫坡文集二卷

岫坡詩集一卷

岫坡尺牘一卷

岫坡制義一卷

以上四種，俱慶陽郡鐸王文惠公遺稿，王介匯録。

司寇王文正公行述一卷　已刻。

裴太大人行述一卷　俱南陽同知王公穆著。

熙園文集一卷　王公穆著，王介匯録。

滇遊草一卷

歸來復草一卷

四書講義一部　俱東川參軍王公禕著。

芸閣詩文雜集二卷

芸閣制義二卷　俱王公禕稿，王介匯録。

西峰詩文襍稿一卷

西峰制義一卷

以上俱漳州司馬王公僧額著，王介匯録。

芝亭文集一卷

芝亭詩集三卷

芝亭制義三卷

以上俱孝廉王公僧碩稿，王介匯録。

名賢詞翰詩文集四卷　王介匯録。

名賢尺牘四卷　王介匯録。

寶田堂王氏家乘八卷　王介著。

賓田堂王氏家傳一卷　王介匯録。

寶田堂歷世諸集目録一卷　王介著。

寶田堂外集上函八卷　諸名公贈言，王介匯刻。

寶田堂外集下函八卷　諸名公贈言，王介匯録。

王海澄公碑狀、張孺人行述一卷　王介著。

正學齋文集一卷　王介著，已刻。

魯橋歷科會墨一卷

魯橋歷科鄉墨三卷

魯橋歷年考卷三卷

魯橋諸名家制義一部

以上四種，俱諸先達文。王介匯録。

魯橋鎮誌五卷　王介著。

王氏家乘序[一]

王　介

家之有乘，族之有譜，猶郡邑之有志，國之有史也。欲考世系之由來，高曾之矩矱，祖父之德澤，與一家一族之風教條約，捨是其奚稽乎？況自宋以來，宗法已廢，雖以程、朱有意復古而卒莫能興，則天下親親老老之風，尤必藉是以聯屬之。譜、乘之所繫，大矣哉！

余系出太原，先世傳爲晉之洪洞人。自北宋末，遠祖諱春者始遷涇。迨明中葉，屢遭兵火，而族譜失傳。至先僉憲端節公復著爲譜，僅詳四世，高祖以上皆莫考，旁支遠系無論已。當明季之末，復罹兵火，而譜又失傳，先司寇文正公[二]每擬

[一] 據涇獻文存卷七逸録。

[二] 王承烈（一六六〇—一七三〇），字遜功，號復菴，謚文正。王徵重孫。清康熙己丑（一七〇九）進士，官至刑部侍郎。著有日省録等。本序撰者王介乃承烈之孫。

即端節公一支自著爲譜，而「王事靡盬」〔二〕，有志未逮，今且百年矣。時數之推遷，風俗之盛衰，人事之蕃變，不知其幾矣。

夫飲水者不忘源，源遠者其流長。報本追遠之意，理自昭然。乃人情則愈遠而愈疏，余小子深懼夫祖德宗功數百年忠孝之遺而漸次就湮，心嘗戚之。於是殫心竭慮，苦志搜羅，或考遺書，或詢故老，或摘史鑑之文，或參郡國之誌。自我端節嫡派，上及祖考，而下迄於今，列爲圖説，各細書其名字、位號，及生卒年月與元繼配某氏，昭穆世系，絲毫罔弗詳；而歷代之墳墓，歷世之列傳繫焉，爲卷一。至先德散見於羣書，取其有關於一人一生之事者，採而輯之，爲卷一。龍章寵錫，殊恩疊被，則累朝之制誥，與端節之特命次之，爲卷二。而讚傳碑銘、誌狀行述又次之，爲卷亦二。誄文、輓詩又次之，爲卷各一。凡歷一紀，付梓者三，繕寫者五，共成八卷〔三〕，謹藏先祠，昭示後裔。言惟質而意則厚，蓋法河東薛文清公所序上饒周氏家譜，學程朱之義，而恨未能彷彿其萬一。

是書也，特吾家歷世紀事之乘，而非敢言譜。由茲以往，惟願爲子孫者知厥後之所以克昌，良由世德之所以彌厚也。今雖歷數百年遠矣，而溯所自出，無非一本，不可以遠而遂疏，尤當追遠而更求其遠。俾人各存一，勿令十餘世君子之澤至我而斬之念，則父慈子孝，兄友弟恭，一門之内，雍雍熙熙，而傳之仍罔敢或替。宗祖有靈，當亦含笑於九京矣。

至於吾族之譜，還當俟諸異日，踵而成之。更願族之人各親其親而老其老，世世子孫和睦無間，則又余之志耳。若夫從來敍譜之家，無慮數百人。其所最著者，自宋廬陵歐陽、眉山蘇氏而外，近世如王弇州先生所推許惟蘇允明、康德涵、李獻吉氏。然猶有法整而略、辭古而訐之譏。即弇州所著郭氏家譜、馮氏家乘，亦不免遠引無稽，徒矜其博，故奥厥詞，自詡

〔二〕詩小雅四牡：「王事靡盬，我心傷悲。」

〔三〕此八卷由王介歷時十二年編輯而成的「吾家歷世紀事之乘」，當即寶田堂王氏家乘。其各卷題目分别爲：卷一，世系墳墓冊（寫本）；卷二，採輯羣書（寫本）；卷三，殊恩疊被（刻本）；卷四，端節特命録（刻本）；卷五，誌傳碑銘（寫本）；卷六，行述碑狀（寫本）；卷七，奠章匯悉（寫本）；卷八，端節誄詩（刻本）。今藏於王徵後裔王可與處。

其文必傳之誚則甚矣。作譜之難，嚴而詳，該而約，必求合乎春秋之旨，固非作史大手筆未易辨此，夫豈余之所敢知耶？

歲嘉慶庚辰十月既望，九世孫介自題於寶田堂之正學齋。

重刊王忠節公奇器圖說序[一]

張鵬翂

奇器圖說，吾秦涇陽王忠節公所輯也。公丁明末造，由進士前後司理廣平、揚州，所至惠聲洋溢，上下交孚。比解組歸田，值流寇猖獗，所劫州縣率無完區，獨涇原一邑屢出奇兵制勝。使寇不敢西嚮而彎弓者，實公一人捍禦之功。惜當時葉臺山、徐元扈兩相國，暨李松毓、楊忠烈諸君子，以王佐才交章推薦，卒爲權佞阻撓，未獲起用。即值鼎革，以絶粒聞。至我朝高宗純皇帝追謚忠節，以慰毅魄，是其忠惠大節已彪炳如日星河嶽夫！豈徒以緒餘表見哉？即以緒餘論，其圖説之巧，率皆有關於國計民生，迥非吳夫差之造千石酒鍾、唐齊映之製八尺銀餅者所可埒。且余聞之父老云：公未通籍前，每春夏播耕時，多爲木偶以供驅策，或舂者、簸者、汲者、炊者、操餅杖者、抽風箱者，機關轉捩，宛然如生。至收穫時，輒製自行車以捆載禾束，事半功倍，鄉人多艶而效之。公所居室曾竅一壁以通傳語。每值冠昏葬祭事，使一人語於竅，則前後數十屋悉聞之，名曰空屋傳聲，亦以簡御繁之術也。又公於甲申林下時，聞李自成寇京師，公壘瓦礫爲内外城，如京制，繞城默祝者七晝夜。適一犬自西南至，曳城一隅圮。公知事不可爲，乃仰天慟哭，七日不食而殉國難。此非深明天時人事者能如是乎？吾不知天生此才，使不究其用，其生之者何心，而死之者又何心？抑優遊歲月，俾立器盡制，以洩前賢未洩之藴歟？

然此書也，人多議之，謂天有常道，聖有常教，民有常器，何必索隱行怪駭人耳目？余曰：不然。絇髮圜首之民，剥

〔一〕據奇器图説清道光來鹿堂刻本迻録。

木以戰不知耕，抱木以游不知濟。自神農黃帝代作，斲木爲耜，揉木爲耒，刳木爲舟，剡木爲楫。厥用既神，厥功斯茂。試遥想轂飲鷇居之衆，有不乍見而適適然驚耶？及歷用久之，則如布帛菽粟之無奇矣。且不第是。蜀漢諸葛武侯造木牛流馬以運軍食，省物力，即以蓄民財。此軍政之最善者。然而後人猶議其非中庸之道者，他何論焉？今公以聰明天授之資，收遠西師資之益，成備物致用之書，古皇固不敢妄擬，其亦武侯之流亞歟？亟宜廣爲流布，俾百姓日用而不知，萬世率由於不敝，又奚事詫橐駝爲馬腫背耶？

余家居時，聞此書板片漶漫，善本難得，不惜重貲購得之，冀推廣公意以傳於無窮。苦於無暇無力，屢舉輒屢輟之。今需次錦官，偶出是書，以授同好。見者咸謂：官有資於政事，民有資於身家，盍重刊之以公海内？余因衆志僉同，遂詔欒氏而謀之，並録所聞軼事數端，以補史傳之未備云。

時道光己丑秋八月上旬，例授承德郎、制科孝廉方正、辛巳恩科舉人、癸酉科拔貢、四川候補直隸州州判、安康張鵬翂補山氏書於錦官雙樨精舍。

王端節公遺集序[一]

柏堃

自宗教家倡言事天而吾儒遂不敢言事上帝，近世大儒斥爲割地之學，誠然。端節公自稱景教後學，於是有謂公棄儒歸耶。實則敬天愛人，儒耶相同。而儒者由父母、祖父母以推及於天，尤操之有本，推之有序也。興平楊雙山修齊直指，亦不鄙棄外教，與端節先後相符。吾師劉古愚先生對於雙山極力推崇，而於端節公則讚美曰：先生忠孝大節，彪炳寰區，不得以兼信景教，遂謂礙於關學。王豐川收之關學編中。蓋事天之學，中外所同也。先生著奇器圖説，與雙山著豳風廣義，皆

[一] 據柏堃輯編涇陽文獻叢書（民國十四年鉛印綫裝本）迻録。

注重實業，兼取外人之長，以救中國末流之失。其精神以敬天愛人爲宗旨，悉有功於儒術，非有病於儒教也。

先生著書數十種，板多散佚。余與邑人謀將先生奇器圖説及兩理略陸續付印。而於先生文集六卷、經濟全書二十七卷，搜羅弗獲，僅得友人所藏尺牘稿一十五篇，又奏疏三篇，士約、兵約及序、跋、讚、銘、祭文、紀、揭等共十八篇。又列本傳、墓誌於卷首，都凡四卷，爲先生遺集。俟後採輯，再爲續印。干戈頻仍，民生雕敝，古籍佚亡，百不存一。祇就耳目所及，排印公世，以廣流傳。吾鄉文獻，庶不至零落盡淨，而可保存於萬一，亦愛國者所當珍賞也。

民國十四年八月，邑後學柏堃謹序。

明天啓壬戌科涇陽王端節公會試朱卷跋〔二〕

張鵬一

泰西天算製器之學傳入中國，士大夫著書以廣其傳者，自明萬曆時徐光啓、李之藻、李天經譯著天學初函、算法新書、測量法義始（見四庫提要）。吾秦則涇陽王端節公徵，與之聲應氣求，信服其學，曾著泰西奇器圖説四卷、西儒耳目資諸書三十餘種。前年滬上發起徐文定公（即光啓）三百年紀念，載在大公報，誠以文定爲此學先知，使後來者景仰益深。若端節之提倡西學，利益民生於三百年前，秦人無議及者，余懷耿耿至今。今秋于院長右任於三原書肆得端節天啓時會試朱卷三冊，出以見示，余驚喜以爲可增端節三百年紀念之資。

端節王姓，名徵，字良甫，號葵心，晚年號了一道人。陝西涇陽縣人。中萬曆二十二年甲午舉人，天啓二年壬戌進士，官至山東按察司僉事。以崇禎十七年李自成陷北京，莊烈帝崩，因不食七日而死。里人謚曰端節。此卷即天啓二年端節

〔二〕此跋撰於民國二十三年甲戌，據國立北平圖書館館刊第八卷第六期（一九三四年十一、十二月）迻録。從該跋文末記載可知，于右任先生在購得王徵會試朱卷之後，將其捐贈給陝西省圖書館收藏。然本全集編校者曾往館多方查找，均未果，可能已佚。

進士朱卷。

卷分第壹場、第貳場、第叁場。第壹場四書文三道，易經文四道；第貳場論一道，表一道，判語五條；第叁場策問五道。此明代鄉、會兩試題目之制。

卷首頁蓋「易五房」三字。考明史選舉志，正德六年分詩經房五，易經、書經各四，春秋、禮記各二。萬曆十一年，以易卷多，減書之一以增於易。十四年書卷復多，增翰林一人以補書之缺。至四十四年，詩、易各增一房，共二十房，至明末不改。此卷專經爲易，故云「易五房」也。又叁場卷首各蓋「北號被捌」四字者，卷分南北省，此北省卷，編被字捌號，故云然也。云第三百六十五名王徵者，卷取中後，列榜所書之次第姓名也。

首冊同考試官六人，檢討羅閱薦此卷，故批語場逐加詳。餘官預閱，故各批數字或十數字也。檢討羅即羅喻義，説詳後。其檢討姜、編修賀，姜當爲姜曰廣，賀當爲賀逢聖，明史有傳。餘王、李、施三人，尚無明證。考試官大學士朱，批一「取」字。大學士何，批一「中」字。進士之取，定於考試官之一字也。考明史，朱名國祚，秀水人，光宗即位，特旨拜禮部尚書兼東閣大學士，天啓元年六月，進文淵閣。明年會試，故事總裁止用內閣一人，是科用何宗彥及國祚，有譏其中旨特用者。國祚既竣事求罷，優詔不許，即此次會試事也。何名宗彥，隋州人，居官有聲譽。天啓初，官吏部尚書，極建殿大學士，四年卒，明史有傳。

各卷首尾騎縫，均蓋「彌封官關防」五字。各卷末，蓋謄録所官姓名、謄録書手姓名，後蓋「謄録官關防」五字，後蓋對讀所官姓名、對讀生姓名，後蓋「對讀官關防」五字。二三場同。至清代科場制度，沿之不改。

明清兩代鄉會試墨卷，皆彌封姓名，發謄録所，所用書手，以朱書之，付對讀所，以對讀生對讀，始交同考試官評閱，分別取去。同考試官、考試官，用藍筆，餘官銜名關防，用赭色。清代主考總裁用墨色，此其異也。

卷首同考試官羅批云：「此卷其致雄渾，其思沈鬱，而『孟藝』根詩意講，切實不浮，四經俱滿暢，第七作猶能出奇，則餘勇可賈矣。二三場亦見樸誠。亟薦。」是此卷經試官批薦而得中，實由羅喻義也。

首場第二題：「思知人不可以不知天。」其佳句云：「嘗試想賢豪之結契，覿面而隔，而精神感召，反若千里同堂，則不以形遇而以神遇者，天之默相通也。古帝王枚卜之先，所爲軫簡在之奇者，可思云云。」寫天人想感之義，真功獨至。

第三題：「古之人所以大過人者無他焉」。其佳句云：「嘗試想刑於之化宮闈，所爲效琴瑟鐘鼓之歡者，古之人無甚異於今人也，而獨是擴唱隨之情，不寧使小人無鰥曠之感，與仳之思，而直令淳風披拂於江漢，則推寡妻之所爲於家邦者，其善爲何如？」情致娓娓動人。羅批此段云：「遠承老老幼幼，不若直頂刑於之詩，於脉較緊。」總批云「『孟藝』根詩意講切實不浮」云云，亦指此等言也。

第七題易藝：「亂者有其治者也。」警句云：「内而朝廷，屑越而不成紀綱；外而疆場，割裂而不成土宇。亂象昭然，似消彌之無策。然正惟無策之日，真英雄之籌策出焉。何也？平日磊磊落落，棄置弗録者，今皆其所悉心而加納者也。而治之胚胎於是兆矣。」侃侃而談，旁若無人，已明指明季之亂局，隱隱有澄清之抱負。然豈惟明季爲然哉！直括千古之亂源。其結尾警句云：「雖然亂後圖治，治已晚矣，又矧其不及圖乎？則吾謂審治者，宜察乎亂之幾而慎防之，毋徒藉口亂不終亂，而令治理之希〔一〕有可焉。」説理周到，關心世局，隱然見於言外，令讀之者怦怦動心。總批謂「第七作出奇，餘勇可賈」，信矣。

第二場論題：「爲君之道必先存百姓。」其文起首警句云：「有天下者必有所托其身，而後天下爲我有。則身所常托，正心所不可不常注者也。」又曰：「輓近之君，其真切不忍之心姑無論，乃或不知其當盡之道何在，不審其相關甚急之勢何若，而一切嚴刑峻法、横徵厚斂、朘削而草菅之，以爲是蠢蠢者易與也，敢誰柰何我者？卒之，皮盡而髓竭，人心一離，揭竿四起，而國家潰敗決裂之勢，遂至不可收拾。噫！百姓誰之赤子？而忍使之若是！明君所憑依，不在百姓乎？明君知存百姓者，所以存天下、存國家而存吾身者也。所托於吾者重且急，則所托於吾心者安得獨輕且緩也」云云。説君民

〔一〕「希」字下有小字注：「按：此字當作『奚』，謄録字也。」

相關，針針見血。其事雖在身，而實在心。「皮盡揭竿」數語，直燭照崇禎流寇之亂而痛哭言之。以明之亡，基於萬曆、天啓兩朝，故端節直言無隱也。昔王應麟得文文山試卷，奏云：「此卷古誼若龜鑒，忠肝如鐵石，敢爲國家得人賀。」而寶祐四年登科録一卷後人傳之，以其人重也。見四庫提要端節此卷薦之者爲羅喻義，明史喻義傳云：「字湘中，益陽人，萬曆四十一年進士，改庶吉士，授檢討。」與此卷合。喻義後爲南京國子祭酒，懲諸生倡爲魏忠賢建祠者；又見中外多故，將吏不習兵，鋭意講武事，推演陣圖獻之；又言督撫大吏宜別立軍府，以饗士賞功購敵；又極陳車戰之利。明帝不能用。以與温體仁不和，致仕歸。其人實有用之才，亦王深寧之比也。端節此年應試時，明已失遼陽、瀋陽，而廣寧在危急中。朝政無人，故端節慨乎言之。其後國變致命，無愧文山。同榜諸人尤不乏奇節之士，與陸秀夫、謝枋得後先輝映，故此卷可貴也。

此年進士，據明代貢舉題名録，一甲第一名文震孟，二名傅冠，三名陳仁錫，皆知名士。冠事見明史賀逢聖傳，後官東閣大學士；清兵下江南，被殺於汀洲。外有黃道周字幼平，號石齋，漳浦人、盧象昇字建斗，宜興人、汪喬年字歲星，遂安人、華允誠字汝立，無錫人、倪元璐字玉汝，上虞人、祁彪佳字弘吉，山陰人、姜思睿慈溪人、王錫袞祿豐人、許士柔常熟人、馮元飈慈谿人、毛羽健公安人、吳執御黃巖人、陳演井陘人、王鐸孟津人諸人，或行間殺賊，或遇變捐軀，或以薦賢忤時宰，或蒞官悉著能名。惟陳演官首輔，而史譏其庸才寡學。王鐸但以書法見稱。又有吾富平田時震、朱國棟，亦此年進士。田官山西參政，死十七年李賊之難。國棟官昌平巡撫，崇禎十五年卒。自成破西安，逮其父崇德，中道放還，崇德自縊以明不屈，明史有傳。嗚呼！此年知名諸公，可謂一時之盛，惜不得盡展其用！

端節從西洋人鄧玉函等遊，信服其教，究心製器之學。所著奇器圖説，武位中爲之序，言所製自行車、自行磨，汲水之虹吸，鶴飲，刻漏之輪壺，滅火之水銃，禦敵之連弩，代耕之農具，有裨兵農之用。此在今日推崇將不遺餘力，而當時則視爲奇淫，故其書雖存而其器不傳。惜哉！又明代死節諸人，除六部宰輔封疆大員外，餘多不詳，故全謝山鮚埼亭集以表彰四明明末遺獻爲最致力。端節於明史僅附祝萬齡傳後，載王徵姓名，無事實一字也。今幸陝西通志、涇陽王志、蔣志，詳其生平行事，與所著各書，當別爲端節傳以補明史之闕。

此卷流傳三百餘年，幸爲右任所得，余慫恿藏於省垣圖書館，因爲跋語於後，以備參考。

甲戌九月，富平張鵬一。

明清間耶穌會士譯著提要　仁會約〔一〕

徐宗澤

即行仁愛工夫之會規也。有了一道人良甫王徵序，時在崇禎七年。仁愛之功，及仁愛分形哀矜、神哀矜等，分解詳明，且其實行之方法亦具體規定，可見此會在當時之興盛。

明清間耶穌會士譯著提要　崇一堂日記隨筆〔二〕

徐宗澤

遠西耶穌會士湯若望道未甫譯述，涇邑斐理伯子王徵良甫筆記。崇一堂者，是了一道人王徵爲西士振鐸陝省所置之堂，以爲朝夕欽崇天主之所。命名之由來，是取十誡首云：「一，欽崇一天主在萬物之上。」書中所言，是古聖賢之嘉行善表。末附祈請解罪啓稿，即王子自述欲續嗣而置妾，今自訟其罪而悔改。

係舊抄本。

〔一〕據徐宗澤編著明清間耶穌會士譯著提要（北京：中華書局一九八九年版，第七三—七四頁）迻録。

〔二〕據徐宗澤編著明清間耶穌會士譯著提要（北京：中華書局一九八九年版，第四五—四六頁）迻録。

明清間耶穌會士譯著提要　奇器圖説〔一〕

徐宗澤

西海耶穌會士鄧玉函口授，關西景教後學王徵譯繪，有武位中序及王徵序，天啓七年（一六三四）刻。收入四庫子部譜録類。此書即物理中之力學及重學，力學之原理，及其應用之方法，詳解明白，裨益民生實不小。而四庫反謂「其法之神妙，大都荒誕恣肆，不足究詰。〔二〕」誣哉！此書之新奇，每圖又用西文ABCD字爲標識，在當時誠一詫異。按王徵曾與金尼閣著西儒耳目資，亦識西文。今抄録四庫語如下：（此略）

明清間耶穌會士譯著提要　西儒耳目資〔三〕

徐宗澤

泰西金尼閣撰述，晉絳韓雲詮訂，秦涇王徵校梓，共三本。首冊爲譯引首譜，音韻經緯總局，音韻經緯全局，列音韻譜問答，等韻三十六門兑考等，共一百十一頁。次冊爲列音韻譜（元母，子母，孫母，曾孫母），一百五十五頁。第三冊爲列邊正譜（直音），一百三十五頁。是書凡五閲月、三易稿而成。刻於天啓六年（一六二六），由谷口張問達出資付刻。張序後有王徵序、韓雲序及金尼閣自序。此書是文字學書，包含形、聲、義三者。首冊言文字學及譯者之大意。次冊是依字之音韻排列華字。末冊是從字之邊畫排列華文，而以西字拼其音。書名西儒耳目資者，意謂爲西士攻讀華文之便，耳以聽字之

〔一〕據徐宗澤編著明清間耶穌會士譯著提要（北京：中華書局一九八九年版，第二九五—二九六頁）迻録。

〔二〕明清間耶穌會士譯著提要作「詰究」，依四庫全書總目改。

〔三〕據徐宗澤編著明清間耶穌會士譯著提要（北京：中華書局一九八九年版，第三二一—三二二頁）迻録。

音韻，目以視字之拼合，拼合即以西字碼拼成字之聲。金公自序中自言曰：「幸至中華，朝夕講求，欲以言字通相同之理。但初聞新言，耳鼓則不聰，觀新字目鏡則不明，恐不能觸理動之内意；欲捄聾瞽，捨此藥法，其道無由，故表之曰耳目資也。」準此，此書可謂合中西方法，以研究中國文字，何怪當時文人學士視爲奇書而驚異之。吾國許多小學家，無論直接間接受金公之影響者實多。再者，是書依據洪武正韻及韻會小補而成。

張緟芳序上亦曰：未覩字之面貌，而先聆厥聲音者，一稽音韻譜，則形象立現，是爲耳資；既覩字之面貌而即辨其誰何者，一稽邊正譜，則名姓昭然，是爲目資。而譯引首譜則以圖例問答，單發音韻邊正之所以然，以爲耳目之先資者也。欲知此書之内容，可閱羅常培先生所著之耶穌會士在音韻學上的貢獻一篇，見國立中央研究院歷史語言集刊第一本。

王端節公和陶靖節歸去來辭跋[一]

方豪

跋曰：右涇陽王端節公徵和陶靖節歸去來辭，[二]民國二十一年三原于右任先生得於温氏海印樓名賢詞翰中。全文敍其信奉聖教、領受聖洗之感想，語至懇摯。以間用教會故實，亦非於教理有深知者不辨，實我國早期天主教文學作品中之僅見者。所謂聖水洗心，即言領洗聖事可以浣滌心靈上之罪污。所謂袚除裳衣，即聖保祿致愛弗所人書第四章第二十二節及二十三節所訓「脱下舊人，穿上新人」[三]之意也。古制，教友在復活節領洗後，必衣白衣，表靈魂之清潔，凡歷一星期，故復活節後之「主日」亦曰「卸白衣日」。文中不以依歸孔門爲已足，而尤切戒信奉佛老。以此世爲電光石火，以天主

[一] 據真理雜志第一卷第二期（一九四四年）迻録。

[二] 已收入本書卷十六。

[三] 聖經新約

爲永遠長存；明賞善罰惡之理，表修德立功之誡。追求真樂，仰望天鄉。讀之可令教外者油然生學道之心。其已入教者，則尤當以公爲楷模，朝乾夕惕，勿稍玩愒。端節公之微旨，殆盡於此矣！

民國三十三年春，杭縣方豪謹跋於渝北文筆峰下。

了一道人山居詠箋證[一]

方　豪

勝利還都之歲，金陵盧冀野先生以吾教先賢王端節葵心山居詠梓行問世。山居詠及遺文十四種，曾收入涇獻文存，並發表於北平圖書館館刊八卷六號。余以端節文中多用教會典，實非教外人所習知，嘗爲文表微，載上海聖教雜志二十五卷二期，去今且十年。先生校刻者，實三原于氏所藏鈔本，詳爲編訂，厥功甚弘。而闡揚天教文學，益令教中人見之有赧色焉。刻既竟，先生屬豪箋證，用代序言。爰條舉於次。

簡而文自記有「漸掃三仇濁累，永遵十誡清修」二語。「三仇」者，謂吾人修德之三大敵也，曰肉身，曰世俗，曰魔鬼是也。「十誡」者，曰欽崇一天主萬有之上，曰毋呼天主聖名以發虛誓，曰守「主日」，曰孝敬父母，曰毋殺人，曰毋行邪淫，曰毋偷盜，曰毋妄證，曰毋願他人妻，曰毋貪他人財物，胥聖經所記者。自記復有「終焉安止」一語，蓋教會追悼亡人之祝詞也，原出臘丁文，或譯息止安所。

山居自詠：「奇人幸得多奇遇，資人耳目元音譜，啓我靈函聖蹟圖。但開口，皆奇趣。」蓋端節有巧思，鄉居時常自製機器多種。後遇德教士鄧玉函，所獲尤多，乃撰爲諸器圖説及遠西奇器圖説二書，此即所稱奇人奇遇也。端節又嘗從比教士金尼閣習臘丁文拼音法，並欲以此改良我國之切音。金尼閣撰西儒耳目資，端節序之。所謂「資人耳目元音譜」者，此

[一] 據盧前輯飲虹簃所刻曲（正續集）卷首迻録。

之謂也。

自詠又有：「百樣顛危賴主扶，自在鄉，由人住，灑聖水消除了白業。」首句出早晚課，感謝經意義甚明。言人生在世，一切危難俱恃天主庇祐。天主教言人有原罪，有本罪。原罪爲人類始祖亞當所遺，本罪則人各自犯者。耶穌既降世，嘗受洗於若翰，並遣門徒遠出傳教，爲信者施洗。教會奉行迄今，凡入教者必以水洗額。平時亦手點聖水作十字狀於胸前及額上，或灑聖水於居宅。端節所云蓋指洗禮而言，「白業」或「百業」之誤。

自詠又曰：「三仇五濁誰人去，防淫緊似防奔馬，策怠還比策蹇驢。」案葡教士龐迪我〔二〕曾著七克，以七德克七惡：曰謙遜以克驕傲，曰仁愛以克嫉妒，曰捨財以克貪吝，曰忍耐以克忿怒，曰淡泊以克貪饕，曰絕欲以克迷色，曰忻勤以克怠惰。此謂五濁，當爲七濁之誤。而所舉則廑防淫與策怠二事，蓋因行文之便而從略也。

山居再詠：「正蜃樓氣結妖氛，誓揮戈血染征裾，丹心航海歸朝去，五刑曲宥思同旻。」登州易見海樓蜃市，爲明末防倭、防滿之要塞。崇禎初，登州巡撫孫元化亦天主教徒，疏起端節爲山東按察司僉事監遼海軍務。四年閏十一月，登州游擊孔有德等叛，城陷，元化被執，徵隻身航海歸。六年二月，官軍復登州，論罪遣戍，尋遇赦歸，不復出。民國三十三年春，豪發刊真理雜誌一卷二期，敍其事甚詳。

嗚呼！端節逝世踰三百年矣，其行誼久不彰，則有新會陳援菴先生爲之傳；其遺文湮没已久，復有冀野先生之表揚。先生既與豪同避寇巴渝，今復同返都門，百感交集，而先生以是爲急。顧先生非教中人，其欽仰端節乃若是，則豪雖不敏，又曷敢以不文辭乎？

天主降生一千九百四十六年耶穌復活瞻禮日，南京教區司鐸方豪敬識。

〔二〕按：龐迪我乃西班牙教士，非「葡教士」。

王徵著述遺版搜輯序略[一]

李宣義

一、引言

民國二十九年，負笈故都，得余師陳援菴先生（垣）涇陽王徵傳，始略識此三百年前鄉先賢行誼，然仍以未能一讀王公著述爲恨。三十四年，就診西安，牛司鐸亦未告以敝村通遠天主堂内藏有王氏著述遺版。入山而未見薪，寧不可愧？歸里後，即遍加搜覓，果於柴堆中發見王氏客問一片，大喜。搜裒再三，竟得王氏遺版六種，然大部已用爲燃料，灰飛塵化，目擊心傷。

據云，書版乃民國初年由王氏家裔購得，後人不知珍惜，遂使書版散失殆盡。往者已矣，此劫餘殘物，豈可任其蕩滅以盡耶？於是盡心搜輯，分目編藏，不惟片次各得其所，即異時殊域之同道亦得一飽眼福矣。

茲將各遺版之名目、内容、著述、篇數、分列於後，俾研究王氏之學者資省覽焉。

二、客問

（一）題解　「客問者，客感東事（義謹案：東事即遼東禦滿人入關之謂也）而發端，余亦就事論事，面爲辨難商榷而條對者也。……故總筆之曰客問。」（本書自記[二]）

[一] 據上智編譯館館刊第二卷第二期（一九四七年）迻録。

[二] 「本書自記」，即客問序，見本書卷五。

（二）內容體例　客問一書，大都以東事爲主：或問疏請軍馬錢糧器械，難以所求，將柰之何（二四葉），或論救敗莫先於振軍威，明賞罰（二八葉），或談經臣不謀等。全書凡五款，一事一款，款又分段，眉目朗然。

（三）撰人　王氏有額拉濟亞牖造奇器圖説自記引客曰：「嚮讀吾子所著兵約、客問及癡想諸書，敬服忠愛之極思，私謂當官者不得不然。」（真理雜誌一卷二期）此證客問實爲王氏之作，書刊於天啓三年（一六二三）孟夏望日（五月十四日）。作者自述其成因曰：「客感東事而發端，余亦就事論事……第恐從聲影起議論，用口語爲籌策，譬如病人不診脈息，不望顏色，臆度病症，傅會古方，豈有取效之理？且立談之頃，不暇顧慮，罔識忌諱，或觸當事者之疑怒居多耳。私念憂墜同嫠婦，無懷埒虛舟。知我罪我，客固有以原之矣。匪問胡答？故總筆之曰客問。」（本書自記）

（四）版數　客問始於二三葉，當與他書合訂。今通遠堂内只存有第二三、二四、二八、二九葉，共四葉耳。

三、兵約

（一）題解　「兵約，約兵者也。約凡三：一曰兵制，一曰兵率，一曰兵誓。」（本書自記）

（二）內容體例　錢洪謨兵約題辭：「公祖葵心天付故奇，雖俛事八股業，非所屑意也。……先是公祖爲北府司理，當道因奴難孔棘，趣使練兵，其食公祖久矣。公祖亦不讓，已而隨試輒效。至有方之卧龍者，公祖亦不驚，其所蘊蓄，固不可量矣。……徐出兵約相示，則其所嘗練兵者也。約例有三：曰制，曰率，曰誓，制仿八陣圖，而率則仿之易，誓則仿之書。其實非仿也，通其變而善用之，則大將軍之位，可以意增核其實而明習之，則位置進退血氣猛，可以意轉。此約之所以設乎！」（涇獻文存外編卷六）又本書自記，謂全書凡三約，即：

①兵制　款凡五：「何謂兵制？制者，戰陣之總局也。酌古審今，顯標更番接戰之妙用。」

②兵率　款凡七：「何謂兵率？率者賞罰之定表也。真操實練，默寓鼓舞振作之微權。」

③兵誓　款凡二：「何謂兵誓？誓則仿古誓師之意。誓與文武將吏以及材官蹶張，共習兵制，共遵兵律，共奮忠勇，

共雪國恥，於以共建撻伐蕩平之偉績也。」

義謹案：兵約遺版之兵制、兵率，葉中縫皆刻「兵約某葉」，表爲兵約之兩約；然兵誓版，右邊首刻「兵誓第三，款凡二」，頁數體例皆同前兵制。兵率兩約，惟中縫卻刻「兵誓某葉」非「兵約某葉」，與前兩約異，不知何故？王介讀明史甲申之變先端節公殉國略述梗概百韻注，與吾師援菴先生涇陽王徵傳等，皆謂兵約、兵誓各爲一書，抑或本乎斯耶？然葵心自記云：「兵約凡三：一曰兵制，二曰兵率，三曰兵誓」，與錢洪謨之「約例有三：曰制，曰率，曰誓」，將何所指乎？余以爲兵誓乃兵約之一約，幸讀者有以教之。

（三）撰人　兵約爲葵心先生所著，除本書題辭外，忠統日録上冊王公鄉兵約曰：「訓詞、練格，各另有專書：一名兵約，乃余所夙著；一名八陣合變圖解，乃余舅師湛川先生所刊行者。」又梁文明禦寇四略：「如王先生練兵用之法，詳且如也。」兩理略卷一懸賞鼓勇：「余即以更番教練休息接戰諸議，編作通俗俚語，爲兵約兩款。」（謹案：此乃兵約之初編，故爲兩款耳。）書成於天啓三年（一六二三）孟夏望日（陽五月十四），詳本書自記。書之成因，王公自述曰：「余初理平干，謬承督兵主者檄召恒陽，委以練兵之役。再三辭，不可。不得已，乃溯羲易師卦之原，及余舅師湛川先生所著八陣合變圖解，并諸名家已成之法，而間附一得之愚，聊以仰副上臺爲國之盛心云耳，敢猥云知兵乎哉？歸而録之笥中，以備異日在師中者之採擇。」（本書自記）

（四）版數　計存：①兵制存有第一、二、五、七、八，共五葉，尚缺第三、四、六等葉。②兵率存有第九、十三，共兩葉，尚缺第十、十一、十三等葉。③兵誓存有第十四、十五、十六、十七、十九、二十、二十一，共七葉。義謹案：兵誓版多挖改痕跡，如第十九葉「年來被□□殺擄人民，搶占我城都。……想那□□身材長短與我們一般，……何□□反勝，我反常敗？」第二十葉更甚。今翫味其文，綜貫上下之意，所挖改者當爲詆詈滿人之言，蓋原版刻於明也。

四、士約

（一）題解　士約乃葵心拈録寧陵吕公之嘉言，以約多士之書。（本書後序）

（二）撰人　士約之作，兩理略卷一解經除戎曰：「司理王公著學庸解，……以及士約等書，商之轉相抄傳而去，此大名府中事也。」書刊於崇禎元年（一六二八）仲夏二十日（陽六月二十一日）。書之成因，王公自序曰：「是約也，非余之言，乃寧陵吕公之言。余嘗録之以自警者也。余不敏，不能仰承大君子之明教，兹特拈出以約多士。」（本書後序）又王名世士約後跋云：「司理王公臨學談藝，出士約三款以示。不佞再四披讀，忻然有當於中。與四司訓共議發梓，爲多士鵠。多士誠字字體認，時時研究，身心性情，裨益不淺。異日端士偉人，必且繼起，以成光明俊偉之業。」（涇獻文存外編卷六）

（三）内容體例　是書所録之言，或教士人讀書誠厚，以求修身淑世，不當如僧道之爲人念誦，但圖得錢耳。（第七、第八兩葉）或教士人語言忠信，行動廉清，不恥於儒服，不虚於民望。（第十一、第十二兩葉）萬不應倨傲不恭，結黨濟惡。（第十三、第十四兩葉）……凡此各端，皆用以約士。全書共分三款。

（四）版數　今存第一、七、八、十一、十二、十三、十四、十五、十六，共九葉。

五、學庸書解

（一）題解　學庸書解乃司理王公「朔望臨庠，與諸士談學」之語録耳。（本書大名王名世後序）

（二）撰人　此書爲王公之作，除題解外，兩理略卷一解經除戎謂王公：「著學庸解，……以及士約等書，商之轉相抄傳而去，此大名府中事也。」本書王名世後序記此書之成曰：學、庸兩解，「悉發前人所未發，……諸士爭相抄閲，弗能遍及。爰付之殺青，以廣其傳」。

（三）内容體例　學庸書解原爲王公「攄所獨得語也」。公「……朔望臨庠，與諸士談學，其要在體驗身心，闡晰性理」。

(四)版數　僅存第九、十與封面，三版而已。

六、忠統日録

(一)題解　崇禎二年(一六二九)，涇原等五縣，起練鄉兵義丁，團結抗禦陝北闖賊，號曰「忠統」。忠統日録者，乃記録此次義舉之起因、經過、結果之史冊也。原忠統日録簡稱忠統録或忠統。

(二)撰人　書爲王公所編撰，見王簡日省録後序與涇陽王徵傳等。書成之年月，據忠統内容，當在崇禎二年七月之後。因禦守同盟發起於崇禎二年二月初(詳忠統上冊三原縣北城守禦同盟傳單)，而記録迄於七月也。

(三)内容體例　就通遠現存各版觀之，忠統全書分上、中、下三卷：①上卷記「忠統」之發起，人物機務，與夫練鄉兵，設防陣，輯民心，編夫役，治奸細，賞功臣等之計策誓約；②中卷載録「忠統」成立後，當時之上下文書，委令人員，處治奸細，戰時情報等；③下卷，敗賊後，首刻各方之贊詞賀詩，次公開費物器之節目等。

義謹案：涇陽王徵傳謂忠統録一卷，而通遠存版分有上、中、下三部，各自起訖，與此或異。

(四)版數　通遠存有忠統録上遺版第一、八、十、十三、十五、十七、十八、二十、二一、二四、二八、三三、三四、三七、四二、四四、四八、五一、五三、五七葉，共二十葉。

忠統録中：有第一、二、六、十、十二、三一、三三、三九、四十、四一、五九、六三、六四、六五、六九葉，共十五葉。

忠統録下：有第二、四、五、九、十一、十二、十三、十四、十五、十六、十七、十九、二六、二七、二八、三十、三二、三六、四六、五三、五六、五九、六一、六四、六八、七十、七四、七七、七八、七九、八十、八二、八三葉，共三十有三葉。

清光緒二十四年(一八九八)冬，九世孫王簡以忠統日録版經兵燹，殘缺不少，遂補刻完璧。(日省録後序)

七、兩理略

（一）題解　兩理略，顧名思義，乃王公兩任司理時從政事蹟及文牘之記略耳。然所以名曰兩理略者，亦有意在，王公曰：「余以老書生兩作司理，初任平干，再則廣陵。到手事皆生平夢寐所弗及，終日懵然，攢眉作苦，只得抖擻精神，祇憑自家意思做去。獨時時將畏天愛人念頭提醒，總求無愧寸心。曾書一聯自警曰：『頭上青天，在在明威真可畏；眼前赤子，人人痛癢總相關。』此外一切世法、宦套、時尚，弗顧也。於是人見騶從裁減，廚傳弗飾，則有笑其仍是秀才氣者；見不甚作威，不多打人，則有笑其大非理刑體者；見一布一蔬，現價平買，一金一帛，不輕餽遺，則有笑其無揮霍手段、遠大作用者。……或且笑其古板，不善圓活；或且笑其一味實做，不圖赫赫聲譽，如何能作臺省路上人？余聞之不覺自笑。」（涇獻文存卷七）

（二）撰人　本書各卷首皆書：

涇陽了一道人王徵良甫甫撰記

楚武昌孟道弘能孺甫閲梓

魯任城魏應泰燁辰甫

古焦獲温自知與亨甫、來鑑宜公甫同較

據此，書爲王公之作無疑，而兩理略撰者之動機與時代，則可於其自序見之。自序曰：「余追憶往昔事實數款，信筆直述於冊；又取公移之僅存者，手録以附，名曰兩理略，用以自解。時崇禎丙子。」（涇獻文存卷七）又張縉彦兩理略序：「秋八月雨甚，至王良甫先生履不出户者經兩旬餘。已而出一編，名曰兩理略。……時崇禎丙子陽月之吉。」（涇獻文存外編卷二）由上觀之，書誠脱稿於崇禎丙子年（九年　一六三六），然焦之雅兩理略小引末後題記：「崇禎丁丑（十年　一六三七）上巳日門生焦之雅頓首撰并書。」則兩理略之刊刻，當在成書之次年矣。

（三）内容體例　全書共分兩大部：一言事，一記文。言事者，司理廣平爲第一卷，司理揚州爲第二卷；記文者，廣平移文爲第三卷，揚州移文爲第四卷。茲將全書篇目録後，以見其梗概：

兩理略目録

卷之一

事款廣平府

恒陽簡兵

平干息亂

借盜擒魁

懸賞鼓勇

汰兵足餉

解經除戎

肥城治水

清邑開河

力白令誣

抗議邊籌

審結李自新案

活閘救秧

移木完廩

洩漲引溉

開淤成塘

卷之二

事款揚州府

三迎王舟

四結欽案

潛消商禍

顯豁盜扳

擒兇千里

通利八場

力杜兵端

祈晴文

徐剪叛首

備樂尊聖

建閣崇賢

卹商裕國

信詔休民

易閘利運

閉隄滋深

卷之三

公移廣平府

修署議

酌餉議

勘災議

築堤議

會勘兩鹽院語

治水議

開河議

諭驚逃

審結李聚一案

審結毛繡一案

審結殷懋敬一案

審結苑華一案

審結聶招一案

審結張氏一案

審解賈振武一案〔一〕

審結張月一案

〔一〕李宣義此文「賈振武」三字後脱「一案」二字。

卷之四

公移揚州府

〔一〕 李宣義此文「一」字後脱「案」字。
〔二〕 「憂」，當爲「夏」字之誤。

會勘譚運同語

會勘蔡舉人語

查報黄山一案

擒解吴榮一案

駁審姚德一案

審結王子[一]龍一案

附報擒獲大盜徐虎子申文

附録梁垛場申報

義謹案：本書目録之標題與書内之標題間有出入，如：卷三目録「審結苑華一案」，書内爲「發審苑華一案」；目録「審結聶招一案」，書内爲「發審聶招一案」；目録「審結張月一案」，書内爲「審解謠言張月一案」；卷四目録「會勘兩鹽院語」，書内爲「會勘房樊兩鹽院語」；目録「會勘兩太守語」，書内「會勘楊顔兩太守語」；目録「擒解吴榮一案」，書内「擒解叛奴吴榮一案」。

又謹案：涇陽王徵傳謂兩理略爲一卷，與此或異。

（四）版數　通遠現存兩理略遺版：

卷一之第三、四、五、七、十一、十三、十六、十八、二十、二一、二二、二三、二四、二五、二六、三二、三四、三八、四十、四一、四四、四六、五七葉，及封面一、自序一、張縉彦序二、焦小引二、跋一、目録三葉，共三十三葉。

卷二之第一、二、三、六、七、八、十三、十四、十七、十八、十九、二一、二二、二六、二八、二九、三十、三一、三四、四三、四

[一]「子」，當爲「之」字之誤。

四、四六、四七、五十、五三、五四、五八、六一、六四、六五、六七、六八、六九、七一葉，共三十四葉。

卷三之第一、三、五、八、九、十、十一、十二、十三、十五、十六、二一、二四、二五、二八、二九、三十、三三葉，共十八葉。

卷四之第一、二、三、五、六、十二、十六、十七、十八、十九、二一、二三、二四、二五、二六、二七、二八、二九、三十、三一、三四、三五、三九、四十、四一、四三、五二、五三、五四葉，共二十九葉。

兩理略并經王簡補刻。（詳日省録後序）

跋王徵的王端節公遺集[一]

王重民

民國十二三年間，王兆麟在涇陽作知縣。因爲陝西要修通志，於是他接到一篇應修縣志的通令。兆麟的老師柏堃，字厚甫，就是涇陽縣人，剛剛謝了富平縣職，遂請他來主持縣志局的事情。他於是仿照他老師賀瑞麟修三原縣志的例子，把涇陽學人的作品，和與涇陽史地人事有關係的詩文，輯成了涇獻文存正編十二卷，外編六卷；又詩存正編四卷，外編三卷。又把涇陽先賢的遺著，印行了七種，總題爲涇陽文獻叢書，都於民國十四年鉛印行世。

大概因爲涇陽很偏僻，書籍不易流通的緣故，自印行後二十二年，北平圖書館方纔買到這一部涇陽文獻叢書。叢書第一種是王端節公遺集四卷，第五種是正學齋文集三十卷。

在最近二十年内，我們很注意研究王徵的遺文和歷史。可惜這部遺集雖説輯印於二十年以前，我們大家都没有見到。正學齋文集是王介作的。介字一臣，是王徵的七世孫。他曾把他的七世祖王徵遺書的版片整理過，又把王徵的遺文盡心搜輯。所以我們要研究王徵，王介這部文集，也是很重要的參考書。

[一] 據上智編譯館館刊第二卷第四、五期合刊迻録。原載於上海大公報圖書週刊第十九期（一九四七年七月九日）第九版。

不但我們住在北平的人没有看到這部王端節公遺集，就是陝西耆儒張鵬一扶萬先生，也没有看到。扶萬先生早即注意王徵的遺詩、遺文，曾從涇獻詩文存内，輯出了王徵的散文十四篇，詩詠四篇。民國二十二年，向覺明先生遊陝西，就向張老先生録了一個副本，帶回來刊在國立北平圖書館館刊第八卷第六號内，題爲王徵遺文抄。在没有看到這部遺集以前，我們知道的王徵遺文，以這部遺文抄爲最多。

我現在看到了王端節公遺集，又看到了涇獻詩文存，於是先用詩文存校遺文抄，再用校本遺文抄本來考校這部遺集。涇獻文存卷三有王徵的新製連弩圖説引，卷七有奇器圖説序、兵約序、西儒耳目資序，卷八有跋士約後，卷十有了一要語，凡六篇，都不見於遺文抄。疑是張老先生抄輯的時候，有的由於失檢，有的因爲原書有傳本，遂没有再抄。遺集内没有西儒耳目資序和了一要語兩文，似乎也可以用同一的理由來解釋：西儒耳目資序因爲有原書流行，了一要語大概是失檢了。

遺集凡有散文三十三篇，然無遺文抄内的告神文。告神文原載兩理略卷四，恐怕柏堃未必注意到這一點，——這便是説：他把告神文收入涇獻文存而不收入遺集的原因，大概也是由於編輯時候的失檢，不一定因爲兩理略有了那篇文字，柏堃便不收它入遺集了。

遺集比遺文抄多出了十九篇，有的很重要，有的不重要。遺集卷一凡載奏疏三篇：第一篇奏恭承特命監理海疆懇辭分外殊恩願佐軍前成議期襄實功疏，第二篇奏仰謝天恩恭請明命疏，并爲遺文抄所無，都是重要史料。卷二爲書牘十五篇，惟末一篇與張儀昭書已見遺文抄外，餘均未見，都是他丁繼母憂謝了廣平推官以後所寫的應酬文字。王介正學齋文集卷一有先端節公尺牘全集序云：「天下之士，仰公如泰山北斗，不獲長與公遊，往往以尺素相通款，惟公則無不以尺素答之。數十年來，往復手翰，不下數千百篇。余生也晚，凡公尺牘，年歲既遠，多所失存。今雖竭力搜羅，十有餘年，而其所獲，不過十之三四。謹爲參考編次，繕寫成書，藏之先祠，遺於後世。」若是原來果有幾千篇，王介既然收到了十之三四，則那部尺牘全集約應有一千多篇。今僅得十五篇，可見散亡之多了。卷三載序跋八篇，均見於遺文抄及涇獻文存内。卷四雜著七篇，惟士約、兵約兩篇，不見於遺文抄與文存，我也没有見過别的刻本。上智編譯館館刊第二卷第二期，有李宣義先生的王徵著述遺版搜輯序略一文，説他在通遠天主堂内發見的王徵的著述遺版裏邊，有士約殘版九葉，兵約殘版十四葉。這兒所載的士約、兵約就是全文，一定是從那些刻版的初印本抄來的。現在那些刻版不完全了，這兒的文字，也有些脱誤。

這部四卷本遺集，有柏堃的序文，説他編輯的經過：

「先生著書數十種，版多散佚。余與邑人士謀將先生奇器圖説及兩理略陸續付印，而於先生文集六卷、經濟全書二十七卷，搜羅弗獲，僅得友人所藏尺牘稿十五篇，又奏疏三篇，士約、兵約及序、跋、讚、銘、祭文、記、揭等共十八篇。又列本傳、墓誌於卷首，都凡四卷，爲先生遺集。」

柏堃所説的「先生文集六卷搜羅弗獲」者，大概是指的王介編輯的本子。王介正學齋文集卷一先端節公文集序云：

「公生平著述，不下數十種，俱已行世。惟尺牘與文集，嚮無成書。今已竭力搜羅，十載有餘，共得若干篇，録輯成帙，略序顛末，謹藏先祠，行並付梓，以垂不朽焉。」

序末署「己卯四月」，己卯當是嘉慶二十四年，下距柏堃編此遺集時，已有一百多年。柏堃還未見到，我們見到的機會更少了。

十餘年來，我也很注意王徵的遺文和遺事，曾想爲他編年譜，重編文集，所以看到這部遺集裏的新材料，非常高興。擬從此便將所輯王徵的天學諸書序跋，和他所著的畏天愛人極論、仁會約，所譯的杜奥定先生東來渡海苦蹟等篇，編成一部比較完備的集子。

遺集卷端載張炳璿的王端節先生傳一篇。張炳璿就是王徵的表弟張儀昭。王徵死節的時候，是先和儀昭握了握手，方纔瞑目的。後來張縉彦爲王徵撰墓誌銘，也是依據這篇傳文作底稿。所以這篇王端節先生傳，是研究王徵的第一流史料。

王徵遺書序[一]

王重民

王徵譯著關於天主教的書約有十種，太半散亡，國内好像都没有傳本了。可是歐洲的圖書館裹卻保存了四種：一、畏天愛人極論，二、仁會約，三、崇一堂日記隨筆，四、杜奥定先生東來渡海苦蹟。民國二十五年、二十七年之間，向覺明先生在歐洲採訪遺書，把這四種都抄了回來。近由宋伯胤先生的匯校，和方傑人先生的贊助，將由上智編譯館印行。宋君是北京大學史學系的同學，研讀明清歷史。對於明末王徵和孫元化兩人的事蹟，素所留意。他以爲「登萊之役」和明清兩方面勢力的消長有關係，若是研究清楚了這一件事情，還可説明和當時有關係的許多事情。王徵遺書的校輯，不過是他研究中一件小小的局部工作。

我和覺明旅居歐洲的時候相同，這四種王徵的譯著，我也都翻檢過。所以覺明、傑人和宋君都要我再復校一過，並且寫一篇短序。我也很願意趁着這個機會，把這四本書的收藏地點和情形，寫在下面：

一、畏天愛人極論一卷，抄本。鄭鄤序是大字，好像是預備付刻或者從刻本摹寫的樣子，可是還没法證明這書有刻本。此抄本鄭序凡六葉，文本四十八葉，紀言二葉，共五十六葉。半葉九行，行十八字。今藏巴黎國家圖書館。courant 書目的著録號碼是六八六八。

二、仁會約一卷，刻本。自引三葉，本文三十九葉，附録四葉，共四十六葉。半葉九行，行十八字。courant 著録號碼是七三四八。可惜本文第二葉闕，現在找不到第二個本子來補他。别的葉内也間有剝落一二字或二三字的地方，也同樣的没有方法校補。如附録所載的「西國用愛二端」，篇末有王徵的識語云：「□□□全圖説中，詳敍西國風尚語也。特摘録

[一] 據上智編譯館館刊第三卷第六期（一九四八年）迻録。

此二端，以爲仁會之一證云。」因爲「全圖」上剝落了三個字，便不知這「説」是誰的説了。利瑪竇的世界全圖，可能有這説，只是不在手邊，無法證實。我因去檢艾儒略的職方外紀，在卷二頁五至八，正有類似的記載，但是字句稍差了一點。雖説王徵極有可能是根據的外紀，我也不敢質言。在那個時代，王徵未必能依據別人的全圖。姑可作爲推敲：他若根據的是利瑪竇，則剝落的三個字應該是「利瑪竇」；若根據的是艾紀，則剝落的三個字應該是「艾儒略」。

三、崇一堂日記隨筆一卷，歐洲保存着這部書的兩個本子。一是抄本，凡二十六葉，今藏牛津大學 Bodeian 圖書館，就是覺明所抄來的本子；一是刻本，凡四十一葉，半葉九行，行十八字，今藏梵蒂岡圖書館，編號爲 Borg. Cin. 三三六. 三。我没有把刻本照像，僅抄了王徵的小引一篇。今拿刻本的小引和牛津的鈔本相較：「事小者每葉或一段」，刻本「小」作「少」，與下文「事多則每段或滿一葉」相對。「柰何兀坐窗」，刻本「窗」上有「書」字。「提扶保全之恩已多且重」，刻本「重」作「厚」。都是刻本比着抄本好一點。獻縣耶穌會藏有一本，最近已移存北平光啓哲學院，傑人司鐸曾借出傳觀。

四、杜奥定先生東來渡海苦蹟一卷，抄本。凡九葉，半葉九行，行二十字。Courant 的著録號碼是一〇二一。

民國三十七年二月四日王重民識。

山居詠序〔一〕

盧前

王徵山居詠一卷，三原于右任先生得之涇陽，録以見示。前案陝西通志有傳。徵，字良甫，號葵心，涇陽人，天啓壬戌進士。初授廣平推官，祐善禠奸，明允著譽。熄白蓮亂，生全萬民；開清河閘，利濟百世。起復揚州推官，導三王駕，不苦騷擾。釋蹉使誣，弗拜魏璫之祠，風節凜然。特以邊才薦陞登萊監軍僉事，未閱月，逆弁鼓噪，遂回籍。值流寇發難，倡立

〔一〕據盧前輯編飲虹簃所刻曲（正續集）卷前迻録。

忠統，堵賊保民，涇原獲安。當道疏薦王佐才，未展其用。及闖賊陷秦，徵避鄉曲，賊屢迫脅，佩刀自矢，竟不赴省。聞京師失守，設帝位，哭於家，七日不食死。著有兩理略、奇器圖、了心丹、百字解、學庸解、天問辯、士約、兵約、元真人傳、歷代發蒙辨道説、山居詠諸集行世。學者私謚端節先生云。

往者，前著論道、佛、回教各有曲籍，獨公教盛於明季，而無歌讚天主之詞，竊嘗疑之。今讀斯詠，曰「那個識真天主」，曰「啓我靈函聖蹟圖」，曰「百樣顛危賴主扶」，曰「灑聖水消除了白業」〔一〕，曰「丹心航海歸朝去」，皆天主教義。徵故當日公教徒也。迴環虔誦，前爲驚喜數日。即論文藻，視康、王、韓、張，蓋無愧色。

丙戌立春日，盧前渝州陶園記。

〔一〕「白業」，依方豪之説，或「百業」之誤。詳見方豪了一道人山居詠箋證，已收入本書附録三。

附録四　著譯考

明末陝西涇陽王徵著譯考〔一〕

李之勤

一

王徵，字葵心、良甫，自號了一道人、了一子、支離叟、景教後學和崇一堂居士。明陝西涇陽魯橋鎮尖擔堡人。魯橋鎮在三原縣北十里，今屬三原。尖擔堡現名王家堡，仍屬涇陽。

王徵生於明穆宗隆慶五年辛未（一五七一）。神宗萬曆十四年（一五八六）舉秀才，萬曆二十六年（一五九四）甲午科舉人。其後屢次去北京參加會試不第，直到熹宗天啓二年（一六二二），始中壬戌科進士。翌年，被任命爲北直隸廣平府推官。廣平府治永年縣，在今河北省邯鄲地區。推官又稱司理，爲知府的屬官之一，正七品，負責協助知府「理刑名，贊計典」，即審理訴訟案件和承擔行政、財經方面的監督、檢核工作。王徵在職期間，浚河渠以洩積水，建水閘以利灌溉；昭雪冤獄，鎮壓惡霸，興利除弊，政績斐然。是時女真族後金政權大敗明將王化貞、熊廷弼於廣寧、義州等地，軍情緊急。巡撫保定等府、提督紫荊關等關軍務張鳳翔，檄令王徵赴恒陽校閱各屬兵將，檢查軍實。王徵爲此編寫兵約、兵誓等書，還製造

〔一〕據西北大學西北歷史研究室編著西北歷史研究一九八六年號（西安：三秦出版社一九八七年版，第二一三～二五三頁）迻録。此文原題明末陝西科學家王徵著譯考。此次收入本書附録四，由作者做了文字修改，並將原題改作明末陝西涇陽王徵著譯考。

兵車、連弩，揀練壯勇，校閲將領，用古代八陣規制加以訓練，使軍容一新，士氣大振。嗣又隨按院巡閲紫荊等關守軍，條議遼東軍事，撰寫客問五款，深得有關方面的重視和嘉許。但不到一年，王徵即因繼母之喪而去官還里。天啓七年丁卯（一六二七），王徵五十七歲，補南直隸揚州府推官。甫至任，瑞王、桂王、惠王等三王相繼「之國」，途經揚州，隨行人員誅求無厭。王徵挺身抗爭，使稍斂跡。徽州富商吳養春與弟爭遺產，其奴吳榮私通吳養春之妾，赴東廠誣告吳養春私吞黄山租稅。宦官魏忠賢捕殺吳養春，坐贓六十餘萬，蔓引江淮鹽院、運使、運同和揚州知府等地方大員和商賈數百人，將興大獄。王徵矢天立誓，秉公辦理，追蹤千里，捕殺吳榮，終翻冤案。宦官魏忠賢當政時，全國爭爲建立生祠。揚州生祠成，王徵與淮海道來復獨不往拜，人稱「關西二勁」。魏忠賢敗，各地生祠皆毁。王徵建議改揚州之祠建旲天閣、崇賢祠，以祀揚州名賢、名宦。并議開泰州海安之壩，以利八場鹽民；閉高郵、寶應之堤，以便運河之漕；免帶徵以裕農，罷增引以裕商；深受各方贊譽。惜任職不到二年，又因父喪而去官。還鄉之後，王徵曾於崇禎二年（一六二九）聯合三原附近鄉紳、民衆，組織地方武裝「忠統」，對抗活動在附近的農民起義軍。崇禎四年，明朝政府以皮島守將叛亂，遼東局勢緊張，任孫元化爲右僉都御史登萊東江等處巡撫，駐兵登州，以圖遼東。孫元化薦王徵爲山東按察司僉事遼海監軍，前往整頓。王徵還没來得及離登州去海島赴任，就發生了遼東將領孔有德等兵變吳橋，攻陷登州。孫元化被問罪處死，王徵被判處充軍，旋遇赦，返里爲民，以後就再未出仕。崇禎十六年（一六四三），李自成領導的農民起義軍從河南入潼關，攻下西安和陝甘各地，建立大順政權時，曾派人徵召王徵。王徵拒不赴命。次年三月卒於家，年七十四歲。

王徵七歲時即從其舅父張鑑學習，所以在學術思想、政治主張等方面，深受張鑑的影響。張鑑字孔昭，號湛川，鄉謚貞惠，歷任山西趙城、直隸遷安等縣知縣，嵢嵐州知州，太原府同知，督偏頭關軍餉，加河東運同，崇祀爲名宦、鄉賢。他不僅學貫經史，嫻於吏治，而且長於詞賦，通曉兵法，善製器械。著有歷代事略發蒙歌、天問詞、八陣推衍圖、六壬新釋、哀思賦和詩文集等書。在舅父的影響下，王徵在青年時代就仰慕范仲淹之爲人，以天下爲己任，關心國家興衰、民生利弊，喜讀兵法、戰策，潛心機械製造。四十多歲時，因赴北京會試，得與西洋耶穌會士龐迪我、金尼閣、湯若望、龍華民、方德望、鄧玉函等認識，相與討論學術，時相過從，交情甚篤。受他們的影響，王徵在思想信仰方面發生了很大變化，接受了天主教的洗禮，教名斐理伯。

就王徵的思想而論，從主要方面看，他畢竟是一個儒家信徒，以傳統的忠孝仁義爲依歸，力圖正己、修身、治國、平天下。雖然就其思想志趣的發展過程説，王徵曾有一個時期耽於佛學，喜讀釋典；在更長時期中又轉學道術，講求養性修煉，以求成仙、長生；最後又篤信天主教，以修來世。但不論他談道術和信天主，都是與他原有的儒學思想有所聯係，而且是相互結合的。他在很大程度上是用儒家思想來解釋天主教教義的。他認爲，天主教的天主，就是儒家經典中的天、上天、昊天、上帝；「天堂」就是儒家經典中的帝庭，在天上的上帝之庭，因而與天主帝庭相對的「地獄」，自然也不會不存在了。這就從儒家哲學的性善説，引嚮了天主教的靈魂不滅論。他的主要宗教理論著作畏天愛人極論等，就突出地表現了這個特點。而這種思想特點，一般説是當時接受天主教的中國士大夫所共有的，也一度受到基督教會的認可或默許。但更爲重要的是，在與西洋傳教士的交往中，王徵得到了接觸西洋科學技術的機會。爲了介紹和推廣西洋科學技術，王徵編譯了遠西奇器圖説録最等機械學專著；爲便於了解西洋科學技術和學術思想，王徵積極學習拉丁語，刊印了研究中西語音學的專著西儒耳目資。所以，可以説王徵是我國古代第一批注意學習和介紹西洋科學技術的學者之一，是第一批學習拉丁語，并用西洋語音學知識來研究漢語音韻、漢語拼音的學者之一，也是我國歷史上較早接受西方基督教思想的士大夫之一。不論在我國科學技術發展史上，語言文學和中外文化交流史上，他都占有相當重要的地位。因而他的思想和著述，理應引起我國學術界的重視。

王徵一生著述甚豐。據其七世孫王介説，王徵的著譯「共數十種，累百萬言」。與王徵的生平事蹟和學術、政治、宗教思想發展情況相聯係，他的著作除論述儒家傳統思想、討論國家政治經濟軍事、記敍個人事功、製造有關民生日用、國防急需器械的專著，以及抒發個人情懷的詩文歌曲之外，還有相當數量的關於道教和基督教的著作。只是在明清之際和清代前期，中國封建統治者雖然也借助於西洋傳教士來修曆法、搞測量、製器械，但對他們傳播基督教卻存有戒心，因而加以種種限制，甚至多次查禁，不准其在民間傳布。而王徵大量議論明朝與遼東軍事有關的論著，都是站在明朝政府的立場上，敵視清朝的前身後金政權的，每每稱後金政權及其統治者爲奴、爲虜、爲奴賊、爲虜酋，正犯清朝皇帝的大忌。在清朝統治者屢興文字獄以鎮壓懷有反清復明情緒的漢族士大夫的情況下，王氏後人對這些著作當然諱言惟謹。已刻者，藏之唯恐不密，甚至毁板、刮板以免禍；未刻者，更是不敢輕以示人。時間既久，王徵著作散失自多。清代中期以來，對王徵其人，多衹强調其不與明末李自成軍合作而以死「殉節」，對於王徵的著作，人們知道的則僅限於奇器圖説等三幾種。晚清以來，海禁大開，基督教在華的勢力迅速增長。王徵其人其書，因而又被重視。如陳援菴先生作涇陽王徵傳，載國立北平圖書館館刊第八卷第六號；劉仙洲先生作王徵與我國第一部機械工程學，載真理雜志第一卷第二期；方豪先生作王徵之事蹟及其輸入西洋學術之貢獻，載國立臺灣大學文史哲學報第十三期。但被重視和被强調的，仍然偏重其傳播西洋奇器和有關天主教的部分。筆者一九五九年參加陝西近百年大事記的編寫，去三原、涇陽一帶搜集資料，有幸在王徵後人處得見王徵遺著和有關資料多種。其中，王徵七世孫王介編輯的寶田堂王氏家乘第二卷寶田堂王氏歷世諸集目録最重要。這對全面了解王徵的生平和思想，大有裨益。所以不避繁瑣，即以此目録爲主，根據個人掌握的材料，對王徵的一些著作的性質、内容和流傳情況稍作説明，並補其缺漏於後。對於内容不詳之各書，仍按原列順序保留書名，以便知者見教，並備他日補充。

二

作爲寶田堂王氏家乘之一，王介所編的寶田堂歷世諸集目録，實際是從王介所著魯橋鎮志藝文志中摘録出來的。在筆者所見的寶田堂王氏家乘未刊本中，此書就是用魯橋鎮志藝文志的刻印本，選取與王徵及其後人有關的印張，删去與王氏無關的條目，刮去書口上的「魯橋鎮志」、「藝文志」等字樣，而改印上「寶田堂家集」五字，合訂而成，前面還加了一篇王介自己撰寫的寶田堂歷世諸集目録序。全書收録了從王徵的父親應選起，包括王徵及其後人王永春、王承烈、王穆、王禕、王僧額和王介撰寫（或參加撰寫）、翻譯、匯輯的各種書稿一百多種。其中，屬於王徵撰寫的四十八種，前四十三種爲王徵撰寫、翻譯、編輯的各種專著，其中二十三種爲已刻；後五種爲王介匯輯的王徵遺著，衹有王端節公文集二卷已刻。兹以王介寶田堂歷世諸集目録的順序，根據筆者了解的情況，擇要簡介於後。

（一）奇器圖四卷

奇器圖當爲奇器圖説或遠西奇器圖説録最一書的簡稱，一般通稱爲奇器圖説。而奇器圖説又是包括王徵與西洋傳教士鄧玉函合譯的介紹西洋機械學原理及其應用的專著三卷，與王徵自著的諸器圖説一卷的合刊本。此書版本較多，流傳甚廣，爲王徵關於機械工程學著作的代表。機械學前輩清華大學劉仙洲教授曾撰專文予以介紹，該文修訂本載機械工程學學報一九五八年第六期，題爲王徵與我國第一部機械工程學。所以，這裏對此書不再贅述。

（二）兩理略四卷

兩理略是王徵分任北直隸廣平府和南直隸揚州府推官時的政績概述和文件匯編。「兩理」，是指兩次擔任司理，也就是推官一職。書前有崇禎九年丙子（一六三六）王徵的自序和原三原知縣張縉彦的序，崇禎十年焦之雅的小引，書後又有孟道弘的跋。陝西省西安市文管會藏有此書的明刻清印本。説它是清印本，因爲書前附有王介在嘉慶二十一年丙子（一八一六）寫的明關學名儒先端節公全集序；説它是明刻本，則因爲書中談到明朝皇帝及與皇帝有關的字詞都另行頂格或破格書寫，而對作爲清朝前身的遼東後金政權及其首領，則多稱之爲奴、爲虜、爲奴酋、爲虜酋。

（三）士約一卷

明刻本，有崇禎元年（一六二八）仲夏望月王徵的後記，和揚州府學教授大梁王名世的跋。王徵的後記中有「是約也，非余之言，乃寧陵吕公之言」的話。所謂寧陵吕公，當指明代著名學者吕坤。吕坤是河南寧陵縣人，著述甚多，但未見有士約一書。另外，士約的後記和正文中多次提到「本廳」，顯然是王徵自稱的口氣。而且，在王徵所著的兩理略卷一解經除戎篇介紹自己在大名府元城縣明倫堂與諸生討論學術時，曾有「出所著學庸書、辨道篇及士約等書商之」，諸生「轉相抄傳而去」之言，是又明言士約爲王徵自撰之書。王徵爲廣平府推官在天啓三年癸亥（一六二三），所以此書的撰寫時間當然更在其前，而其刊刻時間當在崇禎元年也。士約凡三款，約三萬字，内容主要是告誡學生應用儒家進德修業的教導、處世爲人之道來要求自己，指導自己的行動。

（四）兵約一卷

王徵在天啓三年孟夏望日所撰的兵約前言中説：「此余初理平干，謬承督兵主者檄至恒陽，委以練兵之役，再三辭，不可得已，乃溯羲易師卦之原及余舅師湛川先生所著八陣合變圖解，並諸名家之成法，而間附以一得之愚，聊以仰付上臺爲國之盛心云耳，敢猥云知兵乎哉？歸而録之笥中，以備異日在師中者之採擇。」又説：「兵約者，約兵也。約凡三：一曰兵制，一曰兵率，一曰兵誓。」天啓三年，正是王徵任廣平府推官之年。因此，前言與兵約正文爲同一年所撰。錢洪謨兵約題辭説：「先是，公祖爲北府司理，當道因奴難孔棘，趣使練兵，其耳食公祖久矣。……至是鄉試中式，聘入東省闈，得識荊州。……徐出兵約相示，則其所嘗練兵者也。約例有三：曰制，曰率，曰誓。制仿八陣圖，而率則仿之易，誓則仿之書，其實非仿之也。……不可以不傳也。因從臾授之梓。」錢洪謨鄉試中式之年不詳，但「聘入東首闈」的「東省」，當指山東省，故兵約一書的刊刻，當在王徵出任山東按察司僉事遼海監軍的崇禎四年辛未（一六三一）以後。但崇禎二年被收入王徵編輯的忠統日録一書中的鄉兵約又説：「訓詞練格，另有專書，一名兵約，乃余所夙著；一名八陣合變圖解，乃余舅師湛川先生所刊刻。每總保人給兩冊，時常爲衆多兵講説操演。」似又有可能在崇禎二年以前，兵約一書便已經刊刻了。

至於兵約一書的内容，前兩處均言包括兵制、兵率、兵誓三部分。而王徵在兩理略卷一懸賞鼓勇篇卻説，他從永平到真定，與督兵者張撫臺議定闔操大閱方案之後，「即以更番教練休息接戰諸議，編作通俗俚語，爲兵約兩款張挂。一諭偏裨材官，一諭三營軍士。」似兵約初稿，原只兵制、兵率兩款，兵誓一款的撰寫時間則較遲。故王介在魯橋鎮誌和寶田堂王氏家乘介紹王徵著作時，都把兵約和兵誓作爲并列的兩種著作。筆者在三原魯橋王徵後人處所見明版兵約，雖然也包括兵制、兵率、兵誓三部分，頁碼也是通排的，但兵制、兵率二部分書口均刻有兵約二字，而兵誓部分，書口卻不作兵約而另作兵誓。這可能即因兵誓部分撰寫時間較晚，並曾經作爲一種單獨著作另刻的緣故。

兵約，是王徵應督兵者張撫臺的要求負責練兵時所寫。據明督撫年表卷一，天啓二年至三年十一月，張鳳翔任右僉都御史巡撫保定，旋陞左僉都御史巡撫保定如故。所以，這位張撫臺應是張鳳翔。

（五）學庸書解一卷

簡稱爲學庸解或書解，是王徵撰寫的闡述儒家經典大學和中庸兩書的政治、學術思想及其意義的兩篇論文的合刊本。其寫作時間，當在王徵任廣平府推官的天啓三年（一六二三）以前。這由王徵兩理略卷一解經除戎篇的「余謝不敏，第出所著學庸解、辨道篇及士約等書商之，轉相抄傳而去」之言可知。而其刊刻的時間，又當在其後。筆者在王徵故居所見刻本學庸書解，封面裏頁注有「崇禎元年仲夏廿日發刊」字樣，書後又附有揚州府儒學教授大梁王名世的跋語，也説：「右學、庸首章兩解，司理王公攄所獨得語也。……一日出兩解以示，諸生爭相傳抄，弗能遍及。爰付之殺青，以廣其傳。匪維揚人士知心性之學，將風聞天下，知所嚮往。公之嘉惠弘矣。」流露出此書在以前並未刊刻出版的信息。

（六）兵誓一卷

此書前面介紹兵約時業已説明。其内容主要是鼓舞、告誡明朝士兵在與遼東後金軍隊戰鬥中要英勇對敵。其中提到後金首領和將士時皆用虜、奴字樣，字跡又因刻鑿以至模糊難辨。估計應是明刻清印本。

（七）忠統録三卷

又名忠統日録或忠統，爲王徵與三原縣北關士紳組織地方武裝以抵抗活動在附近的農民起義軍的文件匯編和事蹟記録。全書分上中下三冊。上冊收録了忠統日録序和三原北城守禦同盟傳單、祝神誓言、勦禦流賊分派職守宣示，守禦機務等；以及有關議論政治軍事策略的論著，如馬雲麓的練鄉兵約，王徵的鄉兵約，張炳璿的杞憂禦寇一策、杞憂禦寇再策，梁文明的勦賊四略等。中冊和下冊的一部分是按時間先後匯集了忠統存在時期形成的各種文書，如書信、啓、劄、稟帖、示諭和有關記事詩文，及解盟通榜。下冊的後半是王徵的守禦器具圖説，和忠統設置的軍器、旗幟、衣物清單，捐款人姓名、捐款數目和逐日支出項目及金額。所以，從此書内容看，它只是王徵負責編輯之書，其中有很大一部分并不是王徵自撰，而是選録的。

此書開頭所載三原北城守禦同盟傳單，所署日期爲崇禎二年二月初一日，而解盟通榜中又有「閱今四月」之言。知其存在的時間，大致是崇禎二年二月到六月。但記載銀錢支出的記事，卻並非只記到六月爲止。七月十五日、二十三日，仍有支銀賬目。其後十一月、十二月，三年正月、閏四月，都有因刊刻書籍而付出的買梨木板、買紙、買墨、買木炭、買顔料、買清油的銀錢數，也有其他支出項目。這説明，忠統日録一書的編寫時間不能早於崇禎二年，而其刻刊成書的時間當在崇禎三年或其以後。

（八）元真人傳一卷

王徵在其宗教理論著作畏天愛人極論中，曾用主客問答的形式，論述自己的學術思想和宗教信仰的變化過程：「客曰：……聞子曾求之瞿曇氏矣，一切徵心見性之義，幡動鐘鳴之解，靡不證合，一時諸老宿咸謂善知識無兩也。子何乃竟棄去不問，旋且轉而問之黄老？於是黄老之書，又靡不尋覽。且依古本手訂周易參同契，注百字牌等書。且自爲辨道篇及元真人傳與下學了心丹諸作。紳先生見之者，謂似類古之得道者然。乃子沉涵於是業廿餘年所矣，顧今又棄之不問，獨篤信西儒所説天主之教。子何輕棄其所已學而信未學，棄舊學而信新學，棄近學而信遠學之若是哉？」余曰：「余惟求天之所以命我者而不得，故屢學之而屢更端，總期得其至當不易之實理云耳。乃釋典盡費參究，而迄不見其要歸，人雖謬云解悟，而反之此中殊未了了，敢自欺乎？故不得已學養生家言，以爲此或修真之正路也。惟是鑽研日久，頗得的傳，亦復識其作料孔穴，殫力行持，似亦稍有微驗。顧形身非不快適，而心神輒復走放，亦茫無巴鼻，此中猶弗慊也。……適友人惠我七克一部，讀之見其種種會心，且語語刺骨。私喜躍曰：是所由不愧不怍之準繩乎哉？」

兩理略自序也説：「廿四歲叨領鄉書，甫數月，先慈即見背。哀毁痛楚，輒忽忽無意人間世。偶見道書内有『一子成僊，九祖升天』語，思欲以此報親恩，輒懶誦詩書，專一參閲養生家言，妄求必得，於一切聲色世味淡如也。」所以，元真人傳當爲王徵耽志道家思想而編寫的一本關於道家人物的書。按新唐書卷一九六隱逸傳：「張志和，字子同。……始名龜齡。父游朝，通莊、列二子書。……志和年十六擢明經，以策干肅宗，特見賞重，命待詔翰林，授左金吾録事參軍，因賜名。後坐事貶南浦尉。會赦還，以親喪不復仕，居江湖，自稱烟波釣徒。著元真子，亦以自號。有韋詣者爲撰内誌。志和又著太易十五篇，其卦三百六十五。」在道教極受尊重的唐代，元真子張志和以道術和文學受到朝野各方面名人學士的重視。越州觀察使陳少游、湖州刺史顔真卿、丞相李德裕等，或爲之買地、修門、建橋、迎舟，或登門求教，稱譽之爲嚴光。當朝皇帝也或賜給他奴婢，或圖寫其真容，或求他的詩歌。所以王徵在信仰道教、研究道術、從事修僊養性期間撰寫的元真人傳，很可能是關於唐代道家大師張志和的傳記。

（九）天問辭一部

或作天問解。方豪先生説，天問解「疑即天問詞」，似不確。因爲張鑑作有天問詞一書，王徵曾爲之作天問詞序，序文中還用「且托言問帝，亦知我唯天之意云耳」的話，來説明張鑑作天問詞一書的意旨。王介作魯橋鎮志，其選舉志和藝文志中就分别著録了張鑑作的天問詞，王徵作的天問辭。可知天問辭和天問詞本來是兩個人作的兩本書，而不是一書二名。當然，王徵的天問辭可能是爲解釋和發揮張鑑天問詞而撰寫的。而且正因爲這個緣故，天問辭纔又被稱爲天問解。

（十）草野杞談一部

（十一）籲泰衷言四卷

王介讀明史甲申之變先端節公殉國略述梗概百韻詩有「敬天愛人念彌篤，籲泰焚香書短偈」二語。其自注説王徵「歸來閉廬著書，日譯西文，闡揚聖教，以爲老來功課。每憂時事，更著草野杞談、籲泰衷言等，敷陳利弊，愷切詳明，深得當時行軍之要，惜當時無有能用之者。」王徵在額辣濟亞牖造諸器圖説自記手稿中也有「前此草野杞談、籲泰衷言諸作，固難自攄胸中之意見乎，而識時君子業以忤觸時忌是虞」之語。據此，上述二書當爲王徵所著的兵書，其寫作時間均在王徵被放歸田里的崇禎五年（一六三二）之後，撰寫額辣濟亞牖造諸器圖説自記手稿的崇禎十三年以前。

（十二）西儒耳目資一部

明朝末年，東西海路大開，西洋傳教士相繼東來。他們到中國後，「聞新言耳鼓則不聰，觀新字目鏡則不明」，「不能觸理動之内意」。爲了幫助他們儘快地學習掌握漢字漢語，耶穌會士金尼閣以利瑪竇等人的拉丁字母拼音方案爲基礎，加以改進和補充，編寫了這部用拉丁字母拼寫漢字字音的專書。全書共分三編：第一編譯引首譜是總論，詳細介紹了西洋拼音方法；第二編列音韻譜是按音查字；第三編列邊正譜是就字查音。這部書在中西文化交流史上，具有特殊的意義。因爲它不但便於西方人學習漢語，而且在促進中國音韻學的發展和漢語拼音化的進程上，也起着積極的作用。王徵不僅爲此書寫了序言和釋疑，參與對此書的「質正」和「評核」，負責經理此書的出版，而且還親自撰寫了其中的三韻兑考一章，以比較這個拉丁字母漢語拼音方案與中國古代韻書洪武正韻、沈韻及等韻等拼音方法的優劣。但這部書主要是由金尼閣而不是由王徵負責編寫的。此書有明刻本，一九三三年北京大學曾予影印，後來中國文字改革出版社又於一九五七年作爲拼音文字史料叢書之一，用北京大學影印本重印出版。

（十三）歷代發蒙辨道説一部

前引畏天愛人極論中，王徵自述其求道修僊習養生家言時，曾提及「自爲辨道篇及元真人傳與下學了心丹諸作」。所説的辨道篇，可能就是這本歷代發蒙辨道説的簡稱。果真如此，則歷代發蒙辨道説一書應是關於古代道家理論的著作，而從「歷代發蒙」四字考慮，這部介紹道家理論的書既偏重歷史的敍述，又具有通俗的性質。另外，清代鄠縣學者王心敬在書王端節公傳編校者按：王心敬撰書王端節公傳及此處引文，出自王介輯編寶田堂王氏家乘卷二採輯羣書。王心敬另撰有端節王先生一文，见於他所編輯的關學續編，已收入本書附録二。中説，王徵「所著學庸解、兩理略、辨道等集，闡性命道德之奥」。這裏所説的「辨道」集，也可能就是歷代發蒙辨道説。因爲王心敬所列舉的王徵的三部著作中，學庸書解是闡發論證誠意、正心、修身、齊家、治國、平天下的大道理，也就是儒家的性命之學的。兩理略則主要是記述王徵個人把儒家的理論付之實踐的專書。至於王心敬所説的闡「道德之奥」，可能就是指「辨道等集」的内容了。因爲雖然古代的儒家也被認爲是「談道德、説仁義」的人物，但被尊爲道家之祖的老子的著作被稱爲道德經。所以，結合王徵前述之言，把王心敬所説的辨道等集指爲討論道家的著作不是没有道理的。陳援菴、劉仙洲和方豪諸先生都把歷代發蒙辨道説看作爲歷代發蒙和辨道論兩部書，不知有何根據？方豪先生還進而推論，所謂「歷代發蒙」「即張鑑撰讀史歌，而由王徵先生爲之添注，改名歷代發蒙事略歌者」，就與事實相距更遠了。

（十四）了心丹一册

可能即王徵畏天愛人極論中所説的下學了心丹，爲闡揚道學思想的著作。王徵十二世孫王存厚光緒壬寅補行庚子、辛丑恩正并科陝西鄉試黑藝所附「五世祖王徵」簡歷中所列王徵著作有都了歌一種，不知是否就是此書。這裏所説的「五世祖」，則是從始祖向下排列的。

（十五）百字解一卷

陳援菴和方豪先生的文章中，均稱此書爲百子解，而未説明其性質。按王徵在畏天愛人極論中自述其學黄老之書，習修煉之術時，曾「依古本手訂周易參同契，注百字牌等書」。此處所説的百字牌，又稱爲百字碑，爲傳説中的道教大師吕洞賓純陽子所撰，在道教著作中很有影響，注家頗多。叢書子目索引中尚收有明陸西星的純陽吕公百字碑測疏，和明代劉一明的百子碑注，分别收録在方壺外史和道書十二種中。既然王徵自言曾「注百字牌」，則王徵著作中的百字解可能與注百字牌爲一事。即令與注百字牌不是一事，也當是用來解釋、闡發吕洞賓百字碑中道家思想的專著。王心敬書王端節公傳也説王徵的了心丹、百字解、山居雜詠等書，「皆公夭壽不貳、殺身成仁之淵源所自，識者俱可於言表見之」。説明此書體現了王徵的思想、風格、抱負和人生觀。果真如此，稱之爲百字解就不甚妥當了。

（十六）畏天愛人論一卷

畏天愛人論又稱畏天愛人極論，是王徵用問答體裁撰寫的關於天主教的理論著作。上智編譯館館刊第三卷第六期所載宋伯胤先生撰王徵的天學和儒學一文，對其主要内容曾作過系統介紹。王徵在這篇宗教理論著作中，首先敍述了自己的志趣和思想信仰發生變化的原因和過程：「余惟求天之所以命我者而不得，故屢學之而屢更端，總期得其至當不易之真理。」也就是説，首先和主要的，作爲一個儒家信徒的王徵爲求得思想上的出路，以達「不愧不怍」於「天人之際」的信仰爲依歸，「他放下了儒家的經典，去叩佛家的門，去念道家的經，但卻不能使他找到解答」。「於是他就由儒而佛，由佛而道，由道而信仰了天主教」。但是王徵的天學，實際上是和儒學結合着的。他心中的天主，也在一定程度上仍是儒家經典中的上帝，因而對佛道的批判，也在很大程度上襲用儒家思想作爲理論根據，來指責「彼佛氏之教，不尊天主，惟尊一己」，「猖狂自任」，「不奉朝廷正朔」。而「黄老神仙之術，竊天地之機，盜造化之精，以自養其身形」。在批判佛道的同時，王徵從儒家的天和上帝引嚮天主教的上帝和天堂地獄之説，由儒家的性善論、勸善懲惡説而引嚮天主教的靈魂不滅論。這些，對研究明末東來的天主教和東西文化思想的交流及其交互影響，很有意義。此書王重民和向達兩先生都曾有抄本，現有南京博物館館長宋伯胤先生的抄校本。上智編譯館館刊第三卷第六期所載王重民先生撰王徵遺書序説：「畏天愛人極論一卷，抄本。鄭鄤序是大字，好像是預備付刻或者從刻本摹寫的樣子，可是還沒法證明這書有刻本。此抄本鄭序凡六葉，本文四十八葉，紀言二葉，共五十六葉。半葉九行，行十八字。今藏巴黎國家圖書館。」但是，既然王徵的七世孫王介在所著魯橋鎮志和寶田堂王氏家乘中都把此書列於王徵著作的「以上已刻」二十三種之内，則此書之必有刻本應是無可置疑的事，不過我們至今尚未見到其刻本而已。

（十七）甲戌紀事一卷

甲戌爲明朝最後一個皇帝崇禎的第七年（一六三四），此時正是王徵因遭登萊之變下獄論罪遇赦返里後的第二年。當時陝西等地遭受大旱，災情嚴重。王徵創辦「仁會」，於里中從事救濟。不知王徵此書所記何事，是否與當地遭受荒旱或自己組織「仁會」有關。

（十八）憂旱禱天歌一卷

王徵兩理略卷一活閘救秧篇説：「歲癸亥（天啓三年，一六二三）夏四月，府屬殊旱甚。……會上臺有祈雨之文。余隨齋素步禱於南壇。南壇者，風雲雷雨之壇也，距城且數里。余思焦旱之甚，窮民望救情切，深可惻憫。途次步行，不覺流涕。兩傍觀者亦皆下淚，互相感嘆。比次日再禱，闔城紳即年高者靡不徒步相隨。余謝：『何敢勞？』咸曰：『老公祖爲敝地荒旱，且流涕而行祈，治輩奚忍安坐家中？』余甚感之、重之。時諸父老頒白者無慮數十百人，亦皆徒步而相隨從。余爲一歌，教十數童子歌於前，聞之亦足令人墮淚。比至壇，跽祀昊天上帝神位前。余淚淫淫不能止，幾至失聲。隨而禱者莫不哀痛，乃讀祝者聲哀哀不能成句，亦足見人心之良，大衆之情切矣。」似此處之憂旱禱天歌，可能即王徵上文所言在廣平府任推官時所作教童子歌以禱祈雨天者。祗是除此次以外，王徵在故鄉陝西所經歷的嚴重旱災甚多，不知有無憂旱禱天并因而作歌之事。

（十九）路公繪心録一卷

路公當指路振飛。宣統涇陽縣志卷十二官師門載：「路振飛，字皓月，北直曲周人。天啓末，以進士任。性清介，更嫻吏事。崇禎二年寇亂，從容指畫，邑中賴以安堵。祀名宦。」明史卷二七六路振飛傳更明言路振飛「天啓五年（一六二五）進士，除涇陽知縣。大吏諂魏忠賢，將建祠涇陽，振飛執不從。邑人張問達忤奄，坐追贓十萬。振飛故遷延，奄敗事解。流賊入境，擊卻之」。是路振飛之爲涇陽知縣當有數年之久，在抵制爲魏忠賢建生祠和武力镇压當地農民起義等問題上，與王徵思想相近，義氣相投。所以雖然此書的內容已難盡知，但可斷定爲王徵替路振飛歌功頌德、豎碑立傳之作，當無問題。

（二十）張貞惠公年譜一卷

張貞惠公即王徵的舅父兼啓蒙老師張鑑，貞惠是死後當地人給他的謚號。王徵在天問詞序中說：「先生固以文章起家：易占有集，剖決先天；史事有歌，經緯千古；八陣之推衍，六壬之新解，運氣之鈐法。其闡天地之秘，洩鬼神之奇，非天之特縱先生，斷不能窺測萬一者也。至於詞賦建議，又皆身心經濟之實學，咸可壽梓以垂不朽。其他易弩、火弩諸機括，張翼、無敵諸戰車，扼要調畫，製作種種，出人意表。故大司馬蕭公、大中丞魏公俱奇之而布諸塞上，永爲折衝禦侮之具。則其有功於疆場社稷者，復出循良撫字之餘矣。昔人立功、立德、立言，先生其兼之乎！」孫丕陽張貞惠公先生謚記稱其政績說：「於民事則捐牛種，招流移，課農桑，教紡織，鑿炭浚井，興學減賦，光澤治地百世不能忘。故豐碑顯記簡城樓炊之間，不啻桐鄉與峴首。大受知於寧陵吕新吾、南樂魏見泉，奏公爲三晉循良第一，天子給誥嘉之。」張鑑卒於神宗萬曆三十三年乙巳（一六〇五），這年王徵三十五歲。所以，張貞惠公年譜的寫作不能早於此年。

（二十一）山居題詠一卷

山居題詠又稱山居詠，爲王徵描述處於長安南郊樊川附近一處被稱爲「簡而文」的別墅的風光，以及自己居住在這個五畝多大的鄉村別墅時的情懷的一組曲詞。抄本王端節詩文和涇獻詩存都收有山居題詠的三齣主題曲詞山居題詠、山居再詠和同春園即事。單行本的山居題詠，則除上述三齣外，還有王徵的自記和張炳璿的和作，以及其他人的引、跋等。上智編譯館館刊第二卷第四、五期合刊所載李宣義撰山居詠校記，比較了兩種單行本，即王端節公全集本山居題詠與于右任得自涇陽書肆而交由盧冀野刻入飲虹簃所刻曲中的山居詠的異同。大致前者與王端節詩文本比較接近，而後者則文字差別稍多。

（二十二）特命録奏議一卷

此書明刻單行本署名爲特命録，書名下並有「辯揭附」三個小字，是關於王徵被任命爲山東按察司僉事遼海監軍道過程中明朝政府的有關文件和王徵的有關奏議、揭帖的匯編。其中所附天啓二年壬戌（一六二二）王徵以應試舉人的身份撰寫的爲奴氛日熾人心動搖敬陳祈天固本簡要三事以佐末議揭帖，深入分析了遼東軍事形勢，有針對性地提出和論述了「挽回天意、固係人心、添設城守」三項建議。崇禎五年壬申（一六三二）的遼海激變前後情形揭帖，追述了遼東內遷軍民與登萊土著的矛盾，以致登州因兵變而城陷的實際情況。這些史料，對研究王徵的生平和政治主張，都有重要的參考價值。陳援菴、劉仙洲和方豪等先生，都把特命録奏議分爲特命録和奏議二書，實係誤會，與事實不符。

（二十三）鄉兵約一冊

這是王徵以鄉紳身份，組織三原、涇陽一帶地方武裝以對抗農民起義軍的文件，被收入王徵編輯的忠統日録上冊。鄉兵約實際上是兩個部分。前一部分，從「凡我同鄉地方居民人等聽我誓約」起，到「幸先以此約轉相傳告，毋忽。崇禎二年正月二十五日約」止，詳言組織鄉兵之利，不組織鄉兵之害，好像一篇宣傳講話稿。後一部分，仍冠以鄉兵約之題，而又分列爲四款：一約束，二訓練，三勸富，四諭貧。按：「忠統」這一民間武裝組織成立於崇禎二年二月，忠統日録一書的編成，更在其後。所以王徵鄉兵約一書的寫作在前，而收入忠統日録在後。可能寫成之後，即有刻印本流傳。筆者曾在王徵後人處見到木板鄉兵約三頁，相當於忠統日録的第二部分第一款的十分之九以上，有開頭而無結尾。小題目「約束」則作「團練」，版面較大，又屬楷書，與忠統日録中的鄉兵約顯然不是同一次印刷的。其刊印時間，似乎應在忠統日録刊刻以前。因爲如果在忠統日録刊印之後再出鄉兵約單行本的話，那就儘可借用忠統日録之板刷印，而不必另行刻印了。

以上二十三種，王徵七世孫王介在魯橋鎮志和寶田堂王氏家乘中註明「以上已刻」字樣，説明全已刊印行世。但現在能見到其刻本的，據筆者所知，只有十一種了，那就是：奇器圖、兩理略、士約、兵約、學庸書解、兵誓、忠統録、西儒耳目資、山居題詠、特命録奏議、鄉兵約。另外畏天愛人論雖已不見刻本，尚有抄本傳世。所以，王徵的「已刻」著作流傳至今的有十二種，約占原刻的二分之一。至於王介所説的未刻著譯二十種，能流傳到今天的就更少了。茲按王介原列次序排列於後，亦據筆者所知，給以簡要説明；不知者，只好付之闕如了。

（二十四）西儒書一部

（二十五）崇禎述略一卷

（二十六）事天實學一卷

（二十七）屯兵末議一卷

（二十八）真福直指一卷

上智編譯館館刊第二卷第四、五期合刊所載徐宗澤撰上海徐家匯藏書樓所藏明清間教會書目的「道理」門，列有真福直指一書，不知是否即王徵所著此書？ 而王介寶田堂王氏家乘卷八端節詠詩所收王徵表弟張炳璿挽表兄王良甫先生四首中有「崱屴峣門黯，先生此夜臺。 定求天上福，空借世間才」之句。在「定求天上福」句下，自註「先生勤事天之學，著有真福實指」。真福實指與此書僅有「直」「實」二字之異，不知是否爲一書？ 另外，王徵在清北創建温恭毅公繕城祠碑記中又説過：「徵嘗讀西儒真福實指，所指真福八端。」是真福實指確係西洋傳教士所作，張炳璿所記可能有誤。至於真福直指一書的内容，從書名就可推斷必爲宣揚天主教教義的宗教著作。

（二十九）癡想語一卷

癡想語又簡稱爲癡想。查繼佐罪惟録卷十二致命諸臣傳曾列舉此書的綱目云：「著兵書曰癡想，所載有三約、三諭、四伏、四活、五飛、五助，凡二十四則。三約者約邃人也，三諭皆邊事也，餘皆火攻之制。時無有信其用者。」王徵在所著額辣濟亞牖造諸器圖説自記手稿中，也稱此書爲癡想，而且從語意上看似乎業已刻印行世。「或曰：嚮讀吾子所著四伏、四活、五飛、五助及新製諸器刻傳之矣。」「余不敏，正世所稱至愚極拙人也。一切世事不甚通曉，即家人生計與夫時尚世局，總安愚拙，都不料理。顧獨景慕古人奇異諸製，如璇璣、風鳶、指南、奇肱及武侯木牛流馬之類，恨不當吾世而悉得目覩之焉。若不獲覩，結想成癡。因讀西儒力藝之學，而有感於用穴、用氣、用水、用風諸説，恍如開悟，頓克成造種種機器，業有四伏、四活、五飛、五助及新製諸器刻傳之矣。」

（三十）耆鏡一卷

二十世紀六十年代，陝西省文物局局長兼陝西省歷史博物館館長武伯綸先生曾告訴筆者，博物館收集到王徵遺著抄本耆鏡一册，囑前往鑒賞。惟當時正忙於參加「社教」，未能前去。「文化革命」後前去博物館指書借閱，管理人員答以未見此書。再去已退休的武老先生處請教，八十高齡的武老已記憶不起。失之交臂，追悔何及！

（三十一）景天閣對聯一卷

查王徵著作中自言其籌建的以「景天」爲名的樓閣，至少有兩處。

一座在其爲推官的南直隸揚州府北數里的蜀崗，係由拆遷揚州魏忠賢生祠而改建的崇賢祠的上層，所敬的是中國儒家傳統的「昊天上帝」。兩理略卷三建閣崇賢篇説：「下層中間乃作祠堂。爰取歷來名宦鄉賢最著名者如江都相董公、文正范公、忠獻韓公、文忠歐陽公、清獻趙公、孝肅包公、以及國朝端毅王公皆名宦。又襄愍曾公及安定胡先生、心齋王先生皆鄉賢。而信國公丞相文先生，則以曾駐其地而入之者。敬爲本主十一位，奉之祠中，以愜余景行夙念。大門外立十一賢祠坊牌一座，令觀者咸知敬焉。閣名「景天」，蓋取士希賢、賢希聖、聖希天之意。因崇賢之舉，而旌余夙昔畏天之一念云。」

另一座在王徵的故鄉魯橋鎮，爲王徵自蓋的禮拜天主的禮拜堂。據抄本析箸文簿自序瑣言，也就是王徵晚年自訂的財產分書説，自己「嚮者困躓公車三十年，窮約自守，絶不一字入公門。而今既官歸里，反多掉舌官長之前。雖敦年誼，垂清問，或式廬過訪，爲諸公祖父母之盛節，而干瀆頻投，毋乃令人漸起請托之疑，不猶三老寡婦，搽胭抹粉嚮人呈色笑也？又無端起念，營建景天閣一所，或請助於公祖父母，或請助於戚友朋親，一似募緣抄花子之所爲。甚且家事一毫不理，而心心念念，時時刻刻，只嚮此事著力。即妻女之簪珥，囊篋之餘物，交際之餽遺，一一捐之此中甘心焉。無論外人憐笑我，即家之人，雖亦不敢不從，而背地裏將無或以老敗子目我。兀坐自想，連自家不覺啞然而失笑也」。此文王徵自記撰於崇禎十二年六十九歲時，下距王徵卒年（崇禎十七年，一六四四）還有五年。即令王徵寫此財產分書時景天閣尚未竣工，而此後自必建成，當是無問題的。一九五九年，筆者到魯橋鎮王徵故居，其院内大殿，當地人即指爲是王徵的天主堂。

至於王徵這本景天閣對聯，到底是爲哪個景天閣撰寫的，都撰寫了哪些對聯，已不得而詳。如果是爲第二個禮拜天主的景天閣寫的對聯，則上智編譯館館刊第三卷第二期所載李宣義（吕天齋先生藏王端節詩文目）的對聯項下，列有對聯十則，除第一則簡而文隱居詠聯明顯是王徵爲其在長安南郊的别墅而寫的以外，其他九聯如「聖母聯一、天主聯二、耶蘇聖容聯一、格言聯一、聖教聯一、傳教士聯二、降生聯一」等關於天主教的對聯九則，很可能都是這本景天閣對聯的組成部分。

（三十二）諸器圖說小稿一卷

諸器圖說小稿，可能就是一九四三年西北論衡第九卷第七期所載存妄先生讀明末涇陽王徵所著額辣濟亞牖造諸器圖說自記手稿録後中所說的額辣濟亞牖造諸器圖說。根據存妄先生的介紹，此書的編次首爲自記，次爲諸器目録，再次爲正文及圖，爲或問，最後爲跋辭。書中所收諸器，以天、地、日、月、水、火、風、雲、氣、機、自、活、靈、妙、通、神爲序，它們有的係供人民日常生活生產之用，有的則純爲軍事的目的而製造。而王徵對這兩類器械製造方法的介紹，也是有區別的。用他自己的話說：「其中幾則民間用物，惟恐少不分明，而涉及戰陣諸說，尚多含蓄，未盡詳露，諒非明眼有心人或亦未必遽洞曉也。不則木牛流馬，載在杜佑通典者，制度尺寸，犁然備具，何司馬氏後迄今，猶未有仿而爲之者哉？」其所以如此，主要是爲了免「冒出位之嫌」及「幾事不密禍來，又貽敵人借資」。

十分可惜的是，手稿諸器正文後應繪構造圖的位置上，均留有空頁而不見其圖。而且，此手稿在抗日戰爭時期存於甘肅天水縣圖書館，「文化革命」後有關單位多次嚮之查詢，均未得見，不知尚在世間否？

（三十三）藏器圖說小稿一卷

（三十四）西書十冊十五卷

（三十五）籲泰三因一部

（三十六）聖經要略匯集一部

（三十七）感時俚言一卷

（三十八）聖經直解一部

上智編譯館館刊第二卷第四、五期合刊所載徐宗澤撰上海徐家匯藏書樓所藏明清間教會書目的「經解」門，收録了以聖經直解爲名的書籍二種，不知其中是否有王徵所著此書？

（三十九）西書釋譯一部

（四十）任真語尺牘二卷

陳援菴、劉仙洲和方豪等先生，都把王徵此書分爲任真語和尺牘二卷兩種，可能出於誤會。

（四十一）尺牘遺稿四卷

（四十二）西洋音訣一卷

方豪先生疑此書「即西儒耳目資之一部分」，不一定可靠。因爲「西儒耳目資」之爲王徵自撰者僅三韻兑考部分，其内容是對照西洋語音與中國漢語語音的異同，并非專門討論西洋語音者。

（四十三）雜刻一卷

除以上四十三種外，魯橋鎮志和寶田堂王氏家乘中還列有王介匯輯的王徵遺著五種：

（四十四）王端節公文集二卷

（四十五）王端節公文集四卷

涇陽文獻叢書中之王介正學齋文集卷一有此二書之序，題爲先端節公文集序。上述兩種文集，卷數不同，收録文章多少自然也有區別。前者魯橋鎮志藝文志和寶田堂王氏家乘歷世諸集目録均自注「王介匯刻」，當是匯輯較早，已刻板行世。後者匯輯稍遲，當時並未刻印。但這兩種板本的王徵文集，現在都已看不到了。其中，是只收各體文章，還是兼收詩詞曲，不得而知。它與現有傳抄本王端節詩文的關係如何，也難以詳考了。

（四十六）王端節時文二卷

明代所謂「時文」，是指當時政府爲科舉考試而規定的文體和按這種應試文體的格式而寫的文章，也就是俗説的「八股文」。北平圖書館館刊第八卷第二期所載張鵬一撰明天啓壬戌科涇陽王端節公會試朱卷跋所介紹的王徵參加會試的文章，即屬此類，亦當收於王端節時文一書之内。但此書現在也見不到了。王介正學齋文集亦不見此書之序。陳援菴、劉仙洲、方豪等先生介紹王徵著作時，亦均漏記此書。

（四十七）王端節公尺牘全集一部

王介正學齋文集卷一亦收有爲此書所作之王端節公尺牘全集序，詳細介紹了王徵的社會聯係、尺牘的特點和自己搜集匯編此書的用意和經過。序文在説明了王徵的爲人、事功及其與朝野中外名臣學士的廣泛交往之後説：「天下之士仰公如泰山北斗，不獲常與公游，往往以尺素相通款，惟公即無不以尺素答之。數十年來，往復手翰不下數千百篇。然公每有所復，輒親筆楷書，生平一字不輕假人手。蓋其精明詳慎，周固審密，雖一事之微不苟又如此。顧書本朋友酬酢之詞，而公之書，寒暄外初無一語及家人私事。其中所載，或憂深國政，或念切民瘼，或詳究夫天人性命之理，或深明夫聖賢道統之傳。上關宗社之重，下繫閭閻之憂。蓋其立心也真，與人也實，故於交遊間凡其事之有關經濟者，知無不言，言無不盡，而義之所當，情見乎詞，有不覺慷慨而激烈、沈雄而悲壯、委婉而周詳者。其切切偲偲，與人爲善之誠又如此。」又説：「余以固陋寡聞，材質庸劣，讀先人書，愧不能身繼先人之志，述先人之事。而所生也晚，凡公之尺牘，年歲既遠，多所失存。今雖竭力搜羅十有餘年，而其所獲不過十之三四，復虞愈久愈失其真。謹爲參考編次，繕寫成書，藏之先祠，遺於後世。使爲子孫者讀其尺牘，可以見先人之品之學，與先人之遇不遇，而并有以知先人之與往來贈答者皆天下士也。……惟文集與尺牘嚮無成書。今考搜既久，業皆成集，行將付梓，并垂不朽焉。由此觀之，其有關於國家、有裨於政事豈淺鮮哉！……戊寅十月。」戊寅是嘉慶二十三年（一八一八）。陳援庵先生介紹王徵著作時，此書亦漏列。

（四十八）王端節公經濟全書遺稿二十七卷

王介正學齋文集卷一亦有爲此書所作之先端公經濟全書遺稿序：「余既集先端節公所刻自著書九種成函，題曰王端節公經濟全書。而公生平著述甚富，其未及付梓者不下數十種；已付梓而板片不存於家、流傳四方者又十餘種；其書名雖存而年遠失傳，無從查考者，又且數十種。余太息者久之。十餘年來，殫心竭慮，遠近搜羅，并家藏共得二十三種，集編成卷、成函，統計大小二十七卷，俱屬親筆，復題之曰王端節公經濟全書遺稿。蓋公生平得力於事天之學，以敬天爲主，以愛人爲念，以聖賢經濟爲心。凡所著書，悉有關於國家日用、民生利賴之言。其敦飭倫紀，孝謹如石建；平反詔獄，平恕如劉寬；簡兵積餉，則范文正之籌邊；抑強制奸，則汲長儒之直節。至所創製自行車磨、連弩、代耕、虹吸、鶴飲、八卦陣圖諸奇器，則得武侯、法和之真傳。而其論大學修齊治平之術，中庸天命性道之教，則又默契乎孔門一貫之旨。……至所未刻諸集，俟陸續求之，終當踵成以授剞劂。後之有志於國家經濟之學者，採而用之，當必有補於世道云。庚辰六月。」這說明，王介先匯編了王徵已刻著作九種的王端節公經濟全書，其後又匯編了這部二十七卷本的王端節公經濟全書遺稿。從書名和王介序文的介紹看，這兩部書實爲王徵政治經濟、科學技術和學術思想著作的匯集。前一種編輯在前，收録著作種數較少，後者匯編在後，收録著作較多較全。從收書種數看，二十三種與王介魯橋鎮志和寶田堂王氏家乘所列王徵著作的已刻部分相同，但卷數卻又少得多。不知二者是否一事，王端節公經濟全書遺稿是否包括王端節公經濟全書？

另外，王介還曾匯輯過一本王端節公全集，並寫過一篇明關學名儒先端節公全集序，刊刻在一些明刻清印本王徵著作的扉頁之後，正文之前，同時還附有一篇録自陝西通志的王徵傳。序言說：「先七世祖端節公氣鍾川嶽，學貫天人。自成童時，便以天下國家爲己任。生平得力於事天之學，以敬天愛人爲主，以聖賢經濟爲心。故自持己接物，以至立朝臨民，無論在官在野，一切學術治術，凡有關於國家日用、民生利賴者，無不以誠意爲之。當是時，海內名流仰公如泰山北斗，靡不樂與之遊。……先君海澄公諱僧額，嘗擬刻公列傳於各集之首，使觀者一見而可以得其生平，且知公之學術皆實施諸經濟，非徒以著述見長也。惟是板藏於家，先君以簿書鞅掌，王事靡盬，未及抵里而盡瘁以卒，今且十餘年矣。暮春之初，始克刻公之傳，因列於各集之端，以便觀覽。此先君子志也。至於所著宏猷，自有各書在，余小子不能讚一詞。時嘉慶丙子季春，七世孫王介一臣沐手謹撰。七世孫王企夢僊氏校梓。」明刻清印本奇器圖說、兩理略、山居詠之前，均列有王介這篇序言，而柏堃編印的正學齋文集卻漏收了，不知何故？

全集與經濟全書以及經濟全書遺稿存在什麼關係，也不很明確。估計全書與經濟全書可能爲一事。方豪先生見到過王介的明關學名儒王端節公全集序，但卻在介紹王徵著作時漏列了王端節公經濟全書或王端節公經濟全書遺稿。陳援菴先生則只列經濟全書，而無「遺稿」二字，并認爲經濟全書爲二十七卷，與二十七卷的基督教聖經新約卷數相合，而疑其爲「王端節公晚年家居所譯的新約」，也是不正確的。

三

王介魯橋鎮志和寶田堂王氏家乘關於王徵遺著的記載，不論從哪方面説，都可稱爲搜羅最全之本。但是，由於前面已經提到的種種原因，王徵著作之未被列入寶田堂王氏歷世諸集目録中的仍然不少。據筆者所知，至少應有以下十餘種：

(一)明天啓壬戌科涇陽王端節公會試朱卷三冊

在中國封建社會後期的明代，全國各省的生員，三年一度，每逢子、卯、午、酉年的秋天，要齊集各省省城考試，稱爲鄉試。鄉試考中者爲舉人。第二年，也就是丑、辰、未、戌年的春天，各省舉人齊集京城考進士，稱爲會試。那些經考官們用紅筆批閲過、被録取爲舉人和進士的考生們的試卷，就叫做「朱卷」。每次考試完畢之後，各地每每把這些中試人的朱卷匯刻加評以供後來者參考。明天啓壬戌科涇陽王端節公會試朱卷三冊，就是王徵參加天啓二年(一六二二)會試時帶有考官朱批的一套試卷。按明代的考試制度，鄉試和會試都是分爲第一、二、三場，考題大致是第一場四書文三道，五經文四道；第二場論一道，表一道，判語五條；第三場策問五道。又因考生可以自擇一經應試，所以評卷也按詩、書、易、禮、春秋各經分房進行。王徵所考試者爲易經。在「亂者有其治也」一題下，王徵聯係當時政治局勢，先述「内而朝廷，屑越而不成紀綱；外而疆埸，割裂而不成土宇。亂象昭然，似消彌之無策」。然後一轉，聲稱「正惟無策之日，真英雄之籌策出焉何也？平日磊磊落落，棄置弗録者，今皆其所悉心而加納者也。而治之胚胎於是兆矣」。結論是：「雖然亂後圖治，治已晚矣，又矧其不及圖乎！則吾謂審治者，宜察乎亂之幾而慎防之，毋徒藉口亂不終亂，而令治之希有可焉。」頗能辯證地看待問題。第二場論題是「爲君之道必先存百姓」。王徵的文章指斥了「晚近之君，其真切不忍之心姑毋論，乃或不知其當盡之道何在，不審其相關甚急之勢何若，而一切嚴刑峻法，橫征厚斂，朘削而草菅之。以爲是蠢蠢者易與也，敢誰柰我何者。卒之皮盡而髓竭，人心一離，揭竿四起，而國家潰敗決裂之勢，遂至不可收拾。噫！百姓誰之赤子，而忍使之若是？」緊密聯係明末政治、經濟、軍事形勢立論，足見其膽識過人。

據國立北平圖書館館刊第八卷第六期所載張鵬一撰明天啓壬戌科涇陽王端節公會試朱卷跋所述，此書乃于右任一九三四年得之於三原書肆，「出以見示，余驚喜以爲可增端節三百年紀念之資」，「慫恿藏於省垣圖書館」，即今陝西省圖書館。但最近筆者前往陝西省圖書館古籍部查詢此書，亦未能覓得，甚爲遺憾。

（二）客問一卷

一九五九年，筆者在涇陽王家堡王徵後人處得見此書明刻本，書前有王徵天啓三年的自記：「客問者，客感東事而發端，余亦就事論事，面爲辯難商榷而條對者也。夫諮詢既切，則酬應不得不詳。況高明虛衷下詢，則雖自審蒭蕘無補兮，安敢不俯竭愚衷，忘其狂瞽，而直吐其欲吐之邊見？……匪問胡答，故總筆之曰客問。」這里所說的東事，實即明朝與崛起於遼東的女真首領建立的後金政權的戰事。書凡五問五答：一是論述「東事再敗，懸爵求賢之詔」「宜高揭榜樓，黄紙而大書之，專以綸音爲尊」，「務極巍煥，庶足以聳動一時之耳目，流傳四方之觀聽」。批評了當時「明詔而以部銜出之」，僅僅「藉以片席，樹之車塵馬足之地」，表現了明朝政府的大員對此「已不尊且信」。二是論述「遼陽、廣寧之敗，其受病不在障塞之固不固，亦不在兵之足不足」，而在「賞罰不明」以致「軍威不振」。三是批評了屯大軍數萬於山海關狹窄一隅，不獨與軍士生活不便，「窺之戰守機宜，似亦非計之得者」。四則論減兵減餉的方法與好處，認爲養兵之道，與其「多而不精，不若精之而不多」。而精兵之道，在於汰老弱，選精干，嚴教練，「懸破格之賞，行不測之威」。

那么，客問中所說的「客」又是指的誰呢？查王徵兩理略卷一抗議邊籌篇，曾記述王徵隨保定巡撫的副手「按院」北閱三關兵將一事，説：「至倒馬關，閱操畢，各官詣院稱謝時，文則府佐、州守、縣令，武則參、副、游、守、偏裨不下二十餘員，拱立兩旁。按院徐徐出立堂前，謂衆官曰：『近觀朝報，見相臣行邊，條上一切修築障塞及請增兵、增餉諸款，甚詳備也。長城有人，從此東事可無憂矣。』衆皆相顧唯唯無以應。余質直之態不覺復露，私念嚮者曾不獲與一言，每用疚心，今且言及之矣，獨柰何復默默爲？ 於是高聲仰對曰：『昨亦曾見朝報，果是詳切明備。第細閱諸款，乃皆邊臣事耳，非相臣事，且非相臣特承九重之專任，而仗劍行邊事也……』在這里，按臺所談的問題和以下王徵的回答，完全與王徵客問第二款的内容甚至文字都相同。抗議邊籌篇在介紹了對答之言以後接著說：「於是諸文武皆相顧嘖嘖嘉歎，按臺則殊再三擊節，若深有味乎余言。是後每一謁見，凡事商榷，立談多至移時不倦。」可知，王徵與按臺討論對答的内容甚多，絶不僅限於客問的第二款，而當包括客問的大多數内容。所以筆者認爲，王徵客問中所指的「客」，主要是指當時駐在保定的省級軍政大員「按臺」。

至於客問中所提及的以相臣而行邊的重臣又是誰呢？ 筆者認爲，應指在天啓二年（一六二二），先爲兵部尚書兼内閣大學士，後以原官督山海關及薊遼、天津、登萊諸處軍務，便宜行事的督師孫承宗。據明史卷二五〇孫承宗傳記載，孫承宗之督師，皇帝曾特別「御門臨遣，賜上方劍，坐蟒。閣臣送至崇文門外」，「請帑金八十萬以行」。承宗至山海關，撤汰逃將疲卒，選拔遼將，發遼東難民爲兵。整飭邊備，修城堡五十餘座，拓地四百餘里，開屯田五千餘頃。立車營、水營、火營，前鋒、後勁各營，造甲胄、器械、弓矢、砲石、渠答、鹵盾數百萬。軍勢復振，請餉以圖大舉。「帝命所司給之。兵、工二部相與謀曰：『餉足，渠即妄爲，不如許而不與。』文移往復稽緩之」。致軍終不克出。天啓五年（一六二五）罷官。崇禎二年（一六二九），清軍繞道突攻北京，遼東勤王軍主帥袁崇煥被讒殺，遼將祖大壽率部嘩變，出山海關東逃。孫承宗又以兵部尚書收撫祖大壽，解北京之圍，逐出留守在遵化、永平的後金軍。不久，又因反對者之讒言而再度罢官回籍。家居七年，在清軍又一次攻入長城，其家鄉高陽城陷後，自殺殉死。所以，孫承宗實是明朝抗清斗爭中的一位重臣、名將。王徵的客問後來可能也傳到了孫承宗之手，並受到孫承宗的重視。且由重其書而重其人。崇禎三年（一六三〇）王徵六十歲誕辰時，孫承宗曾專門從山海關防地寫了一篇祝涇陽王葵心先生六旬壽序，歷述王徵的生平事跡，並特別推崇王徵在任職廣平府時練兵、籌餉和關於遼東軍事的主張：「時流氛正熾，邊寇方猖。設三韜六略之謀，演八卦五花之陣。壁壘一新，風雲變色。旌旆四布，魑魅潛蹤。神傳圯上之褒，出於天府；策裕隆中之讚，書自帝庭。真無忝乎張子，寧多讓於武侯耶！ 至若行磨、飛車、流馬、木牛之製，巧奪天工；代耕、連弩、虹吸、鶴引之傳，奇非神授哉！」（見寶田堂王氏家乘卷二採輯羣書據高陽孫太傅文集輯入）評價之高，可以説明孫承宗對王徵及其客問重視的程度。

（三）額辣濟亞牖造諸器圖説手稿

詳見前面介紹諸器圖説小稿時所引一九三四年西北論衡第九卷第七期所載讀額辣濟亞牖造諸器圖説自記手稿録後。筆者認爲，此書與前述諸器圖説小稿可能爲一書而名稍異。但因證據不足，難以確定，故此處只好另列一次。

（四）仁會約一卷

書前王徵自撰的仁會約引，署「崇禎七年（一六三四）後八月一日」，「書於崇一堂」。説明，此書是王徵被罷官家居，在故鄉辦理「仁會」時所訂的會約。「仁會」又被稱爲「仁社」，是一個慈善機構。寶田堂王氏家乘卷五所載張縉彦撰僉憲王端節公墓誌銘就有「歲祲，（王徵）糾仁社賑之，全活千百人」的話。「仁會」的宗旨和活動内容，可由仁會約一書的下列主要條目了解到一個大概：

仁會約引：

仁會約所行條目：

形哀矜之行七端：一、食飢者；二、飲渴者；三、衣裸者；四、顧病者；五、舍旅者；六、贖虜者；七、葬死者。

神哀矜之行七端：一、啓誨愚蒙；二、以善助人；三、慰憂者；四、責有過失者；五、赦侮我者；六、恕人之弱行；七、爲生死者祈天主。

行哀矜事有九要：一曰謙；二曰真心爲主，不爲虚名；三曰發歡喜心；四曰欲行即行，勿持兩可；五曰有倫有義；六曰寬廣；七曰所施宜慎所從來；八曰先宜洗心，斯主歆爾獻；九曰所予之物，用爾大願將之。

仁會約款：會之衡、會之資、會之人、會之督、會之輔、會之核、會之推。

仁會約證述：述哀矜行銓總論，述行哀矜詳解，述哀矜勸善二端，述仁愛德美七端。

附西國用愛二端。

按此書有刻本藏法國巴黎圖書館，向達和王重民兩先生曾分別抄録回國。南京博物館宋伯胤先生有抄校本。

（五）崇一堂日記隨筆一卷

王徵崇一堂日記隨筆小引説：「崇一堂者，嚮余理維揚時，因遠西諸儒振鐸中土，寓我省會，爰置此堂，以爲朝夕欽崇天主上帝之所。蓋天主十誡首云『一欽崇一天主在萬物之上』，故嘗謬擬一聯：『自生天生地生人生物以來，兩間無兩主宰；從有帝有王有聖有賢而後，一總是一欽崇。』遂取此義名堂，聊旌一念欽崇之意云。比自維揚歸里，會湯道未先生寓此堂中，振揚天主聖教。余間一躬詣，每留連十數日，多聞所未聞。此則坐間筆記之話言也。先生每夕坐間，爲余述譯西賢苦修會中奇蹟一二段，以爲日課。余覩其所述奇蹟小冊，蠅頭西字，横行密排，又是單紙，兩面細印，計紙百數十頁。事少者，每一葉或一段，或兩三段；事多，則每段滿一葉，或多至兩三葉而止。此日記隨笔，不過千百中之一二焉耳。無何，先生驟承欽召，以修曆入都行矣，故所記僅僅若此。此稿嚮攜東省，幾失之。今當秋雨連綿，偶翻架上書冊，忽復一見，不覺動今昔之感。隨手録成帙，漫加評讚於其後以自省。喜吾鄉創修崇一堂一所，已告成矣。倘天主祐我，俾道未先生重遊舊地，續成全書，是余昕夕所祝籲而祈望之者。……崇禎十有一年孟秋望日，了一道人斐理伯子王徵謹識。」

由上可知，這本書雖以日記隨筆爲名，卻並不是王徵逐日記其行事的日記，而是王徵筆録湯若望口譯的天主教徒苦修故事，附以王徵事後對這些苦修故事的評讚。口譯和筆録在崇禎元年（一六二八），即王徵因父喪而自揚州司理丁艱回籍不久；而評讚之作，則已遲至崇禎十一年的秋天。至於崇一堂，從王徵的小引可知，如果不能作爲一般天主禮拜堂的代稱，至少在當時的陝西省也已有兩個以上了。一個在陝西省會西安府，也就是現在的西安市，其建成的時間在前；另一個在陝西省涇陽縣魯橋鎮王徵的故居，直到一九五九年其主要建築猶存。

此書刻本最後還附有王徵祈請解罪啓稿一文，係王徵因年老無子，在「父命嚴諭」「妻女跽懇」「弟侄環泣」之下被迫納妾，違犯了天主教教規「不娶妾」一款，因而主動悔罪求赦的。此書可供研究王徵思想和了解當時天主教傳布情況參考。

王徵此書向達和王重民两先生都有抄本，南京博物館館長宋伯胤先生有點校本。刻本則存法國巴黎國家圖書館。臺北有刻本的影印件，收入明清天主教叢書中。

（六）杜奧定先生東來渡海苦蹟一卷

杜奧定（Augustimus Tudeschini 或Todes chini），漢字公開，意大利耶穌會士，生於一五九八年。一六二六年，受羅馬教皇之命，偕同耶穌會士三十餘人乘船東來。一六三一年（崇禎四年），居上海。一六三七年至一六三九年（崇禎十年至十二年），到山西和陝西傳教。後去福建。一六四三年（崇禎十六年），由福建乘船去澳門，中途溺死，葬於福州。此書即敍其航海來華過程中，尤其是在非洲南部好望角和莫桑比克沿海一帶所遭受的苦難和遇到的「奇蹟」。由傳教士方德望（P. Etiene le Fevre）口譯，王徵筆録。方德望明思宗崇禎三年（一六三〇年）來中國，卒於清世祖順治三年（一六五九），在陝西傳教甚久，足跡遍及漢中、城固、洋縣等地。

關於本書的取名，原書的開頭和末尾都有解釋：「舟行海中，多經風浪，苦難盡述，第述其最苦難者。」「自初發開闢六年，受萬端危苦，而後至於此。倘非天主垂憫憐，萬萬不能至此。然非先生純心事天，篤志愛人，一心戀主，萬苦不辭，亦烏能當萬死一生之中，屢荷天主篤佑，陡顯奇蹟之若是哉！蹤蹟甚奇，然皆苦境，故總記之曰渡海苦蹟。」

書的最後是王徵的讚語：「噫嘻！先生不婚不宦，不名不利人也。祇爲敬天愛人一念，不遠九萬里惠顧我中土，歷盡百險百危，曾不一毫退轉。我輩癡迷，盈盈一水之隔，不百里而近，乃憚跋涉，苦弗能時時親炙德輝，良可笑耳，且可愧已。」這説明，杜奧定和方德望在陝西各地傳教時，主要寓居在西安省城的天主堂内，而王徵則經常住在涇陽、三原交界的魯橋老家。涇陽距西安七十華里，三原距西安九十華里，而魯橋距三原和涇陽分别爲十里和四十里，中間的大道上卻隔著渭河和涇河兩條大河。所以「盈盈一水之隔，不百里而遙」的話，不過是王徵形容距離之近，以與杜奧定萬里東來之遠相較。方豪先生確指爲涇水而不談渭水，并不恰當。

此書有刻本存意大利羅馬梵蒂岡圖書館。法國巴黎國家圖書館有抄本。向達和王重民两先生分别自法國重抄拍照回國，南京博物館宋伯胤館長有點校本。方豪先生中西交通史則節録了此書的主要部分。

（七）王端節詩文一冊

王徵所著詩、文、歌、曲、書信等各體文章，生前可能並未匯編成集。其七世孫王介曾分别匯編爲王端節公文集二卷、王端節公文集四卷、王端節公時文二卷和王端節公尺牘全集等書，兩卷本的文集且已由王介刊印傳世。但今天俱已散失不見，前已言及。一九二五年涇陽柏堃等編印涇獻文存和涇獻詩存時，收録了王徵的詩文二十餘篇；同時編印的涇陽文獻叢書，其第一種即爲匯集王徵文章的王端節公遺集四卷。但所收録的只有奏疏三篇，書信十五通，序、跋、引、記、墓誌等各種文章十三篇。詩、詞、曲、歌等均未收録，反摻入原爲專著的士約和兵約二書。一九四七年上智編譯館館刊第三卷第三、四期載李宣義撰呂天齋先生藏王端節公詩文目説：「端節公的詩文舊未成帙，民國以來其文集已極罕見……而呂天齋先生所藏王端節公詩文一本，書法端整，文多愚所未見，慶喜萬分……故敬將該集的獨有之篇目，表列於後，以饗同道。」所列該集獨有之篇目共有：文十篇，詩十首，曲三齣，對聯十則。

一九五九年，筆者參加陝西近百年大事記的編寫，去涇陽、三原一帶調查，搜集有關資料，得見王徵遺著士約、兵約、鄉兵約、客問、學庸書解、忠統日録、特命録奏議、爲父求墓誌狀稿、析箸文簿自敍瑣言和涇陽縣盈村里尖擔堡王氏族内一支記世系並記墳墓冊、王徵七世孫王介所編輯的寶田堂王氏家乘等書、文的同時，又在三原縣龍橋書店購得一本王端節詩文傳抄本，歸藏當時設在西北大學内的陝西省歷史研究所資料室。惜不久陝西省歷史研究所即被縮編爲陝西省社會科學研究所的一個研究室，遷出西北大學，後來在「文化革命」中被撤銷。所藏圖書資料也因輾轉交接搬遷而損失不少，餘者亦復混亂不堪。近年再去查問，已不見這本王端節詩文的蹤影了。只記得與李宣義所列呂天齋先生所藏王端節詩文中獨有之篇相比較，除對聯僅爲六首，曲中只少感懷南鄉子八闋一篇外，其他完全相同，而卻又多出山居題詠、山居再詠和同春園即事等三篇。筆者已將從此抄本中抄録的詩文，連同自其他方面覓得者，輯録爲王徵詩文輯存，編入筆者匯輯點校的王徵遺書中了。

（八）了一道人墨跡一冊

據上智編譯館館刊第二卷第六期所載李宣義撰王徵墨跡四文箋釋，此書得自韓城魚老先生存之，「原爲吕文清天齋世藏本，故封面有天齋先生『了一道人墨跡』之題簽」。「除封皮外，僅存十二葉。紙張脆薄，色似火焦，微觸即破。收文四篇：首爲温恭毅公像讚，共六行，行十六、七字，尾有丹色方章二，上書『了一道人王徵』，下書『遼海監軍』，文爲楷書，與温自知滸北山翁訓子歌引體近似；次爲清北創建温恭毅公繕城祠碑記，共九十七行，行二十字，宋體，當爲碑文之藍本，此文賀氏三原縣新志建置志曾節録中段；再次爲龍橋名議，共五十三行，行十九、二十字不等，全篇行書，賀氏三原縣新誌建置誌節引十餘句；末乃題崇仁書，共三十二行，每行字數，少則十五，多則二十不等，書法同前。」惟此墨跡四文，筆者在三原龍橋書店所購得之抄本王端節詩文中均已收録。

（九）三諭和二議

屈大均翁山佚文輯的涇陽死節二臣傳稱：「予嘗至魯橋，謁王公祠，欷歔流涕，讀諭叛、諭遼、諭□三書，并足餉、籌兵二議，惜其不早用而死。」上文三諭中的闕字，可能爲「虜」或「奴」，指當時興起於東北與明朝爭雄的女真族首領建立的後金政權，這是王徵站在明王朝的立場上對後金的蔑稱。由於後金是後來入主中原的清朝的前身，而作爲明朝遺民的屈大均此文作於清初，所以故意空闕此字以避時忌。諭遼之「遼」，當指原居遼東一帶、因女真興起而遷居遼西或山東登萊一帶的各族人民。至於諭叛的「叛」字，與王徵有關聯的明朝軍隊的叛亂有兩次。一次是崇禎三年（一六三〇），皮島副將劉興治因守軍鬧餉而叛亂，明王朝爲穩定局勢，恢復遼東，任命孫元化爲登萊東江等地巡撫駐軍登州。孫元化即推薦王徵爲山東按察司僉事遼海監軍前去皮島處理有關事宜。另一次是崇禎四年（一六三一），由山東登萊調山海關大凌河一帶加強遼西邊防的遼軍孔有德部，行至直隸吳橋，發生兵變，回師登州，攻陷城池。孫元化與王徵等均因而被執，並被論罪。聯係諭遼、諭□，則此諭叛當爲就前一次兵叛而作的。足餉、籌兵二議，也可能作於同時。若待孔有德叛軍圍攻登州城時，雖可能有諭叛、諭遼之作，卻不可能同時有「諭虜」「諭奴」之舉及「足餉」「籌兵」之議矣。

（十）手訂古本周易參同契

王徵在兩理略自序中曾言，自己二十二歲中舉人後，因生母去世，見「道書中有『一子成仙，九祖升天』語，且欲以此報親」，故轉而崇信道家之說，探習修煉之術。「黃老之書，無所不讀，又靡不尋覽。且依古本手訂周易參同契，注百字牌等書。且自爲辨道篇及元真人傳與下學了心丹諸作。紳先生見之者，謂是類古之得道者言。」按周易參同契本是論道家修煉術的書，四庫全書總目提要卷一四六周易參同契真義條介紹云：「周易參同契真義三卷，後蜀彭曉撰。曉字季川，永康人，自號真一子。仕孟昶爲朝散郎，守尚書祠部員外郎賜紫金魚袋，其事跡未詳。楊慎序古本參同契，則以曉爲道士。……葛洪神仙傳稱魏伯陽作參同契五行相顯凡三卷。其說似周易，其實假借爻象以論作丹之意。世之儒者不知神丹之事，多作陰陽註之，殊失其旨云云。今案其書多借納甲之法，言坎離水火龍虎鉛汞之要，以陰陽五行昏旦時刻爲進退持行之候。後來言爐火者，皆以是書爲鼻祖。」由此可知，王徵「依古本手訂」周易參同契，當是王徵耽志道術時對這本古書的整理。

（十一）都了歌

王徵十世孫王存厚光緒二十八年（一九〇二）壬寅補行庚子、辛丑恩正并科陝西鄉試墨藝所載王徵履歷，稱王徵曾著有都了歌一書。但他本皆無此說，不知其内容如何，是否即了心丹的異名？王徵自號了一道人和了一子，當與所著之了心丹或都了歌有聯係。

（十二）西儒縹緗要略

柏堃等編輯的王端節公遺集卷二與張儀昭書中，王徵自言：「邇來百無一事於心，三碗飽飯後，一枕黑甜餘。自立功課，匯輯西儒縹緗要略，每日手録五七葉，業已多半。計其全可數百葉，或成一種不刊之奇書也。撇脱塵土俗緣，料理雲霄清事。見之者每笑白髮衰翁，復作青春學子，豈其老苦未盡，抑亦書債難還？然而顧樂此而不疲也。功名看同石火，胸次一似海天。景天臺畔，欲設幽閒居一所終焉。」按縹緗在古代分别爲淡青色、淺黃色的帛，常用以作書囊或書表。後來遂以縹緗爲書卷的代稱。故此處所説的西儒縹緗要略，實即「西書要略」之意，内容當爲王徵對西洋傳教士帶來中國諸書的介紹或編譯。方豪先生因「徵自稱爲『奇書』」，推論説「觀書名似係記目覩西洋教士帶來之科學奇書也」，不一定可靠。因爲由前面王徵「撇脱塵土俗緣，料理雲霄清事」之言，以及對景天臺、幽閒居和功名的態度，更可知當與天主教有關。王徵之七世孫王介在讀明史甲申之變先端節公殉國略述梗概百韻一詩註釋中，更明説王徵自罷官「歸來，閉户讀書，日譯西文，闡揚聖教以爲老來功課」。至於寫作時間，由信中「第知我老弟正展修五鳳樓手策」的話，推斷當在張儀昭爲滿城縣令時。而張儀昭之爲滿城縣令的時間，據王徵賀張儀昭授滿城縣令序，是在崇禎十二年（一六三九）。至於此書是否已經寫成，就無法知道了。

（十三）王端節公全集或王端節公經濟全書

詳見王端節公經濟全書遺稿。

四

綜合以上關於王徵著作情況的介紹與考證，可以肯定，現在尚存，或已有確切綫索知其可能仍然存在的王徵遺著，大致有如下二十種：

（一）奇器圖説四卷（包括諸器圖説），

（二）兩理略四卷，

（三）士約一卷，

（四）兵約一卷，

（五）學庸書解一卷，

（六）兵誓一卷，

(七)忠統録三冊，

(八)西儒耳目資三卷，

(九)畏天愛人論一卷，

(十)山居題詠一卷，

(十一)特命録奏議一卷，

(十二)鄉兵約一卷，

(十三)耆鏡一卷，

(十四)明天啓壬戌科涇陽王端節公會試朱卷三冊，

(十五)客問一卷，

(十六)額辣濟亞牖造諸器圖說自記手稿，

(十七)仁會約一卷，

(十八)崇一堂日記隨筆一卷，

(十九)杜奥定先生東來渡海苦蹟一卷，

(二十)王端節公詩文一冊。

由於其中奇器圖說實際包括了另一種諸器圖說，而後來兵誓又歸并於兵約之中，鄉兵約雖有單行本而又爲忠統録的一部分，所以二十種的總數又可稱爲十九種。但忠統録本爲王徵匯編之書，其自撰部分主要是鄉兵約和守禦器具圖說兩部分；而西儒耳目資一書中的王徵自撰部分也主要是三韻兑考。所以，如果不列忠統録和西儒耳目資，而以鄉兵約、守禦器具圖說和三韻兑考立目，再加諸器圖說，仍然可以說是二十種。

但是，在現存的王徵遺著二十種中，奇器圖說、諸器圖說、西儒耳目資等三種，作爲專著，近代以來曾多次刻印或影印，傳本甚多。畏天愛人論、仁會約、崇一堂日記隨筆和杜奧定先生東來渡海苦蹟等四種關於天主教的著作，宋伯胤先生早已匯集整理，準備作爲專集出版。忠統録既係王徵匯編而非全爲自撰，也似以另行整理出版爲宜。而耆鏡、明天啓壬戌科涇陽王端節公會試朱卷、額辣濟亞牖造諸器圖説自記手稿等三種，又至今未得寓目。所以，筆者搜集整理交由陝西人民出版社出版的王徵遺著，就只能包括下列十種了。

（一）兩理略四卷，據明刻清印本。

（二）特命録奏議一卷，據明刻本。

（三）客問一卷，據明刻本。

（四）兵約一卷，包括兵誓，據明刻本。

（五）士約一卷，據明刻本。

（六）鄉兵約一卷，據明刻本忠統日録。

（七）守禦器具圖説一卷，據明刻本忠統日録。

（八）學庸書解一卷，據明刻本。

（九）山居題詠一卷，據抄本王端節詩文。

（十）王徵詩文輯存，以抄本王端節詩文爲底本，參考王端節公遺集、涇獻文存、涇獻詩存，補以涇陽縣盈村里尖擔堡王氏族內一支記世系並記墳墓冊、寶田堂王氏家乘、忠統日録等書中的王徵詩文、尺牘、序跋、詩曲編成。

後記

二〇一一年二月，劉學智教授邀我將十多年前編校的王徵集書稿納入他主持的關學文庫叢書，我愉快地答應了。早在一九九六年一月，我曾經以「王徵全集的輯編整理和初步研究」爲題申報臺灣輔仁大學中西文化研究中心的專題研究計劃並獲批。經過兩年多的努力，於一九九八年七月完成了該研究計劃。這次納入關學文庫的王徵集書稿，與劉學智教授商定後在內容上有所調整。

在申報和完成輔仁大學中西文化研究中心專題研究計劃的過程中，我曾經得到了很多師友的鼓勵、支持和幫助，他們是：時任臺灣輔仁大學校長的李振英教授和副校長張振東教授，以及吳宏安教授、吳瑞珠小姐、陳福濱教授、李賢中教授、雷敦龢教授，臺灣清華大學歷史研究所的黄一農教授；西北大學的李之勤教授，以及陝西師範大學的趙吉惠教授、賈二強教授、康萬武教授、王懷忠博士、劉英女士等；還有南京博物院的宋伯胤教授。在此，我要對他們表示誠摯的謝意！

在接受劉學智教授邀請一年多來，對王徵集書稿文字作了反復校訂。在此過程中，我也得到了多位朋友的幫助。由於書稿內容有所變動，故我先重新編排了目録，並依照新目録調整了書稿卷次。接着，請我指導的碩士研究生劉泉通讀全稿，尤其是按照出版社的體例要求，在專有名詞（地名、人名、書名）下標出專名線。劉泉對這項相當繁瑣的工作完成得很出色。在將書稿交給出版社之後，責任編輯馬平編審以其敬業精神和專業眼光對書稿做了多次認真細緻的審訂，提出了許多有助於提高書稿質量的意見和建議。最後由我校看清樣，改正了一些文字錯誤。近日，我指導的博士生邱忠堂回山東老家探親期間，受我委託，前往山東師範大學圖書館查閱館藏王端節全集三種的著録和版本信息，滿足了長期以來我的一個心願。由於時間倉促，本書的文字錯誤在所難免，尚祈讀者批評指正。在此，我也要對這裡提及的各位朋友表示誠摯的謝意！

林樂昌　謹識

二〇一二年七月二十一日

圖書在版編目(CIP)數據

王徵集/［明］王徵著；林樂昌編校．—西安：西北大學出版社，2014. 10
（關學文庫/劉學智，方光華主編）
ISBN 978-7-5604-3507-7

Ⅰ. ①王…　Ⅱ. ①王…②林…　Ⅲ. ①王徵（1571～1644）—文集　Ⅳ. ①Z424. 8

中國版本圖書館 CIP 數據核字(2014)第 242123 號

出 品 人　徐　曄　馬　來
篆　　刻　路毓賢
出版統籌　張　萍　何惠昂

王徵集　［明］王徵 著　林樂昌 編校

審定專家　駱守中　　**責任編輯**　馬　平
裝幀設計　澤　海　　**版式統籌**　劉　爭
出版發行　西北大學出版社
地　　址　西安市太白北路 229 號　　**郵　　編**　710069
網　　址　http://nwupress. nwu. edu. cn　　**E－mail**　xdpress@ nwu. edu. cn
電　　話　029-88303593　88302590
經　　銷　全國新華書店
印　　裝　西安華新彩印有限責任公司
開　　本　720 毫米×1020 毫米　1/16
印　　張　35
字　　數　540 千字
版　　次　2015 年 1 月第 1 版　2015 年 1 月第 1 次印刷
書　　號　ISBN 978-7-5604-3507-7
定　　價　128. 00 圓